CATALOGUE

DE LA

BIBLIOTHÈQUE

DE LA

VILLE DE SAINTES

PAR

Louis AUDIAT

BIBLIOTHECAIRE-ARCHIVISTE DE LA VILLE

AVLTRE NE VEVX

SAINTES

—

1885

CATALOGUE DE LA BIBLIOTHÈQUE

DE LA

VILLE DE SAINTES

IMPRIMERIE DE PONS (CHARENTE-INFÉRIEURE). — NOEL TEXIER.

CATALOGUE

DE LA

BIBLIOTHÈQUE

DE LA

VILLE DE SAINTES

PAR

Louis AUDIAT

BIBLIOTHÉCAIRE-ARCHIVISTE DE LA VILLE

SAINTES

—

1885

PRÉFACE

L'usage veut qu'en tête d'un catalogue de bibliothèque on fasse
l'histoire de cette bibliothèque; on en raconte l'origine, les progrès,
les accroissements successifs, les vicissitudes; on nomme ceux qui
l'ont fondée, dirigée, conservée, augmentée; on en signale les richesses, livres, reliures, manuscrits, estampes : détails qui semblent
donner une valeur nouvelle aux ouvrages amassés par les siècles
passés; il est certain qu'on regardera avec respect tel volume qui
porte les armes de Bossuet, une note de Pascal, la signature de
Fénelon. Mais tous ces détails sont bien longs, surtout ils tiennent
beaucoup de place; or, la brièveté, règle de l'écrivain, était ici une
obligation imposée au bibliothécaire. Puis la bibliothèque de
Saintes peut être considérée comme récente, puisqu'elle date, en
réalité, de 1871. J'ai fait un peu l'histoire de l'ancienne, détruite

presque entièrement dans l'incendie du 11 novembre 1871 (1) et exposé les débuts de la nouvelle (2). Je me contenterai donc ici de quelques mots.

*
* *

D'abord bibliothèque de l'école centrale en vertu d'un décret du directoire (20, 21 et 25 juin 1796), la bibliothèque de Saintes, devenue communale, s'était, comme la plupart des bibliothèques publiques, formée des bibliothèques particulières des communautés religieuses, chapitres et monastères, des émigrés et des prêtres déportés.

A Saintes, ville capitale de la Saintonge, avaient été réunis les livres des bénédictins de Saint-Jean d'Angély, des augustins de Sablonceaux, des cordeliers, des récollets et des dominicains, du chapitre et de l'abbaye de Saintes. Le collège, d'abord laïc, confié en 1605 aux jésuites, aux bénédictins en 1763, à des prêtres séculiers en 1766, en 1792 à des laïcs choisis par le bureau d'administration, le conseil municipal et le directoire du département, et dont le premier principal alors fut l'antiquaire journaliste François-Marie Bourignon, lieutenant-colonel de la garde nationale, qui échangea volon-

---

(1) La part du feu est assez belle dans nos pertes d'archives et de livres; outre les destructions systématiques de 1793, les ravages des huguenots au XVIe siècle, des Anglais au XIVe, causes générales, il faut citer :

Au commencement du XVIIe siècle, incendie du présidial de Saintes, qui détruit les archives judiciaires, les minutes des notaires de la sénéchaussée et les doubles des registres paroissiaux qui y étaient déposés ;

En 1737, incendie de la cour des comptes à Paris, qui anéantit les archives de la commune de La Rochelle qui y avaient été transportées par ordre de Richelieu après le siège de 1628 ;

En 1772, incendie du séminaire de La Rochelle, rue Dompierre, où étaient réunies les archives de l'évêché ;

En 1847, incendie de l'aile gauche de la préfecture de La Rochelle où périssent les archives du bureau militaire et des domaines nationaux.

(2) *Rapport sur la reconstitution de la bibliothèque de Saintes.* Saintes, imp. Hus, 1873, in-8o, 55 pages.

tiers ses épaulettes contre la toge de professeur de rhétorique, *cedant arma togæ* (1), avait fourni les livres de l'abbaye de La Tenaille réunie au collège en 1619 par le duc d'Epernon et dont les archives, brûlées en 1793, étaient si considérables que le corps de ville allouait 150 livres à Leuzon pour les avoir triées, et que la seule nomenclature des liasses forment deux mains de papier. On y avait joint ceux de la résidence de Marennes (771 ouvrages formant 946 volumes) amenés à Saintes en 1762 et restés sous les scellés jusqu'en 1793. Le lot le plus considérable et le plus important venait de la congrégation de la mission de Saintes. Les lazaristes, en effet, établis à Saintes (1633) du vivant même de saint Vincent de Paul (le séminaire est de 1644. Voir *Saint Vincent de Paul et sa congrégation à Saintes et à Rochefort*, Paris, Picard, 1885, in-8°; et *Archives historiques de la Saintonge*, t. XIII) dirigeaient le séminaire et évangélisaient les campagnes de la Saintonge. Les évêques (2), les curés lé-

---

(1) Elu par 20 voix sur 39 votants, il écrivit, le 27 mars : « Les tracasseries et l'injustice des méchants ne m'ont jamais découragé ; mais pour prouver que l'amour de la patrie, bien plus que l'amour des épaulettes, m'a constamment retenu dans la garde nationale, je vous prie très instamment de vouloir bien m'admettre au rang de simple grenadier. Le pompon rouge sera pour moi une décoration bien précieuse. Je ne vous quitterai pas ; je suivrai vos traces ; et ça ira. »

(2) Louis de Bassompierre, évêque de Saintes (1648-1676), pleuré par Mme de Sévigné, avait légué presque tous ses biens au séminaire de Saintes; c'est le directeur de cet établissement, Bertrand Denier, qui assista à l' « inventaire des effets délaissez par monsieur de Bassompierre, évêque de Saintes, le 6-17 juillet 1676. » Voici l'extrait de cette pièce relatif à la bibliothèque : « Aujourd'huy sixiesme de juillet mil six cents septante six, sur les cinq heures du soir, par devant nous, Pierre de Gascq, chevallier, seigneur báron de Cocumont, conseiller du roy, président et lieutenent général en la séneschaussée de Xainctonge et siége présidial de Xaintes, a comparu en sa personne messire Bertrand Denier, prebstre, directeur du séminaire de la présente ville, assisté de maistre Daniel Geoffroy, son procureur, par lequel il nous a fait dire et remonstrer qu'en vertu de nostre ordonnance de cejourdhuy il a fait trouver au présent lieu et à la présente heure Me Abraham Le Comte, conseiller et procureur du roy audit siége ; le sieur Le Feron, vicaire général ; messire Nicollas Rogeau, prebstre et segrétaire de feu monseigneur l'évesque, et Anthoine Le Guivre, marchand, principaux domestiques dudit feu seigneur évesque de Xainctes, et qu'en conséquence de la mesme ordonnance il a mandé et assigné maistre François Tourneur, procureur au présidial de ceste ville, Henry Bertin, vitrier, Elie Mallet, marchand, Bertrand Maignand, aussi marchand, Jean Laleman, maistre chirurgien, Jean Billaud, maistre tailleur d'habits, et Gabriel

guaient, c'est encore l'usage, très volontiers leur bibliothèque au
séminaire. Ainsi avait fait par son testament (1) du 23 septembre 1744
(Voir *Saint-Pierre de Saintes*, p. 241), Léon de Beaumont, évêque de
Saintes (1718-1744), qui avait, dans sa propre bibliothèque, celle de
son oncle Fénelon, dont il avait été grand vicaire à Cambrai. On doit
considérer comme venant de là tous les ouvrages qui portent cette

Picquerrit, serrurier, tesmoins dénommez en l'acte dépozé entre les mains dudict sieur Denier par ledit feu seigneur évesque, et maistre Jean Berton, notaire
royal, qui a receu ledit acte, par exploit de ce jourd'hui, receu Rousseau, huis-
sier controllé et Bourdegeau, afin de recognoistre leurs effects et celluy dudit
seigneur évesque, déceddé en la ville de Paris, le premier de ce mois, suivant
les lettres qui en ont esté escrittes, requérant qu'il nous pleust ordonner, attendu
que lesdits tesmoins et notaire sont présantz à la réserve dudit Laleman, absant
de ceste ville, estant de présant en celle de Paris, qu'ils recognoissent leurs
effects, celluy dudict seigneur évesque et celui dudit Laleman absant, de ladicte
requeste octroyer acte, et ordonner qu'il sera sur ce présant acte faict procès-
verbal, etc... Et advenant ledit jour (11 juillet) à ladite heure de deux après
midy, nous, lieutenant général susdit et lesdits sieurs procureur du roy et autres susnommés, avons procédé à la continuation dudit inventaire comme s'en-
suit : Premièrement, un habit rouge, etc... Plus deux bibliothèques de chambre,
contenant deux petites armoires, dont l'une contient quatre vingt treize petits
livres et l'autre six vingt quatre livres. Nous avons fait lepver les sceaux appozez
à la porte de la bibliothèque, où estans entrés avons trouvé à la première
tablette du haut cent soixante trois volumes in-follio; plus à la segonde, cent
soixante dix sept in-follio; plus à la troisiesme, cent soixante et onze in-follio ;
plus à la quatriesme, soixante six in-follio ; dans les petites tablettes, cent qua-
tre-vingt onze in-follio ; dans les mesmes petites tablettes, tant in-quarto qu'en
petits livres, cinq cent trente volumes ; plus dans les grandes tablettes au premier rang dans le haut, trois cent treize volumes tant in quarto qu'autrement ;
plus dans le segond rang, trois cents volumes; plus dans le troisiesme rang, au
dessus du dossier des livres, cinquante volumes ; plus dans la quatriesme tablette
deux cent douze in quarto; outre ce, quantité de feuilles de papier ; plus au
dessus des livres dix tableaux de paysages et naufrages ; plus vingt six vases de
fayence de diverses grandeurs et formes, etc... Et cela fait, nous nous sommes
transportés à la porte de la chambre où couchoit ledit seigneur, etc... Et ce fait,
attendu qu'il est l'heure de cinq, près de six heures, nous sommes retirés et
remis le lundi prochain, seiziesme desdits mois et an, et avons remis la clef ès
mains du sieur Rogeau, du consentement desdits sieurs exécuteurs testamentaires. GASCQ. LE COMTE. F. M. LEFERON. ROUSSELET. BECHET. ROGEAU. GEOFFROY,
procureur des sieurs exécuteurs testamentaires. BILLAUD, *greffier.*

(1) « Je donne et lègue à la maison et séminaire de Saintes tous mes autres
meubles et effets, choses censées et réputées meubles, or et argent monnoyé et
non monnoyé, meubles meublants, fruits, denrées, prix de fermage et autres effets actifs, les ornemens et vases sacrés de ma chapelle, le bassin et les buret-
tes, ma bibliothèque..... »

mention : Ex LIBRIS CONGREGATIONIS MISSIONIS DOMUS SANTONENSIS; CATALOGO INSCRIPTUS, ANNO 1746.

Je ne parle pas des volumes qui ont le nom de l'archevêque de Cambrai lui-même et qui lui avaient été offerts par les auteurs avec dédicace. Ceux-là, réunis à part dans une salle retirée, ont tous été la proie des flammes. Un exemplaire du *Projet de paix perpétuelle* (le premier volume seulement incomplet, sans frontispice) avec la signature de l'abbé de Saint-Pierre, offrait cette bizarrerie : de distance en distance, au milieu d'une page, au commencement d'un chapitre, à la fin d'un alinéa, le lexte interrompu laissait une, deux, trois lignes de blanc que l'auteur avait complétées à la main pour achever le sens.

*
* *

Mais il n'y avait pas que Saintes dans le département. Malgré la décision de la convention que les livres acquis à la nation, défalcation faite des volumes jugés inutiles qui furent vendus au poids, formeraient la bibliothèque de l'école centrale à Saintes, La Rochelle, capitale de l'Aunis, n'entendait pas qu'on dépouillât ses couvents au profit de sa voisine: car 31 bibliothèques particulières, prêtres déportés, laïcs émigrés, communautés supprimées, avaient été réunies à celle de l'académie. Le 24 vendémiaire an VI (15 octobre 1797), le ministre de l'intérieur, Letourneux, décida que La Rochelle conserverait une bibliothèque de 20,000 volumes et un cabinet d'histoire naturelle. On s'entendrait avec le bibliothécaire de Saintes pour le partage des doubles.

Le professeur d'histoire naturelle de l'école centrale, qui avait été à Paris bibliothécaire de la bibliothèque nationale, Jean-Baptiste Lefebvre de Villebrune (1), prit en hâte, sans laisser de notes (2), ce qui

(1) Toutes les biographies parlent du célèbre orientaliste Jean-Baptiste Lefebvre de Villebrune, né à Senlis en 1732, mort à Angoulême en 1809, docteur en médecine, philologue, traducteur, professeur, en 1792, d'hébreu et de syriaque au collège de France, bibliothécaire en chef de la bibliothèque nationale (1793-1795) et professeur d'histoire naturelle à l'école centrale d'Angoulême. Nul n'a signalé son séjour à Saintes et son enseignement pendant 4 ans dans la chaire d'histoire naturelle de l'école centrale.

(2) Je ne voudrais pas répéter une calomnie, mais j'ai entendu dire à un contemporain fort honorable que cette hâte avait encore d'autres motifs, qu'elle couvrait des dilapidations, et que non seulement les livres, mais les plus mini-

lui parut bon pour compléter le dépôt de Saintes. Villebrune, dans vingt-huit grandes caisses, emporta près de douze mille volumes. Ainsi fut constituée la bibliothèque de Saintes.

Il ne sera pas sans intérêt de connaître ce que disait de la bibliothèque l'*Annuaire du département de la Charente-Inférieure pour l'année sextile XI de l'ère française*, p. 137 (« A Saintes, de l'imprimerie de J.-A. Meaume, rue Varennes, n° 74 », in-18, 194 pages). Malgré quelques erreurs évidentes, cette note contient quelques renseignements, et le ton en est caractéristique :

« Ce précieux établissement, dont les richesses s'accroissent de jour en jour, commença à se former dans les moments les plus orageux de la révolution ; le peu de soin qu'on apporta à la reconnaissance et au versement des livres, leurs transports réitérés d'un dépôt à l'autre avant qu'ils fussent définitivement placés dans la maison de l'école centrale, le vandalisme exercé sur eux ont dû mutiler, incompletter une foule d'ouvrages et en faire disparaître d'autres ; c'est ce qui est malheureusement arrivé. Ce n'est qu'en l'an 4, lors de la nomination du bibliothécaire, que la bibliothèque a pu recevoir une organisation méthodique. Placés dans trois vastes salles commodes et bien éclairées, les livres s'y trouvent disposés d'après le système bibliographique de Martin et de Debure ; ils offrent le coup-d'œil le plus agréable, et déterminent la plus grande célérité dans le service. Leur nombre peut s'élever de 54 à 55 mille volumes, et leur catalogue forme déjà trois gros volumes manuscrits in-f°, rédigés avec soin, et que l'on pourrait consulter avec une sorte d'intérêt. De cette classification, la partie de l'histoire est une des plus riches et des plus considérables, surtout en y joignant celle de l'histoire littéraire, c'est-à-dire la collection des recherches, des mémoires, des dissertations et des monuments numismatiques qui servent de témoignages ou de preuves à l'histoire. La partie des Belles-Lettres est immense et ne laisse à désirer qu'un plus grand nombre de ces bons ouvrages produits depuis huit ou dix ans et dont plusieurs sont marqués au coin du génie. La partie des arts et des

mes objets et jusqu'à l'huile même des lampes n'étaient pas à l'abri de la rapacité du commissaire départemental. LÉOPOLD DELAYANT, *Catalogue de la bibliothèque de La Rochelle*, préface, p. XXII.

sciences, moins nombreuse, renferme cependant pour l'histoire naturelle, pour la physique et la chymie, pour les mathématiques, les systèmes et les découvertes les plus modernes. L'on remarque, dans la partie de la jurisprudence, une belle collection des publicistes les plus célèbres. Enfin, la théologie, malgré la destruction qui s'est attachée le plus à cette partie, est encore l'une des plus considérables ; les connaisseurs y voient avec plaisir, parmi les bibles, une superbe Polyglotte en 10 volumes in-f°, *Chartâ Maximâ*, la belle bible de Genève, par Desmarets, qui a appartenu au prélat-philosophe auteur du *Télémaque*, et, parmi les pères de l'église latine, presque toutes les éditions données par l'ancien corps régulier le plus savant et le plus laborieux de la France (1).

» L'ouverture de la bibliothèque a lieu les lundi, mercredi et vendredi de chaque semaine ; l'affluence des lecteurs indique assez combien est vivement senti le bienfait de cet établissement. Les élèves de l'école centrale s'y portent avec empressement, et le bibliothécaire a été à portée d'observer qu'en général leur goût n'était point dirigé vers ces ouvrages frivoles, ces lectures futiles qui ne laissent que du vide dans le cœur comme dans l'esprit. A ces jeunes

---

(1) L'*Annuaire pour l'an X*, répétant à peu près celui de l'an IX, disait : « La bibliothèque est érigée dans la maison même de l'école centrale ; elle occupe trois salles contiguës, dont deux parallèles, d'environ 27 mètres de longueur ; une quatrième salle sert, en même temps, d'entrée à toutes les autres, de dépôt pour quelques tableaux de main de maîtres, et de lieu de travail au bibliothécaire. Ces salles, vastes, aérées, et surtout bien éclairées, réunissent, à l'agrément du coup d'œil, la commodité pour les lecteurs, la célérité dans le service, la bonne tenue des livres, et la propreté entière du local. Ce dépôt précieux présente, dans toutes ses parties, des ressources infinies pour tous les genres de littérature. Les élèves y trouvent de nouveaux moyens pour le cours de leurs études et pour le perfectionnement de leur instruction. Les artistes y découvrent journellement la solution de leurs recherches, et les savants et les curieux peuvent y remarquer un grand nombre d'ouvrages rares et recherchés, quelques manuscrits du 14ᵉ siècle, des monuments du premier âge de l'imprimerie, beaucoup d'éditions primaires, de celles surtout qui sont sorties des presses des anciens typographes les plus célèbres. Tant de richesses littéraires se composent d'une partie considérable de recherches historiques, de presque tous les philosophes, orateurs, poètes, des beaux jours de la Grèce et de Rome, d'une foule d'ouvrages élémentaires pour les langues orientales, grecque et latine ; enfin, de tout ce que la littérature française et étrangère peut offrir de curieux et de satisfaisant. Le gouvernement, pour qui l'instruction publique est un objet continuel de sollicitude, a soin d'augmenter ces richesses par des envois réitérés d'ouvrages les plus nouveaux et les plus utiles. »

étudiants viennent se mêler plusieurs citoyens dont l'application et les recherches sont un nouveau *stimulus* pour les premiers. Toutes ces séances sont encore marquées par le concours des militaires instruits, de tout grade, à qui une vie ambulante ne permet pas avec eux le transport d'une grande quantité de livres, et qui, dans leurs courts loisirs, trouvent avec satisfaction dans ce dépôt littéraire, des ressources infinies pour orner leur esprit et pour perfectionner leurs talents.

» L'une des salles de la bibliothèque est ornée de plusieurs tableaux de main de maître, parmi lesquels on distingue un tableau de fleurs, un autre de fruits, et une bacchanale de l'école française ; une Kermesse, et une marche de Bacchus dans l'Inde, de l'école flamande; et de l'école italienne, une superbe Vénus, désarmant l'Amour, de grandeur naturelle.

» Les amateurs y trouvent toutes les facilités pour prendre des notes ; on leur fournit, à ce sujet, encre, plumes et papiers. »

Le premier bibliothécaire (an IV-an VII) Muraire-Raynaud dressa le catalogue qui porte pour titre : « Catalogue des livres de la bibliothèque centrale du département de la Charente-Inférieure, rédigé par le citoyen Muraire, américain. Saintes, l'an VIII de la République » 4 vol. in-fo, ms. En 1803, il comptait 54 ou 55,000 volumes ; ce chiffre est notablement exagéré: car, en 1804, une note indiquait seulement 22,647, et en 1846, il n'y en avait plus que 20,000. Ces diminutions là sont constatées partout : à La Rochelle, à Niort, à Bordeaux, pour ne parler que des villes voisines. Il y avait eu d'abord des restitutions aux émigrés : le marquis de Montazet, l'abbé de Rupt, Carré, de Sainte-Gemme et Pierre de Bremond d'Ars, etc. (Voir *Rapport*, p. 14); puis il y eut pillage. Quand l'école centrale, fondée le 2 brumaire an IV (25 octobre 1796), supprimée le 24 vendémiaire an XI (16 octobre 1802), redevint collège, la bibliothèque, qui était restée quelque temps dans les bâtiments, fut transportée dans les greniers de la sous-préfecture, ancien évêché, où elle resta jusqu'en 1816; et chacun put y prendre des volumes qu'il oublia d'y remettre. Enfin Philippe Lemayeur, qui, le 10 avril 1804, était devenu bibliothécaire de la bibliothèque communale à la place de Muraire (il fut remplacé par l'abbé Petit, principal du collège), n'est pas à l'abri de soupçons. Destitué le 2 mai 1807, pour avoir cessé de mériter la confiance « par l'irrégularité de

sa conduite nouvellement connue et dénoncée à l'opinion publique »,
il fut impliqué dans une affaire d'escroquerie (1). D'après cela, je ne
crois pas qu'au moment de l'incendie la bibliothèque eut beaucoup
plus de 22,000 volumes. Combien en a-t-elle aujourd'hui?
Le total des ouvrages peut être fait exactement ; celui des volumes
ne peut l'être qu'approximativement. En effet, un volume contient
souvent plusieurs ouvrages, sans compter les recueils factices ; d'autre part, on ne peut dire combien auront de volumes les périodiques, revues, journaux, non encore reliés ; puis est-ce un volume
qu'un mince ouvrage de quatre ou six pages ? Mais, j'estime qu'avec
ses 10,151 numéros, la bibliothèque renferme bien 25,000 volumes.
Dans ce nombre 7,066 volumes viennent de l'ancien fonds et ont été
sauvés des flammes ; 4,000 ont été achetés au moyen de 20,000 francs
mis par le conseil municipal à la disposition du comité d'inspection
et d'achat (2) et pris sur l'indemnité de 55 mille donnés à la ville par
la compagnie qui assurait la bibliothèque pour 75,000 fr., et aussi à
l'aide d'une allocation annuelle de 500 fr., qui était de 1,000 fr. avant
l'incendie, qui est de 800 fr. en 1885. Les bienfaiteurs et donateurs
dont les noms figurent dans mon *Rapport*, p 35-49, ont fait le reste,
soit 14,000 volumes. Epaves, dons ou achats, ces livres offrent déjà
une importante collection. Trois déménagements valent, dit-on, un
incendie ; la nôtre a subi plus des trois déménagements règlemen-

---

(1) Voir un placard imprimé: « Extrait de l'arrêt rendu par la cour criminelle
du département de la Charente-Inférieure, le 29 mai 1807, contre Jean Borde,
meunier au village du Pin, commune de Tesson, appelant d'un jugement du tribunal de police correctionnelle de l'arrondissement de Saintes, du 2 du même
mois, qui le condamne conjointement et solidairement avec François Hervé à la
restitution d'une somme de 1,200 fr. qu'il a reçue de Jean Lataste fils, conscrit
de l'an neuf, sous l'espoir de lui faire obtenir son congé de réforme ; et 500 fr.
d'amende... François Hervé, garçon de bureau à la bibliothèque, âgé de 37 ans.
Borde avait donné 200 fr. à Hervé ; 500 à Lemayeur... Borde, Hervé et Lemayeur
ont assisté à ces orgies dans lesquelles une partie de l'argent a été dépensée...
Signé : Briault, président ; Dangibeaud, Hardy et Patron, juges ; Roussel, greffier. »

(2) Le comité d'inspection nommé par le maire, approuvé par le ministre de
l'instruction publique, était alors composé de MM. Jules de Clervaux, Philippe
Geay-Besse, Emile Giraudias, Frédéric Mestreau, Louis Audiat, bibliothécaire.
Il l'est aujourd'hui de MM. Paul Brunaud, Meigné, Poitiers, Rondelaud et Vanderquand.

taires et en outre l'incendie, si bien que c'est un bonheur inespéré qu'il reste encore des livres, plus même qu'avant les flammes de 1871 (1). Les raretés bibliographiques y sont assurément moindres que jadis, et les archives de la mairie sont irrémédiablement perdues (2); mais elle est plus à la portée de tous ; plus utile aussi pour les travailleurs qui viennent de loin y puiser. Le jour où le conseil municipal consacrera aux livres les 35,000 autres francs qui restent encore de l'indemnité pour les livres brûlés, et les logera dans un local suffisant, convenable et à l'abri du feu, il y aura une bibliothèque assez belle pour que Saintes n'ait rien à envier sous ce rapport à des villes même plus peuplées.

*
* *

En attendant, ce catalogue servira à nous faire connaître les ressources de ce dépôt; c'est la pensée qui a inspiré le comité d'inspection et le conseil municipal. Ils ont voulu mettre promptement le public à même de savoir ce que contenait la bibliothèque et de s'en servir.

Un catalogue est ordinairement une classification méthodique des ouvrages, sous quelques grandes divisions, arts, sciences, lettres, histoire, théologie, jurisprudence, et leurs subdivisions. On ne trouvera ici qu'une liste par ordre alphabétique. Le comité a décidé

---

(1) Lettre du ministre de l'intérieur au préfet de la Charente-Inférieure : « Paris, 13 décembre 1871. — Monsieur le Préfet, dans votre rapport du 17 novembre sur l'incendie des archives communales de Saintes, vous vous plaisez à constater le dévoûment que M. Audiat, archiviste de la ville, a montré pendant ce regrettable sinistre. Je vous prie de transmettre de ma part à ce zélé fonctionnaire les félicitations qui lui sont dues pour sa belle conduite. Recevez... »

(2) Ajoutons que l'avertissement a été salutaire à un point de vue ; on a compris la nécessité de publier, pour les sauver à jamais, les pièces manuscrites. Il s'est presque aussitôt formé une société des *Archives historiques de la Saintonge et de l'Aunis*, qui en onze ans a publié déjà dix-huit volumes grand in-8, tous relatifs à l'histoire du pays, dont treize ne sont composés que de documents inédits. J'ai considéré comme le complément indispensable de la reconstitution de la bibliothèque et des archives de la ville de Saintes, la création de cette société qui compte aujourd'hui plus de 440 membres et a déjà un capital de dix mille francs, ce qui lui permettra bientôt d'imprimer régulièrement deux volumes par an.

qu'il serait fait ainsi, afin de hâter l'impression et aussi de ne pas trop dépenser. La même raison d'économie a obligé à abréger les titres des ouvrages. Ce volume ne réalisera pas l'idéal du genre ; mais bien qu'il ne soit pas conforme au type généralement adopté, il aura pourtant son utilité et rendra des services, en stimulant le goût des études sérieuses ; plus tard on achèvera l'œuvre commencée et l'on fera mieux.

Je ne me suis pas même astreint rigoureusement à l'ordre alphabétique, pour certains ouvrages au moins, anonymes ou collectifs. Les publications des sociétés savantes par exemple s'appellent *Annales, Bulletins, Mémoires, Recueils.* A quelle lettre les chercher ? Je les ai mises presque toujours au nom de la ville qui les édite. De même les pièces de procès ont pour titres : *Appel, Factum, Mémoire, Réponse, Réplique;* on les trouvera au nom soit du demandeur, soit du défendeur. Ainsi des règlements, statuts, arrêtés pour diverses associations sont inscrits sous le nom de la ville ; ainsi beaucoup de brochures sont rangées sous l'étiquette *Phylloxéra, Thèses,* etc.; cette disposition facilite un peu les recherches et aussi diminue l'épaisseur de ce volume déjà bien gros.

Si je n'ai pas catalogué les doubles, ce qui en eût encore augmenté les feuilles, j'ai dû décrire sommairement les manuscrits d'ailleurs peu nombreux et peu importants. On en lira la liste, p. 696. Mais outre ces manuscrits proprement dits, il y a à la bibliothèque une quantité assez considérable de pièces : 600 environ du XIIᵉ au XVIIᵉ siècle relatives à Saintes, Saint-Jean d'Angély, La Rochelle, Rochefort, Cognac, Angoulême; 600 au moins du XVIIᵉ au XVIIIᵉ et XIXᵉ siècle, contrats, baillettes, pièces de procédures, pièces de tous genres et de toute nature; enfin une grande partie des papiers de Léon de Beaumont, légués par Hippolyte Le Gardeur de Tilly, décédé le 7 juin 1885, bref de quoi fournir la matière d'un second volume. Et il fallait s'arrêter au premier.

*
* *

J'aurais bien voulu aussi indiquer à chaque ouvrage le nom du donateur, marquer d'un signe ceux qui appartiennent particulièrement à la bibliothèque saintongeaise, collection commencée, qui a grand besoin d'accroissement, expliquer le système que j'ai suivi et donner quelques indications au lecteur, lui dire, par exemple, que j'ai traduit les noms latins en français, *Vignœus* par *Desvignes*, *Quercetanus* par *Duchesne*, et attribué aux auteurs les ouvrages anonymes quand je l'ai pu; j'aurais voulu faire la liste des incunables, des collections importantes, des éditions rares ou principalement remarquables, décrire les belles reliures et les armoiries qui y sont gravées, des Médicis, de Thou, d'Etampes-Valençay, La Rochefoucaud, Amboise, duchesse d'Angoulême; j'aurais voulu... Ai-je seulement bien rempli ma mission? Malgré le soin apporté à ce labeur assez ingrat, malgré le temps qu'il m'a coûté pour faire ou réviser les fiches, pour corriger sur les ouvrages eux-mêmes, il y a bien des fautes ; j'en connais, j'en constaterai encore. Ce n'est pas une besogne aisée que de reconstituer une bibliothèque, de réparer les désastres de l'incendie et en même temps de classer sur des rayons, trop souvent absents, des milliers de volumes obtenus à force de demandes et d'obsessions, puis de les inscrire et décrire. On me pardonnera donc les erreurs échappées à l'attention et à l'humaine faiblesse, surtout en songeant que, selon l'expression d'un de mes confrères, Delayant, tout ce travail « a été fait sans interrompre d'une heure mon service public. Je n'ai eu, ni pu avoir ici d'autre désir que d'être utile, et je n'y ai pas épargné ma peine. »

Saintes, juillet 1885.

CATALOGUE

DE

LA BIBLIOTHÈQUE

DE LA

VILLE DE SAINTES.

A

1. **Abat** (Le P. Bonaventure). *Amusemens philosophiques sur diverses parties des sciences.* Amsterdam et Marseille, Mossy, 1763, in-8, xxxii-564 pages, 4 planches.

2. **Abauzit.** *Réflexions impartiales sur les évangiles.* Londres, 1773, in-8, 188 p.

3. **Abbadie** (Jacques). *L'art de se connaître soi-même.* La Haye, J. Neaulme, 1749, in-12, xvi-428 p.

4. —— *Traité de la vérité de la religion chrétienne.* La Haye, J. Neaulme, 1750, in-12, 3 vol.

5. *Abbé* (*l'*) *Fayet.... cardinal, archevêque de Rouen.* Paris, Vaton, 1841, in-8, 95 p.

6. Abbeville. *Mémoires de la société d'émulation.* Abbeville, impr. Boulanger, 1836-69, in-8, 10 vol.

7. **Abbon.** *Siège de Paris par les Normands.* (Collection Guizot, tome VI).

8. *Abeille* (*l'*), *almanach rural.* Paris, Lachaud, 1872-75, in-12, 4 vol.

9. **Abélard** (Pierre). *Petri Abelardi et Heloïsæ conjugis ejus... opera, studio ac diligentia Andreæ Quercetani.* Parisiis, Nicolai Buon, in-4, 1197 p., table.

10. **Abelly** (Louis). *Sacerdos christianus.* Parisiis, Michallet, 1671, in-12, 453 p.

11. —— *Défense de la hiérarchie de l'Eglise.* Paris, Georges Josse, 1659, in-4, 186 p., table.

12. **About** (Edmond). *Rome contemporaine.* Paris, Lévy, 1861, in-8, IV-370 p.

13. —— *Germaine.* Paris, L. Hachette, 1857, in-12, 318 p.

14. *Abrégé de la vie de sainte Eustelle, avec un mémoire très exact de la translation du chef de saint Eutrope.* S. l. n. d. (178.?), in-12, 24 p.

15. *Abrégé du recueil des actes, titres et mémoires concernant les affaires du clergé de France.* Paris, Duprez, 1752, in-fol., 1 vol., 1573-168 p.

16. **Aboul Hhassan Ali.** *Traité des instruments astronomiques des Arabes, traduit de l'arabe par J.-J. Sédillot.* Paris, imp. royale, 1834-1835, in-4, 2 vol. 38 planches.

17. **A. C.** *De la Liberté.* Paris (sans nom), 1654, in-4, 212-12 p.

18. Académie de médecine. *Mémoires.* Paris, J.-B. Baillière, 1845-1857, in-4, 11 vol.

19. Académie des inscriptions et belles lettres. *Mémoires présentés par divers savants.* Paris, imprimerie royale, 1844-1865, in-4, 17 vol.

20. Académie des inscriptions et belles lettres. *Histoire et mémoires.* Paris, imprimerie royale, 1736-1881, in-4, 51 vol.

21. Académie des inscriptions. *Notices et extraits des manuscrits de la bibliothèque nationale.* Paris, imprimerie nationale, 1858-81, in-4, 24 vol.

22. Académie des sciences. *Mémoires depuis son établissement en 1666 à 1769.* Paris, G. Martin, 1733-1747, in-4, 82 vol.

23. Académie des sciences. *Mémoires.* Paris, Firmin Didot, 1870-1879, in-4, 4 vol.

24. Académie des sciences. *Comptes rendus.* Tomes : 22-88. Paris, Bachelier, 1846-1880, in-4, 68 vol.

25. Académie des sciences. *Mémoires présentés par divers*

savants. Sciences mathématiques et physiques. Paris, imprimerie nationale, 1872, in-4, 6 vol.

26. Académie des sciences. *Recueil de mémoires, relatifs à l'observation du passage de Vénus sur le soleil.* Paris, Firmin Didot, 1878-1880, in-4, 4 volumes.

27. Académie des sciences. *Rapports sur les travaux géodésiques en Algérie; projets de mer intérieure.* Paris, imprimerie Gauthier-Villars, 1877, in-8, 20 p.

28. Académie des sciences morales et politiques. *Mémoires des savants étrangers.* Paris, Didot, 1837-1872, in-4, 15 vol.

29. Académie française. *Recueil des discours, rapports et pièces diverses de 1803-1870.* Paris, Didot, 1847-1866, in-4, 10 vol.

30. *Académie universelle des jeux.* Paris, Th. Legras, 1730, in-12, 710 p.

31. **Acarq** (d') *Discours pour sa réception à l'académie de La Rochelle.* Amsterdam, 1763, in-8, 38 p.

32. **Accum.** *Traité de l'éclairage par le gaz,* tr. de l'anglais par Winsor. Paris, Winsor, 1816, in-8, vi-176 p.

33. **Accum et Parkes.** *Manuel de chimie amusante,* tr. de l'anglais, par G. Riffault. Paris, Roret, 1829, in-8, 321 p. avec planches

34. **Achard** (Amédée.) *Les femmes honnêtes.* Paris, M. Lévy, 1863, in-12, 336 p.

35. —— *Album de voyage.* Paris, L. Hachette, 1865, in-12, 403 p.

36. **Achard** (A.-J.) *Instruction sur la culture et la récolte des betteraves.* Paris, Testu, 1811, in-8, vii-84 p.

37. **Achéri** (le P. Luc D'). *Veterum aliquot scriptorum spicilegium.* Parisiis, Car. Savreux, 1665, in-4, 13 vol.

38. **Achintre** (A.) *Portraits et dossiers parlementaires du premier parlement du Québec.* Montréal, typ. Duvernay, 1871, in-8, 132-xxix p.

39. **Acosta** (Jérome). *Histoire de l'origine et du progrès des revenus ecclésiastiques.* Francfort, F. Arnaud, 1691, in-12, 386 p. avec table,

40. *Acta concilii provinciæ Burdigalensis in civitate Aginnensi anno Dni* MDCCCLIX *celebrati.* Aginni, typis Noubel, 1860, in-8, xviii-169 p.

41. *Acta concilii provinciæ Burdigalensis Petrocoræ celebrati anno Dni 1856.* Petrocoræ, typis Lavertujon, 1868, in-8, xix-99 p.

42. *Acta concilii provinciæ Burdigalensis Pictavis celebrati anno Dni* MDCCCLXVIII. Pictavii, typ. Henr. Oudin, 1869, in-8, xxiii-154 p.

43. *Acta primi concilii Pisani et concilii Senensis*..... Lutetiæ Parisiorum, 1612, in-4, 72-206-168 p.

44. *Acta concilii provincialis Cameracensis.* Montibus, typ. de La Roche, 1686, in-12, 178-32 p. avec table.

45. *Acta concilii Tridentini.* Parisiis, ex officina Reginaldi Calderii, 1546, in-12, non paginé.

46. *Acta ecclesiæ Mediolanensis.* Mediolanensis, P. Pontium, 1582, in-folio, 354 p.

47. *Acta ecclesiæ Mediolanensis, sive sancti Caroli Borromœi instructiones et decreta.* Parisiis, J. Jost, 1643, in-folio, 515-140 p.

48. *Acta synodalia Osnabrugensis ecclesiæ ab anno Christi* MDCXXVIII. Coloniæ Agrippinæ, apud Jodocum Kalcovium, 1652, in-folio, 356 p., avec index.

49. *Acta synodi nationalis,*..... *Dordretchi habitæ anno 1618 et 1619.* Lugduni Batavorum, Isaaci Elzeviri, 1620, in-folio, 359-252 p.

50. *Acta inter Bonifacium VIII, Benedictum XII, Clementem V, PPP, et Philippum Pulchrum regem christianissimum.*... 1614, in-12, 181 p.

51. *Actes d'appels interjetés au futur concile général par la sacrée faculté de théologie de Paris,... de la constitution Unigenitus...Mandements des évêques d'Angoulême, Tours...* Paris, J.-B. Delespine, 1718, in-4.

52. *Actes de la conférence tenue à Pau en Béarn.* Tolose, imp. Colomiez, 1620, in-4, 476 p., index.

53. *Actes de l'assemblée générale du clergé de France de 1681 et 1682 pour la régale.* Paris, Frédéric Léonard, 1682, in-4, 79 p.

54. *Actes de l'assemblée générale du clergé de France sur la religion.* Paris, imp. Guillaume Després, 1765, in-12, 281 p.

55. *Actes du clergé de France de* M.DC.LXXXIII *sur l'affaire de Toulouse et de Pamiez.* Paris, Fréd. Léonard, 1682, in-16, 92 p.

56. *Actes* (*les*) *des apôtres* (*par Pellier, Mirabeau jeune, Champcenetz, Suleau et autres*). Paris, l'an de la liberté 0, (1789-1792), 8 vol. in-8.

57. *Actes du congrès de vignerons français, 3° session.* Marseille, imp. Massy, 1844, in-8, xvi-224 p.

58. **Adam** (Adolphe). *Souvenirs d'un musicien.* Paris, M. Lévy, 1857, in-12, liv-266 p.

59. **Adam** (Charles). *La guerre d'Italie.* Bordeaux, C. Bassin, 1859, in-8, 2 vol.

60. [**Adam** (l'abbé?)] *L'avocat du diable ou mémoire... sur le pape Grégoire VII, avec des mémoires sur la bulle de canonisation de Vincent de Paul.* Saint-Pourçain, Tansin, 1743, in-12, 3 vol.

61. **Adam de la Halle.** *Œuvres complètes* (poésie et musique), *publiées par E. de Coussemaker.* Paris, A. Durand, 1872, in-8, lxxiv-440 p.

62. **Adisson.** *The spectator.* London, R. Tonson, 1767, in-12, 7 vol.

63. —— *Le spectateur.* Amsterdam, Wetsteins 1741, in-12, 6 vol.

64. *Adresse du corps administratif du département de la Charente-Inférieure aux districts et municipalités.* La Rochelle, P.-L. Chauvet, 1790, in-4, 7 p.

65. **Adreval, Aimoin, André.** *Les miracles de saint Benoît, publiés par E. de Certain.* Paris, veuve Renouard, 1858, in-8, xl-390 p.

66. **Adville** (Victor). *Notice sur l'abbé J.-H.-R. Prompsault.* Pons-Saint-Esprit, Gros frères, 1862, in-8, 175 p.

67. —— *Journal professionnel d'un maître de pension de Paris au xviii° siècle.* Pont-l'Evêque, imp. Ch. Delahaie, 1868, in-8, 37 p.

68. *Ad virum nobilem. De cultu Confucii philosophi et progenitorum apud Sinas.* Leodii, 1700, in-12, 47-38 pages.

69. *Affaire d'avril 1834.* Paris, dépôt central de la librairie, 1835, in-4, 179 p.

70. *Affaire de La Rochelle* (*213 prévenus de meurtre, pillages, menaces, etc.*) Poitiers, imp. F.-A. Saurin, 1839, in-4, 59 pages.

71. *Affaire de MM. Petit et Robert contre M. le baron Eschasseriaux.* Poitiers, typ. Oudin, 1866, in-4, 64-31 p.

72. *Affaires étrangères. Documents diplomatiques, 1866, 1867.* Paris, imp. impériale, 1866-1867, in-4, 2 vol.

73. *Affiches des provinces de Saintonge et d'Angoumois.* La Rochelle, imp. de P.-L. Chauvet, 1787, in-8, 1 vol.

74. *Affiches, annonces... de La Rochelle.* La Rochelle, Vincent Cappon, an VII, in-4, 16 numéros.

75. *Affiches de Saint-Jean-d'Angély, Charente-Inférieure, 1823, 1824, 1825, 1826, 1827, 1828.* Saint-Jean-d'Angély, imp. veuve Lacurie, in-8, 6 vol.

76. **Africain** (Jules). *Historiæ apostolicæ ex Abdia Bab. libri decem. Item Severi Sulpicii rethoris de vita divi Martini libri tres* (le titre manque). S. l. n. d., in-8, 220 p.

77. **Agar** (C.-H. d'). *Manuel alphabétique des droits réunis.* Paris, J. Smith, 1813, in-8, 460 p.

78. **Agnès** (R.). *L'occupation allemande à Orléans* (1870-1871). Orléans, imp. Morand, 1871, in-4, 8 p.

79. **Agnés de Navarre-Champagne.** *Poésies,* Paris. Aug. Aubry, 1856, in-8, XLI-68 p.

80. **Agobard** (Saint). *Opera.* Paris, Dionysius Duvallius, 1605, in-8, 430 p., synopse.

81. [**Agreda** (Marie d').] *La cité mystique de Dieu,* tr. de l'espagnol par le P. Thomas Croset. Bruxeles, F. Foppens, 1717, in-12, 8 vol.

82. *Agriculture française, par MM. les inspecteurs de l'agriculture. Le département de l'Isère.* Paris, imp. royale, 1848, in-8, 382 p.

83. **Agrippa** (Henri-Corneille). *Opera.* Lugduni, Beringos fratres, 1600, in-8, 440 p., index, 480-264 p.

84. —— *Sur l'incertitude aussi bien que la vanité des sciences et des arts.* Tr. par M. de Gueudeville. Leiden, Théodore Haak, 1726, in-12, t. 3e.

85. **Aguesseau** (d'). *Œuvres.* Paris, libraires associés, 1759-1783, in-4, 11 vol.

86. **Aguierre** (Joseph Saenz d'). *Auctoritas infaillibilis et summa cathedræ S. Petri.* Salmaticæ, Lucam Perez, 1683, in-8, 544 p.

87. [**Agut.**] *Histoire des révolutions de Macon sur le fait de la religion par M. D****. Avignon, Domergue, 1760, in-8, 328 p.

88. *A history of England, in a series of letters from a nobleman to his son*. Paris, Théophile Barras, 1802, in-18, 2 vol.

89. **Aignan.** *Bibliothèque étrangère d'histoire et de littérature ancienne et moderne*. Paris, Ladvocat, 1823, in-8, 3 vol.

90. **Aigueperse** (P.-G.). *Les divers genres de célébrités de l'Auvergne*. Clermont-Ferrand, imp. Thibaut-Landriot, 1831, in-8, 76 p.

91. **Aimé.** *L'Ystoire de li Normant et la chronique de Robert Viscart, publiées... par M. Champollion-Figeac*. Paris, J. Renouard, 1835, in-8, cvii-370 p.

92. *Airs variés : clarinette, grosse caisse...*, in-4, 17 fascicules.

93. *Airs variés : Alto, basse, violon*. In-4, 4 vol.

94. *Aix. Séance publique annuelle de l'académie des sciences agriculture, arts et belles lettres d'Aix. Mémoires*. Aix, imp. veuve Tavernier, 26 fascicules et 1 vol. in-8, 1816-1878.

95. **A. L.** *Deux humilités illustres: l'abbé Gorini; le curé d'Ars*. Paris, Laroche, 1867, in-12, 125 p.

96. **Alamanni** (L.) *La coltivazione e gli épigrammi*. Venise, Remondini, 1751, petit in-4, 100-195 p.

97. *A la mémoire de l'impératrice Alexandra Feodorovna*. Paris, Gide, 1861, in-4, 62 p.

98. **Albani** (Giles). *Augustinus Iprensis vindicatus*. Romæ, typ. cameræ apostolicæ, in-4, 1711, 516-8 p., table.

99. **Alberoni** (Jules). *Testament politique... tr. de l'italien par le C. de P. B. M. Lauzanne, M. Bousquet, 1753, in-12, xx-328 p.

100. **Albert d'Aix.** *Histoire des croisades*, 2 vol. (Collection Guizot, tomes 20 et 21).

101. **Albert** (Paul). *La littérature française au xviiᵉ siècle*. Paris, Hachette, 1873, in-12, 467 p.

102. **Albert.** *Tres et viginti libri in locos lucubrationum variarum. D. Erasmi Rhoterdami...* Venetiis, Lucæ Antonii Junte, 1531, in-fol., index, 193 fol.

103. **Albert le Grand** (saint). *Opera, studio Petri Iammy in lucem edita*. Lugduni, Claudi Prost, 1651, in-fol., 21 vol.

104. Albert-Vieuille. *A juger... pour Joseph Jean, M. et M. Albert..., contre M. Pierre Vieuille, lieutenant en l'élection de ladite ville de Saintes.* In-4, plano.

105. **Albrier** (Albert). *Le colonel baron Martenot de Cordoux. Notice biographique.* Dijon, impr. Rabutot, 1867, in-8, 28 p.

106. —— *Les maires de la ville d'Arnay-le-Duc* (1596-1867). Dijon, impr. Rabutot, 1868, in-8, 88 p.

107. —— *Notice sur la famille Nadaud.* Limoges, impr. de Chapoulaud, 1861, in-8, 20 p.

108. —— *Henry de Ferry.* Dijon, imp. Rabutot, 1870, in-8, 14 p.

109. —— *Le comte de Rambuteau.* Dijon, imp. Rabutot, 1869, in-8, 8 p.

110. —— *Madame Nadaud de Buffon.* Imp. Jobart, 1869, in-12, 4 pages.

111. —— *M. Le Maistre.* Dijon, imp. Rabutot, 1870, in-8, 8 p.

112. **Albrier** (Albert) et **Beauchet-Filleau**. *Notice sur la noblesse de Poitou aux états de Bourgogne.* Poitiers, imp. Dupré, in-8, 10 p.

113. *Album international des villes d'eaux.* Paris, imp. L. Guérin, 1875, in-4, 484 p.

114. **Alcan** (M^el). *Traité du travail des laines peignées.* Paris, J. Baudry, 1873, in-8, XII-679 pages et atlas.

115. **Alciat** (André). *Emblemata...* Paris, Jean Richer, 1608, in-8, 999 p.

116. —— *Paradoxorum, dispunctionum, de eo quod interest, prætermissorum libri...* Lyon, Seb. Gryphus, 1543, in-folio, 264 p., table.

117. —— *De verborum significatione libri quatuor.* Lugduni, Sebast. Gryphus, 1542, in-folio, 275 p., table.

118. **Alciphron.** *Lettres grecques,* tr. par Stéphane de Rouville. Paris, Rouquette, 1874, in-18, 147 p.

119. **Alcuin.** *Opera... edita studio et diligentia Andreæ Quercetani.* Paris, Sebastiani Cramoisy, 1617, folios préliminaires 1396 col., index.

120. —— *De fide sanctæ et individuæ Trinitatis libri tres,* Franco fortium, apud Christianum Egenolphum, 1555, in-8, index, 210 fol.

121. **Alegambe** (Le P. Philippe). *Heroes et victimæ charitatis societatis Jesu.....* Romæ, typ. Varesii, 1658, in-4, 568 p.

122. **[Alegre** (le P. d')]. *Sermons nouveaux.* Avignon, Louis Chambeau, 1764, in-12, 3 vol.

123. **Aleman** (Mathieu). *Histoire de l'admirable don Guzman d'Alfarache.* Genève, J. Dentand, 1695, in-12, 4 vol.

124. **Alexandre** (le P. Noël). *Dissertatio polemica de confessione sacramentali.* Parisiis, apud viduam Joannis du Puis, 1678, in-8, 256 p.

125. —— *Theologia dogmatica et moralis secundum ordinem catechismi concilii Tridentini.* Parisiis, apud Antonium Dezallier, 1714, in-8, 2 vol.

126. —— *Apologie des dominicains missionnaires de la Chine.* Cologne, Corneille d'Egmond, 1699, in-12, 503 p., table.

127. —— *Conformité des cérémonies chinoises avec l'idolâtrie grecque et romaine. — Item. [Sept] Lettres sur les cérémonies de la Chine.* Cologne, Corneille d'Egmond, 1700, in-12.

128. —— *Institutio concionatorum tripartita.* Parisiis, apud Joannem Anisson, 1702, in-8, 748 p.

129. —— *Historia ecclesiastica veteris novique testamenti.* Paris, Ant. Dezallier, 1699, in-fol., 8 tomes en 7 vol.

130. **Alexandre** (C.).— *Dictionnaire grec-français.* Paris, L. Hachette, 1868, in-8.

131. **Alexandri ab Alexandro.** — *Genialium dierum libri sex.* Parisiis, apud collegium Sorbonæ, 1532, in-8, 194 fol.

132. **Alexio a Massalia.** — *Diatriba de mutuo.* Lugduni Batavorum, Joannis Maire, 1640, in-12, 202 p.

133. Alexis de Blaye. *Mémoire pour le R. P. Alexis de Blaye appelant comme d'abus d'un bref de cour de Rome... contre le père Ignace Taffard... intimé sur ledit appel.* Sans nom ni lieu (1756), petit in-fol., 34 p.

134. **Alibert** (J.-L.). *Nouveaux élémens de thérapeutique.* Paris, Crapart, 1808, in-8, 2 vol.

135. **Alix** (A.-L.-F.). *Précis de l'histoire de l'empire Ottoman.* Paris, F. Didot, 1822, in-8, 3 vol.

136. **Alissan de Chazet.** *Des mœurs, des lois et des abus, précédés de la vie de M. de Montyon.* Paris, Ch. Gosselin, 1829, in-8, xcii-187 p.

137. **Allain**. *Devoirs et fonctions des aumoniers, des évesques...* Paris, Florentin et Pierre Delaulne, 1701, in-12, table 182-231 p.

138. **Allacci** (Léon). *De ecclesiasticis libris Grecorum dissertationes duæ.* Parisiis, Sebastiani Cramoisy, 1645-1646, in-4, 351-185 p. index.

139. **[Allamand]**. *L'anti-Bernier, ou nouveau dictionnaire de théologie.* 1770, in-8, 2 vol.

140. **Allard** (E.). *Création d'un port d'escale, dans la rade de l'île d'Aix.* Rochefort, imp. Ch. Thèze, 1876, in-8, 19 p.

141. **Alleau**. *Quelques principes de distillation.* Saint-Jean-d'Angély, lith. Saudau, 1837, in-8, 26 p.

142. **[Alletz** (Pons-Aug.)]. *Dictionnaire portatif des conciles.* Paris, Nyon, 1764, in-8, 751 p. avec table.

143. —— *Dictionnaire théologique portatif, contenant l'exposition et les preuves de la révélation.* Paris, Didot, 1756, in-8, 677 p.

144. —— *L'art d'instruire et de toucher les âmes dans le tribunal de la pénitence.* Paris, Bailly, 1770, in-12, 2 vol.

145. —— *L'art de toucher le cœur dans le ministère de la chaire.* Lyon, Bruyset, 1783, in-12, 3 vol.

146. **Allier** (Achille). *L'ancien Bourbonnais.* Moulins, Desrosiers, 1833-1838, in-fol., 2 vol. et 1 atlas.

147. **Allies** (F.). *Le phylloxera.* Marseille, Marius Olive, 1876, in-8, 45 p.

148. **Allot** (Guillaume). *Thesaurus bibliorum.* Lugduni, Ludovici Ganaræi, 1583, in-8, index, 418 fol., index.

149. **Allou** (Edouard). *Plaidoirie pour M. Lefebvre-Duruflé.* Paris, imp. J. Boyer, 1874, in-4, 50 p.

150. **Allou** (C.-N.). *Description des monuments de la Haute-Vienne.* Paris, Igonette, 1821, in-4, x-372 p.

151. **Allut** (le pasteur Jean). *Cri d'alarme.* 1712, in-12, 331 p.

152. —— *Quand vous aurez saccagé, vous serez saccagés...* 1714, in-12, 117 p.

153. *Almanach-annuaire de l'arrondissement de Saint-Jean-d'Angély, pour l'année 1867.* Saint-Jean-d'Angély, Eug. Lemarié, 1867, in-12, xxiv-36 p.

154. *Almanach-annuaire de La Réole, 1ʳᵉ année.* Sauveterre de Guienne, J. Chollet, 1867, in-12, 140 p.

155. *Almanach d'Aunis et de Saintonge, 1877.* La Rochelle, imp. A. Siret, 1877, in-18, 47 p.

156. *Almanach de Cognac, 1859, 1860.* Cognac, imp. Durosier, 1859-1860, in-8, 2 vol.

157. *Almanach de France, publié par la société nationale.* Paris, A. Desrez, 1835-1869, in-32, 17 vol.

158. *Almanach des Français, pour l'an second de la République.* Angoulême, P. Broquisse, 2ᵉ année républ., in-12, 24 p.

159. *Almanach... de maître Jacques, pour l'année 1877, 1878, 1879.* Saintes, impr. P. Orliaguet, 1877-1879, in-12, 3 vol.

160. *Almanach de la littérature, du théâtre et des beaux-arts, avec une histoire littéraire de l'année, par M. Jules Janin.* Paris, Pagnerre, 1854-1867, in-12, 2 vol.

161. *Almanach de l'archéologue français.* Caen, imp. Le Blanc-Hardel, 1865-1868, in-12, 4 vol.

162. *Almanach de la musique.* Paris, Alf. Kelmer, 1867, 2 v.

163. *Almanach de la paix pour l'année bissextile 1872.* Paris, Pichon, 1872, in-12, 64 p.

164. *Almanach de Saintes.* Saintes, Hus, 1825-1882, in-12, 49 vol.

165. *Almanach des muses de l'école centrale du département des Deux-Sèvres.* Niort, E. et P. Dépierris, 1797, in-12, 159 p.

166. *Almanach des muses pour 1786.* Paris, Delalain, 1785, in-12, 286 p.

167. *Almanach des renseignements utiles.* Surgères, imp. J. Tessier, 1875-1876, 2 vol. in-12.

168. *Almanach du clergé de France.* Paris, Gaume frères, 1820-1853, in-8, 17 vol.

199 *Almanach paroissial.* Rochefort, imp. Ch. Thèze, 1860-1870, in-18, 11 vol.

170. *Almanach royal.* Paris, 1759-1866, in-8, 70 vol.

171. *Almanach vinicole et commercial des deux Charentes.* Cognac, Noguès, 1869, in-12, 47 p.

172. **Aloncle** (A.-F.). *Renseignements sur l'artillerie navale de l'Angleterre et des Etats-Unis.* Paris, Arthus Bertrand, 1865, in-8, 246-130 p., avec planches.

173. **Aloncle** (A.-F.) *Le canon rayé de Woolwich*. Paris, Arthus Bertrand, in-8, 72 p. avec planches.

174. —— *Etudes sur l'artillerie rayée de marine*. Paris, Arthus Bertrand, in-8, 328 p., avec planches.

175. **Alphonse de Chartres** (le père). *Demonstrationes evangelicæ*. Parisiis, Couterot, 1667, in-4, 857 p., avec index.

176. **Alquié** (F.-S. d'). *Les mémoires de M. de Ville au Levant ou l'histoire curieuse du siège de Candie.* Amsterdam, H. et T. Boom, 1671, in-12, x-453 p.

177. **Alsted** (Jean-Henri). *De manducatione spirituali, transsubstantiatione, sacrificio missæ dissertatio...* Genevæ, typis Matthæi Berjon, in-folio, index, 443 p.

178. —— *Scientiarum omnium encyclopediæ*. Lugduni, Joannis Antonii Huguetan, 1649, 4 tomes en 2 volumes.

179. **Amas** (Alfred). *Bluettes dramatiques*. Marseille, imp. Clappici, 1860, in-8, 13-16-12-42-38 p.

180. **Ambroise** (Saint). *Lettres*, tr. par le P. Duranti de Bonrecueil. Paris, François Mathey, 1741, in-12, 8 vol.

181. —— *Opera, studio monachorum ordinis sancti Benedicti...* Parisiis, Coignard, 1686, in-8, 2 vol.

182. —— *Opera omnia*. (Incomplet.) Basileæ, sumpt. Joannis Froben, 1527, les tomes I, II et III en 1 vol. in-folio.

183. —— SAINT AUGUSTIN, etc. *En habes, lector, ex Ambrosio, Augustino, Lactantio et cæteris...* Basileæe, typ. Robertum Winter, 1542, in-12, 336 p.

184. **Ambrun** (Pierre). *Réponse à l'histoire critique du vieux Testament*, composée par le P. Simon. Rotterdam, Reinier Leers, 1685, in-4, 256 pages.

185. **Amé.** *Etude économique sur les tarifs de douanes*. Paris, Guillaumin, 1860, in-8, viii-540 p.

186. **Ames** (Guil.). *Rescriptio scholastica... de redemptione generali...* Lugduni Batavorum, officina Justi Livii, 1634, 347 p., index.

187. [**Ameline** (Le R. P.)]. *Traité de l'amour du souverain bien...* Paris, Frédéric Léonard, 1699, in-12, 188 p., table.

188. **Amelote** (Le P.). *Vita Jesu Christi*. Parisiis, Muguet, 1670, in-12, 351 p., avec index.

189. **Amelot de La Houssaie.** *Mémoires.* Amsterdam, Zach. Chatelain, 1737, in-12, 3 vol.

190. —— *Réflexions, sentences et maximes.* Paris, E. Ganeau, 1725, in-12, 276 p., avec table.

191. *Ami (L')* de la religion. Paris, Adrien Leclerc, 1814-1862, in-8, 123 vol.

192. **Amiaud** (Albert). *Recherches bibliographiques sur le notariat français.* Paris, Larose, 1881, in-18, xvi-230 p.

193. Amiens. *Mémoires de la société des antiquaires de Picardie. Statuts. Bulletin.* Amiens, imp. Lemer aîné, 1843-1863-1868, in-8, 3 vol., 10 liv.

194. —— *Mémoires de l'académie des sciences, agriculture de la Somme.* Amiens, imp. R. Machat, 1835-1868, in-8, 7 vol.

195. —— *Bulletin des travaux de la société médicale d'Amiens.* Amiens, typ. Alfred Caron, 1863, 1 vol. in-8.

196. **Amiot** (A.). *Leçons nouvelles d'algèbre élémentaire...* Paris, Guiraudet, 1853, in-8, 220 p.

197. **Ammien Marcellin.** *Rerum gestarum quæ extant* M. Boxhorn-zverivs recensuit. Lugduni Batavorum, J. Mair, 1632, in-12, 864 p.

198. **Amolon,** archevêque de Lyon. *Ad Gothescalgum epistola...* Parisiis, Cramoisy fratres, 1649, in-8, index, 85 p.

199. **Ampelius** (Lucius). *Le mémorial,* traduction de Victor Verger. Paris, Pankoucke, 1842, in-8, 96 p. (Voir Censorinus.)

200. **Ampère** (J.-J.). *L'empire romain à Rome.* Paris, M. Lévy, 1867, in-18, 2 vol.

201. —— *L'histoire romaine à Rome.* Paris, M. Lévy, 1866, in-8, 4 vol.

202. —— *Littérature, voyage et poésies.* Paris, Didier, 1850, in-12, 2 vol.

203. **Ampère** (A.-M.). *Mémoire sur quelques nouvelles propriétés des axes permanents de relation des corps.* Paris, Bachelier, 1823, in-4, 80 p.

204. **Amussat** (A.). *Mémoires sur la galvanocaustique thermique.* Paris, libr. Germer-Baillière, 1876, in-4, 126 p.

205. **Amyraut.** *Traité des religions contre ceux qui les esti-*

ment toutes indifférentes. Saumur, Jean Lesnier, 1652, in-4, table, 398 p.

206. **Anacréon.** *Odes,* traduction de Leconte de Lisle. (Voir le volume *Idylles* de Théocrite.)

207. —— *Odes,* traduites en vers par A. Belhomme, et douze odes d'Horace. Paris, Hachette, 1876, in-8, xi-199 p.

208. **Ananie** (Jean d'). *Prœlectiones in decretalium librum quintum.* Lugduni, Senctonios fratres, 1546, in-folio, 279 p.

209. *Analyse de l'évangile,...* par le R. P***, prêtre de l'Oratoire. Paris, Louis Roulland, 1694, in-12, 3 vol.

210. *Analyse des votes des conseils généraux de département.* Paris, imp. royale, 1832-1870, in-4 et in-8, 31 vol.

211. **Anastase le Sinaite.** *Orationes quinque... interprete Francisco Turiano.* (Voir Stevart.)

212. **Andronic.** *Dialogus contra Judæos, nunc primum in lucem editus.* (Voir Stevart.)

213. *Anciens et nouveaux statuts de la ville et cité de Bordeaux.* Bordeaux, Simon Boë, 1701, in-4°, vi-660 p.

214. **Ancre** (Alfred d'). *Silhouettes orientales. Iskenderieh.* Paris, E. Dentu, 1869, in-12, 289 p.

215. **Andelarre** (D'). *Rapport de la commission spéciale d'enquête agricole.* Paris, P. Dupont, 1866, in-4, 29 p.

216. **André** (H.). *Nos maîtres hier,* études sur le progrès de l'éducation... Paris, L. Hachette, 1873, in-8, 459 p.

217. [**André** (L'abbé)]. *La morale de l'évangile.* Paris, Cellot, 1786, in-12, 3 vol.

218. **André** (Jean). *In quartum et in quintum decretalium librum novella commentaria.* Venetiis, Franciscum Franciscium, 1581, in-folio, 2 tomes en un.

219. **André** (Le père). *Essai sur le beau.* Paris, Crapart, 1770. in-12, vii-501 p.

220. **Andrea** (Jean d'). *Casus breves.* Sans lieu ni date, gothique, in-8 non paginé, lettres en couleur.

221. **Andreoli** (E.) et B.-S. LAMBERT. *Monographie de l'église cathédrale Saint-Siffrein de Carpentras.* Paris, Bance, 1862, in-8, 551 p.

222. **Andry** (Claude). *La religion prétendue réformée, dévoilée.* Lyon, Jean Viret, 1706, in-12, 144-27 p.

223. **Anelier** (Guillaume). *Histoire de la guerre de Navarre en 1276 et 1277*, publiée... par Francisque Michel. Paris, imp. impériale, 1865, in-4, xxxi-785 p.

224. **Angelus** (Christoph.). *Status et ritus ecclesiæ græcæ.* Francofurti, Johannis Beijeri, 1655, in-12, index, 195 p.

225. Angers. *Mémoires de la société académique de Maine-et-Loire, de la société industrielle d'Angers, de la société d'agriculture, sciences et arts.* Angers, imp. Cosnier et Lachèse, 1834-1872, in-8, 10 vol. et 70 liv.

226. **Anglus** (Thomas). *Sonus buccinæ, sive tres tractatus de virtutibus fidei et theologiæ.* Parisiis, 1654, in-18, 449 p.

227. **Angoulême** (Charles, duc d'). *Mémoires pour servir à l'histoire de Henri III et de Henri IV.* (Collection Michaud et Poujoulat, t. XI.)

228. Angoulême. *Bulletin de la société archéologique et historique de la Charente.* Angoulême, imp. J. Lefraise, 1846-1870, in-8, 14 vol.

229. —— *Annales de la société d'agriculture... de la Charente.* Angoulême, imp. de A. Nadaud, in-8, 9 livraisons.

230. *Annales politiques et littéraires de la Charente-Inférieure.* Saintes, imp. Mareschal, an 9, in-8, 1 numéro.

231. *Annales de l'abbaye d'Aiguebelle* (1045-1863), par un religieux. Valence, imp. J. Céas, 1863, in-8, 2 vol.

232. *Annales de l'Assemblée nationale.* Paris, imp. Wittersheim, 1871-1876, in-4, 45 vol.

233. *Annales de chimie et de physique.* Paris, 1790-1861, in-8, 48 vol. et 11 livraisons.

234. *Annales de Saint-Bertin et de Metz.* (Collection Guizot, tome IV.)

235. *Annales (Les) de Saint-Bertin et de Saint-Vaast*, suivies de fragments d'une chronique inédite, publiées... par l'abbé C. Dehaisne. Paris, vᵛᵉ Renouard, 1871, in-8, xviii-472 p.

236. *Annales municipales.* Années 1871-1880. Saintes, 1871-1880, in-8, 10 vol.

237. *Annales du Saint-Viatique et de la bonne mort.* Saintes, imp. Hus, 1873, in-8, 4 fascicules.

238. **Annat** (Pierre). *Apparatus ad positivam theologiam me-*

thodicus... Parisiis, Nicolaum Couterot, 1705, in-4, 2 tomes en 1 volume.

239. **Annat** (Le P. François). *La conduite de l'église et du roy,* justifiée dans la condamnation de l'hérésie des jansénistes. Paris, S. Cramoisy, 1664, in-4, 350 p., table.

240. *Annuaire du bureau des longitudes.* Paris, Bachelier, 1837-1850, in-32, 21 vol.

241. *Annuaire-almanach du commerce et de l'industrie* (Didot-Bottin). Paris, F. Didot, 1850-74, in-8, 6 vol.

242. *Annuaire du clergé pour 1844.*

243. *Annuaire du département de la Charente-Inférieure.* Saintes, La Rochelle, an VIII-1873, in-18, in-8, 9 vol.

244. *Annuaire de l'état militaire de France.* Paris, F.-G. Levrault, 1830, in-8.

245. *Annuaire de l'association amicale des anciens barbistes.* Paris, imp. de W. Remquet, 1860-1862, in-8, 9 vol.

246. *Annuaire de la ville de Rochefort.* Rochefort, Faye père et fils, 1822-1828, 2 vol.

247. *Annuaire officiel des courses au trot.* Caen-Paris, 1868-1871, 3 vol. in-18.

248. *Annuaire du cercle des chemins de fer.* Paris, imp. Paul Dupont, 1866-73, in-32, 3 vol.

249. *Annuaire de la marine et des colonies.* Paris, imp. impériale, 1855-1868, in-8, 2 vol.

250. *Annuaire de l'institut des provinces et des congrès scientifiques.* Paris, Derache, 1846, in-12, 3 vol. et 6 livraisons.

251. *Annuaire des fonctionnaires du ministère des travaux publics.* Paris, imp. Dupont, 1870-1872, in-18, 5 vol.

252. *Annuaire des Deux-Mondes.* Paris, bureau de l'annuaire, 1850-1866, in-8, 10 vol.

253. *Annuaire de la société philotechnique.* Paris, Dauvin et Fontaine, 1846-1874, in-12, in-8, 24 vol.

254. *Annuaire-bulletin de la société de l'histoire de France.* Paris, Mᵐᵉ J. Renouard, 1863-1881, in-8, 18 vol.

255. *Annuaire historique,* publié par la Société de l'histoire de France, 1837-186 . Paris, J. Renouard, 1836-1863, in-18, 27 vol.

256. *Annuaire de l'association amicale des anciens élèves de Pons*. Cognac, imp. Durosier, 1862-1872, in-8, 3 vol.

257. *Annuaire du club alpin français*. *Bulletin*, Paris, Hachette, 1874-1876, in-8, 3 vol. et 12 liv.

258. *Annuaire des lettres, des arts et des théâtres, du journal le Constitutionnel*. Paris, Lacrampe, 1846-47, in-8, 500 p.

259. *Annuaire général du clergé de France*. Paris, Adrien Leclère et Cie, 1844, in-12, 1 vol.

260. *Annuaire diplomatique de l'empire français*. Paris, vve Berger-Levrault, 1859-1863, in-12, 3 vol.

261. *Annuaire nécrologique*. Paris, Ponthieu, 1823-1828, in-8, 4 vol.

262. *Annuario pontificio*. Roma, tip. R. C. A., 1863, in-12.

263. *Annuaire statistique de la France*, 4e année 1881. Paris, imp. nationale, 1881, in-8, xxiii-644 p.

264. **Anquetil** (L.-P.). *L'esprit de la ligue*. Paris, Nicolle, 1808, in-12, 3 vol.

265. —— *Histoire de France*. Paris, Garnery, 1813, in-12, 15 vol.

266. —— *L'intrigue du cabinet sous Henri IV et Louis XIII terminée par la Fronde*. Paris, Moutard, 1780, in-12, 4 vol.

267. **Anquetil** (F.-P.) *Questions sur l'astronomie*. Paris, Dondey-Dupré, 1833, in-8, 110 p., avec planches.

268. **Ansart** (André-Joseph). *L'esprit de S. Vincent de Paul*. Paris, Nyon, 1780, in-12, xx-531 p.

269. **Anselme** (Antoine). *Panégyriques des saints*. Paris, Pierre-François Giffart, 1718, in-8, 2 vol.

270. —— *Le P. Die heilige Kreuz-Schul Jesum*. Luxembourg, Schevalierischen Erben, in-8, [1770], 671 p.

271. **Anselme de Sainte-Marie** (Le P.). *Histoire généalogique et chronologique de la maison royale de France*. Paris, la compagnie des libraires, 1726-1733, in-folio, 9 vol.

272. —— *Le palais de l'honneur*. Paris, Est. Loyson, 1668, in-4, 720 p.

273. **Anselme** (Saint). *Opera... et ejus historia... studio D. Gabrielis Gerberon*. Lutetiæ Parisiorum, Ludovici Billaine, 1675, in-folio, 706-214 p.

274. *Anticimenon liber, ex veteri testamento, quæstiones de*

3

locis in speciem pugnantibus, incerto autore. Basileæ, in officina Frobeniana, 1530, in-folio, 44 fol.

275. *Antididagma, seu christianæ et catholicæ religionis... propugnatio adversus librum... bonæ titulo Reformationis exhibitum...* Parisiis, Gaultherot, 1549, in-8, 142 fol.

276. *Antiquæ collectiones decretalium cura... Iac. Cuiacii... notis et emendationibus.* Parisiis, Sebastianum Cramoisy, 1609, in-folio, index, 846 p.

277. **Antoine de Padoue** (Saint). *Opera omnia aucta.* Lugduni, sumpt. Petri Rigaud, 1653, in-fol., préliminaires, 744 p.

278 **Antoine** (le père Paul-Gabriel). *Theologia moralis universa.* Parisiis, apud socios bibliopolas, 1761, in-12, 4 vol.

279 [**Antoine** (Jean-Dagobert)]. *Table générale de l'état des archevêchés, évêchés...* Paris, Antoine Boudet, 1743, in-8, table-314-49 p.

280. **Antoniano** (Cardinal Silvio). *Traité de l'éducation des enfants,* tr. par Ph. Guignard. Troyes, Guignard, 1856, in-12 XVIII-321 p.

281 **Antonin** (Saint). *Chronicorum opus.* Lugduni, ex officina Juntarum, 1587, in-fol., 3 vol.

282. —— *Repertorium litterale.* Lugduni, Mareschal, 1529, in-fol., 4 tomes en 2 vol.

283 **Antonius** (Ælius). *In quinquaginta sacræ scripturæ locos.* [Parisiis], Regnault Chaudière, 1520, in-8, non paginé, 29 fol.

284 *Antiquae musicae auctores septem graece et latine Marcus Meibomius restituit.* Amsterdam, Lud. Elzevirium, in-4, 4-136, 60, 10, 80, 40-36, VII-338, 25 pages.

285. **Anville** (D'). *Notice de l'ancienne Gaule.* Paris, Desaint, 1760, in-4, XXIV-754 p.

286. *Apis romana.* Parisiis, Thorin, 1866-1870, in-8, 5 vol.

287. **Apollonius de Rhodes.** *Argonautica,* grec et latin. (Collection Didot, vol. *Hésiode*).

288. **Apollonius de Tyr.** *Historia,* grec et latin. (Collection Didot, vol. *Erotici scriptores*).

289. **Apollonius** (Guillaume). *Pars posterior juris majestatis circa sacra.* Medioburgi Zelandorum, Jacobum Fierensium, 1643, in-8, index, 388 p.

290. *Apologie de l'état religieux.* Avignon, Joseph Roberty, 1772, in-12, de 215-388 p.

291. *Apologie des jugements rendus en France contre le schisme par les tribunaux séculiers.* 1753, in-12, 4 vol.

292. **Aponius.** *Commentariorum... in càntica canticorum Salomonis libri sex.* Friburgii Brisgoiæ, 1538, in-folio, 83 fol.

293. *Appel (l') au peuple, almanach rural, 1876.* La Rochelle, imp. P. Dubois, 1876, in-18, 64 p.

294. **Appien** d'Alexandrie. *Romanarum historiarum quae supersunt,* grec et latin. (Collection Didot).

295. **Apulé.** *Opera quæ extant omnia.* Lugduni, Hug. à Porta, sumpt. Io. Degabiano, 1604, in-8, 1103 p. et table.

296. —— *Operum tomus alter.* Lugduni, sumptibus Sib. à Porta, 1587, in-18, 347 p. et ind.

297. —— *Œuvres,* tr. par M. V. Bétolaud. Paris, Panckouke, 1835-1838, in-8, 4 vol.

298. **Aquaviva** (le R. P. Claude). *Industriæ pro superioribus ejusdem societatis ad curandos animæ morbos.* Antuerpiæ, Joannem Meursium, 1635, in-8, 117 p., index.

299 **Aquin de Château-Lyon.** *Almanach littéraire.* Paris, veuve Duchesne, 1788, in-18, 276 p.

300 **Arago** (François). *Œuvres complètes.* Paris, Gide, 1824, in-8, 2 vol.

301. ——*Astronomie populaire.* Paris, Gide et Baudry, 1854-1857, in-8, 4 vol.

302. —— *Leçons d'astronomie, recueillies par un de ses élèves.* Paris, Chamerot, 1845, in-12, 432 p. avec planches.

303. **Arbellot** (l'abbé). *Dissertation sur l'apostolat de saint Martial.* Paris, V. Didron, 1855, in-8, iv-247 p.

304. —— *Documents inédits sur l'apostolat de saint Martial.* Paris, J. Lecoffre, 1860, in-8, 96 p.

305. **Arbois de Jubainville** (H. d'). *Pouillé du diocèse de Troyes.* Troyes, imp. Bouquot, 1853, in-8, li-588 p.

306. —— *Répertoire archéologique de l'Aube.* Paris, imp. impériale, 1864, in-4, 146 p.

307. **Arborius.** (Voir le vol. *Poetæ minores,* col. Panckoucke.)

308. **Arcère** (le P.). *Histoire de la ville de La Rochelle et du*

pays d'Aulnis. La Rochelle, imp. Desbordes, 1756-1757, in-4, 2 vol.

309. **Archiac** (Adolphe d'). *De l'influence du gouvernement représentatif.* Lyon, imp. André Idt, 1830, in-8, 59 p.

310. **Archiac** (le vicomte d'). *Etudes sur la formation cretacée des versants sud-ouest et nord-ouest du plateau central de la France.* Paris, imp. Fain, 1843, in-8, xv-100 p.

311. —— *Histoire des progrès de la géologie de 1834 à 1845.* Paris, imp. L. Martinet, 1847, in-8, 2 vol.

312. *Archives de la commission scientifique du Mexique.* Paris, imp. impériale, 1864-1869, in-8, 3 vol.

313. *Archives des missions scientifiques et littéraires.* Paris, imp. impériale, 1864-1872, in-8, 1 vol. et 17 fascicules.

314. *Archives des notaires du département de la Charente-Inférieure.* La Rochelle, typ. Mareschal, 1867, in-4, 68 p.

315. *Archives du bibliophile.* Paris, Claudin, 1858-1866, in-8, 3 vol. et 31 livraisons.

316. *Archives historiques de la Saintonge et de l'Aunis.* Saintes, Z. Mortreuil, 1874-1882, in-8, 10 vol.

317. *Archives historiques du département de la Gironde.* Paris, Aug. Aubry, 1859-1879, in-4, 19 vol.

318. *Archives historiques du Poitou.* Poitiers, imp. Oudin, 1872-1881, in-8, 11 vol.

319. *Archives municipales d'Agen.* Chartes, 1189-1328, publiées par A. Magen et G. Thorin. Villeneuve-sur-Lot, imp. Xavier Duteis, 1876, in-4, xviii-355 p.

320. *Archives municipales de Bordeaux.* Bordeaux, imp. Gounouilhou, 1867-74, in-4. 3 vol.

321. **Arçon** (J.-Cl.-Éléo Lemichaud d'). *Correspondance sur l'art de la guerre.* Bouillon, 1774, in-8, 157 p.

322. **Arcons** (César d'). *Le secret du flux et reflux de la mer.* Rouen, imp. L. Maury, 1655, in-8, 265 p. avec table.

323. **Arenstein.** *Notes sur l'élevage du bétail.* Paris, J. Didot, 1856, in-8, xv-102 p.

324. **Aretius** (Benedict). *Commentarii in quatuor evangelistas.* Morgiis, Le Preux, 1587, in-fol., 263-117 fol.

325. **Argens** (J.-B. de Boyer, marquis d'). *Défense du paga-*

nisme par l'empereur Julien, en grec et en français. Berlin, Chrétien-Fréderic Voss, 1769, in-12, 2 tomes en 1 vol.

326. **Argens** (J.-B. marquis d'). *Lettres chinoises.* La Haye, P. Gosse, 1756, in-12, 6 vol.

327. —— *Lettres juives.* La Haye, P. Paupie, 1737, in-12, 4 vol.

228. —— *Mémoires secrets de la république des lettres.* La Haye, J. Neaulme, 1743-1748, in-12, 6 vol.

329. —— *Ocellus Lucanus*, en grec et en français. Utrecht, les libraires associés, 1762, in-12, xxviii-307 p.

330. —— *La philosophie du bon sens*, avec un examen critique des remarques de M. l'abbé d'Olivet. La Haye, P. Paupie, 1755, in-18, 3 vol.

331. —— *Lettres ecclésiastiques.* La Haye, Pierre Paupie, 1770, in-18, 3 vol.

332. **Argenson** (Marquis d'). *Journal et mémoires*, publiés par E.-J.-B. Rathery. Paris, Renouard, 1859-1867, in-8, 9 vol.

333. —— *Mémoires et journal inédit.* Paris, P. Janet, 1857-1858, in-12, 5 vol.

334. —— *Mémoires.* (Voir collection Barrière). Paris, Baudouin frères, 1825, in-8, 474 p.

335. **Argenson** (François-Elie d'). *Decreta conciliorum provincialium*, annis 15?3 et 1?4. Burdigalæ celebratarum. Burdigalæ, de La Court, 1728, in-8, 164-169-23-3 p. avec table.

336. **Argenson** (R.-L. d') et le P. La Motte. *Histoire du droit public ecclésiastique et françois.* Londres, Samuel Harding, 1740, in-12, 2 vol.

337. **Argentan** (le père François d'). *Le chrétien intérieur, ou la conformité intérieure que doivent avoir les chrétiens avec Jésus-Christ.* Paris, Claude Cramoisy, 1663, in-12, 482 p.

338. —— *Conférences sur les grandeurs de Dieu.* Paris, Gustave Martin, 1843, in-8, 2 vol.

339. **Argenti** (le père). *Apologeticus pro societate Jesu.* Coloniæ, Agrippinæ, excudebat Petrus à Brachel, 1616, in-4, 154 pages.

340. **Argentré** (V. T. B. d'). *Commentarii in consvetvdines dvcatvs Britanniæ.* Parisiis, apud Nicolavm Bvon, 1628, in-fol., 20-2472 fol., index.

341. —— *Covstvmes générales dv pays et dv dvché de Breta-*

gne. (Voir vol. d'Argentré, *Commentarii*). Paris, Nicolas Buon, 1628, in-fol., p. 16-120, et table.

342. **Argonne** (le P. Bonaventure). *De la lecture des pères de l'église* (le titre manque). Paris, impr. Christophe Journel, 1688, in-12, 252 p.

343. **Argou**. *Institution au droit français*. Paris, P.-J. Mariette, 1745-1746, in-12, 2 vol.

344. **Arias** (le R. P. François). *Traité de l'imitation de Jésus-Christ*, troisième partie. Paris, Nicolas Buon, 1625, in-4, table, 511 p.

345. **Aristeas**. *De legis divinæ interpretatione*. Basilæ, Joannem Oporinum, (1561), 86-98 p., index.

346. **Aristophane**. *Comédies et scolies*, grec et latin. (Collection Didot).

347. —— *Comédies*, tr. par M. Artaud. Paris, Didot, 1855, in-12, 2 vol.

348. —— *Comédies*, tr. en vers, par André Feuillemorte. Paris, Garnier, 1864, in-12, 3 vol.

349. **Aristote**. *Œuvres*, grec et latin, 5 vol. (Collection Didot).

350. —— *Opera græce et latine studio Isaaci Casauboni*. Lugduni, Jacobum Bubonium, 1590, in-fol. 2 tomes en un vol.

351. —— *Artis rhetoricæ libri tres, Antonio Riccobono interprete* (grec-latin), 1587, in-8, 288-356 p. parch. (titre manque).

352. —— *De l'âme*, tr. de P. Marcassus (titre manque). Paris, 1641, in-4, xxx-447 p.

353. —— *La rhétorique*, tr. par Cassandre. La Haye, Isaac Vaillant, 1718, in-12, 490 p. avec table.

354. —— *Les politiques*, tr. par Louis le Roy. Paris, M. de Vascosan, 1576, in-fol., 454 p. et table.

355. **Aristoxème**. *Eléments harmoniques*, traduits en vers français par Ch.-Em. Ruelle. Paris, Pottier de Lalaine, 1871, in-8, xx-128 p. et 7 planches.

356. **Arlin** (M.-V.-Stanislas). *Mémoires sur la suette épidémique dans la Vienne*. Paris, Fortin, 1845, in-12, 41 p.

357. **Arlincourt** (vicomte d'). *Place au droit*. Paris, Allouard, 1850, in-8, viii-178 p.

358. **Armailhac** (Louis d'). *Séances publiques du congrès libre échangiste des deux départements de la Charente.* Saintes, typ. P. Orliaguet, 1870, in-8, 222 p.

359. —— *Un budget municipal assuré sans octroi.* Paris, Guillaumin, 1870, in-8, 24 p.

360. **Armonville** (J.-R.). *La clef de l'industrie.* Paris, Huzard, 1825, in-8, 4 vol.

361. *Armorial ecclésiastique de la généralité de Bourgogne.* (S. l. n. date) in-8, 12 p.

362. **Arnaud** (D'). *Documents et observations sur le cours du Bahr-el-Abiad ou du fleuve blanc.* [Angers, 1843,] in-8, 48 p.

363. **Arnaud** (Fr.-Th.Mar.-de Baculard d'). *Epreuves du sentiment.* Paris, Moutard, 1781, in-12, 6 vol.

364. **Arnaud** (L'abbé) et SUARD. *Variétés littéraires.* Paris, Lacombe, 1768-1769, in-12, 4 vol.

365. **Arnaud** (le pasteur E.). *Histoire des protestants du Dauphiné.* Paris, Grassart, 1875, in-8, 3 vol.

366. **Arnaud** (Antoine). *Plaidoyé...* pour l'université de Paris contre les jésuites. Paris, Mamert Patisson, 1716, in-12, 139 p.

367. —— *Le franc et véritable discours au roy sur le rétablissement qui lui est demandé pour les jésuites.* (Sans frontispice), in-8, 123 p.

368. —— *La théologie morale des jésuites et nouveaux casuites,* représentée par leur pratique et par leur livre. Cologne, Nicolas Schouten, 1699, in-12, 3 vol.

369. —— *Causa Arnaldini seu Antonius. Arnaldus vindicatus.* Leodici Eburonum, apud Joan. Hoyoux, 1699, in-8, 660 p.

370. —— *Considérations sur les affaires de l'église,* 1681, in-12, 272 p.

371. —— *Défense des versions de l'écriture sainte.* Cologne, Nicolas Schouten, 1683, in-12, 340 p.

372. —— *Nouvelle défense de la traduction du Nouveau Testament,* imprimé à Mons. Cologne, S. Schouten, 1670, in-8, 494 p. avec table.

373. —— *Continuation de la nouvelle défense.* Cologne, Symon Schouten, 1680, in-8, 605 p. avec table.

374. Arnaud (Antoine). *De la fréquente communion*. Lyon, Claude Plaignard, 1739, in-8, 848 p. avec table.

375. —— *De la lecture de l'écriture sainte contre les paradoxes de M. Mallet.* Anvers, S. Matthieu, 1682, in-12, 348 p.

376. —— *De l'autorité de S. Pierre et de S. Paul qui réside dans le pape.* (Sans lieu, ni nom), 1645, in-4, 17 p.

377. —— *Ecrits sur le système de la grâce générale.* 1715, in-12, 2 vol.

378. —— *Historia et concordia evangelica.* Parisiis, Carolum Savreux, 1653, in-12, 445 p., index.

379. —— *Justification contre la censure.* Liège, Jean Hoioux, 1702, in-12, 3 vol.

380. —— *La perpétuité de la foi touchant l'Eucharistie.* Paris et Lausanne, Sigismond d'Arnay, 1781-1782, in-4, 6 vol.

381. —— *La tradition de l'Eglise sur le sujet de la pénitence et de la communion.* Paris, imp. P. le Petit, 1700, in-12, 307 p.

382. —— *Le renversement de la morale de Jésus-Christ.* Paris, Guillaume Desprez, 1672, in-4, table, p. 1013.

383. —— *Lettres.* Paris et Lausanne, Sigismond d'Arnay, 1775-1781, in-4, 37 tomes en 34 vol.

384. —— *Nouvelle hérésie dans la morale.* Cologne, Nicolas Schouten, 1690, in-12, 55 p. table, 194 p., table, 92 p. 68 p. table.

385. —— *Œuvres philosophiques.* Paris, Charpentier, 1843, in-12, xlj-563 p.

386. —— *Remarque sur une lettre de M. S. Pon.* Anvers, Pierre Lefèvre, 1681, in-12, 128 p.

387. —— et Nicole. *La logique.* Paris, Guil. Desprez, 1683, in-12, 471 p. avec table.

388. Arnaud, évêque d'Angers (Henry). *Mandemans avec les instructions de S. Charles Borromée.* Angers, Olivier Avril, 1683, in-4, 164 p. 102-120 p.

389. Arnauld (l'abbé Antoine). *Mémoires contenant quelques anecdotes de la cour.* (Collection Michaud, t. XXIII.)

390. Arnaud d'Andilly (Antoine). *Mémoires.* (Collection Michaud, t. XXIII).

391. Arnauld (Ch.) *Discours* pour l'inauguration du mo-

nument élevé à René Caillé. Niort, imp. Robin, 1843, in-8,
4 p.

392. **Arnauld** (Ch.) *Histoire de Maillezais.* Niort, Robin, 1840,
in-8, 332 p.

393. **Arnaud** (Marc). *Dissertation sur le droit de commission.* La Rochelle, Boutet, 1848, in-8, 164 p.

394. **Arndt** (Johan). *Funff Bücher vom wahrem christen-
thum*, (Cinq livres sur le vrai christianisme). Lunebourg,
apud Johan. Sternn, 1685, in-8, 317-499-118-208-198 p.

395. **Arnobe.** *Disputationes adversus gentes.* Hamburgi,
1610, in-fol., 150-148 pages.

396. —— *Disputationum adversus gentes, libri octo.* (Voir
Nicolas I, *Epistolæ*), Romæ, apud Franc. Priscianem Florentinum, 1542, in-f°, 102 folios.

397. **Arnoud** (Edmond). *Sonnets et poëmes.* Paris, Charpentier, 1861, in-12, xxxv-320 p.

398. **Arnoul**, évêque de Lisieux. *Epistolæ.* (Voir Loup). Parisiis, Joannem Richerium, 1585, in-8, index, 120 fol.

399. **Arnould** (Albert), *Récits de mon village.* Paris, Koller,
1869, in-12, 279 p.

400. **Arnoux** (E.) *La lettre électrique.* Paris, A. Bertrand,
1867, in-8, xv-106 p., 7 planches.

401. *Arrest célèbre du parlement de Bordeaux, portant règlement sur l'état de ceux qui sont congédiez de la société des
jésuites.* Bordeaux, imp. Simon Boé, 1697, in-12.

402. *Arrests,* 1633-1666 (16 pièces).

403. *Arrests et ordonnances* du xviiie siècle, 1733-1766.

404. *Arrêts,*1724-1751, droits, desséchements de marais (4 pièces).

405. *Arrêtés,* au x-1872 (3 pièces).

406. *Arrêts,* 1736-1779 (8 pièces).

407. *Arrêts* dans l'affaire Petit et Robert contre le baron Eschasseriaux (1869-1870), 3 pièces.

408. **Arriaga** (le P. Roderic d'). *Disputationes theologicæ.* Lugduni, hœred. Gabr. Boissat, 1644-1647, in-fol., 4 vol.

409. **Arsonneau** (André). — *Chronique dressée sur le Cha-
teau-Gaillard et Dampierre-sur-Boutonne.* Niort, Madame
Lafont-Debenay, 1875, in-8, 54 p.

410. *Art de vérifier les dates,* par un religieux de la congréga-

tion de Saint-Maur. Paris, Moreau, 1818-1844, in-8, 5-18-19 vol.

411. **[Artaud de Montor** (Alex.-François)]. *Histoire de l'assassinat de Gustave III, roi de Suède, par un officier polonais.* Paris, Forget, 1797, in-8, xii-182 p.

412. *Artes jesuiticæ.* Argentorati, Amatorem Kerckhoven, 1710, in-12, index, 581 p.

413. *Articuli orthodoxam religionem... respicientes.* Paris, Chrestien Wechel, 1545, in-4, non paginé, 6 folios. (Voir Martin Bucer et Martin de Laon).

414. **Artigues** (le D[r]). *L'armée, son hygiène morale, son recrutement.* Paris, Ch. Tanera, 1868, in-8, xxv-364 p.

415. **Artigny** (l'abbé d'). *Nouveaux mémoires d'histoire, de critique et de littérature.* Paris, Debure, 1749-1756, in-12, 7 vol.

416. **[Artis** (Gabriel d')]. *Sentimens désintéressés sur la retraite des pasteurs de France.* Deventer, héritiers Pierre Hamel, 1688, in-12, 300 p.

417. **Ascension** (le P. Urbain de l'). *Institutiones juris canonici.* Lemovicis, viduam Ant. Barbou et Mart. Barbou, 1602, in-16, 416 p.

418. **Asconius Pedianus** (Q.). *Commentationes in aliquot Tulii Ciceronis orationes.* Lugduni Batavorum (Leyde), Franc. Hachus, 1646, in-18, 291 p.

419. **Asius,** Pisandre, Panyaside, Chœrile et Antimache. *Fragmenta.* (Collection Didot, vol. Hésiode).

420. *Assemblées générales de la ligue internationale de la paix.* Paris, Pichon-Lamy [1869], in-12, 2 vol.

421. **Assermet** (François-Marie). *Theologia scholastico-positiva.* Parisiis, Petrum Griffart, 1713, in-8, 2 vol.

422. —— *Tractatus schœlastico-positivus de divina gratia.* Parisiis, Stephanum Ganeau, 1715, in-8, 2 vol.

423. **Assier** (Adolphe d'). *Le Brésil contemporain.* Paris, Durand, 1867, in-8, 320 p.

424. —— *Physiologie du langage phonétique.* Paris, Germer Baillière, 1868, in-12, 164 p.

425. *Assises scientifiques du Bourbonnais.* Moulins, imp. de C. Desrosiers, 1867, in-8, 651 p. et 8 planches.

426. *Association du catéchisme de persévérance dans l'église paroissiale de Saint-Eutrope.* Saintes, imp. Hus, 1857, in-12, 60 p.

427. **Astruc** (Johannes). *De morbis venereis.* Lutetiæ Parisiorum, Guil. Cavelier, 1740, in-4, 2 vol.

428. [**Astruc** (G.)] *Conjectures sur les mémoires originaux dont il paraît que Moyse s'est servi.* Bruxelles, imp. Frick, 1753, in-8, 525 p.

429. **Athanase** (saint). *Opera omnia... studio monachorum ordinis S. Benedicti* (grec-latin). Parisiis, sumptibus Joannis Anisson typ., 1698, in-fol., 2 tomes en 3 vol.

430. —— *Opera omnia.* Parisiis, sumptibus Michaelis Sonnii, 1627, in-fol.

431. —— *De sancta Trinitate... ex interpretatione Theodori Bezæ* (grec et latin). (Sans lieu), excudebat Henricus Stephanus, 1570, in-12.

432. **Athénagoras.** *Apologia pro christianis* (grec et latin). Paris, ex officina Henrici Stephani, 1557, in-8, 208 p.

433. —— *De resurectione mortuorum...* (grec-latin). Parisiis, Christianùm Wechelum, 1541, in-4, 34-47 p.

434. —— (Grec). (Voir saint Justin).

435. **Athenée** (grec). Basilæ, apud Ioan. Valderum, 1535, in-fol.

436. —— *Banquet des savans,* tr. par M. Lefebvre de Villebrune. Paris, Lamy, 1789-1791, in-4, 5 vol.

437. *Atlas du théâtre de la guerre.* Paris, Hachette, 1870, in-4, 11 cartes, 11 plans.

438. **Auber** (l'abbé). *Table du Bulletin monumental.* Paris, Derache, 1846, 1861, in-8, 2 vol.

439. —— *Vie des saints de l'église de Poitiers.* Paris, H. Oudin, 1858, in-18, 639 p.

440. **Aubert** (l'abbé). *Dissertation sur un temple à Cestas.* Bordeaux, impr. J.-B. Lacornée, 1768, in-12, XII-189 p.

441. **Aubert** (Achille). *Aux gardes mobiles de la commune de Saint-Sauvant.* Saintes, impr. Hus, 1870, in-4.

442. **Aubertin** (Charles). *Histoire de la langue et de la littérature françaises au moyen âge.* Paris, Eug. Belin, 1876, in-8, 2 vol.

443. **Aubertin** (Edme). *L'Eucharistie de l'ancienne église...* Genève, Pierre Aubert, 1633, in-fol., table, 668 p., index.

444. **Aubery**. *Histoire du cardinal duc de Richelieu.* Paris, Ant. Bertier, 1660, in-fol., 654 p.

445 —— *Mémoires pour l'histoire du cardinal duc de Richelieu.* Paris, Antoine Bertier, 1660, in-fol., 2 vol.

446. **Aubery** (Henri). *Psalmi, Vota, Cyrus, etc.* Toulouse, typ. Colomerii, 1617-1620, in-4, 5 pièces.

447. **Aubigné** (Agrippa d'). *Œuvres complètes.* Paris, Alph. Lemerre, 1873-1877, in-8, 4 volumes.

448. —— *Histoire universelle.* Amsterdam, héritiers de Hier. Comelín, 1626, in-folio à 2 colonnes, 2 tomes en un.

449. —— *Les aventures du baron de Fæneste,* nouvelle édition revue par M. Prosper Merimée. Paris, P. Jannet, 1855, in-18, xx-348 p.

450. —— édition augmentée par M.*** (Le Duchat.), Amsterdam, 1731, in-12, 2 tomes en un vol.

451. —— *Les tragiques,* édition revue... par Lud. Lalanne. Paris, Jannet, 1858, in-8, xxxix-351 p.

452. —— *Mémoires,* publiés par Ludovic Lalanne. Paris, Charpentier, 1854, in-12, xii-458 p.

453. —— *Mémoires.* (Collection Buchon.)

454. **Auboux** (Jean). *La véritable théorie pratique des cours ecclésiastiques.* Paris, Guillaume Benard, 1688, in-4, table, 520 p.

455. **Aubryet** (Xavier). *Les patriciennes de l'amour.* Paris, Dentu, 1870, in-12, 315 p.

456. **Aucoc** (Léon). *Les moyens employés pour constituer le réseau des chemins de fer français...* Paris, Cotillon, 1875, in-8, 83 p.

457. **Audé** (Léon). *Le château des Granges-Cathus.* Napoléon, impr. Ivonnet, 1854, in-8, 11 p.

458. *Auctores latinæ linguæ in unum redacti corpus.* Apud Guillielmum Leimarium, 1585, in-4, 1924 p. et index.

459. **Audiffret** (Marquis d'). *Etat de la fortune nationale de 1789 à 1873. Service de trésorerie de la France.* Paris, P. Dupont, 1870-1873, in-8, 2 broch.

460. **Audiat** (Louis). *André Mage de Fiefmelin*. Paris. A. Aubry, 1864, in-8, 65 p.

461. —— *Bernard Palissy*. Paris, Didier, 1868, in-12, vii-480 p.

462. —— *Discours à l'inauguration de la statue de Bernard Palissy*. Saintes, typ. Orliaguet, 1868, in-8, 13 p.

463. —— *Épigraphie santone et aunisienne*. Paris, Dumoulin, 1870, in-8, viii-340 p.

464. —— *Études, documents et extraits relatifs à la ville de Saintes, publiés par M. le baron Eschasseriaux*. Saintes, imp. P. Orliaguet, 1876, in-8, 554 p.

465. —— *Fondations civiles et religieuses en Saintonge*. Tours, imp. Paul Bouserez (1878), in-8, 103 p.

466. ——*J. Péron*. Moulins, impr. Enaut, 1855, in-12, 132 p.

467. —— *Henri des Salles*. Saintes, P. Orliaguet, 1870, in-8, 23 pages.

468. —— *Les cavaliers au portail des églises*. Angers, imp. Lachèse, 1872, in-8, 27 p.

469. —— *Les entrées épiscopales à Saintes*. Paris, impr. impériale, 1869, in-8, 25 p.

470. —— *Entrées royales à Saintes*. Paris, J.-B. Dumoulin, 1875, in-8, 66 p.

471. —— *Les états provençaux de Saintonge*. Niort, Clouzot, 1870, in-8, 193 p.

472. —— *Palissy et son biographe*. Paris, Douniol, 1869, in-8, 48 pages.

473. —— *Pourquoi l'on fume*, Niort, L. Clouzot, 1867, in-8, 43 pages.

474. —— *Nicolas Pasquier*. Paris, Didier 1876, in-8, 299 pages.

475. —— *Rapport sur la reconstitution de la bibliothèque de Saintes*. Saintes, impr. Hus, 1873, in-8, 56 p.

476. —— *Saint-Pierre de Saintes*. Saintes, Mme Mortreuil, 1871, in-8, 287 p.

477. —— *Une élection au XVe siècle*. Paris, impr. impériale, 1868, in-8, 21 p.

478. —— Geay-Besse, Émile Giraudias, Edmond Maguier. *Pour la France, poésies*. Saintes, A. Hus, 1872, in-8, 39 p.

479. **Audiganne** (A.). *La lutte industrielle des peuples.* Paris, Capelle, 1868, in-8, 416 p.

480. —— *Les populations ouvrières et les industries de la France.* Paris, Capelle, 1860, in-8, 2 vol.

481. **Audin.** *Histoire de la vie, des écrits et des doctrines de Martin Luther.* Paris, Maison, 1845-1846, in-8, 3 vol.

482. —— *Histoire de la vie, des ouvrages et des doctrines de Calvin.* Paris, Maison, 1850, in-8, 2 vol.

483. —— *Histoire de Léon X et de son siècle.* Paris, L. Maison, 1850, in-8, 2 vol.

484. —— *Histoire d'Henri VIII.* Paris, Maison, 1847, in-8, 2 vol.

485. **Auger** (Charles). *Saintes en Normandie.* Saintes, imp. Loychon et Ribéraud, 1880, in-8, 134 p.

486. **Augier** (Christophe). *Thrésor des titres de la ville de Nyort.* Nyort, Antoine Faultre, 1675, in-16, 396 p.

487. **Augier** (Emile). *La Cigue. Gabrielle. Philiberte.* Paris, Lévy, 1851, in-12, 3 volumes.

488. **Augurellus** (Aurelius). *Venetiis, in ædibus Aldi,* 1505, in-8, 128 f.

489 **Augustin** (saint). *Opera... studio monachorum ordinis S. Benedicti.* Parisiis, Franciscus Huguet typo, 1679-1700, in-folio, 11 tomes en 8 vol.

490. —— *De la cité de Dieu...* enrichy... par F. de Belleforest. Paris, Michel Sonnius, 1585, in-folio.

491. —— *La cité de Dieu,* tr. Louis Giry. Paris, impr. Pierre Le Petit, 1567, in-8, 2 vol.

492. —— *La cité de Dieu...* tr. en français. Paris, André Pralard, 1675, in-8, 2 vol.

493. —— *Meditationes, soliloquia et manuale...* Parisiis, apud Cl. Cramoisy, 1656, in-18, 309 p.

494. —— *Les soliloques, les méditations...* tr. par M. du Bois. Paris, libraires associés, 1771, in-12, 469 p., table.

495. —— *Explications sur le nouveau testament.* Paris, Lambert Roulland, 1675, in-8, 2 vol.

496. —— *Les deux livres de la grâce,* tr. en français. Paris, Fr. Babuty, 1738, in-12, xlvij-300 p.

497. —— *Les deux livres de la véritable religion,* tr. (Arnauld

d'Andilly). Paris, imp. J.-B. Coignard, 1690, in-8, LXXIV-336-x-188 p.

498. **Augustin** (saint). *Les confessions*, tr. Arnauld d'Andilly. Paris, veuve Camusat, 1651, in-8, 810 p., avec table et appendice.

499. —— *Les confessions*. Paris, J.-B. Coignard, 1686, in-12, 588 p. et table.

500. —— *Les lettres*, tr. [par Dubois]. Paris, Jean-Baptiste Coignard, 1684, in-folio, 2 tomes. en un vol., préface.

501. —— *Les sermons sur le nouveau testament*, tr. (Arnauld d'Andilly). Paris, imp. veuve J.-B. Coignard, 1694, in-8, 4 vol.

502. **Augustin** (Antoine). *Juris pontificii veteris epitome...* Parisiis, Michaelis Saly, 1641, in-folio, 3 tomes en un vol.

503. —— *De legibus et senatus consultis liber...* Parisiis, Ægidium Beysium, 1526, in-fol., 201-46 p.

504 **Ault-Dumesnil** (d'). *Dictionnaire des croisades.* Paris-Montrouge, 1852, in-4, chez J.-P. Migne, 1042 col.

505 **Aulu-Gelle.** *Noctes atticæ.* Lugduni, Ant. Gryphium, in-32, 734 p. avec index.

506. —— *Noctes atticæ cum locupletissimis indicibus.* Lipsiæ, ex typis Car. Tauchnitii, 1835, in-18, 530 p.

507. —— *Les nuits attiques*, tr. de Chaumont. Paris, Panckoucke, 1845-1846, in-8, 3 vol.

508. —— *Les nuits attiques*, tr. par l'abbé de V*** [Ios. Douzé de Verteuil]. Paris, Visso, 1789, in-12, 3 vol.

509. **Aumale** (M. le duc d'). *Histoire des princes de Condé.* Paris, Michel Lévy, 1864, in-8, 2 vol.

510. **Aure** (Vicomte d'). *De l'industrie chevaline en France.* Paris, Léautey et Lecointe, 1843, in-12, XXX-405 p.

511. **Aurelius** (Victor). *Origine du peuple romain*, tr. nouvelle par E. A. Dubois (Collection Panckoucke).

512. **Aurelles de Paladines** (D'). *La première armée de la Loire.* Paris, H. Plon, 1872, in-8, VIII-393 p. et 3 planches.

513. **Aurellius de Monte Alto** (Jean-Baptiste). *De mortuorum resurrectione.* Francofurti, Joann. Wechelum, 1586, in-8, 285 p., index.

514. **Aurès** (A.). *Etude du grand temple de Paestum.* Paris, Baudry, 1868, in-4, 103 p. et planches in-folio.

545 **Ausone**. *Opera*. Amsterdami, apud Guillet, 1621, in-32, 237 p. avec table.

516. —— *Opera*. Burdigalæ, S. Millanges, 1589, in-4.

517. —— *Œuvres complètes*, tr. Corpet. (Coll. Panckouke).

518. **Aussy** (Hippolyte Joly d'). *Chroniques saintongeaises et aunisiennes*. Saintes, Pathouot, 1857, in-8, 662 p.

519. —— *Quelques faits historiques de l'arrondissement de Jonzac*. Jonzac, imp. Lagier, 1855, in-8, 20 p.

520. —— *Résumé impartial de l'histoire de Napoléon*. Saintes, imp. Lacroix, 1851, in-8, 188 p.

521. **Aussy** (D. d'). *De l'origine des rôles d'Oleron*. Poitiers, impr. générale de l'Ouest, 1876, in-8, 16 p.

522. —— *La loi de décentralisation départementale*. La Rochelle, Mareschal, 1871, in-32, 50 p.

523. —— *La politique au village*. Saintes, impr. Orliaguet, 1880, in-12, 65 p.

524. *Autographe* (l'). Paris, impr. Vallée, 1864, in-4, 3 vol.

525. **Automne** (Bernard). *Commentaire sur les coutumes générales de la ville de Bordeaux*. Bordeaux, imp. de la compagnie, 1737, in-fol. 9-540-61 p.

526. —— *La conférence du droict françois avec le droict romain*. Paris, Nicolas Buon, 1615, in-4, 995 p. et table.

527. **Auton** (Jean d') *Chroniques*. Paris, Silvestre, 1834-35, in-8, 4 tomes en 2 vol.

528. **Autran** (J.). *Laboureurs et soldats*. Paris, Michel Lévy, 1854, in-12, III-221 p.

529. [**Autreau**]. *Démocrite prétendu fou*, comédie en trois actes. Paris. L.-D. Delatour, 1780, in-8, 72 p.

530. **Auvigny** (d'). *Les vies des hommes illustres de la France*. Paris, Le Gras, 1739-1743, in-12, 7 vol.

531. Auxerre. *Bulletin de la société des sciences historiques et naturelles de l'Yonne*. Auxerre, Perriquet et Rouillé, 1858-70, in-8, 4 vol. ou fascicules.

532. **Avancin** (le P. Nicolas). *La vie et les maximes de Jésus-Christ*. Paris, Estienne Michallet, 1672, in-12, 528 p.

533. *Avantures de Jacques Sadeur, dans la découverte de la terre australe*. Paris, Charpentier, 1705, in-12, 341 p.

534. *Aventures de Til Ulespiègle,* tr. par Pierre Jannet. Paris, E. Picard, 1868, in-12, xvi-216 p.

535. *Avertissement du clergé de France sur les dangers de l'incrédulité.* Paris, imp. G. Desprez, 1770, in-4, 76 p.

536. **Avianus.** *Les fables...,* traduites par J. Chenu. Paris, C.-L.-F. Panckoucke, 1843, in-8, 148 p. (Voir le volume *Lucilius.*)

537. **Avienus.** *Description de la terre.* (Collect. Panckoucke).

538. *Avis au peuple indigent,* par un médecin, sur la fièvre d'été. Saintes, Corinthe, Josserand et Hus, (an 8), in-8, 4 p.

539. *Avis de l'intendant Jérôme Bignon pour la fourniture des hôpitaux de La Rochelle, Saintes, Brouage.* (S. l. n. d.), 1735, In-folio plano.

540. **Avrillon** (Le P.). *Commentaire affectif sur le pseaume Miserere.* Paris, Le Mercier, 1739, in-12, vii-362 p.

541. —— *Commentaire affectif sur l'amour de Dieu.* Paris, veuve Pierre, 1742, in-12, 510 p.

542. —— *Conduite pour passer saintement le temps de l'avent.* Paris, Humblot, 1777, in-12, 366 p.

543. —— *Réflexions sur la divine enfance de Jésus-Christ.* Paris, veuve Denis-Antoine Pierre, 1762, in-12, xviii p., table, 204 p.

544. —— *Réflexions théologiques, morales et affectives sur les attributs de Dieu en forme de méditations...* Paris, veuve Pierre, 1741, in-12.

545. **Ayguani** (Michel de). *Commentaria in psalmos Davidicos.* Lugduni, J.-B. Devenet, 1752, in-folio, 2 tomes en un volume.

546. **Ayma** (L.). *Des conférences dans leurs rapports avec l'éducation des femmes.* Pau, imp. E. Vignancour, 1866, in-8, 36 pages.

547. Aymé. *Mémoire pour le sieur Aymé, négociant à La Rochelle.* Paris, P.-G. Simon, 1779, in-4, 7 p.

548. **Aymé.** *Déportation et naufrage.* Paris, Maradan, s. d. [1800], in-8, 269 et liste.

549. **Aynès** (F.-D.). *Nouveau dictionnaire géographique.* Lyon, Rusand et Cᵉ, 1804, in-8, 3 vol.

— 50 —

550. **Ayrault** (Eugène). *De l'industrie mulassière en Poitou.* Niort, Clouzot, 1867, in-12, 200 p.

551. **Azaïs** (H.). *Des compensations dans les destinées humaines.* Paris, Ledoux, 1818, in-8, 3 vol.

552. **Azpilcueta** (Martin). *Commentarius de spoliis clericocorum.* Romæ, Victorium Helianum, 1572, in-8, 130 fol.

553. —— *De finibus humanorum actuum commentarius.* Venetiis, Georgii Ferrarii, 1571, in-8, 195 p., index.

554. —— *Enchiridion sive manuale confessariorum et pænitentium.* Lugduni, Rovillium, 1587, in-8, 969 p. avec index.

555. —— *Tractatus de reditibus beneficiorum ecclesiasticorum...* Romæ, Julium Accoltum, 1568, in-8, 254 p., index.

B

556. **B.** *Guide de l'enseignement mutuel.* Paris, Colas, 1819, in-12, xxii-311 p. avec planches.

557. **B.**, prêtre (de). *L'histoire de l'esprit humain.* Paris, veuve Charles Savreux, 1670, in-8, table, 250 p.

558. **Babaud-Laribière** (L.). *Lettres charentaises.* Angoulême, Baillarger, 1865-1866, in-8, 2 vol.

559. **Babeau** (Albert). *La ville sous l'ancien régime.* Paris, Didier, 1880, in-8, viii-564 p.

560. —— *Le village sous l'ancien régime.* Paris, Didier, 1879, in-12, 386 p. avec table.

561. [**Babin** (l'abbé)]. *Conférences ecclésiastiques du diocèse d'Angers sur la grâce.* Angers, imp. P.-L. Dubé, 1755, in-12, 2 vol.

562. [**Babinet** (le P.)]. *Theologia erronea. Item veritas constitutionis Unigenitus...* Solodori, F.-J. Heuberger, 1748, in-12, 47 p., index, 130-127 p.

563. **Babinet de Rencogne** (Gustave). *Documents paléographiques et bibliographiques, extraits des archives d'Angoulême.* Angoulême, F. Goumard, 1871, in-8, 15 p. et 7 planches.

564. —— *Eloge de J.-B. Eusèbe Castaigne.* Angoulême, imp. A. Nadaud, 1871, in-8, 142 p.

565. **Babinet de Rencogne.** *Inauguration du portrait de E. Gellibert des Seguins.* Angoulême, F. Goumard, 1870, in-8, 64 p.

566. —— *Les confirmations de noblesse de l'échevinage d'Angoulême.* Paris, J. Dumoulin, 1868, in-8, 31 p.

567. —— *Le testament de Balzac,* avec un fac-simile. Angoulême, F. Goumard, 1871, in-8, 6 p.

568. —— *Notice sur le fief des Bouchauds, dans les limites duquel est situé un théâtre romain.* Angoulême, F. Goumard, 1871, in-8, 14 p.

569. —— *Une mézée du corps de ville d'Angoulême au XVIe siècle.* Angoulême, F. Goumard, 1868, in-fol., 1 feuille et pl.

570. **Babou** (Hippolyte). *Les amoureux de madame de Sévigné.* Paris, Didier, 1862, in-12, vii-340 p.

571. **Babou de la Bourdassière** (Philibert). *Correspondance,* publiée par E. Henry et Ch. Loriquet. Reims, P. Dubois, 1859, in-8, xii-236 p.

572. **Babrius.** *Fables,* tr. en vers français par P. Jónain. Paris, Hachette, 1845, in-12, 120 p.

573. **Bachaumont.** *Mémoires secrets.* Londres, John Adamson, 1784-1788, in-12, 35 tomes en 17 volumes.

574. **Bacher** (Pierre). *In omnes epistolas quadragesimales homiliæ.* Lovanii, apud Joannem Bogardum, 1572, in-8, 497 pages avec index.

575. **Backer** (Aug. de). *Bibliothèque des écrivains de la compagnie de Jésus...* Liège, chez l'auteur, 1869-1876, in-fol., 3 v.

576. **Backer** (Louis de). *Etudes néerlandaises.* Gand, C. Vyt, 1872, in-8, 310 p.

577. —— *Histoire de la littérature néerlandaise.* Louvain, typ. Vanlinthout frères, 1874, in-8, 216 p.

578. **Bacon** (le chancelier François). *Analyse de la philosophie.* Paris, Desaint, 1755, in-12, 2 vol.

579. —— *Essais... sur divers sujets de politique et de morale.* Paris, Emery, 1734, in-12, xxiv-408 p.

580. —— *Francisci Baronis (sic) de Verulamio... historia vitæ et mortis.* **Lugduni Batavorum,** Ioannis Maire, 1637, in-32, 476 p., index.

581. **Bacon** (le chancelier). *Les aphorismes du droit*, tr. par Jean Baudouin. Paris, J.-B. Loyson, 1649, in-12, 168 p.

582. —— *(Extrait des ouvrages de)*. Paris, J. Dumaine, 1870, in-12, 1086 p.

583. **Bacquès** (Henri). *Des douanes françaises, essai historique*. Paris, Guillaumin et Cⁱᵉ, 1862, in-8, 229 p.

584. **Bacquet** (Jean). *Œuvres...* Paris, Abel L'Angelier, 1608, in-fol., 3 tomes en un vol.

585. **Badère** (Clémence). *Les mystères de la création dévoilés*. Paris, E. Dentu, 1876-1879, in-12, 2 vol.

586. —— *Les prêtres et les miracles*. Paris, E. Dentu, 1879, in-12, 96 pages.

587. **Badiche** (M.-L.). *Dictionnaire des ordres religieux*. Paris-Montrouge, Migne, 1847-1859, in-4, 4 vol.

588. **Baecker** (Louis de). *Les tables eugubines*. Paris, Durand 1867, in-8, 116 p.

589. **Baguenault de Puchesse** (Gustave). *Jean de Morvillier, évêque d'Orléans, garde des sceaux de France*. Paris, Didier, 1870, in-12, xiv-444 p.

590. —— *De venatione apud Romanos*. Paris, A. Durand et Lauriel, 1869, in-8, xii-95 p.

591. —— *Notice sur M. le comte de Brosses*. Orléans, H. Herluison, 1869, in-8, 14 p.

592. **Baguenault de Viéville** (G.). *Deux poètes orléanais au XIXᵉ siècle*. Orléans, Pagnerre, 1857, in-8, 24 p.

593. **Bail** (Louis). *Additio ad summam conciliorum*. Paris, P. Chevalier, 1645, in-fol., 192 p. et index.

594. —— *Sapientia foris prædicans*. Parisiis, Edmundum Couterot, 1666, in-4, cxxxviii-96-292-504 p., table.

595. —— *Summa conciliorum omnium*. Parisiis, Dionysii Bechet, 1659, in-fol., 2 vol.

596. **Baile** (le P. Guillaume). *De græcorum dialectis libellus et*.

597. —— *De quantitate syllabarum græcorum*. Bordeaux, S. Millanges, 1588, in-4, 79 p.

598. **Baillet** (Adrien). *De la dévotion à la sainte vierge*. Paris, Florentin et Pierre Delaulne, 1696, in-12, table, 321 p.

599. **Baillet** (Adrien). *Jugemens des savans*, revus... par M. de Le Manonoy. Paris, Ch. Moette, 1722, in-4, 7 vol.

600. —— *La vie d'Edmond Richer*. Liège, 1714, in-12, 417 p. avec table.

601. —— *Topographie des saincts, où l'on rapporte les lieux devenus célèbres par la naissance, la demeure, la mort, la sépulture et le culte des saints*. Paris, Louis Roulland, 1703, in-8, 691 p.

602. **Bailly** (le citoyen). *Discours dans l'affaire Drouet et Babeuf*. Vendôme, imp. de la Haute-Cour, an V, in-8, 1 vol.

603. —— *Mémoires*. (Voir Collection Barrière).

604. **Bain** (Alex.). *La science de l'éducation*. Paris, Germer Baillière, 1880, in-8, vii-327 pages.

605. *Bains et lavoirs publics*, 1852, in-fol., 8 p., 12 pl.

606. **Baiole** (le P. Jean). *Histoire sacrée d'Aquitaine*. Caors, imp. Jean d'Alvy, 1644, in-4, 480 p.

607. **Baiphe** (G. de). *Guidonis a Baiiso rosarium*. Venetiis, apud Juntas, 1577, in-folio, 2 vol.

608. **Baius** (Michel). *Opera*. Coloniæ Agripinæ, Balthasaris ab Egmont, 1696, in-4, xvii-492-248 p.

609. [**Baker** (Thomas)]. *Traité de l'incertitude des sciences*, traduit de l'anglois [par Nic. Berger]. Paris, Pierre Miquelin, 1714, in-12, 347 p.

610. **Bal** (Charles). *L'amour et la mort*, poème-légende. Paris, Ledoyen, 1850, in-8, 48 p.

611. [**Balbani** (le P.)]] *Appel à la raison des écrits... contre les jésuites de France*. Bruxelles, Vanderberchen, in-12, 337 p.

612. **Balbi** (Adrien). *Abrégé de géographie*. Paris, librairie Renouard (1872), in-8, 2 vol. et atlas.

613. **Baldus de Perusio**. *Incipit solemnis ac utilis repetitio rubice obl. edita in studio pisano a famosissimo celeberrimoque utriusque juris monarcha domino Baldo secundo de Bartholinis de Perusio*. Henricum de Haerles, 1497, in-fol., 12 fol., non chiffrés.

614. **Ballesteros** (J.-M.) et J.-J. Villabrille. *Curso élémental de instruccion de Ciegos*. Madrid, imprenta del coligio de sordo-mudos y Ciegos, 1847, in-8, xii-286 p.

615. Ballet, curé de Gif. *Prônes sur les commandemens de Dieu*. Paris, Prault, 1747, in-12, xxxiv-table-431 p.

616. —— *Exposition de la doctrine de l'églis romaine*. Paris, Le Berton, 1786, in-12, xl-363 p.

617. Balmès (Jacques). *Philosophie fondamentale*, tr. par Edouard Manec. Paris, A. Vaton, 1862, in-12, 3 vol.

618. Baltet (Charles). *Culture du poirier*. Paris, V. Masson, 1867, in-12, vi-100 p.

619. Baluze (Etienne). *Capitularia regum Francorum*. Parisiis, Franciscus Huguet, 1677, in-fol., 2 vol.

620. —— *Concilia Galliæ Narbonensis*. Paris, typ. F. Muguet, 1668, in-8, 428-192 p.

621 Balzac (Jean Guez de). *Les œuvres*. Paris, Louis Billaine, 1665, in-fol., 2 vol.

622. Balzac (Honoré de). *Œuvres illustrées*. Paris, Michel Lévy, gr. in-8, 1867-1868, 10 vol.

623. —— *Théâtre complet*. Paris, Marescq, 1856, in-8, 112 p.

624. Banès (Dominique). *Scholastica commentaria in primam partem... S. Thomæ*. Duaci, Petri Borremans, 1614-1615, in-fol.. 4 tomes en 2 vol.

625. Banfield (T. C.). *Organisation de l'industrie*, tr. par Emile Thomas. Paris, Guillaumin, 1851, in-8, xv-216 p.

626. Barante (de). *Etudes historiques et biographiques*. Paris, Didier, 1857, in-8, 2 vol.

627. —— *Etudes littéraires et historiques*. Paris, Didier, 1858, in-8, 2 vol.

628. —— *Histoire des ducs de Bourgogne*. Paris, Ladvocat, 1826, in-8, 13 vol.

629. —— *Histoire du directoire de la République Française* Paris, Didier, 1855, in-8, 3 v.

630. —— *Le parlement et la fronde. La vie de Mathieu-Molé. Notices sur Edouard Molé et M. le comte Molé*. Paris, Didier, 1859, in-8, xix-464 p.

631. —— *Pensées et réflexions morales et politiques du comte de Ficquelmont*. Paris, Didier, 1859, in-8, xxiv-338 p.

632. **Barbay** (Pierre). *Commentarius in Aristotelis logicam.
moralem, metaphysicam.* Parisiis, G. Josse, 1690, in-12, 4 vol.

633. **Barbedette** (H.). *Unification des services de la voirie
départementale.* La Rochelle, typ. de A. Siret, 1871, in-8, 16 p,

634. —— *F. Schubert. Chopin.* Paris, Heugel, 1861-1866, in-8.
2 brochures.

635. **Bavay** (L. de). *Traité de la taille des arbres fruitiers.* Paris, Roret, 1850, in-12, 252-90 p. 10 pl.

636. **Barbaroux** (Charles). *Mémoires.* (Voir collect. Barrière).

637. **Barbay** (Pierre). *In universam Aristotelis philosophiam
introductio...* Parisiis, Ludovicum Josse, 1700, in-18, index,
219 pages.

638. **Barbié du Bocage** (J.-D.). *Description de la plaine
d'Argos...* Paris, impr. royale, 1834, in-8, 536 p.

639. **Barbié du Bocage** (V.-A.). *Bibliographie annamite.
Livres, recueils périodiques, manuscrits, plans.* Paris, Challamel, 1867, in-8, 107 p.

640. —— *De l'introduction des Arméniens catholiques en Algérie.* Paris, Amyot, 1856, in-8, 78 p.

641. —— *Le Maroc, — la mer des Indes; — Suez et Perim; —
Rapports.* Paris, impr. L. Martinet, 1861-1871, in-8, 6 br.

642. —— *Rapport sur la guerre, 1870-1871.* Paris, imp. E.
Martinet, 1872, in-8, 46 p.

643. **Barbier** (Ant.-Alex.). *Dictionnaire des ouvrages anonymes.* Paris, P. Daffis, 1872-1874, in-8, 4 vol.

644. —— *Examen critique des dictionnaires historiques.* Paris, Rey, 1820, in-8, 1er vol. 491 p.

645. **Barbier** (A.-A.) et N.-L.-M. DESESSARTS. *Nouvelle bibliothèque d'un homme de goût.* Paris, imp. Dumesnil-Lesueur,
1808-1810, in-8, 5 vol.

646. **Barbier** (Auguste). *Iambes et poèmes.* Paris, F. Masgana,
1852, in-12, 288 p.

647. **Barbier** (J.-C.). *Lois du jury.* Paris, Ernest Thorin, 1873,
in-8, 290 p.

648. **Barbier.** *Journal historique et anecdotique du règne de
Louis XV.* Paris, J. Renouard, 1847-1856, in-8, 4 vol.

649. **Barbier** (Jules) et Michel CARRÉ. *Virginie*, opéra. Paris, Lévy, 1877, in-8, 64 p.

650. **Barbier de Montault** (X.). *Collection des décrets authentiques de la congrégation des indulgences, — des rites, —de l'immunité.* Paris, Et. Repos (1869), in-12, 10 vol.

651. —— *Epigraphie de Maine-et-Loire.* Angers, impr. Lachèse, 1869, in-8, 440-159 p.

652. **Barbosa** (Augustin). *Formularium episcopale...* Coloniæ Agrippinæ, Petri Ketteler, 1680, in-4, 262 p., table.

653. **Barbot de La Trésorière** (M.-An.). *Annales historiques... d'Aunis, Saintonge, Poitou...* Paris, typ. E. Allard, 1858, in-4, IV-27-168 p.

654. **Barclay** (Jo.). *Satyricon*, Lugd. Batavorum (Leyde), Off. Hackiana, 1674, in-8, XXII-720 p.

655. **Barclay** (Robert). *Theologiæ vere christianæ apologia...* Amstelodami, Jacob Claus, 1676, in-4, 374 p., tables.

656. **Bard** (Le chev. Joseph.) *Journal d'un pèlerin.* Lyon, bureau de l'institut catholique, 1845, in-8, 2 vol.

657. —— *Dijon, histoire.* Dijon, Picard, 1849, in-12, XII-433 p.

658. [**Bardy** (Gustave)]. *L'Algérie et son organisation en royaume.* Paris, Rey et Belhatte, [1852], in-8, 165 p.

659. **Baret** (Eugène). *De l'enseignement des langues vivantes.* Paris, Delagrave, 1871, in-8, 15 p.

660. —— *Espagne et Provence.* Paris, Durand, 1857, in-8, XI-451 p.

661 —— *Histoire de la littérature espagnole.* Paris Delagrave, 1873, in-12, XXII-619 p.

662. **Baret** (Paul). *Essai historique sur la prononciation du grec.* Paris, Donnaud, 1878, in-8, 93 p.

663. **Baril** (J.). *Mélanges littéraires.* Rochefort, imp. Goulard, 1823, in-8, 113 p.

664. **Baril** (Théophile). *Echos poétiques de l'âme chrétienne* (poésies). La Rochelle, typ. G. Mareschal, 1844, in-8, 2 vol.

665. **Baril** (A.). et A. VINET. *Notice sur la commune de Migré*, Saint-Jean-d'Angély, imp. Lemarié, 1866, in-8, 47 p.

666. **Barjavel** (C.-F.-H.). *Dictionnaire historique... de Vaucluse.* Carpentras, imp. Devillario, 1841, in-8, 2 vol.

667. [**Barjeton** (Daniel)]. *Lettres.* Londres, 1750, in-12.

668. **Barnabé** (saint). *Epistola cathólica.* Parisiis, Simeonis Piget, 1645, in-4, 70-245 p.

669. **Barni** (Jules). *Napoléon Ier.* Paris, Germer Baillière, 1870, in-12, 186 p.

670. **Baronius** (Le cardinal César). *Annales ecclesiastici.* Barri-ducis, typis L. Guérin, in-4, 1864-1882, 36 vol.

671. —— *Le corps des annales,* mises en français par Pierre Coppin. Paris, Jac. d'Allin, 1657, in-fol., 530 p. avec table.

672. —— *Martyrologivm romanvm.* Parisiis, Chappelet, 1607, in-folio, 2 volumes.

673. **Barot** (P. Désiré). *Dissertation sur l'apoplexie.* Paris, imp. Didot jeune, 1818, in-4, 45 p.

674. —— *Réflexions, faits et discussions médicales sur le cholera-morbus.* Poitiers, imp. Saurin, 1833, in-8, 75 p.

675. —— *Souvenir poétique.* Poitiers, imp. Bernard, in-8, 6 p.

676. [**Barral** (F.)] *Dictionnaire... de la bible.* Paris, Musier, 1740, in-8, 373-369 p. 2 tomes en 1 vol.

677. **Barral** (J.-A.). *Almanach de l'agriculture.* Paris, V. Masson, 1870, in-18, 164 p.

578. —— *Rapport sur le concours international de machines à moissonner.* Paris, librairie agricole, 1860, in-8, 61 p.

679. **Barrau** (De). *Documents sur les familles et les hommes remarquables du Rouergue.* Rodez, imp. Ratery, 1853-1860, in-8, 4 vol.

680 **Barrau** (Th.-H.) *Conseils aux ouvriers.* Paris, L. Hachette, 1850, in-12, 360 p.

681. —— *Instruction sur la loi d'enseignement.* Paris, L. Hachette, 1851, in-18, 174 p.

682. —— *Nouvelle loi sur l'enseignement.* Paris, Hachette, 1850, in-12, 108 p.

683. **Barraud** (Jacques.) *Coustumes du comté et pays de Poictou.* Poitiers, Julien Thoreau, 1625, in-8, 489-98 p.

684. **Barraud** (P.-B.). *Recherches historiques sur l'ancienne abbaye de N.-D. de Chastres.* Cognac, imp. Mortreuil, 1870, in-12, 35 p.

685. **Barre** (L.-P.). *Histoire générale d'Allemagne*. Paris, Delespine, 1748, in-4, 10 vol.

686 Barreau français, *collection des chefs-d'œuvre de l'éloquence judiciaire...* recueillis par MM. Clair et Clafier. Paris, Panckoucke, 1822, in-8, 7 vol.

687. **Barreira** (Isidore de). *Tractado das significacoens das plantas, flores é frvctos que se referem na sagrada Escriptura*. Em Lisboa, Pedro Craesbeeck, 1622, in-8, table, 285 p.

688. **Barrême**. *Le livre des comptes-faits*. Paris, libraires associés, 1771, in-12.

689. **Barreyre**. *Des causes principales qui compromettent en France la stabilité du gouvernement*. Bordeaux, imp. Ragot, 1850, in-8, 22 p.

690. —— *Réflexions et avis sur l'état politique et financier de la France*. Bordeaux, imp. de Ragot, in-8, 43 p.

691. **Barillot**. *La folle du logis*. Poésies. Paris, Coulon-Pineau, 1855, in-12, vi-156 p.

692. [**Barruel** (l'abbé Aug.)]. *Helviennes ou lettres provinciales philosophiques*. Amsterdam, Paris, Moutard, 1785-1788, in-12, 5 vol.

693. —— *Histoire du clergé pendant la révolution française*. Londres, imp. Baylis, 1801, in-12, 2 tom. en 1.

694. **Barruel** (Etienne). *La physique réduite en tableaux raisonnés*. Paris, Courcier, 1806, in-4, viii-36 p., 38 tableaux.

695. [**Barruel-Beauvert** (A.-J.).] *La lanterne magique républicaine*. Paris, imprimerie du Luxembourg, 1799, in-8, 70 p.

696. **Barthélemy**. *La perpétuité de la foy de l'Eglise catholique touchant l'eucharistie*. Paris, Charles Savreux, 1666, in-12, 475 p. avec table.

697. **Barthélemy** (l'abbé). *Voyage en Italie*. Paris, Buisson, 1802, in-8, xix-448 p.

698. —— *Voyage du jeune Anacharsis en Grèce*. Paris, imp. Didot, an VII, in-8, 7 vol. et 1 atlas.

699. **Barthélemy** (Edouard de). *La galerie des portraits de mademoiselle de Montpensier*. Paris, Didier, 1860, in-8, vii-562 p.

700. **Barthélemy de Beauregard** (L'abbé). *Mission divine de Jeanne d'Arc.* Orléans, Al. Jacob, 1850, in-8, 72 p.

701. **Barthélemy Saint-Hilaire.** *Rapport sur les bâtiments de la bibliothèque nationale.* Paris, imprimerie nationale, 1881, in-4, 17 pages.

702. **Bartholin** (Thomas). *De latere Christi aperto dissertatio.* Lugduni Batavorum, 1648, in-12, 624 p.

703. —— *Quæstiones nuptiales.* Hafniac (Copenhague), Henri Gosianus, 1670, in-4, 56 p.

704. **Bartholi** (le père Daniel). *De vita et institutis S. Ignatii.* Lyon, L. Anisson, 1665, in-4, 450 p. avec table.

705. **Barton** (Mary). *A tale of Manchester life.* London, Chapman and Hall, in-12, vii-323 p.

706. **Barzellotti** (Giacomo). *Awisi Agli Stranieri che amano di viagiare in Italia...* Firenze, V. Batelli, 1838, in-8, 290 p.

707. **Bascle de Lagrèze** (G.). *Le château de Pau.* Paris, L. Hachette, 1862, in-18, 352 p.

708. **Basile** (saint). *Opera.* Sumpt. Jodoci Badii, 1523, in-fol.

709. —— *Omnia quæ ad nos exstant opera ab Jano Comario. interpretata.* Basilæ, per Frobenios fratres, 1666, in-fol., 1006 p. avec index.

710. —— *Opera omnia.* Parisiis, sumpt. Claudii Morelli, 1618, 2 vol. et appendice.

711. —— *De jejunio orationes duæ, Erasmo Rotterodamo interprete* (grec et latin). Parisiis, apud Andream Wechelum, 1555, in-4, 15-19 p.

712. **Basile le grand** (saint). *Les règles de la morale chrétienne.* Paris, impr. C. Savreux, 1761, in-18, 517 p.

713. —— *Les ascétiques,* traduits par Godefroy Hermant. Paris, Jean du Puis, 1673, in-8, 774 p. avec table.

714. **Basile le Grand** (saint) et SAINT ASTERE. *Sermons, avec les sermons de S. Astere, évêque d'Amassie,* traduits du grec. Paris, André Pralard, 1691, in-8, 383-352 p. avec table.

715. **Basile de Séleucie.** *Opera quæ exstant.* (Voir Grégoire le Thaumaturge).

716. **Basin** (Thomas). *Histoire des règnes de Charles VII et de Louis XI.* Paris, J. Renouard, 1855-1859, in-8, 4 vol.

717. [**Basnage** (Jacques).] *L'état présent de l'église gallicane,* Amsterdam, 1719, in-12, 358 p. table.

718. **Basque** (J.-B.-A.). *Dictionnaire des communes, bourgs...* *de la Charente.* Angoulême, Chabot, 1857, in-8, VIII-166 p.

719. [**Basset** (l'abbé)]. *Instructions sur le saint sacrifice de la messe.* 1743, in-12, 443 p. avec table.

720. **Basseville** (Anatole). *Des Barreaux,* biographie. Orléans. Colas-Gardin, 1859, in-8, 15 p.

721. **Bassi** (Louis). *Le vrai moraliste. Choix de préceptes de morale.* Saintes, Fontanier, 1870, in-8, 307 p.

722. **Basso** (Charles-André). *Le pasteur des âmes,* tr. par le sieur J.-L.-C. Toulouse, Forest, 1740, in-8, 2 tomes en un vol.

723. **Bassompierre** (le maréchal de). *Mémoires,* publiés par le marquis de Chantérac. Paris, v° Renouard, 1870, in-8, 4 vol.

724. —— *Mémoires.* (Collection Michaud, t. XX).

725. **Bassus** (Saleius). *Poème adressé à Pison,* tr. par J. Chenu. (Voir *Lucilius,* édition Panckoucke.)

726. **Bastard d'Estang** (le vicomte de). *Les parlements de France.* Paris, Didier et Cie, 1858, in-8, 2 vol.

727. Basterrèche. *Précis pour les CC. Basterrèche frères, négocians à Bayonne.* Paris, impr. Du Pont (an V), in-8, 20 p.

728. —— *Résumé pour les citoyens Basterrèche, négocians à Baionne et armateurs du corsaire le Sans-Souci, contre le citoyen Olivier, négociant au Hâvre.* Paris, imp. Baudouin, 1797, in-8, 12 p.

729. **Bastiat** (Frédéric). *Cobden et la ligue pour la liberté du commerce.* Paris, Guillaumin, 1845, in-8, XCVI-426 p.

730. —— *Harmonies économiques.* Paris, Guillaumin, 1855, in-12, 594 p.

731. **Bastide** (Jules). *Les guerres de la réforme.* Paris, Dubuisson (186.), in-32, 192 p.

732. —— *Les guerres de la religion en France.* Paris, impr. Dubuisson, 1854, in-16, 2 vol.

733. Bastide. *Réponse de François-Joseph Bastide Maillezac à l'ultimatum de René Sarrasin Lami — et Mémoires.* Poitiers, impr. Catineau, 1813, in-4, 2 pièces.

734. **Bastié** (Maurice). *Le Languedoc. Description du départe-*

ment du Tarn. Albi, impr. Nouguiès, 1875, in-4, 2 t. en 1.

735. **Bassville** (Huguon de). *Elémens de mythologie*. Genève, Barde, 1789, in-12, viii-428 p.

736. [**Baston** (l'abbé Guill.-And.-René)]. *Les entrevues du pape Ganganelli, servant de suites aux lettres du même auteur*. Anvers, P. Frakenner, 1778, in-12, 451 p.

737. **Batault** (Henri). *Essai historique sur les écoles*. Châlon-sur-Saône, impr. J. Dejussieu, 1872, in-4, iii-171 p.

738. **Batbie**. *Mélanges d'économie politique*. Paris, Cotillon, 1866, in-8, 444 p.

739. —— *Nouveau cours d'économie politique*. Paris, Cotillon, 1866, in-8, 2 vol.

740. —— *Précis du cours de droit public et administratif*. Paris, Cotillon, 1869, in-8, 872 p.

741. —— *Traité de droit public et administratif*. Paris, Cotillon, 1862-68, in-8, 7 vol.

742. —— *Turgot, philosophe, économiste et administrateur*. Paris, Cotillon, 1866, in-8, 440 p,

743. **Batteux** (l'abbé Ch.). *Principes de la littérature*. Lyon, A. Leroy, 1800, in-18, 6 vol.

744. —— *Elémens de littérature*. Paris, veuve Desaint, 1773, in-12, 2 vol.

745. —— *Histoire des causes premières*. Paris, Saillant, 179 in-8, xx-452 p.

746. —— *La morale d'Epicure*. Paris, Desaint, 1758, in-12 374 p.

747. —— *Les quatre poétiques d'Aristote, d'Horace, de Vida, de Despréaux*. Paris, Saillant et Nyon, 1771, in-12, 7 vol.

748. **Beaudeau** (Nicolas). *Analyse de l'ouvrage du pape Benoît XIV sur les béatifications et canonisations*. Paris, Lottin le jeune, 1761, in-12, xxxi-313-24 p.

749. **Beaude de La Croix**. *Etrennes du Parnasse*. Paris, Belin, 1791, in-18, 216 p.

750. **Baudens**. *Des fractures du membre pelvien*. Paris, typ. Plon frères, 1854, in-8, 2 parties.

751. **Bauderon** (Brice). *Les harangues de maître Brice Bauderon, seigneur de Senecey*. Macon, Robert Piget, 1685, in-4, 548 p.

752. —— *Paraphrase sur la pharmacopée*. Lyon, P. Rigaud, 1607, in-12, 721 p. avec table.

753. **Baudiau** (J.-F.). *Le Morvand*. Nevers, imp. de Fay, 1865-1867, in-8, 3 vol.

754. **Baudier**. *Histoire du mareschal de Toiras*. Paris, Séb. Cramoisy, 1643, in-fol., 16 feuillets, 253-table-27 p.

755. —— *Poematum nova editio*, Lugduni Batavorum, G. Basson, 1616, in-12, 614-216 p.

756. **Baudin**. *Bassin houiller de Brassac*. Paris, imp. nation., in-4, 136 p. et atlas in-fol.

757. **Baudoin** (Alphonse). *Fleurs des ruines, poésies*. Paris, C. Dillet, 1867, in-12, iv-247 p.

758. **Baudoin** (Jean). *Mythologie*, traduitte par I. de Montlyard. Paris, P. Chevalier, 1627, in-fol., 1095-tables-53 p.

759. **Baudory** (le père du). *Œuvres diverses*. Paris, J. Barbou, 1765, in-12, iii-476 pages.

760. **Baudran** (l'abbé). *L'âme sanctifiée*. Lyon, Etienne Rusand, 1773, in-12, viii-430 p., table.

761. **[Baudran]**. *L'âme religieuse élevée à la perfection..*, Lyon, Jacquenod, 1771, in-12, 243 p., table.

762. **Vaudrand** (Michel-Antoine). *Lexicon geographicum*. Paris, F. Muguet, 1670, in-fol., 533-483 p. et table.

763. **Baudri**, abbé de Bourgueil. *Poëme*. Caen, F. Le Blanc-Hardel, 1871, in-4, 40 p.

764. **Baudrillart** (H.). *Etudes de philosophie morale et d'économie politique*. Paris, Guillaumin, 1858, in-12, 2 vol.

765. —— *La liberté du travail, l'association de la démocratie*. Paris, Guillaumin, 1865, in-12, xv-387 pages.

766. —— *Rapport sur les pertes éprouvées par les bibliothèques publiques de Paris, en 1870-1871*. Paris, P. Dupont, 1871, in-8, 27 pages.

767. **Baudry** (Etienne). *Les bras mercenaires*. Paris, A. Lacroix, 1866, in-8, 30 pages.

768. **Baudry** (F.). *Grammaire comparée des langues clas-*

siques... Phonétique. Paris, L. Hachette, 1868, in-8, xiv-212 p.

769. **Baudry** (l'abbé Ferdinand). *Rapport sur les puits funéraires de Troussepoil.* Napoléon, imp. Vᵉ Ivonnet, 1866, in-12,
2 fascicules.

770. **Baudry** (Hippolyte). *Rapport fait au conseil municipal
de Saintes sur les comptes et budgets de 1875.* Saintes, imp.
Hus, 1874, in-12, 23 pages.

771. **Bauëy** (l'abbé Marie-Bernard). *La Pologne devant l'histoire et devant Dieu.* Paris, Maillet, 1868, in-8, 30 pages.

772. **Baumé.** *Elemens de pharmacie.* Paris, Sanson, 1784, in-8
avec planches.

773. **Bauyein** (l'abbé). *Variétés bordeloises...* Bordeaux, Feret
et fils, 1876, in-8, 4 vol.

774. **Bausset** (L.-F. de). *Histoire de Fénelon.* Paris, Giguet et
Michaud, 1809, in-8, 3 vol.

775. **Bautain** (l'abbé). *Méditations sur les épîtres et les évangiles.* Paris, Hachette et Cⁱᵉ, 1863, in-18, iv-784 pages.

776. **Bavoux** et Loiseau. *Jurisprudence du code civil.* Paris,
Bouzeon de Jonay, 1800-1804, in-8, 12 vol.

777. **Bavoux** (Evariste). *Voltaire à Fernay. Sa correspondance
avec la duchesse de Saxe-Gotha.* Paris, Didier, 1865, in-8,
viii-529 pages.

778. **Bayle** (François). *Institutiones physicæ.* Toulouse, J. Douladoure, 1700, in-4, 3 vol.

779. —— *Problemata physica et medica.* (S. l.), 1677, in-12,
192 p. avec planches.

780. **Bayle** (Pierre). *Commentaire philosophique sur ces paroles de Jésus-Christ : Contrain-les d'entrer...* Rotterdam,
Fritsch, 1713, in-12, 2 vol.

781. —— *Dictionnaire historique et critique,* augmenté de notes
extraites de Chauffepié, Joly, La Monnoie, Leduchat, L.-J.
Leclerc, P. Marchand, etc. Paris, Desoer, 1820, in-8, 16 vol.

782. —— *Dictionnaire historique et critique.* 3ᵉ édit. Rotterdam, Michel Bohm, 1720, in-fol., 4 vol.

783. —— *Réponse aux questions d'un provincial.* Rotterdam,
Reinier Leers, 1704, in-12, 4 vol.

784. —— *Lettres choisies.* Rotterdam, Fritsch et Bohm, 1714,
in-12, 3 vol.

785. **Bayle** (L'abbé A.). *Massillon.* Paris, Amb. Bray, 1867, in-8, vii-424 p.

786. **Bayly** (Louis). *La pratique de piété,* tr. par Jean Verneuil. Charenton, Antoine Cellier, 1668, in-8, table, 572 pages.

787. **Baylet** (l'abbé Gaspard). *Essai sur le triomphe de la force ou Mahomet II,* poëme. Paris, J.-L. Paulmier, 1862, in-12, 277 p.

788. **Bazaine.** *Rapport sommaire sur les opérations de l'armée du Rhin.* Berlin, Leonhard Simion, 1870, in-4, 28 p.

789. **Bazancourt** (baron de). *L'expédition de Crimée.* Paris, Amyot, 1856, in-8, 2 vol.

790. **Bazille** (Gustave). *Étude sur la juridiction administrative.* Figeac, imp. Vᵉ Lacroix et Molès, 1867, in-8, 176 p.

791. **Bazin** (A.). *Histoire de France sous le ministère du cardinal Mazarin.* Paris, Chamerot, 1842, in-8, 2 vol.

792. **Bazin.** *Histoire de France sous Louis XIII.* Paris, Chamerot, 1838-1840, in-8, 4 vol.

793. **Bazin** (H.). *De la condition des artistes dans l'antiquité grecque.* Nice, imp. V.-E. Gauthier, 1866, in-8, 272 pages.

794. **Beauchesne** (A. de.) *La vie de Mme Elisabeth.* Paris, Henri Plon, 1869, in-8, 2 vol.

795. —— *La vie et la légende de madame sainte Notburg.* Paris, H. Plon, in-4, 1863, 318 p.

796. —— *Louis XVII.* Paris, H. Plon, 1867, in-8, 2 vol.

797. **Beauchet-Filleau** (H.). *Pièces inédites, rares et curieuses concernant le Poitou.* Paris, académie des bibliophiles, 1870, in-8, iii-90 p.

798. —— *Pouillé du diocèse de Poitiers.* Niort, Clouzot, 1868, in-4, xliv-514 p.

799. —— *Tableau des émigrés du Poitou.* Poitiers. Ch. Pichot, 1845, in-8, 126 p.

800. **Beauchet-Filleau** (H.) et Elme Ravan. *Dictionnaire géographique du département des Deux-Sèvres.* Niort, L. Clouzot, 1874, in-12, xxiv-271 p.

801. **Beaucorps** (Maxime de). *Les Montils, ses ruines, son hôtel-dieu au XIIIᵉ siècle.* Orléans, imp. Georges Jacob, 1868, in-8, 15 pages.

802. **Beaudemoulin** (L.-A.). *La guerre s'en va.* Paris, Pichon-Lamy, in-12, 119 p.

803. [**Beaufils** (Le P. Guillaume)]. *Oraison funèbre de Charles Le Goux de la Berchère, archevesque et primat de Narbonne,* [1719], in-4, 28 p.

804. —— *Vie de la vénérable mère Jeanne de Lestonac...* Imprimée à Bordeaux en 1742. Poitiers, H. Oudin, 1881, in-18, xxii-352 p.

805. **Beaulac** (Guillaume). *Répertoire des lois et des arrêtés du gouvernement, de 1789 à l'an XI.* Paris, Le Normant, an XII (1804), in-8, 8-656-56 p.

806. **Beaumanoir** (Philippe de). *Coustumes de Beauvoisis.* Bourges, François Taubeau, 1690, in-f°, 514 p.

807. —— *Les coutumes de Beauvoisis..,* publiées par M. le comte Beugnot. Paris, J. Renouard, 1842, in-8, 2 vol.

808. **Beaumarchais.** *Œuvres complètes.* Paris, bureau de la bibliothèque choisie, 1827, in-8, 6 vol.

809. —— *Œuvres complètes,* notice par M. Saint-Marc Girardin. Paris, Firmin Didot, 1856, in-4, xii-740 p.

810. [**Beaumont** (de)]. *L'accord parfait de la nature, de la raison, de la révélation.* Cologne, Pierre Marteau, 1753, in-12, 367 p., table.

811. **Beaumont** (L. Elie de). *Rapport sur les progrès de la stratigraphie.* Paris, imp. impériale, 1869, in-8, iii-572 p. et 2 pl.

812. **Beaunier.** — *Recueil historique des archeveschez, éveschez, abbayes.* Paris, A.-X.-R. Mesnier, 1726, in-4, 2 vol.

813. **Beaupied-Dumesnils.** *Mémoire sur les marais salans des provinces d'Aunis et de Saintonge.* La Rochelle, P. Mesnier, 1765, in-12, 101 p.

814. **Beauregard** (de). *Statistique de Maine-et-Loire.* Angers, Cosnier et Lachèse, 1850, in-8, 296 p.

815. **Beaussier** (Nicolas). *Origine, progrès et limite de la puissance des papes.* Paris, Baudouin, 1821, in-8, 288 p.

816. **Beaussire** (Emile). *Antécédents de l'Hégélianisme.* Paris, G. Baillière, 1868, in-12, xvi-235 p.

817. —— *Etude sur la philosophie de Dante.* Paris, imprimerie impériale, 1868, in-8, 15 p.

818. **Beautemps-Beaupré** (C.-J.). *De la proportion de biens*

disponibles. Paris, Aug. Durand, 1856, in-8, 2 vol.

819. **Beautemps-Beaupré** *Méthodes pour la levée et la cons-* *truction des cartes.* Paris, imp. impériale, 1811, in-4, 96 p., 24 planches.

820. [**Beauvais de Préau**]. *Essai sur la topographie d'Oli-* *vet.* Orléans, imp. Couret de Villeneuve, 1784, in-8, iv-99 p.

821. **Beauvais-Nangis** (marquis de). *Mémoires et journal* *du procès du marquis de La Boulaye.* Paris, veuve Re- nouard, 1862, in-8, xxii-376 p.

822. **Beauvoir** (comte Ludovic de). *Voyage autour du monde.* Paris, Henri Plon, 1873, gr. in-8, iii-641 pages.

823. **Beauvoir** (Roger de). *L'opéra.* Paris, Havard, 1854, in-18, 96 p.

824. **Beauvillé** (Victor de). *Histoire de la ville de Montdidier.* Paris, impr. de J. Claye, 1875, in-4, 3 vol.

825. —— *Recueil de documents inédits concernant la Picar-* *die.* Paris, impr. impériale, 1867-82, in-4, 4 vol.

826. **Bécan** (le R. P. Martin). *Controversia anglicana de po-* *testate pontificis et regis.* Moguentiæ, Joannem Albinium, 1613, in-12, 272 p.

827. **Beccaria.** *Dei delitti e delle pene.* Livorno, Glauco Masi, 1833, in-8, 296 p.

828. —— *Des délits et des peines,* tr. par Dufey. Paris, Dali- bou, 1821, in-8, xxxiv-383 p.

829. **Béchard** (Frédéric). *De la famille.* Paris, Michel Lévy, 1850, in-12, 161 p.

830. **Béchard** (Ferdinand). *La commune, l'église et l'état* *dans leurs rapports avec les classes laborieuses.* Paris, Gi- raud, 1849-1850, in-12, 2 vol.

831. **Bechet** (Cosme). *Coutumes du siège royal de Saint-Jean-* *d'Angély.* Saintes, impr. Th. Delpech, 1715, in-4, xii-356- 112 p.

832. —— *L'usance de Saintonge entre mer et Charente.* Bor- deaux, imp. Simon Boe, 1701, in-4, 394 p.

833. —— *L'usance de Saintonge entre mer et Charente.* Sain- tes, J. Bichon, 1647, in-4, 26-502 p.

834. **Becker** (H.). *Emprunt D. Miguel.* Paris, Durand, 1874- 75, in-8, 3 pièces.

835. **Beclard** et AXENFELD. *Rapport sur le progrès de la médecine en France.* Paris, impr. impériale, 1867, in-8, 96 p.

836. **Becquerel.** *Recueil de mémoires relatifs à l'emploi du sel marin en agriculture.* Paris, veuve Bouchard-Huzard, 1849, in-8, 88 p.

837. **Becquerel** (Edmond). *La lumière, ses causes et ses effets.* Paris, F. Didot, 1867, 2 vol.

838. **Becquoy.** *Rapport sur la navigation intérieure de la France.* Paris, impr. royale, 1820, in-4, 75 p. et carte.

839. **Bédard** (T. P.). *Histoire de cinquante ans* (1791-1841). Québec, impr. Léger Brousseau, 1869, in-8, XVI-419 p.

840. **Bede** (le vénérable). *Opera.* Coloniæ Agrippinæ, sumpt. Antonii Hierati et Joan. Gymnici, 1612, 8 t. en 2 vol.

841. **Bede** (le vénérable) et EGBERT. *Epistolæ duæ.* Dublinii, typ. Johannis Crook, 1664, in-12, 135 p.

842. **Begault** (l'abbé). *Panégyriques et sermons.* Paris, Nicolas Simart, 1711, in-12, 2 vol.

843. **Béhic** (Armand). *Instructions sur le typhus contagieux du gros bétail.* Paris, typ. E. Panckoucke, 1865, in-8, 30 p.

844. **Beke** (Van der). *Idyllia et elegiæ.* (Voir Hossche.)

845. **Belcastel** (Gabriel de). *Le droit de l'état et le droit paternel.* Toulouse, imp. Douladoure, 1879, in-12, 35 p.

846. **Belgrand.** *Le bassin parisien aux âges antéhistoriques.* Paris, impr. imp., 1869, in-4, 2 vol.

847. **Belin de Launay.** *Progrès et influence des corporations durant l'empire romain.* Paris, impr. imp., 1868, in-8, 17 p.

848. **Bellami.** *Traité de la perfection et confection des papiers terriers...* Paris, Paulus du Ménil, 1746, in-4, 524 pages.

849. **Bellarini** (Jean). *Doctrina S. concilii Tridentini.* Lyon, impr. Benoist-Vignieu, 1682, in-8, 835 p. avec index.

850. **Bellarmin** (le cardinal Robert). *Catéchisme,* tr. par le P. Antoine Pascal. Lyon, Jean-Baptiste de Ville, 1681, in-12, 701 p., table.

851. —— *De scriptoribus ecclesiasticis liber unus.* Bruxellis, typ. J. Léonard, 1719, in-8, 346 p.

852. **Bellarmin** (le cardinal). *Disputationum de controversiis christianæ fidei*...Ingolstadii, typ. Adami Sartorii, 1601, in-fol, 4 vol.

853. —— *Explicatio in psalmos.* Lugduni, sumpt. J.-B. Bourdier et Laur. Aubin, 1675, in-4, 1086 p. avec index.

854. —— *Institutiones linguæ hebraicæ.* Aureliæ Allobrogum (Genève), F. Fabrum, 1609, in-8, 334 p.

855. —— *Judicium de libro, quem Lutherani vocant, Concordiæ.* Ingolstadii, Davidum Sartorium, 1586, in-8, 152 p.

856. —— *Recognitio librorum omnium Roberti Bellarmini.* Ingolstadii, typ. Adami Sartorii, 1608, in-8, 213 p.

857. —— *Tractatus de potestate summi pontificis in rebus temporalibus.* Coloniæ Agrippinæ, Bernardi Gualtheri, 1611, in-8, 320 p., index.

858. **Belle** (Alfred) et Joseph Caccia. *Les 500 francs de Joseph,* comédie. Paris, librairie des auteurs, 1867, in-12, 35 p.

859. **Bellecius** (le rév. p. Louis). *La vertu solide,* traduit par l'abbé P. Charbonnier. Paris, Périsse frères, 1854, in-18, xxviii-498 pages.

860. **Bellemare** (Alex.). *Abd-el-Kader.* Paris, Hachette, 1863, in-12, 462 p.

861. **Bellemère** (Gilles). *Praelectiones in primam secundi Decretalium libri partem.* Lugduni, apud Senetonios fratres 1549, in-fol., 3 vol. en un.

862. [**Bellet-Verdier**]. *Mémorial alphabétique sur le fait des tailles.* Paris, Cavelier, 1742, in-4, clii-337-315.

863. **Bellin.** *Description géographique des isles Antilles.* Paris, impr. Didot, 1758, in-4, 171 p.

864. —— *Description de l'isle de Corse.* Paris, de l'impr. de Didot, 1769, in-4, 232 p., cart.

865. —— *Hydrographie françoise,* 1765, gr. in-fol., 2 vol.

866. [**Belloy** (Pierre de)]. *Examen du discours publié contre la maison royale de France.* [La Rochelle] 1587, in-12, 355 p.

867. **Bellot** (E.). *L'économe, manuel hygiénique de la santé des animaux domestiques.* Angoulême, impr. A. Nadaud, 1862, in-8, viii-447 p.

868. **Bellot** (J.-R.). *Journal d'un voyage aux mers polaires.* Paris, Perrotin, 1854, in-8, 415 p.

869. **Belmondi**. *Code des contributions directes*. Paris, 1818, in-8, 2 vol.

870. **Belot** (Adolphe). *Mademoiselle Giraud, ma femme*. Paris, Dentu, 1870, in-12, iv-278 p.

871. **Belouino** (Paul). *Histoire d'un coup d'état*. (*Décembre 1851*). Paris, L. Brunet, 1852, in-8, 491 p.

872. **Beloy** (Pierre de). *Conférence des édicts de pacification des troubles pour le faict de la religion*. Grenoble, Jean Nicolas, 1659, in-8, 537 p.

873. **Beltremieux** (Edouard). *Description des falaises de l'Aunis*. La Rochelle, typ. Siret, 1856, in-8, 16 p.

874. —— *Faune fossile du département de la Charente-Inférieure*. La Rochelle, typ. Mareschal, 1866, in-8, 80 p.

875. —— *Faune vivante du département de la Charente-Inrieure*. La Rochelle, typ. Mareschal, 1864-1870, in-8, 3 vol.

876. **Belzunce** (l'abbé de). *Abrégé de la vie de mademoiselle de Foix de Candale*. Agen, Timothée Gayau,'1707, in-8, 232 p.

877. **Ben-Abraham** (Ismaël). *Moua-acah, ceinture de douleur, ou réfutation du livre intitulé Règles pour l'intelligence des saintes écritures*. Paris, C.-L. Thiboust, 1723, in-12, lix-335 p.

878. **Bénard** (Th.-N.). *Les lois économiques*. Paris, Guillaumin, 1856, in-12, 466 p.

879. —— *Le socialisme d'hier et celui d'aujourd'hui*. Paris, Guillaumin, 1870, in-12, 274 p.

880. **Beneden** (P.-J. Van). *Les commensaux et les parasites dans le règne animal*. Paris, Germer Baillière, 1878, in-8, 238 pages.

881. *Bénéfices de l'évesché de Xaintes*. Paris, G. Alliot, 1648, in-4, 76 p.

882. **Beneton** (Etienne-Claude). *Commentaire sur les enseignes de guerre des principales nations*. Paris, Thiboust, 1742, in-12, 379 p.

883. **Beng** (Antoine) et François PINSSON. *Tractatus de beneficiis ecclesiasticis*. Parisiis, Antonii de Sommaville, 1654, in-fol., 458 p., index.

884 **Benlœw** (Louis). *Essai sur l'esprit des littératures*. Dijon, J. Marchand, 1870, in-12, 2 vol.

885. **Benoist** (René). *La vie de Jésus-Christ, notre sauveur, le vray patron et exemplaire de la vie du chrestien*, par M. René Benoist. Paris, Delanoue, 1599, in-fol., 1992 p., table.

886. —— *Observationes bibliorvm lingva gallica editorvm svb nomine Renati Benedicti...*, in-12, 174 fol.

887. **Benoist de Canfeld** (Le père). *Règle de perfection*. Paris, François-André Pralard, 1696, in-12, 458 p. avec table.

888. **Benoît XIV**. *Commentarius de D. N. Jesu Christi matrisque ejus festis*. Lovanii, typ. academica, 1761, in-8, 2 vol.

889. —— *Commentarius de sacrosancto missæ sacrificio*. Lovanii, typ. academica, 1762, in-8, 2 vol.

890. —— *Declaratio super matrimoniis Hollandiæ et fæderati Belgii...* Lovanii, typ. Martini van Overbeke, 1742, in-8, 343 p.

891. —— *De synodo diœcesana libri tredecim*. Lovanii, e typographia academica, 1763, in-8, 4 vol.

892. **Benoît**. *Chronique des ducs de Normandie*. Paris, impr. royale, 1836-1844, in-4, 3 vol.

893. **Benoît** (Ch.). *Essai historique et littéraire sur la comédie de Ménandre*. Paris, Firmin Didot, 1854, in-8, vii-261 p.

894. **Béranger**. *Chansons*. Paris, Perrotin, 1865-66, in-8, 3 v.

895. **Bérard** (A.). *Dictionnaire biographique des artistes français*. Paris, Dumoulin, 1872, in-8, xv-864 colonnes.

896. **[Béraud** (l'abbé)]. *Traité des annates*. Amsterdam, aux dépens de la compagnie, 1718, in-12.

897. **Béraud** (J.-B.). *Histoire des sires et des ducs de Bourbon*. Paris, Pagnerre, 1836, in-8, 4 vol.

898. **Béraud**, de La Rochelle. *Le siège de La Rochelle, drame*. Paris, au théâtre de la Cité, an XI (1802), in-8, 39 p.

899. **Bérauld** (B.). *Annuaire commercial, industriel, agricole, administratif et judiciaire de l'arrondissement de Cognac, 1863-1869, 1877*. Cognac, chez l'auteur, 1863-1877, in-12, 5 vol.

900. —— *Itinéraire de Rochefort à Angoulême et de Saintes à Coutras*. Cognac, chez l'auteur, 1871, in-12, 238 p.

901. —— *Les eaux-de-vie de Cognac*. Cognac, chez l'auteur, 1875, in-18, 240 p.

902. **Bérauld** (G.). *Histoire de la guerre de 1870-1871 par l'étude des documents officiels.* Cognac, Bérauld, 1872, in-8, cxciii-384 p.

903. **Bérault** (Josias). *La coustume réformée du pays et duché de Normandie.* Rouen, Raphael du Petit, 1612, in-4, 907 fol., table.

904. **Berchoire** (Pierre). *Opera omnia.* Coloniæ Agrippinæ, 1620, in-fol., 3 tomes en 2 vol.

905. **Berchon** (Ernest). *En steamer. D'Europe aux Etats-Unis.* Hâvre, impr. Lepelletier, 1867, in-8, xiv-287 p. avec 2 cartes.

906. **Berchoux** (J.). *La gastronomie, poëme.* Paris, Gigot, 1805, in-12, 264 p.

907. —— *La danse ou la guerre des dieux de l'opéra.* Paris, Giguet, 1808, in-12, xx-261 p.

908. **Bérenger Féraud** (L.-J.-B.). *Traité de l'immobilisation directe des fragments osseux dans les fractures.* Paris, A. Delahaye, 1870, in-8, xxiv-744 p.

909. **Berengaud.** (*Berengosi, abbatis S. Maximi Trevirensis scripta.*) Voir Sigeberti opera.

910. **Bergasse.** *Discours sur l'humanité des juges.* In-8, 48 p.

911. —— *Mémoire pour le sieur Bergasse contre le sieur de Beaumarchais.* Paris, 1788, in-8, 176 p.

912. —— *Lettre à ses commettans au sujet des assignats-monnoie. — Protestation contre les assignats.* S. l. n. d. (1790), in-8, 2 brochures.

913. —— *Lettre sur les états généraux (1789).* S. l. n. d. (1789), in-8, vi-55 p.

914. **Bergasse** (Alph.). *Recherches sur la consommation de la viande et du poisson à Rouen depuis 1800.* Rouen, A. Péron, 1852, in-8, 1 vol.

915. **Bergeron.** *Mémoire pour MM. Bergeron frères, contre M. J.-A. Garnier.* Poitiers, impr. de F.-A. Saurin, 1843, in-4, 18 p.

916. **Bergeron** (le docteur). *Rapport sur le vinage.* Paris, Baillière et fils, 1870, in-8, 92 p.

917. **Bergevin** (L.). et A. Dupré. *Histoire de Blois.* Blois, Dézairs, 1846-1847, in-8, 2 vol.

918. **Bergier.** *Apologie de la religion chrétienne.* Paris, Humblot, 1769, in-12, 2 vol.

919. —— *Dictionnaire de théologie*, notes... par Mgr Gousset... Mgr Doney. Paris, A. Jouby et Roger, 1868, in-8, 6 vol.

920. —— *Examen du matérialisme.* Paris, Humblot, 1771, in-12, 2 vol.

921. —— *La certitude des preuves du christianisme.* Paris, Humblot, 1767, in-12, 2 vol.

922. —— *Le déisme réfuté par lui-même.* Paris, Humereau, 1766, in-12, 276 p.

923. —— *Traité de la vraie religion.* Paris, Moutard, 1780, in-12, 11 vol.

924. **Bergier** (A.). *Traité-manuel du dernier état des justices de paix au 30 floréal an X.* Paris, impr. Baudoin, an X, in-8, 455 p.

25. **Bergman Torbern.** *Manuel du minéralogiste*, tr. par Mongez. Paris, Cuchet, 1792, in-8, cxx p., 2 tomes en un vol.

926. **Berlier** (Théophile). *Précis historique de la Gaule sous la domination romaine.* Paris, Legrand, 1835, in-8, xi-333 p.

927. **Bernard** (saint). *Opera... curis Mabillon.* Parisiis, apud Claudium Robustel, 1719, in-fol., 6 tomes en 2 vol.

928. —— *De consideratione ad Eugenium libri V.* Antuerpiæ, officina Christophori Plantini, 1571, in-32.

929. —— *Les sermons sur le cantique des cantiques*, tr. par le sieur de Rimentel. Paris, Jean du Pvis, 1663, in-4, table, 652 p.

930. —— *Lettres*, traduites par de Villefore. Paris, Jean de Nully, 1715, in-8, 2 vol.

931. —— *Traduction de trois excellens ouvrages* (traduits par le sieur Lamy). Paris, impr. Antoine Vitré, 1651, in-18, 439 p.

932. —— *Traité de l'amour de Dieu.* Paris, F. Muguet, 1667, in-8, 112 p.

933. **Bernard.** *Œuvres.* Paris, chez J.-B. Fournier, an xi-1802, in-32, 204 p.

934. **Bernard** (Auguste). *Cartulaire de l'abbaye de Savigny, suivi du petit cartulaire de l'abbaye d'Ainay.* Paris, impr. imp., 1853-1856, in-4, 2 vol.

935. **Bernard** (Auguste). *Geofroy Tory, peintre et graveur.* Paris, Tross, 1865, in-8, VIII-410 p.

936. **Bernard** (Ch.). *Histoire du roy Louis XIII.* Paris, A. Courbé, 1646, in-fol., 504-477 avec table.

937. **Bernard** (Claude). *Leçons sur la physiologie et la pathologie du système nerveux.* Paris, J.-B. Baillière et fils, 1858, in-8, 2 vol.

938. —— *Leçons de physiologie expérimentale.* Paris, J.-B. Baillière et fils, 1855, in-8, 2 vol.

939. [**Bernard** (J.-Fr.)]. *Le monde, son origine et son antiquité.* Londres, 1751, in-12, XII-244 p.

940. **Bernard** (le P. Joseph). *Prediche quaresimali.* 1735, in-4, table, 344 p.

941. **Bernard d'Arras** (le père). *Le grand commandement de la loi.* Paris, impr. J.-B. Coignard, 1734, in-12, 358 p. avec table.

942. **Bernard** (Thalès). *Histoire de la poésie.* Paris, E. Dentu, 1864, in-12, 855 p.

943. —— *La couronne de saint Etienne ou les colliers rouges.* Paris, Krabbe, 1854, in-12, XXIII-472 p.

944. **Bernard le Trésorier.** *Continuation de l'histoire des croisades de Guillaume de Tyr.* (Collection Guizot, tome 19).

945. [**Bernardi** (J.-E.-D.)]. *De l'influence de la philosophie sur les forfaits de la révolution.* Paris, A. Augustin Lottin, 1800, in-8, XIII-255 p.

946. **Bernardin** (le père). *L'esprit de saint François.* Paris, Denys Thierry, 1662, in-4, 558 p. avec table.

947. —— *Thèses royales, adressées à messieurs de la religion prétendue réformée...* Poictiers, impr. J. Fleuriau, 1662, in-12, 566 p.

948. **Bernardy.** *Vues générales et sommaires sur le perfectionnement des études.* Poitiers, A. Catineau, 1817, in-8, 131 p.

949. **Bernet** (Mgr Joseph). *Lettre pastorale à l'occasion de sa prise de possession.* Paris, impr. Le Clère, 1827, in-4, 12 p.

950. **Bernezai** (le R. P. Maximien de). *Traité de la vie intérieure.* Avignon, Chambeau, 1783, in-12, VIII-396 p.

951. **Bernier** (F.). *Abrégé de la philosophie.* Lyon, Nisson, 1678, in-12, 7 vol.

952. **Bernier** (A.). *La dépopulation par la consanguinité.* Barbezieux, P. Blaix, 1872, in-8, 23 p.

953. [**Bernières-Louvigny** (Jean de)]. *L'intérieur chrétien.* Lyon, Rolin Glaize, 1677, in-18, table, 191 p.

954. **Bernières-Louvigny** (de). *Le chrétien intérieur.* Paris, Périsse frères, 1852, in-18, 2 vol.

955. **Bernis** (l'abbé de). *Œuvres meslées.* Genève, A. Philibert, 1753, xvɪ-219 p., in-18.

956. —— *Œuvres.* (Voir *Poètes français,* t. xxxɪɪ.)

957. **Bernouilli** (Daniel). *Hydrodynamica.* Argentorati, Reinholdi, 1738, in-4, 304 p. et 12 pl.

958. **Berode** (François). *Histoire du droit usuel.* Lille, impr. Lefebvre-Ducrocq, 1865, in-8, ɪx-772 p.

959. **Berquin.** *Idylles et romances.* Paris, chez Fr. Dufart, an ɪv-1796, in-12, 128 p.

960. **Berriat-Saint-Prix.** *La justice révolutionnaire.* Paris, M. Lévy, 1870, in-8, xxxɪ-490 p.

961. **Bersot** (Ernest). *Mesmer et le magnétisme animal.* Paris, L. Hachette, 1853, in-12, 192 p.

962. **Bert** (Paul). *Catalogue méthodique des animaux vertébrés.* Paris, V. Masson, 1864, in-8, xxɪɪ-129 p.

963. **Bertavt,** prestre (M.-B.). *Le directeur des confesseurs.* Paris, Georges Joly, 1662, in-18, 512 p., table.

964 [**Bertaud,** sieur de Freauville (François)]. *Les prérogatives de la robe.* Paris, Jacques Le Febvre, 1701, in-18, table, 405 p.

965. **Berthelot.** *Réponse à M. Garat.* Paris, l'auteur, 1785, in-12, 203 p.

966. **Berthelot** (Sabin). *Etudes sur les pêches maritimes.* Paris, Challamel, 1868, in-8, 487 p.

967. **Berthier** (le père G.-F.). *Les psaumes,* traduits en français. Paris, Merigot le jeune, 1785, in-12, 8 vol.

968. **Berthier** (Philippe de). *Pithanôn diatribæ duæ.* Tolosæ, typ. viduæ J. Colomerii, 1608, in-4, index, 260 p., index.

969 **Berthod** (le P.). *Mémoires.* Collection Michaud, t. xxɪv.

970. **Bertin** (le chevalier de). *Œuvres complètes.* Paris, De Pelafol, 1818, in-18, 2 vol.

971. —— *Œuvres.* (Voir *Poètes français,* t. xxvɪɪɪ.)

972. **Bertin** (P.-A.) Rapport sur les progrès de thermodynami-que en France. Paris, impr. impériale, 1867, in-8, 84 p.

973. [**Bertoux** (l'abbé Guillaume)]. Anecdotes françaises de-puis l'établissement de la monarchie jusqu'au règne de Louis XV. Paris, Vincent, 1772, in-12, 2 vol.

974. **Bertrand** (Alexandre). Archéologie celtique et gauloise. Paris, Didier, 1876, in-8, xxxii-464 p.

975. **Bertrand** (J.). Rapport sur les progrès de l'analyse mathématique. Paris, impr. impériale, 1867, in-8, 38 p.

976. —— Traité de calcul différentiel et de calcul intégral, Paris, Gauthier-Villars, 1864-1870, in-4, 2 vol.

977. **Bertrand de Vignolles**. Mémoires des choses passées en Guyenne (1621-1622). Paris, Pittet-Champeau, 1869, in-8, 84 p.

978. **Berty** (Adolphe). Topographie historique du vieux Pa-ris. Région du Louvre et des Tuileries. Paris, impr. imp., 1866, in-4, 2 vol.

979. **Berty** (A.) et Louis LACOUR. Annuaire de l'archéologue... Paris, Claudin, 1862, in-12, 1 vol.

980. **Berty** (A.) et L.-M. TISSERAND. Topographie historique du vieux Paris. Région du bourg Saint-Germain. Paris, imp. imp., 1876, in-4, xxviii-424 p.

981. **Bérulle** (le cardinal Pierre de). Œuvres. Paris, Antoine Estienne, 1644, in-fol., 146 p.

982. **Berwick** (maréchal de). Mémoires. Amsterdam, 1739, in-12, 2 vol.

983. —— Mémoires (1670-1734). Collection Michaud, t. xxxii.

954. Besançon. Mémoires de l'académie des sciences, belles let-tres et arts. Besançon, Dodivers, 1860-65, in-8, 6 vol.

985. —— Mémoires de la société d'émulation du Doubs. Be-sançon, impr. Dodivers, 1861-1869, in-8, 2 vol.

986. **Besenval** (le baron de). Mémoires. (Voir collection Bar-rière). Paris, Baudouin frères, 1821, in-8, 2 vol.

987. **Besly** (Jean). Evesques de Poictiers avec les preuves. Paris, G. Alliot, 1647, in-4, 273 p.

988. —— Histoire des comtes de Poictov et ducs de Gvyenne. Paris, Rob. Bertault, 1647, in-8, 502 p., table, 163 p.

909. **Besoigne** (l'abbé Jérôme). *Principes de la pénitence.* Paris, Desaint et Saillant, 1766, in-12, 2 vol.

990. [**Besoigne** (l'abbé Jérôme)]. *Principes de la perfection chrétienne.* Paris, veuves Rondet et Labottière, 1748, in-12, 502 p.

991. —— *La concorde des épîtres de S. Paul et des autres apôtres.* Paris, André Preslard, 1685, in-12, table, 468 p.

992. **Bessas de La Mégie** (O. de). *Légendaire de la noblesse de France.* Paris, librairie centrale, 1865, in-8, 566 p.

993 **Besse** (G.). *Histoire des comtes de Carcassonne.* Béziers, Arnaud Estradier, 1645, in-4, 256 p. avec table.

994. **Besset de La Chapelle** (N. P.). *L'incrédule convaincu.* Paris, Despilly, 1766, in-12, xxiv-317 p.

995. **Bethmont** (Paul). *Circulaire aux électeurs du collège électoral de Rochefort.* La Rochelle, typ. A. Siret, 1863, in-8, 14 p.

996. **Bétancourt** (de). *Mémoire sur la force expansive de la vapeur de l'eau.* Paris, Laurent, in-4, ix-38 p. et 2 planches.

997. **Bettancourt.** *Noms féodaux.* Paris, Beaucé-Rusand, 1826, in-8, 2 vol.

998. **Beudant** (F.-S.). *Géologie.* Paris, Langlois, 1851, in-12, 350 p.

999. —— *Minéralogie.* Paris, Langlois, 1851, in-12, xii-295 p.

1000. **Beulé.** *Histoire de l'art grec avant Périclès.* Paris, Didier, 1868, in-8, 494 p.

1001. —— *Phidias, drame antique.* Paris, Didier, 1869, in-12, iv-326 p.

1002. **Beuvelet** (Mathieu). *Conduite pour les exercices dans les séminaires.* Lyon, Jean Goy, 1696, in-12, 265 p., table.

1003. —— *Instruction pour ceux qui se préparent à l'administration des sacremens,* Paris, David fils, 1746, in-12, 588 p., avec table.

1004. —— *La vraye et solide dévotion.* Paris, Georges Josse, 1657, in-8, table, 477 p.

1005 —— *Méditations.* Paris, Georges et Louis Josse, in-4, table, 820 p.

1006 **Bèze** (Théodore de). *Epistolarum theologicarum liber unus.* Genevæ, Eustathium Vignon,⌐1565, in-8, 370 p., index.

1007. —— *Histoire ecclésiastique des églises réformées au royaume de France.* Lille, imp. Leleux, 1841-1842, in-8, 3 v.

1008. —— *Vie de J. Calvin.* Paris, J. Cherbuliez, 1869, in-12, LXI-294 p.

1009. **Bezout.** *Cours de mathématiques à l'usage des gardes du pavillon et de la marine. Géométrie, trigonométrie, méchanique, arithmétique, algèbre, navigation.* Paris, Baudelot, 1796, in-8, 6 vol. en 5.

1010 **Biarnoy de Merville** (Pierre). *Examen juridicum in jure canonico.* Parisiis, Arnoldum Seneuze, 1685, in-16, index, 430 p.

1011 *Bible Jesu Christi D. N. novum testamentum, cujus græco contextui respondent interpretationes duæ una vetus, altera, nova, Theodori Bezæ...* [Parisiis], Henricus Stephanus, 1582, in-fol., 525-488 p., index.

1012. *Biblia hebraica cum novo Domini nostri Jesu Christi testamento, græco... operâ Ariæ Montani.* De La Rovière, 1619, in-fol., 271 p. index, 70-167.

1013. *Biblia hebraica, samaritana, chaldaica, græca, syriaca, latina, arabica.* Lutetiæ Parisiorum, Antonius Vitré, 1629-1645, in-fol., 10 vol.

1014. *Biblia hebraica de Buxtorf.* Basileæ, Ludov. Kœnig, 1618-1619, in-fol., 3 vol.

1015. *Biblia hebraica cum notis autore Carolo Francisco Hou, bigant.* Lutetiæ Parisiorum, apud Briasson et Durand, 1753- in-fol., 4 vol.

1016. *Biblia hebraica accuratissima, notis hebraicis et summatibus latinis illustrata a Johanne Leusden.* Amstelodami, typ. Josephi Athias, 1667, in-4.

1017. *Biblia hebraica recensita et expressa adjectis notis masorethicis aliisque observationibus accurante M. Christiano Reineccio.* Lipsiæ, B.-C. Breitkopfium, 1756, in-12, 2 vol.

1018. *Bible hébraïque.* Basileæ, Froben, 1536, in-4.

1019. *Sacra biblia hebraica græce et latine... cum annotationibus Francisci Vatabli.* Parisiis, ex officina Commeliana, 1599, in-fol., 2 vol.

1020. *Biblia ad vetustissima exemplaria nunc recens casti-gata...* Francoforti ad Mœnum, 1566, in-fol., 602 fol., index.

1021. *Biblia concordantiæ in eadem, ex tum veteri, tum novo testamento, sacrisque canonibus* (gravures dans le texte). Lugduni, Joannis Crispini, 1539, in-fol., 268 fol.

1022. *Biblia cum concordantiis veteris et novi testamenti et sacrorum canonum...* Lugduni, Jacobum Mareschal, 1523, in-fol., 296 fol., index.

1023. *Biblia cum concordantiis veteris et novi testamenti et sacrorum canonum.* Lugduni, Jacobum Sacon, 1521, in-fol., 317 fol.

1024. *Biblia sacra cum glossa ordinaria a Strabo Fuldensi collecta.* Antuerpiæ, Joannes Meursius, 1633, in-fol., 6 vol.

1025. *Biblia sacra vulgatæ editionis.* Antuerpiæ, ex officina Plantiniana, 1650, in-4, 1055-30 p., avec index.

1026 *Biblia sacra cum duplici translatione, et scholiis Francisci Vatabli...* Salamanticæ, apud Gasparem à Porto nariis, 1584, in-4, 2 vol.

1027 *Biblia sacra juxta vulgatam quam dicunt editionem, Joannis Benedicti, Parisiensis theologi, industria restituta...* Parisiis, apud Carolum Gaillard, 1552, in-4, 2 vol.

1028 *Testamenti veteris biblia sacra, sive libri canonici priscæ judæorum ecclesiæ à Deo traditi, latini recens ex hebræo facti... ab Immanuele Tremellio et Francisco Junio...* Hanoviæ, typis Wechelianis, apud Claudium Marnium, 1602, in-4, 1663-456 p.

1029 *Bible (La sainte), édition nouvelle faite sur la version de Genève... enrichie... par les soins de Samuel Des Marets... et de Henri Des Marets.* Amsterdam, Louis et Daniel Elzeviers, 1669, in-fol., 2 vol.

1030 *Bible (La sainte), en latin et en français, avec des notes littérales, critiques et historiques, tirées de dom Calmet et de l'abbé de Vence.* Paris, Gabriel Martin, 1748-1750, in-4, 14 vol.

1031 *Bible (La sainte)... revue... par les pasteurs... de l'église de Genève, avec les nouveaux argumens, par J.-F. Osterwald.* Amsterdam, J.-F. Bernard, 1724, in-fol, 760-279 p.

1032 *Bible (La sainte), traduite en français par Lemaistre de Sacy, accompagnée du texte latin de la Vulgate.* Paris, Garnier, 1867-1868, in-4, 6 vol.

1033 *Bible (La), qui est toute la sainte escriture du vieil et du nouveau testament.* Genève, imprimé pour Pierre Chouët, 1657, in-fol, 542-91-165 fol., table.

1034 *Bible (La sainte), contenant le vieil et le nouveau testament, traduite par les théologiens de Louvain.* Paris, Sébastien Nivelle, 1586, in-fol., 1286 p.

1035 *Bible (La sainte), en latin et en français, avec des notes littérales, par M. Le Maistre de Sacy.* Paris, Guillaume Desprez, 1717, in-fol, 4 vol.

1036 *Saints (Les) évangiles, traduction de M. Le Maistre de Saci.* Paris, impr. imp., 1862, in-fol., 435 p.

1037 *Bibliophile (Le) français.* Paris, Mme Bachelin-Deflorenne, 1864-1872, in-8, 6 vol.

1038 *Bibliotheca veterum patrum...* (grec et latin). Parisiis apud Sonnios, 1624, in-fol., 2 vol.

1039 *Bibliothèque de l'école des chartes.* Paris, Decourchant, 1839-1881, in-8, 42 vol.

1040 *Bibliothèque des théâtres.* Paris, L.-F. Prault, 1733, in-8, 572 pages.

1041 *Bibliothèques (Les) françaises de La Croix du Maine et de du Verdier, par M. Rigoley de Juvigny.* Paris, Saillant et Nyon, 1772-1773, in-4, 6 vol.

1042 *Bibliothèque historique de l'Yonne.* Auxerre, imp. Perriquet, 1850-1863, in-4, 2 vol.

1043 *Bibliothèque nationale.* — Swift, *Voyages de Gulliver,* 2 vol. ; — De Maistre, *voyage;* — Le Sage, *Diable boîteux,* 2 vol.; — Cazotte, *Diable amoureux;* — Boileau, *Satires, Lutrin ;* — Horace, 2 vol.; — *Roman comique,* 3 vol. ; — Dante, *L'enfer,* 2 vol. Paris, Dubuisson, 1866-1867, in-18, 14 vol.

1044 *Bibliothèque universelle des dames.* Paris, 1785, in-18, 32 vol.

1045 *Bibliothèque universelle des romans.* Paris, imp. Demonville, 1775-1786, in-12, 43 vol.

1046 **Bichat** (Xavier.) *Anatomie descriptive.* Paris, Gabon, 1829, in-8, 5 vol.

1047 **Biel** (Gabriel). *Epithoma pariter et collectorium circa qua-tor sententiarum libros.* Tubingiæ ?, 1501 ?, in-fol., non fol.

1048 **Bigelov** (John.) *Les États-Unis d'Amérique en 1863.* Paris, L. Hachette, 1863, in-8, xiv-551 p.

1049. **Bignon** *Les cabinets et les peuples depuis 1815, jusqu'à la fin de 1822.* Paris, Bechet, 1822, in-8, 512 p.

1050. [**Bilain** (Antoine)]. *Reginæ christianissimæ jura in ducatum Brabantiæ.* (Sans lieu ni nom)], 1667, in-4, 293 p.

1051. **Billaud-Varennes.** *Discours sur les députés de la Convention mis en état d'arrestation.* Paris, imp. nationale, 1793, in-8, 32 p.

1052. —— *Mémoires écrits au Port-au-Prince en 1818... par M******.* Paris, Plancher, 1821, in-8, 2 tomes en 1 vol.

1053. —— *Rapport fait à la Convention nationale sur la théorie du gouvernement démocratique.* Paris, imp. nationale, 1794, in-8, 15 p.

1054. **Billaud** (Maître Adam). *Les chevilles.* Paris, Toussainct Quinet, 1644, in-4, 2 t. en 1.

1055. **Billy** (E. de). *Rapport sur la société de secours aux blessés.* Paris, imp. nationale, 1873, in-4, 102 p.

1056. **Billy** (Jacques de). *Locutionum graecarum, in communes locos digestarum, volumen.* Lugduni, Joan. Tornesius apud Samuelem Crispinum, 1603, in-18, 739 p.

1057. **Billot.** *Prônes réduits en pratique, pour les dimanches et principales fêtes de l'année.* Paris, B.-M. Mauteville, 1771, in-12, 4 vol.

1058. [**Binet**]. *La chronologie et la topographie du nouveau bréviaire de Paris.* Paris, imp. J.-B. Herissant, 1742, in-12, 495 p.

1059. **Binet** (le R. P. Estienne). *Du salut d'Origène...* Paris, Sébastien Cramoisy, 1629, in-12, table, 480 p.

1060. **Bini** (Severin). *Concilia generalia et provincialia græca et latina.* Lutetiæ Parisiorum, sumpt. Caroli Morelli, 1636, in-fol., 9 vol.

1961. *Biographie des hommes remarquables des Basses-Alpes.* Digne, Repos, 1850, in-8, xix-376 p.

1062. *Biographie nouvelle des contemporains.* Paris, librairie historique, 1820-1825, in-8, 20 vol.

1063. *Biographies aveyronnaises*, tome 1er. Rodez, imp. Ratery, 1866, in-8.

1064. **Biot** (J.-B.). *Traité élémentaire d'astronomie physique.* Paris, Bachelier, 1841-1847, in-8, 4 vol.

1065. **Biré** (Edmond) et Emile GRIMAUD. *Les poètes lauréats de l'académie française.* Paris, A. Bray, 1864, in-12, 2 vol.

1066. **Biret** (A.-C.-L.-M.). *Essai sur les matières de simple police.* La Rochelle, Mareschal, imprimeur, 1811, in-8, 203 p.

1067. **Biroat** (le P. Jacques). *La vie de Jésus-Christ dans le saint sacrement de l'autel...* Paris, Edme Couterot, 1676, in-8, table, 455 p.

1068. —— *La condamnation du monde par le mystère de l'incarnation.* Paris, Couterot, 1663, in-4, 671 p. avec table.

1069. —— *Sermons pour tous les jours de carême.* Paris, Edme Couterot, 1674, in-8, 2 vol.

1070. —— *Sermons des vestures, professions religieuses et oraisons funèbres.* Paris, Couterot, 1671, in-4, table, 490 p.

1071. —— *Sermons sur quelques dimanches de l'année.* Paris, Edme Couterot, 1676, in-8, 446 p.

1072. —— *Sermons sur les mystères de la Vierge.* Paris, Edme Couterot, 1669, in-12, 389 p., avec table.

1073. **Bissy** (Cardinal de). *Instruction pastorale. Recueil des pièces citées dans le cours de l'instruction.* [Paris, R. Mazières, 1722,] in-4, 376-208 p.

1074. —— *Mandement et instruction pastorale sur le jansénisme.* Paris, imp. de Ch. Ballard, 1710, in-4, 624 p.

1075. —— *Mandement par lequel il condamne le livre intitulé : Lettres théologiques.* Paris, Louis Sevestre, 1716, in-4, LXIV-388 p.

1076. —— *Traité théologique.* Paris, Raymond Mazières, 1722, in-4, 2 vol.

1077. **Bitaubé** (Joseph). *Poème.* Berlin, S. Pitra, 1772, in-12, XIV-232 p.

1078. *Black book of the admiralty (Rerum Britannicarum medii ævi scriptores),* t. II ; contient : Les costumes d'Olle-

6

ron et deu jutgamen de la mar ; — Li establimens de la comune de Roan ; Roole Dolayron. London, Longman, 1873, in-8, lxxxvii-500 pages.

1079. **Blacuod** (Adam). *De jure regni apud Scotos.* Paris, A. Sittart, 1588, in-12, 333 p., avec table.

1080. **Blair** (Hugh). *Sermons traduits de l'anglais par M. B.-S. Frossard...* Lausanne, François Lacombe, 1785, in-12, 2 volumes.

1081. **Blanc** (Louis). *Histoire de dix ans (1830-1840).* Paris, Pagnerre, 1846, in-8, 5 vol.

1082. —— *Histoire de la révolution française.* Paris, Langlois, 1847-1867, in-8, 12 vol.

1083. **Blanc** (Charles). *De Paris à Venise.* Paris, Hachette et Cie, 1857, in-12, 312 p.

1084. —— *Grammaire des arts du dessin.* Paris, J. Renouard, 1870, in-8, 743 p.

1085. —— *Ingres, sa vie et ses ouvrages.* Paris, veuve Jules Renouard, 1870, in-8, iii-248 p.

1086. —— *Le cabinet de M. Thiers.* Paris, veuve J. Renouard, 1871, in-8, 78 p.

1087. —— *L'œuvre complet de Rembrandt.* Paris, Gide, 1859-1861, in-8, 2 vol.

1088. —— *Voyage de la Haute-Egypte.* Paris, Henri Loones, 1876, in-8, 364 p. table.

1089. **Blanc**, Paul MANTZ et Auguste DEMMIN. *Histoire des peintres de toutes les écoles.* Paris, Henri Loones, 1865-1877, in-fol., 14 vol.

1090. **Blanc** (Paulin). *Prose de Montpellier ou chant du dernier jour.* Paris, J. Lecoffre, 1863, in-8, 31 p.

1091. —— *Prosper Servel de Montpellier, poète.* Montpellier, Séguin, 1868, in-8, 45 p.

1092. *Blancandin et l'orgueilleuse d'amour*, publié par H. Michelant. Paris, Tross, 1867, in-12, xviii-238 p.

1093. **Blanchard** (A.). *Discours pathétiques sur la morale chrétienne.* Paris, Henry, 1730, in-12, 2 vol.

1094. —— *Essay d'exhortations pour les états différents des malades.* Paris, Jacques Estienne, 1728, in-12, 321-324 ,

1095. **Blanchard** (François). *Les présidens au mortier du parlement de Paris.* Paris, Cardin Besongne, 1647, in-fol., xii-502-132 p.

1096. **Blanchecotte** (Mme). *Le long chemin. Pensées d'une solitaire.* Paris, l'auteur, 1864, in-8, x-192 p.

1097. —— *Tablette d'une femme pendant la commune.* Paris, Didier, 1872, in-12, 377 p.

1098. **Blanchet** (A.). *Manuel pour l'enseignement des sourds-muets.* Paris, L. Hachette, 1866, in-8, 101 p.

1099. —— *Moyens d'universaliser l'éducation des sourds-muets.* Paris, Labé 1857, in-8, 27 p.

1100. **Blanchot** (Pierre). *Bibliotheca sanctorum et antiquorum patrum concionatoria.... a N. P. Petro Blanchot et R. P. Michaele de La Noue....* Parisiis, apud F. Clouzier, 1654, in-folio, 669 p. avec index.

1101. **Blanqui.** *Histoire de l'économie politique en Europe.* Paris, Guillaumin, 1854, in-8, 2 vol.

1102. —— *Des classes ouvrières en France.* Paris, Pagnerre, 1849, in-18, 2 vol.

1103. —— *Précis élémentaire d'économie politique.* Paris, Guillaumin, 1857, in-12, 264 p.

1104. **Blaserma** et HELMOLTZ. *Le son et la musique.* Paris, G. Baillière, 1879, in-8, 206 p.

1105. **Blaze de Bury** (Henri). *Le comte de Chambord.* Paris, Michel Lévy, 1850, in-18, 108 p.

1106. —— *Musiciens contemporains.* Paris, M. Lévy, 1856, in-12, xvi-289 p,

1107. —— *Poésies complètes.* Paris, Charpentier, 1842, in-12, viii-348 p.

1108. **Bloch** (S.). *Méditations bibliques.* Paris, Durlacher, 1860, in-8, xvi-520 p.

1109. **Blois** (Dom Louis de). *Opera, cura Antonii de Winghe.* Antuerpiæ, Balthasaris Moreti, 1632, in-fol., ciii-820 p., index.

1110. **Blois** (Louis de). *Theologia mystica.* Lugduni, apud Alexandrum Marsilium, 1655, in-12, 379 p.

1111. **Blondeau** (Claude). *La bibliothèque canonique.* Paris, Denis Thierry, 1689, in-fol., 2 vol.

1112. **Blondeau** (Claude) et Gabriel GUÉRET. *Journal du palais ou recueil des principales décisions de tous les parlemens et cours souveraines de France.* Paris, Guignard, 1713, in-fol., 2 vol.

1113. **Blondeau** (David). *De jure plebis in regimine ecclesiastico dissertatio.* (Voir : Hugues Grotius,), in-12, 96 p.

1114. **Blondel.** *Notice sur la grande carte topographique de la France.* Paris, imp. Maulde et Renou, 1853, in-8, 52 p. et 2 pl.

1115. **Blondel** (D.). *De la primauté de l'église.* Genève, Jacques Chouet, 1641, in-fol., index, 1268 p., table.

1116. **Blossac** (E. LOQUET de). *Adieux à la poésie.* Saintes, typ. P. Orliaguet, 1870, in-8, 7 p.

1117. —— *Contes, fables et sonnets.* Paris, J. Lecoffre, 1866, in-12, 2 vol.

1118. —— *Discours.* Saintes, imp. Chavignaud, 1850, in-8, 15 p.

1119. —— *Heures de poésie.* Paris, D'Urtubie et Worms, 1838, in-8, 364 p.

1120. —— *Jeanne d'Arc.* La Rochelle, imp. Z. Drouineau, 1866, in-8, 21 p.

1121. —— *Nouvelles heures de poésie.* La Rochelle, G. Mareschal, 1842, in-8, 2 vol.

1122. **Blosseville** (Marquis de). *Dictionnaire topographique du département de l'Eure.* Paris, imp. nationale, 1878, in-4, XL-279 p.

1123. **Bluntschli.** *Le droit international codifié,* traduit par M. C. Lardy. Paris, Guillaumin, 1870, in-8, XVI-480 p.

1124. **Bobe-Moreau** (J.). *De la vaccine.* Rochefort, Jousserant, an IX, in-8, 33 p.

1125. **Bobierre** (Adolphe). *Simples notions sur des engrais commerciaux.* Paris, V. Masson et fils, 1870, in-12, 148 p. et 2 cartes.

1126. **Boerhaave** (Herman). *Système sur les maladies vénériennes,* trad. par de La Metterie. Paris, Prault, 1735, in-12, IX-213 pages.

1127. **Boccace** (Giovanni). *Decamerone.* 1748, in-8, 5 vol.

1128. **Bochard** (Samuel). *Hierozoicon sive bipertitum opus de* *annalibus sacræ scripturæ.* Londini, Tho. Royerofl, 1663, in-folio, 2 vol.

1129. **Bochel** (Laurent.) *Decretorum ecclesiæ gallicanæ libri VIII.* Parisiis, Barth. Maceum, 1590, in-fol., 1384 p., index. (Le même que Bouchel; voir ce nom).

1130. **Bock** (Jean-Nicolas-Etienne de). *Histoire du tribunal secret.* Paris, Maradan, 1801, in-12, 143 p.

1131. **Bocquillot** (Lazare-André). *Traité de la liturgie sacrée.* Paris, Anisson, 1701, in-8, 344 p.

1132. **Boër** (Le père Joseph). *Vie et miracles de la bienheureuse Germaine Cousin,* traduite en français par l'abbé M. V. M. Paris, Lecoffre et Cie, 1867, in-16, 69 p.

1133. **Boffinet** (Amédée). *Essai philosophique sur le doute et la foi.* Rochefort, imp. Ch. Thèze, 1859, in-12, 112 p.

1134. **Boiceau** (J.-B.) **de Laborderie.** *Ad legem regiam Molinæis habitam de abrogata testium a libra centena probatione commentarius.* Poitiers, imp. Bochetor, 1582, in-8, 165 p. avec table.

1135. —— *Responsa ad varias questiones.* Poitiers, J. Fleuriau, 1659, in-fol., 634-48 p., index.

1136. —— *Responsa Io. Bosselli Borderie et Ioan. Constantii in consuetudinem Pictonum.* Avgvstoriti Pictonvm (Poitiers), Joannes Flevriav, 1659, in-fol., table 634 p., index 48 p.

1137. **Boich** (Henry). *Henrici Boich Lvgdvnensis I. V. D. clarissimi in quinque decretalium libros commentaria.* Venetiis, hœredem H. Scoti, 1576, in-fol., index, 587-316 p.

1138. [**Boileau** (L'abbé Jacques)]. *Considérations sur le traité historique de l'establissement et des prérogatives de l'église de Rome.* Cologne, Pierre Marteau, 1686, in-18, 144 p.

1139. [——] *Disquisitio theologica de sanguine corporis Christi post resurectionem...* Parisiis, typ. Gabrielis Martini, 1681, in-8, 153 p. avec index.

1140. —— *De adoratione eucharistiæ libri duo.* Lutetiæ Parisiorum, apud viduam Edm. Martini, 1685, 218 p. index.

1141. —— *Homélies et sermons sur les évangiles du carême.* Paris, André Cailleau, 1720, in-12, 2 vol.

1142. —— *Panégyriques choisis.* Paris, André Cailleau, 1719, in-12, xxxi-456 p., table.

1143. **Boileau.** *Œuvres poétiques...* Eaux-fortes par V. Foulquier. Tours, A. Mame, 1870, in-8, 400 p.

1144. **Boillot** (A.). *L'astronomie au XIXe siècle.* Paris, Didier, 1864, in-12, 339 p.

1145. **Boindin.** *Œuvres.* Paris, Prault, 1753, in-12, 2 vol.

1146. **Boisgénette** (de). *Considérations sur la marine française en 1818.* Paris, Bachelier, 1818, in-8, viii-150 p.

1147. [**Boissel** (François)]. *Le catéchisme du genre humain.* 1789, in-8, 2 vol.

1148. **Boisnard** (l'abbé). *La France, ses gestes et sa mission.* Marseille, typ. Marius Olive, 1870, in-8, 518 p.

1149. —— *Le Christ, sa parole et son œuvre.* Marseille, typ. Marius Olive, 1872, in-8, 294 p.

1150. —— *Les sanctuaires de Marie,* Marseille, typ. Marius Olive, 1871, in-8, 287 p.

1151. —— *Le tombeau du Sauveur. Pélerinage aux saints lieux.* Paris, Douniol, 1865, in-12, xvi-316 p.

1152. **Boiteau** (Paul). *Le régime des chemins de fer français.* Paris, Guillaumin, 1875, in-8, 40 p.

1153. —— *Les traités de commerce, texte de tous les traités en vigueur.* Paris, Guillaumin, 1863, in-8, xxxi-566 p.

1154. **Boissy** (de). *Le sage étourdi,* comédie. Paris, Duchesne, 1777, in-8, 50 p.

1155. **Boivin-Champeaux** (L.). *Notices historiques sur la révolution dans le département de l'Eure.* Evreux, A. Hérissey, 1868, in-8, 600 p.

1156. **Bollandus** (Joannes). *Acta sanctorum quotquot toto orbe coluntur.* Parisiis, V. Palmé (1860-75), in-folio, 61 vol.

1157. **Bologne** (Louis de). *Famosa atque subtilis repetitio naturaliter nihil commune de acquiren. posses. in materia ardua perdifficilisque ; licet quotidiana petitorii et possessarii.* (Voir Fortunius, Garcia.) Papie, 1518, in-fol., 9 feuilles non foliotées.

1158. **Bompar** (Mme Amélia). *Rêveries fantastiques.* Paris, Dentu, 1867, in-12, 192 p.

1159. **Bon** (de), EYMIN, HEBERT, etc. *Les ports militaires de la France.* Paris, Challamel aîné, 1867, in-8, 6 planches.

1160. **Bona** (le cardinal Jean). *De discretione spirituum.* Parisiis, apud Ludovicum Billaine, 1673, in-12, 420 p. index.

1161. —— *De divina psalmodia.* Parisiis, apud Ludovicum Bilaine, 1663, in-4, 534 p. avec index.

1162. —— *De sacrificio missæ tractatus asceticus.* Parisiis, apud J. Delusseur, 1738, in-12, 154-xxxvi p.

1163. ——*Horologium asceticum.* Parisiis, Ludovicum Billaine, 1676, in-12, 291 p.

1164. —— *Opuscula spiritualia.* Parisiis, apud Ludovicum Billaine, 1677, in-8, 895 p. avec index.

1165. —— *Rerum liturgicarum libri duo.* Parisiis, apud Ludovicum Billaine, 1672, in-4, 566 p. avec index.

1166. **Bonacina** (Martin). *Martini Bonacinæ mediolanensis operum omnium de morali theologia que tribus tomis continuentur compendium absolutissimum...* Lugduni, sumpt. Laurentii Anisson, 164 , in-8, 717 p. avec index.

1167. **Bonal** (Raymond). *Le cours de la théologie morale.* Paris, imp. J.-B. Coignard, 1685, in-12, 2 vol.

1168. **Bonald** (de). *Essai analytique sur les lois naturelles de l'ordre social ; — Du divorce ; — Pensées sur divers sujets ; — Discours politiques.* Paris, Ad. Le Clère, 1858, in-8, 604 pages.

1169. —— *Législation primitive.* Paris, Ad, Le Clère, 1857, in-8, 560 pages.

1170. —— *Mélanges.* Paris, Ad. Le Clère, 1858, in-8, 2 vol.

1171. —— *Recherches philosophiques sur les premiers objets des connaissances morales.* Paris, Ad. Le Clère, 1858, in-8, 578 pages.

1172. —— *Théorie du pouvoir politique et religieux.* Paris, Ad. Le Clère, in-8 (1858), 2 vol.

1173. **Bonarelli della Rovere** (Guidubaldo). *La Philis de Scire...* traduite en vers français. Paris, J. Ribou, 1669, in-8, 383 pages.

1174. **Bonaventure** (Saint). *Opera.* Moguntiæ, sumpt. Antonii Hierati, 1609, in-fol., 4 vol.

1175. **Boncenne.** *Mémoire pour M. le comte de Lobau.* Poitiers, imp. Catineau, 1813, in-4, 24 p.

1176. **Bonchamps** (Marquise de). *Mémoires.* Paris, Baudouin frères, 1823, in-8, viii-112 p. (Collection Barrière).

1177. **Bonel** (Charles). *Institution du droit ecclésiastique de France... reveu... par M. de Massac.* Paris, Gervais Clouzier, 1677, in-12, table, 453 p.

1178. [**Bonesana** (César)]. *Traité des délits et des peines,* trad. [par l'abbé André Morellet]. Paris, J.-Fr. Sébastien, 1773, in-12, xxviii-424 p.

1179. **Bonhomme** (Honoré). *Le duc de Penthièvre.* Paris, F. Didot, 1869, in-12, 348 p.

1180. —— *Le dernier abbé de cour.* Paris, Didier, 1873, in-12, 354 pages.

1181. —— *Madame de Maintenon et sa famille.* Paris, Didier et Cie, 1863, in-12, 356 p.

1182. **Bonichon** (François). *L'authorité épiscopale défendue.* Angers, Jean le Boullenger, 1658, in-4, 776 p.

1183. **Bonjean** (Le président). *Discours sur le cadastre dans ses rapports avec la propriété foncière.* Paris, typ. Ch. Lahure, 1866, in-8, vi-47 p.

1184. —— *Révision et conservation du cadastre.* Paris, A. Durand et Pedone-Lauriel, 1874, 2 vol.

1185. **Bonnain** (P.-G.) *De la société et de ses vices principaux.* Paris, Ponthieu, 1823, in-8, xxiii-175 p.

1186. —— *Mémoire contre Charles-Eugène, prince de Lorraine.* Paris, imp. Mme Jeunehomme-Crémière, 1822, in-4, 66 pages.

1187. —— *Mes regrets ou le Panthéon.* Paris, chez tous les marchands de nouveautés, 1822, in-8, 8 p.

1188. [**Bonnaire** (l'abbé de)]. *L'esprit des lois quintessencié par une suite de lettres analytiques.* 1751, in-12, 3 vol.

1189. **Bonnani** (le Père). *Traité des vernis.* Paris, L. d'Houry, 1723, in-12, 206 p.

1190. **Bonnard** (Camille). *Panorama de l'Ouest.* Niort, imp. Robin, 1844, in-4, 132 p.

1191. [**Bonnaud** (l'abbé J.-B.)]. *Discours à lire au conseil, en présence du roi, par un ministre patriote, sur le projet d'accorder l'état civil aux protestants.* 1787, in-8, 388 p.

1192. **Bonneau.** *Divi Pauli… epistole divine ad Orphicam ly-ram traducte…* Parisiis, 1537, in-12, 100 p.

1193. **Bonnechose** (S. Em. le cardinal de). *Discours sur la convention du 15 septembre. — Sur les rapports entre l'église et l'état.* Paris, typ. Ch. Lahure, 1865, in-8, 33 et 62 p.

1194. **Bonnefous** (Eugène). *La dernière espérance, poésies.* Cahors, imp. Combarieu (18. .), in-8, 23 p.

1195. **Bonnet** (Charles). *Œuvres d'histoire naturelle et de philosophie.* Neufchâtel, Fauche, 1779-1783, in-4, 9 vol.

1196. **Bonnet** (Jules). *Aonio Paleario, étude sur la réforme en Italie.* Paris, M. Lévy, 1863, in-12, xi-348 p.

1197. —— *Vie d'Olympia Morata.* Paris, C. Meyrueis, 1856, in-8, 269 p.

1198. **Bonnetain** (Joanny). *Le Christ-Dieu devant les siècles.* Paris, A. Vaton, 1864, in-8, x-587 p.

1299. **Bonnier.** *De l'assistance publique.* Lille, imp. J. Lefort, 1860, in-8, 224 p.

1200. **Bonzelle** (J.-B.-D). *La guerre aux vices.* Lyon, Jean Certe, 1685, in-8, 710 p.

1201. **Bopp** (François). *Grammaire comparée des langues indo-européennes…* traduite par M. Michel Bréal. Paris, imp. impériale, 1866-1872, in-8, 5 vol.

1202. **Borcholten** (Jean). *In quatuor institutionum juris civilis libros commentaria…* Parisiis, Adrianum Bacot, 1640, in-4, 751 p. avec index.

1203. **Borbstœdt** (Colonel A.). *Campagnes de la Prusse contre l'Autriche,* trad. par Furcy Raynaud. Paris, J. Dumaine, 1866, in-8, vii-259 p., 2 pl.

1204. **Bordeaux.** *Actes de l'académie royale des sciences, belles lettres et arts de Bordeaux.* Bordeaux, Ch. Lawalle, 1839-1870, in-8, 1 volume et 65 livraisons.

1205. —— *Extraits des procès-verbaux, lettres et mémoires de la chambre de commerce de Bordeaux,* iie série. Bordeaux, typ. de Suwerinck, 1851-1870, in-8, 21 vol.

1206. —— *Mémoires de la société des sciences physiques et naturelles de Bordeaux.* Paris, Baillière, 1854-1870, 3 vol. et 13 cahiers.

1207. **Bordenave** (Jean). *L'estat des églises cathédrales et collégiales...* Paris, veuve Mathurin Dupuis, 1643, in-fol., 958 p., tables.

1208. **Bordenave** (Nicolas de). *Histoire de Béarn et Navarre* (1517-1572). Paris, veuve Jules Renouard, 1873, in-8, xviii-375 pages.

1209. **Bordes** (le P. Ch.). *Supplément au traité dogmatique des édits... pour maintenir l'unité de l'église catholique.* Paris, imp. royale, 1703, in-4, 792 p., table.

1210. **Bordier** et Charton. *Histoire de France... d'après les monuments de l'art.* Paris, bureau du *Magasin pittoresque*, 1859-1860, in-4, 2 vol.

1211. **Borel d'Hauterive.** *Annuaire de la pairie et de la noblesse de France.* Paris, au bureau de la *Revue historique de la noblesse*, 1843-1882, in-12, 36 vol.

1212. —— *Les sièges de Paris.* Paris, E. Dentu, 1871, in-12, iv-379 pages.

1213. **Borgia** (Saint François de). *Les œuvres spirituelles.* Paris, Estienne Michallet, 1672, in-12, 157 p.

1214. **Borie** (Victor). *L'agriculture et la liberté.* Paris, librairie agricole..., 1866, in-8, viii-181 p.

1215. **Borjon.** *Abrégé des actes, titres et mémoires concernant les affaires du clergé de France...* Paris, imp. Féderic Léonard, 1680, in-4, 718 p. avec table.

1216. —— *Décisions qui regardent les curez.* Paris, Jacques Lefebvre, 1701, in-12, 335 p.

1217. **Borne-Volber** (A.-J.) *Aphorismes de médecine positive...* Lausanne, imp. Howard-Delisle, 1877, in-18, 173 p.

1218. —— *Maximes et observations ouvrant des vues nouvelles sur les sciences morales.* Lausanne, imp. Howard-Delisle et F. Regamey, 1877, in-12, 304 p.

1219. **Bornet** (Jacques). *Guerre aux fléaux.* Bordeaux, imp. Lavertujon, 1869, in-12, 60 p.

1220. **Bornier** (Philippe). *Conférences des ordonnances de Louis XIV... avec les anciennes ordonnances du royaume.* Paris, Associez choisis, 1744, in-4, 2 vol.

1221. —— *Procès-verbal des conférences...* Paris, Associés choisis, 1757, in-4, 2 tomes en 1 vol.

1222. **Borrée** (Martin). *In sancti viri Jobi historiam salutari de mysterio crucis... commentarii.* (Voir Denys le Chartreux). Basileæ, Petrum Pernam, 1564, in-fol., 395 p., index.

1223. **Borromée** (Saint Charles). *Instructions... aux confesseurs.* Paris, Louis Josse, 1736, in-12, 262 p.

1224. —— *Pastorum instructiones.* Lovanii, typ. Guillelmi Stryckwant, 1701, in-16, 404-161 p.

1225. —— *Avis donnez aux confesseurs... imprimez par le commandement de Mgr l'évêque de La Rochelle...* La Rochelle, imp. Pierre Mesnier, 1671, in-12, 122 p.

1226. —— *Les discours faits aux conciles provinciaux qu'il a tenus à Milan.* Châlons, imp, Jacques Sineuze, 1663, in-12, 438 pages.

1227. **Borromée.** *Régénération de la peinture à fresque...* Paris, Firmin Didot, 1862, in-fol., 72 p., 4 pl.

1228. **Bory de Saint-Vincent.** *Expédition scientifique de Morée.* Paris, F.-G. Levrault, 1832-1836, in-4, 5 vol., atlas.

1229. **Bosc-Dubois** (Alexandre-Claude). *Sentimens et exercices de piété.* Paris, Florentin Delaulne, 1705, in-12, table, 334 pages.

1230. **Boscheron des Portes** (C.-B.-F). *Histoire du parlement de Bordeaux.* Bordeaux, Charles Lefebvre, 1878, in-8, 2 volumes.

1231. **Bosckierus** (Philippe). *Orator terræ sanctæ et Hungariæ.* Duaci Catuacorum, Petrum Borremans, 1606, in-8, 422 pages.

1232. **Bosquet** et Hébert. *Dictionnaire raisonné des domaines et droits domaniaux.* Rennes, veuve de F. Vatar, 1782-1784, in-4, 4 vol.

1233. **Bose** (George-Mathias). *De Keplero, Newtoni præcursore.* Wittemberg, Eichsfeldii, in-4, 40 f. (incomplet).

1234. **Bossert** (A.). *Gœthe, ses précurseurs et ses contemporains.* Paris, Hachette et Cie, 1872, in-8, xxv-294 p.

1235. —— *La littérature allemande au moyen âge.* Paris, Hachette et Cie, 1871, in-8, 382 p.

1236. **Bosso** (Mathieu). *Epistolarum tertia pars.* (Voir Pic de la Mirandoli, de morte Christi.) Venetiis, per Bernardinum Venutum de Vitalibus, 1502, in-4.

1237. **Bossuet.** *Œuvres.* Versailles, imp. J.-A. Lebel, 1815-1819, in-8, 43 vol.

1238. —— *Defensio declarationis conventûs cleri Gallicani, an. 1682 de ecclesiasticâ potestate, autore. D. Jacobo-Benigno Bossuet.* Amstelodami, sumptibus societatis, 1745, in-4, 2 vol.

1239. —— *Défense de la déclaration de l'assemblée du clergé de France de 1682 touchant la puissance ecclésiastique...* traduite en français. Amsterdam, aux dépens de la compagnie, 1745, in-4, 3 vol.

1240. —— *De nova questione tractatus tres :* 1° *Mystici in tuto,* 2° *schola in tuto,* 3° *quietismus redivivus.* Parisiis, apud Joannem Anisson, 1698, in-8, 440 p. avec index.

1241. —— *Discours sur l'histoire universelle.* Tours, Mame, 1870, in-8, viii-443 p., gravures.

1242. —— *Divers écrits ou mémoires sur le livre intitulé :* Explication des maximes des saints... Paris, Jean Anisson, 1698, in-8, cclviii-304 p. avec table.

1243. —— *Exposition de la doctrine de l'église catholique.* Paris, S. Mabre-Cramoisy, 1686, in-12, 188-214 p.

1244. —— *Histoire des variations des églises protestantes.* Paris, Mellier, 1845, in-12, 4 vol.

1245. —— *Instruction sur les estats d'oraison.* Paris, Jean Anisson, 1697, in-8, 483-cxxx p. avec table.

1246. —— *L'Apocalypse.* Paris, imp. veuve Sébastien Mabre-Cramoisy, 1689, in-8, 630 p. avec table.

1247. —— *Liber psalmorum.* Lugduni, Joann. Anisson, 1691, in-8, xciv-512 p.

1248. —— *Oraisons funèbres...* (et quelques sermons). Tours, Alf. Mame, 1869, in-8, 378 p.

1249. —— *Réponse à quatre lettres de Mgr l'archevêque de Cambray.* Paris, Jean Anisson, 1698, in-8, 100 p.

1250. —— *Relation sur le quiétisme.* Paris, Jean Anisson, 1698, in-18, 213 p.

1251. —— *Traité de la communion sous les deux espèces.* Paris, imp. Sébastien Mabre-Cramoisy, 1682, in-12, 461 p.

1252. **Bossut** (l'abbé). *Traité élémentaire d'algèbre.* Paris, C. Jombert, 1773, in-8, xxxv-450 p.

1253. **Bossut** (l'abbé). *Traité élémentaire de géométrie.* Paris,
C. Jombert, 1775, in-8, xvi-518 p., 15 planches.

1254. —— *Traité élémentaire de méchanique.* Paris, C. Jombert, 1775, in-8, xx-524 p., 11 planches.

1255. —— *Traité élémentaire d'hydrodynamique.* Paris, C.
Jombert, 1771, in-8, 2 vol.

1256. **Botta** (Carlo). *Storia d'Italia da quella del Guicciardini
1789-1814.* Capolago, typ. e libroria Elvetica, 1835, in-4,
3 volumes.

1257. —— *Storia della guerra dell' indepenza degli stati uniti
d'America.* Milano, typ. di V. Ferrario, 1819, in-8, 4 vol.

1258. **Bottereau** (R.). *Hadrianus legislator.* Poitiers, typ. J.
Fleuriau, 1661, in-8, 121 p. avec table.

1259. **Boubée** (Nérée). *Géologie élémentaire.* Paris, 1833, in-
18, viii-236 p.

1260. —— *Souvenir obligé de Luchon.* Paris, Elofe, in-12,
108 p.

1261. **Bouchard** (D.). *Decretorum libri XX...* Coloniæ, ex officina Melchioris Novesiani, 1548, in-fol., 240 p.

1262. **Bouchardat** (A.). *Rapport sur les progrès de l'hygiène.*
Paris, imp. impériale, 1867, in-8, 112 p.

1263. **Bouché** (J.-B.). *Les druides.* Paris, Martinon, 1844,
in-8, 291 p.

1264. **Bouché** (Daniel). *Les entrepôts de Cognac pour eaux-
de-vie et vins des Charentes.* La Rochelle, typ. de A. Siret,
1873, in-8, 59 p.

1265. **Bouchel** (Laurens). *La bibliothèque canonique.* Paris,
Osmont, 1689, in-fol., 2 vol. (Le même que Bochel; voir ce
nom).

1266. —— *La bibliothèque ou trésor du droit françois, où sont
traitées les matières civiles, criminelles... le tout recueilly et
mis en ordre par M. Laurens Bouchel... et augmenté par
M° Jean Bechefer... Paris, Jacques Dallin, 1667, in-folio,
3 volumes.

1267. **Boucher.** *Institution au droit maritime.* Paris, Levrault, 1803, in-4, lvi-809 p.

1268. **Boucher de Molandon.** *Nouvelles études sur l'ins-*

cription romaine récemment trouvée à Mesve (Nièvre). Paris, imp. impériale, 1868, in-8, 33 p.

1269. **Boucher de Molandon**, M. *Alfred de Puyvallée*. Orléans, E. Colas, 1871, in-4, 11 pages.

1270. **Boucherie** (A.). *Charte en langue vulgaire de l'Angoumois antérieure au XIIᵉ siècle.* Niort, Clouzot, 1867, in-4, 8 pages.

1271. —— *Cinq formules rhythmées et assonancées du VIIᵉ siècle.* Montpellier, Seguin, 1867, in-8, 57 p.

1272 —— *La passion du Christ,* poëme écrit en dialecte franco-vénitien du XIVᵉ siècle. Montpellier, imp. Gras, 1870, in-8, 39 pages.

1273. **Bouchet.** *Rochefort.* Paris, Challamel, in-8, 60 p. et 1 plan.

1274. **Bouchet** (Jean). *Les annales d'Aquitaine...* Poitiers, Abrah. Movnin, 1643, in-folio.

1275. —— *Panégyrique de Louis de La Trémouille.* (Collection Michaud et Poujoulat, t. IV, et collection Buchon).

1276. —— *La vie de sainte Radegonde.* Poitiers, imp. A. Mesnier, 1621, in-32, 684 p.

1277. **Boucheul** (Joseph). *Coutumier général du comté et pays du Poitou.* Poitiers, Faulcon, in-fol., 2 vol.

1278. **Bouchotte.** *Observations sur l'accord de la raison et de la religion pour le rétablissemeut du divorce.* Paris, imp. nationale, 1790, in-8, 194 p.

1279. **Boucicaut** (Jean Le Maingre, dit). *Le livre des faits du maréchal de Boucicaut.* (Collection Michaud et Poujoulat, t. II, et collection universelle, t. VI.)

1280. **Boucoiran** (L.). *Ariège, Andorre et Catalogne.* Paris, Giraud, 1754, in-8, 202 p.

1281. **Boudet** (Marcellin). *Les tribunaux criminels et la justice révolutionnaire en Auvergne.* Paris, A. Aubry, 1873, in-8, xv-305 p.

1282. **Boudinet** (Mgr). *Allocution au lycée impérial d'Amiens.* Amiens, imp. Lenoel-Herouart, 1865, in-8, 19 p.

1283. —— *Lettre à M. le rédacteur du Journal d'Amiens.* Amiens, imp. Lenoel-Herouart, 1862, in-4, 11 p.

1284. **Boudinet** (Mgr.) *Lettres pastorales et mandements.* Amiens, imp. Lenoel-Herouart, 1856-1865, in-4, 16 pièces.

1285. **Boudon** (Henry-Marie). *De la sainteté de l'état ecclésiastique.* Paris, J.-B. Delespine, 1740, in-12, table-391 p.

1286. —— *Dieu seul. Le saint esclavage de l'admirable mère de Dieu.* Paris, Hérissant, 1751, in-12, 540 p.

1287. —— *Le chrétien inconnu.* Paris, Hérissant, 1759, in-12, 528 p.

1288. —— *Le malheur du monde.* Paris, imp. J.-B. Delespine, 1740, in-12, 387 p.

1289. **Boué** (A.). *Essai géologique sur l'Ecosse.* Paris, veuve Courrier, in-8, x-519 p. avec carte et planches.

1290. —— *Mémoires géologiques et paléontologiques,* tome I. Paris, Levrault, 1832, in-8, xvi-362 p. avec planches.

1291. **Bouflers** (de). *Œuvres diverses.* Avignon, J.-A. Joly, an 3, in-32, 213 p.

1292. **Bougaud** ('abbé). *Etudes historique et critique... sur saint Benigne.* Paris, Diard (1859), in-8, 481 p., plan.

1293. **Bongeant** (le P. G.-H.). *Amusement philosophique sur le langage des bestes.* Amsterdam, aux dépens de la compagnie, 1750, in-12, 134-50 p.

1294. —— *Exposition de la doctrine chrétienne.* Paris, Rollin, 1741, in-12, 4 vol.

1295. [**Bougerel** (le P. Jos.)]. *Ancienne et nouvelle discipline de l'église touchant les bénéfices.* Paris, Charles Osmont, 1702, in-4, table-902 p., table.

1296. **Bougis** (Simon). *Méditations pour les novices.* Paris, Louis Bilaine, 1674, in-4, table-467 p.

1297. **Bougler.** *Mouvement provincial en 1789, et biographie des députés de l'Anjou.* Paris, Didier 1865, in-8, 2 vol.

1298. **Bouguer.** *Traité du navire.* Paris, C. Jombert, 1746, in-4, xl-682 p. et 12 planches.

1299. **Bouguereau** (A.). *Protestation contre les réponses du conseil municipal de La Rochelle sur l'octroi.* La Rochelle, imp. de Mᵐᵉ Z. Drouineau, 1870, in-8, 23 p.

1300. **Bouguier** (Jean). *Arrêts de la cour décisifs de diverses questions. De Rupella rupta* (poëme). Paris, C. Cramoisy, 1629, in-4, 445 p. avec tables.

1301. **Bouhours** (le père). *La manière de bien penser dans les ouvrages d'esprit.* Paris, veuve Delaulne, 1735, in-12, VIII-526 pages.

1302. —— *Les entretiens d'Ariste et d'Eugène.* Paris, S. Mabre-Cramoisy, 1671, in-4, 484 p.

1303. —— *Pensées ingénieuses des pères de l'église.* Paris, imp. Louis Josse, 1700, in-12, 456 p. avec table.

1304. —— *Remarques nouvelles sur la langue française.* Paris, imp. S. Mabre-Cramoisy, 1676, in-32, 564 p.

1305. **Bouillé** (Marquis de). *Mémoire sur l'affaire de Varennes..... et le précis historique de M. le comte de Valory.* (Voir collection Barrière, Paris, Baudouin frères, 1823, in-8, 324 p.

1306. **Bouillet** (M.-Nicolas). *Dictionnaire universel d'histoire et de géographie.* Paris, Hachette, 1845, in-8, 1924 p.

1307. —— *Dictionnaire universel des sciences, des lettres et des arts.* Paris, Hachette, 1859, in-8, VIII-1750 p.

1308. **Bouillet** (J.-B.). *Nobiliaire d'Auvergne.* Clermont-Ferrand, imp. Perol, 1846-1853, in-8, 7 vol.

1309. **Bouillon** (Henri, duc de). *Mémoires adressés à son fils.* (Collection Michaud et Poujoulat, t. XI; collection universelle, t. XLVII, XLVIII, et collection Buchon).

1310. **Boulanger** (C.). *Description du bassin houiller de Decise* (Nièvre). Paris, L. Mathias, 1849, in-4, 48 p. et atlas.

1311. **Boulanger** (Nicolas-Antoine). *Œuvres.* Amsterdam, 1794, in-8, 6 vol.

1312. **Boulainvilliers** (le comte de). *Histoire des anciens parlemens de France.* Londres, Jean Brindley, 1737, in-folio, 590 p., table.

1313. **Boullangé** (L.) (d'Aytré). *Actualités sociales.* Paris, A. Cherbuliez, 1839, in-8, 435 p.

1314. **Boullier.** *Histoire des divers corps de la maison militaire des rois de France.* Paris, Le Normant, 1818, in-8, XX-452 pages.

1315. **Boulay-Paty** (Evariste). *Poésies de la dernière saison.* Paris, Ambroise Bray, 1865, in-12, XXVII-315 p.

1316. **Bouley** (H.) et SANSON (A.). *Rapport officiel sur le mal de montagne.* Paris, typ. Renou et Maulde, 1869, in-8, 75 p.

1317. **Bouniol** (M. Bathild). *Sentiment de Napoléon Ier sur le christianisme.* Paris, Ambroise Bray, 1864, in-12, 216 p.

1318. **Bouquet** (Dom Martin). *Recueil des historiens des Gaules et de la France.* Paris, Victor Palmé, 1869, in-folio, 22 volumes.

1319. **Bourassé** (l'abbé J.-J.). *Archéologie chrétienne.* Tours, Mame, 1842, in-8, viii-364 p.

1320. **Bourbon** (Antoine de). *Lettres d'Antoine de Bourbon et de Jehanne d'Albret*, publiées par le marquis de Rochambeau. Paris, Renouard, 1877, in-8, xl-418 p.

1321. **Bourbon** (Etienne de). *Anecdotes historiques, légendes et apologues.* Paris, Renouard, 1877, in-8, xlviii-468 p.

1322. **Bourbonnais** (Jean). *Le Roi.* Moulin, Desrosiers, (1874) in-32, 104 p.

1323. [**Bourcier**]. *Recueil de diverses difficultez sur la constitution Unigenitus.* 1716, in-8, 356-160-62 p.

1324. **Bourdaloue** (le P.). *Conciones habitæ per adventum coram... Ludovico XIV... interprete P. Lud. de Saligny.* Andegavorum, Jacobi Laboe, 1713-1714, in-12, 2 vol.

1325. —— *Eloge funèbre de Henri de Bourbon, prince de Condé.* (Voir Fléchier, *Oraison funèbre de Marie-Thérèse.*) Paris, Sébastien Mabre-Cramoisy, 1684, in-4, 63 p.

1326. —— *Pensées sur divers sujets de religion et de morale.* Paris, veuve Desaint, 1774, in-12, 3 vol.

1327. —— *Retraite spirituelle à l'usage des communautez religieuses.* Lyon, Anisson, 1727, in-12, 344 p., table.

1328. —— *Sermons pour l'avent.* Paris, Rigaud, 1716, in-12, table, 547 p., table.

1329. —— *Sermons pour le caresme.* Paris, Rigaud, 1707, in-12, 3 vol.

1330. —— *Sermons sur les mystères.* Paris, Rigaud, 1726, in-12, 2 vol.

1331. —— *Sermons pour les fêtes des saints.* Liège, J.-F. Bassompierre, 1773, in-12, 2 vol.

1332. —— *Sermons pour les dimanches.* Liège, J.-F. Bassompierre, 1778, in-12, 3 vol.

1333. —— *Exhortations.* Paris, Martin, 1774, in-12, 2 vol.

7

1334. **Bourdeille** (H. de). *Lettres intimes sur les assurances sur la vie.* Paris, 1878, in-12, 27 pages.

1335. **Bourdier** (Gabriel). *Conférences publiques sur les vers à soie Perny-Yama de Montboyer.* Montboyer (Charente), chez l'autenr, 1878, in-8, 67 p.

1336. **Bourdon** (Hip.). *Des maternités.* Paris, typ. Félix Malteste, 1870, in-8, 16 p.

1337. **Bourdon** (Pierre-Marie). *Thèse de mécanique.* Paris, Coursier, 1811, in-4, 36 p.

1338. [**Bourdouin**]. *Instructions chrestiennes sur les mystères de notre seigneur Jésus-Christ.* Paris, Charles Savreux, 1672, in-8, 5 vol.

1339. **Bourg** (Pierre). *Paraphrase en vers français sur les CL pseaumes de David...* Nevers, Iean Fourré, 1655, in-12, 310 p., table.

1340. **Bourgade** (F.). *Roman d'Antar.* Paris, A. Duprat, s. d., in-8.

1341. **Bourgault-Ducoudray** (L.-A.). *Etudes sur la musique ecclésiastique grecque.* Paris, Hachette 1877, in-8, VIII-127 p.

1342. **Bourgeois.** *Recherches historiques sur l'empereur Othon IV.* Paris, Moutard, 1675, in-8, 166 p.

1343. **Bourgeois.** *Tournée à la mode dans les Etats-Unis, ou voyage de Charleston à Québec,* traduit de l'anglais par M. Bourgeois. Paris, A. Bertrand, 1829, in-8, 199 p.

1344. **Bourgeois** (Louise). *Relation de ce qui se passa au parlement touchant la régence de Marie de Médicis, etc.* (Collection Michaud et Poujoulat, t. XI.)

1345. **Bourgogne.** *Mémoires pour nuire à l'histoire de mon temps. Le prince Napoléon.* Paris, E. Lachaud, 1870, in-12, VIII-265 p.

1346. **Bourgoing** (le père François). *Homélies chrestiennes.* Paris, Sébastien Huré, 1654, in-8, 1004 p.

1347. —— *Institvtio spiritvalis ordinandorvm.* (Voir Fenech.) Coloniæ Agrippinæ, Joannem Busæum, 1665, in-8, 342 p.

1348. **Bourgoing d'Agnon** (François). *L'histoire ecclésiastique proposant la vraie forme de l'église de Jésus-Christ.* [Genève, Chauvin,] in-fol., 1046 p. avec table.

1349. **Bourguignat.** *Catalogue des mollusques terrestres et fluviales des environs de Paris à l'époque quaternaire.* Paris, imp. nationale, in-4, 32 p., 7 planches.

1350. **Bourguignon.** *Jurisprudence des cours criminelles.* Paris, Ant. Bavoux, 1825, in-8, 3 vol.

1351. **Bourignon** (François-Marie). *Observations sur quelques antiquités rômaines déterrées dans le jardin du Palais-Royal.* Paris, Gueffier, 1782, in-8, 39 p.

1352. —— *Recherches topographiques, historiques, militaires et critiques sur les antiquités... de la province de Saintonge.* Saintes, imp. de J.-A. Meaume, an IX, in-4, 312-VIII pages.

1353. **Bourjon** (François). *Le droit commun de la France et la coutume de Paris.* Paris, Rouy, 1747, in-fol., 2 vol.

1354. **Bourotte** (Mélanie). *La maison forestière racontée aux enfants.* Limoges, E. Ardant, 1869, in-12, 154 pages.

1355. **Bourquelot** (H.). *La littérature contemporaine.* Paris, Delaroque et Daguin, 1842-1857, in-8, 6 vol.

1356. **Bourricaud** (Antoine). *Etudes historiques sur Marennes et son arrondissement.* Marennes, imp. Florentin, 1867, in-8, 154 p.

1357. **Bourrienne** (de). *Mémoires sur le Directoire, le Consulat, l'Empire et la Restauration.* Paris, Ladvocat, 1829, in-8, 6 volumes.

1358. **Boursault.** *Lettres nouvelles, accompagnées de fables.* Paris, F. Le Breton, 1722, in-12, 3 vol.

1359. [**Boursier** (Laurent)]. *De l'action de Dieu sur les créatures.* Paris, François Babuty, 1713, in-12, 6 vol.

1360. **Boursier,** LE FÈVRE, etc. *Les hexaples ou les six colonnes de la constitution Unigenitus...* Amsterdam, Gérard Kuiper, 1714, in-4, 96-405 p.

1361. **Bouscasse.** *Note sur l'avantage d'arracher les pommes de terre à la charrue.* La Rochelle, imp. Cappon, 1837, in-8, 7 pages.

1362. **Boutaric** (François de). *Les institutes de l'empereur Justinien conférées avec le droit français.* Toulouse, Gaspard Henault, 1754, in-4, XVJ-566-LXXXIX p.

1363. **Boutaric** (E.). *Actes du parlement de Paris de 1254 à 1328.* Paris, H. Plon. 1863-1867, in-4, 2 vol.

1364. [**Boutault** (le P.)]. *Le théologien dans les conversations avec les sages et les grands du monde...* tiré des manuscrits du P. Coton, Paris, Herissant, 1689, in-12, 578 p., table.

1365. —— *Les conseils de la sagesse ou le recueil des maximes de Salomon...* Paris, compagnie des libraires associés, 1736, in-12, 2 tomes en 1 vol.

1366. **Bouteiller** (de). *Dictionnaire topographique de l'ancien département de la Moselle.* Paris, imp. nationale, 1874, in-4, LV-316 pages.

1367. **Bouteiller** (Jean). *Somme rural, ou le grand coustumier général de practique civil et canon..,* reveu, corrigé... par Louys Charondas Le Caron... Paris, Bart. Macé, 1612, in-4.

1368. [**Boutet** (Claude)]. Traité demig nature. Paris, C. Balard, 1684, in-12, 151 p.

1369. **Boutiot** (Théophile). *Histoire de l'instruction publique et populaire à Troyes,* pendant les quatre derniers siècles. Troyes, Dufey-Robert, 1865, in-8, 100 pages, 4 pl.

1370. —— et Em. SOCARD. *Dictionnaire topographique du département de l'Aube.* Paris, imp. nat., 1874, in-4, LXVI-238 p.

1371. **Boutiron** (le docteur E.). *Notice historique, médicale et hygiénique sur Fouras.* Surgères, Tessier, 1881, in-8, 98 p.

1372. **Boutteville.** *Antiquités nationales.* Paris, Société bibliographique, 1837, in-18, VI-276 p.

1373. **Bouvenne** (Aglaüs). *Les monogrammes historiques.* Paris, académie des bibliophiles, 1870, in-12, 188 p.

1374. **Bouvet** (L'amiral Pierre). *Précis des campagnes de l'amiral Pierre Bouvet.* Paris, Michel Lévy, 1866, in-12, 268 p.

1375. **Boyer** (l'abbé Eugène). *Notre-Dame de Lourdes.* Bayonne, libr. E. Laserre, 1868, in-12.

1376. —— *Une visite à Bernadette et à la grotte de Lourdes.* Lourdes, P. Dufour (1870), in-18, 172 p.

1377. [**Boyer** (le père)]. *Parallèle de la doctrine des payens, avec celle des jésuites, et de la constitution du pape Clément XI.* 1726, in-8, 235-109-144 p.

1378. **Boyer** (Hippolyte). *Noviodunum Biturigum et ses graf-fiti.* Paris, A. Aubry, 1861, in-8, 19 p.

1379. **Boyer de Sainte-Suzanne** (de). *La première année de l'administration des intendants en Picardie.* Amiens, imp. Lemer, 1861, in-8, 23 p.

1380. **Boyvin du Villars.** *Mémoires sur les guerres du Piémont, etc.* (Collection Michaud et Poujoulat, t. X, Collection universelle, t. XXXIII-XXXVII, et Collection Buchon.

1381. **Brachet** (H.). *Protestation... contre la construction d'un bassin à La Mare à La Besse.* La Rochelle, imp. Dubois, 1879, in-8, 15 p.

1382. Bradier. *Plaidoyer pour Bradier, Simare et Lardoise...* in-8, 173 p.

1383. **Bradwardin** (Th.). *De causa Dei contra Pelagium.* Londini, Joannem Billium, 1618, in-fol, 876 p.

1384. **Brancas** (Louis de). *Extrait du droit public de la France...* Londres, 1771, in-8, 149 p.

1385. **Brancati** (le P. François). *De Sinensium ritibus politicis acta.* Parisiis, Nicolaum Pepie, 1700, in-12, 328-333 p., index.

1386. **Brancato** (Laurent). *Opuscula tria de Deo quoad opera prædestinationis, reprobationis et gratiæ actualis, a Fr. Laurentio Brancato cardinali de Laurea.* Rothomagi, Franciscum Vaultier, 1705, in-4, 543 p., index.

1387. **Brandat** (Paul) et Frédéric PASSY. *La colonne.* Brest, imp. Piriou, 1871, in-8, 22 p.

1388. **Brantôme** (Pierre de Bourdeille). *Œuvres complètes.* Paris, veuve Renouard, 1864-1876, in-8, 9 vol.

1389. **Brasseur de Bourbourg** (l'abbé). *Histoire des nations civilisées du Mexique et de l'Amérique centrale durant les siècles antérieurs à Christophe Colomb...* Paris, Arthus Bertrand, 1857, in-8, 4 vol.

1390. ——*Manuscrit Troano. Etudes sur le système graphique et la langue des Mayas.* Paris, imp. impériale, 1869-1870, in-4, 2 vol.

1391. ——*Palenqué, Ococingo et autres ruines de l'ancienne civilisation du Mexique...* Paris, Arthus Bertrand, 1866, in-fol. xxiii-92 p. et album in-folio, 56 p.

1392. **Braud** (l'abbé Stanislas). *Monseigneur Cortet, évêque de Troyes.* La Rochelle, 1875, imp. du *Bulletin religieux*, in-18, 31 pages.

1393. **Bréal** (Michel). *Mélanges de mythologie et de linguistique.* Paris, Hachette, 1878, in-8, vi-416 p.

1394. —— *Quelques mots sur l'instruction publique en France.* Paris, Hachette, 1873, in-12, 410 p.

1395. **Bréard** (Le P. F. Jean de). *Conférence tenue à Chastelleraut.* Poictiers, imp. A. Mesnier, 1619, in-8, 24-369 p.

1396. *Bref du diocèse de La Rochelle.* La Rochelle, imp. Estienne Pavie, 1837, in-12, 52 p.

1397. **Bregy** (marquis de). *Mémoires.* (Collection Michaud, tome XXXI.)

1398. **Brejon.** *Réplique pour André Brejon de Grand-Champ... contre demoiselle Anne Gautier et Jean Mathieu.* Sans nom ni l. (1752), petit in-folio, 23 p.

1399 **Brejon** (André-Ernest). *Du croup.* Montpellier, imp. Cristin, 1855, in-8, 89 pages.

1400. **Bremond** (Alphonse). *Armorial général des familles nobles du pays toulousain.* Toulouse, Hébrail, 1869, in-12, xxii-228 p.

1401. —— *Etat actuel de la noblesse toulousaine.* Toulouse, Hébrail, 1870, in-12, 179 p.

1402. —— *Indicateur du nobiliaire toulousain.* Toulouse, L, Hébrail, 1868, in-12, xxxvi-143 p.

1403. —— *Nobiliaire toulousain.* Toulouse, Bonnal et Gibrac, 1863, in-8, 2 vol.

1404. **Bremond d'Ars** (Anatole de). *Le chevalier de Méré.* Niort, Clouzot, 1869, in-8, 44 p.

1405. —— *Marie de La Gourgue, morte en odeur de sainteté, à Cognac.* Angoulême, J.-B. Baillarger (1874), in-8, 7 p.

1406. —— *Notice sur la maison de Meaux en Brie.* Jonzac, imp. de Louis Ollière, 1874, in-8, viii-45 p.

1407. —— *Notice sur quelques antiquités celtiques et romaines de la commune de Riec* (Finistère). Quimper, typ. A. Jaouen, 1878, in-8, 22 p.

1408. **Bremond d'Ars** (Anatole de). *Rapport de la commission départementale au conseil général.* (Département du Finistère.) Quimper, Jaouen, 1879, in-8, 24 p.

1409. **Bremond d'Ars** (Guy vicomte de). *Les mécontents de la promotion de l'ordre du Saint-Esprit en 1661.* Paris, J.-B. Dumoulin, 1880, in-8, 30 p.

1410. **Bremond d'Ars** (Théophile de). *Pièces pour servir à l'histoire de Saintonge et d'Aunis.* Saintes, Fontanier, 1863, in-8, 68 p.

1411. —— *Rôles saintongeais.* Niort, L. Clouzot, 1869, in-8, vi-263 pages.

1412. **Brereward** (Edouard). *Tractatus quidam logici de prædicabilibus, et prædicamentis.* Oxoniæ, excudebat Guilielmus Turner, 1631, 430-104-39 p.

1413. **Bréquigny** (De) et PARDESSUS. *Table chronologique des diplômes, chartes, titres et actes imprimés concernant l'histoire de France.* Paris, imp. Roy, 1846-1863, in-fol., 3 vol.

1414. **Brésoles** (l'abbé de). *Pratique des officialités.* Paris, Lamy, 1781, in-4, 4 tomes en 2 vol.

1415. **Bressy** (De). *Epidémie cholérique de 1865 en Egypte.* Alexandrie, imp. Mourès, 1865, in-8, 39 p.

1416. **Brest.** *Bulletin de la société académique.* Brest, E. Ansur, 1859-1871 et 1879, in-8, 14 vol.

1417. **Breton** (P.). *L'assistance publique et la bienfaisance au XIXᵉ siècle.* Paris, imp. Ph. Cordier, in-8, 175 p.

1418. **Bretonneau** (le P.). *Sermons. Avent, carême, mystères et fêtes.* Paris, J.-B. Coignard, 1743, in-12, 7 vol.

1419. **Bretonnier** (B.-J.). *Recueil par ordre alphabétique des principales questions de droit...* Paris, Emery, 1724, in-12, LXXII-463 p., table.

1420. **Bretteville** (l'abbé de). *L'éloquence de la chaire et du barreau.* Paris, D. Thierry, 1699, in-12, 493 p.

1421. —— *Essais de sermons pour tous les jours de carême, pour tous les dimanches de l'année, pour les principales festes des saints.* Paris, Denys Thierry, 1692-1703, in-8, 6 volumes.

1422. **Breuillac** (Henri-Georges). *Le soldat et le domaine militaire devant la loi.* Poitiers, typ. Oudin, 1870, in-8, 298 p.

1423. *Breve relacion de las cosas svcedidas en el cerco de la Rochella, desde el mes de Agosto desde presente ano de mil y seis cientos y veinte dos.* Madrid, por la viuda de Cosme Delgado, MDCXXII, in-4.

1424. *Bréviaire (Le) romain en latin et en français, suivant la réformation du S. Concile de Trente.* Paris, D. Thierry, 1868, in-4, 4 vol.

1425. *Breviarium ad usum sacri et canonici ordinis Præmonstratensis.....* Virduni, typ. Claudium Muguet, 1719, in-8, 2 vol.

1426. *Breviarium Cadurcense...* Parisiis, typ. J.-B. Coignard, 1746, in-8, 4 vol.

1427. *Breviarium Deo-dicatarum virginum ordinis Fontebraldensis...* Parisiis, apud Hieronymum de Marnef, 1587, in-8, cxxv f.

1428. *Breviarium ecclesiæ Rotomagensis, auctoritate..... D. D. Dominici de La Rochefoucauld..... editum.* Rotomagi, P. Seyer, 1777, in-8, 4 vol.

1429. *Breviarium metropolitanæ ac primatialis ecclesiæ Senonensis.* Senonis, typ. Claurtii Augusti Prussurot, 1702, in-8, 2 vol.

1430. *Breviarium Parisiense...* Parisiis, sumpt. bibliopolæ usuum Parisiensium, 1758, in-8, 4 vol.

1431. *Breviarium Petrocorense.....* avec supplément. Parisiis, typ. Cl. Simon, 1781, in-8, 5 vol.

1432. *Breviarium Romanum ad usum fratrum minorum sancti Francisci conventualium...* Venetiis, typ. Balleoniana, 1771, in-4, l., x-1240-ccxxiii-7 p.

1433. *Breviarium Romanum et decreto sacrosancti concilii Tridentini restitutum.* Coloniæ Agrippinæ, Balthazaris ab Egmondt, 1664, in-4, 984-cxxxvi pages, index.

1434. *Breviarium Rupellense... D. Josephi Bernet, Rupellensis episcopi, auctoritate... editum.* Lutetiæ Parisiorum, Adr. Le Clere, 1835, in-8, 4 vol.

1435. *Breviarium sanctæ Ambianensis ecclesiæ...* Ambiani, typ. Caroli Caron-Hubault, 1746, in-8, 4 vol.

1436. *Breviarium Tolosanum...* Tolosæ, Bibliopolæ usuum Tolosanorum, 1770, in-12, 4 vol.

1437. *Brevis disquisitio inter duas de S. Trinitate disputan-
tium partes.* (Voir *Confession de foi.*)

1438. *Brevissimæ juris canonici institutiones.* Parisiis, Joannem Jombert, 1687, in-12, 262 p., table.

1439. [**Brezillac** (dom J.-F. de)]. *Dictionnaire ecclésiastique et
canonique.* Paris, Delalain, 1772, in-8, 2 vol.

1440. **Briand** (l'abbé Joseph). *Eloge de saint Eutrope.* Béziers,
imp. P.-F.-A. Granié, 1841, in-8, 64 p.

1441. —— *Histoire de l'église Santone et Aunisienne.* La Rochelle, F. Boutet, 1843, in-8, 3 vol.

1442. —— *L'hymne de la dilection.* La Rochelle, F. Boutet,
in-12, 238 p.

1443. —— *Notice historique sur saint Eutrope.* Saintes, imp.
Alexandre Hus (185.), in-12, 17 p.

1444. —— *Réponse à la lettre adressée par M. l'abbé Lacurie.*
(Chanson ms. contre MM. Briand et Lacurie.) La Rochelle,
imp. F. Boutet, 1846, in-8, 8 p.

1445. —— *Restauration à Saintes de l'église Sainte-Colombe.*
La Rochelle, F. Boutet, 1850, in-8, 70 p.

1446. —— *Saint Eutrope, son tombeau, son église. Neuvaine
et office.* Saintes, imp. Hus, in-8, xxiv-143 p.

1447. —— *Souvenir aux défunts.* Saintes, imp. Hus, 1841, in-8,
72 pages.

1448. —— *Vie de mademoiselle Pauline de Saint-André de La
Laurencie de Villeneuve.* La Rochelle, F. Boutet, 1847, in-12,
283 pages.

1449. **Brice** (Germain). *Description de la ville de Paris.* Paris,
F. Fournier, 1717, in-12, 2 vol.

1450. **Bridault** (Ami-Félix). *Quæstiones medicæ.* Rupellæ
(La Rochelle), P. Mesnier, 1764, in-4, 6-8 p.

1451. —— *Mœurs et coutumes des Romains.* Paris, P.-G. Le
Mercier, 1754, in-12, 2 vol.

1452. **Brie** (le vicomte de). *Discours à l'assemblée générale de
la ville de Saint-Jean-d'Angély, le 19 janvier 1790.* Saintes,
P. Toussaints, 1790, in-8, 14 p.

1453. **Brienne** (comte de). *Mémoires des règnes de Louis XIII
et de Louis XIV.* Collection Michaud, t. xxvii.

1454. **Briet** (Philippe). *Parallela geographiæ veteris et novæ.*
Parisiis, S. Cramoisy, 1648, in-4, 512 p.

1455. **Brigite** (Sainte). *Reuelationes celestes perelecte spôse Christi beate Bigitte vidue de regno Sueçie octo libris diuise.* In off. Federici Peypvs sumptibusque et impensis honesti viri Joannis Kobergers, Nuremberg, 1517, in-folio.

1456. —— *Revelationes sanctæ Brigittæ...* Romæ, Ludovicum Grignanum, 1628, in-fol., 2 vol.

1457. —— *Les révélations*, traduites par Jacques Ferraige. Lyon, Simon Rigaud, 1661, in-4, 670 p. avec table.

1458. **Brillat-Savarin.** *Physiologie du goût... suivie de la gastronomie...* par Berchoux. Paris, Charpentier, 1847, in-12, 474 pages.

1459. **Brillaud** (P.-J.) *Traité pratique des empêchements et des dispenses de mariage.* Paris, J. Wattelier, 1872, in-8, x-386 pages.

1460. **Brillon** (Pierre-Jacques). *Dictionnaire des arrests, ou jurisprudence universelle des parlemens de France.* Paris, Charles Osmont, 1711, in-fol., 3 vol.

1461. [**Brillon** (P.-J.)]. *Nouveau dictionnaire civil et canonique de droit et de pratique...* Paris, Nicolas Gosselin, 1707, in-4, 901 p.

1462. **Brillouin** (J.-L.-M.). *D'Aulnay et de son église.* Saint-Jean-d'Angély, Eug. Lemarié, 1864, in-8, 30 p.

1463. —— *Notice sur Jouneau, député en 1791.* Saint-Jean-d'Angély, imp. Lemarié, in-8, 26 p.

1464. **Briquet** (de). *Code militaire...* Paris, Durand, 1761, in-12, 8 vol.

1465. **Briquet** (Hil.-Alex.). *Histoire de la ville de Niort.* Niort, Robin, 1832, in-8, 2 vol.

1466. —— *Biographie des Deux-Sèvres.* Niort, Robin, 1832, in-8, 239 p. (dans le 2e vol. de l'*Histoire de Niort*).

1467. **Brissaud** (D.). *Les Anglais en Guyenne.* Paris, J.-B. Dumoulin, 1875, in-8, 302 p.

1468. **Brisson** (Barnabé). *... De ritu nuptiarum liber singularis.* Parisiis, Rovillii, 1564, in-4, 2 tomes en 1 vol.

1469. —— *De verborum quæ ad jus pertinent significatione*

libri XVIIII. Parisiis, Sebastianum Nivellium, 1596, in-fol., 657 fol.

1470. **Brisson**. *Dictionnaire raisonné de physique*. Paris, Leboucher, 1781, in-4, 3 vol.

1471. Brisson - Mulot. *Précis pour J.-J.-B. Brisson*, négociant à La Rochelle... contre C.-H. Mulot. Paris, imp. Chardon, 1772, in-4, 16 p.

1472. **Brissot** (J.-P. Warville). *Nouveau voyage dans les Etats-Unis de l'Amérique septentrionale*. Paris, Buisson, 1791, in-8, 3 vol.

1473. **Brives-Cazes** (E.). *Le parlement de Bordeaux et la cour des commissaires de 1549*. Bordeaux, imp. Gounouilhou, 1870, in-8, 222 p.

1474. **Briseux**. *Architecture moderne ou l'art de bien bâtir*. Paris, Claude Jombert, 1728, in-4.

1475. **Brochard** (Dʳ). *De l'allaitement maternel*. Paris, E. Maillet, 1868, in-8, xvi-126 p.

1476. —— *De l'amour maternel*. Lyon, Ebrard, 1872, in-8, 16 pages.

1477. —— *Des bains de mer chez les enfants*. Paris, Baillière, 1864, in-12, xiv-268 p.

1478. **Broglie** (Albert de). *Etudes morales et littéraires*. Paris, Michel Lévy frères, 1853, in-12, xi-454 p.

1479. —— *Nouvelles études de littérature et de morale*. Paris, Didier, 1869, in-8, viii-487 p.

1480. **Broglie** (Duc de). *Ecrits et discours*. Paris, Didier, 1863, in-8, 3 vol.

1481. **Brognoli** (Candide). *Manuale exorcistarum ac parochorum*... Lugduni, Joannem Radisson, 1658, in-4, table, 452 p., table.

1482. **Brohan** (Augustine). *Compter sans son hôte, proverbe*. Paris, Perrotin, 1849, in-18, 43 p.

1483. **Brongniart** (Adolphe). *Rapport sur les progrès de la botanique phytographique*. Paris, imp. impériale, 1868, in-8, 216 pages.

1484. **Brooke** (H.-F.). *Description historique de l'île de Sainte-Hélène...* traduite par J. Cohen. Paris, A. Bertrand, 1815, in-8, 110 p.

1485. **Brossard.** *Etat général des chemins... de la Charente-Inférieure.* La Rochelle, typ. G. Mareschal, 1855, in-8, 1 vol. et 1 carte.

1486. **Brothier** (Léon). *Histoire de la terre.* (Bibliothèque utile, t. XI.) Paris, Dubuisson (186.), in-32, 192 p.

1487. **Brouard** (de). *Mariage des prêtres.* Paris, L.-R. Delay, 1846, in-8, 76 p.

1488. **Brougham** (Henri lord). *Discours sur la théologie naturelle,* trad. par J.-C. Tarver. Paris, Bossange, 1835, in-8, xv-379 p.

1489. —— *Opinions on politics, theology, law, science, education, litterature,* etc. Paris, Baudry's, European library, 1841, in-8, xii-360 p.

1490. **Broussais** (F.-J.-V.). *Cours de phrénologie.* Paris, J.-B. Baillière, 1836, in-8, 850 p.

1491. Broussard-Daubourg. *Réplique pour sieur Annibal Broussard... au mémoire imprimé de MM. Jean-Baptiste Daubourg... et Jean-René Daubourg... frères de dom Henri Daubourg, décédé prieur de Saint-Eutrope-les-Saintes.* Saintes, imp. P. Toussaints, 1789, in-4, 18 p.

1492. **Brown** (Th.). *Religio medici cum annotationibus.* Argentorati, sumpt. Jo.-Friderici Spoor, 1677, in-12, xiv-440 p. et index.

1493. **Bruel** (Alexandre). *Recueil des chartes de l'abbaye de Cluny.* (Documents inédits sur l'histoire de France.) Paris, imp. nationale, 1876, in-4.

1494. **Brueys** [(David-Augustin de)]. *Défense du culte extérieur de l'église catholique.* Paris, Sébastien Mabre-Cramoisy, 1686, in-12, table, 518 p.

1495. —— *Réponse au livre de Mgr l'évêque de Condom, qui a pour titre Exposition de la doctrine de l'Eglise catholique sur les matières de controverse...* Rouen, Jean Lucas, 1673, in-12, 438 p., table.

1496. —— *Traité de l'obéissance des chrétiens aux puissances temporelles...* Paris, Barthélemy Le Roy, 1710, in-12, 200 p., table.

1497. **Brumauld de Beauregard** (Mgr J.). *Mémoires...* Poitiers, imp. Saurin, 1842, in-12, 2 vol.

1498. **Brumoy** (le P.). *Le théâtre des Grecs.* Paris, veuve Cussac, 1821, in-8, 443 p.

1499. **Brunaud** (Paul). *Listes des plantes phanérogames et cryptogames croissant spontanément à Saintes et dans les environs.* Bordeaux, imp. veuve Cadoret, 1878, in-8, 57 p.

1500. —— *Liste des plantes phanérogames et cryptogames croissant spontanément à Saintes.* Bordeaux, imp. J. Durand, 1880, in-8, 26 p.

1501. —— *Tableau dichotomique des familles des pyrénomycètes trouvés jusqu'à présent dans la Charente-Inférieure.* Toulouse, typ. H. Montaurin, 1880, 8 p.

1502. **Bruncamp** (Eugène). *Nos idées, nos mœurs, nos caractères.* Paris, L. Hachette et Cie, 1867, in-12, viii-479 p.

1503. **Brunet** (Jean-Louis). *Le parfait notaire apostolique.* Lyon, Joseph Duplain, 1775, in-4, 2 vol.

1504. [**Brunet** (J.-B.)]. *Histoire du droit canonique.* Avignon, Alexandre Girard, 1750, in-12, table, 406 p.

1505. **Brunet** (Gustave). *Le monopole des maîtres de forges.* Bordeaux, imp. de Durand, 1846, in-12, 16 p.

1506. **Brunet** (L'abbé Ovide). *Eléments de botanique et de physiologie végétale...* Québec, typ. Delisle, 1870, in-12, 155 pages.

1507. [**Brunet** (l'abbé)]. *Pratique du sacrement de pénitence* Paris, D. Thierry, 1704, in-12, 499 p., avec table. ——

1508. **Brunet de Grandmaison** (Pierre). *Dictionnaire des aydes...* Paris, Prault, 1726, in-12, 335 p., 132 p.

1509. **Brunet.** *Mémoire pour demoiselle Joséphine Brunet... contre les sieurs et dames Brunet, demandeurs.* Saintes, Dupouy (1807 ?) in-4, 104 p.

1510. **Bruslé** (Michel). *Observations sur le succès de l'inoculation de la vaccine à Saintes.* Saintes, imp. Josserand, 1800, in-8, 50 p.

1511. **Bruyer** (C.). *Breviarium concionatorum.* Parisiis, in officina Caroli Savreux, 1674, in-12, 448 p.

1512. **Bruzen de La Martinière.** *Le grand dictionnaire géographique, historique et critique.* Paris, libraires associés, 1768, in-fol., 6 vol.

1513. [**Bucer** (Martin)]. *Acta colloquii in comitiis imperii Ratisbonæ habiti....* Argentorati, per Vuendelinum Ribelium, 1545, 236 p., avec index.

1514. —— *De concilio et legitime judicandis controversiis religionis... consultatio.* (Voir Bucer, Martin.) Argentorati, ex officina Knoblochiana, 1545, in-4.

1515. **Buchanan** (Georges). *Paraphrasis in psalmos Davidis.* Parisiis, Henricum et Robertum Stephanum, in-8, 277 pages.

1516. —— *Nova et accurata editio psalmorum Davidis.* Parisiis, Claudium de Hansy, 1729, in-12, 2 vol.

1517. —— *Rerum Scoticarum historia.* Edimbourg, apud Alex. Arbuthnetum, 1582, in-4, 250 fol.

1518. **Buchez** et **Roux**. *Histoire parlementaire de la révolution française.* Paris, Paulin, 1835-1838, in-8, 40 vol.

1519. **Buchotte.** *Les règles du dessin et du lavis.* Paris, C. Jombert, 1722, in-8, xviii-130 p.

1520. **Buc'hoz.** *Manuel usuel et économique des plantes.* Paris, imp. Demonville, 1782, in-12, 345 p.

1521. **Budan** (J.-D.). *Nouvelle méthode pour la résolution des équations numériques d'un degré quelconque.* Paris, Courcier, 1807, in-4, 86 p.

1522. **Budé** (Guillaume). *Commentarii linguæ Græcæ.* Paris, Rob. Estienne, 1548, in-fol., 1109 p.

1523. —— *Annotationes... in quatuor et viginti Pandectarum libros... Item, altera editio.* Parisiis, Joannem Parvum, 1536, in-fol., 156 fol., index, 59 fol., index.

1524. *Budget des recettes et dépenses du département de la Charente-Inférieure, 1828-1879.* La Rochelle, typ. de G. Mareschal, 1828-1879, in-8 et in-4, 3 vol., 9 pièces.

1525. **Buffier** (le P.). *Cours de sciences.* Paris, Guillaume Cavelier, 1732, in-fol., xxiv-1560 col., table.

1526. —— *Grammaire française sur un nouveau plan...* Paris, Marc Bordelet, 1754, in-12, 540 p.

1527. —— *Traité des premières véritez et de la source de nos jugemens...* Paris, François Didot, in-12, x p., table, 324-290 pages, table.

1528. **Buffon.** *Œuvres complètes... revues... et annotées par* M. Flourens. Paris, Garnier, 1853-1855, in-4, 12 vol.

1529. **Bugeaud** (Le général). *L'Algérie*. Paris, Dentu, 1842, in-8, 128 p.

1530. **Buisson** (Eugène). *La société considérée dans le rapport de ses divers éléments avec le progrès moral de l'humanité...* Paris, Joël Cherbuliez, 1851, in-12, 337 p.

1531. **Bujeaud** (Victor et Jérôme). *La Charente révolutionnaire*. Angoulême, imp. Quélin frères, 1866, in-8, 166-cccxxxvi pages.

1532. **Bujeaud** (Victor). *Chronique protestante de l'Angoumois, XVIᵉ, XVIIᵉ, XVIIIᵉ siècles, et supplément*. Paris, Meyrueis, 1860, in-8, 394-36 p.

1533. **Bulffinger** (Bernhard). *Dilucidationes philosophicæ de Deo, anima humana, mundo...* Tubingæ (Tubingen), Joh. Georgius (1725), in-4, xv-734 p.

1534. *Bullarium sacri ordinis Cluniacensis*. Lugduni, apud Antonium Jullieron, 1680, in-fol., 219 p.

1535. *Bulles, lettres patentes et arrests pour l'établissement du chapitre de l'église cathédrale de La Rochelle*. La Rochelle, imp. Pierre Mesnier, 1721, in-4, 194 p., table.

1536. **Bullet**. *Réponses critiques à plusieurs difficultés proposées par les nouveaux incrédules...* Paris, Charles-Pierre Berton, 1775, in-12, 4 vol.

1537. *Bulletin décadaire de la République française*. In-8, 36 numéros en un vol., an VII (1798).

1538. *Bulletin de la société de l'histoire de France*. Paris, J. Renouard, 1835-1862, in-8, 15 vol.

1539. *Bulletin de la société de l'histoire du protestantisme français*. Paris, Cherbuliez, 1852-1871, in-8, 12 vol.

1540. *Bulletin de la société d'encouragement pour l'industrie nationale*. Paris, veuve Bouchard-Huzard, 1858-1860, in-4, 3 volumes.

1541. *Bulletin de la société de Saint-François de Salles, 1860, 1861, 1862, 1863, 1864, 1865, 1866, 1867*. Paris, au secrétariat général, 1860-1867, in-8, 5 vol.

1542. *Bulletin de la Société géologique de France*. Paris, imp. Bourgogne et Martinet, 1841-1862, in-8, 2 vol. en feuilles.

1543. *Bulletin de la société protectrice de l'enfance*. Paris, imp. Félix Malteste, 1869 et 1870, in-8, 15 livraisons.

1544. *Bulletin de l'association scientifique.* Paris, Gauthier-Villars, 1865-1874, in-8, 14 vol.

1545. *Bulletin de l'œuvre des écoles d'Orient.* Paris, bureau de l'œuvre, 1863-1872, in-8, 52 fascicules.

1546. *Bulletin des séances de la société nationale d'agriculture de France.* Paris, imp. veuve Bouchard-Huzard, 1871-1879, in-8, 8 années.

1547. *Bulletin des lois.* (1er août 1789 au 18 février 1871). Paris, 279 vol.

1548. *Bulletin des sociétés de secours mutuels.* Paris, J. Lanier, 1854-1858, in-8, 5 vol.

1549. *Bulletin du bibliophile.* Paris, Téchener, 1834-1865, in-8, 26 vol.

1550. *Bulletin du comité central de viticulture des deux Charentes.* Cognac, imp. Durosier, 1870-1873, in-8, 19 fasc.

1551. *Bulletin du comité historique des monuments écrits de l'histoire de France.* Paris, Adolphe Delahays, 1855, in-8, 2 volumes.

1552. *Bulletin hebdomadaire de l'agriculture.* Paris, au bureau du journal, 1867-1868-1869, in-8, 3 années.

1553. *Bulletin mensuel de la société protectrice des animaux.* Paris, au siège de la société, 1863-1873, in-8, 186 numéros.

1554. *Bulletin mensuel de la société zoologique d'acclimatation.* Paris, Victor Masson, 1850-1861, in-8, 9 vol., 6 fasc.

1555. *Bulletin monumental.* Paris, Lance, Derache ; Caen, Hardel, 1834-1881, in-8, 15 vol.

1556. *Bulletin religieux du diocèse de La Rochelle et de Saintes.* La Rochelle, imp. Mme Drouineau, 1864-1881, in-8, 17 volumes.

1557. **Bullinger** (Henri). *In omnes apostolicas epistolas... Pauli... et in epistolas apostolorum canonicas commentarii.* Tiguri, Christophorum Froschoverum, 1544, in-fol., 731-195 pages.

1558. **Bulliot.** *Fouilles de Bibracte.* Paris, Didier, 1879, in-8, 75 pages.

1559. **Bulos.** *Mécanique des ouvriers, artisans et artistes...* Paris, Canel, 1825, in-12, 264 p., avec planches.

1560. **Bulwer** (E.-L.). *The last of the barons*. Paris, Baudry, 1843, in-8, 538 p.

1561. **Bulwer Lytton** (Sir Edward. *Paul Clifford*, roman anglais traduit. Paris, Hachette, 1867, in-12, 2 vol.

1562. **Bungener** (Félix). *Julien ou la fin d'un siècle*. Paris, J. Cherbuliez, 1854, in-7, 4 vol.

1563. —— *Trois sermons sous Louis XV*. Paris, J. Cherbuliez, 1849, in-12, 3 vol.

1564. —— *Un sermon sous Louis XIV, suivi de deux soirées à l'hôtel de Rambouillet*. Paris, Joël Cherbuliez, 1858, in-8, 356 pages.

1565. —— *Voltaire et son temps*. Paris, Joël Cherbuliez, 1851, in-8, 2 vol.

1566. **Buonaparte** (Jacques). *Sac de Rome en 1527*. (Collection Buchon.)

1567. **Buonarroti** (Philippe). *Gracchus Babeuf et la conjuration des égaux* (*Procès de*). Paris, Le Chevalier, 1869, in-12, xii-209 p.

1568. **Bure** (G.-F. de). *Bibliographie instructive*. Paris, G.-F. de Bure, 1763-1782, in-8, 8 vol.

1569. **Burgade** (Eugène). *Histoire de l'hôpital de Libourne*. Bordeaux, imp. J. Delmas, 1867, in-8, vii-316 p.

1570. —— *Les cloches de Libourne*. Bordeaux, imp. J. Delmas, in-8, 1872, 31 p.

1571. **Burgaud des Maretz**. *Encoere ine tralée d'achet*. Paris, F. Didot, 1861, in-18, 36 plus 4 pages.

1572. [**Burgaud des Maretz**]. *Glossaire saintongeais*. Paris, F. Didot, in-8, 8 p.

1573. —— *In p'tit pilot d'achet*. Paris, F. Didot, 186., in-18, 36 p.

1574. **Burigny** (de). *Théologie payenne ou sentimens des philosophes... sur Dieu, sur l'âme*. Paris, de Bure, 1754, in-12, 2 volumes.

1575. **Burlamaqui** (J.-J.). *Principes du droit de la nature et des gens.* Yverdon, 1766, in-8, 2 vol.

1576. **Burnet** (Gilbert). *Défense de la religion*. La Haye, Pierre Paupie, 1738-1744, in-12, 6 vol.

1577. **Burnet** (Thomas). *Traité de l'état des morts et des ressus-*

citants. Tr. par M. Jean Bion. Rotterdam, Jean Hofhout, 1731. in-12, 285 p., avec table.

1578. **Burnet.** *Remarques sur les actes de la dernière assemblée générale du clergé de France.* Londres, Richard Bently, 1683, in-12, 201 p.

1579. **Burton** (le capitaine). *Voyages à la Mecque, aux grands lacs d'Afrique et chez les Mormons.* Paris, Hachette, 1870, in-12, xvi-336 p.

1580. **Bury** (Richard de). *Histoire de la vie de Henri IV.* Paris, Didot, 1766, in-4, 459 p.

1581. **Busée** (le R. P.). *Méditations sur les évangiles.* Paris, Jean-Baptiste Coignard, 1670, in-12, xxvi-268-284 p., table.

1582. **Busenbaum** (le père Herm.). *Medulla theologiæ moraliu.* Lugduni, F. Comba, 1670, in-12, 662 p. avec table.

1583. —— *Theologia moralis.* Coloniæ, Fratrum de Tournes, 1748, in-fol., 2 vol.

1584. **Bussy** (Ch. de). *Les conspirateurs en Angleterre.* Paris, Lebigre-Duquesne frères, 1858, in-12, 359 p.

1585. **Butenval** (le comte His de). *Précis historique et économique du traité de commerce entre la France et la Grande-Bretagne.* Paris, E. Dentu, 1869, in-8, 142 p.

1586. [**Butot** (le pasteur)]. *Cours de morale.* Londres, 1789, in-8, 2 vol.

1587. **Buxtorf** (Jean). *Synagoga Judaica, de Judæorum fide, ritibus, ceremoniis...* Basileæ, apud Joan.-Jac. Deckerum, 1661, in-12, 779 p., avec index.

1588. —— *Manuale hebraicum et chaldaicum.* Bâle, L. Koning, 1619, in-12, 383 p.

1589. **Buzot.** *Mémoires sur la révolution française.* (Voir collection Barrière).

1590. **Byron** (Lord). *The complete works, with a biographical and critical notice by J. W. Lake.* Paris, J. Didot, 1825, in-8, 7 vol.

1591. —— *Œuvres complètes,* traduites par Amédée Pichot. Paris, Furne, 1842, in-8, xiv-820 p.

1592. —— *Œuvres complètes,* traduites par B. Laroche. Paris, Hachette, 1868, in-12, 4 vol.

1593. —— *Le pèlerinage de Childe Harold,* traduit en vers

français par Eugène Quiertant, avec le texte. Paris, Ch. Blériot, 1861, in-8, VIII-267 p.

1594. **Bzovius** (Abraham). *Pontifiex romanus, seu de præstantia, officio... summorum pontificum.* Coloniæ Agrippinæ, Antonium Boelzerum, 1619, in-fol, 660 p., index.

C

1595. **Cabanis.** *Le murier, ses avantages...* Paris, E. Donnaud, 1866, in-12, XI-162 p.

1596. **Cabassut** (Jean). *Juris canonici theoria et praxis.* Rotomagi, apud Nicolaum Le Boucher, 1707, in-4, 702 p. avec index.

1597. —— *Notitia conciliorum sanctæ ecclesiæ.* Lyon, L. Arnaud et P. Borde, 1670, in-8, 720 p. et index.

1598. **Cabeliau** (Pierre). *Apolgetica rescriptio pro libertate ecclesiæ.* Amstelodami, Joannem Jansonium, 1642, in-12, table, 277 p.

1599. **Cabet.** *Histoire populaire de la révolution française de 1789 à 1830* (t. Ier). Paris, Pagnerre, 1839, in-8, 548 p.

1600. —— *Voyage en Icarie.* Paris, typ. F. Malteste et Cie, 1848, in-12, XI-600 p.

1601. **Caccia** (Joseph). *Le passé de l'armée française.* Paris, imp. Balitout, 1867, in-12, 71 p.

1602. —— *Le serment, son origine dans l'antiquité.* Paris, librairie centrale, 1870, in-12, 32 p.

1603. **Cadalso** (José). *Noches lugubres...* Bordeaux, imp. de Lawalle, 1818, in-32, 252 p.

1604. **Cadenet** (le R. P. Pierre de). *Paraphrase sur les pseaumes du prophète royal David...* Paris, Jean Du Puis, 1660, in-8, 838 p., table.

1605. **Cadet** (Ernest). *Le mariage en France.* Paris, Guillaumin et Cie, 1870, in-8, XIV-249 p.

1606. **Cadet de Metz.** *Direction des glaces, des eaux et de l'atmosphère...* Paris, l'auteur, 1824, in-8, XVI-125 p.

1607. **Cadiot** (P.). *Poésies diverses.* Saintes, imp. Amaudry et Lassus, 1865-1867, in-8, 5 fascicules.

1608. **Cadoret** (L'abbé T.). *Le droit de César, doctrine catholique sur la légitimité du pouvoir royal.* Paris, Parent-Desbarres, 1853, XLIII-235 p.

1609. Caen. *Bulletin de la société d'agriculture et de commerce de Caen.* Caen, L. Poisson, 1860-1871, in-8, 13 vol.

1610. —— *Bulletin de la société des antiquaires de Normandie.* Paris, Derache, 1860-69, in-8, 15 livraisons.

1611. —— *Mémoires de l'académie des sciences, arts et belles lettres de Caen, 1845, 47, 51, 52, 55, 56, 58, 60, 61, 62, 63, 64, 65, 66, 67, 68, 69.* Caen, A. Hardel, 1845-1869, in-8, 18 vol.

1612. —— *Mémoires de la Société d'agriculture et de commerce de Caen, 1852, 53, 55, 58.* Caen, E. Poisson, 1852-58, in-8, 4 vol.

1613. Cagliostro. *Mémoire pour le comte de Cagliostro.* Paris, 1786, in-8, 61 p.

1614. **Caignet** (Antoine). *L'année pastorale...* Paris, Jean de La Caillé, 1662-1669, in-4, 6 vol.

1615. —— *Le dominical des pasteurs.* Paris, Georges Josse, 1675, in-4, 748 p. avec table.

1616. **Caillé** (René). *Journal d'un voyage à Tomboctou et à Jenné, dans l'Afrique centrale.* Paris, imp. royale, 1830, in-8, 3 vol.

1617. [**Cailleau** (A.-C.)]. *Spectacle historique ou mémorial des principaux événemens tirés de l'histoire universelle.* Paris, J.-B.-P. Valleyre, 1764, in-18, 2 vol.

1618. **Caillemer** (Exupère). *Antoine de Govéa fut-il conseiller au parlement de Grenoble ?* Grenoble, imp. Prudhomme, 1865, in-8, 19 pages.

1619. —— *Des intérêts.* Caen, A. Hardel, 1861, in-8, 275 p.

1620. —— *Etudes sur les antiquités juridiques d'Athènes.* Paris, Durand, 1869-1870, in-8, 3 vol.

1621. —— *Frédéric Taulier.* Paris, Durand, 1864, in-8, 40 p.

1622. —— *Notes pour la biographie du jurisconsulte Caius.* Paris, imp. impériale, 1865, in-8, 15 p.

1623. —— *Notes sur les railways ou chemins à rainures dans l'antiquité grecque.* Paris, imp. impériale, 1869, in-8, 11 p.

1624. **Caillet** (François). *Oratio solemnis de juris ad fori utilitatem docendi discendique ratione.* Poitiers, imp. Julian Thoreau, 1619, in-8, 67 p.

1625. **Caillet** (Pierre). *Epis et bluets,* poésies, préface par Eugène Pelletan. Paris, Hetzel, 1864, in-8, vii-156 p.

1626. **Caillière** (De). *La fortune des gens de qualité.* Paris, Estienne Loyson, 1664, in-12, 344 p.

1627. **Cairon.** *A juger... pour messire Etienne-Nicolas Cairon de Merville... contre le sieur Compagnon de Thezac...* Bordeaux, imp. Jean Chappuis, 1772, petit in-fol., 31 p.

1628. **Calasio** (Mario de). *Concordantiæ sacrorum bibliorum hebraicorum... auctore F. Mario de Calasio.* (Hébreu et latin). Romæ, Stephanus Paulinus, 1621, in-fol.

1629. *Calcul dressé sur les déclarations du roy, en forme de tarif, pour la perception des droits du controlle des contrats et actes des notaires.* Paris, Estienne Michallet, 1686, in-18, 94 p. avec table.

1630. *Calendrier (Le) de la cour.* Paris, Langlois, 1811, in-32.

1631. *Calendrier républicain... loix sur le maximum... dans le district de Bordeaux.* Bordeaux, J.-B. Cavazza, s. d. (1792), in-18, 48 p.

1632. **Calepin** (Ambroise). *Dictionarium* (latinum.) Lugduni, 1581, in-fol., 1374 p.

1633. —— *Dictionnarium octolingue...* (Paris), sumptibus Caldovianæ societatis (Chaudière), 1609, in-fol., 2 tomes en un vol.

1634. **Calidasa.** *La reconnaissance de Sacountala,* publié... et traduit par A.-L. Chézy. Paris, Dondey-Dupré, 1830, in-4, 1 vol.

1635. **Callet** (François). *Tables portatives de logarithmes.* Paris, F. Didot, 1795, in-8, 118 p.

1636. **Callot** (Jacques). *Obsidio arcis Sancti Martini in insula a Rete anno MDCXXV.* (Paris, 1629), 6 feuilles in-fol.

1637. —— *Rupellæ obsidio, regnante Ludovico XIII°, regnum administrante Richelæo.* (Paris, 1629), 6 feuilles in-fol.

1638. **Callot** (P.-S.). *Jean Guiton, dernier maire de l'ancienne commune de La Rochelle, 1628.* La Rochelle, A. Thoreux, 1872, in-8, xv-145 p.

1639. **Callot** (P.-S.) *La Rochelle protestante. 1126-1792.* La Rochelle, chez les principaux libraires, 1863, in-8, ii-138 p.

1640. **Calmet** (Dom Augustin). *Commentaire littéral, historique et moral sur la règle de saint Benoît.* Paris, Emery, 1734, in-4, 2 t. en 1 vol.

1641. —— *Histoire de l'ancien et du nouveau Testament et des Juifs.* Paris, Emery fils, 1725, in-12, 7 vol.

1642. —— *Commentaire littéral sur tous les livres de l'ancien et du nouveau Testament.* Paris, Pierre Emery, 1707-1716, in-4, 28 vol.

1643. —— *Dictionnaire historique... de la Bible...* Paris, Emery, 1730, in-fol.. 4 vol.

1644. **Calonne** (de). *De l'état de la France.* Paris, Laurent, 1790, in-8, 440 p. avec table.

1645. —— *Réponse à l'écrit de M. Necker.* Londres, imp. Spilsbury, 1788, in-8, xxi-424 p.

1646. **Calpurnius.** (V. le vol. *Poetæ minores*, coll. Panckoucke.)

1647. **Calvet** (Etiènne). *Traité complet sur les pépinières.* Paris, Lenormand, 1803, in-12, 374 p. avec planches.

1648. **Calvimont.** *Supplément au mémoire de M. Louis de Calvimont à ses amis.* Paris, imp. Simon Dautreville (1850), in-fol., 4 p.

1649. **Calvin** (Jean). *Opera omnia.* Amstelodami, Jo.-J. Schipperi, 1667-1671, in-fol., 9 vol.

1650. —— *Commentaires sur le livre des pseaumes* (traduction du latin). Conrad Badius, 1561, in-fol., 902 p., table.

1651. —— *Commentaires sur le livre de Josué...* Genève, imp. François Perrin, 1575, in-fol., table, 1120 p.

1652. —— *Concordance, qu'on appelle harmonie, composée de trois evangélistes, à sçavoir S. Matthieu, S. Marc et S. Luc, avec les commentaires de Jehan Calvin.* Genève, 1555, in-fol., 920 p., index.

1653. —— *Dix-huict sermons.* Jean Bonnefoy, 1560, in-8, 491 pages.

1654. —— *Epistolæ et responsa...* Genevæ, Petrum Santandreanum, 1576, in-fol., 428 p., index.

1655. **Calvin** (Jean). *Institution de la religion chrestienne.* Caen, Pierre Philippe, 1562, in-folio, 684-22 p.

1656. —— *Leçons et expositions familières..... sur les douze petits prophètes... traduites de latin en françois.* Genève, imp. Thomas Courteau, 1565, in-4, 1003 p., table.

1657. —— *Lettres recueillies... et publiées... par Jules Bonnet.* Paris, Meyrueis, 1854, in-8, 2 vol.

1658. —— *Petit traitté de la saincte cene.* Jean Gérard, 1557, in-16, 56 p.

1659. —— *Lexicon juridicum juris cæsarii.* Hanoviæ, typis Wechelianis, 1619, in-folio, 1009 pages.

1660. **Cambacérès** (L'abbé). *Sermons.* Paris, J.-G. Merigot le jeune, 1788, in-12, 3 vol.

1661. **Camerarius** (Philippe). *Les méditations historiques... tornez de latin en françois par S. G. S.* (Simon Goulard de Senlis). Lyon, pour la vefve d'Antoine de Harsy, 1610, in-4, 3 t. en un vol.

1662. **Cambrai.** *Miniatures des manuscrits de la bibliothèque de Cambrai.* Cambrai, Simon (1861), in-4, atlas, 18 planches.

1663. —— *Mémoires de la société d'émulation de Cambrai.* Cambrai, imp. S. Berthoud, 1833-75, in-8, 30 vol.

1664. **Camoès.** *Les Lusiades*, traduction par M. Emile Albert. Paris, Cosse et Marchal, 1859, in-12, 371 p.

1665. **Camoin de Vence.** *Du socialisme contemporain.* Orléans, E. Puget et Cie, 1871, 44 p.

1666. **Campan** (Madame). *Mémoires sur la vie privée de Marie-Antoinette...* Paris, Baudouin frères, 1826, in-8, 3 vol.

1667. **Campardon.** *Le tribunal révolutionnaire de Paris.* Paris, H. Plon, 1866, in-8, 2 vol.

1668. **Campe** (J.-H.) *Robinson le jeune* (texte). Braunschaeig, 1810, (librairie des écoliers), in-18, 324 p.

1669. —— *Le nouveau Robinson*, tr. par J.-B. Engelmann. Francfort sur le Mein, F. Wilmans, 1804, in-12, xvi-376 p.

1670. **Campian** (Le R. P. Edmond). *Rationes certaminis oblati academicis anglis.* Flexiæ, Ludovicum Hebert, 1620, in-32, 134 p.

1671. **Campredon** (De). *Mémoire sur les négociations dans le nord... 1679 à 1719.* Paris, Didier, 1864, in-8, 66 p.

1672. **Camus** (Jean-Pierre), évesque de Belley. *Les debvoirs du bon paroissien.* Paris, Gervais Alliot, 1641, in-4, table, 479 pages.

1673. [**Camus**] (Arm.-Gast.) *Code matrimonial.* Paris, Herissant, 1770, in-4, 2 vol.

1674. **Candeille** (Julie). *Catherine ou la belle fermière*, comédie en 3 actes. (Voir le volume Théâtre.) Paris, Maradan, 1793, in-8, 108 p.

1675. **Canéto** (l'abbé F.). *Tombeau, roman de saint Léothade, évêque d'Auch de 691 à 618.* Paris, Victor Didron, 1856, in-8, 36 p., 4 pl.

1676. **Canisius** (Pierre). *Opus catechisticum...* Lutetiæ Parisiorum, typ. Parisiensium, 1618, in-fol, 989 p., index.

1677. **Canolle.** *Eloge historique de M. de Ferrières...* Poitiers, imp. Gatineau, 1804, in-8, 15 p.

1678. *Canones apostolorum, veterum conciliorum constitutiones, decreta pontificum antiquiora de primatu Romanæ Ecclesiæ.* (Voir Philippe.) Moguntiæ, 1525, in-fol.

1679. *Canones congregationum generalium societatis Jesu.* Antverpiæ, apud Joanem Meursium, 1635, in-12, 136 p., index.

1680. *Canones et decreta concilii Tridentini.* Lugduni apud Guliel. Rovillium, 1574, in-4, 237 p. et ind.

1681. *Canones ss. apostolorum conciliorum generalium et provincialium, Gentiano Herveto interprete.* (Grec-latin). Lutetiæ Parisiorum, typis regiis, 1520, in-fol., 1125 p., index.

1682. **Canonge** (Jules). *Légendes provençales.* Marseille, Alex. Gueidon, 1862, in-8, 171 p.

1683. **Cantemir** (Le prince). *Satyres*, trad. par M. l'abbé de Guasco. Londres, J. Nourse, 1750, in-12, cxlii-245 p.

1684. **Cantu** (César). *Histoire universelle*, traduite par Eug. Aroux et F. Léopardi. Paris, F. Didot, 1843-1849, in-8, 20 vol.

1685. **Canuel.** *Réponse à l'écrit intitulé : Lyon en 1817, par le colonel Fabvier.* Paris, J.-G. Dentu, 1818, in-8, 57 p.

1686. **Capmas.** *Théorie de l'intérêt de l'argent...* Paris, hôtel Serpente, 1782, in-12, viii-406 p.

1687. **Cappelli** (le P. Marc-Antoine). *De appellationibus ecclesiæ africanæ ad RomanamSedem, dissertatio.* Parisiis, Nicolaum Buon, 1622, in-8, index, 152 p.

1688. **Capreole** (Jean). *In libris sententiarum amplisimæ questionis, pro tutela doctrinæ S. Thomæ.* Venetiis, apud hæredem Hieronimi Scoti, 1589, in-fol., 591. p. avec index.

1689. **Capuron.** *Traité des maladies des enfans.* Paris, l'auteur, 1813, in-8, vii-469 p.

1690. **Caraccioli.** *La conversation avec soi-même.* Liége, J.-F. Bassompierre, 1761, lx-316 p., avec table.

1691. —— *La vie du pape Clément XIV* (Ganganelli). Paris, veuve Desaint, 1776, in-12, 501 p.

1692. —— *L'univers énigmatique...* Liége, J.-F. Bassompierre, 1761, in-12, xviii-211 p.

1693. **Carbonnel** (Hugues). *Déclamations spirituelles pour l'oraison des quarante heures..... faictes dans le couvent de Sainct-François de Mirebeau sur les combats de la guerre navale contre les Anglais et le siège de La Rochelle.* Poictiers, imp. veuve A. Mesnier, 1627, in-8, 110 p.

1694. **Cardan** (Hierome). *Des principes, matière, forme, vacuité, répugnance des corps.* In-12, 472 folios.

1695. —— *De subtilitate libri XXI.* Lugduni, Guliel. Rovillium, 1554, in-8, index, 813 p.

1696. **Cardelli** (Pio). *Vocabulario poetico.* Parigi, Dupont, 1827, in-18, 314 p.

1697. **Cardenas** (le P. Jean de). *Crisis theologica...* Lugduni, Anissonios, 1683, in-fol., index-635 p.

1698. *Carême (Le) chrétien, contenant les messes des féries et festes du carême... avec l'explication des épitres et évangiles...* Paris, Hélie Josset, 1683, in-8, 582 p.

1699. **Carmontelle.** *Proverbes dramatiques.* Paris, Delongchamps, 1822, in-8, 4 vol.

1700. **Carnandet** (J.) et J. Fèvre. *Les Bollandistes et l'hagiographie ancienne et moderne.* Lyon, Gauthier, 1866, in-4, xvi-549 p.

1701. **Carnot** (L.-N.-M.). *Principes fondamentaux de l'équilibre et du mouvement.* Paris, Detenelle, 1803, in-8, xxii-262 p., 2 planches.

1702. **Carnot** (L.-N.-M.) *De la corrélation des figures de géométrie.* Paris, Duprat, 1801, in-8, viii-188 p., 4 planches.

1703. —— *Réponse au rapport fait sur la conjuration du 18 fructidor.* An VI de la république (1797), in-12, 163 p.

1704. —— *Second mémoire.* Hambourg, 1779, in-12, 43 p.

1705. **Caro.** *La philosophie de Goethe.* Paris, L. Hachette, 1866, in-8, viii-430 p.

1706. **Carpuac** (le R. P.). *Examen et réfutation du traité de l'usure.* Avignon, Chambau, 1779, in-12, viii-415 p., table.

1707. **Carranza de La Mirande** (dom Barthélemy. *Des sept sacrements de l'église.* Paris, Claude et Nicolas Hérissant, 1692, in-12, 494 p., avec table.

1708. —— *Summa omnium conciliorum et pontificum.* Parisiis, P. Delaulne, 1677, in-8, 825 p., avec index.

1709. **Carrau** (Ludovic). *La morale utilitaire.* Paris, Didier, 1874, in-8, xvi-621 p.

1710. **Carré** (Michel) et Jules BARBIER. *Le pardon de Ploërmel,* opéra comique en trois actes. Paris, M. Lévy, 1859, in-18, 59 pages.

1711. **Carré** (G.-L.-J.) et Adolphe CHAUVEAU. *Les lois de la procédure civile.* Paris, imp. Cosse, 1853, in-8, 4 vol.

1712. [**Carrel** (J.-J.)]. *De la pratique des billets...* Rouen, Louis Behourt, 1698, in-12, table, 168 p.

1713. **Carrelet** (L.). *Œuvres spirituelles et pastorales.* Paris, Desaint, 1767-1777, in-12, 7 vol.

1714. **Carrer** (Luigi). *Ballate.* Venezia, tip. Paolo Lampato, 1834, in-8, xxii-132 p.

1715. **Carrière** (E.-Abel). *Encyclopédie horticole.* Paris, librairie agricole de la maison rustique, [1862] in-12, vii-558 p.

1716. —— *Traité général des conifères.* Paris, imp. Ad. Lainé et J. Havard, 1867, in-8, 1re partie en 2 vol.

1717. **Carrière** (Dr Ed.). *Le climat de Pau.* Paris, J.-B. Baillière, 1870, in-18, xii-180 p.

1718. **Carrières** (le R. P. de). *Sainte Bible... avec une traduction française en forme de paraphrase et les commentaires de Ménochius.* Besançon, Outhenin Chalendre, 1849, in-8, 6 vol.

1719. **Cartari** (Vincent). *Le imagini de i dei de gli antichi.* In Venitia, presso Francisco Ziletti, 1580, in-4, 566 p., table.

1720. *Carte du haut et bas Poitou, contenant la Vendée, les Deux-Sèvres, la Vienne... divisée par districts.* Paris, Mondard et Jean (1791), in-fol. plano sur toile.

1721. *Carte itinéraire du Poitou,* (manuscrit) in-fol. plano sur toile.

1722. *Carte des environs de Paris divisés en départements, préfectures et sous-préfectures.* Paris, Jean, 179., in-fol. plano.

1723. *Carte hydrographique du département des Deux-Sèvres.* Poitiers, imp. de A. Pichot, 1863, 8 feuilles.

1724. *Cartes de Saintonge, Aunis, Poitou.* In-folio.

1725. *Cartes de la France,* par J. Dom. Cassini de Teury, Camus et Montigny. Paris, 1744-1787, 180 n^os et 2 cartes d'assemblage.

1726. *Cartulaire général de l'Yonne.* Auxerre, imp. Perriquet, 1854-1860, in-4, 2 vol.

1727. **Casali** (Jean-Baptiste). *De veteribus sacris christianorum ritibus.* Romæ, Bernardinum Tanum, 1647, in-folio, 462 p.

1728. —— *Sacræ profanæque religionis vetustiora monumenta...* Parisiis, Simeonem Piget, 1646, in-4, 269 p., index, 496 p., index.

1729. **Casamajor** (l'abbé). *La religieuse du Carmel.* Paris, Tolra et Haton, 1863, in-18, 410 p.

1730. **Casati** (C.-Charles). *Lettres royaux et lettres missives inédites... notamment de Louis XI, Louis XII, François Ier, etc.* Paris, Didier, 1877, in-4; 116 p.

1731. **Casaubon** (Isaac). *Animadversionum in Athenæi dipnosophistas libri XV.* Lyon, Antoine de Harsy, 1600, 648 p. et table.

1732. **Caseneuve.** *Le franc-allev de la province de Languedoc.* Tolose, Jean Boude, imp., 1645, in-fol., 2 t. en un vol.

1733. **Casgrain** (l'abbé H.-P.). *Histoire de la mère Marie de l'Incarnation.* Québec, Desbarats, 1865, in-8, 467 p.

1734. **Cassandre** (Georges). *Liturgica de ritu et ordine dominicæ cœnæ celebrandæ...* (Voir Aristeas.) In-8, 104 fol.

1735. [Cassandre (Georges)]. *De officio pii ac publicæ tranquillitatis vere amantis viri, in hoc religionis dissidio.....* Auctore *Veranio Modesto Pacimontano.* Lipsiæ, Michael Lantzenberger excudebat, 1610, in-4, 39-170-43 p.

1736. Cassandre (Georges). *Ordo romanus de officio missæ...* (Voir Aristeas.) Coloniæ, hæredeṣ Arnoldi Birckmanni, 1561, in-8, 67 fol.

1737. Casserio (J.). *De vocis auditusque organis historia anatomica.* Ferrariæ, typ. Victorius Baldinus, 1600, in-8.

1738. Cassien (Jean). *Opera omnia cum commentariis D. Alardi Gazæi...* Atrebati, apud J.-B. et G. Riverios, 1628, in-fol., 1 vol., préliminaires, 1159 p., index.

1739. —— *Les conférences de Cassien,* traduites en français par de Saligny. Paris, Charles Savreux, 1665, in-8, table, 924 p.

1740. —— *Les institutions de Cassien,* traduites en français par de Saligny. Paris, Charles Savreux, 1667, in-8, table, 436 p.

1741. Cassiodore. *In Cantica canticorum prologus.* (Voir Aponius.)

1742. —— *Opera omnia studio J. Garetii.* Rotomagi, Billaine, 1779, in-fol., 2 vol.

1743. —— *In psalterium expositio...* [Basileæ], Johannem de Amerbach, 1491, in-4 non paginé.

1744. —— *Hystoria tripertita Cassiodori senatoris viri Dei de regimine ecclesie primitive feliciter incipit.* Paris, Francisci Regnault [1512-1551], in-18 sans pagination.

1745. —— *De l'âme,* trad. par Stéphane de Rouville. Paris, Rouquette, 1874, in-18, 156 p.

1746. Cassius, LARCHER et SAINTOT. *Précis succinct des principaux phénomènes du galvanisme...* Paris, Delaplace, 1803, in-8, iv-32 p.

1747. Castagnary. *Les jésuites devant la loi française.* Paris, G. Decaux, 1877, in-16, v-112 p.

1748. —— *Philosophie du salon de 1857.* Paris, Poulet-Malassis, 1858, in-12, iii-101 p.

1749. —— PASCHAL GROUSSET, etc. *Le bilan de l'année 1868.* Paris, A. Le Chevalier, 1869, in-12, 526 p.

1750. **Castaigne** (Eusèbe). *Congrès scientifique de Poitiers,* poésie. Poitiers, imp. F.-A. Saurin, 1834, in-8, 5 p.

1751. —— *L'arbre de la liberté,* ode. Paris, imp. Dénain, 1832, in-8, 11 p.

1752. —— *Lyre d'amour, suivie d'une biographie des poètes nés dans le département de la Charente.* Angoulême, Laroche, 1829, in-8, 59 p.

1753. —— *Notice historique sur Isabelle d'Angoulême, comtesse-reine.* Angoulême, imp. Lacombe, 1836, in-8, 28 p.

1754. —— *Six chansons populaires de l'Angoumois.* Angoulême, imp. Defraise, 1856, in-8, 12 p.

1755. **Castan** (l'abbé Em.). *De l'idée de Dieu.* Paris, Victor Palmé, 1871, in-8, 2 vol.

1756. —— *De l'union de la religion et de la morale.* Paris, Victor Palmé, 1871, in-8, xL-408 p.

1757. —— *Du progrès dans ses rapports avec l'église.* Paris, Jouby et Roger, 1868, in-8, xxxii-461 p.

1758. —— *Exposition du mystère de la souffrance, développement du livre de Job.* Paris, C. Douniol, 1853, in-12, xii-244 pages.

1759. —— *Histoire de la papauté.* Paris, Victor Palmé, 1873-74, in-8, cxxviii-496 p., 2 vol.

1760. —— *Les origines du christianisme d'après la tradition catholique, d'après la critique rationaliste.* Paris, Jouby et Roger, 1868, in-8, 2 vol.

1761. **Castel** (René-Richard). *Les plantes,* poème. (Voir le vol. *Poésies,* S. Victor.) Paris, Migneret, 1797, in-18, viii-150 p.

1762. **Castelnau** (Michel de). *Les mémoires, illustrez et augmentez de plusieurs commentaires et manuscrits... par J. Le Laboureur.* Bruxelles, J. Léonard, 1731, in-fol., 3 vol.

1763. —— *Mémoires.* (Collection Michaud et Poujoulat, t. IX; collection universelle, t. XLI, XLII, XLIII, XLIV, XLV, XLVI, et collection Buchon.)

1764. **Castelnau** (L.). *Cours élémentaire de mathématiques.* Paris, Dunod, 1867, in-8, xi-204|p. et V planches.

1765. **Castille** (Hippolyte). *L.-A. Blanqui, Louis Blanc, Daniel Manin, Michelet, Victor Hugo.* Paris, Sartorius, 1856-1857, in-18, 5 broch.

1766. Castres. Société littéraire et scientifique de Castres. *(Procès-verbaux des séances)*. *Mémoires*. Castres, imp. veuve Grillon, 1858-1867, 5 vol.

1767. **Catalan** (Eugène). *Notions d'astronomie*. (Bibliothèque utile, t. XVII.) Paris, Dubuisson (1861), in-32, 192 p.

1768. Catalogue alphabétique des ouvrages mis à la libre disposition des lecteurs dans la salle de travail de la bibliothèque nationale. Paris, H. Champion, 1879, in-12, xx-268 p., planç.

1769. *Catalogue de la bibliothèque de la ville de Lille*. Lille, imp. Jacqué, 1839-1870, in-8, 7 vol.

1770. *Catalogue de la bibliothèque de la ville de Montpellier*. Montpellier, typ. F. Grollier, 1875-80, in-8, 5 vol.

1771. *Catalogue de la bibliothèque de la ville de Niort*. Niort, Th. Mercier-Fourré, 1863-68, in-8, 3 vol.

1772. *Catalogue de l'exposition du ministère de l'instruction publique de Russie*. Paris, Hachette et Cie, 1878, in-8, 72 p.

1773. *Catalogue de l'histoire de France de la bibliothèque impériale*. Paris, F. Didot, 1855-1879, in-4, 11 vol.

1774. *Catalogue descriptif et raisonné des manuscrits de la bibliothèque de Carpentras*. Carpentras, imp. E. Rolland, 1862, in-8, 3 vol.

1775. *Catalogue des livres imprimés de la bibliothèque de Besançon*. Besançon, imp. de Dodivers, 1875, in-4, vii-516 p.

1776. *Catalogue des livres composant la bibliothèque de la ville de Bordeaux*. Paris, imp. royale, 1830-1856, in-8, 10 vol. ou fascicules.

1777. *Catalogue des manuscrits de la bibliothèque municipale de Bordeaux*, tome I. Bordeaux, imp. Delmas, 1880, in-4, xxxiii-462 p.

1778. *Catalogue général des manuscrits des bibliothèques publiques des départements*. Paris, imp. nationale, 1849-1879, in-4, 6 vol.

1779. *Catalogue des sciences médicales de la bibliothèque nationale*. Paris, F. Didot, 1873, in-4, 1 vol.

1780. *Catalogue méthodique de la bibliothèque communale d'Ajaccio*, par André Touranjon. Ajaccio, imp. J. Pompeani, 1879, in-8, xlii-931 p.

1781. *Catalogue des livres imprimés et manuscrits de la bibliothèque de la ville de Clermont-Ferrand*, mis en ordre par Gounod. Clermont-Ferrand, imp. Pérol, 1839, in-8, XIII-653 pages.

1782. *Catalogue des ouvrages... concernant l'Auvergne.* Clermont, imp. Thibaud-Landriot, 1849, in-8, VIII-223 p.

1783. *Catalogue des imprimés de la bibliothèque de Reims.* Reims, Regnier, 1843-1869, in-8, 4 vol.

1784. *Catalogue des sciences médicales de la bibliothèque de la ville de Versailles.* Versailles, imp. Aubert, 1865, VIII-214 p.

1785. *Catalogue du ministère de l'instruction publique à l'exposition universelle de 1878.* Paris, imp. de la société des publications périodiques, 1870, in-8, 1 vol. et 4 fasc.

1786. *Calalogue des volumes d'estampes dont les planches sont à la bibliothèque du roy.* Paris, imp. royale, 1743, in-4, 34 p.; les planches en 23 cartons.

1787. *Catalogue des tableaux, statues, etc., du musée de Bordeaux.* Bordeaux, imp. Gounouilhou, 1864, in-12, 84 p.

1788. *Catalogue des tableaux du musée Lemercier.* Saintes, imp. Hus, 1864, in-12, 10 p.

1789. *Catalogue de l'exposition des beaux-arts... de la ville de Saintes... 23 mai 1875.* Saintes, imp. A. Gay, 1875, in-8, 2 parties, 112 p.

1790. *Catalogue d'une collection de 728 médailles consulaires et 3,616 médailles impériales en argent...* Paris, P. Mongié, 1811, in-8, 108 p.

1791. *Catalogue officiel de l'exposition des produits de l'industrie de toutes les nations en 1855.* Paris, E. Panis, 1855, in-8, LXIX-466 p.

1792. *Catalogue des animaux, machines, instruments et produits exposés au concours d'agriculture de 1868.* Paris, impr. imp., 1860, in-8, 652 p.

1793. *Catalogue officiel des exposants récompensés par le jury international* (exposition universelle de 1867). Paris, imp. Dupont, 1867, in-12.

1794. *Catalogue des rolles gascons, normans et français.* Londres-Paris, J. Barois, 1743, in-fol., 407 p.

1795. *Catalogue général des objets exposés au congrès international de géographie réuni à Venise, 1881.*Venise, typog. du journal *La Venzia*, 1881, in-8, xv-130 p.

1796. *Catalogue provisoire publié pour servir à la flore de la Charente-Inférieure.* La Rochelle, imp. Mareschal, 1840, in-4, 159 p.

1797. *Catéchisme latin-françois, fait en manière de dialogue.* In-18, 288-142 p.

1798. *Catéchisme à l'usage des églises catholiques de l'empire français...* Autun, Dejussieu, 1808, in-18, 160 p.

1799. *Catéchisme ou doctrine chrétienne, imprimé par ordre de messeigneurs les évêques d'Angers, de La Rochelle et de Luçon.* Paris, veuve Lottin, 1756, in-8, xxii-136-334 p.

1800. *Catechismus ad parochos ex decreto concilii Tridentini editus.* Lugduni, apud Petrum Guillemin, 1690, in-12, 542 p. avec index.

1801. *Catechismus oder kurtzer unterricht Kristlicher Lehre.* (Voir Lobvassev Ambroise.)

1802. *Catechismus romanus.* Antuerpiæ, ex officina Plantiniana, 1611, in-8, 470 p., index.

1803. *Catechismus concilii Tridentini.* Coloniæ, Balth. ab Egmond, 1699, in-32, 417 p. avec table.

1804. *Catechismus ad ordinandos.* Parisiis, J.-B. Coignard, 1698, in-12, 437 p. avec index.

1805. **Catel** (Guillaume de). *Mémoires de l'histoire du Languedoc.* Tolose, Pierre Bosc, 1633, in-fol., xx-1038 p. et table.

1806. **Castesby** (Lady). *Letters to lady Campley.* London, J. Dodsley, 1780, in-12, 250 p.

1807. **Catherine de Médicis.** *Lettres*, publiées par M. le comte de La Ferrière. Paris, imp. nationale, 1880, in-4, clxxi-725 p.

1808. **Catherine de Sienne** (Sainte). *Les épitres*, traduites de l'italien en françois... Paris, Sébastien Huré, 1694, in-4, 834 p. avec table.

1809. *Catholique (Le) apostolique et non romain.* Paris, L.-R. Delay, 1839-1849, in-8, 10 vol.

1810. **Caton** (Denys). *Distiques moraux*, trad. par J. Chenu. (Voir le vol. Lucilius, édit. Panckoucke.)

1811. **Caton** (Valerius). (Voir le vol. *Poetæ minores*, coll. Panckoucke.)

1812. [**Catrou** (le P.)]. *Histoire des anabaptistes.* Amsterdam, J. Desbordes, 1702, in 12, iv-287 p.

1813. **Catrou** et Rouillé (Les P.). *Histoire romaine.* Paris, Rollin, 1725-1748, in-4, 21 vol.

1814. **Catulle.** *Catulli, Tibulli, Properti nova editio. Josephus Scaliger, Jul. Caesaris F., recensuit.* Lutetiæ (Paris), in officina Rob. Stephani, in-8, 253 p. et index.

1815. **Catulle,** Tibulle et Gallus. *Traduction en prose* (par Masson de Pesay). Paris, 1771, in-8, 2 vol.

1816. —— traduction de M.-C. Denanfrid ; Tibulle, traduction de Mirabeau ; Properce, traduction de Delongchamps. Paris, Lefèvre, 1845, in-12, 599 p.

1817. **Catulle** (C.-V.). *Poésies,* traduction par Ch. Héguin de Guerle. Paris, Panckoucke, 1837, in-8, xvi-278 p.

1818. **Caumont** (Aldrick). *Langue universelle de l'humanité ou télégraphie parlée par le nombre agissant.* Paris, Aug. Durand, 1867, in-4, 23 p.

1819. **Caumont** (Arcisse de). *Cours d'antiquités monumentales professé à Caen en 1830.* Paris, Derache, 1835-1841, in-8, 5 vol. et 2 atlas.

1820. —— *Archéologie des écoles primaires.* Caen, J. Le Blanc-Hardel, 1868, in-12.

1821. —— *Essai sur la topographie géognostique du département du Calvados.* Paris, Derache, 1867, in-8.

1822. —— *Histoire de l'architecture religieuse au moyen âge.* Paris, Derache, 1841, in-8, xv-475 p. et atlas.

1823. —— *Note sur les murs gallo-romains de Dax.* Paris, Derache, 1857, in-8, 20 p.

1824. —— *Rapport sur divers monuments.* Caen, J. Le Blanc-Hardel, 1866, in-8, 152 p.

1825. —— *Rapport verbal sur l'état des musées lapidaires de Nevers, Moulins, Clermont, Bourges et Orléans.* Caen, J. Le Blanc-Hardel, 1869, in-8, 38 p.

1826. —— *Statistique monumentale des arrondissements de Bayeux, Pont-l'Evêque et Lisieux.* Caen, Hardel, 1858-1867, in-8, 3 vol.

1827. **Caumont** (Arcisse de). *Statistiques routières de la Basse-Normandie*. Paris, Derache, 1855, in-8.

1828. **Cauriana** (Philippe). *De obsidione Rupellæ commentarius*. Histoire du siège de La Rochelle en 1573, traduite du latin par M. L. Delayant. La Rochelle, typ. Siret, 1856, in-8, XLIII-160 p.

1829. **Caurres**. *Œuvres morales*. In-8, 654 fol., table.

1830. *Causa quesnelliana*. Bruxelles, 1704, in-4, XVI-492 p.

1831. *Causes célèbres*. Paris, imp. P.-J. Simon, 1775-1778, in-12, 42 vol.

1832. *Causes (Des) qui ont amené la capitulation de Sedan...* Bruxelles, J. Rozez, in-8, 29 p. et 2 planches.

1833. [**Caussel** (l'abbé)]. *De la connaissance de Jésus-Christ*. Paris, Jean-Thomas Hérissant, 1763, in-12, XVI-749 p.

1834. **Caussette** (le révérend père). *Dieu et les malheurs de la France*. Toulouse, Edouad Privat, 1871, in-12, 250 p.

1835. **Caussin** (le père N.). *Electorum symbolorum et parabolarum historicarum syntagmata*. Paris, R. de Beauvais, 1618, in-4, 708-236 p. avec table.

1836. —— *La cour sainte...* Rouen, Jean et David Berthelin, 1655, in-fol., 2 vol.

1837. —— *De eloquentia sacra et humana libri XVI*. Lugduni sumpt. Joannis-Amati Candy, 1637, in-4, 1011 p. et index.

1838. **Cauvin** (Th.). *Essai sur la statistique du département de la Sarthe*. Au Mans, Monnoyer, 1834, in-12, 6 vol.

1839. **Caux** (D. de). *Varia philosophica et medica...* Rhotomagi, J. Lucas, 1674, in-12, 239 p.

1840. **Caveirac** (l'abbé). *Apologie de Louis XIV et de son conseil sur la révocation de l'édit de Nantes...* (Sans lieu), 1758, in-8, 565-LXIII p.

1841. **Caveirac** (J.-N. de). *Mémoire politico-critique où l'on examine s'il est de l'intérêt de l'Eglise et de l'Etat d'établir, pour les calvinistes du royaume, une nouvelle forme de se marier*. 1756, in-8, 228 p.

1842. ——*Nouvel appel à la raison des écrits et libelles publiés par la passion contre les jésuites de France*. Bruxelles, Vanderberghen, 1762, in-8, VIII-273 p.

1843. **Cavoleau**. *Description abrégée du département de la Vendée*. Fontenay-le-Peuple, imp. de A.-V. Hubert, an IX, in-4, 27 p.

1844. —— *Statistique ou description générale du département de la Vendée*. Fontenay-le-Comte, Robuchon, 1844, in-8, xvi-944 p.

1845. **Cavrois** (Louis). *Barbezieux, son histoire et ses seigneurs... avec la réimpression de l'antiquité de Saintes et de Barbezieux... par Elie Vinet*. Paris, Bachelin-Deflorenne, 1870, in-8, 213 p.

1846. —— *La seigneurie de Barbezieux*. Paris, J. Dumoulin, 1868, in-8, 11 p.

1847. **Cayet** (Pierre-Victor). *Chronologie novenaire contenant l'histoire de la guerre sous le règne du très chrestien roy de France et de Navarre, Henry IIII*. Paris, Richer, 1608, in-8, 3 vol.

1848. —— *Chronologie septenaire de l'histoire de la paix entre les roys de France et d'Espagne*. Paris, J. Richer, 1609, in-8, iv-506 p.

1849. **Caylus** (Comte de). *Recueil d'antiquités*. Paris, Desaint et Tilhard, 1752-1767, in-4, 7 vol.

1850. **Caylus** (Madame de). *Souvenirs*. (Collection Michaud, tome XXXII.)

1851. **Cazenove** (R. de). *Rapin Thoyras*. Paris, Aubry, 1866, in-4, xiii-372-cclxv et 12 p.

1852. **Cazos** (Victor). *Massouquets de Sent-Biach et suito as Massouquets de Sent-Biach*. Saint-Gaudens, imp. de J.-P.-L. Abadie, 1855, in-8, 2 fasc.

1853. **Cazotte** (Jacques). *Le diable amoureux*. (Bibliothèque nationale, n° 53.)

1854. **Cébés**. *Tableau*. (V. Epictète, *Manuel*, et Epicteti stoici philosophi.)

1855. **Cébès de Thèbes**. *Tabula*, grec et latin. (Collection Didot, vol. Théophraste, Marc-Antoine et Epictète.)

1856. **Cedrenus** (Georges). *Annales*. Basileæ, Oporinum, 1566, in-fol., viii-713 p.

1857. **Ceillier** (Dom Remy). *Histoire générale des auteurs sacrés et ecclésiastiques*. Paris, Barois, 1729-1763, in-4, 25 vol.

1858. **Celestin** (Georges). *Historiæ comitiorum anno M. D. XXX. Augustæ celebratorum tomus III.* Francofurti ad Oderam, typis Eichornianis, 1597, in-folio, 2 tomes en 1 vol.

1859. **Celeyron** (Louis). *Etude sur la puissance paternelle.* Paris, Thorin, 1870, in-8, 192 p.

1860. **Celler** (Ludovic). *Les origines de l'opéra et le ballet de la reine (1581).* Paris, Didier, 1868, in-12, vii-364 p.

1861. **Cellier Dufayel** (N.-H.). *Cours historique et dramatique de style épistolaire.* Paris, Napoléon Chaix, 1847, in-8, 503 pages.

1862. **Celse** (Minos). *In hæreticis coercendis quatenus progredi liceat, disputatio...* Christlingæ, 1577, in-8, 229 fol.

1863. *Censeur européen,* par MM. Comte et Dunoyer. Paris, 1817, in-8, 2 vol.

1864. **Censorinus.** *Livre sur le jour natal,* traduction... de M. J. Mangeart. Paris, Panckoucke, 1843, in-8, 160 p.

1865. *Censura sacræ facultatis theologiæ parisiensis in librum cui titulus est : La défense de l'authorité de N. S. P. le Pape...* Parisiis, Guillelmum Desprez, 1665, in-4, 273 p.

1866. *Censuræ facultatum sacræ theologiæ Lovaniensis ac Duacensis super quibusdam articulis de... Sacra scriptura, gratia et prædestinatione.* (Voir Conry). Parisiis, 1641, in-4, 118 pages.

1867. *Censure de la sacrée faculté de théologie de Paris portée contre les propositions extraites des livres intitulés : Nouveaux mémoires sur l'état présent de la Chine.* (Sans lieu ni date), 1700, in-4, 8 p.

1868. *Censure (la) des vices et des manières du monde...* augmentée des *Entretiens de Polémon et d'Aristarque sur la critique du mauvais langage et sur la rhétorique de saint Augustin.* Paris, Damien-Beugnié, 1715, in-12, 599 p.

1869. *Cent (les) et une propositions extraites du livre des réflexions morales sur le nouveau Testament.* Bruxelles, Simon T'Sertstevens, 1718, in-12, 116 p.

1870. **Cère** (Paul). *Les populations dangereuses et les misères sociales.* Paris, E. Dentu, 1872, in-12, 378 p.

1871. **Cerealis** (Don François). *Ritratto del sacerdote christiano*... Cremona, [typ.] Barucino di Zanni, 1599, in-16, table, 360 pages.

1872. *Cérémonial pour l'église*. Lille, Ig, Fiévet et L. Danel, 1708, in-12, 149 p. avec cartes et tables.

1873. **Ceriziers** (Le P. René de). *La consolation de la théologie*. In-4, 364 p.

1874. —— *Le philosophe français*... Paris, Charles Angot, 1658, in-18, 2 vol.

1875. [**Cérutti** (le P.). *Apologie de l'institut des jésuites*. 1763, in-12, 2 tomes en 1 vol.

1876. **Cervantes Saavedra** (Miguel de). *Historia de los trabajos de Persiles, y Sigismondo*. Barcelona, imp. J. Nadal, 1763, in-8, 356 p.

1877. —— *L'ingénieux hidalgo don Quichotte de la Manche*, trad. Louis Viardot. Paris, Garnier, 1850, in-8, 2 vol.

1878. —— *L'admirable Don Quichotte de la Manche*, traduction nouvelle par M. Damas Hinard. Paris, Charpentier et Cie, 1869, in-12, 2 vol.

1879. **César** (Jules). *Commentarii de bellis gallico et civili.* Parisiis, ex typographeo imperiali, 1867, in-4, 2 vol.

1880. —— *Opera quæ extant ex emendatione Josephi Scaligeri.* Amstelodami, ex officina Elzeviriana, 1675, in-18, 526 p.

1881. —— *Les commentaires*, traduits par le sieur d'Ablancourt. Paris, imp. veuve Jean Camusat, 1649, in-4, 623 pages.

1882. —— *Mémoires*, traduction de M. Artaud. Paris, Panckoukе, 1839-1840, in-8, 3 vol.

1883. —— *Guerre des Gaules*, trad. par Ch. Louandre. Paris, Charpentier, 1855, in-12, xx-476 p.

1884. **C. H.** *La fin du monde telle qu'elle est annoncée dans la sainte Bible.* Paris, F. Didot, 1857, in-12, xII-103 p.

1885. [**Chabaud-Latour** (Mlle de)]. *Vie du rév. J. Newton*, traduit de l'anglais. Paris, L.-R. Delay, 1842, in-32, 2 vol.

1886. **Chabot**, de l'Allier. *Commentaires sur les successions.* Bruxelles, H. Tarlier, 1834, in-8, 2 vol.

1887. **Chaignet** (A.-Ed.). *Pythagore et la philosophie pytha-goricienne.* Paris, Didier, 1873, in-8, 2 vol.

1888. **Chairgrasse** et J. Vinot. *Niveaux Chairgrasse.* Paris, E. Lacroix, 1864, in-12, 54 p., 3 pl.

1889. **Chalcondyle** (Laonic). *De origine ac rebus gestis Tur-corum.* (Voir vol. Zonare.)

1890. —— *L'histoire de la décadence de l'empire grec et esta-blissement de celuy des Turcs,* de la traduction de B. de Vige-nère... Paris, chez la veufue Abel l'Angelier, 1620, in-folio, 2 volumes.

1891. **Challe** (A.). *Histoire des guerres du calvinisme et de la ligue dans l'Auxerrois...* Auxerre, imp. Perriquet, 1863-1864, in-8, 2 vol.

1892. **Chalmeton** (Louis). *Heures de loisir.* Paris, J. Taride, 1860, in-12, xii-310 p.

1893. —— *Il ne faut jamais dire fontaine...* proverbe. Paris, J. Taride, 1864, in-12, 36 p.

1894. **Chamard** (Dom Fr.). *Documents relatifs à saint Girard, moine de l'abbaye de Saint-Aubin d'Angers.* (Extrait de la *Revue de l'Anjou et du Maine.*) Angers, imp. Cosnier et La-chèse (s. d.), in-8, 6 p.

1895. —— *Origines de l'église d'Angers.* Angers, imp. Cosnier et Lachèse (s. d.), in-8, 33 p.

1896. —— *Saint Martin et son monastère de Ligugé.* Poitiers, H. Oudin, 1873, in-12, xxxi-415 p.

1897. **Chambert** (L.). *Essai sur l'amélioration des principaux animaux domestiques dans la Charente-Inférieure.* Paris, Mme Huzard, 1815, in-8, 2 tomes en 1 vol.

1898. **Chambon de Montaux.** *Des maladies des femmes.* Paris, 1784, in-8, 2 vol.

1899. **Chambrun** (Comte de). *Fragments politiques. Comptes-rendus.* Paris, Garnier frères, 1872, in-8, 2 vol.

1900. **Chamier** (Daniel). *Panstratiæ catholicæ, sive controver-siarum de religione adversus Pontificios corpus.* Genevæ, typis Roverianis, 1626, in-fol, 4 tomes en 3 vol.

1901. **Champagnac** (Gustave Petiniaud de). *Discours prononcé à la distribution des prix de l'institution diocésaine de Pons,* — *au concours régional de Saint-Lô.* Cognac, imp. Durosier, 1864, in-8, 2 broch.

1902. **Champagny** (Le comte Franz de). *Les Césars.* Paris, lib. L. Maison, 1853, in-8, 2 vol.

1903. **Champaignac** (J. de). *Sommaire des quatre parties de la philosophie.* Paris, N. Buon, 1606, in-8, 498 p. avec tables.

1904. **Champfleury.** *Bibliographie céramique.* Paris, Quantin, 1881, in-8, xv-352 pages.

1905. —— *De quelques monuments inédits de la caricature antique.* Paris, imp. Claye, 1869, in-4, 11 p.

1906. —— *Documents positifs sur la vie des frères Le Nain.* Paris, imp. Claye, 1865, in-8, 40 p.

1907. —— *Histoire de la caricature moderne.* Paris E. Dentu, 1865, in-12.

1908. —— *Les bourgeois de Molinchart.* Paris, imp. Lahure, 18.., in-4, 120 p.

1909. —— *Monsieur Tringle.* Paris, E. Dentu, 1866, in-18, xxii-152 p.

1910. **Champflour** (Etienne de), évêque de La Rochelle. *Lettre et instruction pastorale... au clergé séculier et régulier de son diocèse, touchant la manière dont ils doivent travailler à l'instruction des personnes qui ont été élevées dans la religion protestante.* La Rochelle, imp. Pierre Mesnier, 1715, in-12, 385 p., table.

1911. —— *Mandement et instruction pastorale de Mgr l'évêque de La Rochelle pour la publication de la constitution de N. S. P. le pape Clément XI du 8 septembre 1713.* La Rochelle, imp. P. Mesnier, 1714, in-12, 124 p. avec table.

1912. **Champlain** (Samuel de). *Œuvres publiées... par l'abbé C.-H. Laverdière.* Québec, imp. G.-E. Desbarats, 1870, in-4, 6 vol.

1913. **Champmontant.** *De l'armée.* Bordeaux, Lavigne, 1834, in-8, 307 p.

1914. **Champollion-Figeac** (Jean-Jacques). *Captivité du roi François I*er*.* Paris, imp. royale, 1847, in-4, lxxvii-658 p.

1915. **Champollion-Figeac** (Jean-Jacques). *Documents his-toriques inédits tirés des collections manuscrites de la biblio-thèque royale et des archives ou des bibliothèques des dépar-tements.* Paris, typ. F. Didot, 1841-1874, in-4, 5 vol.

1916. —— *Lettres de rois, reines et autres personnages des cours de France et d'Angleterre, depuis Louis VII jusqu'à Henri IV.* Paris, imp. royale, 1839-1847, in-4, 2 vol.

1917. —— *Manuel de l'archiviste des préfectures, des mairies et des hospices.* Paris, imp. Dupont, 1860, in-8.

1918. —— et BOREL-D'HAUTERIVE. *Album du Dauphiné.* Gre-noble, Vellot, 1846-1847, in-4, 2 parties.

1919. **Champollion le jeune.** *Monuments de l'Egypte et de la Nubie.* Paris, F. Didot, 1844, in-4, 1 vol.

1920. **Chamshy** (T.-J.). *L'univers dévoilé.* Paris, Garnier frères, 1862, in-8, 367 p. et 3 pl.

1921, **Chancel** (Charles de). *L'Angoumois en l'année 1789.* Angoulême, Perez-Lecler, 1847, in-8, xx-644 p.

1922. **Chanet** (André). *Les haltes* (poésies). Paris, A. Ghio, 1876, in-12, 220 p.

1923. **Changeux.** *Traité des extrêmes ou éléments de la science de la réalité.* Amsterdam, Darkstée, 1767, in-12, 2 vol.

1924. **Channing** (W.-E.). *Œuvres sociales,* trad. par Edouard Laboulaye. Paris, Comon, 1854, in-12, LXV-312 p.

1925. *Chansonnier des dames.* Paris, L. Janet, in-12, 212 p.

1926. *Chansons.* (V. le vol. Poésies de Lalane.) In-18, 155 p., musique.

1927. *Chansons populaires du Canada recueillies* par Ernest Gagnon. Québec, bureau du *Foyer canadien,* 1865, in-8, 6 liv.

1928. **Chantal** (madame Jeanne-Françoise de). *Lettres spiri-tuelles.* Paris, Claude Hérissant, 1753, in-12, 3 vol.

1929. **Chantreau.** *Voyage dans les trois royaumes d'Angle-terre, d'Ecosse et d'Irlande, fait en 1788 et 1789.* Paris, Briand, 1792, in-8, 3 vol.

1930. **Chanut** (Antoine). *Præcipua septem augustissimæ vir-ginis Mariæ mysteria.* Toulouse, Pierre Bosc, 1650, in-8, 679 p. et ind.

1931. **Chanut** (l'abbé Martial). *Le saint concile de Trente.* Paris, S. Mabre-Cramoisy, 1686, in-12, 458 p.

1932. **Chapeau** (E.). *Guide du voyageur sur le réseau des Charentes.* Saintes, l'auteur, (lith. Heitz), 1877, in-18, 16 p.

1933. **Chapeauville** (Jean). *De casibus reservatis tractatus...* Leodii, Jacobum Gregorii, index, 419 p.

1934. **Chapelain** (Jean). *Lettres publiées par Ph. Tamizey de Larroque.* Paris, imp. nationale, 1880, in-4.

1935. **Chapelle et Bachaumont.** *Œuvres, nouvelle édition par M. Tenant de Latour.* Paris, F. Jannet, 1854, in-18, 284 p.

1936. **Chaperon** (Henri). *Généalogie de la famille Chaperon.* Brest, imp. Roger père, 1874, in-8, 83 p.

1937. **Chapparre.** *Rapport sur l'administration et le fonctionnement de l'ambulance sédentaire de Saintes.* Saintes, imp. Amaudry, 1871, in-8, 15 p.

1938. **Chapt de Rastignac** (l'abbé de). *Accord de la révélation et de la raison contre le divorce.* Paris, Clousier, 1790, in-8, 383 p.

1939. **Chapt de Rastignac** (Louis-Jacques de). *Mandements et instructions de monseigneur l'archevêque de Tours.* Paris, Guillaume Desprez, 1747-1750, in-4.

1940. **Chaptal** (J.-A.). *Elémens de chymie.* Paris, Déterville, 1766, in-8, 3 vol.

1941. —— *Essai sur le perfectionnement des arts chimiques en France.* Paris, Deterville, 1800, in-8, VII-88 p.

1942. **Chaptal** (comte de). *De l'industrie française.* Paris, A. Renouard, 1819, in-8, 2 vol.

1943. —— *L'art de faire le vin.* Paris, Bouchard-Huzard, 1839, in-8, XV-379 p.

1944. —— *Mémoire sur le sucre de betteraves.* Paris, imp. de Mme Huzard, 1816, in-8, 62 p.

1945. —— *Traité théorique et pratique sur la culture de la vigne avec l'art de faire le vin, les eaux-de-vie.* Paris, Delalain, an X, (1801), in-8, 2 vol.

1946. **Charavay** (Etienne). *Inventaire des autographes et documents historiques réunis par M. Benjamin Fillon.* Paris, Charavay, 1878, in-4, 2 vol.

1947. **Charier** (Arsène). *Service d'eau de Fontenay-le-Comte.* Fontenay, imp. de P. Robuchon, 1872, in-4, 42 p.

1948. **Charlemagne.** *Karoli magni et Ludovici pii capitula sive leges ecclesiasticæ et civiles.* Parisiis, apud Claudium Chappellet, 1603, in-8, 335 fol., 87 p. avec index.

1949. —— *Opus illustrissimi... Caroli magni... regis Franco- rum.* 1549, in-18, 646 p.

1950. **Charlemagne et Louis le pieux.** *Capitula sive leges ecclesiasticæ et civiles ab Ansegiso abbate et Benedicto collectæ.* Parisiis, Claudium Chappelet, 1588, in-8, index, 424 fol.

1951. **Charles le Chauve.** *Karoli Calvi et successorum ali- quot Franciæ regum capitula...* Parisiis, Sebastianum Cra- moisy, 1623, in-8, index, 511 p., index, 139 p., index.

1952. **Charles VIII.** *Correspondance de Charles VIII et de ses conseillers avec Louis II de La Trémoille pendant la guerre de Bretagne (1488).* Paris, 1875, grand in-8, XII- 287 pages.

1953. **Charles II,** roi d'Espagne. *Testament et codicille.* La Haye, Jean Henry, 1701, in-16, 227 p.

1954. **Charles XV.** *Légendes et poëmes scandinaves,* traduits du suédois par G.-B. de Lagrèze. Paris, E. Dentu, 1863, in-12, 260 p.

1955. **Charles de l'Assomption** (le P.). *Défense de la pra- tique commune de l'église présentée au roy, contre les nou- veautés des rigoristes.* Cambray, chez Gaspard Mairesse, 1684, in-4, 90 p.

1956. **Charles-Joseph de Troyes.** *De indifferenti lapsi ho- minis arbitrio.* Parisiis, apud Ægidium Alliot, 1673, in-4, 728 p. avec index.

1957. —— *De necessaria ad salutem gratia, omnibus et singu- lis data secundum Augustinum...* Parisiis, apud Ægidium Alliot, 1673, in-4, 272 p. avec index.

1958. **Charlet** (Omer). *Réorganisation des travaux du conseil général.* Marennes, imp. A. Florentin, 1871, in-8, 20 p.

1959. **Charlot** (D.). *Petit annuaire d'adresses du ministère de l'agriculture.* Paris, imp. de P. Dupont, 1866-68, in-8, 2 vol.

1960. **Charloteau** (Husson). *Abrégé des matières bénéficiales selon l'usage de l'église gallicane...* Paris, Jacques Langlois, 1664, in-16, table, 189 p.

1961. **Charlevoix** (le P. F.-Xavier). *Histoire du Paraguay.* Paris, Didot, 1756, in-4, 3 vol.

1962. **Charmasse** (Anatole De). *Cartulaire de l'église d'Autun.* Paris, A. Durand, 1865, in-4, LXXXVI-416 p.

1963. —— *Etat de l'instruction primaire dans l'ancien diocèse d'Autun pendant les XVII⁰ et XVIII⁰ siècles.* Autun, imp. M. Dejussieu, 1871, in-8, 106 p.

1964. **Charnacé** (Guy de). *Les espèces bovines en France.* Paris, Ch. Delagrave, 1870, in-12, 98 p.

1965. **Charnay** (Désiré). *Le Mexique. Souvenirs et impressions de voyage.* Paris, E. Dentu, 1863, in-12, 439 p.

1966. **Charp.** *Histoire naturelle de l'âme,* traduite de l'anglais par M. H***. La Haye, 1745, in-12, table, 398 p.

1967. **Charpentier.** *La vie de Socrate.* (Voir Xénophon.) Paris, Anthoine de Sommaville, 1657, in-18, 251 p., table.

1968. **Charpentier** (F.-E.-A.). *Fables.* Paris, Poulet-Malassis, 1860, in-8, v-237 p.

1969. **Charpentier** (J.-P.). *Les écrivains latins de l'empire.* Paris, L. Hachette, 1859, in-12, II-419 p.

1970. **Charpy de Sainte-Croix.** *La vie du bienheureux Gaëtan Thiene, fondateur des clercs réguliers.* Paris, Sébastien Cramoisy, 1657, in-4, XIV-264 p.

1971. **Charron** (Pierre). *De la sagesse.* Paris, R. Fugé, 1632, in-12, 802 p., table, 10-84 p.

1972. **Charron** (J.-B.). *Le port de La Perrotine.* Marennes, imp. A. Florentin, 1879, in-8, 24 p. avec plan.

1973. [**Charton** (Edouard)]. *Du rôle des femmes dans l'agriculture.* Paris, librairie du *Magasin pittoresque,* 1869, in-12, VI-196 p.

1974. **Charton** (Edouard). *Histoires de trois pauvres enfants.* Paris, Hachette, 1867, in-12, 297 p.

1975. **Charret** (Jacques). *Institutions de la vraye et parfaite arithmétique...* Rouen, Manassez de Preaulx, 1637, in-12, IV-265 p.

1976. **Charret.** *Origines du pouvoir temporel des papes préci-sées par la numismatique.* Paris, E. Dentu, 1865, in-8, 172 p.

1977. **Chasles** (François-Jacques). *Dictionnaire universel, chronologique et historique de justice, police et finances...* Paris, Claude Robustel, 1725, in-fol., 3 vol.

1978. **Chasles** (Philarète). *Etudes sur le seizième siècle en France.* Paris, Amyot, 1848, in-12, LXVI-432 p.

1979. —— *Etudes sur l'Espagne et sur les influences de la lit-térature espagnole en France et en Italie.* Paris, Amyot, 1847, in-12, III-567 p.

1980. —— *Etudes sur les premiers temps du christianisme et sur le moyen âge.* Paris, Amyot, 1847, in-12, XII-429 p.

1981. **Chasles** (Michel). *Rapport sur les progrès de la géomé-trie.* Paris, imp. nationale, 1870, in-8, 389 p.

1982. **Chassaing** (Bruno). *Prælatus regularis.* Burdigalæ, typ. Jacobum Mongironem Millangium, 1654. in-fol., 368 p., index.

1983. **[Chasseloup** (Le général comte)]. *Essais sur quelques parties de l'artillerie et des fortifications.* Milan, J. Deste-fains, 1811, in-8, VI-216-22 p., 6 planches.

1984. **Chasseloup-Laubat** (Marquis de). *Rapport sur le re-crutement et l'organisation des armées de terre et de mer.* Versailles, imp. Cerf, 1872, in-4, 134 p.

1985. **Chasseriaux** (F.). *Vie de l'amiral Duperré.* Paris, imp. nationale, 1848, in-8, VII-531 p.

1986. **Chassiron** (Pierre-Charles-M. Martin de). *Mémoires sur le desséchement des marais.* Paris, Mme Huzard, an X, in-8, 50-118-51 p.

1987. **Chassiron** (Baron Ch. de). *Notes sur le Japon, la Chine et l'Inde.* Paris, E. Dentu, 1861, in-8, XI-357 p.

1988. **Chastang** (Théodore). *Notice historique sur le château de Pau.* Pau, imp. veuve Vignancourt, 1874, in-12, 72 p.

1989. **Chasteignier de La Rochepozay** (Henri-Louis). *Exercitationes in varios Bibliorum libros...* Augustoriti Pic-tonum, Julianum Taureau, 1640, in-fol., 1234 p., index.

1990. **Chastel** (Le R. P.) *De l'autorité et du respect qui lui est dû.* Paris, Sagnier et Bray, 1851, in-12, 252 p.

1991. [**Chastelain** (Ch.)]. *Réponse aux remarques sur le nouveau breviaire de Paris.* Paris, Gabriel Martin, 1688, in-8, 167 pages.

1992. **Chastellain** (George). *Chroniques.* (Collection Buchon.)

1993. **Chastellet** (Marquise du). *Principes mathématiques de la philosophie naturelle.* Paris, Desaint et Saillant, 1759, in-4, 2 vol.

1994. **Chastenet.** *L'intérieur d'un ménage républicain,* opéra comique. Paris, Lepetit, 1793, in-8, 63 p.

1995. **Chastillon** (C.). *Talmont.* (Paris, Boisseau, 1641), petit in-folio.

1996. **Château** (Léon). *Histoire et caractère de l'architecture en France...* Paris, A. Morel et Cie, 1864, in-8, xxxv-620 p.

1997. **Chateaubriand** (Fr.-A. vicomte de). *Analyse raisonnée de l'histoire de France... jusqu'à Louis XV.* Paris, F. Didot, 1850, 412 p.

1998. —— *Atala.* Paris, Migneret, 1801, in-18, 152 p.

1999. —— *De la monarchie selon la charte.* Paris, imp. Le Normand, 1816, in-8, 146 p.

2000. —— *De la nouvelle proposition relative au bannissement de Charles X et de sa famille.* Paris, Le Normand, 1831, in-8, 159 pages.

2001. —— *De la restauration et de la monarchie élective.* Paris, Le Normand, 1831, in-8, 48 p.

2002. —— *Essai historique, politique et moral sur les révolutions.* Londres, H. Colburn, 1820, in-8, vii-388 p.

2003. —— *Essai sur la littérature anglaise.* Paris, Furne et Gosselin, 1830, in-8, 2 vol.

2004. —— *Génie du christianisme.* Paris, Ledentu, 1830, in-18, 4 volumes.

2005. —— *Itinéraire de Paris à Jérusalem.* Paris, Le Normand, 1811, in-8, 3 vol.

2006. —— *Le roi est mort : Vive le roi!* Paris, Le Normand, 1824, in-8, 37 p.

2007. —— *Lettre à un pair de France.* Paris, Le Normand, 1824, in-8, 44 p.

2008. **Chateaubriand.** *Mémoires d'outre-tombe.* Paris, Dufour, 1860, in-8, 6 vol.

2009. —— *Rapport sur l'état de la France fait au roi dans son conseil.* Gand, imp. royale, 1815, in-4, 63 p.

2010. —— *Réflexions politiques sur quelques écrits du jour et sur les intérêts de tous les Français.* Paris, Le Normand, 1814, in-8, 145 p.

2011. Châteauneuf. *Mémoire pour demoiselle Luce Châteauneuf contre les officiers municipaux de Saint-Thomas de Conac et de Saint-Sorlin.* Saintes, Mareschal et veuve Cappon (1790), in-4, 29 p.

2012. **Chateauneuf** (A. de). *Discours prononcé à la distribution des prix du lycée impérial de La Rochelle.* La Rochelle, imp. Deslandes, 1855, in-8, 7 p.

2013. **[Chatelain** (R.-T.)]. *Du concordat sous les rapports politiques.* Paris, L'Huillier, 1817, in-8, 42 p.

2014. **Chatelet** (l'abbé) et l'abbé Coudriet. *Histoire de la seigneurie de Jonvelle et de ses environs.* Besançon, imp. J. Jacquin, 1864, in-8, 595 p. et plan.

2015. **Chatillon** (de). *Mémoire historique sur les châteaux, citadelles, forts et villes de Mézières, Charleville et le Mont-Olympe.* Paris, J.-B. Dumoulin, 1865, in-8, 84 p.

2016. **Chatillon** (Mary). *Etudes poétiques.* Paris, A. Bourdilliat, 1861, in-12, 284 p.

2017. **Chatin** (Ad.). *Le cresson.* Paris, J.-B. Baillière et fils, 1866, in-12, 126 p.

2018. **Chatonnet** (Ernest). *Notice biographique sur Gustave Dechézeaux, député à la convention nationale.* La Rochelle, typ. Siret, 1875, in-8, 55 p.

2019. **Chaubard** (L.-A.) *Elémens de géologie.* Paris, imp. Dezauche, 1833, in-8, 366 p.

2020. **[Chaudon** (Louis-Maïeul)]. *Dictionnaire anti-philosophique...* Avignon, veuve Girard et François Seguin, 1769, in-8, 2 vol.

2021. **Chaudon.** *L'homme du monde éclairé.* Paris, Moutard 1774, in-12, xii-303 p., table.

2022. **Chaudruc de Crazannes** (Baron). *Antiquités de la ville de Saintes et du département de la Charente-Inférieure.* Paris, Debure, 1820, in-4, xxiv-203 p.

2023. —— *Dissertations sur deux édifices historiques du moyen âge, appartenant au département du Lot.* Montauban, imp., Forestié, 1837, in-8, 27 p. avec planche.

2024. —— *Essais archéologiques et historiques sur le Quercy* (1er cahier). Cahors, J.-G. Plantade, 1838, in-8, 39 p. avec pl.

2025. —— *Lettre sur la numismatique de la Gaule-Aquitaine.* Bruxelles, imp. d'Emm. Devroye, 1854, in-8, 17 p.

2026. —— *Lettre sur la numismatigue gauloise.* Bruxelles, imp. Emm. Devroye, 1859, in-8, 13 p.

2027. —— *Lettre sur une inscription du cloître de Moissac...* Paris, Derache, 1853, in-8, 12 pages.

2028. —— *Lettre sur une médaille gauloise inédite et quelques monuments trouvés à Saintes en 1816 et 1817.* Paris, imp. Le Normand, 1817, in-8, 16 p.

2029. —— *Lettre sur une mosaïque antique à Cahors.* (Sans lieu ni date), in-8, 16 p.

2030. —— *Mémoire sur quelques antiquités de la ville d'Agen.* Paris, imp. J. Smith, 1820, in-8, 31 p.

2031. —— *Notice historique et biographique sur M. de Saint-Amans.* Agen, imp. P. Noubel, 1832, in-8, vii-68 p., avec portrait.

2032. —— *Notice historique et descriptive sur l'ancienne cathédrale de Montauban...* Montauban, imp. Forestié, 1840, in-8, 27 p.

2033. ——*Notice sur le cabinet des antiques...de la ville d'Auch.* Paris, Derache, 1848, in-8, 15 p.

2034. —— *Notice sur le monument Champollion élevé à Figeac.* (Sans lieu ni date), in-8, 9 p.

2035. —— *Notice sur les antiquités de la ville de Saintes, découvertes en 1815 et 1816.* Paris, Le Normant, 1817, in-8, 51 pages.

2036. —— *Notice sur une statuette antique en bronze d'Isis, récemment découverte aux environs de Toulouse.* Paris, Leleux, 1846, in-8, 10 p.

2037. **Chaudruc de Crazannes** (Baron). *Numismatique mé-rovingienne. Monnaies de Metz et de Saintes.* Bruxelles, imp. Emm. Devroye (s. d.), in-8, 9 pages.

2038. —— *Observations sur un denier inédit d'argent appartenant à la série des monnaies épiscopo-municipales de Cahors.* Blois, imp. E. Dézairs, 1851, in-8, 14 p.

2039. —— *Sur la monnaie obsidionale de Tournai, dite de Surville (siège de 1709).* Bruxelles, imp. Devroye, 1854, in-8, 14 p.

2040. —— *Tableau chronologique des monuments historiques du département du Tarn-et-Garonne.* (Extrait de l'*Annuaire.*) Montauban, imp. Forestié, 1838, in-32, 30 pages.

2041. **Chaudon** (L.-M.) et F.-A. Delandine. *Nouveau dictionnaire historique.* Lyon, Bruysset, 1804, in-8, 13 vol.

2042. **Chaufepié** (Jacques-George de). *Nouveau dictionnaire historique et critique pour servir de supplément ou de continuation au dictionnaire... de Bayle.* Amsterdam, Z. Chatelain, 1750-1756, in-fol., 4 vol.

2043. **Chaulieu** (de). *Poésies.* Paris, Herman, 1803, in-12, 299 pages.

2044. **Chaumeix** (Abraham-Joseph de). *Préjugés légitimes contre l'encyclopédie et essai de réfutation de ce dictionnaire.* Bruxelles, Paris, Hérissant, 1758-1759, in-12, 8 vol.

2045. **Chaumel.** *Mémoire pour P.-J. Chaumel, de Bordeaux, contre la compagnie du chemin de fer des Charentes.* Bordeaux, imp. d'Emile Crugy, 1873, in-4, 34 p.

2046. **Chaussé** (Jacques). *Le réüny de bonne-foy...* Paris, Nicolas le Gras, 1687, in-12, 330 p.

2047. **Chauveau** (Adolphe). *Traité de l'instruction administrative.* Paris, imp. Cosse, 1853, in-8, xxvii-672 p.

2048. [**Chauvelin** (l'abbé H.-Ph.)]. *Tradition des faits qui manifestent le système d'indépendance que les évêques ont opposé dans les différens siècles aux principes invariables de la justice souveraine du roi sur tous les sujets indistinctement...* 1753, in-12, 376 p.

2049. [**Chauvin** (Léon). *Réforme universitaire. Plus de collèges communaux! Plus de bourses à la charge de l'état ou des villes!* Paris, Appert, 1 4 , in-8, 136 p.

2050. **Chavannes** (Dan.-Alex.). *Exposé de la méthode élémentaire de H. Pestalozzi.* Paris, Paschoud, 1809, in-8, 203 p.

2051. **Chavignaud** (L.). *Histoire chronologique des rois de France, en vers lyriques.* Saintes, Lacroix, 1830, in-12, ii-79 pages.

2052. —— *Nouvelle charte constitutionnelle mise en vers... suivie de Philippe et la liberté.* Saintes, Nivelleau de Longueville, 1830, in-8, 23 p.

2053. —— *Nouvelle grammaire française... mise en vers.* Lyon, chez la veuve de l'auteur, 1846, in-8, 96 p.

2054. **Chavignié** (Blaise Aladenise de). *Exposition du symbole des apôtres.* Bruxelles, Eugène-Henry Frick, 1704, in-12, 127 pages.

2055. **Chazaud** (A.-M.). *Etude sur la chronologie des sires de Bourbon (Xe-XIIIe siècles).* Moulins, C. Desrosiers, 1865, in-8. 244-xli p., fig.

2056. —— *Fragments du cartulaire de La Chapelle-Aude.* Moulins, C. Desrosiers, 1860, in-8, xciv-198 p.

2057. —— *La chronique du bon duc Loys de Bourbon.* (Publication de la société de l'histoire de France.) Paris, Renouard, xxix-374 p., 1876, in-8.

2058. *Chefs-d'œuvre du théâtre moderne.* Paris, Michel Lévy, 1868, grand in-8, 2 vol.

2059. **Cheminais** (le P.). *Sermons.* Paris, Louis Josse, 1735, in-12, 5 vol.

2060. **Chemnitz** (Martin). *Examinis concilii Tridentini... opus integrum.* Francofurti, impensis hæredum Sigis. Feyrabendii, 1596, in-fol., 4 parties en 1 vol.

2061. **Chenu** (Jean). *Recueil des antiquités et privilèges de la ville de Bourges et de plusieurs autres villes capitales du royaume.* Paris, chez Robert Foüet, 1621, in-4, 503 p. et table.

2062. **Chenu** (A.). *Les conspirateurs.* Paris, Garnier, 1850, in-12, 223 p.

2063. **Chenu** (J.-C.). *De la mortalité dans l'armée et des moyens d'économiser la vie humaine.* Paris, Hachette, 1870, in-12, xvi-432 p.

2064. **Chénier** (M.-J. de). *Poésies, suivies de la poétique d'A-rioste.* Paris, Baudoin frères, 1822, in-12, 1 vol.

2065. —— *Théâtre.* Paris, Baudoin, 1821, in-12, 3 vol.

2066. **Cherbourg.** *Mémoires de la société académique de Cherbourg.* Cherbourg, imp. Boulanger, Ch. Feuardent, 1852-1871, in-8, 6 vol.

2067. **Cherbonnier** (P.). *Alphabet ou méthode simple et facile de montrer promptement à lire.* Nouvelle-Orléans, imp. Buisson et Boimare, 1829, in-8, 358 p.

2068. **Cherbuliez** (A.-E.). *Etude sur les causes de la misère.* Paris, Guillaumin, 1853, in-12, 356 p.

2069. **Cherbuliez** (Joel). *Revue critique des livres nouveaux.* Paris, Ab. Cherbuliez, 1833-1866, in-8, 28 vol.

2070. **Chérest** (A.). *Catalogue du musée d'Auxerre.* Auxerre, imp. Perriquet, 1869-1870, in-8, 2 vol.

2071. **Chergé** (Ch. de). *Le guide du voyageur à Poitiers.* Poitiers, H. Oudin, 1855, in-18, viii-243 p.

2072. —— *Les vies des saints du Poitou.* Poitiers, A. Dupré, 1856, in-12, xii-359 p.

2073. **Chergé** (F. de). *Généalogie de la famille de La Porte en Périgord, Angoumois, Saintonge...* Angoulême, imp. Frugier, 1857, in-4, 46 p.

2074. (**Chérin** et Vergés). *Généalogie de la maison de Montesquiou-Fezensac.* Paris, imp. de Valade, 1785, in-4, 92-274 p.

2075. **Cheron** (Jules) et Moreau-Wolf. *Des services que peuvent rendre les courants continus constants dans l'inflammation, l'engorgement et l'hypertrophie de la prostate.* Paris, A. Delahaye, 1870, in-8, 31 p.

2076. **Cherubini** (Laerzio). *Bullarium, sive nova collectio constitutionum apostolicarum.* Romæ, typ. cameræ apostolicæ, 1517, in-fol., 4 tom. en 2 vol.

2077. —— *Magnvm bullarivm romanvm, a B. Leone Magno vsque ad S. D. N. Innocentium X.* Lugduni, Philippi Borde, 1655, in-fol., 4 vol.

2078. **Cheruel** (A.). *De l'administration de Louis XIV.* Paris, Joubert, 1850, in-8, 233 p.

2079. —— *Dictionnaire historique des institutions, mœurs et coutumes de la France.* Paris, L. Hachette, 1865, in-8, 2 vol.

2080. **Cherville** (J.-J.-J.). *Observations... en réponse au mémoire et compte de gestion de Michel-Eustache Allix.* Rouen, N. Herment, an IX, in-fol., 24-17 p.

2081. **Chesneau** (Ernest). *L'art et les artistes modernes en France et en Angleterre.* Paris, Didier, 1864, in-12, 358 p.

2082. —— *Les nations rivales dans l'art.* Paris, Didier et Cⁱᵉ, 1868, in-12, ii-476 p.

2083. **Chesneau du Marsais** (E.). *Exposition de la doctrine gallicane par rapport aux prétentions de la cour de Rome.* Genève, Fr. Kramer, 1757, in-12, 3 tomes en 1 vol.

2084. **Chesnel** (de). *Dictionnaire des armées de terre et de mer.* Paris, Arm. Le Chevalier, 1864, in-8, 2 vol.

2085. —— et CHAMPAGNAC. *Dictionnaire de géologie... et dictionnaire de chronologie.* Paris-Montrouge, 1849, in-4, 2 vol.

2086. **Chesnier-Duchesne.** *Les hiéroglyphes français.* Paris, Roret, 1843, in-8, xviii-134 p.

2087. **Chevalier** (le P. Angélique). *La semaine édifiante.* Bordeaux, imp. Nicolas de La Court, 1724, in-8, 275 p.

2088. **Chevalier** (Arthur). *L'art de l'opticien.* Paris, A. Delahaye, 1863, in-8, 28 p.

2089. —— *L'étudiant micrographe.* Paris, A. Delahaye, 1864, in-18, xii-360 p. et atlas.

2090. **Chevalier** (A.-F.-T.). *Première lettre à M. le comte Decazes, en réponse à son discours sur la liberté individuelle.* Paris, J.-G. Dentu, 1817, in-8, 76 p.

2091. **Chevalier** (Michel). *Histoire et description des voies de communication aux Etats-Unis.* Paris, Gosselin, 1840-1861, in-4, 4 vol. et atlas in-fol.

2092. —— *Lettres sur l'Amérique du Nord.* Paris, Charles Gosselin, 1839, in-8, xiv-439 p., 1 carte.

2093. —— *L'isthme de Panama... suivi d'un aperçu sur l'isthme de Suez.* Paris, Ch. Gosselin, 1744, in-8, 142 p.

2094. **Chevalier** (l'abbé C.-U.-J.). *Inventaire des archives des dauphins de Viennois à Saint-André de Grenoble en 1346...* Paris, Franck, 1871, in-8, xxiv-380 p.

2095. —— *Nécrologe et cartulaire des dominicains de Grenoble.* Romans, imp. Rosier, 1870, in-8, 82 p.

2096. **Chevalier** (l'abbé C.-U.-J). *Notice analytique sur le cartulaire d'Aimon de Chissé.* Colmar, imp. Hoffmann, 1869, in-8, 96 p.

2097. —— *Notice historique sur la maladrerie de Voley, près Romans.* Romans, imp. Rosier, 1870, in-8, ix-166 p.

2098. —— *Ordonnances des rois de France et autres princes souverains relatives au Dauphiné.* Colmar, imp. Hoffmann, 1871, in-8, liv-185 p.

2099. —— *Répertoire des sources historiques du moyen âge.* Paris, librairie de la Société bibliographique, 1877, in-8, 3 fascicules.

2100. **Chevallard** (P.). *Saint Agobard, archevêque de Lyon.* Lyon, P.-N. Josserand, 1869, in-8, xxx-444 pages.

2101. **Chevallier des Clozeaulx.** *Priviléges... de l'ordre de Saint-Jean de Jérusalem.* Paris, Remy Soubret, 1649, in-4, 2 volumes en un.

2102. [**Chevassu** (J.)] *Méditations sur les vérités chrétiennes et ecclésiastiques...* Lyon, Aimé Delaroche, 1751, 4 vol.

2103. —— *Prônes pour tous les dimanches de l'année.* Lyon, J. et P. de Ville, 1775, in-12, 3 vol.

2104. **Chevassus** (Adolphe). *Les jurassiennes, poésies.* Paris, C. Vanier, 1863, in-12, 209 p.

2105. **Chevé** (C.-F.). *Dictionnaire des apologistes involontaires.* Paris-Montrouge, Migne, 1853, in-4, 2 vol.

2106. —— *Dictionnaire des conversions.* Paris-Montrouge, 1852, in-4, Migne, 1672 col.

2107. **Cheverny** (Philippe de). *Mémoires.* Collection Michaud et Poujoulat, t. X ; Collection universelle, t. L, LI, LII, et collection Buchon.

2108. **Chevigni** (de). *La science des personnes de la cour, de l'épée et de la robe...* Paris, Lottin, 1725, in-12, 4 vol.

2109. **Chiarini** (L'abbé L.-A.). *Théorie du judaïsme appliquée à la réforme des Israélites...* Paris, J. Barbezat, 1830, in-8, 2 vol.

2110. **Chiflet** (Jean). *Consilium de sacramento eucharistiæ ultimo supplicio afficiendis non denegando.* Bruxellæ, typis Monmartianis, 1644, in-8, index, 89 p.

2111. **Chifflet** (le P. Pierre-François). *Scriptorum veterum de fide catholica quinque opuscula... Alcuini... sancti Fulgentii... Rabani Mauri... anonymi de Beringerii...* Divione, Philibertum Chavance, 1656, in-4, 394 p., tables.

2112. **Choderlos de Laclos.** *Les liaisons dangereuses.* Paris, 1723, impr. de Constant-Chantpie, in-8, 4 vol.

2113. **Chodzko** (Léonard). *La Pologne historique, littéraire.* Paris, Bureau central, 1835-1837, in-4, 2 vol.

2114. **Choiseul** (le duc de). *Relation du départ de Louis XVI, le 20 juin 1791...* (Voir collection Barrière). Paris, Beaudouin frères, 1822, in-8, 237 p.

2115. **Choisnin** (Jean). *Mémoires sur l'élection du roi de Pologne.* (Collection Michaud et Poujoulat, t. XI ; collection universelle, t. LIV, et collection Buchon).

2116. **Choisy** (l'abbé de). *La vie de madame de Miramion.* Paris, A. Dezallier, 1706, in-12, xii-424 p.

2117. —— *Mémoires pour servir à l'histoire de Louis XIV.* Utrecht, Wan-de-Vater, 1747, in-12, 515 p.

2118. —— *Mémoires pour servir à l'histoire de Louis XIV.* Collection Michaud, t. XXX.

2119. **Chokier** (Jean de). *Tractatus de permutationibus, beneficiorum.* Leodii, [typ.] Leonardus Streel, 1616, in-8, table, 260 p.

2120. **Cholet** (l'abbé). *Cartulaire de l'abbaye de Saint-Etienne de Baigne.* Niort, L. Clouzot, 1868, in-4, xxxiii-382 p.

2121. —— *Etudes sur l'ancien diocèse de Saintes.* La Rochelle, imp. Drouineau, 1865, in-8, iv-52 p.

2122. —— *Notice historique sur la cathédrale de La Rochelle.* La Rochelle, imp. Drouineau, 1862, in-8, 173 p.

2123. **Chollet.** *Mémoires à consulter pour M. Chollet...* Paris, G. Kugelmann, 1872, in-4, 52 p.

2124. **Chompré.** *Dictionnaire abrégé de la fable.* Toul, J. Carez, 1787, in-12, vi-442 p.

2125. —— *Traduction des modèles choisis de latinité.* Paris, H.-L. Guérin, 1754, in-12, 360 p.

2126. **Choppin** (René). *De civilibus Parisiorum moribus ac institutis libri III. Item... de privilegiis rusticorum libri III.* Parisiis, Michaelem Sonnium, 1603, in-fol., 597 p., elenchus, index, 184 p., index, elenchus.

2127. —— *De la police ecclésiastique judiciaire*, trad. par Tournet. In-4, 1126 p.

2128. —— *De domanio Franciæ libri III.* Parisiis, Michaelem Sonnium, 1605, in-fol., 738 p., elenchus.

2129. —— *De legibus Andium municipalibus libri duo posteriores.* Parisiis, Laurentium Sonnium, 1609-1611, in-folio, 2 tomes en 1 vol.

2130. —— *Renati Choppini... De sacra politia forensi libri III.* (Voir Choppin, *De legibus Andium).*

2131. —— *Deux livres des droicts des religieux et monastères,* trad. par M. J. Tournet. Paris, Laurent Sonnius, 1619, in-4, 393 p., table.

2132. —— *Monasticon seu de jure cœnobitarum.* Parisiis, Michael Sonnius, 1610, in-8, 322 p. et table.

2133. —— *Trois livres du domaine de la couronne de France.* Paris, Laurens Sonnius, 1613, in-fol., 658 p., table.

2134. *Chorus poetarum classicorum duplex : sacrorum et profanorum.* Lugduni, Louis Muguet, 1616, in-4, 3255 p.

2135. *Chose* (La). *Journal saintongeais et innocent...* Saintes, typ. Amaudry, 1874, in-4, 4 numéros.

2136. **Chouquet** (Gustave). *Histoire de la musique dramatique en France.* Paris, F. Didot, 1873, in-8, xv-448 p.

2137. *Chrétien (Le) du temps confondu par les premiers chrétiens.* Paris, Nyon, 1766, in-12, xviii-450 p.

2138. **Christine de Pisan.** *Le livre des faits et bonnes mœurs du sage roi Charles V.* (Collection Michaud, t. I et II, et collection universelle, t. V.)

2139. *Chronicon Engolismense ab anno DCCCIV ad DCCCXCI,* publié par Eusèbe Castaigne. Engolisme, P.-E. Grobot, 1853, in-8, 92 pages.

2140. *Chronicon, incerti auctoris a nativitate Domini usque ad annum... MCLXVII.* (Voir Stevart (Pierre).

2141. *Chroniques d'Anjou.* Paris, J. Renouard, 1856-1871, in-8, 2 volumes.

2142. *Chronique de la principauté française d'Achaïe*, texte grec et traduction française. (Collection Buchon.)

2143. *Chronique des quatre premiers Valois (1327-1393)*, publiée... par M. Siméon Luce. (Soc. de l'hist. de France.) Paris, veuve Renouard, 1862, in-8, LXI-355 p.

2144. *Chronique du religieux de Saint-Denys... de 1380 à 1422*, publiée et traduite par M. Bellaguet. Paris, imp. Crapelet, 1839-1852, in-4, 6 vol.

2145. *Chronique normande du XIVᵉ siècle*, publiée par MM. Auguste et Emile Molinier. Paris, Renouard, 1882, in-8, LXXV-408 pages.

2146. *Chroniques de Saint-Martial de Limoges*, publiées par H. Duplès-Agier, Paris, veuve J. Renouard, 1874, in-8, IXXIJ-429 p.

2147. **Chrysostome** (Saint Jean). *Opera*, grec et latin. (Collection Didot.)

2148. —— *Opera* (grec). Etonæ, excudebat Joannes Norton, 1613, in-fol., 8 vol.

2149. —— *Opera... edita opera et studio D. Bernardi de Montfaucon...* (grec-latin), Parisiis, sumptibus Ludovici Guérin, 1718-1735, in-fol., 13 tomes en 12 vol.

2150. —— *Apologie de la vie religieuse et monastique...* trad. par M. Cl. Leduc... Paris, Edme Couterot, 1698, in-12, 402 p. avec table.

2151. —— *Homélies sur l'épître de saint Paul aux Romains, traduites en français par M. Manigues, curé de Monbusq.* Agen, Achille Chairou, 1841, in-12, 619 pages.

2152. —— *Homélies ou sermons... et sur l'incompréhensibilité de Dieu, contre les Amonéens... trad. par M. de Maucroix.* Paris, André Pralard, 1689, in-8, 531 p.

2153. —— *Homélies ou sermons... sur tout l'évangile de saint Mathieu... trad. par Paul Antoine de Marsilly.* Paris, André Pralard, 1693, in-8, 3 vol.

2154. —— *Homélies ou sermons sur les épîtres de saint Paul.* Paris, André Pralard, 1693, in-8, 5 vol.

2155. —— *Le sacerdoce.* Paris, Maurice Villery, 1699, in-12, 311 pages.

2156. **Chrysostome** (Saint Jean). *Les lettres...* Paris, Pierre Gandouin, 1733, in-8, 2 vol.

2157. —— *Les opuscules.* Paris, André Pralard, 1691, in-8, 743 p. avec table.

2158. —— *Panégyriques des martyrs... trad. par le P. de Bonrecueil.*Paris, Charles Osmont, 1735, in-8, 612 p. avec table.

2159. —— *Tomustertius commentariorum in Joanis evangelia... Francisco Aretino interprete.*—[Paris,] P. Gromorsus, 1623, in-f°, ccxi f.

2160. **Cibrario** (L.). *Recherches sur l'histoire et sur l'ancienne constitution de la monarchie de Savoie... trad. par M. A. Boullée.* Paris, Moutardier, 1833, in-8, ix-308 p.

2161. **Cicé** (Louis de). *Lettres aux révérends pères jésuites sur les idolâtries et les superstitions de la Chine.* (Voir Lettre de messieurs des missions...) (Sans lieu ni date), in-4, 31 p.

2162. **Ciceron** (Marcus Tullius). *Opera cum delectu commentariorum, edebat Josephus Olivetus.* Genevæ, Fratres Grasner, 1758, in-4, 8 vol.

2163. —— *Œuvres complètes,* traduites en français. Paris, F. Fournier, 1816-1818, in-8, 27 vol.

2164. —— *Œuvres complètes,* texte et traduction de M. Delcasso. Paris, Panckoucke, 1835-1837, in-8, 36 vol.

2165. —— *Breviores epistolæ. Pars prima.* Santonis, apud viduam Antonin Vignau, 1743, in-4, 32 p.

2166. —— *De la nature des dieux...* de la version de Pierre Du Ryer... Paris, Antoine de Sommaville, 1657, in-18, 508 p.

2167. —— *Epistolarum familiarium libri XVI,* texte et trad. par F. de Belle-Forest. In-32, 1172 p.

2168. —— *Rhetoricarum ad Herennium libri quatuor.* Lugduni, apud viduam C. Morillon, 1623, in-fol., 277-539 p.

2169. —— *La rhétorique,* traduction de P. Du Ryer. Paris, A. de Sommaville, 1652, in-18, 393 p.

2170. —— *La rhétorique,* trad. [par l'abbé de Cassagne]. Lyon, A. et H. Morin, 1691, in-12, 557 p.

2171. —— *Les offices...* traduction de P. Du Ryer. Paris, Antoine de Sommaville, 1646, in-18, 303 p.

2172. **Cicéron.** *Les offices,* trad. par M. Dubois. Paris, J.-B. Coignard, 1704, in-12, 484 p. avec table.

2173. —— *Les oraisons contre Verrès,* par Bernard Lesfàrgues. Paris, Mathurin Du Puis, 1640, in-4, 648 p.

2174. —— *Les paradoxes,* de la traduction de P. Du Ryer. Paris, A. de Sommaville, 1641, in-18, 71 p.

2175. —— *Les tusculanes,* traduites par MM. Bouhier et d'Olivet... Paris, Gandouin, 1737, in-12, 3 vol.

2176. —— *Lettres à Atticus avec des remarques et le texte latin de l'édition de Grævius,* par M. l'abbé Mongault. Paris, veuve Delaulne, 1738, in-8, 6 vol.

2177. —— *Operum tomus tertius omneis eius epistolas complectens; t. IV, quo continentur philosophii libri... D. Lambini emendatione (X, III, IV).* Genevæ, Jérémie des Planches, 1684, in-fol., 2 tomes en 1 vol.

2178. —— *Traité des lois,* traduit par M. Morabin. Paris, J. Mariette, 1729, in-12, 359-168 p.

2179. **Cigale** *(La),* journal saintongeais illustré. Pons, imp. Noël Texier, 1874, in-4, 25 numéros.

2180. **Cignino** (Nicolas). *Quæstio theologica in qua disputatur : utrum Adam primus omnium hominum parens in statu innocentiæ, in quo Deus creavit illum, esset immortalis.* Viterbii, typis discipulorum, 1620, in-4, 405 p.

2181. **Cimber** (L.) et F. Danjou. *Archives curieuses de l'histoire de France depuis Louis XI jusqu'à Louis XVIII.* Paris, Beauvais, 1834-1840, in-8, 27 vol.

2182. **Cinonio.** *Osservazion della lingua italiana.* Venezia, Luigi Plet, 1835, in-8, ii-332 p.

2183. *Circulaire du comité de la reconstitution de la bibliothèque du Louvre à MM. les secrétaires d'académie, bibliothécaires, libraires, etc.* Paris, imp. J. Dumaine, octobre 1871, in-8, 8 p.

2184. **Cirot de la Ville** (l'abbé). *Histoire de saint Gérard, fondateur de la Grande-Sauve.* Bordeaux, imp. J. Dupuy, 1868, in-12, 148 p.

2185. —— *Imitation du sacré cœur de Jésus-Christ.* Paris, J. Leroux, 1858, in-12, xviii-335 p.

2186. **Citoys** (Antoine). *Actions publiques faites sur divers su-jets au siège présidial de Poitiers.* Poitiers, imp. Mesnier, 1629, in-12, 63 p.

2187. **Civiale** (J.). *La lithotritie et la taille.* Paris, J. Roths-chil, 1870, in-8, 657 p.

2188. **Civilis.** *Histoire de la polémique engagée à propos d'un chemin à Salles.* Saintes, imp. Loychon et Ribéraud, 1880, in-8, 44 pages.

2189. **Clairon** (Hyppolite). *Mémoires et réflexions sur l'art dramatique.* Paris, F. Buisson, an VII, in-8, 360 p.

2190. **Claretie** (Jules). *L'incendie de la Birague.* Paris, C. Vanier, 1865, in-18, 180 p.

2191. [**Claris de Florian** (J.-P.)]. *Les deux billets,* comédie. Paris, Duchesne, 1781, in-8, 23 p.

2192. **Clarke.** *Traité de l'existence et des attributs de Dieu...* traduit par M. Ricotier. 1744, in-12, 2 vol.

2193. **Clarkson.** *Essai sur les désavantages politiques de la traite des nègres,* tr. par M. Gramagnac. Neufchâtel, 1789, in-12, xxviii-320 p.

2194. [**Claude** (Clémens)]. *In epist. D. Pauli ad Galatas.* Parisiis, apud vivantium Gaultherot, 1542, in-12, 144 p.

2195. [**Claude** (J.)]. *Réponse au livre de monsieur l'évesque de Meaux, intitulé Conférence avec M. Claude.* Charenton, veuve d'Olivier de Varennes, 1683, in-8, 659 p.

2196. —— *La défense de la réformation contre le livre intitulé Préjugez légitimes contre les calvinistes.* Quevilly, Jean Lucas, 1673, in-4, 382 p.

2197. —— *Réponse au livre du père Nouet, jésuite, sur le su-jet du saint sacrement de l'Eucharistie.* Amsterdam, Raphael Smith, 1668, in-8, 600 p. avec table.

2198. —— *Réponse aux deux traitez intitulez La perpétuité de la foy de l'Eglise catholique touchant l'Eucharistie.* Charen-ton, Antoine Cellier, 1668, in-4, 456 p., table.

2199. [**Claude de Bretagne** (Dom)]. *Méditations sur les principaux devoirs de la vie religieuse.* Paris, Pierre de Bats, 1686, in-8, 477 p.

2200. Claudien. *Œuvres complètes*, texte et traduction par MM. Héguin de Guerle et Alph. Trognon. Paris, Panckoucke, 1840, in-8, 2 vol.

2201. Claudin (Gustave). *Almanach de la défense nationale.* Tours, Hachette, 1871, in-18, 128 p.

2202. Clausel (le maréchal). *Explications.* Paris, A. Dupont, 1837, in-8, 189 p. avec plan.

2203. Clausel de Coussergues. *Projet de la proposition d'accusation contre M. le duc Decazes.* Paris, Dentu, 1820, in-8, xii-412 p.

2204. Clavasio (Angel de). *Summa angelica de casibus conscientiæ.* 1494, in-4, 352 fol., table.

2205. Clavé (Jules). *Etude sur l'économie forestière.* Paris, Guillaumin, 1862, in-12, 377 p.

2206. *Clef (La) d'amour,* poëme publié par Edwin Tross. Lyon, imp. Perrin, 1866, in-8, xxix-128 p.

2207. *Clef (La) du sanctuaire de la bulle Unigenitus.* (Voir Boyer, Parallèle de la doctrine des payens.) Pont-à-Mousson (sans nom), 1727, in-4, 144 p.

2208. [Cleirac]. *Us et coustumes de la mer.* Bourdeaux, Guillaume Millanges, 1647, in-4, 592-79 p.

2209. Clémenceau (Jacques). *Traité des principales controverses touchant les saintes écritures.* La Rochelle, imp. Jehan du Coin, 1607, in-12, 364 p.

2210. Clémencet (dom) et Eusèbe PHILALÈTE. *Lettres à M. François Morénas sur son prétendu abrégé de l'histoire ecclésiastique.* Liége, imp. Philippe Gramme, 1755, in-12, liv-606 p.

2211. Clément Ier. *Constitutiones sanctorum apostolorum,* (grec-latin.) Venetiis, Iordani Zileti, 1563, in-4, 18-195 fol.

2212. Clément (saint). *De rebus gestis, peregrinationibus atque concionibus sancti Petri epitome.* (Voir Origenis Adamantii.) Parisiis, apud Adr. Turnebum, 1555, in-4, 98 p.

2213. —— *Ad Corinthios epistola prior...* (grec-latin). Oxonii, excudebat Johannes Lichfield, 1643, in-4, 76 p.

2214. Clément d'Alexandrie (saint). *Clementis Alexandrini opera græce et latine quæ extant...* Lugduni Batavorum, excudit J. Patius, 1616, in-fol., 1 vol. préliminaires, 580-50-67 p.

2215. **Clément d'Alexandrie** (Grec). Florentiæ, Laurentius Torrentinus, 1550, in-fol., 42-347 p.

2216. —— *Opera e græco in latinum conversa*. Parisiis, apud Michaëlem Sonnium, 1612, in-fol., préliminaires, 830 p. index.

2217. —— *Les œuvres*, traduites du grec, avec les opuscules de plusieurs autres pères grecs. Paris, André Pralard, 1696, in-8, 626 p. avec table.

2218. **Clément XI** (le pape). *Bref aux cardinaux, archevêques et évêques de France assemblés à Paris en 1713 et 1714...* (Voir Boursier, Le Fèvre, etc., Les hexaples.) Paris, veuve François Muguet, 1714, in-4, 11 p.

2219. —— *Décret sur la grande affaire de la Chine... Protestation des jésuites...* (Sans lieu ni nom), 1709, in-12, 161-134-83 pages.

2220. —— *La constitution Unigenitus, avec des remarques et des notes.* 1716, in-12, 40-CLXIII-65 p.

2221. —— *Second décret sur l'affaire de la Chine.* (Voir Recueil de différentes pièces relatives aux missions des jésuites...) Roma, 1710, in-12, 16 p.

2222. **Clément XIV** (Ganganelli). *Lettres intéressantes*, traduites de l'italien et du latin. Paris, Lotin, 1776, in-12, 2 vol.

2223. **Clément** (l'abbé). *Sermons pour l'avent*. Paris, Desaint, 1770, in-12, table, 503 p.

2224. —— *Sermons pour le carême.* Paris, Desaint, 1770, in-12, 3 vol.

2225. **Clément.** *Les cinq années littéraires... 1748, 1749, 1750, 1751 et 1752.* La Haye, A. de Groot, 1754, in-12, 4 tomes en 2 vol.

2226. **Clément** (Charles). *Géricault.* Paris, Didier, 1868, in-12, 426 pages.

2227. —— *Gleyre.* Paris, Didier, 1878, in-8, 547 p., planches.

2228. **Clément** (Pierre). *Madame de Montespan et Louis XIV.* Paris, Didier, 1868, in-12, VIII-467 p.

2229. **Clément de Ris** (Le comte L.). *Critiques d'art et de littérature.* Paris, Didier, 1862, in-12, 481 p.

2230. —— *Les musées en province.* Paris, veuve Jules Renouard, 1872, in-12, 510 p.

2231. **Clémente** (Simon Roxas). *Essai sur les variétés de la vigne*, trad. de Caumels... Paris, imp. Poulet, 1814, in-8, XVI-420 pages.

2232. **Clenard.** *Grammatica græca cum observationibus P. Stephani Moquoti... A. P. Francisco Creuxio... recognitis.* Limovicis, P. Barbou, in-12, 1701, VII-249-32 p.

2233. —— *Universa grammatica græca... cum scholiis P. Antesignadi...* Lugduni, Hugon, 1593, in-12, XIV-1027 p. et index.

2234. —— *Institutiones linguæ græcæ.* Amsterdam, J. Jansson, 1650, in-12, 353 p.

2235. *Clergé des cathédrales, centre du presbytère des églises...* Amsterdam, 1784, in-12, X-216 p.

2236. **Clermont** (François de). *Ordonnance synodales de l'église et diocèse de Noyon.* Noyon, imp. André Cabut, 1691. in-12, 213 p. avec table.

2237. Clermont-Ferrand. *Mémoires de l'académie des sciences, belles lettres et arts de Clermont-Ferrand.* Clermont-Ferrand, imp. Thibaud, 1859-1873, in-8, 14 vol.

2238. **Cléry.** *Journal, suivi des dernières heures de Louis XVI*, par M. Edgeworth de Firmont. Paris, Baudouin frères, 1825, in-8, 344 p. (Collection Barrière).

2239. **Clouet** (l'abbé). *Géographie moderne.* Paris, Mondhare, 1787, in-fol., 68 cartes.

2240. **[Cocceji** (Samuel de) et autres]. *Projet du corps de droit Frédéric...* trad. de Campagne. 1751-1755, in-8, 3 vol.

2341. **Coccius** (Josse). *Thesaurus catholicus in quo controversiæ fidei, jam olim nostraque memoria excitatæ...* Coloniæ, typog. Arnoldi Quentelii, 1601-1619, in-fol., 2 vol.

2242. **Cochem** (Martinus). *Das grosse Leben Christi. (La grande vie de J.-C.)* Baden, Baldinger, 1704, in-8, VI-737 p.

2243. **Cochet** (Jules). *La métaphysique.* Paris, Desaint, 1753, in-12, XVI-360 p.

2244. **Cochet** (l'abbé). *La Normandie souterraine.* Paris, Derache, 1855, in-8, XVI-456 p.

2245. —— *Notice sur deux fibules scandinaves trouvées à Pitres (Eure) en 1865.* Rouen, imp. H. Boissel, 1871, in-8, 16 pages.

2246. **Cochet** (l'abbé). *Répertoire archéologique du département de la Seine-Inférieure.* Paris, imp. nationale, 1872, in-4, xvi-652 pages.

2247. **Cochet de Saint-Valier.** *Traité de l'indult du parlement de Paris.* Paris, Didot, 1747, in-4, 3 vol.

2248. **Cochin.** *Œuvres.* Paris, De Nully, 1751-1757, in-4, 6 volumes.

2249. —— *Prones.* Paris, Méquignon, 1787, in-12, 4 vol.

2250. **Cochin** (Augustin). *Le patronage des jeunes ouvriers à Paris.* Paris, imp. J. Claye, 1864, in-8, 8 p.

2251. **Cochlée** (Jean). *De matrimonio serenissimi regis Angliæ Henrici octavi congratulatio disputatoria.* Lipsiæ, excudebat Michaël Blum, 1535, in-4 non paginé.

2252. —— *In causa religionis miscellaneorum libri tres.* Incolstadii, excudebat Alexander Vueissenborn, 1545, in-4, 194 f.

2253. —— *Speculvm antiqvæ devotionis circa missam, et omnem alivm cvltvm Dei...* Victorem extra muros Moguntiæ, 1549, in-fol., 251 p., index, 69 p., 593 p.

2254. **Cochois** (l'abbé Nicolas). *Discours polémique de la véritable Eglise.* Angoulesme, imp. Mathieu Pelard, 1666, in-4, 227 pages.

2255. —— *Formulaire d'instruction.* Saintes, E. Bichon, 1676, in-8, 48-690 p.

2256. —— *La condamnation de l'usure par l'Ecriture.* Angoulesme, Mathieu Pelard, 1692, in-4, 140 p.

2257. **Cocquart.** *Poésies diverses.* Dijon, F. Desventes, 1754, in-18, 2 vol.

2258. *Code civil. Texte, motifs, conférences.* Paris, F. Didot, 1808, in-8, 16 vol.

2259. *Code corse.* Paris, imp. nationale, 1778, in-4, 3 vol.

2260. *Code de commerce.* Paris, Clament frères, 1808, in-8,

2261. *Code de la voyerie.* Paris, Prault, 1735, in-12, 2 vol.

2262. *Code de Louis XV.* Avignon, Antoine Offray, 1757, in-12, 3 vol.

2263. *Code de procédure civile.* Paris, imp. impériale, 1806, in-4, 352-82 p.

2264. *Code des curés.* Paris, Prault, 1752, in-12, 3 vol.

2265. *Code d'instruction criminelle... Code pénal.* Paris, Garnéry, 1809-1810, in-16, 2 vol.

2266. *Code du roy Henry III...* rédigé en ordre par... Barnabé Brisson... Paris, Claude Morel, 1615, in-fol., table, 698 fol., 68 pages.

2267. *Code municipal, ou analyse des règlemens concernant les officiers municipaux.* Paris, Prault, 1661, in-12, 536 p.

2268. *Code noir.* Paris, libraires associés, 1743, in-18.

2269. *Code pénal.* Paris, Desaint, 1777, in-12, 80-CIII-437 p.

2270. *Codex legum antiquarum...* Francofurti, Joannem et Andream Marnios, 1613, in-fol., index, 1570 p.

2271. **Codur** (le pasteur Siméon). *De la saincte et bienheureuse vierge. Si elle a esté en ce monde exempte de tout péché.* Montpellier, Jean Gillet, 1605, in-8, 224 p.

2272. **Coeffeteau** (F.-N.). *Histoire romaine... depuis... Auguste jusques à... Constantin le Grand, avec l'épitome de L. Florus...* Paris, Sébastien Cramoisy, 1623, petit in-fol., XIII-760 p. et table.

2273. —— *Pro sacra monarchia ecclesiæ catholicæ..., adversus Rempublicam Antonii de Dominis...* Lutetiæ Parisiorum, Sebastiani Cramoisy, 1623, in-fol., 755 p., index, 524 p., index.

2274. —— *Responce à l'advertissement adressé par le sérénissime roy de la Grande-Bretagne, Jacques Ier, à tous les princes et potentats de la chrestienté.* Paris, François Huby, 1610, in-12, 107 fol.

2275. **Cœpolla** (Barthélemy). *Tractatus de servitutibus...* Coloniæ Allobrogum (Genève), 1759, in-4, 660 p.

2276. *Cæremoniale episcoporum.* Antuerpiæ, apud Cornelium et Henricum Verdussen, in-fol., 1713, 397 p.

2277. **Coëtlogon** (le comte A. de) et L.-M. TISSERAND. *Les armoiries de la ville de Paris.* Paris, imp. nationale, 1874, in-4, 2 vol.

2278. **Coffin.** *Discours au roi... sur l'établissement de l'instruction gratuite dans l'université de Paris.* (Voir Actes d'appels...). Paris, Ch. Thiboust, 1719, in-4.

2279. **[Cohen de Vinkernof** (le comte Jean)]. *Cris de guerre et devises des états de l'Europe, des provinces et villes de France, et des familles nobles...* Paris, imp. H.-S. Dautreville, 1852, in-12, 168 p.

2280. **[Coiffier de Verseux** (le baron H.-L.)]. *Tableau historique et politique de l'année mil huit cent six, précédé d'un coup d'œil sur les cinq premières années du dix-neuvième siècle.* Paris, Buisson, 1807, in-8, IV-414 p.

2281. **Cointeraux.** *Conférences sur plusieurs objets importants.* Paris, l'auteur, 1809-1812, in-8, 15 fascicules.

2282. —— *Collection sur l'architecture rurale et l'agriculture.* Paris, l'auteur, 1790-1808, in-8, 3 vol.

2283. **[Coissin].** *Tableau des prisons de Paris sous la tyrannie de Robespierre.* Paris, Michel, 1794-1795, in-8, 271 p.

2284. **Colardeau.** *Œuvres.* Paris, Ballard, 1779, in-12, 2 vol.

2285. **Colbert** (l'évêque Charles-Joachim). *Œuvres.* Cologne, aux dépens de la compagnie, 1740, in-4, 3 vol.

2286. —— *Mandement pour la publication de l'acte par lequel il interjette appel au futur concile général.* Paris, François Bahuty, 1719, in-4, VII-IX-58-226-68 p.

2287. **Colbert** (Mgr Jacques-Nicolas). *Lettre pastorale aux curez de son diocèse, au sujet des nouveaux réunis.* Rouen, veuve Viret, in-4, 79 p.

2288. **Coligny** (Gaspard de). *Discours où sont contenues les choses... passées durant le siège de Saint-Quentin en 1557.* Collection Michaud, t. VIII; collection universelle, t. XL, et collection Buchon.

2289. **Coligny** (Louise de), princesse d'Orange. *Lettres à Charlotte-Brabantine de Nassau,* publiées par Paul Marchegay. Paris, Sandoz, 1872, in-8, XVI-112 p.

2290. **Coligny-Saligny** (Comte de). *Mémoires,* publiés par M. Monmerqué. Paris, J. Renouard, 1841, in-8, LVI-362 p.

2291. **[Colignon** (Albert)].* L'art et la vie.* Metz, imp. Blanc, 1866, in-8, 254 p.

2292. **Colin** (L.). *De la mélancolie.* Paris, Victor Rozier, 1866, in-12, 318 p.

2293. **Colin** (J.). *Plan de la ville, cité et université de Reims.* 1665, in-fol., 4 planches.

2294. Collé (Charles). *Journal et mémoires (1748-1772)...* nouvelle édition par Honoré Bonhomme. Paris, F. Didot, 1868, in-8, 3 vol.

2295. —— *Correspondance inédite, avec une introduction et des notes,* par Honoré Bonhomme. Paris, Henri Plon, 1864, in-8, 494 p.

2296. —— *La partie de chasse de Henri IV,* comédie en trois actes et en prose, in-8, 78 pages.

2297. *Collectanea troporum sacræ scripturæ.* Argentorati, apud Jo. Alb. 1535, in-12, 492 f., index.

2298. *Collectio thesium... circa præcipua theologiæ ac juris canonici dogmata.* Parisiis, Desaint, 1768, in-8, 473 pages.

2299. *Collection académique concernant l'histoire naturelle, la botanique, la physique expérimentale, la chimie, la médecine et l'anatomie.* Dijon, Desventes, 1754-1773, in-4, 17 volumes.

2300. *Collection complète des lois promulguées sur les décrets de l'assemblée nationale, depuis le 3 novembre 1789...* Paris, imp. nationale, 1791, in-8, 15 vol.

2301. *Collection d'anciens évangiles, ou monuments du premier siècle du christianisme, extraits de Fabricius, Grabius et autres savans,* par l'abbé B. Londres, 1769, in-8, 284 p.

2302. *Collection de mémoires relatifs à l'histoire de France,* par M. Guizot. Paris, Brière, 1823-1835, 31 vol. in-8.

2303. *Collection des historiens anciens et modernes de l'Arménie,* grec et latin. (Collection Didot.)

2304. *Collection des livres séparés de l'Ecriture sainte.* Paris, Guillaume Desprez, 1725, in-8, 26 vol.

2305. *Collection des mémoires relatifs à la révolution française.* Paris, Baudouin frères, 1821-1827, in-8, 53 vol.

2306. *Collection des procès-verbaux des assemblées générales du clergé de France.* Paris, imp. Guillaume Desprez, 1767-1783, in-f°, 12 vol.

2307. *Collection des procès-verbaux des séances de l'assemblée provinciale de Haute-Guienne tenues à Villefranche ès années 1779, 1780, 1782, 1784, 1786.* Paris, Crapart, 1787, in-4, 3 volumes.

2308. *Collection ecclésiastique ou recueil complet des ouvrages faits depuis l'ouverture des états généraux, dirigée par M. l'abbé Barruel.* Paris, Crapart, 1791-1793, in-8, 12 vol.

2309. *Collection générale des décrets rendus par l'assemblée nationale, la convention nationale, le conseil des Cinq-Cents et celui des Anciens.* Paris, imp. Baudoin et imprim. nationale, in-8, 123 vol.

2310. *Collection universelle des mémoires particuliers relatifs à l'histoire de France.* Londres et Paris, 1784-90, in-8, 9 volumes.

2311. **Collet** (Pierre). *Abrégé du dictionnaire des cas de conscience de Pontas.* Paris, libraires associés, 1768, in-12, 4 volumes.

2312. —— *Examen et résolutions des principales difficultés qui se rencontrent dans la célébration des saints mystères.* Paris, De Bure, 1757, in-12, 517 p. avec table.

2313. —— *Histoire abrégée de saint Vincent-de-Paul.* Paris, 1764, in-12, xxxviii-511 p.

2314. —— *Institutiones theologiæ moralis.* Lugduni, apud Joannem Mariam Bruyset, 1768, in-12, 5 vol.

2315. —— *Instructions et prières à l'usage des domestiques.* Paris, libraires associés, 1758, in-12 lv-252 pages.

2316. —— *L'esprit de saint François de Sales.* Paris, Jacques Estienne, 1755, in-8, lxiv-632 pages.

2317. —— *Lettres critiques sur différens points d'histoire et de dogme.* Turin, Gorin, 1751, in-12, iv-357 pages.

2318. ——*Sermons pour les retraites.* Lyon, Jean-Marie Bruyset, 1763, in-8, 2 vol.

2319. —— *Traité des devoirs de la vie religieuse.* Lyon, Jean-Marie Bruyset, 1765, in-12, 2 vol.

2320. —— *Traité des devoirs d'un pasteur qui veut se sauver en sauvant son peuple.* Paris, Th. Hérissant, 1758, in-12, 439 pages.

2321. —— *Traité des dispenses.* Paris, J.-B. Garnier, 1752-1753, in-12, 3 vol.

2322. —— *Traité historique, dogmatique et pratique des indulgences et du jubilé.* Paris, Thomas Hérissant, 1759, in-12, 2 volumes.

2323. **Colletet** (G.). *Notices biographiques sur les trois Marot... publiées par Georges Guiffrey.* Paris, A. Lemerre, 1871, in-8, 61 p.

2324. **Collin de Plancy** (J.). *Dictionnaire infernal.* Paris, Henri Plon, 1863, in-4, 11-723 pages.

2325. —— *Légendes des douze convives du chanoine de Tours — des commandements de Dieu — des sept péchés capitaux — des origines — de l'histoire de France — de la sainte Vierge — du calendrier.* Paris, Paul Mellier, 1845-1846, in-8, 7 vol.

2326. **Collinet** (J.-B.) et P.-P. MALAPERT. *Etude physiologique du cryptogame désigné sous le nom de oïdum Tuckeri...* Poitiers, imp. Bernard, 1854, in-8, 47 p.

2327. [**Collins** (Ant.)]. *Esprit du judaïsme.* Londres, 1770, in-12, table, xxii-201 p.

2328. —— *Essai sur la nature et la destination de l'âme humaine... traduit de l'anglais.* Londres, 1769, in-12, 295 p.

2329. —— *Examen des prophéties qui servent de fondement à la religion chrétienne.* Londres, 1768, in-12, table, 234 p.

2330. [**Collot** (Pierre)]. *Conversations sur plusieurs sujets de morale.* Toulouse, J. Dupleix, 1780, in-12, vi-551 p.

2331. —— *La vraie et solide piété expliquée par saint François de Sales... recueillie de ses épitres et de ses entretiens... par M. P. C.* Paris, Ganeau, 1736, in-8, 537 p.

2332. **Colombet** (Claude). *Abrégé de la jurisprudence romaine..:* Paris, J. Le Gras, 1663, in-4, 514 p. avec table.

2333. —— *In quinquaginta libros pandectarum seu digestorum paratiela.* Paris, apud viduam Joannis Paquet, 1682, in-12, 520 p.

2334. **Colomiès.** *Bibliothèque choisie.* La Rochelle, P. Savouret, 1682, in-12, iv-208 p.

2335. [**Colonia** (le P. Dominique de)]. *Dictionnaire des livres jansénistes, ou qui favorisent le jansénisme...* Anvers, J.-B. Verdussen, 1752, in-12, xx-508 p.

2336. **Columelle.** *L'économie rurale*, traduction... par M. Louis Du Bois. Paris, Panckoucke, 1844-1845, in-8, 3 vol.

2337. **Coluthus.** *Raptus Helenæ.* Grec et latin. (Collection Didot, vol. Hésiode.)

2338. **Combalot** (l'abbé). *Lettre à l'épiscopat en réponse au mandement de Mgr Dupanloup.* Rodez, imp. Carrère, 1851, in-8, 16 p.

2339. **Combefis** (François). *Bibliotheca patrum concionatoria.* Parisiis, Antonii Bertier, 1662, in-fol., 8 vol.

2340. —— *Ecclesiastes græcus id est illustrium græcorum patrum ac oratorum digesti sermones.* Parisiis, apud Andream Pralard, 1674, in-8, 613-237 p. avec index.

2341. **Combes**, PHILLIPS et COLLIGNON. *Exposé de la situation de la mécanique appliquée.* Paris, imp. impériale, 1867, in-8, 254 p.

2342. **Combes** (Pierre de). *Recueil tiré des procédures civiles faites en l'officialité de Paris et autres officialités du royaume.* Paris, Josse, 1705, in-fol., 2 vol. en un.

2343. **Combes** (Just.-Emile). *De la littérature des pères.* Montpellier, 1864, in-8, 51 p.

2344. —— *De sancti Bernardi adversus Abælardum contentione.* Monspelii, P. Grollier, 1860, in-8, 100 p.

2345. —— *La psychologie de saint Thomas d'Aquin.* Montpellier, typ. P. Grollier, 1860, in-8, 534 p.

2346. **Comettant** (Oscar). *Les musiciens, les philosophes et les gaietés de la musique en chiffres.* Paris, E. Dentu, 1870, in-8, 28 p.

2347. **Comice** agricole. *Compte-rendu du concours agricole de Montguyon, de Montlieu, de Jonzac, de Montendre.* Jonzac, imp. Louis Olière, 1872-1877, in-8, 4 brochures.

2348. **Comines** (Philippe de). *Mémoires... édition revue...* par MM. Godefroy. Paris, Rollin, 1747, in-4, 4 vol.

2349. **Commynes** (Philippe de). *Mémoires... publiés par* Mlle Dupont. Paris, J. Renouard, 1840-1847, in-8, 3 vol.

2350. —— *Mémoires sur le règne de Louis XI et de Charles VIII.* (Collection Michaud, t. IV ; collection universelle, t. X, XI, XII, et collection Buchon.)

2351. *Comité électoral de la Charente-Inférieure à Paris.* Paris, A. Bailly, 1848, in-8, 16 pages.

2352. **Commaille** (J.-A.). *Nouveau traité des donations entre vifs.* Paris, J.-A. Commaille, 1804, in-8, 2 vol.

2353. *Commentaire sur les tarifs du contrôle des actes et de l'insinuation.* Orléans, imp. Jean Rouzeau-Montaut, 1758, in-8, VIII-528 p., table.

2354. *Commentaire sur l'ordonnance des eaux et forêts de 1669.* Paris, Debure, 1772, in-12, XXIV-515 pages.

2355. *Commentarii collegii Conimbricencis, e societate Jesu, in universam dialecticam Aristotelis Stragiritæ.* Lyon, Horace Cardon, 1610, in-4, 10-726 pages.

2356. *Commentariolus, quomodo Deus, præcipue per psalmos, benedicendus atque laudandus sit.* (Voir Stevart Pierre).

2357. *Commission... de l'esclavage et de la constitution politique des colonies. Procès-verbaux.* Paris, impr. royale, 1840, in-4, 413 pages.

2358. **Commons.** *Reports from the select committee of the House of Commons... respecting sir Home Pothane...* London, M'Millan, 1805, in-8, VI-337 pages.

2359. *Communion (de la) à Jésus-Christ, et réfutation des erreurs de nostre temps sur ce sujet.* Genève, Pierre de La Rovière, 1621, in-4, 542 p., table.

2360. Compagnie du chemin de fer de la Seudre. *Rapports du conseil d'administration, 1875-1878.* Royan, imp. Florentin-Blanchard, 1875-1878, in-4, 2 brochures.

2361. Compagnie des chemins de fer des Charentes. *(Statuts. — Mémoires. — Rapports. — Notes. — Observations. — Circulaires, etc.).* Paris, imp. Chaix, 1863-1877, 23 fascicules.

2362. Compagnie du chemin de fer de Paris à Orléans. *Recueil de documents.* Paris, Napoléon Chaix, 1856, in-8, 341 p.

2363. Compagnon. *A juger pour le sieur Compagnon de Thezac... contre le sieur Etienne-Nicolas Cairon de Merville...* Bordeaux, imp. Michel Racle, 1772, petit in-folio, 23 pages.

2364. —— *Dire de Mre Jacques Compagnon, seigneur de Thezac, responsif au mémoire du sieur Prévereau.* Sans n. ni l. 1774, petit in-folio, 10 pages.

2365. —— *Mémoire pour Me Jacques Comgagnon.... contre Jacques Péricaut....* Imp. ve Calamy, [1745] petit in-f°, 30 p.

2366. —— *Mémoire pour messire Jacques Compagnon... contre Me Jean Prevereau.* Saintes, imp. Pierre Toussaints, 1771, petit in-folio, 27 pages.

2367. Compagnon. *Observations pour le sieur Compagnon de Thezac... contre le sieur de Merville...* Bordeaux, imp. Michel Racle, 17), petit in-folio, 26 pages.

2368. —— *Réflexions sommaires pour Jacques Compagnon... contre le sieur Crespin...* [Bordeaux], Jean Lacourt, 1759, petit in-folio, 12 pages.

2369. —— *Réponses pour Jacques Compagnon... contre Jean Prévereau....* Sans nom, ni lieu, ni date (1770), petit in-f°, 70 p.

2370. **Compans** (P.-D.-L.-M.). *Histoire de la vie de Jésus-Christ...* Paris, imp. Cailleau, 1786, in-12, 2 vol.

2371. *Comparaison de Platon et d'Aristote avec les sentimens des Pères sur leur doctrine...* Paris, C. Barbin, 1671, in-18, table, 270 pages.

2372. *Compendiosæ institutiones theologicæ ad usum seminarii Pictaviensis...* Pictavii, Jacobum Faulcon, 1729, in-12, 4 volumes.

2373. *Compendium historiæ ecclesiasticæ ad usum ordinandorum.* (Voir introductio ad sacram scripturam). Cadomi, J. Poisson, 1751, in-12, 124 pages.

2374. *Compendium philosophiæ.* Paris, Firmin Didot frères, 1847, in-8, 2 volumes.

2375. *Compendium privilegiorum et gratiarum societatis Jesu.* (Voir canones congregationum generalium societatis Jesu). Anteuerpiæ, apud Joannem Meursium, 1635, in-12, 164 p,

2376. *Compte général de l'administration de la justice civile et commerciale en France.* Paris, imprimerie royale-impériale-nationale, 1835-1879, in-4, 45 vol.

2377. *Compte général de l'administration de la justice criminelle en France.* Paris, imprimerie royale-impériale-nationale, 1835-1879, in-4, 45 volumes.

2378. *Comptes de l'hôtel des rois de France aux XIVe et XVe siècles, publiés... par M. L. Douët-D'Arcq.* Paris, v^e Renouard, 1865, in-8, xlii-437 pages.

2379. *Comptes des bâtiments du roi sous le règne de Louis XIV, publiés par M. Jules Guiffrey.* Paris, imprimerie nationale, 1881, in-4, lxxiv-1529 pages.

2380. *Comptes généraux du trésor public.* Paris, imprimerie impériale, 1806, 1808, in-4, 2 volumes.

2381. *Compte rendu... de la commission de la souscription....
en faveur des veuves, orphelins et blessés de juillet 1830.*
Paris, imp. Crapelet, 1832, in-4, 120 pages.

2382. *Compte-rendu de la conférence de charité (de Saintes)
pour l'année 1869, 1871, 1872, 1873, 1875, 1876, 1877.* Saintes,
Hus, 1869-1877, in-12, 7 broch.

2383. *Compte-rendu de l'administration municipale de la
ville de La Rochelle, de 1870-1874.* La Rochelle, typ. de A.
Siret, 1874, in 8, 31 p.

2384 *Compte-rendu de la réunion des membres de l'œuvre du
vénérable de La Salle.* La Rochelle, imp. Deslandes, 1877-
1878, in-8, 2 broch.

2385. *Compte-rendu des conférences du diocèse de La Rochelle
et Saintes, pendant l'année 1868.* La Rochelle, imp. Deslandes, 1870, in-8, 141 p.

2386. *Compte-rendu des premiers travaux de l'association
pour la liberté des échanges.* Bordeaux, imp. de P. Coudert,
1846, in-8, 2 fasc.

2387. *Comptes-rendus des travaux de la société des agriculteurs de France.* Paris, au siège de la société, 1869, in-8,
VIII-571 pages.

2388. *Compte-rendu des travaux de la société de statistique de
la Chambre de Commerce de Marseille.* Marseille, typ. Clap-
pier, 1829-1871, in-4, 4 vol. et 12 fasc.

2389. *Compte-rendu de toutes les opérations du comité de secours pour l'armée.* (Arrondissement de La Rochelle.)
La Rochelle, imp. G. Mareschal, 1872, in-8, 48 p.

2390. *Compte-rendu... du galvanisme.* Paris, Baudoin, 1797,
in-4, 107 pages.

2391. *Comptes-rendus des congrès de l'association agricole du
centre de l'Ouest.* La Rochelle, typ. Mareschal, 1845-1848,
in-8, 6 vol.

2392. *Comptes-rendus par les directeurs des administrations
des tabacs et des contributions indirectes.* Paris, imp. royale,
1836, in-4, 148 p.

2393. *Concertationes Janseniorum contra ecclesiam.* In-4,
table, 368 pages.

— 168 —

2394. *Concile (le) de Périgueux et M. Jean Reynaud.* Poitiers, imp. H. Oudin, 1859, in-8, 47 pages.

2395. *Concile (le saint) de Trente œcuménique et général...* *nouvellement traduit par M. l'abbé Chanut.* Paris, Mabre-Cramoisy, 1686, in-12, 458 p. et table.

2396. *Concilium Nicenum, synodi Nicenæ quam græci septimum vocent... opus...* Coloniæ, Petrus Quentel, 1540, in-fol., 95 fol.

2397. *Concilium provinciale Cameracense 1586...* Montibus, typis viduæ Simeonis de La Roche, 1686, in-12, 178-71-166-51-129 p. avec index.

2398. *Concordantiæ bibliorum hebraice...* Basileæ, Ludovici Konig, 1632, in-fol.

2399. *Concordantiæ Græcolatinæ Testamenti novi...* Genevæ, Petri et Jacobi Chouët, 1624, in-fol., 1004 p.

2400. *Concours régional agricole de Saintes... Liste des prix décernés.* Saintes, imp. Gay, 1875, in-18, 38 p.

2401. *Concours régional de Saintes. Mai 1875. Affiches, programmes, lettres.* 1875, 71 pièces.

2402. *Concours d'animaux de boucherie.* Paris, imp. nationale, 1850-1867, in-8, 13 vol.

2403. *Concours d'animaux reproducteurs, instruments, ustensiles.* Paris, imp. impériale, 1851-1859, in-8, 11 vol.

2404. *Concorde (La), journal des Charentes.* Saint-Jean-d'Angély, typ. Lemarié, 1er janvier au 31 octobre 1871, in-folio.

2405. *Concordia librorum regum et paralipomenon.* Lutetiæ Parisiorum, Guillelmum Desprez, 1691, in-4, 458 p., index.

2406. **Condé** (Louis de Bourbon, prince de). *Mémoires de ce qui s'est passé de plus mémorable en France.* (Collection Michaud, t. VI).

2407. —— *Mémoires servant d'éclaircissement et de preuves à l'histoire de M. de Thou — et supplément.* Londres-Paris, Rollin, 1743-45, in-4, 6 vol.

2408. **Condillac** (l'abbé de). *Œuvres complètes.* Paris, Chouel, an VI, 1798, in-8, 23 vol.

2409. **Condillac** (l'abbé de). *Logique à l'usage des élèves des prytanées et lycées de la République française*, par Noël. Paris, Dufart, an XI, (1802), in-12, 3 vol.

2410. *Conditions du pensionnat de l'école centrale de Saintes, département de la Charente-Inférieure.* Saintes, Mareschal, in-12, s. d., 3 p.

2411. **Condorcet.** *Esquisse d'un tableau historique des progrès de l'esprit humain.* Paris, Agasse, an III, in-8, viii-390 p.

2412. **[Condren** (le P. de)]. *L'idée du sacerdoce et du sacrifice de Jésus-Christ.* Paris, veuve J.-B. Coignard, 1691, in-12, 465 p.

2413. *Conduite des âmes dans la voie du salut.* Paris, G.-C. Berton, 1753, in-12, 407 p.

2414. *Conduite des confesseurs.* Paris, G.-C. Berton, 1749, in-12, xxxv-454 p.

2415. *Conduite pour la retraite du mois à l'usage des religieux de la congrégation de saint Maur.* Paris, J.-B. Coignard, 1670, in-12, 156 p.

2416. *Confédération du département de la Charente-Inférieure (19 juin 1815).* La Rochelle, Mareschal, 1815, in-fol. plano.

2417. *Conférences du palais du Trocadéro.* Paris, imp. nationale, 1879, in-8, 3 volumes.

2418. *Conférences ecclésiastiques de Paris sur l'usure.* Paris, frères Estienne, 1766, in-12, 4 vol.

2419. *Conférences ecclésiastiques de Paris sur le mariage.* Paris, veuve Estienne, 1735-1737, in-12, 5 vol.

2420. *Conférences ecclésiastiques du diocèse d'Amiens sur la pénitence.* Amiens, veuve Robert-Hubault, 1695, in-4, 696 p.

2421. *Conférences ecclésiastiques du diocèse d'Angers.* Angers, imp. Pierre-Louis Dubé, 1755, in-12, 24 vol.

2422. *Conférences ecclésiastiques du diocèse de Langres.* Lyon, Jean Certe, 1693, in-12, 3 vol.

2423. *Conférences ecclésiastiques du diocèse de La Rochelle.* Rouen, Fr. Vaultier, 1704, in-12, 472 p.

2424. *Conférences ecclésiastiques du diocèse de Lodève.* Paris, J.-B. Coignard, 1749, in-12, 4 vol.

2425. *Conférences ecclésiastiques du diocèse de Luçon sur les commandemens de Dieu, les sacremens et les épitres de saint Paul.* Paris, Antoine Dezallier, 1703-1709, in-12, 12 vol.

2426. *Conférences ecclésiastiques du diocèse de Périgueux sur l'usage des sacremens.* Paris, Louis Guérin, 1699, in-12, 5 volumes.

2427. *Conférences faites en 1868 à Auxerre.* Paris, V. Masson, 1868, in-8.

2428. *Conférences scientifiques et littéraires de l'académie de Poitiers (1866-1867).* Niort, L. Clouzot, 1867, in-8, 369 pages.

2429. *Confession de foi des chrétiens.* (Sans lieu ni nom), 1646, in-12, 83-13-19-48-46 p.

2430. *Confession et simple exposition de la vraye foy.* 1566, in-8, table, 182 p.

2431. *Congrès archéologiques de France.* Paris, Derache, 1845-1879, in-8, 28 vol.

2432. *Congrès international des réformes douanières.* Bruxelles, imp. Weissenbruch, 1857, in-8, xx-363 p.

2433. *Congrès international du palais du Trocadéro.* Paris, imp. nationale, 1879, 32 vol. in-8.

2434. *Congrès scientifiques de France.* 1835-1868, in-8, 36 vol.

2435. **Conil** (P.). *1865. Liberté, égalité, fraternité, argent, crédit, assurance.* Paris, Amiot, 1865, in-4, 14 p.

2436. **Conrart** (Valentin). *Mémoires.* (Collection Michaud, t. XXVIII.)

2437. **Conry** (Florent). *Peregrinus Ierichuntinus, hoc est de natura humana feliciter instituta, infeliciter lapsa.* Parisiis, Claudium Calleville, 1641, in-4, 90 p.

2438. —— *Tractatus de statu parvulorum sine baptismo decedentium.* (Voir Jansen, Corneille.) Rothomagi [Joan et Davidis Berthelin], 1652, in-fol., 48 p.

2439. *Conseil supérieur des haras. Procès-verbaux des séances.* Paris, imp. nationale, 1850, in-4, 204 p.

2440. *Conseils généraux de l'agriculture, des manufactures et du commerce. Procès-verbaux.* Paris, imp. royale, 1845-1846, in-4, 4 vol.

2441. *Conservateur (Le) ou collection de morceaux rares et d'ouvrages anciens.* Paris, Lambert, 1756-1758, in-12, 12 vol.

2442. *Consilium cujusdam ex animo cupientis esse consultum.*
(Voir Martin de Laon.) 1521, in-8 non paginé, 3 fol.

2443. *Conspiration de Jean Prochyta.* (Collection Buchon.)

2444. **Constant** (L.). *Louis XVI d'après les documents authentiques.* Paris, Le Chevalier, 1869, in-12, iv-216 p.

2445. **Constant** (Benjamin). *Du polythéisme romain.* Paris, Béchet aîné, 1833, in-8, 2 vol.

2446. **Constantin** (l'empereur). *Rescriptum ad Arium et Arianos.* (Grec et latin.) Lutetiæ, Federicum Morellum, 1695, in-8, 40 p.

2447. **Constantine.** *Annuaire de la société archéologique.* Constantine, imp. Abadie, 1855-1862, in-8, 5 vol.

2448. —— *Recueil des notices et mémoires de la Société archéologique de la province.* Constantine, typ.-lith. Alessi et Arnolet, 1863-1870, 8 vol. in-8.

2449. *Constitution de la république française et lois y relatives.* Paris, imp. de la république, an IV, in-18, x-368 p.

2450. *Constitution du monastère de Port-Royal du saint sacrement.* Paris, Guillaume Desprée, 1721, in-12, 479 p.

2451. *Constitution française donnée à Paris le 14 septembre 1791.* Saintes, imp. de P. Toussaints, 1791, in-4, 59 p.

2452. *Constitution, sénatus-consultes, lois et décrets du Corps législatif.* Paris, imp. Poupart-Davyl, 1862, in-8, xiii-191 p.

2453. *Constitutiones concilii provincialis Moguntini...* Moguntiæ, apud D. Victorem, excudebat Franciscus Behem, 1549, in-fol., cclxvii f.

2454. *Constitutiones legitime seu legative regionis anglicane...* (Voir Linde.) 1504, in-4, table, 105 p.

2455. *Constitutiones Parmæ in synodo diœcesana promulgatæ.* Parmæ, Erasmum Viochum, 1602, in-8, 128 p.

2456. *Constitutiones pro directione regiminis congregationis sancti Mauri.* (Sans lieu ni nom), 1735, in-8, 203 p., index.

2457. *Constitutions pour la maison des nouvelles catholiques de Paris.* Paris, imp François Muguet, 1675, in-12, 215 p. avec table.

2458. *Constitutions (Les) régulières ou les statuts des frères mineurs recolletz de la province de l'Immaculée conception en Guyenne.* 1654, in-12, 248 p., table.

2459. **Contenson** (le P. Fr.-Vincent). *Theologia mentis et cordis...* Lugduni, Petri Borde, 1687, in-fol., 3 tomes en 2 vol.

2460. *Consultation touchant la constitution de Notre S. P. le Pape du 8 septembre 1713.* (Voir vol. Pièces curieuses.) In-12, 58 pages.

2461. **Cooper.** *The last of the Mohicans.* Paris, L. Baudry, 1826, in-12, 3 vol. en 1.

2462. —— *The two admirals.* Leipzig, Tauchnitz, 1842, in-12, 468 pages.

2463. **Copper** (Joseph). *Un continent perdu ou l'esclavage et la traite en Afrique en 1875,* traduit de l'anglais. Paris, Hachette, 1876, in-4, 160 p. avec carte.

2464. **Cop** (Michel). *Sur les proverbes de Salomon.* Genève, imp. C. Badius, 1559, in-8, 1202 p.

2465. *Copie de la lettre de monsieur l'abbé Bochard de Sarron à l'évêque de Clermont...* (Voir vol. Pièces curieuses.) Cologne, Pierre Marteau, 1711, in-12, 86 p.

2466. **Coppée** (François). *Poésies.* Paris, A. Lemerre, 1871, in-12, 221 p.

1467. **Coppin.** *M. de Lamartine.* Paris, imp. de Brière, 1865, in-8, 31 p.

2468. **Coquand** (H.). *Description physique, géologique du département de la Charente.* Besançon-Marseille, typ. Dodivers, Barlatier-Feissat, 1858-1862, in-8, 2 vol.

2469. —— *Mémoire sur la formation crétacée du département de la Charente...* Besançon, imp. Dodivers (s. d.), in-8, 71 p.

2470. **Coquerel** (Athanase). *Jean Calas et sa famille.* Paris, Joël Cherbuliez, 1869, in-8, xix-527 p.

2471. **Coquerel** (Charles). *Histoire des églises du désert chez les protestants de France.* Paris, Cherbuliez, 1841, in-8, 2 vol.

2472. **Coquille** (Guy). *Histoire du pays et duché du Nivernois.* Paris, veuve Abel l'Angelier, 1612, in-4, 438 p.

2473. —— *Institution av droict des François.* Paris, Abel l'Angelier, in-4, table, 364 p.

2474. **Coquille** (Guy). *Questions et réponses sur les coustumes de France..* Paris, Abel Langelier, 1616, in-4; table, 632 p., table.

2475. **Coray.** *Lettres inédites à Chardon de La Rochette, 1790-1796.* Paris, Firmin Didot, 1877, in-8, 606 p.

2476. —— *Nouvelles lettres françaises publiées par M. le marquis de Queux de Saint-Hilaire.* Paris, typ. G. Chamérot, 1878, in-8, 30 p.

2477. **Corcelle** (De). *Situation financière et politique du Saint-Siège.* Lyon, imp. L. Perrin, 1870, in-12, 28 p.

2478. **Cordemoy** (Géraud de). *Le discernement du corps et de l'âme. Item, Discours physique de la parole.* Paris, Michel Le Petit, 1670, in-18, 247 p.

2479. —— *Histoire de France.* Paris, J.-B. Coignard, 1685, in-fol., 657 p.

2480. **Cordemoy** (l'abbé Louis). *Lettre... contre le système de l'église de M. Jurieu.* Paris, J.-B. Coignard, 1689, in-4, 77 p.

2481. —— *Lettre aux nouveaux catholiques de l'isle d'Arvert.* Paris, veuve Coignard, 1689, in-4, 123 p.

2482. —— *Lettre des nouveaux catholiques de l'isle d'Arvert en Saintonge.* Paris, G. et L. Josse, 1688, in-4, 67 p.

2483. —— *Traité contre les Sociniens.* Paris, Jean-Baptiste Coignard, 1696, in-12, table, 274 p.

2484. **Corgne.** *Défense des droits des évêques.* Paris, G. Desprez, 1762-1763, in-4, 741 pages.

2485. [**Corgne**]. *Dissertation sur le concile de Rimini...* Paris, imp. Delusseux, 1732, in-12, 372 p.

2486. —— *Dissertation critique et historique sur le pape Libère.* Paris, imp. Delusseux, 1736, in-12, 154 p.

2487. —— *Mémoire dogmatique et historique touchant les juges de la foi...* Paris, imp. veuve Mazières et J.-B. Garnier, 1736, in-12, v-451 p. avec table.

2488. **Cormenin** (de). *Questions de droit administratif.* Bruxelles, H. Tarlier, 1837, in-8, 2 vol.

2489. —— *Révision.* Paris, Pagnerre, 1851, in-18, 108 p.

2490. **Cormon** (G.-L. Bartolomeo). *Dizionario portatile et di pronunzia Francese Italiano ed Italiano Francese.* In Parigi, B. Cormon e Blanc, 1838, in-8, vii-532 p.

2491. **Corneille** (P.). *Œuvres, nouvelle édition revue...* par Ch. Marty-Laveaux. Paris, L. Hachette, 1862, et lexique, 1868, in-8, 12 vol. et album.

2492. **Cornelius Nepos**. *Traduction nouvelle avec des notes.* Paris, Brocas, 1759, in-12, xxiv-664 p.

2493. —— *Vies*, traduction... par P.-F. de Calonne et Amédée Pommier. Paris, Panckoucke, 1837, in-8, xxiij-456 p.

2494. **Combles** (de). *L'école du jardin potager.* Paris, Onfroy, 1794, in-12, 2 vol.

2495. **Cornulier** (E. de). *Du droit de tester.* Orléans, Herluison, 1873, in-12, 452 p. et table.

2496. **Cornut** (l'abbé). *Causeries historiques sur le Velay.* Le Puy, typ. Marchessou, 1865, in-12, 2 vol.

2497. *Corpus juris canonici Gregorii XIII. Pont. Max. jussu editum a Petro Pithoeo...* Paris, Thierry, 1687, in-folio, 2 volumes en 1.

2498. *Corpus omnium veterum poetarum latinorum (Petro, Brossæo).* Coloniæ Alobrogum (Genève), Sam. Crispinus, 1611, in-8, 2 vol.

2499. *Correspondant (Le).* Paris, Douniol, 1871-1882, in-8.

2500. *Correspondance administrative sous le règne de Louis XIV... recueillie par G.-B. Depping.* Paris, imp. nationale, 1850-1855, in-4, 4 vol.

2501. *Correspondance authentique de la cour de Rome avec la France, depuis l'invasion de l'état romain jusqu'à l'enlèvement du souverain pontife.* Paris, L. Saintmichel, 1814, in-8, 176 pages.

2502. *Correspondance inédite du comité du salut public avec les généraux et les représentants du peuple...* mise en ordre par M. Legros. Paris, Mame, 1857, in-8, 1 vol.

2503. *Correspondance littéraire (La).* Paris, A. Durand, 1860-1862, in-4, en feuilles.

2504. **Corta** et Rouher. *Discours au corps législatif sur le Mexique.* Paris, typ. E. Panckoucke, 1865, in-8, 62 p.

2505. **Cortet** (Eugène). *Beaufort et ses seigneurs.* Paris, Dumoulin, 1865, in-12, xxviii-107 p.

2506. **Cortet** (Eugène). *Essai sur les fêtes religieuses.* Paris, E. Thorin, 1867, in-12, 283 p.

2507. **Corvinus de Beldern** (Arnold). *Jus canonicum.* Amstelodami, officina Elzeviriana, 1663, in-16, 362 p., table.

2508. —— *Digesta...* Amsterodami, officina Elzeviriana, 1656, in-32, index, 631 p.

2509. **Cosnac** (Daniel de). *Mémoires publiés par le comte Jules de Cosnac.* Paris, J. Renouard, 1852, in-8, 2 vol.

2510. **Cosnac** (G.-J. comte de). *Souvenirs du règne de Louis XIV.* Paris, veuve Renouard, 1866-1882, in-8, 8 vol.

2511. **Cossart** (Gabriel). *Orationes et carmina.* Parisiis, Robert Pepie, 1690, in-12, xix-278 p.

2512. **Cossin.** *Consultation pour le citoyen Félix Cossin.* Paris, imp. Du Pont, 1797, in-4, 84 p.

2513. *Instructions pratiques sur la pisciculture.* Paris, Victor Masson, 1856, in-12, vi-144 p.

2514. **Cotelier** (J.-B.). *S. S. Patrum qui temporibus apostolicis floruerunt... opera.* Antuerpiæ, 1698, in-folio, 2 vol.

2515. **Cotelle** (A.). *De la destruction du gibier en France.* Paris, Al. Cotelle et Cie, 1863, in-8, 16 p.

2516. —— *Législation française des chemins de fer et de la télégraphie électrique.* Paris, Marescq aîné, 1867, in-8, 2 vol.

2517. [**Cotolendi** (Ch.)] *La vie de saint François de Sales, évêque et prince de Genève, fondateur de l'ordre de la Visitation Sainte-Marie.* Paris, Robert Pépie, 1689, in-4, xiv-8-376 pages.

2518. [**Coton** (le P. Pierre)], *Response apologétique à l'anticoton.* Poictiers, imp. A. Mesnier, 1611, in-8, 312 p.

2519. **Coton** (le P. Pierre). *Genève plagiaire.* Paris, Claude Chappelet, 1618, in-fol., 2261 col. et tables.

2520. **Cottu.** *Considérations sur la mise en accusation des ministres.* Paris, A. Dupont, 1827, in-8, 99 p.

2521. —— *Des résultats nécessaires de la situation actuelle de la Couronne et de la Chambre des députés.* Paris, Dentu, 1829, in-8, 95 p.

2522. —— *Deux mots sur la mise en accusation des ministres.* Paris, Delaforest, 1827, in-8, 27 p.

2523. **Cottu**. *Observations sur le nouveau projet de loi relatif à la police de la presse.* Paris, Mame, 1827, in-8, 70 p.

2524. —— *Plan du parti révolutionnaire pour la session de 1829.* Paris, J. Dentu, 1829, in-8, 120 p.

2525. **[Coublaut** (Antoine)]. *Réflexions spirituelles sur les passions.* Paris, Christophle Remy, 1682, in-12, table, 283 p.

2526. **Couchot**. *Le praticien universel.* Paris, Jacques Le Febvre, 1712, in-12, 6 vol.

2527. **Coudray** (L.-D.). *Défense de Châteaudun dans la journée du 18 octobre 1870...* Paris, E. Dentu, 1871, in-18, 83 p.

2528. [**Coudrette** (l'abbé Christophe)]. *Dissertation théologique sur les loteries.* 1742, in-12, table, 344 p.

2529. —— *Idée générale des vices principaux de l'institut des jésuites.* In-12, 220 p.

2530. **Couet** (Bernard). *Lettres sur cette question importante : S'il est permis d'approuver les jésuites pour prêcher et pour confesser.* Amsterdam, 1755, xxii-383 p., lxxxix p.

2531. **Coulier** (Ph.-J.). *Tables des principales positions géonomiques du globe.* Paris, Hector Bossange, 1828, in-8, xvi-312-182 pages.

2532. **Coulon de Thevenot** (D^lle). *Abrégé de la tachygraphie.* Paris, imp. de Charles, 1810, in-12, 24 p. avec planches.

2533. **Coulvier-Gravier** (M.). *Recherches sur les météores.* Paris, Mallet-Bachelier, 1859, in-8, xxxiv-372 p.

2534. *Coup-d'œil rapide sur les progrès et la décadence du commerce et des forces de l'Angleterre.* Amsterdam, Arkstée, 1768, in-12, 100 p.

2535. [**Coupé** (l'abbé M.-L.)]. *Manuel de morale.* Paris, Edme, 1772, in-12, 264 p.

2536. **Coupin** (P.-A.). *Notice nécrologique sur Girodet, peintre d'histoire.* Paris, imp. Rignoux, 1825, in-8, 15 p. avec portrait.

2537. **Courajod** (Louis). *L'école royale des élèves protégés.* Paris, J.-B. Dumoulin, 1874, in-8, civ-264 p., planche.

2538. **Courayer** (Le P.). *Dissertation sur la validité des ordinations des Anglois et sur la succession des évesques de l'église anglicane. Supplément.* Bruxelles, Simon T'Serstevens, 1723, in-12, 2 vol.

2539. Courbon (le marquis de); le marquis de Crèvecœur. *A nosseigneurs de parlement (demande de Gabr.-Madel. de Courbon, marquis de Blenac, contre les sieurs Peyreve et marquis de Crèvecœur).* Paris, imp. de la veuve d'An. Knapen, 1739, in-fol., 4 p.

2540. Courcelles (le chevalier de). *Dictionnaire... des généraux français.* Paris, l'auteur, 1820-1823, in-8, 9 vol.

2541. —— *Histoire généalogique et héraldique des pairs de France.* Paris, l'auteur, 1822-1823, in-4, 12 vol.

2542. Courcelle-Seneuil (J.-G.). *Leçons élémentaires d'économie politique.* Paris, Guillaumin, 1864, in-12, VIII-292 p.

2543. —— *Traité sommaire d'économie politique.* Paris, Guillaumin, 1865, in-12, VII-288 p.

2544. Courcy (Le marquis de). *L'empire du milieu.* Paris, Didier et Cie, 1867, in-8, XI-692 p.

2545. Couriet (Edouard). *Vie et travaux de J.-Z. Amussat.* Niort, L. Clouzot, 1874, in-8, 16 p.

2546. Cournot. *Traité de l'enchaînement des idées fondamentales dans les sciences et dans l'histoire.* Paris, Hachette, 1861, in-8, 2 vol.

2547. *Courrier (Le) des deux Charentes.* Saintes, imp. Hus, in-fol., 1862-1882, 11 vol.

2548. *Cours d'histoire naturelle.* Paris, Bossange, an III, in-12, 7 volumes.

2549. Courson (Aurélien de). *Cartulaire de l'abbaye de Redon en Bretagne.* Paris, imp. impériale, 1863, in-4, CCCXCV-760 pages.

2550. Court de Gebelin. *Monde primitif... ou dictionnaire étymologique de la langue grecque.* Paris, Boudet, 1773-1782, in-4, 9 vol.

2551. Courtade (François) et Maurice D'HULST. *De l'action individuelle dans l'éducation chrétienne.* Paris, Ch. Douniol, 1870, in-8, 39 p.

2552. Courtois (E.-B.). *Rapport fait au nom de la commission chargée de l'examen des papiers trouvés chez Robespierre et ses complices.* Paris, imp. nationale des lois, an IIIe, in-8, 408 pages.

2553. **Courtois-Gérard.** *Du choix et de la culture des pommes de terre.* Paris, E. Donnaud, (1867), in-32, ix-87 p.

2554. —— *Du choix et de la culture des graminées.* Paris, E. Donnaud, (1867), in-32, 78 p.

2555. **Cousin** (Victor). *Cours de l'histoire de la philosophie moderne.* Paris, Ladrange, 1846, in-12, 2 vol.

2556. —— *Du vrai, du beau et du bien.* Paris, Didier, 1867, in-8, xii-497 p.

2557. —— *Jacqueline Pascal.* Paris, Didier, 1869, in-8, 465 p.

2558. —— *La société française au XVIIe siècle.* Paris, Didier, 1870, in-8, 2 vol.

2559. —— *Madame de Chevreuse.* Paris, Didier, 1869, in-8, 544 pages.

2560. —— *Madame de Hautefort.* Paris, Didier, 1868, in-8, vi-436 pages.

2561. —— *Madame de Longueville.* Paris, Didier, 1869, in-8, xvi-588 pages.

2562. —— *Madame de Longueville pendant la Fronde.* Paris, Didier, 1867, in-8, viii-490 p.

2563. —— *Madame de Sablé.* Paris, Didier, 1859, in-8, xv-512 p.

2564. **Cousinot** (P.). *Chronique de la pucelle, suivie de la chronique normande de P. Cochon, avec notices,* par M. Vallet de Viriville. Paris, A. Delahays, 1859, in-12, 540 p.

2565. **Cousseau** (l'abbé Antoine). *Notice historique sur l'église de Notre-Dame de Lusignan.* Poitiers, Saurin, in-8, 136 p. avec planche.

2566. **Cousseau** (Mgr Antoine). *Mandements, lettres pastorales pour le carême.* Angoulême, imp. Girard, 1862-1872, in-4, 8 pièces.

2567. —— *Triomphes de la foi et protection de saint Hilaire sur son église de Poitiers.* Angoulême, J. Girard, 1868, in-8, 15 pages.

2568. **Coussemaker** (Edmond de). *Scriptorum de musica medii ævi novam seriem collegit.* Parisiis, Durand, 1864-1869, in-4, 3 vol.

2569. **Coussin** (O.). *Catéchisme agricole.* Bordeaux, imp. de Ch. Poinsot, 1860, in-12, 45 p.

2570. **Coussy** (Mathieu de). *Chroniques*. (Collection Buchon.)

2571. **Coustant** (le P.). *Epistolæ romanorum pontificum*. Parisiis, apud L.-D. Delatour, 1721, in-fol., CL-1279-123 p. avec index.

2572. **Coustand** (Jean). *Officium proprium beatissimi Hilarii majoris Pictaviensis...* Poitiers, typ. P.-A. Massard, 1667, in-4, 208 pages.

2573. *Coustumes de Bretaigne nouvellement réformées...* Rennes, Philippes Bourguignon, 1553, in-8, table, 194 fol.

2574. *Coutumes de la prévosté et vicomté de Paris, avec notes de Dumolin, Tournet, Joly, Labbé...* Paris, Guillaume Cavelier, 1709, in-12, 2 vol.

2575 *Coutumes (Les) du pays de Saintonge au siège et ressort de Saint-Jean-d'Angéli*. Bordeaux, imp. Guillaume Boudé-Bol, 1714, in-18, 35 p.

2576. *Coutumes du pays et duché de Normandie*. Rouen, J.-B. Besongne fils, 1721, in-32, 488 p. avec table.

2577. *Coutumier (Le) de Picardie*. Paris, aux dépens de la Société, 1726, in-fol., 2 vol.

2578. **Couturier** (E.). *Ma défense devant la cour d'assises de Saintes*. Rochefort, imp. Triaud, 1872, in-12, 16 p.

2579. —— *Les remarques orthographiques*. Saintes, imp. Ribéraud, 1877, in-8, 16 p.

2580. —— *Renseignements sur les élections municipales de Rochefort*. Saintes, imp. Ribéraud, 1878, in-8, 8 p.

2581. **Covarruvias y Leyva** (Diego). *Resolutionum variarum ex jure pontificio, regio, et cæsareo libri III...* Francofurti ad Mænum, per Petrum Fabricium, 1571, in-fol., 464 p., index, 127 p., index.

2582. **Coxe** (William). *Lettres sur l'état politique, civil et naturel de la Suisse*, traduites de l'anglais. Paris, Belin, 1787, in-12, 2 vol.

2583. —— *Voyage en Pologne, Russie, Suède, Danemark*, traduit de l'anglais... par M. P.-H. Mallet. Genève, Barde, Monget et Cie, 1787, in-4, 2 vol.

2584. **Coyttar** (J.). *De febre purpurea epidemiali et contagiosa libri duo*. Paris, Martin jeune, 1578, in-4, 347 p. avec table.

2585. **Coyer** (l'abbé). *Bagatelles morales et dissertations avec le testament littéraire de M. l'abbé Desfontaines.* Francfort, Knoch, 1759, in-12, 303 p.

2586. **Crasset** (le R. P. J.). *La manne du désert pour les personnes qui sont en retraite.* Paris, Jean-Baptiste Delespine, 1719, in-12, table, 389 p.

2587. —— *La douce et sainte mort.* Paris, imp. Estienne Michallet, 1698, in-12, 372 p. avec table.

2588. **Craufurd** (Jame). *Mémoires, lettres et pièces diverses contre M. le duc de Grammont...* Paris, Pélicier, 1820, in-8, VIII-128 pages.

2589. **Crayon** (Geoffrey), pseudonyme d'Irwing: *The Alhambra or the new sketch book.* Paris, Baudry Foreign, 1832, in-8, 2 tomes en 1 vol.

2590. **Crébillon.** *Œuvres.* Paris, Herhan, 1802, in-12, 3 vol.

2591. **Crellius** (Jean). *Declaratio de causis mortis Christi.* (Voir Confession de foi.)

2592. **Cresol** (le P. Louis). *Anthologia sacra.* Lutetiæ Parisiorum, Sebastiani Cramoisy, 1632, in-fol., index, 554 p., index.

2593. —— *Thearum veterum rhetorum, oratorum, declamatorum quosin Græcia nominant Σοφιστας expositum.* Paris, S. Cramoisy, 1620, in-8, 528 p. avec table.

2594. **Crespin.** *Nouvelle impression de la réplique signifiée au mois de juin 1758 par le sieur Crespin de La Chabosselay... contre sieur Jacques Compagnon.* Sans n. ni l. (1759), petit in-fol., 67 p.

2595. —— *Précis du procès d'entre Mre Charles Crespin et Mre Jacques Compagnon.* Saintes, imp. de P. Toussaints, 1858, petit in-fol., 42 p.

2596. —— *Réflexions sommaires... pour Me Charles Crespin... contre sieur Jacques Compagnon.* Sans n. ni l., 1757, petit in-fol., 33 p.

2597. **Crespon** (J.). *Ornithologie du Gard.* Nisme, Bianquis-Gignoux, 1840, in-8, XVI-568 p.

2598. **Cressot** (E.). *Poésies.* Paris, A. Taride, 1856, in-12, 120 pages.

2599. **Creuzer** (le d^r Frédéric). *Réligions de l'antiquité*, traduit de l'allemand par J.-D. Guigniant. Paris, Treuttel, 1825, in-8, 4 tomes en 10 vol.

2600. **Crevier.** *Histoire des empereurs romains depuis Auguste jusqu'à Constantin.* Paris, Desaint, 1749-1755, in-12, 12 volumes.

2601. —— *Observations sur le livre de l'esprit des lois...* Paris, Desaint et Saillant, 1664, in-12, 304 p.

2602. **Crillon** (M. l'abbé de). *Vie de Louis des Balbes de Berthon de Crillon, surnommé le Brave Crillon.* Paris, A. Dupont et Roret, 1826, in-12, xxvii-301 p.

2603. *Crimes dévoilés ou lettre d'un Avignonnois sur les troubles de sa patrie.* In-12, 16 p.

2604. **Croï** (Jean de). *Specimen coniecturarvm et observationvm quædam loca Origenis, Irenæi, Tertulliani, et Epiphani...* 1632, in-4, 140 p.

2605. **Croiset** (le P. Jean). *Désillusions du cœur dans toutes sortes d'états et de conditions.* Lyon, frères Bruyset, 1748, in-12, 2 volumes.

2606. —— *Exercices de piété.* Lyon, les frères Bruyset, 1725-1734, in-12, 12 vol.

2607. —— *La dévotion du sacré cœur de Jésus-Christ et l'abrégé de la vie de sœur Marguerite-Marie Alacoque.* Lyon, les frères Bruyset, 1732, in-12, 2 vol.

2608. —— *Parallèle des mœurs de ce siècle et de la morale de Jésus-Christ...* Lyon, frères Bruyset, 1743, in-12, 2 vol.

2609. —— *Retraite spirituelle pour un jour de chaque mois.* Paris, Edme Couterot, 1712, in-12, 2 vol.

2610. **Croisier** (le comte de). *L'art Khmer. Étude historique sur les monuments de l'ancien Cambodge.* Paris, Ernest Leroux, 1875, in-8, 142 p., planches, carte.

2611. **Croiszetière** (G.-J.-C.). *Poésies morales et philosophiques.* Paris, Louis, 1801, in-8, 320, xxix-8 p.

2012. [**Cros** (le P. Léonard)]. *Un enfant de Marie ou le vénérable Jean Berhmans, de la compagnie de Jésus.* Paris, Périsse frères, 1863, in-18, 324 p.

2613. **Crosnier** (l'abbé). *Hagiologie nivernaise.* Nevers, imp. J.-M. Fay, 1860, gr. in-8, 593 p.

2614. **Crosnier** (l'abbé). *Monographie de la cathédrale de Nevers, suivie de l'histoire des évêques de Nevers.* Nevers, imp. J.-M. Fay, 1854, in-8, vi-422 p.

2615. **Crottet** (A.). *Histoire des églises réformées de Pons, Gemozac et Mortagne en Saintonge.* Bordeaux, imp. Castillon, 1841, in-8, 263 p.

2616. **Crousaz** (J.-P. de). *La logique ou système de réflexions.* Amsterdam, L'Honoré, 1720, in-12, 3 vol.

2617. **Crozes** (Hippolyte). *Répertoire archéologie du département du Tarn.* Paris, imp. impériale, 1865, in-4, iii-123 p.

2618. **Cueillens** (le R. P. Félix). *Les douze étoiles qui composent la couronne de la sainte Vierge, mère de Dieu...* Paris, Edme Couterot, 1676, in-8, table, 564 p.

2619. **Cubières** l'ainé. *Histoire abrégée des coquillages de mer.* Versailles, imp. Pierres, an VIII (1797), in-4, 202 p.

2620. **Cujas** (Jacques). *Opervm, qvæ de jvre fecit... [sex tomi].* Lutetiæ Parisiorum, Dionysii de La Noue, 1617, in-fol., 5 tom. en 6 vol.

2621. —— *Paratilla in libros quinquaginta digestorum.* Lugduni, apud Gulielmum Rovillium, 1572, in-32, 304 p.

2622. **Cumberland** (Richard). *Traité philosophique des lois naturelles,* trad. Barbeyrac. Amsterdam, Pierre Mortier, 1744, in-4, xxviii p., table, 425 p., table.

2623. **Cumont** (René de), sieur de Fiefbrun. *Véritable discours de la naissance et vie de Mgr le prince de Condé...* publiée... par E. Halphen. Paris, Auguste Aubry, 1861, petit in-8, xxx-106 pages.

2624. **Curie-Lassus** (l'abbé). *La charité dans le Bigorre.* Paris, Ambroise Bray, 1864, in-18, 303 p.

2625. *Curiosités historiques.* Amsterdam, 1759, in-18, 2 vol.

2626. **Cuq** (L.). *Leçons de philosophie élémentaire, d'après le système de Laromiguière.* Saintes, imp. Hus, in-8, 44 p.

2627. **Curopalate.** *De officialibus palatii Constantinopolitani et officiis magnæ ecclesiæ libellus grœce et latine.* Lyon, J. Mareschal, 1638, in-4, 425 p.

2628. **Curzon** (Emm. de). *Etudes sur les enfants trouvés.* Poitiers, H. Oudin, 1847, in-8, xii-382 p.

2629. **Cusent** (G.). *Tahiti.* Rochefort, imp. Thèze, 1860, in-8, 275 p. avec plan.

2630. **Custine** (Le marquis de). *La Russie en 1839.* Paris, Amiot, 1843, in-12, 4 vol.

2631. **Cuvelier.** *Chronique de Bertrand du Guesclin...* publiée par E. Charrière. Paris, typ. F. Didot, 1839, in-4, 2 vol.

2632. **Cuverville** (de), KELLER, vicomte Anatole LEMERCIER. *Lettre à nos commettants.* Paris, imp. Henri Noblet, 1860 in-8, 8 p.

2633. **Cuvier** (Le baron Georges). *Discours sur les révolutions de la surface du globe.* Paris, Edmond d'Ocagne, 1830, in-8, 408 pages.

2634. —— *Rapport historique sur les progrès des sciences naturelles depuis 1789 et sur leur état actuel.* Paris, imp. impériale, 1810, in-8, xvi-394 p.

2635. **Cuvillier-Fleury.** *Dernières études historiques et littéraires.* Paris, Michel Lévy, 1859, in-8, 2 vol.

2636, —— *Le comte Tanneguy Duchatel, notice historique.* Paris, J. Claye, 1868, in-8, 52 p.

2637. **Cynesius.** *Opera quæ extant omnia, interprete D. Petavio, S. J.* (grec-latin). (Voir Cyrille de Jérusalem.) Lutetiæ Parisiorum, sumptibus Claudii Sonnii, 1631, in-fol., 1 vol., préliminaires, 427-65 p., index.

2638. **Cyprien** (saint). *Opera, recognita et illustrata a Joanne Fello; accedunt annales... Cyprianici...* Amstelodami, apud Joannem Ludovicum de Lorme, 1700, in-fol., 2 tomes en 1 vol.

2639. —— *Les œuvres,* traduites par M. Lombert... Paris, André Pralard, 1672, in-4, 808 p., tab.

2640. **Cyrano-Bergerac** (De). *Histoire comique.* Lyon, Fovrmy, 1662, in-12, 191 p. et préf.

2641. **Cyrille de Jérusalem** (saint). *Opera quæ reperiuntur... aucta et emendata studio et opera Joan. Prevotii* (grec-latin). Lutetiæ Parisiorum, sumptibus Claudii Sonnii, 1631, in-fol., 1 vol., préliminaires, 250 p., index.

2642. **Cyrille** (saint) **d'Alexandrie.** *Opera... cura et studio Joannis Auberti...* (grec-latin). Lutetiæ, typis regiis, 1638, in-fol., 7 tomes en 6 vol.

2643. **Cyrille-Lucar,** patriarche de Constantinople. *Lettres, anecdotes... sa confession de foi avec des remarques. Item, concile de Jérusalem tenu contre lui...* Amsterdam, L'Honoré et Chatelain, 1718, in-4, 528 p., table.

2644.—— *Cyrilli Lucaris patriarchæ Constantinopolitani confessio christianæ fidei...* (grec et latin). 1545, in-12, 147 p.

D

2645. **D...** (l'abbé). *Cantique à sainte Radégonde et hymne à la sainte Vierge.* Poitiers, lit. Pichot, 1838, in-8, 4 p.

2646. **D...** (M.L.) *L'évêque d'Evreux. Dix années de M. Olivier.* Paris, F. Didot, 1841, in-8, 72 p.

2647. **Dacier.** *Rapport historique sur les progrès de l'histoire et de la littérature ancienne depuis 1789.* Paris, imp. impériale, 1810, in-4, viii-263 p.

2648. **Dacosta.** *Etudes pour les cadences de la clarinette à 12 clefs.* Paris, l'auteur, in-4, 41 p.

2649. **Dacryanus** (l'abbé). *Le mirouer des religieux,* trad. par Nicolas Yvelin. Evreux, Antoine Lemarié, 1603, in-12, 151 fol.

2650. **Dadin d'Hauteserre.** *Rerum aquitanicarum libri quinque.* Toulouse, Arn. Colomerium, 1648, in-4, 395 p.

2651. **D. A. E. P. D. S.** *Traitté qui prouve que les péchez cachez de chaque chrétien en sa profession sont les causes du grand nombre des réprouvez.* [Paris, Nego], 1680, in-12, 317 pages.

2652. **Dagail** (L.). *Avantages des compagnies locales des chemins de fer.* Paris, Dunod, 1870, in-8, 65 p.

2653.—— *Chemins établis sur l'accotement des routes.* Paris, Dunod, 1870, in-4, 16 p.

2654.—— *Des chemins de fer d'intérêt local ou chemins à faible trafic.* Paris, Dunod, 1870, in-8, v-126 p.

2655.—— *Mémoire sur un chemin de fer de Pons à Royan.* Paris, Dunod, 1870, in-8, iv-88 p.

2656. **Dagoumer** (Guillaume). *Philosophia ad usum scholæ accommodata.* Lugduni, Duplain, 1757, in-12, 6 vol.

2657. **Daguet** (P. Pierre-Antoine-Alexandre). *Exercices chrétiens des gens de guerre.* Lyon, A. Delaroche, 1759, in-18, xxxvj-540 pages.

2658. D'Aiguières-Beaumont. *Mémoire pour M. Daiguières, contre M. de Beaumont, appelant.* Saintes, imp. Hus, (1818), in-4, 74 pages.

2659. **Daillé** (Jean). *Apologia pro ecclesiis reformatis.* Genevæ, Samuelem de Tournes, 1677, in-8, index, 319 p.

2660. —— *Apologiæ pro synodis Alensonensi et Carentonensi, tomus secundus.* Amstelodami, Joannis Ravensteynii, 1655, in-8, 2 vol.

2661. —— *De sacramentali sive auricurali latinorum confessione disputatio.* Genève, imp. J. et S. de Tournes, 1661, in-4.

2662. —— *Traicté de l'emploi des saints pères pour le jugement des différends qui sont aujourd'huy en la religion.* Genève, imp. Pierre Aubert, 1632, in-8, 535 p.

2663. Daillé. *Mémoire pour M. François-Jérôme Daillé, prêtre, curé de la paroisse de Saint-Simon de Bordes, défenseur, contre messire Marie-Charles, marquis Duchilleau, baron de Moings...* Saintes, imp. P. Toussaints, 1788, in-4, 18 p.

2664 **Daillon** (Benjamin de). *Défense de la religion de Jésus-Christ... sermon... prononcé à Marennes le 11 octobre 1674, en présence du synode de la province.* La Rochelle, Jacob Mancel, 1675, in-8, 64 p.

2665. **D'Alembert.** *Mélanges de littérature, d'histoire et de philosophie.* Amsterdam, Z. Chatelain, 1773, in-12, 5 vol.

2666. **Dalloz** (Edouard). *Commentaire... sur la garde nationale.* Paris, imp. E. Thunot, 1852, in-32, 346-13 p.

2667. [**Damascène** (le P.)]. *Discours ecclésiastiques et monastiques.* Paris, imp. Jean-Baptiste Coignard, 1708, in-12, 3 volumes.

2668. **Damas-Hinard.** *La Fontaine et Buffon.* Paris, Perrotin, 1862, in-12, 143 p.

2669. **Damien** (Saint Pierre). *Opera omnia collecta... studio et labore domni Constantini Cajetani.* Parisiis, sumptibus Roberti de Ninville, 1664, in-fol., 4 tomes en 1 vol.

2670. **Damiron** (Ph.). *Essai sur l'histoire de la philosophie en France au XIXe siècle.* Paris, Hachette, 1834, in-8, 2 vol.

2671. **Dampierre** (le marquis Elie de). *La réorganisation des haras.* Versailles, imp. G. Beaugrand et Dax, 1874, in-8, 32 p.

2672. —— *Lettre sur l'invention de MM. Petit et Robert.* Saintes, Mortreuil, 1867, in-8, 16 p.

2673. —— *Les eaux-de-vie de Cognac.* Paris, Douniol, 1858, in-8, 55 p.

2674. —— *Rapport relatif à la création d'une école supérieure d'agriculture.* Versailles, imp. Cerf et fils, 1875, in-4, 114 p.

2675. —— *Réponse à un article de M. le baron Eschasseriaux, intitulé : De l'extraction des mouts de raisin.* Paris, imp. Lahure, in-4, 8 p.

2676. **D'Ancourt.** *Les œuvres de théâtra.* Paris, aux dépens des libraires associés, 1760, in-18, 12 vol.

2677. **Dandini** (Jérôme). *De corpore animato.* Parisiis, C. Chappelétum, 1611, in-fol., 2301 p. et index.

2678. **Dangibeaud** (Eutrope). *Saintes au XVIe siècle, avec annotation de M. de La Morinerie.* Evreux, Hérissey, 1863, in-8, 77 p.

2679. **Dangibeaud** (Charles). *Le père de Bérulle et les carmélites de Saintes (1623).* Pons, imp. Noël Texier, 1881, in-8, 13 p.

2680. —— *Le présidial de Saintes. Raimond de Montaigne.* Paris, Baur, 1881, in-8, 82 p.

2681. **Daniel** (Le P. Gabriel). *Histoire de France.* Paris, libraires associés, 1755-1757, in-4, 17 vol.

2682. —— *Histoire de la milice française.* Paris, 1721, J.-B. Coignard, in-4, 2 vol.

2683. —— *Nouvelles difficultez proposées à l'auteur du Voyage du monde de Descartes, touchant la connaissance des bestes.* Paris, veuve Simon Bénard, 1693, in-12, 304 p.

2684. —— *Réponse aux lettres provinciales de L. de Montalte...* Bruxelles, Eugène-Henry Frick, 1697, in-12, table, 404 p.

2685. **Daniel** (le P. Gabriel). *Voyage du monde de Descartes...* Paris, Denis Mariette, 1703, in-12, table, 336 p.

2686. **Dante** (Alighieri). *La divina commedia.* Firenze, David Passigli, 1838, in-8, 739 p.

2687. —— *Œuvres. La divine comédie*, traduite par Brizeux. — *La vie nouvelle*, traduite par Delecluse. (Voir Mongis). Paris, Charpentier, 1847, in-12, 596 p.

2688. —— *L'enfer*, traduit en vers par Louis Ratisbonne. Paris, M. Lévy, 1852-1854, in-12, 2 vol.

2689. —— *L'enfer, poëme en XXXIV chants*, traduit par Bivard. (Bibliothèque nationale, n°s 108 et 109).

2690. **Dantès** (Alfred). *Tableau chronologiqne et alphabétique des principaux évènements de l'histoire du monde.* Paris, A. Boyer, 1875, in-8, 103 p.

2691. **Dantier** (Alphonse). *Les monastères bénédictins d'Italie.* Paris, Didier et Cie, 1866, in-8, 2 vol.

2692. —— *L'Italie, études historiques.* Paris, Didier, 1874, in-8, 2 volumes.

2693. **Dantoine** (J.-B.). *Les règles du code civil...* traduites en françois... par J.-B. Dantoine. Paris, Le Conte et Montalant, 1710, in-4, table, 604 p.

2694. **Danty.** *Traité de la preuve par témoins en matière civile.* Paris, Cavelier, 1697, in-4, 699 p.

2695. [**Daon** (Roger)]. *Conduite des âmes dans la voie du salut...* Paris, Gabriel-Charles Berton, 1750, in-12, table, 422 pages.

2696. **Daon** [(Roger)]. *Conduite des confesseurs dans le tribunal de la pénitence...* Paris, Delussieux, 1760, in-12, xxx-144 pages.

2697. **Dard** (H.). *De la restitution des biens des émigrés.* Paris, Le Normant, 1814, in-8, 108 p.

2698. **Dareau** (F.). *Traité des injures dans l'ordre judiciaire.* Paris, Prault, 1775, in-12, xxiv-501 p.

2699. **Daremberg** (Ch.). *Histoire des sciences médicales.* Paris, J.-B. Baillière et fils, 1870, in-8, 2 vol.

2700. **Daremberg** et Edm. SAGLIO. *Dictionnaire des antiquités grecques et romaines*. Paris, Hachette et Cie, 1877, gr. in-4, 7 fascicules.

2701. **Dareste.** *Histoire de France*. Paris, H. Plon, 1865-1872, in-8, 7 vol.

2702. —— *Etudes sur les origines du contentieux administratif en France*. Paris, A. Durand, 1855-1857, in-8, 3 brochures.

2703. **Darmesteter** (A.) et Adolphe HATZFELD. *Le seizième siècle en France, tableau de la littérature et de la langue*. Paris, Ch. Delagrave, 1878, in-12, 284 p.

2704. **Daru** (P.). *Histoire de la république de Venise*. Paris, F. Didot, 1826, in-18, 8 vol.

2705. **Daruty** (Vincent). *Le vallon de Sylvanez*. Paris, imp. de F. Didot, an XIII, in-12, 18 p.

2706. **Darwin** (Charles). *On the origin of species by means of natural selection*. London, Murray, 1859, in-8, ix-502 p.

2707. **Dasconaguerre** (J.-B.) *Les échos du pas de Roland*. Paris, Firmin Marchand, 1867, in-12, 198 p.

2708. **Dasque.** *Adonis, Perle du casino, Renoncule, La reine du bal, Eglantine, La rose des bois, Louise, La belle Alsacienne, Léa, Rosa, Suzanne, Marie, Pif et paf, Le tapageur, Petite marguerite* (schottischs, valses, polkas, quadrilles). Saintes, Dasque (gravé à Paris, chez Gheluze), in-8, 15 pièces.

2709. **Dasque** (Auguste). *Fleur de mai*, valse pour piano. Saintes, Dasque, 1876, in-4, 5 p.

2710. **Dasque** (Louis). *Un doux souvenir*, polka-mazurka pour piano. Saintes, Dasque, 1876, in-4, 5 p.

2711. **Dauban** (C.-A.). *La démagogie en 1793 à Paris, ou l'histoire, jour par jour, de l'année 1793*. Paris, H. Plon, 1868, in-8, xxiv-644 p.

2712. —— *Les prisons de Paris sous la Révolution*. Paris, H. Plon, 1870, in-8, xxx-484 p.

2713. —— *Paris en 1794 et en 1795. Histoire de la rue, du club, de la famine*. Paris, H. Plon, 1869, in-8, xx-600 p.

2714. **Daubrée** (A.). *Rapport sur les progrès de la géologie expérimentale*. Paris, imp. impériale, 1867, in-8, 143 p.

2715. **Daudet de Jossan.** *Lettre à M. Bergasse.* Strasbourg, société typog. et littéraire, 1784, in-8, 55 p.

2716. **Daurignac** (J.-M.-S.). *Histoire de saint Louis de Gonzague.* Le Puy, Marchessou, 1864, in-18, VIII-459 p.

2717. **Dausse** (Alexis). *Etude sur les comices agricoles.* Saint-Jean d'Angély, 1860, in-8, 80 p.

2718. **Dautriche** et LOMBARD. *Exposé des essais et de l'état de la pisciculture dans l'arrondissement de Saint-Jean d'Angély.* Saint-Jean d'Angély, typ. Lemarié, 1868, in-8, 28 p.

2719. **Daux** (l'abbé). *Discussions religieuses.* Nancy, Grimblot et veuve Raybois, 1856, in-12, 133 p.

2720. **David,** *Liber psalmorum Davidis ex diveris bibliorum locis, cum eadem expositione.* [Paris], Henricus Stephanus, 1562, in-fol., 603 p.

2721. —— *Les psalmes de David translatez d'ebrieu en françoys.* Genève, imp. Belisem de Belimalcon, 1537, in-16, 213 pages.

2722. —— *Les pseaumes de David mis en vers françois* par Gilbert. Charenton, Samuel Perier, 1682, 167 p., table.

2723. —— *Psaumes,* traduction... par A. Latouche... Rennes, Vatar et Jausions, 1845, in-12, XX-192 p.

2724. —— *Les psaumes,* traduits par J.-M. Dargaud. Paris, L. Curmer, 1838, in-8, 469 p.

2725. —— *Les psaumes et les cantiques d'après un manuscrit français du XVe siècle.* Paris, Tross, 1872, in-8, LVII-231 p.

2726. **David** (Jean). *Des jugemens canoniques des évesques pour servir de réponse à la nouvelle doctrine de plusieurs auteurs.* Paris, Louis Billaine, 1671, in-4, 913 p.

2727. —— *Réponse aux remarques de monsieur de Launoy sur la dissertation du concile plénier, dont a parlé saint Augustin.* Paris, Louis Billaine, 1671, in-4, 192 p.

2728. [**David** (le P. Cl.)]. *Dissertation sur saint Denis l'Aréopagite, où l'on fait voir que ce saint est l'auteur des ouvrages qui portent son nom.* Paris, Imbert Debats, 1702, in-8, 451 p. avec table.

2729. **David,** de Cholet. *Moyen de payer, en or et en argent, les trois milliards que la France doit encore à la Prusse.* Paris, typ. Pillet, 1872, in-18, 24 p.

2730. **Davila** (H.-C.). *Histoire des guerres civiles de France.* Paris, P. Rocolet, 1647, in-fol., v-1281 p. et table.

2731. **Daydie** (Le chevalier). *Correspondance inédite,* publiée par Honoré Bonhomme. Paris, F. Didot, 1874, in-12, 355 p.

2732. **Dayras** (Guillaume). *Projet de bassins en eau profonde dans la baie de La Rochelle...* La Rochelle, imp. veuve Mareschal, 1879, in-4, 8 p. et plan.

2733. **D. C.** *La vie politique de M. le maréchal duc de Bellisle.* La Haye, veuve Duren, 1762, in-12, 264 p.

2734. *De antiquis et majoribus episcoporum causis...* Leodii, typ. Joan. Mathiæ Hovii, 1678, in-4, 394 p. avec index.

2735 *De suprema romanæ Ecclesiæ amplitudine in Petri et Pauli... ad Innocentem X pontificem maximum epistola.* (Voir Arnauld, De l'autorité de S. Pierre et de S. Paul). (Sans lieu ni nom), 1645, in-4, 79 p.

2736. **Debeauvoys.** *Calendrier du propriétaire d'abeilles.* Angers, Lecerf, 1854, in-12, xv-64 p.

2737. —— *Guide de l'apiculteur.* Paris, veuve Bouchard-Huzard, 1851, in-12, xvi-256 p.

2738. **Debraux** (P. Emile). *Chansons complètes.* Paris, Terry, 1836, in-18, 3 vol.

2739. **Debrou** (Paul). *De l'action en désaveu de paternité.* Paris, Parent, 1871, in-8, 127 p.

2740. **Dechamps** (le P. Etienne). *De hœresi Janseniana... libri tres.* Lutetia Parisiorum, Gabrielis Martin, 1728, index, 341 p., 334 p., index.

2741. **Decio** (Philippe). *In decretales commentaria.* Turin (Augustæ Taurinorum), apud haeredes Nicolai Benilaquae, 1575, in-fol., 354 p. en 2 colonnes et tables.

2742. *Décision faite en Sorbonne sur la pluralité des bénéfices.* Lyon, Claude Bachelier, 1698, in-16, 147 p.

2743. *Declaratio articvlorvm a veneranda facvltate theologiæ Lovanensis, adversus nostri temporis hœreses, simul et earundem reprobatio, per... Ruardum Tappaert...* Lugduni, Mathiam Bonhomme, in-4, 359 p.

2744. *Declaratio catholicovum laïcorum Angliæ circa aucto-ritatem quam... episcopus Chalcedonensis in eosdem vindi-cat.* Antuerpiæ, Balthasaris Moreti, 1631, in-4, 26 pages.

2745. *Déclaration du roi concernant la forme de tenir les re-gistres des batêmes, mariages, sépultures, vestures, noviciats et professions... 9 avril 1736.* Saintes, Ant. Vignau, 1736, in-4, 12 pages.

2746. *Déclaration du roy concernant la levée du dixième des biens.* La Rochelle, 1742, in-fol. plano.

2747. *Déclaration du roy par laquelle tous les habitans... de La Rochelle et S.-Jean d'Angély... sont déclarez criminels de leze majesté... donnée à Niort le 27 may 1621.* Paris, A. Estienne, 1644, in-12.

2748. *Déclaration du roy qui ordonne que les fermiers géné-raux, receveurs... seront cotisés aux impositions... 19 mars 1747.* La Rochelle, imp. Mesnier, 1747, in-4, 4 pages.

2749. *Déclaration du roy sur le cahier présenté à sa majesté par l'assemblée générale du clergé de France tenue à Paris les années 1665 et 1666.* Paris, A. Vitré, 1666, in-4, 16 p.

2750. *Déclaration du roy sur les cas prévotaux ou présidiaux, 5 février 1731.* Saintes, Théodore Delpech, 1731, in-4, 8 p.

2751. **Declève** (Jules). *Du serment et de sa formule.* Bruxelles, C. Muquard, 1873, in-8, 90 p.

2752. *Decreta concilii provincialis Bvrdigalæ habiti sub reve-rendissimo D. D. Antonio Prevotio Sansaco...* (latin-français). Bvrdigalæ, S. Millangios, 1584, in-4; table, 194 p.

2753. *Decreta concilii provincialis Bvrdigalæ habiti... anno Dni MDCXXIV.* Lutetiæ Parisiorum, Ant. Stephanum, 1625, in-8, 248 p.

2754. *Decreta concilii provinciæ Burdigalensis Rupellæ cele-brati anno Dni MDCCCLIII.* Rupellæ, typ. Joan. Deslandes, 1855, in-8, 142 p.

2755. *Decreta congregationis generalis duodecimæ.* Lugduni, Jacobum Canier, 1684, in-18, 70 p., index.

2756. *Decreta, diplomata, privilegia aliqua, ex multis, quæ in favorem religionis catholicæ et catholicorum in Germania emanarunt, ab anno 1620 usque ad annum 1629...* In-8, 308 pages.

2757. *Decreta et statuta synodi provincialis Mechliniensis...* Antverpiæ, Balthasaris Moreti, 1634, in-8, 3 tom. en 1 vol.

2758. *Decreta et statuta synodi diœcesanæ Namurcensis, die quarta maii, anno M. DC. LIX...* Bruxellæ, typ. Huberti Anthonii, 1660, in-4, 42-109 p.

2759. *Decreta provincialis concilii Senocensis contra errores lutheranorum...* Parisiis, ex officina Simonis Colinœi, 1529, in-fol., 145 f. avec index.

2760. *Decreta provincialis synodi Florentinæ.* Florentiæ, Sermartellium, 1574, in-4, index, 139 p.

2761. *Decreta synodi diocesanæ Cameracensis...* Montibus, typ. viduæ Simeonis de La Roche, 1686, in-12, 199 p.

2762. *Decreti provinciali et altri particolari ordini fatti da monsig. ill^{mo} card. et vescovo di Cremona.* Cremona, Antonio Canacci, 1584, table, 165 p., table.

2763. *Décrets de la Convention nationale.* Paris, imp. nationale, 1792-1793, in-4 en feuilles.

2764. *Décrets de la Convention, 13 et 23 brumaire, relatifs :* 1° à l'actif des fabriques déclaré propriété nationale ; 2° aux abdications des ministres de tout culte. Xaintes, imp. Toussaints, 1793, in-4, 4 p.

2765. *Decretum sacræ facultatis theologiæ parisiensis... latum adversis librum, cui titulus est gallice :* Le nouveau Testament en français. Parisiis, Ludovicum Guerin, 1714, in-4, 13 p.

2766. *Defaicte (La) de six cens Rochelois par l'armée du roy, commandée de monsieur le duc d'Espernon.* Paris, P. Rocolet, 1621, in-12, 16 p.

2767. *Défense de la constitution du pape Innocent X et de la foy de l'Eglise contre deux livres dont l'un a pour titre :* Cavilli Jansenianorum, etc., et l'autre : Response à quelques demandes, etc. (Voir [Pascal]). 1655, in-4, 23 p., table, 288 pages.

2768. *Deffense de la constitution de N. S. P. le Pape portant condamnation du Nouveau Testament du père Quesnel.* Liège, J.-F. Broncart, 1114, in-12, XII-454 p.

2769. *Défenses de l'église d'Alet. Recueil de pièces de l'évêque, du sieur Ragot et autres...* 1665, in-4, 327 f.

2770. *Défense du chapitre de l'église d'Angers contre les calomnies publiées par divers libelles et faux bruits sur le subjet de la procession du sacre.* Paris, 1624, in-8, 188 p.

2771. *Défense de tous les théologiens et en particulier des disciples de S. Augustin contre l'ordonnance de M. l'évêque de Chartres du 3 août 1703.* 1704, in-12, xv p., table, 540-12 p.

2772. *Defensio auctoritatis ecclesiæ vindicata...* Parthenopoli, hœredes Ignatii A. Turre, in-8, index, 410 p.

2773. *Deffaicte (La) des troupes de monsieur de Soubize et de La Cressonnière, son lieutenant, par le sieur des Roches-Baritaut, ès païs du bas Poitou.* Paris, imp. Julien Jacquin, 1622, réimprimé à Nantes en 1881, in-18, 16 p.

2774. **[Deforis** (dom J.-P. de)]. *Préservatif pour les fidèles contre les sophismes et les impiétés des incrédules...* Paris, Desaint et Saillant, 1764, in-12, xii-395-vii p.

2775. *Defy fait à messieurs de la religion P. R.* (Voir Girodon). Paris, Estienne Maucroy, 1662, in-12, 52 p.

2776. **Deguin.** *Cours élémentaire de physique.* Paris, Eug. Belin, 1848, in-8, 2 vol.

2777. **Deguise** (Dʳ Ch.). *Helika. Mémoire d'un vieux maître d'école.* Montréal, E. Senécal, 1872, in-8, 139 p.

2778. **Deherain** (P.-P.). *Annuaire scientifique, 1870.* Paris, veuve Masson et fils, 1870, in-12, 387 p.

2779. **De Laage** (Hippolyte). *Amélioration de la race chevaline...* Saintes, imp. Hus, in-4, 6 p.

2780. **De Laage** (Th.). *De l'uniformité des droits de consommation à établir sur les eaux-de-vie en fûts et en bouteilles.* Paris, imp. Goupy, 1866, in-8, 15 p.

2781. **Delaborde** (le vicomte Henri). *Etudes sur les beaux arts en France et en Italie.* Paris, veuve Jules Renouard, 1864, in-8, 2 vol.

2782. —— *Le département des estampes à la bibliothèque nationale.* Paris, imp. E. Plon et Cⁱᵉ, 1875, in-12, 442 p.

2783. —— *Mélanges sur l'art contemporain.* Paris, veuve J. Renouard, 1866, in-8, 482 p.

2784. **Delacroix.** *Le spectateur françois pendant le gouvernement républicain.* Versailles, imp. J.-A. Lebel, 1815, in-8, xii-463 p.

2785. **Delacroix.** *Le spectateur français pendant le gouvernement révolutiounaire.* Paris, Buisson, an III (1794), in-8, XII-416 pages.

2786. —— *Réflexions morales sur les délits publics et privés.* Paris, Arthus Bertrand, 1807, in-8, XXX-328 p.

2787. **Delacroix** (l'abbé A.). *Histoire de Fléchier, évêque de Nîmes, d'après les documents originaux.* Paris, Louis Giraud, 1865, in-8, IV-648 p.

2788. **Delafosse** (G.). *Rapport sur le progrès de la minéralogie.* Paris, imp. impériale, 1867, in-8, 97 p.

2789. **Delahante** (Adrien). *Une famille de finance au XVIIIᵉ siècle.* Paris, Hetzel, 1881, in-8, 2 vol.

2790. **Delaistre** (le citoyen). *Statistique du département de la Charente.* Paris, imp. des Sourds-Muets, an X, in-8, 42 p.

2791. **Delambre.** *Rapport historique sur les progrès des sciences mathématiques depuis 1789 et sur leur état actuel.* Paris, imp. impériale, 1810, in-8, 362 p.

2792. **Delamont** (Ernest). *Notice historique sur la poste aux lettres dans l'antiquité et en France.* Bordeaux, imp. A. Perey, 1870, in-8, 148 p.

2793. —— *Sièges soutenus par la ville d'Argelès en Vallespir, province de Roussillon.* Bordeaux, imp. Mᵐᵉ Crugy, 1861, in-8, 23 p.

2794. **Delalle** (l'abbé). *Cours de philosophie chrétienne.* Paris, Gaume frères, 1842, in-8, 2 vol.

2795. **Delapeyrière** (A.). *Manuel de législation.* Paris, H. Morel, 1857, in-8, 543 p.

2796. **De La Porte** (l'abbé). *Ecole de littérature, tirée de nos meilleurs auteurs.* Paris, Babuty, 1767, in-12, 2 vol.

2797. **Delaporte** (L.). *Voyage au Cambodge. L'architecture Kkmer.* Paris, Ch. Delagrave, 1880, in-8, 462 p., table.

2798. **Delarbre.** *Le marquis P. de Chasseloup-Laubat.* Paris, Challamel aîné, 1873, in-8, 179 p.

2799. **Delaunay** (Ch.). *Cours élémentaire d'astronomie.* Paris, V. Masson, 1855, in-12, III-626 p.

2800. —— *Rapport sur les progrès de l'astronomie.* Paris, imp. impériale, 1867, in-8, 38 p.

2801. **Delavaud** (Charles). *Etude sur l'importance des plan-
tations d'arbres aux environs de Rochefort.* Rochefort, imp.
Ch. Thèze, 1880, in-8, 24 p.

2802. **Delavigne** (Casimir). *Messéniennes, chants populaires
et poésies diverses.* Paris, Charpentier, 1852, in-18, 251 p.

2803. —— *Théâtre.* Paris, Didier, 1863, in-12, 3 vol.

2804. **Delaville Le Roux** (F.). *Registres des comptes municipaux de la ville de Tours.* Tours, Georges Joubert, 1878-
1881, in-8, 2 vol.

2805. **Delayant** (Léopold). *Catalogue de la bibliothèque de la
ville de La Rochelle.* La Rochelle, imp. Siret, 1878, in-8, xxxix-
798 pages.

2806. —— *Histoire des Rochelais.* La Rochelle, imp. A. Siret,
1870, in-8, 2 vol.

2807. —— *Histoire du département de la Charente-Inférieure.*
La Rochelle, Petit, 1872, in-8, 399 p.

2808. **Delboy** (P.-A.). *Le canal de jonction occidentale ou le
canal de la Loire à la Garonne et à la Charente.* Paris, au
siège social, 1877, in-8, 19 p. et carte.

2809. *Delectus auctorum ecclesiæ universalis.* Lugduni, sumpt.
Joanis Certe, 1706, in-fol., 2 vol.

2810. **Delétant** (A.). *Fables et contes en vers.* La Rochelle,
J. Deslandes, 1857, in-8, 272 p.

2811. **Delfau** (G.). *Annuaire statistique du département de
la Dordogne.* Périgueux, imp. F. Dupont, an XII, in-8,
429 pages.

2812. *Délibérations de l'assemblée des cardinaux, archevêques
et évêques, tenue à Paris en 1713 et 1714, sur l'acceptation
de la bulle Unigenitus.* Paris, veuve Muguet, 1714, in-4, 86
p., table.

2813. *Délibérations du conseil général de la Charente-Inférieure, 1791, an II, 1837-1882.* La Rochelle, 1791-1882, 59 vol.

2814. **Delille** (Jacques). *L'imagination, poëme.* Paris, Giguet,
1806, in-32, 2 vol.

2815. **Delisle** (Léopold). *Catalogue des actes de Philippe-Auguste.* Paris, A. Durand, 1856, in-8, cxxvii-654 pages.

2816. **Delisle** (Léopold). *Documents sur les fabriques de faïence de Rouen*, recueillis par Haillet de Couronne. Valognes, G. Martin, 1865, in-8, ix-77 p.

2817. —— *Histoire du château et des sires de Saint-Sauveur-le-Vicomte*. Valognes, Martin, 1867, in-8, xii-370 p.

2818. —— *Inventaire des manuscrits de Notre-Dame et d'autres fonds conservés à la bibliothèque nationale*. Paris, A. Durand et Pedone-Lauriel, 1871, in-8, 105-xliii p.

2819. —— *Inventaire des manuscrits de l'abbaye de Saint-Victor conservés à la bibliothèque impériale*. Paris, A. Durand et Pedone-Lauriel, 1869, in-8, 79 p.

2820. —— *Inventaire des manuscrits de la Sorbonne conservés à la bibliothèque impériale*. Paris, A. Durand et Pedone-Lauriel, 1870, in-8, 77 p.

2821. —— *Inventaire général et méthodique des manuscrits français de la bibliothèque nationale*. Paris, H. Champion, 1876, in-8, 2 vol.

2822. —— *Le cabinet des manuscrits de la bibliothèque impériale*. Paris, 1868-1882, in-4, 3 vol.

2823. —— *Mémoires sur les baillis du Cotentin*. Caen, A. Hardel, 1851, in-4, 59 p.

2824. —— *Note sur Robert de Saint-Pair, pénitentier de Rouen, vers l'année 1200*. In-8, 12 p.

2825. —— *Notes sur un manuscrit de Tours renfermant des gloses françaises du XIIᵉ siècle*. Nogent-le-Rotrou, A. Gouverneur, in-8, 14 p.

2826. —— *Notes sur les poésies de Baudri, abbé de Bourgueil*. Nogent-le-Rotrou, Gouverneur, 1872, in-4, 28 p.

2827. —— *Notice sur le cartulaire du comté de Réthel*. Paris, C. Lahure, 1867, in-8, 160 p.

2828. —— *Notice sur un papyrus de la bibliothèque de lord Ashburnham*. Paris, R. Lainé et J. Havard, 1867, in-8, 16 p.

2829. —— *Notice sur un recueil des traités de dévotion ayant appartenu à Charles V*. Nogent-le-Rotrou, A. Gouverneur, in-8, 11 p.

2830. —— *Observations sur plusieurs manuscrits de la politique et de l'économique de Nicole Oresme*. Nogent-le-Rotrou, A. Gouverneur, in-8, 20 p.

2831. **Delisle** (Léopold). *Rapport sur la bibliothèque nationale en 1876.* Paris, imp. Paul Dupont, 1877, in-8, 66 p.

2832. —— *Trois lettres de Grégoire VII et la Bibliotheca rerum germanicarum de Philippe Jaffé.* Paris, Lainé et Havard, in-8, 6 p.

2833. —— *Vie du bienheureux Thomas Hélie de Biville.* Cherbourg, Bedelfontaine et Syffert, 1860, in-8, 74 p.

2834. [**Delisle de Sales** (J.-B.-C. de)]. *De la philosophie de la nature.* Amsterdam, Arkstée et Merkus, 1770-1774, in-12, 6 volumes.

2835. **Delisle de Sales** (J.). *Histoire philosophique du monde primitif.* Paris, an II de la république, 1796, in-8, 7 vol. et un atlas.

2836. **Delmas** (L.). *Le crime de guerre, précédé d'une lettre au roi de Prusse.* La Rochelle, Thoreux, 1871, in-8, 32 p.

2837. —— *L'église réformée de La Rochelle.* Toulouse, société des livres religieux, 1870, in-12, x-453 p.

2838. **Deloche** (Maximin). *Cartulaire de l'abbaye de Beaulieu.* Paris, imp. impériale, 1859, in-4, cccix-390 p.

2839. [**Delpech de Mérinville.**] *Dissertation sur le droit des souverains touchant l'administration de l'église.* Avignon, Alexandre Girard, 1750, in-8, 118 p.

2840. **Delpech de Mérinville.** *Traité des bornes de la puissance ecclésiastique et de la puissance civile...* Amsterdam, François Changuion, 1734, in-8, table, 192 p.

2841. **Delrieu** (J.-B.). *Notice historique sur la vie et l'épiscopat de monseigneur Jean Jacoupy, évêque d'Agen.* Agen, imp. P. Noubel, 1874, in-8, 330 p.

2842. **Delrio** (le P. Martin). *Disquisitionum magicarum libri sex...* Lugduni, Horatium Cardon, 1612, in-fol., 468-568.

2843. **Delsot** (J.-J.). *Notice sur La Roche-Flavin.* Rodez, imp. Ratery, 1866, in-8, 16 p.

2844. **Deltuf** (Paul). *Essai sur les œuvres et la doctrine de Machiavel, avec la traduction littéraire du Prince...* Paris, C. Reinwald, 1867, in-8, ii-516 p.

2845. **Delvincourt.** *Cours de code civil, notes et explications.* Paris, 1819, in-4, 3 tomes en 1 volume.

2846. **Demangeon** (J.-B.). *Tableau analytique et critique de l'ouvrage du docteur Gall sur les nerfs, le cerveau.* Paris, Méquignon-Marvis, 1822, in-8, 331 p.

2847. **Demia** (Charles). *Trésor clérical.* Lyon, Jean Certe, 1594, in-8, 675 p.

2848. **Demogeot** (J.). *Histoire de la littérature française.* Paris, Hachette, 1871, in-12, xiv-684 p.

2849. —— et H. Montucci. *Rapport... De l'enseignement secondaire en Angleterre et en Ecosse.* Paris, imp. impériale, 1868, in-8, viii-664 p.

2850. —— *Rapport sur l'enseignement supérieur en Angleterre et en Ecosse.* Paris, imp. impériale, 1870, in-8, iv-733 pages.

2851. **Demolins** (Edmond). *Le mouvement communal et municipal au moyen âge.* Paris, Didier, 1875, in-12, xiii-350 p.

2852. **Demolon.** *Carte de France indiquant les gisements de phosphates de chaux, fossiles découverts.* Paris, Lainé, 1870, carte in-fol.

2853. **Demosthène.** *Œuvres* (grec et latin). (Collection Didot).

2854. —— *Les plaidoyers politiques,* publiés par Henri Weil. Paris, Hachette, 1877, in-8, xi-568 p.

2855. —— et Eschine. *Opera cum utriusque autoris vita et Ulpiani commentariis greco-latinum, per Hieronymum Vvolfium.* Aureliæ Allobrogum (Genève), 1607, in-fol., 2 vol.

2856. **Demoustier** (C.-A.). *Cours de morale.* Paris, Ant.-Aug. Renouard, 1804, in-18, 1 vol., 311 p.

2857. —— *Les consolations et opuscules en vers et en prose.* Paris, Ant.-Aug. Renouard, 1804, in-18, 174 p.

2858. —— *Lettres à Emilie sur la mythologie.* Paris, Ant.-Aug. Renouard, 1809, in-18, 6 tom. en 2 vol.

2859. —— *Théâtre.* Paris, Ant.-Aug. Renouard, 1804, in-18, 2 tom. en 1 vol.

2860. **Demoyencourt** (F.). *Guide des délégués cantonaux.* Paris, Jules Delalain, 1851, in-12, viii-220 p.

2861. *Den Bibel in houdende dat Oude ende Nieuwe Testament...* Ghedruct, Peter van Putte, 1579, in-fol.

2862. **Denfert-Rochereau.** *La défense de Belfort...* écrite par MM. Ed. Thiers et S. de La Laurencerie. Paris, Arm. Le Chevalier, 1772, in-8, iv-487 p.

2863. **Denisart** (J.-B.). *Collection de décisions nouvelles.* Paris, veuve Desaint, 1774, in-4, 4 vol.

2864. **[Denise** (Claude)]. *Thesaurus sacerdotum et clericorum.* Parisiis, Joann.-Baptist. Despilly, 1768, in-12, 296-lxxii pages.

2865. **Denys l'Aréopagite** (saint). *Opera a Balthasare Corderio soc. Jesu doct. theol. interpretata...* (Grec-latin). Antuerpiæ, ex officina Plantiniana Balthazaris Moreti, 1634, in-fol., 2 vol.

2866. —— *Libri duo...* Venetiis, in officina Herugiana, 1538, in-12, 251-152-105 p.

2867. —— *Cœlestis hierarchia, ecclesiastica hierarchia...* Parisiis, in alma Parisiorum academia per Henricum Stephanum. 1515, in-4, 1 vol., 3 index, 224 fol.

2868. **Denis le Chartreux** (saint). *Enarrationes... in duodecim prophetas minores...* Coloniæ, Joannis Quentel, 1549, in-fol., index, 310 p.

2869. —— *Enarrationes... in libros Josuæ, Judicum, Ruth, Regum.* Coloniæ, hœredum Joannis Quentel, 1552, in-fol., 611 pages.

2870. —— *Enarrationes in librum Job, Tobiæ, Judith, Hester, Esdræ, Nehemiæ, Machabœorum primum et II.* Coloniæ, Joannis Quentel, 1551, in-fol., 463 p.

2871. —— *In VII epistolas canonicas : Jacobi, Petri, Johannis, Judæe, et in Acta apostolorum, Apocalypsim, hymnos ecclesiasticos enarrationes.* Parisiis, Petrum Regnault, 1539, in-fol., 170 fol.

2872. —— *In evangelium Lucæ ennaratio præclara...* Paris, C. Chevallon, in-8, 403 f.

2873. —— *In quatuor evangelistas enarrationes...* Parisiis, Oudinum Parvum, 1541, in-fol., 358-170 fol.

2874. —— *In sententiarum librum II. commentarii locupletissimi...* Venetiis, sub signo Angeli Raphaelis, 1584, in-fol., 3 tom. en 2 vol.

2875. **Denonvilliers** et autres. *Rapport sur les progrès de la chirurgie*. Paris, imp. impériale, 1867, in-8, iv-768 p.

2876. *Départ de Louis-Philippe au 22 février*. Paris, au bureau de la *Revue britannique*, 1850, in-8, 86 p.

2877. *Département de la Charente*. Paris, Didot, in-8, 16 p.

2878. **Dépierris**. *Rapport et considérations générales sur la canalisation du Mignon*. La Rochelle, typ. de A. Siret, 1872, in-8, 16 p.

2879. **Depping**. *Règlemens sur les arts et métiers de Paris, rédigés au XIIIᵉ siècle et connus sous le nom des métiers d'Etienne Boileau*. Paris, imp. de Crapelet, 1837, in-4, LXXXVI-474 p.

2880. *Députés (Les) par groupes parlementaires*. Paris, Wittersheim, (1874), in-32, 192 p. et tableau.

2881. **Derodé** (P.-A.). *Notices historiques sur le couronnement des rois de France*. Rheims, veuve Seure-Moreau, 1825, in-8, 58 p.

2882. **Derbigny** (Valéry). *Fables, contes et autres poésies*. Paris, Plon, 1853, in-8, 342 p.

2883. **Dereyrolles** (le père Jean). *Jésus crucifié de nouveau...* Paris, Michel Soly, 1636, in-4, 1066 p. avec table.

2884. **Derham** (W.). *Physico-theology : or, a demonstration of the being and attributes of God from his works of creation...* London, Printed foc W. Innys, 1714, in-8, 455 p. avec table.

2885. **Deribier de Cheissac**. *Description statistique du département de la Haute-Loire*. Paris, Belin-Leprieur, 1824, in-8, 527 p. et cartes.

2886. *De ritibus Sinensium erga Confucium philosophum*. Leodii, 1700, in-12, 388 p., index.

2887. **Deroisin** (Ph.). *Manuel des protestations électorales*. Paris, Baudry, 1876, in-18, 62 p.

2888. **Dernusson** (Philippes). *Traité des propres réels, réputés et conventionels*. Paris, N. Le Gras, 1681, in-fol, 740 p.

2889. **Desains**(P.). *Rapport sur les progrès de la théorie de la chaleur*. Paris, imp. impériale, 1868, in-8, 114 p.

2890. **Désanat** (J.). *Coursos de la Tarasco... pouémo en vers prouvençaous.* Arles, imp. Garcin, 1846, in-8, 70 p.

2891. —— *Lou travai et la finiantiso, sermoun doou cura Rufi, en vers prouvençaous.* Avignon, imp. Seguin, 1847, in-8, 31 p.

2892. **Des Brulais** (Marie). *L'écho de la sainte montagne ou un mois de séjour dans la société des petits bergers de la Salette.* Nantes, Mazeau, 1853, in-12, xii-371 p.

2893. **Des Carneavx** (Nicolas). *De obsidione vrbis Rvpellæ libri quatuor.* Parisiis, excudebat Melchior Mondières, 1631, in-8, 254 p.

2894. **Des Cars** (Comte A.). *L'élagage des arbres.* Paris, J. Rothschild, 1867, in-18, 152 p., 1 planche.

2895. **Descartes** (René). *Les méditations métaphysiques... touchant la première philosophie...* Paris, Pierre Bienvenu, 1724, in-12, 2 vol.

2896. —— *Les passions de l'âme.* Paris, Théodore Girard, 1679, in-18, xlviii-282 p.

2897. —— *Les principes de la philosophie,* trad. par un de ses amis (l'abbé Picot). Paris, H. et N. Le Gras, 1659, in-4, lii-477 pages.

2898. **[D'Escherny** (le comte P.-L.)] *Correspondance d'un habitant de Paris sur les évènements de 1789, 1790, 1791.* Paris, Desenne, 1791, in-8, v-474 p.

2899. **Deslandes.** *Essai sur la marine des anciens.* Paris, David, 1768, in-12, 297 p.

2900. —— *Histoire critique de la philosophie...* Amsterdam, François Changuion, 1756, in-12, 4 vol.

2901. **Deschamps** (Eustache). *Le traicté de Getta et d'Amphitrion.* Paris, librairie des bibliophiles, 1862, in-12, 60 p.

2902. **Deschamps** (P.). *Essai bibliographique sur M. T. Cicéron.* Paris, L. Potier, 1863, in-8, xxxii-184 p.

2903. —— *Dictionnaire de géographie ancienne et moderne...* par un bibliophile. Paris, F. Didot, 1870, in-8, 1592 colonnes.

2904. **Deschanel** (Emile). *Histoire de la conversation.* Paris, M. Lévy, 1857, in-18, 216 p.

2905. **Deschanel.** *Le bien qu'on a dit de l'amour.* Paris, Lévy, 1856, in-18, 216 p.

2906. —— *Le mal qu'on a dit de l'amour.* Paris, Lévy, 1857, in-18, xiii-223 p.

2907. —— *Le bien et le mal qu'on a dit des enfants.* Paris, M. Lévy, 1857, in-12, 217 p.

2908. —— *Les courtisanes grecques, avec une préface de Jules Janin.* Paris, Lévy, 1855, in-18, xvi-208 p.

2909. **Deschiens.** *Bibliographie des journaux, depuis 1787 jusqu'à ce jour (1829).* Paris, Barrois, 1829, in-8, xxiv-645 pages.

2910. **Des Coustures.** *L'esprit de l'Ecriture sainte avec des réflexions:* Paris, Thomas Guillain, 1686, in-12, 2 vol.

2911. *Description de la ville de Bruxelles.* Bruxelles, chez les libraires associés, in-12, 232 p.

2912. *Description des objets d'arts de l'impériale et royale académie des beaux-arts de Florence.* Florence, imp. de Saint-Joseph Calasance, 1858, in-18, 56 p.

2913. **Des Essards** (Alfred). *Contes Pompadour.* Paris, Dentu, 1862, in-12, 283 p.

2914. **Des Essarts** (Emmanuel). *De veterum poetarum, tum Græciæ, tum Romæ, apud Miltonem imitatione.* Parisiis, E. Thorin, 1871, in-8, 162 p.

2915. —— *De l'enthousiasme chez les jeunes gens.* Orléans, Em. Puget et Cie, 1868, in-4, 12 p.

2916. **[Desfontaines** (l'abbé)]. *Lettres de M. l'abbé *** à M. l'abbé Houtteville, au sujet du livre de la religion chrétienne prouvée par les faits.* Paris, Noël Pissot, 1722, in-12, 357 pages.

2917. **Desfontaines.** *Histoires des arbres et arbrisseaux qui peuvent être cultivés en pleine terre sur le sol de la France.* Paris, J.-A. Brosson, 1809, in-8, 2 vol.

2918. **Deslois.** *L'armée d'hier et l'armée de demain.* Paris, Dumaine, 1873, in-8, 114 p.

2919. **[Desforges].** *Avantages du mariage.* Bruxelles, 1760, in-12, 2 tomes en 1 vol.

2920. **Deshoulières** (Mme et Mlle). *Œuvres.* Paris, stéré. Herman, 1809, in-18, 2 vol.

2921. **Desjardins** (Ernest). *Géographie historique et administrative de la Gaule romaine.* Paris, Hachette, 1876-1882, gr. in-8, 2 vol.

2922. —— *Le grand Corneille historien.* Paris, Didier, 1861, in-8, 352 p.

2923. **Des Mahis.** *La vérité de la religion catholique, prouvée par l'Ecriture sainte.* Paris, Augustin Leguerrier, 1697-1714, 3 tomes en 4 vol.

2924. **Des Maisons.** *Le parfait notaire françois...* Paris, Cardin-Besongne, 1666, in-4, cinq livres en 1 vol.

2925. [**Des Maisons** (F.)]. *Les définitions du droit canon.* Paris, Charles de Sercy, 1700, in-fol., table, 932 p., table.

2926. **Desmaze** (Charles). *Les communes et la royauté. Lettres des rois...* Paris, Léon Willem, 1877, in-8, 250 p.

2927. **Desmaze** (Edmond). *Etudes et souvenirs helléniques.* Lyon, Boullieux, 1878, in-12, 368 p.

2928. [**Desmonts** (dom Remi)]. *Le libertinage combattu par le témoignage des auteurs profanes.* Charleville, imp. Pierre Thésin, 1747, in-12, 4 vol.

2929. **Desmoulins** (Camille), VILATE et C.-A. MÉDA. *Le vieux cordelier.* (Voir collection Barrière).

2930. **Des Moulins** (Ch.). *A propos d'un livre de M. Charles Marionneau intitulé : Description des œuvres d'art qui décorent les édifices publics de la ville de Bordeaux.* Bordeaux, typ. veuve Justin Dupuy, 1865, in-8, 23 p.

2931. —— *Comparaison des départements de la Gironde et de la Dordogne sous le rapport de leur végétation spontanée et de leurs cultures.* Bordeaux, Gounouilhou, 1859, in-8, 25 p.

2932. —— *Courte dissertation sur la prononciation de la langue grecque.* Limoges, imp. Chapoulaud frères, 1860, in-8, 11 p.

2933. —— *De la classification de certains opercules de gasteropodes.* Bordeaux, Coderc et Cie, 1867, in-8, 8 p.

2934. —— *Descriptions et figures de quelques coquilles fossiles du terrain tertiaire et de la craie (Gironde, Dordogne, Royan).* Bordeaux, Coderc et Cie, 1868, in-8, 23 p.

2935. **Des Moulins** (Charles). *Eclaircissement sur une question d'orthographe.* Bordeaux, typ. G. Gounouilhou, 1861, in-8, 8 p.

2936. —— *Erythræa et cyclamen de la Gironde.* Bordeaux, Th. Lafargue, 1851, in-8, 55 p.

2937. —— *Etat de la végétation sur le pic du Midi de Bigorre.* Bordeaux, imp. de H. Faye, 1844, in-8, 112 p. avec planche.

2938. —— *Etude sur les cailloux roulés de la Dordogne.* Bordeaux, Coderc et Cie, 1866, in-8, 64 p.

2939. —— *Excursion de la société linnéenne à Bazas, à Cazeneuve.* Bordeaux, imp. F. Degréteau 1866, in-8, 2 broch.

2940. —— *Existence du schistostega osmundacca aux environs de Bagnères-de-Luchon (Haute-Garonne).* Bordeaux, Coderc et Cie, 1871, in-8, 8 p.

2941. —— *Fragments zoologiques.* Bordeaux, Coderc et Degréteau, 1872, 2 broch.

2942. —— *La patine des silex travaillés de main d'homme.* Bordeaux, Coderc et Cie, 1864, in-8, 30 p.

2943. —— *Les deux écoles archéologiques.* Bordeaux, G. Gounouilhou, 1861, in-8, 15 p.

2944. —— *Lettres à M. François Crépin, professeur de botanique.* Bordeaux, Coderc et Cie, 1868, in-8, 10 p.

2945. —— *Mémoires sur quelques bas-reliefs emblématiques des péchés capitaux.* Caen, A. Hardel, 1845, in-8, 47 p.

2946. —— *Quelques réflexions sur la doctrine scientifique dite darwinisme.* Bordeaux, Coderc et Cie, 1869, in-8, 16-7 p.

2947. —— *Note relative aux plantes importées et pouvant servir de documents archéologiques sur les ruines et les peuplades de la France.* Caen, typ. F. Le Blanc-Hardel, 1865, in-8, 19 pages.

2948. —— *Note sur les vêtements d'étoffe donnés à certaines statues de la très sainte Vierge.* Paris, Hardel, 1860, in-8, 7 pages.

2949. —— *Rapport sur deux mémoires de MM. Linder et le comte Alexis de Chasteigner.* Bordeaux, Coderc et Cie, 1870, in-8, 41 pages.

2950. —— *Révision de quelques espèces de pleurotomes...* Bordeaux, Lafargue, 1842, in-8, 79 p.

2951. —— *Sagondignac.* Bordeaux, Coderc, 1863, in-8, 15 p.

2952. **Des Moulins** (Charles). *Spécification et noms légitimes de six échinolampes.* Bordeaux, Coderc et Cie, 1870, in-8, 16 p.

2953. —— *Sur les chrysanthèmes d'automne.* Bordeaux G. Gounouilhou, 1858, in-8, 15 p.

2954. —— *Sur les épines des échinocidarites.* Bordeaux, Coderc et Cie, 1869, in-8, 9 p.

2955. —— et G. LESPINASSE. *Plantes rares de la Gironde.* Bordeaux, Coderc et Cie, 1863, in-8, 20 p.

2956. **Des Murs** (O.). *La vérité sur le coucou.* Paris, Klincksieek, 1879, in-8, xi-274 p.

2957. **Desormeaux**. *Histoire de Louis de Bourbon, second du nom, prince de Condé.* Paris, Desaint, 1768-69, in-12, 4 volumes.

2958. **D'Espeisses** (Antoine). *Œuvres... édition revue et corrigée... par Guy du Rousséaud de La Combe.* Lyon, Bruysset, 1701, in-fol., 3 vol.

2959. **Desplaces** (Laurent-Benoît). *Histoire de l'agriculture ancienne, extraite de l'Histoire naturelle de Pline, livre XVIII.* Paris, imp. G. Desprez, 1765, in-18, xliv-358 p.

2960. **Desplagnes** (Albert). *L'œuvre judiciaire de maître Crémieux.* Lyon, F. Gérard, 1871, in-8, 114 p.

2961. **Despont**. *Maxima bibliotheca veterum patrum.* Lugduni, apud Anissonios, 1677, in-fol., 26 vol.

2962. **Despommiers**. *L'art de s'enrichir promptement par l'agriculture.* Paris, Guillyn, 1770, in-12, 277 p.

2963. **Despretz** (C.). *Traité élémentaire de physique.* Paris, Méquignon-Marvis, 1825, in-8, 762 p.

2964. **Desroches** (P.) et P. COQUEREL. *Chemin de fer d'intérêt local de Saint-Jean d'Angély à Cognac et à Surgères.* Saint-Jean d'Angély, Eug. Lemarié, 1869, in-8, 3 pièces.

2965. **Dessalles**. *Établissement du christianisme en Périgord.* Périgueux, imp. Dupont, 1862, in-8, 113 p.

2966. **Destouches** (Néricault). *Œuvres dramatiques.* Paris, libraires associés, 1774, in-12, 10 vol.

2967. —— *Œuvres choisies.* Paris, imp. F. Didot, 1810, in-18, 2 volumes.

2968. **Des Ursins** (Juvénal). *Histoire de Charles VI, roy de France, et des choses mémorables advenües de son règne...* par messire Jean Juvénal des Ursins, mise en lumière par Théodore Godefroy. — *De l'origine des roys de Portugal, issus en ligne masculine de la maison de France.* Paris, Abraham Pacard, 1614, in-4, 599-16 p. et table.

2969. *De summi pontificis auctoritate, de episcoporum residentia et beneficiorum pluralitate.* Venetiis, officina Jordani Zileti, 1562, in-4, 2 tomes en 1 vol.

2970. **Desvaux** (Urbain). *Les courses et les chevaux en France.* Paris, F. Didot, 1863, in-12, 156 p.

2971. **Desvaux** (N.-D.). *Journal de botanique appliquée à l'agriculture, à la pharmacie, à la médecine et aux arts.* Paris bureau du journal, 1814, in-8, 48 p. avec planches.

2972. **Desvignes** (Jacques). *Paraphrasis ad consuetudinem Santangeliacam.* Santonis, Jon. Bichon, 1638, in-4, 6-328 p., table.

2973. **Detcheverry** (Ad.) *Histoire des israélites de Bordeaux.* Bordeaux, imp. de Balarac, 1850, in-8, 116 p.

2974. *Deux morales en matière dogmatique.* Orléans, imp. Chenu, 1870, in-8, 128 p.

2975. **Deverneilh.** *Observations des commissions consultatives sur le projet de code rural.* Paris, imp. impériale, 1810-1814, in-4, 4 vol.

2976. **Devienne** (dom). *Histoire de la ville de Bordeaux.* Bordeaux, S. de la Court, 1771, in-4, 2 vol.

2977. **Deville.** *Comptes de dépenses de la construction du château de Gaillon.* Paris, imp. nationale, 1850, in-4, CLXVI-559 pages et atlas.

2978. *Devis estimatifs des travaux de reconstruction de l'hôtel de ville de Saintes.* Saintes, typ. Mme Amaudry, 1873, in-4, 5 fascicules.

2979. **Devoyon.** *Traité de la perfection de l'état ecclésiastique...* Lyon, Jean-Marie Bruyset, 1759, in-12, 2 vol.

2980. **Dey** (Aristide). *Mémoires pour servir à l'histoire de la ville de Luxeuil.* Vesoul, Suchaux, 1862-64, in-8, 2 brochures.

2981. [**Dez** (le P. Jean)]. *Lettre où l'on démontre l'injustice des accusations que fait Mgr l'évêque de Meaux contre Mgr l'archevêque de Cambray...* (Voir lettre d'un théologien de Louvain). Liège, imp. Estienne Hoyoux, 1698, in-18, 163 p.

2982. **Dezobry** (L.-Charles). *Rome au siècle d'Auguste.* Paris, Hachette, 1835, in-8, 4 vol.

2983. **Dhauterive**. *Elémens d'économie politique.* Paris, Fantin, 1817, in-8, xxi-384 p.

2984. [**Diacre** (Pierre)]. *Anticimenon liber...* (Voir Salvien de Marseille).

2985. **Diadochus** (saint). *Capita centum de perfectione spirituali...* Antuerpiæ, ex officina Christophori Plantini, 1575, in-18, table, 137 p.

2986. **Dickens** (Charles). *Contes de noël*, traduit de l'anglais. Paris, Hachette et Cⁱᵉ, 1857, in-12, viii et 434 p.

2987. —— *Olivier Twist or the parish boy's progress.* Leipzig, Tauchnitz, 1843, in-12, 438 p.

2988. —— et Wilkie COLLINS. *L'abîme*, roman anglais traduit par Mᵐᵉ Judith. Paris, Hachette et Cⁱᵉ, 1869, in-12, 214 p.

2989. *Dictionnaire apostolique.* Lyon, Jean Certe, 1685, in-8, 523 pages.

2990. *Dictionnaire botanique et pharmaceutique.* Paris, J.-Fr. Bastien, an X (1802), in-8, 2 vol.

2991. *Dictionnaire chronologique et raisonné des découvertes, inventions... en France... de 1789 à la fin de 1820...* Paris, Louis Colas, 1822-1824, in-8, 17 vol.

2992. *Dictionnaire de l'Académie françoise.* Paris, J.-B. Coignard, 1694, in-fol., 2 vol.

2993. *Dictionnaire de l'Académie française.* Paris. Bossange et Masson, 1814, in-4, 2 vol.

2994. *Dictionnaire de l'Académie des beaux arts.* Paris, F. Didot, 1858-1872, in-8, 9 livraisons.

2995. *Dictionnaire de l'économie politique.* Paris, Guillaumin, 1864, in-4, 2 vol.

2996. *Dictionnaire de numismatique et de sigillographie religieuses.* Paris-Montrouge, J.-P. Migne, 1852, in-4, 1432 col.

2997. *Dictionnaire des arts et des sciences*, par M. D. C., de l'Académie françoise (Thomas Corneille). Paris, J.-B. Coignard, 1694, in-fol., 2 vol.

2998. *Dictionnaire des manuscrits*. Paris-Montrouge, Migne, 1853, in-4, 2 vol.

2999. *Dictionnaire des postes de l'empire*. Rennes, C. Oberthur, 1863, in-8, 1918-141-40.

3000. *Dictionnaire des sciences médicales*. Paris, Crapart, 1812, Panckouke, 1822, in-8, 59 vol.

3001. *Dictionnaire dramatique*. Paris, Servière, 1787, in-8, 3 volumes.

3002. *Dictionnaire du notariat*. Paris, administration du *Journal des notaires*, 1832-1838, in-8, 8 vol.

3003. *Dictionnaire raisonné et universel des animaux*. Paris, Cl.-J.-B. Bauche, 1759, in-4, 4 vol.

3004. *Dictionnaire technologique*. Paris, Thomine et Fortic, 1822-1835, in-8, 22 vol.

3005. *Dictionnaire universel françois et latin (Trévoux) et supplément*. Paris, Delaune, 1743-1752, in fol., 7 vol.

3006. *Dictionnaire universel des synonymes de la langue française*. Paris, Mme Dabo-Butschert, 1829, in-12, 2 vol.

3007. *Dictionarium historicum ac poeticum...* Lugduni, Joannem Jacobi Juntæ F., 1581, in-4, 804 p.

3008. *Dictionarium universale latino-gallicum...* Rothomagi, typ. R. Lallemant, in-8, 1112 p.

3009. **Diderot** et d'Alembert. *Encyclopédie ou dictionnaire raisonné des sciences...* Paris, Briasson, 1751-1780, in-fol., 17 volumes; planches, 11 volumes ; supplément, 4 vol. et 1 de planches ; table, 2 vol., total, 33 volumes.

3010. **Diderot**. *Œuvres choisies*. Paris, F. Didot, 1847, in-12, 2 volumes.

3011. —— *Œuvres philosophiques*. Amsterdam. M. Rey, 1772, in-8, 6 vol.

3012, **Didot** (P.). *Petit livre de fables pour les enfants*. Paris, Tournachon, 1824, in-12, XI-58 p.

3013. **Didron**. *Histoire de Dieu*. Paris, imp. royale, 1843, in-4, XXII-600 p.

3014. **Diessbach** (le R. P, Nicolas-Joseph-Albert de). *Le chrétien catholique inviolablement attaché à sa religion.* Turin, Jean-Baptiste Fontana, 1771, in-8, 2 vol.

3015. **Dies** (Henri Von). *Catecheticum.* Daventiæ, typis Conradi Thomæi, 1640, in-12, 620 p.

3016. **Diez** (Frédéric). *Grammaire des langues romanes,* traduction d'Auguste Brachet et Gaston Paris. Paris, A. Franck, 1873-1876, in-8, 3 volumes.

1307. ... *Sanctorum et venerabilium conciliorum ex habitabili orbe convocatorum, explicatio.* Parisiis, Jacobum Bogardum, 1546, in-4 non paginé.

3018. *Difficultez proposées à M. Steyaert.* Cologne, Pierre le Grand, 1692-1693, in-4, vol.

3019. **Digby.** *Discours touchant la guérison des playes par la poudre de sympathie.* Paris, Augustin Courbé, 1666, in-18, 16 pages.

3020. **Dijon.** *Journal d'agriculture de la Côte-d'Or.* Dijon, J.-E. Rabutot, 1838-1870, in-8, 20 vol., 9 livraisons.

3021. —— *Mémoires de l'académie des sciences, arts et belles lettres de Dijon.* Dijon, Lamarche, 1847-1879, in-8, 11 vol.

3022. [**Dilly**]. *De l'âme des bêtes...* Lyon, Anisson et Posuel, 1676, in-18, table, 359 p.

3023. **Dinet** (P.) *Cinq livres des hiéroglyphiques.* Paris, Jean de Heuqueville, 1614, in-4, 741 p.

3024. **Dinouart** (l'abbé). *Abrégé de l'embryologie sacrée.* Paris, Nyon, 1766, in-8, 596 p.

3025. **Diodore de Sicile.** *Bibliothecæ historicæ quæ supersunt.* Grec et latin, 2 vol. (Collection Didot).

3026. **Diogène Laerce.** *Opera omnia græce et latine... cum notis Is. Casaubon.* Henri Estienne, 1593, in-8, 884-124-69-83 p.

3027. —— *De vita et moribus philosophorum libri X.* Lyon, apud Seb. Gryphium, 1550, in-8, 458 p. et index.

3028. —— *De clarorum philosophorum vitis,* grec et latin. (Collection Didot.)

3029. **Dionis.** *Cours d'opération de chirurgie.* Paris, veuve d'Houry, 1765, in-8, 920 p.

14

3030. **Dionis.** *L'anatomie de l'homme suivant la circulation du sang, et les nouvelles découvertes.* Paris, veuve d'Houry, 1729, in-8, xxxii-781 p. avec tables et planches.

3031. **Dionis du Séjour.** *Traité analytique des mouvemens apparens des corps célestes.* Paris, veuve Vallade, 1786-1789, in-4, 2 vol.

3032. *Dimanche (Le) et la société au point de vue économique.* Genève, Béroud et Kaufman, 1872, in-32, 40 p.

3033. **Dinouard** (l'abbé de). *Manuel des pasteurs.* Lyon, Pierre Duplain l'aîné, 1768, in-12, 3 vol.

3034. **Dion Cassius.** *Romanæ historiæ libri XXV.* Lugduni (Leyde), Gulielmum Rovillium, 1559, in-8, 430 p. et ind.

3035. **Dionysius Afer.** *De situ orbis, Prisciano interprete.* (Voir Pomponius Mela, Alde, 1518.)

3036. **Diroys** (F.). *Preuves et préjugés pour la religion chrétienne et catholique.* Paris, Estienne Michallet, 1683, in-4, 504 p.

3037. *Discours composé par quelques amis du colonel Moncey.* Paris, imp. de J. Smith, 1818, in-8, 14 p.

3038. *Discours du pouvoir qu'ont les religieux d'ovyr les confessions.* (Voir vol. Pièces curieuses), 1618, in-12, 48 p.

3039. *Discours de M. Nemo (Ignotus), successeur de M. Victor Hugo, prononcé à l'académie française, le jour de sa réception.* Paris, V. Goupy, 1876, in-4, 48 p.

3040. *Discours ecclésiastiques.* Amiens, veuve Charles-Caron Hubault, 1750, in-12, 513 p., table.

3041. *Discours prononcé à la distribution des prix du concours des collèges de Paris et de Versailles.* Paris, imp. royale, 1819-1827, in-4, 3 pièces.

3042. *Discours prononcés aux funérailles du comte Duchâtel, par M. de Parieu, M. Beulé, M. Guizot, M. Méran, M. Vitet ; à Paris et à Mirambeau, 1867.* Paris, J. Claye, 1868, in-8, 36 p.

3043. *Discussion complète de l'adresse. Session de 1841.* Paris, Fleury, 1840, in-8, iv-308-66 p.

3044. *Disputationes theologicæ.* In-f°, 414 p., index.

3045. *Dissertation préliminaire sur les sens figurez de l'Ecriture.* In-12, 2 tomes en 1 vol.

3046. *Dissertatio theologica de Jansenii Iprensis systemate.* Parisiis, Jacobum Delusseu, 1740, in-12.

3047. **Dittmer** (Adolphe). *Les haras et les remontes.* Paris, Mathias, 1842, in-8, 50 p.

3048 **Ditton** (Humphrey). *La religion chrétienne démontrée par la résurrection de Notre Seigneur Jésus-Christ... Traduit de l'anglois par A. D. L. C.* Paris, Chaubert, 1729, in-4, xxxiv-528 p.

3049. *Divers abus et nullités du décret de Rome, du 4 octobre 1707.* 1708, in-12, 234 p., table.

3050. **Dixon** (William Hepworth). *New America.* Leipzig, Bernhard Tauchnitz, 1867, in-12, 2 vol.

3051. —— *The holy land.* Leipzig, Tauchnitz, 1865, in-12, 2 vol.

3052. *Dizionacio delle favole.* Firenze, tip. della Speranza, 1834, in-18, 233 p.

3053. *Documenta controversium missionariorum apostolicorum imperii Sinici... spectantia.* In-12, 196 p.

3054. *Documents concernant le typhus contagieux des bêtes à cornes.* Paris, imp. impériale, 1865, in-4, 63 p.

3055. *Documents contemporains pour servir à la restauration des principes sociaux et à la réconciliation des partis.* Poitiers, H. Oudin, 1851, in-8, xi-168 p.

3056. *Documents financiers. Statistiques sur les chemins de fer.* Paris, imp. impériale, 1856-1868, in-4, 2 vol.

3057. *Documents historiques sur l'Angoumois. Chronique latine de l'abbaye de la Couronne. Mémoire sur l'Angoumois,* par J. Gervais. Paris, A. Aubry, 1864, in-8, 2 vol.

3058. *Documents inédits relatifs au Dauphiné.* Grenoble, Prudhomme, 1865-1868, in-8, 2 vol.

3059. *Documents, mémoires et mélanges de la société d'agriculture, sciences, arts et commerce de la Charente.* Angoulême, Jouaust, 1867, in-8, xxix-499 p.

3060. *Documents pour servir à éclairer les sapeurs-pompiers de la ville de Saintes sur leurs droits et leurs devoirs.* Saintes, imp. Hus, 1850, in-12, 11 p.

3061. *Documents (chemins de fer) relatifs à l'année 1866-1867.* Paris, imp. nationale, 1869-1872, in-4, 2 vol.

3062. *Documents relatifs à un enlèvement de livres et de manuscrits au préjudice de la bibliothèque d'Auxerre.* Auxerre, imp. Perriquet, 1857, in-8, 34 p.

3063. *Documents statistiques du royaume de Belgique.* Bruxelles, imp. Lesigne, 1859-1863, in-4, 3 vol.

3064. *Documents statistiques sur les hôpitaux et les hospices de Marseille (1825-1834).* Marseille, typ. Senès, 1836, in-4, 309 pages.

3065. *Documents sur les ordres du Temple et de Saint-Jean de Jérusalem en Rouergue.* Rodez, imp. Ratery, 1861, in-8, 591 pages.

3066. **Doisy.** *Le royaume de France et les états de Lorraine par ordre alphabétique.* Paris, imp. Guillau père, 1745, in-4, 1128-42 pages.

3067. **Dollfus** (Edmond). *Considérations sur le Pérou.* Paris, imp. Ch. de Mourgues, 1870, in-8, 31 p.

3068. **Dolfus** et DE MONT-SERRAT. *Voyage géologique dans les républiques de Guatemala et de Salvador.* Paris, imp. impériale, 1868, in-4, ix-539 pages, 18 pl.

3069. **Dolivet** (Charles). *Carte de la Charente-Inférieure. Plans de La Rochelle — Rochefort — Saintes — Saint-Jean-d'Angély — Marennes — Jonzac. — Monuments de la Charente-Inférieure.* Bordeaux, Charriol, 1854, in-fol., 8 cartes.

3070. —— *Enseignement dans les écoles primaires d'une méthode facile de tenue de livres.* Marennes, typ. J.-S. Raissac, 1852, in-8, 78 p.

3071. —— *Géographie de la Charente-Inférieure.* Rochefort, Boucard, 1854, in-8, 159 p.

3072. **Domat.** *Les loix civiles dans leur ordre naturel, le droit public, et legum delectus...* Paris, Michel Brunet, 1723, in-fol., 2 tom. en 1 vol.

3073. **Domenech** (l'abbé Em.). *Manuscrit pictographique américain.* Paris, Gide, 1860, in-8, viii-119 p.

3074. *Dominicæ precationis pia... explanatio...* Parisiis, Joannes Bignon, 1539, in-32, 183 fol.

3075. **Dominique** (A.). *Etude historique et statistique sur le choléra de 1865 à Toulon, à La Seyne et à Solliès-Pont.* Toulon, C. Aurel, in-8, 107 p. avec tableaux.

3076. **Dominis** (Marc-Antoine de). *De republica ecclesiastica.* Hanoviæ, hæredum Levini Hulsii, 1622, in-fol., 2 vol.

3077. **Doneaud** (A.). *Eloge de l'amiral Duperré.* Paris, Challamel, 1870, in-8, 24 p.

3078. **Doniol** (Henry). *Histoire des classes rurales en France.* Paris, Guillaumin et Cie, 1865, in-8, xxi-516 p.

3079. **Donnet** (Cardinal). *Allocution prononcée le jour des funérailles du cardinal de Bonald.* Rome, imp. pontificale, 1870, in-8, 22 p.

3080. —— *Discours pour le sacre de NN. SS. de Cuttoli, évêque d'Ajaccio, Freppel, évêque d'Angers, et Reyne, évêque de la Guadeloupe, le 18 avril 1870.* Rome, imp. pontificale, 1870, in-8, 16 p.

3081. **Donney** (Mgr). *De la conspiration contre l'église et les états monarchiques.* Montauban, Ch. Forestié fils, 1860, in-8, 94 pages.

3082. **Doppet** (le général). *Mémoires.* (Voir collection Barrière). Paris, Baudouin frères, 1824, in-8, xv-418 p.

3083. **Dorat** (C.). *Œuvres complètes.* Paris, S. Jorry, 1769, in-12, 371 pages.

3084. —— *Les baisers, suivis du mois de mai, poëme* (contient *Joannis Secundi Hagiensis basia).* Paris, chez Le Prieur, 1793, in-12, 178 p.

3085. **Dorat-Cubières.** *Les états généraux du Parnasse, de l'Europe, de l'église et de Cythère.* Paris, Couret, 1791, in-8, 383 pages.

3086. **D'Orbigny** (Alcide). *Paléontologie française.* Paris, Bertrand, 1840-1842, in-8, 2 vol. dont un de planches.

3087. **Doré.** *Leçons de chimie élémentaire appliquée aux arts industriels.* Paris, V. Dalmont, 1855, in-8, 288 p.

3088. **Dorfeuille.** *La lanterne magique patriotique.* Toulouse, Viallanes, [1791] in-8, 40 p.

3089. **Dorigny.** *Causeries sur les dents naturelles et artificielles.* Paris, Dentu, 1863, in-12, 70 p.

3090. **Dormois** (Camille). *Du service de santé à l'hôpital de Tonnerre.* Tonnerre, imp. Hérisé, 1857, in-8, 27 p.

3091. —— *Notice historique sur la commune de Villiers-Vineux.* Auxerre, imp. Perriquet, 1857, in-8, 45 p.

3092. **Dorothée.** *Dorothei episcopi Tyri de vita ac morte prophetarum et apostolorum synopsis.* (Voir Salvien de Marseille).

3093. *Doriphora ou Colorado, insecte destructeur de la pomme de terre.* Paris, imp. nationale, 1877, in-4, 8 p. avec planches.

3094. **Douaren** (François). *Omnia quæ quidem hactenus edita fuerunt opera.* Aureliæ Allobrogum, [typ.] Petrus de La Rovière, 1608, in-fol., 2 tomes en 1 vol.

3095. **Douat** (le père Dominique). *Méthode pour faire une infinité de dessins différens, avec des carreaux mi-partis de deux couleurs par une ligne diagonale.* Paris, Flor. de Laulne, 1722, in-4, 189 p.

3096. **Douet-d'Arcq.** *Choix de pièces inédites relatives au règne de Charles VI.* Paris, veuve Renouard, 1863-1864, in-8, 2 volumes.

3097. —— *Collection de sceaux.* Paris, H. Plon, 1863-1868, 3 volumes.

3098. —— *Comptes de l'argenterie des rois de France au XIVᵉ siècle.* (Soc. de l'hist. de France). Paris, J. Renouard, 1851, in-8, LV-432 p.

3099. —— *Nouveau recueil de comptes de l'argenterie des rois de France.* Paris, Renouard, 1864, in-8, LXXI-359 p.

3100. **Double** (Lucien). *L'empereur Titus.* Paris, Sandoz et Fischbacher, 1877, in-12, 242 p.

3101. **Doublet de Boisthibault.** *Eglise de Chartres.* Le Mans, imp. Ch. Richelet, 1839, in-8, 16 p.

3102. **Doujat** (J.). *Chronologie des papes, des conciles et des hérésies qu'ils ont ordonnées.* Paris, E. Michallet, 1677, in-18, 171 p.

3103 —— *Histoire du droit canonique.* Paris, E. Michallet, 1680, in-18, 358 p.

3104. —— *Specimen juris ecclesiastici apud Gallos usu recepti.* Parisiis, Ægidium Alliot, 1671, in-16, index, 69-160-285 p.

3105. —— *Synopsis conciliorum.* Parisiis, apud Ægidium Alliot, 1671, in-18, 184 p.

3106. **Dozenne** (le P. Pierre). *La morale de Jésus-Christ.* Paris, Estienne Michallet, 1686, in-4, 350 p.

3107. **Draboy.** *Questionnaire du cultivateur.* Paris, Ch. Delagrave, 1807, in-12, 144 p., 5 planches.

3108. **Drapeau** (Stanislas). *Etudes sur les développements de la colonisation du Bas-Canada depuis dix ans (1851 à 1861).* Quebec, typ. Léger Brousseau, 1863, in-8, 593 p.

3109. —— *Observations relativement à la découverte du tombeau de Champlain.* Québec, typ. de Georges T. Cary, 1866, in-8, 28 p.

3110. **Drapeyron** (L.). *L'empereur Héraclius et l'empire Bysantin.* Paris, E. Thorin, 1869, in-8, 416 p.

3111. **Drapier** (l'abbé). *Table méthodique et analytique des articles du Correspondant.* Paris, Douniol, 1874, in-8, xi-224 p.

3112. **Drapier** (Roch). *Accurata institutionum... Justiniani explanatio.* Pictavii, F. F. Faulcon, 1770, in-12, xi-501-xi p.

3113. **[Drapier** (Roch)]. *Recueil des principales décisions sur les matières bénéficiales...* Paris, Nicolas-Pierre Armand, 1730, in-16, table, 471 p.

3114. **Drelincourt** (le pasteur Charles). *Catéchisme ou instruction familière.* Genève, P. Jaquier, 1726, in-12, 136 p.

3115. —— *Dialogue sur la descente de Iesvs-Christ aux enfers contre les missionnaires.* Genève, pour Samuel Chouet, 1654, in-4, 352 p.

3116. —— *Du faux visage de l'antiquité et des nullitez prétendues de la réformation de l'église.* Genève, de Tournes, 1665, in-8, 2 tomes en 1 vol.

3117. —— *Justification de quelques passages... en ses lettres à monseigneur le landgrave Ernest.* In-12, 11 pages.

3118. —— *Het rechte ojebruyk dane des pecem H. Avontmael, sov voor als na de bedieninge.* Amsterdam, Fy Gerrit Bos, 1735, in-18, 316 p.

3119. —— *Les consolations de l'âme fidèle.* Amsterdam, H. Desbordes, 1699, in-12, 20-710 p., table.

3120. —— *Sermon sur l'évangile de Notre Seigneur Jésus-Christ selon Saint-Jean.* Charenton, Ve Gobert, 1655, in-12, 56 p.

3121. —— *Sermon sur le pseaume 102.* Charenton, Varennes, 1663, in-12, 42 p.

3122. Drelincourt (Laurent). *La paix de Dieu ou sermon sur l'épitre de Saint-Paul aux Filipiens, ch. IV, v. 7.* Genève, de Tournes, 1662, in-12, 51 p.

3123. —— *Sonnets chrétiens sur divers sujets.* Paris, Louis Vendosme, 1680, in-12, 172 p.

3124. Dreuille (Comte L. de). *Comment on pourrait réduire l'armée tout en assurant la défense nationale.* Paris, Pichon-Lamy, in-12, 72 p.

3125. Dreux du Radier. *Bibliothèque historique du Poitou.* Paris, Ganeau, 1754, in-12, 5 vol.

3126. —— *Récréations historiques.* La Haye, 1768, in-12, 2 volumes.

3127. Drexel (le P. Jérémie). *Opera omnia...* [congesta] *studio Petri de Vos...* Lugduni, Joannis Antonii Huguetan, 1647, in-f°, 4 tomes en 2 volumes.

3128. —— *Œternitatis prodromus mortis nuntius.* Col. Agrippinæ, sumpt. Cornelii ab Egmond, 1633, in-32, 333 p. index.

3129. —— *Cœlum beatorum civitas.* Anteverpiæ, apud Joannem Cnobfaert, 1636, in-32, 358 p.

3130. —— *Gazophilacium Christi eleemosyna.* Anteverpiæ, typ. vid. Joanni Cnobrar, 1641, in-32, 401 p.

3131. Driesche (Jean). *Miscellanea locutionum sacrarum.* Franckeræ, typ. Ægidius Rudœus, 1586, in-8, 107 p., index, 74 p., index.

3132. [Drouas de Boussey (Claude de)]. *Instructions sur les fonctions du ministère pastoral...* Neufchateau, Monnoyer, 1772, in-12, 5 vol.

3133. Drouillet de Sigalas (Paul). *De la propriété et du socialisme...* Paris, Vaton, 1849, in-8, 113 p.

3134. Drouin (René-Hyacinthe). *De re sacramentaria.* Venetiis, Thomas Bertinelli, 1755, in-f°, 1 vol.

3135. —— *De re sacramentaria contra perduelles hœreticos.* Parisiis, L. Cellot, 1773, in-12, 6 vol.

3136. Drouineau (Dr Gustave). *De l'assistance aux filles-mères et aux enfants abandonnés.* Paris, G. Masson, 1878, in-8, 104 p.

3137. **Drouineau** (Gustave). *De l'institution des registres de vaccinations.* La Rochelle, typ. de G. Mareschal, 1878, in-8, 58 p.

3138. —— *Notice sur les cours d'accouchement du département de la Charente-Inférieure.* La Rochelle, typ. de A. Siret, 1874, in-8, 64 p.

3139. **Drouiteau** (H.-E.). *Tableaux synoptiques de la syntaxe grecque.* Poitiers, autographie Gauvin, (185.), in-f°, 22 p.

3140. **Drouot.** *Notices sur les gites de houille et les terrains des environs de Forges et de la Chapelle-sous-Dun.* Paris, imp. impér., 1857, in-4, 368 p., et atlas in-folio.

3141. **Drouyn** (Léo). *Chapiteaux romans de la Gironde.* Paris, Casterman, 1863, in-8, 13 p.

3142. —— *Croix de procession, de cimetières et de carrefours.* Bordeaux, imp. Gounouilhou, 1858, in-f°, 16 p. et 10 planc.

3143. —— *Essai historique sur l'entre-deux-mers.* Bordeaux, imp. Gounouilhou, 1872, in-8, 58 p.

3144. —— *Droits de péage et de passage dans la juridiction de Vayres.* Bordeaux, imp. Gounouilhou, 1870, in-8.

3145. —— *Guide du voyageur à Saint-Emilion.* Paris, Didron, 1859, in-8, 173 p.

3146. —— *La Guienne militaire.* Bordeaux, l'auteur, 1865, in-4, 2 tom. en 1, atlas.

3147. —— *L'hosanne.* Bordeaux, imp. Gounouilhou, 1867, in-8, 57 pages.

3148. —— *Saint-Jean-de-Blagnac.* Bordeaux, imp. Lavertujon, 1867, in-4, 60 p.

3149. —— *Voyage à pied sur les bords de la Garonne.* Auch, imp. Foix, 1858, in-4, 29 p.

3150. **Droz** (Gustave). *Entre nous.* Paris, J. Hetzel, in-12, 352 p.

3151. —— *Monsieur, Madame et Bébé.* Paris, J. Hetzel, 1867, in-12, 392 p.

3152. **Drusius** (Jean). *Observationum sacrarum libri XVI...* Franckeræ, Ægidivm Radævm, 1694, in-12, 368 p., index.

3153. —— *Animadversionvm libri duo.* (Voir le même). Lugduni Batavorum, Iohannis Paetsii, 1685, 76-89 p., in-8.

3154. **Drusius** (Jean). *Miscellanea locvtionvm sacrarvm.* (Voir le même). Franckeræ, Ægidius Radæus, 1586, in-8, 107 p., index, 74 p., index.

3155. —— *Liber Hasmonæorum.* (Grec-latin). Franckeræ, Egidius Radæus, 1600, in-8, 95-56 p.

3156. **D. S. C. P.** *Explication littérale de l'épistre de saint Paul aux Romains.* Paris, imp. Guillaume Desprez, 1684, in-8, 484 p.

3157. **Du Bellay** (Martin). *Mémoires...* Paris, Gab. Buon, 1582, in-fol., 616 p., table.

3158. **Du Bellay** (Martin et Guillaume). *Mémoires depuis l'an 1513 jusqu'à la mort de François Ier.* (Collection Michaud, t. V ; collection universelle, t. XVII, XVIII, XIX, XXI, et collection Buchon).

3159. **Du Bosc** (le R. P.). *Deux fragmens d'un livre intitulé : La descouverte d'une nouvelle hérésie...* Paris, imp. d'Edme Martin, 1664, in-4, table, 60 p.

3160. —— *La découverte d'une nouvelle hérésie.* Paris, imp. Edme Martin, 1663, in-4, table, 92 p.

3161. —— *Le triomphe de S. Augustin.* Paris, Antoine Bertier, 1654, in-4, 364 p., table.

3162. **Du Bois** (Louis). *Itinéraire des cinq départements composant la Normandie.* Caen, Mancel, 1828, in-8 viii-652 p.

3163. **Dubois.** *Méthode... à connaître les plantes de la France...* Paris, A. Cotelle, 1840, in-8, 627 p. avec planches.

3164. **Dubois** (l'abbé J.-A.). *Mœurs, institutions et cérémonies des peuples de l'Inde.* (Paris), à l'imp. royale, 1825, in-8, 2 volumes.

3165. **Dubois** (l'abbé). *Histoire de l'abbaye de Morimond.* Paris, Sagnier et Bray, 1851, in-8, lx-455 p.

3166. —— *Histoire de l'abbé de Rancé.* Paris, Amb. Bray, 1866, in-8, 2 vol.

3167. **Dubois** (Edmond). *Cours d'astronomie.* Paris, Bertrand, 1865, in-8, xxxiv-568 p.

3168. **Dubois.** *Relations de ce qui se passe au parlement touchant la régence de Marie de Médicis.* (Collection Michaud, tome XI).

3169. [**Du Buisson** (l'abbé)]. *Traité de la régale*. Cologne, Nicolas Schouten, 1681, in-16, table, 360 p.

3170. [**Dubon?**]. *Remarques sur un livre intitulé : Dictionnaire philosophique portatif*. Lausanne, Jean-Pierre Heubach, 1765, in-12, 176 p.

3171. **Dubost**. *Jurisprudence du conseil... sur les amortissemens et francs-fiefs*. Paris, G. Lamesle, 1859, in-4, 3 vol.

3172. **Dubos** (Ernest). *Guide pratique pour le choix d'une vache laitière*. Paris, E. Lacroix, 1867, in-8, 132 p., VII pl.

3173. **Dubost** (P.-C.). *L'œuvre agricole de l'empereur*. Paris, imp. A. Wittersheim et Cⁱᵉ, 1870, in-8, 16 p.

3174. **Du Boys** (Albert). *Des facultés de droit et des universités en France dans le moyen âge et de nos jours*. Grenoble, imp. Baratier et Dardelet, 1875, in-8, 13 p.

3175. **Du Breuil** (A.). *Cours élémentaire, théorique et pratique d'arboriculture...* 2ᵉ partie. Paris, Victor Masson, 1857, in-12, 414 à 1031 p.

3176. —— *Manuel d'arboriculture des ingénieurs*. Paris, Victor Masson, 1865, in-12, VI-226 p.

3177. **Dubreuil** (l'abbé). *Poésies*. Paris, Auguste Vaton, 1857, in-16, 396 p.

3178. **Dubus** (F.-J.). *Types de calculs de navigation et d'astronomie nautique...* Saint-Brieuc, Prud'homme, 1853, in-4, VIII-80 pages.

3179. —— *Les chemins de fer devant les pouvoirs publics*. Paris, librairie générale, 1877, in-8, 63 p.

3180. [**Du Cambout de Pontchateau** (Sébastien-Joseph)]. *La morale pratique des jésuites*. Cologne, Gervinus Quentel, 1669, in-12, 44-287 p.

3181. **Du Camp** (Maxime). *Paris, ses organes, ses fonctions et sa vie dans la seconde moitié du XIXᵉ siècle*. Paris, Hachette, 1872-1874, in-8, 6 vol.

3182. —— *Orient et Italie*. Paris, Didier, 1868, in-12, 367 p.

3183. **Du Cange**. *Glossarium mediæ et infimæ latinitatis... cum supplementis integris D.-F. Carpentier...* Parisiis, F. Didot, 1840-50, in-4, 7 vol.

3184. —— *Les familles d'outre-mer*, publiées par E.-G. Rey. Paris, imp. impériale, 1869, in-4, IV-998 p.

3185. **Du Carrier** (l'abbé). *Recueil de quelques sermons.* Limoges, François Meillac, 1697, in-12, 476 p.

3186. **Ducasse.** *La pratique de la juridiction ecclésiastique.* Toulouse, Antoine Birosse, 1762, in-4, 303-133-275 p.

3187. **Du Casse** (A.). *Le général Vandamme et sa correspondance.* Paris, Didier, 1870, in-8, 2 vol.

3188. [**Du Cerceau** (J.-A.)]. *Histoire des révolutions de Perse.* Paris, Briasson, 1742, in-12, 2 vol.

3189. **Ducerceau** (le père). *Oraison funèbre de monseigneur Louis dauphin.* Paris, Etienne Papillon, 1711, in-4, 56 p.

3190. **Duchanoy.** *Essais sur l'art d'imiter les eaux minérales.* Paris, Méquignon, 1780, in-12, xxix-402 p.

3191. **Duchartre.** *Rapport sur les progrès de la botanique physiologique.* Paris, imp. impériale, 1868, in-8, 409 p.

3192. **Duché.** *Théâtre édifiant ou tragédies tirées de l'Ecriture sainte (Absalon, Jonathas, Debora).* Paris, Duchesne, 1757, in-12, 1 vol.

3193. **Duché** (Prosper). *La famille,* poëme. Paris, F. Didot, 1861, in-8, 257 p.

3194. *Duché de Montmorency.* Paris, bureau du cabinet historique, 1864, in-8, 19 p.

3195. *Duchêne (Le père). La grande colère du...* Paris, imp. Sornet, (1871), du 16 ventôse au 3 prairial an 79, in-4, 68 n⁰ˢ.

3196. **Dv Chesne** (André). *Histoire généalogiqve de la maison de Drevx... de Bar-le-Duc, Luxembourg... Du Plessis-Richelieu... Chateauvillain.* Paris, S. Cramoisy, 1623, in-folio, 12-340-77-79-112-101-152-80-67 p.

3197. —— *Histoire généalogique de la maison des Chasteigners, seigneurs de la Chasteigneraye...* Paris, Séb. Cramoisy, 1634, in-fol., 587-192 p.

3198. —— *Histoire généalogique de la maison de Montmorency et de Laval, et preuves.* Paris, Sébast. Cramoisy, 1624, in-fol., 2 tom. en 1.

3199. **Dvchesne.** *Historiæ Normannorvm scriptores antiqvi.* Lutetiæ Parisiorvm, 1619, in-fol., Robert Fouet, 1104 p., index.

3200. [**Du Chesne** (André)]. *Les antiquités des villes, châr teaux et places principales de France.* Paris, 1609, in-12, tome II.

3201. **Duchesne** (Ant.-Nic.). *Manuel du naturaliste.* Paris, Rémont, 1797, i n-8, 4 vol.

3202 *Duchesse (La) de Berry à Saintes.* Saintes, imp. Hus, 1878, in-8, 16 p.

3203. **Du Cheyron.** *Bordj-Bou-Arréridj pendant l'insurrection de 1871 en Algérie.* Paris, H. Plon, 1873, in-12, 266 p.

3204. **Du Clerq** (Jacques). *Mémoires.* (Collection Michaud, t. III ; collection universelle, t. IX, et collection Buchon.)

3205. **Duclos** (l'abbé). *Dictionnaire bibliographique, historique et critique des livres rares... et supplément.* Paris, Cailleau, 1790-1802, in-8, 4 vol.

3206. **Duclos.** *Considération sur les mœurs de ce siècle.* Paris, Prault, 1772, in-12, xii-292 p.

3207. —— *Mémoires secrets sur les règnes de Louis XIV et de Louis XV.* (Collection Michaud, t. XXXIV.)

3208. **Ducos de La Haille** (J.-F.-G.). *Ce qu'était l'île d'Oleron... ce qu'elle est... et ce qu'elle pourrait être.* Marennes, A. Florentin, 1876, in-8, 55 p., plan.

3209. **Ducos de La Haille** (Ch.). *Le port de La Rochelle.* La Rochelle, typ. veuve Mareschal, 1878, in-8, 36 p.

3210. **Ducreux** (l'abbé). *Les siècles chrétiens.* Paris, Moutard, 1775, in-18, 9 vol.

3211. **Ducrest de Villeneuve** (E.) et D. MAILLET. *Histoire de Rennes.* Rennes, E. Morault, 1845, in-8, 546 p.

3212. **Ducrot** (L.). *Traicté des aydes, tailles et gabelles...* Paris, Cardin Besongne, 1633, in-8, 214 p.

3213. [**Dudon** (le P.)]. *Recueil de cas de conscience.* Toulouse, G. Robert, 1734, in-12, xxviii-388 p.

3214. **Dufail** (Noël). *Les plus solemnels arrests et réglemens donnez au parlement de Bretagne...* Nantes, Jacques Mareschal, 1715, in-4, 3 vol.

3215. **Dufay** (le R. P.). *Sermons pour l'avent.* Lyon, veuve Delaroche, 1742 in-12, 4 vol.

3216. **Dufay** (Le P.). *Sermons pour le carême.* Lyon, Jean-Marie Bruyset, 1762, in-12, 4 vol.

3217. —— *Sermons pour l'octave du très saint Sacrement.* Lyon, veuve Delaroche, 1742, in-12, iv p., table, 396 p.

3218. **Du Fossé** (Thomas). *Mémoires du sieur Pontis.* (Collection Michaud, t. XX.)

3219. [**Du Four** (l'abbé)]. *L'âme ou le sistème des matérialistes...* Avignon, Jean Jouve, 1759, in-12, 296 p.

3220. [**Dufour** (le R. P.)]. *Doctrina septem præsulum vindicata.* Avenione, typ. Ludovici Chambeau, 1774, in-8, xii-157 pages.

3221. **Dufour** (Sylvestre). *Traitez nouveaux et curieux du café, du thé et du chocolat.* Lyon, Jean Gérin et B. Rivière, 1685, in-12, 445 p. avec table.

3222. **Dufour.** *De l'ancien Poitou et de sa capitale.* Poitiers, Mᵐᵉ Loriot, 1826, in-8, 460 p., planches.

3223. **Dufour** (A.-H.). *Carte du département de la Charente.* Paris, Aug. Logerot (1877), in-folio plano.

3224. —— *Grand atlas universel.* Paris, Abel Pilon, 1857, in-folio, 40 cartes.

3225. **Dufour** (Julien-Michel). *Code criminel.* Paris, Artus Bertrand, 1809-1810, in-8, 4 vol.

3226. **Dufrêne** (l'abbé). *Notice... sur le couronnement des rois de France.* Saint-Jean d'Angély, Mᵐᵉ Lacurie, 1814, in-12, 37 pages.

3227. —— *Mémoire sur la propriété ecclésiastique.* Paris, Garnéry, 1790, in-8, 146 p.

3228. **Du Fresne.** [*Journal des audiences du parlement depuis l'année 1623*] *(sans frontispice).* Paris, veuve Alliot, 1658, in-fol., 906 p., table.

3229. **Dugas.** *Notice nécrologique sur M. le docteur Mélier.* Marseille, imp. Barile, 1867, in-8, 33 p.

3230. **Dugast-Matifeux.** *État du Poitou sous Louis XIV.* Fontenay-le-Comte, P. Robuchon, 1865, in-8, 641 p.

3231. **Dugazon.** *Le modéré,* comédie en un acte. (Voir le volume Théâtre.) Paris, Maradan, 1793, in-8, 34 p.

3232. **Duguay-Trouin**. *Mémoires*. (Collection Michaud, tome XXXIII.)

3233. **Dugué** (Ferdinand). *Les éclats d'obus* (poésies). Paris, Dentu, 1871, in-12, 159 p.

3234. **Dugué de La Fauconnerie**. *Association de secours mutuels contre l'ignorance*. Saint-Jean d'Angély, imp. Lemarié, 1865, in-8, 16 p.

3235. —— *Le tribunal de la rote*. Paris, Firmin Didot, 1859, in-8, 68 p.

3236. **Du Guesclin** (Bertrand). *Anciens mémoires du XIVᵉ siècle*. (Collection Michaud et Poujoulat, t. I, et collection universelle, t. III, IV, V.)

3237. [**Duguet** (l'abbé Jac.-Jos.)]. *Conduite d'une dame chrétienne pour vivre saintement dans le monde*. Paris, veuve Estienne et fils, 1749, in-18, 485 p.

3238. ——*Dissertations... I sur les exorcismes et autres cérémomonies du baptême, II sur l'eucharistie, III sur l'usure*. Paris, Jacques Estienne, 1727, in-12, 196-356 p.

3239. —— *Explication de la prophétie d'Isaïe*. Paris, François Rabuty, 1734, in-12, 5 vol.

3240. —— *Explication du mystère de la passion de Notre-Seigneur Jésus-Christ*. Amsterdam, Van der Haghen, 1713, in-12, 192 p. avec table.

3241. —— *Institution d'un prince*. Leyde, Jean et Herman Verbeck, 1739, in-12, 4 vol.

3242. —— *Lettres sur divers sujets de morale et de piété*. Paris, J. Estienne, 1713, in-18, 286 p.

3243. —— *Règles pour l'intelligence des Ecritures*. Paris, Jacques Estiennes, 1716, in-12, 372 p. avec table.

3244. —— *Traité de la croix de Notre-Seigneur Jésus-Christ, ou explication du mystère de la passion de Notre-Seigneur Jésus-Christ, selon la concorde*. Paris, François Rabuty, 1733, in-12, 14 vol.

3245. —— *Traités sur la prière publique*. Paris, Jacques Estienne, 1713, in-12, 252-284 p. avec table.

3247. **Duguet** (Jac.-Jos. et Jos.-Vinc. Bidel d'Asfeld. *Explication du livre de Job.* Paris, François Rabuty, 1732, in-12, 2 tomes en 4 vol.

3246. —— *Explication du livre de la Genèse...* Paris, François Rabuty, 1735, in-12, 6 vol.

3248. —— *Explication des psaumes du livre de David...* Paris, François Rabuty, 1734, in-12, 4 tom. en 7 vol.

3249. —— *Explication des livres des rois et des paralipomènes.* Paris, François Rabuty, 1738-1742, in-12, 7 vol.

3250. **[Duhamel** (l'abbé J.-R.-A.)]. *La vérité catholique sur le mystère du fils de Dieu incarné.* 1756, in-12, viii-520 p.

3251. **Du Hamel** (Jean-Baptiste). *Theologiæ clericorum seminariis accomodatæ.* Parisiis, typ. Stephanum Michallet, 1694, in-12, 2 vol.

3252. **Duhamel** (J.-M.-C.). *Des méthodes dans les sciences de raisonnement.* Paris, Gauthier-Villars, 1865, in-8, x-94 p.

3253. —— *Mémoire sur la méthode des maxima et minima de Fermat.* Paris, Gauthier-Villars, 1864, in-4, 55 p.

3254. **Duhamel du Monceau.** *Elémens d'agriculture.* Paris, H.-L. Guérin et L.-F. Delatour, 1763, in-12, 2 vol.

3255. —— *Elémens de l'architecture navale.* Paris, C.-A. Jombert, 1758, in-4, xliv-484 p.

3256. —— *Traité de la culture des terres.* Paris, Hippolyte-Louis Guérin, 1753-1757, in-12, 5 vol.

3257. —— *Traité de la fabrique de manœuvres pour les vaisseaux.* Paris, imp. royale, 1747, in-4, 464 pages.

3258. **Duhan** (Laurent). *Philosophus in utramque partem.* Parisiis, apud Jac. Clousier, 1730, in-12, 464 p. avec index.

3259. **Du Hausset.** *Mémoires sur madame de Pompadour.* Paris, Baudouin frères, 1824, in-8, xxxviii-313 p. (Collection Barrière.)

3260. **Du Jarry** (l'abbé Laurent Juillard). *Oraison funèbre de Mgr Fléchier, évêque de Nismes.* (Voir Fléchier. Mandements...) Paris, Jacques Estienne, 1712, in-12.

3261. —— *Poésies chrestiennes, héroïques et morales.* Paris, Esprit Brilliot, 1715, in-12, 480 p.

3262. **Dulaure** (J.-A.). *Esquisses historiques... de la révolution française.* Paris, Baudouin, 1823-1825, in-8, 6 vol.

3263. —— *Histoire physique, civile et morale de Paris.* Paris, Guillaume et Cie, 1821-1822, in-8, 7 vol.

3264. —— *Histoire des environs de Paris.* Paris, A. Levasseur, 1829, in-8, 7 vol.

3265. **Du Laurens** (André). *Œuvres anatomiques,* traduites en français par Théophile Gelée. [Paris, P. Mettayer, 1613], in-fol., 353-53-43-57-30 fol. avec table.

3266. **Dulaurens** (l'abbé). *Le compère Mathieu.* In-12, 2 vol.

3267. **Du Laurens** (Louis). *Dispute touchant le schisme et la séparation que Luther et Calvin ont faite de l'église romaine.* Paris, Martin, 1655, in-fol., 394 p.

3268. **Dumarsais.** *Essai sur les préjugés...* Paris, J. Desray, l'an premier de la République française, in-8, 2 vol.

3269. **Dumas** (Alexandre). *Les Garibaldiens.* Paris, M. Lévy, 1864, in-12, 376 p.

3270. **Dumas** (E.). *Lois et documents relatifs au drainage.* Paris, imp. impériale, 1854, in-4, xiv-216 p.

3271. **Dumas.** *Calendrier horticole pour le midi de la France.* Lectoure, Oriacombe, 1867, in-12, 80 p.

3272. [**Dumas** (Hilaire)]. *Défense de l'histoire des cinq propositions de Jansenius... contre un libelle intitulé : La paix de Clément IX.* Liège, Daniel Moumal, 1701, in-12, 432 p.

3273. —— *Lettres touchant les hérésies du dix-septième siècle.* Paris, Louis Josse, 1721, in-12, 3 vol.

3274. **Dumay** (Gabriel). *L'université de Dijon (1722-92).* Dijon, Rabutot, 1868, in-fol., 39 p.

3275. **Duméril** (A.). *Etude sur Charles Quint.* Paris, Durand, 1856, in-8, 302 p.

3276. **Du Mesnil.** *Plaidoié en la cour de l'université de Paris et des jésuites.* In-12, 72-7-3 p.

3277. **Dumesnil** (Alfred). *Bernard Palissy, le potier de terre.* Paris, librairie nouvelle, 1851, in-12, 142 p.

3278. —— *L'art italien.* Paris, D. Giraud, 1854, in-12, xxiii-388 pages.

3279. **Du Mesnil-Marigny.** *Catéchisme de l'économie politique.* Paris, E. Dentu, 1873, in-12, 248 p.

3280. **Dumetz** (S.-M.-N.-Jacques). *Clavis theologiæ theoreticæ bipartitæ...* Parisiis, apud Petrum Trichard, 1672, in-12, 2 volumes.

3281. **Dumont** (Léon). *Théorie scientifique de la sensibilité.* Paris, Germer Baillière, 1877, in-8, 268 p.

3282. **Dumorisson.** *Rapport présenté à la commission syndicale des marais de la Seugne.* La Rochelle, G. Mareschal, 1843, in-8, 237 p.

3283. **Dumoulin** (Charles). *Caroli Molinœi... opera.* Paris, C. du Mesnil, 1658, in-fol., 4 vol.

3284. **Du Moulin** (Ch.). *Coutumes générales et particulières de France et des Gaules.* Paris, Mathieu Guillemot, 1635, in-fol., 2 vol.

3285. —— *Traité des fiefs.* Paris, Valade, 1773, in-4, 719 p.

3286. **Du Moulin** (Pierre). *Petri Molinœi vates...* Lugduni Batavorum, officina Joannis Maire, 1640, in-8, index, 543 p.

3287. —— *De monarchia temporali pontificis romani liber...* Genève, P. Aubert, 1614, in-8, 363 p.

3288. —— *[Réponse au cardinal du Perron, pour le roi de la Grande-Bretagne].* Genève, 1641, in-4, table, 368-476 p., table.

3289. —— *Traité de la paix de l'âme.* Saumur, imp. Henry Desbordes, 1680, in-8, 527 p.

3290. **Dumouriez** (le général). *Vie et mémoires.* Paris, Baudouin frères, 1822, in-8, 4 vol. (Collection Barrière.)

3291. **Dunant** (Henry). *Un souvenir de Solférino.* Paris, L. Hachette, in-12, 140 p.

3292. **Dünkelberg** (W.-F.). *De la création des prairies irriguées... traduit de l'allemand par Cochard...* Paris, Masson, 1869, in-8, xii-215 p.

3293. Dunkerque. *Mémoires de la société dunkerquoise.* Dunkerque, E. Vandalle, 1852-1870, in-8, 15 vol., 2 bulletins.

3294. **Dunod de Charnage** (F.-L.). *Traité des prescriptions, de l'aliénation des biens d'église et des dixmes.* Paris, Briasson, 1765, in-4, vii-408 p., table, 31, 37 p.

3295. **Duns Scot** (Jean). *Reportata super primum sententia- rum fratris Joanis Duns Scoti ordinis minorum...* Parisiis, apud Clausum Bunellum, 1517, fol.

3296. *Duo pour clarinette et piano.* In-4, 4 vol.

3297. **Dupanloup** (Mgr Félix). *Œuvres choisies.* Paris, Ruffet, 1862, in-8, 3 vol.

3298. —— *Avertissement à la jeunesse sur les attaques dirigées contre la religion.* Paris, Douniol, 1863, in-8, 121 p.

3299. —— *Défense de la liberté de l'Eglise.* Paris, Ruffet, 1861, in-8, 2 vol.

3300. —— *De l'éducation.* Paris, Lecoffre et Devarenne, 1861, in-8.

3301. —— *Discours sur l'organisation de l'aumônerie mili- taire.* Paris, Ch. Douniol, 1874, in-8, 25 p.

3302. —— *La femme chrétienne et française.* Paris, Douniol, 1868, in-8, 296 p.

3303. —— *La souveraineté pontificale.* Paris, Douniol, 1861, in-8, xxxvi-508 p.

3304. —— *Méthode générale de catéchisme.* Paris, bibliothè- que ecclésiastique, 1839-1840, in-4, 2 vol.

3305. —— *Où allons-nous?* Paris, C. Douniol, 1876, in-8, 45 p.

3306. —— *Post-scriptum de la lettre à M. Ratazzi.* Paris, Dou- niol, 1867, in-8, 12 p.

3307. —— *Réponse à la lettre de M. le pasteur de Pressensé.* Orléans, imp. Puget, 1873, in-8, 14 p.

3308. **Dupaty.** *Discours... dans la cause d'une veuve.* 1769, in-8, 208 p.

3309. —— *Lettres sur l'Italie.* Paris, De Senne, 1778, in-12, 388 pages.

3310. —— *Lettres sur l'Italie,* édition retouchée par M. l'abbé M*** (A. Rainguet). Lyon, Périsse, 1832, in-12, 293 p.

3311. **Dupaty de Clam.** *La science et l'art de l'équitation.* Paris, imp. Amb. Didot, 1776, in-4, 364 p.

3312. **Du Perray** (Michel). *De l'estat et de la capacité des ec- clésiastiques pour les ordres et bénéfices...* Paris, Pierre Emery, 1703, in-4, 683 p.

3313. Du Perray. *Question sur le concordat fait entre Léon X et François premier.* Paris, Damien Beugnié, 1723, in-12, 2 volumes.

3314. —— *Notes et observations sur l'édit de 1695, concernant la juridiction ecclésiastique.* Paris, Damien Beugnié, 1723, in-12, 2 vol.

3315. —— *Traité historique et chronologique des dixmes...* Paris, Damien Beugnié, 1724-1725, in-12, 2 volumes.

3316. —— *Traité des dispenses de mariage...* Paris, P.-A. Paulus-Du-Mesnil, 1719, in-12, 589 p., table.

3317. —— *Traité des moyens canoniques pour acquérir et conserver les bénéfices.* Paris, Pierre-Aug. Paulus-Du-Mesnil, 1726, in-12, 2 vol.

3318. —— *Traité des droits honorifiques et utiles des patrons et curez...* Paris, Pierre-Aug. Paulus-Du-Mesnil, 1720, in-12, table, 587 p., table.

3319. —— *Traité des portions congrues des curez et vicaires perpétuels...* Paris, Damien Beugnié, 1720, in-12, 2 vol.

3320. Du Perron (Jacques Davy, cardinal). *Les diverses œuvres.* Paris, Antoine Estienne, 1629, in-fol., table, 48-1104-118 p., table.

3321. —— *Actes de la conférence entre le sieur évêque d'Evreux et le sieur du Plessis.* Evreux, A. Le Marié, 1602, in-8, 292 fol.

3322. —— *Harangue sur l'article du serment.* Paris, imp. Antoine Estienne, 1615, in-4, 114 p.

3323. —— *Réplique à la réponse du sérénissime roy de la Grande-Bretagne.* Paris, Antoine Estienne, 1620, in-fol., table, 1120 p., table.

3324. —— *Traitté du saint sacrement de l'eucharistie.* Paris, Antoine Estienne, 1622, in-fol., 1024-231 p. avec table.

3325. Du Pin (Louis-Elie). *Défense de la censure de la faculté de théologie de Paris, du 18 octobre 1700.* Paris, André Pralard, 1701, xxxvi-575 p.

3326. —— *Dissertation préliminaire ou prolégomènes sur la bible...* Paris, André Pralard, 1699, in-8, 2 vol.

3327. **Du Pin** (Louis-Elie). *La juste défense de monsieur Dupin...* Cologne, Jacques Valé, 1693, in-12, 191 p.

3328. —— *Notæ in universa Biblia.* Paris, André Pralard, 1691, in-8, 675 p.

3329. —— *Nouvelle bibliothèque des auteurs ecclésiastiques.* Paris, A. Pralard, 1693-1700, in-4, 4 vol.

3330. —— *Traité de la puissance ecclésiastique et temporelle.* 1707, in-8, table, 779 p.

3331. **Dupin** (Pierre). *Traité des peines des secondes noces...* Paris, Denis Mouchet, 1743, in-4, xii-535 p.

3332. **Dupin** (baron Charles). *Forces productives et commerciales de la France.* Paris, Bachelier, 1827, in-4, 2 vol.

3333. **Duplais** (Léonie). *Jésuites et communards,* par Léon Destouches. Paris, Société générale d'imprimerie et de librairie, 1880, in-8, 16 p.

3334. —— *Les nébuleuses.* Royan, imp. Victor Billaud, 1880, in-8, 36 p.

3335. —— *Progrès de la littérature en Saintonge.* Paris, Société de l'alliance des science, des arts et des lettres, 1880, in-8, 8 p.

3336. **[Duplan** (Carme)]. *Précis historique de la bataille livrée le 10 avril 1814 sous les murs de Toulouse...* Toulouse, Benichect, 1814, in-8, 3 parties et cartes.

3337. **Dupleix** (Scipion). *Histoire générale de France.* Paris, L. Sonnius, 1627-1635, in-fol., 5 vol.

3338. —— *Mémoires des Gaules depuis le déluge jusques à l'establissement de la monarchie françoise...* Paris, L. Sonnius, 1627, in-fol., même vol.

3339. **Du Plessis** (maréchal). *Mémoires.* (Collection Michaud, t. XXXI.)

3340. **Duplessis** (Georges). *De la gravure de portrait en France.* Paris, Rapilly, 1875, in-8, 162-6 p.

3341. —— *Inventaire de la collection d'estampes relatives à l'histoire de France.* Paris, édit. Bonnedam et fils, 1881, in-8, 5 volumes.

3342. **Duplessis** (Georges). *Un curieux du XVIIe siècle. Michel Begon, intendant de La Rochelle; correspondance et documents inédits.* Paris, Aug. Aubry, 1874, pet. in-8, xvi-144 p.

3343. **[Du Plessis d'Argentré** (Charles)]. *Apologie de l'amour qui nous fait désirer véritablement de posséder Dieu seul...* Amsterdam, Etienne Roger, 1698, in-12, 368 p., table.

3344. **Du Plessis d'Argentré** (Charles). *Collectio judiciorum de novis erroribus.* Lutetiæ Parisiorum, Andream Cailleau, 1728, in-fol., 2 vol.

3345. —— *Elementa theologica.* Parisiis, viduam Claudii Thiboust, 1702, in-4, table, 344-141 p.

3346. **Duplessis** (Claude). *Traités sur la coutume de Paris.* Paris, Nicolas Gosselin, 1709, in-4, 846 p.

3347. **Du Pont** (le P. Louis). *Méditations sur les mystères de la foy...* traduites de l'espagnol par le R. P. Brignon... Paris, Jean de Nully, 1702-1703, in-4, 2 vol.

3348. —— *La guide spirituelle,* traduite par le père Brignon. Paris, Nicolas Le Clerc, 1700, in-8, 2 vol.

3349. —— *La vie du père Baltasar Alvarès.* Paris, Chastelain, 1618, in-8, 626 p.

3350. **Dupont.** *Histoire de La Rochelle.* La Rochelle, Mareschal, 1830, in-8, 640 p.

3351. **Dupont** (G.). *Le Cotentin et ses îles.* Caen, Legost-Clérisse, 1880, in-8, viii-532 p.

3352. **Dupont** (Pierre). *Chants et chansons, poésies et musique.* Paris, A. Houssiaux, 1852-1854, in-8, 3 vol.

3353. **Dupont** (P.). et Gustave Doré. *La légende du Juif-Errant.* Paris, Michel Lévy, 1856, in-fol., 119 p. et 12 pl.

3354. **Du Port** (Gilles). *L'art de prêcher.* Paris, Charles de Sercy, 1684, in-12, table, 346 p.

3355. **Du Port** (Jean), sieur des Rosiers. *La vie de Jean d'Orléans, dit le bon, comte d'Angoulême,* nouvelle édition... par J.-F.-Eusèbe Castaigne. Angoulême, imp. Lefraise, 1852, in-8, xxxiv-112 p.

3356. **Duportail** (Armand). *La commune à Toulouse.* Toulouse, imp. P. Savy, 1871, in-8, 80 p.

3357. **Duprat** (Pascal). *Les révolutions.* Paris, Le Chevalier, 1869, in-12, 255 p.

3358. **Dupré** (A.). *Essais sur la seigneurie, le monastère et l'école de Pont-Levoy.* Blois, imp. Dezairs, 1841, in-12, 110 p.

3359. —— *Histoire du royal monastère de Sainct-Lomer de Blois.* Orléans, imp. Jacob, 1853, in-8, 84 p.

3360. —— *Notes historiques sur les Daniel d'Orléans et de Blois.* Orléans, imp. Jacob, 1867, in-8, 10 p.

3361. —— *Notice sur les saints de Blois.* Blois, Benoist-Javary, 1860, in-12, 164 p.

3362. [**Dupré** (l'abbé)]. *Essai sur les comtes de Paris.* Paris, Vaton, 1841, in-8, 135 p.

3363. **Du Préau** (Gabriel). *De l'autorité du conseil.* Paris, Robert Le Magnier, 1564, in-8, 155 p.

3364. **Du Pujet** (Antoine). *Mémoires relatifs aux troubles de Provence.* (Collection Michaud, t. VI.)

3365. **Dupuiherbault** (Gabriel). *Supplément de dévotion et élévation de cœur en Dieu.* Paris, Jehan de Roigny, 1555, in-8, 148-108-44-28-20 p.

3366. **Dupuis.** *Dissertation sur le zodiaque de Dendra.* Paris, Chasseriau, 1822, in-32, 40 p. avec table.

3367. —— *Origine de tous les cultes.* Paris, H. Agasse, an III de la république, in-8, 12 vol. et atlas.

3368. **Dupuis** (F.). *Notice sur M. Constant Leber.* Orléans, G. Jacob, 1860, in-4, 11 p.

3369. **Dupuy** (Henri). *Eryci Puteani epistolarum promulsis... De purificatione virginis-matris...* Lovanii, ex officina Flaviana, 1612, in-4, 116-143-21 pages.

3370. **Dupuy** (F.). *Traité de la majorité de nos rois.* Paris, veuve Mathurin Du Puis, 1655, in-4, table, 585 p.

3371. —— *Traité concernant l'histoire de France.* Paris, veuve M. Du Puys, 1654, in-4, 510 p.

3372. —— *Traitez touchant les droits du roy... sur plusieurs estats et seigneuries possédées par divers princes voisins.* Paris, Augustin Courbé, 1655, in-fol., table, 1018 p.

3373. [**Dupuy** (Jean). *Réflexions chrétiennes et morales sur les endroits choisis des quatre évangélistes et des actes des apôtres.* Paris, Jean Boudot, 1701, in-12, LXXV-583 p., table.

3374. **Dupuy de Lome.** *Notice sur l'aérostat à hélice.* Paris, Gauthier-Villars, 1872, in-4, 67 p. et IX pl.

3375. [**Durand** (Bernard)]. *Instituts au droit coutumier du duché de Bourgogne.* Dijon, Jean Ressayre, 1697, in-12, table, 188 p., 279 p.

3376. **Durand** (Guillaume). *Speculi pars tertia et quarta...* Lugduni [typ.] Thomas Bertellus, 1547, 195 fol., index.

3377. —— *Tractatus... de modo generalis concilii celebrandi...* Lugduni, excudebat Joannes Crispinus, 1534, in-4, 74 fol.

3378. [**Durand** (J.-F.). *L'esprit de Saurin.* Lausanne, J.-P. Heubach, 1767, in-12, 2 parties en 1 vol.

3379. **Durand** (le père Barthélémy). *Dissertationes ecclesiasticæ pro foro tam sacramentali quam contentioso...* Avenione, apud F.-B. Offray, 1702, in-4, 414 p.

3380. [**Durand** (Pierre)]. *Mémoires sur la guerre civile de la Vendée.* (Voir collection Barrière).

3381. **Durand de Gros** (J.-P.). *Ontologie et psychologie physiologique.* Paris, Germer Baillière, 1871, in-12, XIII-360 p.

3382. **Durand de Maillane.** *Dictionnaire de droit canonique et de pratique bénéficiale.* Lyon, Joseph Duplain, 1776, in-4, 5 vol.

3383. —— *Histoire de la Convention nationale...* Paris, Baudouin frères, 1825, in-8, XII-388 p.

3384. —— *Histoire du droit canon...* Lyon, Jean-Marie Bruyset, 1770, in-12, VIII-540 p.

3385. —— *Institutes du droit canonique,* traduites en françois... Lyon, Jean-Marie Bruyset, 1770, in-12, 9 vol.

3386. —— *Les libertez de l'église gallicane.* Lyon, Pierre Bruyset-Ponthus, 1772, in-4, 5 vol.

3387. **Duranthon.** *Réponse aux lettres contre l'immunité des biens ecclésiastiques.* 1750, in-12, 190-53-58-64 p.

3388. **Du Resnel du Bellay** (J.-F.). *Œuvres.* (Voir Poètes français, t. XXI.)

3389. **Duret** (Louis). *Observationum et curationum medicina-*
lium libri duodecim ultimi. Rothomagi, apud Joan. et Davidis Berthelin fratres, 1653, in-fol., 2 tomes en 1 vol.

3390. **Duret** (Théodore). *Lettres sur les élections.* Paris, Dentu,
1863, in-8, 31 p.

3391. —— *Les peintres français en 1867.* Paris, Dentu, 1867,
in-12, 173 p.

3392. **Duronceray.** *Consolations d'un solitaire.* Paris, Verdier, 1815, 3 tom. en 2 vol.

3393. **Du Rousseau de La Combe** (Guy). *Recueil de juris-*
prudence canonique et bénéficiale. Paris, Delalain, 1771, in-
fol., 310-82-312 p.

3394. —— *Recueil de jurisprudence civile.* Paris, Claude-J.-B.
Bauche, 1753, in-4, 456-405 p.

3395. —— *Traité des matières criminelles.* Paris, Théodore
Le Gras, 1762, in-4, xvi-482-cclvi p.

3396. **Duruy** (Victor). *Géographie romaine.* Paris, Chamerot
(185.), in-12, viii-251 p.

3397. [**Dusault** (dom)]. *Avis et réflexions sur les devoirs de*
l'état religieux. Paris, François Godard, 1719, in-12, 3 vol.

3398. **Dusault.** *Commentaire sur l'usance de Saintes conférée*
avec la coutume de Saint-Jean d'Angély. Bordeaux, G. Bou-
dé-Boué, 1722, in-4, xvi-428 p. et table.

3399. **Dusaulx.** *De la passion du jeu.* Paris, imp. de Monsieur,
1779, in-8, xxxvi-335 p.

3400. **Dusausoir.** *Le retour de Louis XVIII, suivi des adieux*
d'un vieillard à Bonaparte. Paris, imp. Michaud (L.-G.),
1814, in-8, 15 p.

3401. **Du Saussay** (André). *Martyrologium Gallicanvm.* Lvtetiæ Parisiorvm, typ. Seb. Cramoisy, 1637, in-fol., 2 vol.

3402. —— *Panoplia clericalis.* Lutetiæ Parisiorum, Sebastiani
Cramoisy, 1649, in-fol., index, 776 p., index.

3403. **Du Seutre** (O. Jaulin). *Simple notice sur la culture de*
la vigne à la charrue. Saintes, typ. Hus, 1861, in-8, 7 p.,
6 planches.

3404. **Dusourd** (J.-B.). *Conseils aux femmes.* Paris, Lacroix-
Comon, 1856, in 12, xiv-196 p.

3405. **Dusourd** (J.-B.). *Traité pratique de la menstruation...* Paris, Baillière, 1850, in-8, 597 p.

3406. **Dussieux** (L.). *Atlas général de géographie.* Paris, J. Lecoffre, 1854, in-4.

3407. —— *Les artistes français à l'étranger.* Paris, Lecoffre, 1876, in-8, 643 p.

3408. —— *Les volontaires de 1792 et le service militaire obligatoire.* Paris, Lecoffre, 1872, in-12, 23 p.

3409. **Dusevel** (H.). *Notice biographique sur M. Gilbert.* Amiens, typ. E. Yvert, 1858, in-8, 8 p.

3410. **Du Suel** (l'abbé François). *Entretiens de l'abbé Jean et du prêtre Eusèbe.* Lyon, Anisson, Posuel et Rigaud, 1684, in-8, 767 p.

3411. **Duteil** (Camille). *Notice archéologique sur le dolmen de Montguyon.* Paris, P. Martinon, 1840, in-8, 63 p., plan.

3412. **Du Temps** (Hugues). *Le clergé de France, ou tableau historique des archevêques, évêques, abbés, abbesses... du royaume...* Paris, Brunet, 1775, in-8, 3 vol.

3413. **Du Tertre.** *L'usure expliquée.* Paris, Jean Du Bray, 1673, in-12, table, 292 p.

3414. **Duthillœul** (H.-R.). *Douai et Lille au XIIIᵉ siècle.* Douai, imp. Adam d'Aubers, 1850, in-4, XIII-205 p.

3415. **Dutouquet** (H.-E.). *Création de la société de Notre-Dame de refuge et de ses asiles.* Paris, Guillaumin et Cᶦᵉ, 1858, in-8. 84 p.

3416. **[Du Treuil** (le P.)]. *Sermons choisis...* Lyon, frères Duplain, 1759, in-12, 2 vol.

3417. **Du Vair.** *Œuvres.* [Amsterdam, J. Carron], 1610, in-8, 1275-332 p.

3418. —— *Traitez de piété et saintes méditations...* Paris, Abel Langelier, 1607, in-8, 648 p.

3419. **Du Val.** *De lib. et post. Liber singularis.* Poitiers, Julian Thoreau, 1627, in-8, 123 p.

3420. **Duval** (Jules). *Gheel ou une colonne d'aliénés vivant en famille et en liberté.* Paris, Hachette et Cᶦᵉ, 1867, in-12, VII-440 p. et 1 pl.

3421. **Duval** (Jules). *Notice biographique sur M. le baron de Gaujal.* Paris, typ. Hennuyer, 1857, in-8, 78 p.

3422. **Duval** (P.-C.-P.). *Jeanne d'Arc.* Quimper, Léon Alphonse, 1857, in-8, ii-396 p.

3423. **Duval** (Louis). *Cahiers de la Marche et assemblée du département de la Creuse, 1788-1789.* Paris, Dumoulin, 1873, in-8, xi-148 pages.

3424. [**Du Vaucel** (l'abbé)]. *Relation de ce qui s'est passé touchant l'affaire de la régale dans les diocèses d'Alet et de Pamiers.* 1681, in-12, 252 p., table.

3425. **Du Veil** (Charles-Marie). *Acta sanctorum apostolorum ad literam explicata.* Londini, typ. T. Snowden, 1684, in-8, 499 pages.

3426. **Du Verger de Hauranne.** *Question royale et sa décision.* Paris, Toussainct du Bray, 1609, in-12, 56 feuillets.

3427. **Duvergier de Hauranne.** *Histoire du gouvernement parlementaire en France, 1814-1848.* Paris, Michel Lévy, 1857-1871, in-8, 10 vol.

3428. **Des Vergers** (Noël). *L'Etrurie et les Etrusques ou dix ans de fouilles dans les Maremnes toscanes.* Paris, F. Didot, 1862-64, in-8, 2 vol. et un vol. in-fol.

3429. **Duvernet** (l'abbé J.). *Histoire de la Sorbonne, dans laquelle on voit l'influence de la théologie sur l'ordre social.* Paris, Buisson, 1790, in-8, 2 vol.

3430. [**Du Vernet** (l'abbé T.-H.)]] *La vie de Voltaire,* par M*** Genève, 1786, in-8, 260 p.

3431. [**Du Vivier** (le P. P.-E.-V.)]. *Examens des ordinans..* Paris, Estienne Michallet, 1692, in-8, table, 312 p.

3432. **Du Voisin** (Jean-Baptiste). *De vera religione ad usum theologiæ candidatorum.* Parisiis, apud Antonium Prevost, 1745, in-12, 2 vol.

3433. **Dyno de Murello.** *Preclarus et insignis tractatus... de regulis juris...* S. l. n. d., gothique [1493 à 1505], pet. in-4, 126 fol., table.

E

3434. **E. C. M.** (de). *Biographie des 750 représentants à l'assemblée législative.* Paris, Pagnerre, 1849, in-12, 256 p.

3435. **Eadmer.** *Eadmeri... opera.* (Voir Anselme).

3436. **Eberhard** (Jean-Auguste). *Examen de la doctrine touchant le salut des payens.* Amsterdam, E. Van Harrevelt, 1773, in-8, 414 p.

3437. *Ecclesiastes christianus.* (Voir Tertullianus redivivus, t. Iᵉʳ). In-folio, 303 p. et index.

3438. **Echard** (Laurent). *Dictionnaire géographique,* tr. par M. Vosgien. Paris, veuve Didot, 1769, in-8, xiv-783 p., 2 cartes.

3439. —— *Histoire romaine.* Avignon, Ant. Aubanel, x-1802, in-12, 12 vol.

3440. **Eckius** (Jean). *De primatu Petri adversus Ludderum.* Paris, Conrad Resch, 1521, in-fol., 3 liv. en 2 vol.

3441. *Eclaircissemens des prétendues difficultez proposées à Mgr l'archevêque sur plusieurs points importants de la morale de Jésus-Christ.* 1697, in-18, 240-78 p.

3442. *Ecole de littérature, tirée de nos meilleurs écrivains.* Paris, Rabuty fils, 1765, in-12, 2 vol.

3443. *Ecole (L') mutuelle.* Paris, au bureau des éditeurs, 1866-1867, in-32, 23 vol.

3444. *Ecoles centrales. Règlement* (4) — *Programmes des distributions de prix* (5) — *Prospectus, programmes* (4) — *Affiches diverses* (4). Saintes, an VI, an IX, 17 placards.

3445. *Edicts du roy nostre sire, sur la perception de ses droits de domaine forain et l'imposition foraine...* Rouen, imp. de Martin le Mesgissier, 1627, in-8.

3446. *Edicts du roy touchant les matières civiles dont il n'y a appel du parlement de Bretaigne...* (Voir coutumes de Bretaigne nouvellement réformées...) Rennes, Philippus Bourgoignon, 1553, in-8 non paginé.

3447. *Edit du roi concernant les portions congrues, mai 1768.*
Saintes, P. Toussaints (1771), in-4, 8 p.

3448. *Edits... concernant la juridiction et la jurisprudence de la cour des aides et finances de Montauban.* Montauban, J.-F. Teulières, 1752, in-4, xi-611 p.

3449. *Edit du roi Henry II, touchant les mariages clandestins.* Paris, Charles Saugrain, 1707, in-8, 206 p., table.

3450. **Edom** (J.). *Vie et voyages de notre seigneur Jésus-Christ.* Paris, Dezobry, 1859, in-12, xii-359 pages.

3451. **Egerton** (Francis-Henri). *A compulation of various authentick evidences, and historical authorities tending to illustrate the life and character of Thomas Egerton.* Paris, Didot, 1812, in-fol., ii-64 p.

3452. **Egerton** (François-Henri). *Description du plan incliné souterrain.* Paris, imp. de Chaigneau, 1812, in-8, 47 p.

3453. **Egger** et autres. *Progrès des études classiques et du moyen âge.* Paris, imp. impériale, 1868, in-8, viii-155 p.

3454. **Egine** (Paul d'). Βιβλια επτα. Basileæ (Bâle), per Andream Cratandrum, 1538, in-fol., 500 p.

3455. **Eginhard.** *Annales des rois Pépin, Charlemagne et Louis le Débonnaire. — Vie de Charlemagne.* (Collection Guizot, t. III).

3456. —— *Œuvres complètes, traduites par A. Teulet.* (Soc. de l'hist. de France). Paris, J. Renouard, 1840-1843, in-8, 2 vol.

3457. *Elections sénatoriales de la Charente-Inférieure. 1876.* 7 pièces.

3458. **Eliçagaray.** *Erreurs et préjugés.* Paris, Philippart (186.), in-12, 45 p.

3459. **Elien.** *De animalium natura libri XVII, Petro Gillio Gallo et Conrado Gesnere Helvetio interpretibus* (grec-latin). Genève, Philip. Albertum, 1616, in-18, 1818 p. et index.

3460. —— *De natura animalium varia historia...* (Collection Didot), grec et latin.

3461. **Elisée** (le R. P.). *Sermons.* Paris, J.-G. Mérigot, 1785, in-12, 4 vol.

3462. *Eloges et discovrs sur la triomphante réception dv roy en sa ville de Paris après la redvction de La Rochelle.* Paris, Pierre Rocolet, 1629, in-fol., 6-180-11 p.

3463. **Elvani** (Etienne d'). *Selecta juris Stephani d'Elvani.* Monspelii, Petri Rigaud, 1682, in-12, 662 p., index.

3464. **Emile** (Paul). *De rebus gestis Francorum... libri decem* Paris, Mich. Vascosani, 1539, in-fol., 248 fol.

3465. **[Emerigon** (B.-M.)]. *Nouveau commentaire sur l'ordonnance de la marine d'août 1681.* Marseille, imp. Jean Mossy, 1780, in-12, 2 vol.

3466. **Emérigon.** *Plaidoyer pour Anne Duprat, veuve Labarthe, contre Jean et Marguerite Luxe.* Bordeaux, imp. Philippot, 4e année républicaine, in-4, 71 p.

3467. **Emion** (Victor). *La taxe du pain.* Paris, Guillaumin et Cie (1867), in-8, iv-168 p.

3468. **Emmel** (Egenolph). *Discursus epistolaris politico-theologici de statu reipublicæ christianæ degenerantis.* Francofurti, apud Egenolphum Emmelium, 1610, in-4, 214 p., index.

3469. **Emond** (G.). *Histoire du collège de Louis-le-Grand.* Paris, Durand, 1845, in-8, iv-435 p., 2 pl.

3470. *Empereur (L').* Paris, Henri Plon, 1869, in-8, 29 p.

3471. *Empire (L') du Brésil à l'exposition universelle de 1876 à Philadelphie.* Rio de Janeiro, imp. impériale, 1876, in-8, 542 pages.

3472. *Enchiridion titulorum juris civilis et canonici.* Burdigalæ, Guill. Boudé, 1708, in-16, 282 p.

3473. *Encyclopédie catholique sous la direction de M. l'abbé Glaire et de M. le vicomte Walsh.* Paris, Parent-Desbarres, 1854, in-8, 18 vol. et 3 vol. (supp.).

3474. *Encyclopédie des gens du monde.* Paris, Treuttel et Würtz, 1833-1845, in-8, 44 vol.

3475. *Encyclopédie du XIXe siècle.* Paris, 1838-1859, in-4, 30 volumes.

3476. *Encyclopédie méthodique.* Paris, Panckoucke, 1787-1790, in-4, 147 vol. avec planches et cartes.

3477. *Encyclopédie moderne sous le direction de M. Léon Renier*. Paris, Firmin Didot, 1861-63, in-8, 44 vol.

3478. *Encyclopédie pratique de l'agriculture*, publiée par F. Didot... sous la direction de M. L. Moll et Gayot. Paris, Didot, 1859-1872, in-8, 15 vol.

3479. **Enjubault** (Emile). *L'art céramique et Bernard Palissy*. Moulins, imp. P.-A. Desrosiers, 1858, in-8, iv-180 p.

3480. *Enquête agricole*. Paris, imp. nationale, 1870-1872, in-4, 7 volumes.

3481. *Enquête du conseil supérieur de l'agriculture, du commerce... sur le traité de commerce avec l'Angleterre.* Paris, imp. impériale, 1860-1861, in-4, 8 vol.

3482. *Enquête publique sur le commerce de la boulangerie et de la boucherie à Bordeaux.* Bordeaux, imp. P. Forastié, 1871, in-8, v-75 p.

3483. *Enquête relative à diverses prohibitions établies à l'entrée des produits étrangers.* Paris, imp. royale, 1835, in-4, 3 vol.

3484. *Enquête sur la législation relative au taux de l'intérêt de l'argent.* Paris, imp. impériale, 1865, in-4, 2 vol.

3485. *Enquête sur la marine marchande.* Paris, imp. impériale, 1863-65, in-4, 3 vol.

3486. *Enquête sur l'enseignement professionnel.* Paris, imp. impériale, 1864-1865, in-4, 2 vol.

3487. *Enquête sur le régime du courtage.* Paris, imp. impériale, 1864, in-4, 1115 p.

3488. *Enquête sur les bureaux de bienfaisance.* Paris, imp. nationale, 1874, in-8, lviii-971 p.

3489. *Enquête sur les chemins de fer. Notes adressées à la commission.* Fontenay-Vendée, imp. P. Robuchon, 1876, in-8, 67 p.

3490. *Enquête sur les conseils de prud'hommes et les livrets d'ouvriers.* Paris, imp. impériale, 1869, in-4, 2 vol.

3491. *Enquête sur les engrais industriels.* Paris, imp. impériale, 1865-1866, in-4, 2 vol.

3492. *Enquête sur les fers.* Paris, Renard, 1829, in-4, 368 p.

3493. *Enquête sur les sels.* Paris, imp. impériale, 1868-69, in-4, 3 volumes.

3494. *Enseignement très utile... pour fortifier la personne à volontiers mourir, et ne craindre point la mort.* 1551, in-16 non paginé.

3495. **Entraigues** (comte d'). *Mémoire sur les états généraux, leurs droits et la manière de les convoquer... — Second mémoire.* En Languedoc, 1789, in-8, 2 broch.

3496. *Epée (l') ou les trophées de la gloire.* (Paris), imp. Hocquet (182.), in-8, 128 p.

3497. *Ephémérides du département de la Charente-Inférieure pour l'an mil huit cent sept* (Incomplet). La Rochelle, imp. V. Cappon, 1807, in-18, 139 p.

3498. **Epictète.** *Enchiridion una cum Cebetis Thebani tabula accessere Arriani commentariorum... lib. IV omnia Hieron. Wolfio interprete... item Porphyrii... lib. quatuor...* Cantabrigiæ, impensis G. Morden, 1655, pet. in-4, 495-285-87 p. et index.

3499. —— *Le manuel d'Epictète avec des réflexions tirées de la morale et de l'évangile...* Paris, Claude Barbin, 1688, in-12, 556 p., table.

3500. —— *Les caractères... avec l'explication du tableau de Cèbes,* par l'abbé de Bellegarde. Trévoux, Estienne Ganeau, 1700, in-18, xxxvi-216 p.

3501. —— *Manuale, fragmenta et dissertationes,* grec et latin. (Collection Didot, vol. Théophraste, Marc Antoine.)

3502. *Epigrammatum antologia palatina,* grec et latin. (Collection Didot.)

3503. Epinal. *Annales de la société d'émulation du département des Vosges.* Epinal, imp. Gley, 1841-1870, in-8, 19 vol.

3504. **Epinois** (Henri de L.). *Hier, aujourd'hui, demain.* Toulouse, typ. L. Hébrail, 1871, in-8, 82 p.

3505. —— *M. Henri Martin et son histoire de France.* Paris, L. Sandret, 1872, in-12, xi-480 p.

3506. **Epiphane** (saint). *Opera omnia.. Dionysius Petavius... illustravit.* (Grec et latin). Parisiis, sump. Michaelis Sonnii, 1622, in-folio, 2 volumes.

3507. —— *Contra octoginta hæreses...* (texte grec). Basileæ, 1544, in-fol., 543 p.

3508. **Epiphane** (Saint). *D. Epiphanii episcopi Constantiæ Cypri, contra octraginta hæreses opus* (latin). Basileæ, per Rob. Vuinterum, 1545, in-fol, 632 p., avec index.

3509. *Economie politique des chemins de fer à propos des idées de rachat, par un économiste.* Paris,imp. Chaix, 1882, in-18, 99 pages.

3510. **Epictète.** *Manuel traduit du grec avec les commentaires de Simplicius, le nouveau manuel et le tableau de Cébès.* Paris, J.-F. Bastien, 1790, in-8, 569 p.

3511. *Epigramatum Græcorum annotationibus Joannis Brodœi... nec non Vincentii Obsopoei... illustratorum libri VI.* Francoforti, And. Wechel, 1600, in-fol., 632-30 p., table.

3512. *Epistolæ præpositorum generalium ad patres et fratres societatis Iesv.* Romæ, in collegio Romano eiusdem societatis, 1615, in-8, 396 p.

3513. *Epistolarvm decretalivm svmmorvm pontificvm* [tres libri]. Romæ, in ædibus populi Romani, 1591, in-fol., 3 vol.

3514. *Equilibre (l') social en France.* (Introduction.) Versailles, imp. Crété, 1873, in-8, 101 p.

3515. **Erasme** (Désiré). *Adagiorum chiliades justa locos communes digestæ...* (Paris), André Wéchel, 1599, in-fol., 1987 p., index.

3516. —— *Colloquia cum notis selectis variorum,.. accurante Corn. Schrevelio.* Lugduni Batavorum (Leyde), ex officina Hackiana, 1664, in-8, 784 p., table.

3517. —— *Novum instrumentum* (grec-latin). Basileæ, Joannis Frobensi, 1516, in-fol., 324-625 p.

3518. —— *Paraphrasis in evangelivm Ioannis et in acta apostolorvm.* Lugduni, Seb. Gryphivm, 1542, in-8, 327-16-208 p.

3519. —— *Tomus secundus continens paraphrasim D. Erasmi Roterodami in omnes epistolas Pauli collectaneam...* Basilæe, in officina Frobeniana, 1534, in-8, 924 p.

3520. —— PETRARQUE ET CORDIER. *Selecta colloquia...* Paris, Barbou, 1766, in-32, 157 p.

3521. *Erection d'une statue à M. le marquis de Chasseloup-Laubat*. Paris, Berger-Levrault, 1875, in-8, 8 p.

3522. **Ercila y Luniga** (Don Alonso de). *L'araucana*, trad. par Alexandre Nicolas. Paris, Delagrave et Cie, 1869, in-12, 2 volumes.

3523. **Ermold le noir**. *Faits et gestes de Louis le Pieux*. (Collection Guizot, t. IV.)

3524. **Ernesti**. *Clavis Ciceroniana*. Parisiis, Fournier, 1818, in-8, 2 vol.

3525. *Erotici scriptores : Parthenius, Achilles Tatius, Longus, Xenophon Ephesius, Heliodorus, Chariton Aphrodisiensis, Antonius Diogenes, Iamblichus, Eumathius, Apollonius Tyrius, Nicetas Eugeninanus*, grec et latin. (Collection Didot.)

3526. **Erynach** (Paul). *Sanctorum patrum de gratia Christi et libero arbitrio dimicantium trias*. (Notes manuscrites). (S. l.), 1648, in-4, 730 p. avec table.

3527. —— *Sanctorum Patrum de gracia Christi et libero arbitrie dimicantium trias*. 1648, in-4, 730 pages, index. (Armes de J. de Bryas, archevêque de Cambrai).

3528. **Ernoul** et BERNARD LE TRÉSORIER. *Chronique*, publiée... par M. L. de Mas Latrie (Société de l'histoire de France). Paris, veuve Jules Renouard, 1871, in-8, XLIV-587 p.

3529. **Escallier** (E.-A.). *L'abbaye d'Anchin (1079-1792)*. Lille, Lefort, 1852, in-4, XII-518 p. et 12 planches.

3530. **Escayrac de Lauture** (Comte de). *Le désert et le Soudan*. Paris, Dumaine, 1853, in-8, XVI-625 p.

3531. **Eschasseriaux** (Joseph). *Lettre sur le Valais, sur les mœurs de ses habitants...* Paris, Maradan, 1806, in-8, 136 p.

3532. **Eschasseriaux** (René). *Les arènes de Thenac, 1825*. Pons, imp. Noël Texier, 1881, in-8, 20 p.

3533. **Eschasseriaux** (le baron Eugène). *Assemblées électorales de la Charente-Inférieure, 1790-1799*. Niort, Clouzot, 1868, in-8, 347 p.

3534. —— *Discours pour l'uniformité du droit de consommation sur les eaux-de-vie en cercles ou en bouteilles. — Pour la réduction des dépêches télégraphiques*. Paris, typ. Panckoucke, 1867, in-8, 22 p.

3535. **Eschasseriaux** (le baron Eugène). *Discours sur les propositions relatives au traité de commerce avec l'Angleterre.* Paris, Wittersheim, 1872, in-8, 30 pages.

3536. —— *Rapport sur l'état des communications postales et télégraphiques.* Versailles, imp. Cerf, 1871, in-4, 35 p.

3537. —— *Rapport ayant pour objet de fixer la taxe des dépêches télégraphiques privées.* Paris, imp. Poupart-Davyl, 1868, in-4, 71 p.

3538. —— *Réponses aux lettres de M. le marquis de Dampierre sur le système de MM. Petit et Robert.* Saintes, typ. Amaudry, 1867, in-8, 40 p.

3539. —— *Utilité de l'abaissement de la densité des mouts destinés à la fabrication de l'eau-de-vie.* Saintes, typ. Amaudry, 1867, in-8, 20 p.

3540. —— *Discours contre la dénonciation du traité de commerce.* Paris, Wittershein, 1870, in-8, 15 p.

3541. Eschasseriaux. *Mémoire pour M. le baron Eschasseriaux contre MM. G. Petit et Robert aîné.* Paris, imp. Poupart-Davyl, 1869, in-4, 103 p., 2 p.

3542. **Eschyle.** *Tragédies et fragments* (grec-latin). (Collection Didot, vol. Eschyle et Sophocle.)

3543. —— *Théâtre*, traduction nouvelle par Alexis Pierron. Paris, Charpentier, 1849, in-12, 1 vol., 303 p.

3544. —— *Prométhée* (grec)... *emendavit*... *C.-J. Blomfield.* Lipsiæ, Hartmanni, 1822, in-8, x-209 p.

3545. —— *Le Prométhée enchaîné*, traduit en vers par P. Jónain. Paris, Didot, 1869, in-8, iv-50 p.

3546. **Esclot** (Bernard d'). *Cronica del rey en pere*, texte catalan et traduction française. (Collection Buchon.)

3547. *Escole (l') du bon praticien*... Paris, Michel Babin, 1672, in-8, table, 475 p., 121 p., table.

3548. **Escouchy** (Mathieu d'). *Chronique*... revue et publiée... par G. du Fresne de Beaucourt. (Soc. de l'hist. de France). Paris, veuve Renouard, 1863-1864, in-8, 3 vol.

3549. **Esope.** *Vita et fabulæ*... (Voir Athénagoras). Lutetiæ, Rob. Stephani, 1546, in-4, 88 p.

3550. **Espen** (Bernard van). *Dissertation canonique sur le vice* *de propriété des religieux.* Paris, Estienne Michallet, 1693, in-16, 312 p.

3551. **Espen** (Bernard van). *Jus ecclesiasticum.* Lovanii, Guillelmi Stryckwant, 1700, in-fol., 3 vol.

3552. —— *Tractatus historico-canonicus exhibens scholia in omnes canones conciliorum.* Rothomagi, Guillelmi Behourt, 1710, in-4, index, 582 p., index.

3553. **Espence** (Claude de). *Continuation de la tierce conférence avec les ministres extraordinaires de la religion prétendue réformée.* Paris, Nicolas Chesneau, 1570, in-8, table, 192 p.

3554. —— *Tractatus sex de variis rebus sacris...* Parisiis, Federicum Morellum, 1566, in-8, 123 fol.

3555. **Espinay** (D'). *L'abbesse Herrad de Landsberg et la vie privée au XIIe siècle.* Caen, typ. Le Blanc-Hardel, 1870, in-8, 52 pages.

3556. —— *La féodalité et le droit civil français.* Saumur, P. Godet, 1862, in-8, 248 p.

3557. —— *L'architecture civile dans la Touraine méridionale au moyen âge.* Caen, typ. Le Blanc-Hardel, 1871, in-8, 10 p.

3558. —— *Les cartulaires angevins.* Angers, Cosnier, 1864, in-8, VII-338 p.

3559. —— *Mémoire sur l'architecture civile dans la Touraine méridionale au moyen âge.* Caen, F. Le Blanc-Hardel, 1871, in-8, 19 p.

3560. *Esprit (l') de l'église dans l'usage des psaumes.* Paris, Jean Guignard, 1697, in-12, 2 vol.

3561. *Esprit de Sénèque.* Paris, veuve F. Mauger, 1694, in-18, 2 volumes.

3562. **Estancelin** (Louis). *Etudes sur l'état actuel de la marine et des colonies françaises.* Paris, veuve Le Normant, 1849, in-8, XXXI-497 p.

3563. *Essai sur l'éloquence ou choix de préceptes et d'exemples.* Paris, Périsse, 1817, in-12, 294 p.

3564. *Essai sur l'esprit et l'influence de la réformation de Luther.* In-8, XXVIII-425 p.

3565. **Estienne** (Charles). *Dictionarium historicum geogra-*

- *phicum poeticum.* Oxonii, typis G. H. et G. D., 1671, in-fol., 830 pages.

3566. **Estienne** (Henri). *Dialogus de bene instituendis Græcæ linguæ studiis.* 1587, in-4, 172 p.

3567. —— *Lexicon graecolatinum.* Apud Pet. Baldvinum, 1611, in-4.

3568. —— *Thesaurus graecae linguae.* (Paris), H. Estienne (1580), in-fol., 4 vol.

3569. **Estius** (Guillaume). *Absolutissima in omnes beati Pauli et septem catholicas apostolorum epistolas commentaria...* Rothomagi, Boucher, 1709, in-fol., 3 tomes en 2 vol.

3570. —— *Annotationes in præcipua ac difficiliora sacræ scripturæ loca.* Lutetiæ Parisiorum, Léonard, 1663, in-fol., 653 pages.

3571. —— *In quatuor libros sententiarum commentaria.* Parisiis, Edmundi Couterot, 1672, in-fol., 4 tomes en 1 vol.

3572. **Éstrées** (maréchal d'). *Mémoires sur la régence de Marie de Médicis et le règne de Louis XIII.* (Collection Michaud, t. XX.)

3573. **Estrix** (le P. Robert). *Miroir bénédictin.* Bruxelles, François Foppens, 1668, in-12, 304 p. avec table.

3574. *Etablissements de saint Louis... publiés... par Paul Viollet.* Paris, Renouard, in-8, 1881, 2 vol.

3575. *Etat (l') de la France,* tome II. Paris, au palais, 1708, in-12, 692 pages.

3576. *Etat général des postes de France... pour l'année 1789.* Paris, imp. de P.-Denys Pierres, in-12, XL-158 p.

3577. *Etat général des unions faites des biens et revenus des maladeries, léproseries, aumôneries et autres lieux pieux, aux hôpitaux des pauvres malades.* Paris, Denys Thierry, 1705, in-4, 204-13-8-4-3-11-3-4-12-11 p., table.

3578. *Etat militaire de la France, 1780-1784.* Paris, Onfroy, in-12, 2 vol.

3577. *Etat militaire, 1772-1775.* Paris, in-12, 2 vol.

3580. *Etat présent de la faculté de théologie de Louvain.* Trévoux, Etienne Ganeau, 1704, in-12, XXXII-318 p.

3581. **Etenaud** (Alfred). *Notice historique sur la ville de Marans (Charente-Inférieure).* Paris, H. et C. Noblet, 1854, in-8, 31 p.

3582. **Ethicus.** *Cosmographie,* traduite par M. Louis Bourdet, (Voir le vol. Pomponius Mela). Paris, Panckoucke, 1743, in-8, 88 pages.

3583. *Etrennes à Pie IX, pontife et roi.* Gand, imp. de J. et H. Vander Schelden, 1865, in-8, 314 p.

3584. *Etrennes mignonnes.* Paris, C.-J.-E. Durand, 1786, in-32.

3585. *Etrennes mignonnes, curieuses et utiles.* Paris, Guillot, 1792, in-32, 128 p.

3586. *Etrennes intéressantes des quatre parties du monde et des troupes de France.* Paris, Langlois, an VIII (1800), in-32.

3587. *Etrennes royales de la ville de Bordeaux.* Bordeaux, imp. Brossier, 1815, in-18, 213 p.

3588. *Etude des terres arables.* Paris, librairie agricole, 1862, in-8, 160 p.

3589. *Etudes de théologie, de philosophie et d'histoire,* publiées par les pères de la compagnie de Jésus ; *Etudes religieuses, historiques et littéraires.* Paris, J. Lanier, 1857-1880, in-8, 27 vol.

3590. *Etude du chrétien.* Lyon, Périsse frères, 1829, in-18, 421 pages.

3591. *Etude historique sur l'abbaye de N.-D. de Saint-Lieu, Sept-Fons, depuis sa fondation jusqu'à ce jour.* (L'auteur est dom Benoît.) Moulins, A. Ducroux, 1873, in-8, xv-211 p.

3592. **Eucherie.** (Voir le vol. Poetæ minores, coll. Panckoucke.)

3593. **Eugippius.** *Opera, diligenti curâ Joannis Herold edita.* Basileæ Rauracorum, per Robertum Winter, 1542, in-4, 2 tom. en 1 vol.

3594. **Eugubinus** (Augustin). *In psalmum XVIII et CXXXVII. Item Epistola Erasmi Roterodami. Item Augustini Eugubini ad Erasmum responsio.* Lugduni, Seb. Gryphium, 1533, in-4, 231 p.

3595. **Euler** (Léonhard). *Mechanica.* Petropoli, typ. academiae scientiarum, 1736, in-4, 2 vol.

3596. **Euler** (Léonhard). *Scientia navalis.* Petropoli, typis academiæ scientiarum, 1749, in-4, 2 vol.

3597. —— *Théorie complète de la construction et de la manœuvre des vaisseaux.* Paris, C. Jombert, 1776, in-8, 268 p.

3598. **Eumathius le philosophe.** *De hysmines et hysminiæ amoribus fabula,* grec et latin. (Collection Didot, vol. Erotici scriptores.)

3599. **Eunape.** *Vita sophistarum,* grec et latin. (Collection Didot, vol. Philostratorum, Eunapii, Himerii opera.)

3600. **Euripide.** *Fabulæ,* grec et latin, 2 vol. (Collection Didot.)

3601. —— *Sept tragédies,* texte grec... avec un commentaire critique et explicatif, par Henri Weil. Paris, Hachette, 1868, in-8, XLVIII-809 p.

3602. **Eusèbe-Emissène.** *Homeliæ ad populum eloquentissimæ et religiossimæ...* Lutetiæ Parisiorum, per Nicolaum Divitem, 1547, in-12, 143 f.

3603. **Eusèbe de Césarée** (Pamphile). *Evangelicæ præparationis lib. XV* (grec). Lutetiæ, Rob. Stephani, 1544, in-fol., 498-318 p.

3604. —— *De demonstratione evangelica.* Parisiis, Seb. Cramoisy, 1628, in-fol., VII-548-195-38 p.

3605. —— *Præparatio evangelica...* Franciscus Vigerus Rothomagensis, S. J., edidit (grec-latin). Parisiis, Michaelis Sonnii, 1628, in-fol., 856 p., index, 82 p.

3606. —— *Præparatio evangelica.* Parisiis, Seb. Cramoisy, 1628, in-fol., XIV-880-82 p.

3607. —— *Opuscula XIV nunc primum in lucem edita studio et opera Jacobi Sirmondi...* Parisiis, typ. Sebastianum Cramoisy, 1643, in-8, 293 p. avec index.

3608. —— *Opvsculvm in Hieroclem, Zenobio Acciolo Florentino interprete.* In-4, 24 fol.

3609. **Eustache** (David). *Sermon sur la passion de Jésus-Christ.* Charenton, L. Vendosme, 1600, in-12, 43 p.

3610. **Eutrope.** *Abrégé de l'histoire romaine,* traduction... par M. N. A. Dubois. Paris, Panckoucke, 1843, in-8, 268 p.

3611. Ευλογιον *sive rituale Græcorum... illustratum cura R. P. F. Jacobi Goar.* Lutetiæ Parisiorum, apud Simeon Piget, 1647, in-fol., 949 p.

3612. *Evangiles (Les)*, traduction par F. Lamennais. Paris, Pagnerre, 1846, in-12, 377 p.

3613. **Eveillon** (Jacques). *Traité des excommunications et monitoires...* Paris, Edme Couterot, 1672, in-4, table, 546 p., table.

3614. Evreux. *Recueil des travaux de la société libre d'agriculture, sciences, arts et belles lettres du département de l'Eure.* Evreux, J. Ancelle, 1822-1861, in-8, 13 volumes.

3615. **Ewerbeck** (Hermann). *Qu'est-ce que la Bible d'après la nouvelle philosophie allemande.* Paris, Ladrange, 1850, in-8, vii-466 p.

3616. *Ex actis synodicis et aliis diligenter et fideliter collecta expositio eorum quæ theologi academiæ Witebergensis... de rebus ad Religionem pertinentibus monuerint, suaserint, docuerint...* Witebergæ, hæredes Georgii Rhaun, 1559, in-4, non paginé.

3617. *Ex-responsione synodali data Basileæ oratoribus D. Eugenii PP. IV, de auctoritate cujuslibet concilii generalis.* Coloniæ, Theophili Franci, 1613, in-8, table, 121 fol.

3618. *Examen approfondi des difficultés de M. Rousseau de Genève contre le christianisme catholique.* Paris, 1769, in-12, 379 p., table.

3619. *Examen de certains privilèges et autres pièces pour servir au jugement du procès qui est entre monseigneur l'archevêque de Paris et les moines de Saint-Germain-des-Prez.* In-4, 390 p.

3620. *Examen théologique de l'instruction pastorale... pour l'acceptation de la bulle de Clément XI.* 1715, in-12, 3 vol.

3621. *Examinis concilii Tridentini, per D. D. Martinum Chemnicium scripti, opus integrum...* Francofurti, impensis hæredum Sigis. Feyrabendii, 1596, in-fol., 188-243-206-160 p. avec index.

3622. *Exercice public de grammaire générale de l'école centrale du département de la Charente-Inférieure. — Exercice public de langues anciennes.* Saintes, J.-A. Meaume, an VII, in-4, 2 br.

3623. *Exercice public de législation (école centrale du dépar-*

*tement de la Charente-Inférieure), à Saintes, le 25 thermi-
dor an IX.* Saintes, Dupouy, impr.-lib., an IX, in-4, 12 p.

3624. *Exercice public de physique (école centrale du département de la Charente-Inférieure), à Saintes... le 25 thermidor an IX.* Saintes, imp. J.-A. Meaume, an IX, in-4, 24 p.

3625. *Exercice public de physique (école centrale du département de la Charente-Inférieure), à Saintes, le 25 thermidor
an VIII. — De mathématiques, an VIII.* Saintes, impr. de
J.-A. Meaume, an VIII, in-4, 28 p.

3626. *Exercicio spirituala, bere sabbamendua egniteco desira...*
Bayonan, Pau Fauvet, in-18, xix-319 p.

3627. *Exercitationes scolasticæ in varias partes philosophiæ...*
Lugduni, Antonium Boudet, 1711, in-12, index, 403 p.

3628. *Expédition scientifique de Morée.* Paris, Levrault, 1832-
1836, in-4, 5 vol.

3629. **Expilly** (Charles). *La traite, l'émigration et la colonisation au Brésil.* Paris, A. Lacroix, 1865, in-8, ix-428 p.

3630. **Expilly** (l'abbé). *Dictionnaire des Gaules et de la
France.* Paris, Desaint et Saillant, 1762-1770, in-folio, 6 vol.

3631. *Explication apologétique des sentimens du P. Quesnel
dans ses réflexions sur le nouveau testament, par rapport
à l'ordonnance de MM. les évêques de Luçon et de La Rochelle.* 1712, in-12, xvi-304 p., table.

3632. *Explication de l'ordonnance de Louis XV... concernant
les substitutions.* Avignon, François Girard, 1754, in-4, xii-
264 pages.

3633. *Explication des ouvrages de peinture, sculpture... exposés au musée Napoléon.* Paris, imp. des sciences et des arts,
an 12, in-12, 119 p.

3634. *Explication des ouvrages de peinture, sculpture, architecture, gravure et lithographie des artistes vivants, exposés
au palais des Champs-Elysées, 1865, 1870, 1873, 1876, 1877.*
Paris, Ch. de Mourgues, imp. nationale, in-18, 5 vol., 1865-
1873.

3635. *Exposé de la situation de l'empire.* Paris, imp. impériale,
1866-1867, in-4, 2 vol.

3636. *Expositio litteralis et mystica totius missæ.* Tolosæ, Dupleix, 1788, in-32, vi-228 p.

3637. *Exposition régionale de Poitiers en 1869. — Archéologie.* Poitiers, imp. Oudin, 1869, in-8, 48 p.

3638. *Exposition universelle de 1851.* Paris, imp. impériale, 1854-1864, in-8, 13 vol.

3639. *Exposition universelle de 1878. Catalogue de la section anglaise.* Paris, Bureau de la commission royale, 1878, in-8, 4 volumes.

3640. *Exposition universelle de 1878.., Classe XVI. Géographie — Cosmographie — Statistique.* Paris, Delalain, 1878, in-8, 79 p.

3641. *Extrait de l'ordonnance du roi concernant la marine, du 25 mars 1765.* Rochefort, imp. C. Mesnier, 1778, in-4, VIII-164 pages.

3642. *Extrait des assertions dangereuses et pernicieuses en tout genre que les soi-disans jésuites ont... soutenues, enseignées et publiées...* Paris, P.-G. Simon, 1762, in-4, 542 p.

3643. *Extraits des chroniqueurs pour servir à l'histoire de Jeanne d'Arc.* (Collection Michaud, t. III.)

3644. *Extraits des chroniqueurs sur les règnes de Philippe le Hardi, etc., jusqu'à Jean II.* (Collection Michaud, t. II.)

3645. *Extraits des registres du conseil d'état... sur la liquidation... des domaines usurpées sur S. M. ès ressort des parlements de Tholose et Bourdeaux, pays d'Aunix et gouvernement de La Rochelle.* S. l. ni. d. (1658), pet. in-fol., 7 p.

3646. *Extrait des registres du sénéchal et siège présidial de Saintes (pour l'uniformité des poids et mesures.)* [Saintes, imp. Toussaints, 1776], pet. in-fol., 3 p.

3647. *Extrait du livre d'or du suprême conseil, pour la France, des puissans et souverains grands inspecteurs généraux, trente-troisième et dernier degré du rit écossais ancien et accepté.* (Sans lieu), 1811, in-8, 47 p.

3648. *Extrait du procès-verbal de l'assemblée des trois ordres de la province de Saintonge réunis au palais de Saintes le 5, 6 et 7 février 1789.* Saintes, imp. Toussaints, 1789, in-4, 15 pages.

3649. *Extrait du registre des délibérations du conseil municipal de la ville de La Rochelle.* La Rochelle, imp. de G. Mareschal, 1872, in-8, 15 p.

3650. *Extrait du rituel romain.* Poitiers, imp. J. Faulcon, 1735, in-24, 356 p. avec table.

F

3651. **Faber** (Jean). *Malleus... in hæresim Lutheranam...* Coloniæ, Joannem Soterem, 1524, in-fol., index, 176 fol.

3652. —— *Renovatæ in codicis Justiniani... priores libros IX annotationes...* Genevæ, apud Franciscum Fabrum, 1594, in-4, 448 p. avec table.

3653. **Faber** (Mathieu). *Opus concionum tripartitum...* Antuerpiæ, Guilielmum Lesteenium, 1650, in-fol., 3 vol.

3654. **Fabre** (A.). *Comment on peut guérir les vignes malades.* Montpellier, imp. Ricateau, 1876, in-8, 84 p.

3655. **Fabre** (Augustin). *Eloge historique du comte de Villeneuve-Bargemont.* Marseille, typ. Feissat et Demonchy, 1830, in-8, 19 p.

3656. **Fabre.** *Essai sur la manière la plus avantageuse de construire les machines hydrauliques.* Paris, A. Jombert, 1783, in-4, XVI-402 p. et 6 planches.

3657. **Fabre** (Pierre-Jean). *Alchymista christianus...* Tolosæ Tectosagum, Petrum Bosc, 1632, in-8, index, 236 p., index.

3658. **Fabre de La Bénodière.** *La justice révolutionnaire à Bordeaux.* Bordeaux, G. Gounouilhou, 1865, in-8, 96 p.

3659. **Fabrizy** (Jean). *L'Italie après la guerre,* trad. par M. Martin Doisy. Paris, Didier, 1859, in-8, 156 p,

3660. *Factum, sive quæstiones elucidatoriæ, pro defensione privilegiorum seu libertatum, quatuor magnarum provinciarum Franciæ, Turoniæ, sancti Bonaventuræ, Aquitaniæ.* Parisiis, 1671, in-12, 260 p.

3661. **Faget de Baure.** *Essais historiques sur le Béarn.* Paris, Demigon, 1818, in-8, 499 p.

3662. **Fagnani** (Prosper). *Jus canonicum...* Coloniæ, apud Wilhelmum Metternich, 1704, in-fol., 2 vol.

3663. **Falières** (E.) *Du bromure de potassium.* Bordeaux, typ. E. Forastié, 1871, in-8, 31 p.

3664. **Faillon** (l'abbé). *L'héroïne chrétienne du Çanada, ou vie de Mlle Le Ber.* Villemarie, chez les sœurs de la congrégation de Notre-Dame, 1860, in-8, xxviii-404 p.

3665. —— *Monuments inédits sur l'apostolat de sainte Marie-Madeleine, en Provence.* Paris (Petit-Montrouge), Migne, 1859, in-4, 2 vol.

3666. —— *Vie de la sœur Bourgeoys.* Villemarie, chez les sœurs de la congrégation de Notre-Dame, 1853, in-8, 2 vol.

3667. *Faits (des) et gestes de Charlemagne,* par un moine de Saint-Gall. (Collection Guizot, t. III.)

3668. **Falguerolles** (E.). *Le malheureux chemin de fer de Séville-Xérès-Cadix.* Rouen, imp. de H. Boissel, 1870, in-8, 140 pages.

3669. **Fallue** (L.). *Histoire politique et religieuse de l'église métropolitaine et du diocèse de Rouen.* Rouen, A. Le Brument, 1850-1851, in-8, 4 vol.

3670. **Fantanon** (Antoine). *Les édits et ordonnances des rois de France depuys Louys VI dit le Gros.* Paris, Morel, 1611, in-fol., 4 tom. en 3 vol.

3671. **Faraday** (Michel). *Histoire d'une chandelle.* Paris, J. Hetzel, 1865, in-12, 310 p.

3672. *Farce (la) de maistre Pierre Pathelin avec son testament.* Paris, imp. A. Coustelier, 1723, in-12, 147 p.

3673. *Fasciculus rerum expetendarum ac fugiendarum.* Coloniæ, 1535, in-fol., ccxlii folios.

3674. *Fastes civiles de la France,* t. I, II, VIII. Paris, Goujon, 1821-1823, in-8, 3 vol.

3675. **Faujas de Saint-Fond.** *Description des expériences de la machine aérostatique de MM. Montgolfier.* Paris, Cuchet, 1784, in-8, 2 vol.

3676. **Faulcon** (Félix). *Œuvres.* Paris, Debray, 1805, in-8, 5 volumes.

3677. **Faure** (Henry). *Antoine de Laval et les écrivains Bourbonnais de son temps.* Moulins, Martial Place, 1870, in-8, 477.

3678. **Faure** (Henry). *Les femmes dotées au théâtre et dans le monde.* Paris, E. Lachaud, 1872, in-12, xi-210 p.

3679. **Fauvel** (A.). *Le choléra.* Paris, J.-B. Baillière et fils, 1868, in-8, x-674 p.

3680. **Fauvelet du Toc.** *Histoire des secrétaires d'estat.* Paris, Ch. de Sercy, 1668, in-4, 336 p.

3681. **Favre** (L.). *Glossaire du Poitou, de la Saintonge et de l'Aunis.* Niort, Robin et L. Favre, 1867, in-8, lxxxiv-356 p.

3682. **Favre** (Jules-Gabriel-Claude). *Discours parlementaires.* Paris, Plon et Cie, 1881, in-8, 4 vol.

3683. [**Faydit** (l'abbé P.-V.)]. *Altération du dogme théologique par la philosophie d'Aristote.* 1696, in-12, 389 p., table.

3684. [**Faye** (Ch.)]. *Discours des raisons et moyens pour lesquels messieurs du clergé ont déclaré les bulles monitoriales décernées par Grégoire XIII nulles et injustes.* Tours, Jamet Mettayer, 1591, in-8, 116 p.

3685. **Faye** (Jacques). *Recueil des remontrances.* La Rochelle, imp. Hiérosme Haultin, 1592, in-12, 318 p.

3686. **Faye** (Léon). *Catalogue des plantes vasculaires de la Charente-Inférieure.* Sivrai, Ferriol, 1850, in-18, 94 p.

3687. **Fayet.** *De la décentralisation intellectuelle.* Caen, F. Le Blanc-Hardel, 1871, in-8, 29 pages.

3688. **Fazy** (J.-J.) *La mort de Levrier,* tragédie nationale genevoise en trois actes et en vers. Genève, Barbezat et Delarue, 1626, in-8, 54 p.

3689. —— *De la gérontocratie.* Paris, Delaforest, 1828, in-8, 35 pages.

3690. **Fébronius** (Justin). *Traité du gouvernement de l'église.* Venise, Pierre Remundi, 1765, in-12, 2 vol.

3691. **F. C.** *Le budget mis à la portée de tout le monde.* Dijon, Décailly, 1849, in-12, iv-180 p.

3692. **F. E. D. D.** (le P.). *La sainte académie de perfection spéculative et pratique.* Lyon, Guillaume Barbier, 1657, infol., table, 683 p., table.

3693. **Feillet** (Alphonse). *La misère au temps de la Fronde et saint Vincent de Paul.* Paris, Didier et Cie, 1868, in-12, viii-572 pages.

3694. **Félibien** (Dom). *Entretiens sur les vies et sur les ouvra-ges des plus excellens peintres anciens et modernes avec la vie des architectes*, t. I, III-VI. Trévoux, imp. de S. A. S., 1725, in-12, 5 volumes.

3695. —— et LOBINEAU. *Histoire de la ville de Paris*. Paris, G. Despretz, 1722-1725, in-fol., 5 vol.

3696. **Felice** (de). *Encyclopédie*. Yverdon, 1770-1780, in-4, 58 vol. dont 10 de planches.

3697. **Félice** (de). *Emancipation immédiate et complète des esclaves*. Paris, Delay, 1846, in-8, 114 p.

3698. —— *Essai sur l'esprit et le but de l'institution biblique*. Paris, Treuttel et Wurtz, 1824, in-8, LX-343 p.

3699. **Félicien** (le P.). *De divina prædestinatione*. (Voir Martin de Laon). Parisiis, B. Rembolt, 1508, in-8, 10 vol.

3700. **Félix** (le P.). *Le progrès par le christianisme, année 1856*. Paris, Adr. Le Clère, 1858, in-8, 325 pages.

3701. **Feller** (F.-X. de). *Dictionnaire historique*. Besançon, Outhenin Chalandre, 1832-1833, in-8, 13 vol.

3702. **Fenech** (Jean-Lucas). *Flores casvvm conscientiæ*. Coloniæ, Joannem Wilhelmum Friessem, 1692, in-18, index, 575 p., index.

3703. **Fénelon** (François de Salignac de la Motte). *Les aventures de Télémaque, fils d'Ulysse*. Paris, J. Barbou, 1785-86, in-12, 2 vol.

3704. —— *Le avventure di Telemaco, figliuolo d'Ulisse*. Avignon, Seguin, 1804, in-8, 2 vol.

3705. —— *Documentum pastorale, tertium... quo probatur traditio de infaillibilitate Ecclesiæ in judicandis textibus orthodoxis vel hæreticis*. Duaci, typ. viduam Baltaz. Bellori, 1705, in-12, 2 vol.

3706. —— *Explication des maximes des saints sur la vie intérieure*. Paris, Pierre Auboin, 1697, in-12, 272 p.

3707. —— *Instruction pastorale... en forme de dialogues*. Cambray, N.-J. Douilliez, 1714, in-12, 3 vol.

3708. —— *Lettre à Louis XIV*. Paris A.-A. Renouard, 1825, in-8, 28 p.

3709. —— *Lettres sur divers sujets concernant la religion et la métaphysique.* Paris, Florentin Delaulne, 1718, in-12, table, 278 pages.

3710. **Fénelon.** *Lettres inédites...* publiées par X. Barbier de Montault. Paris, E. Repos (1869), in-12, LIJ-163 p.

3711. —— *Lettres inédites,* publiées par l'abbé V. Verlaque. Paris, V. Palmé, 1874, in-8, VII-99 p.

3712. —— *Ordonnance et instruction pastorale portant condamnation d'un imprimé intitulé : Cas de conscience...* Valenciennes, imp. G.-F. Henry, 1704-1705, 3 vol.

3713. —— *Œuvres spirituelles.* Rotterdam, Jean Hofhout, 1738, in-4, 2 volumes.

3714. —— *Première lettre à M. l'évêque de Meaux sur les douze propositions qu'il veut faire censurer par les docteurs de Paris.* In–16.

3715. —— *Première lettre à monseigneur l'archevêque de Paris... sur son instruction pastorale du 27ᵉ jour d'octobre 1697.* In-12.

3716. —— *Première lettre pour servir de réponse à la lettre pastorale de M. l'év. de Chartres sur le livre intitulé : Explication des maximes, etc.* In-12.

3717. —— *Recueil de mandements.* Paris, François Babuty, 1713, in-12, 184 p.

3718. —— *Réponse à l'écrit de M. l'évêque de Meaux, intitulé : Quæstiuncula; etc.* In-12.

3719. —— *Réponses à la déclaration de M. l'archevêque de Paris, de M. l'évêque de Meaux et de M. l'évêque de Chartres.* 1698, in-12.

3720. *Traité du ministère des pasteurs...* Paris, Pierre Auboin, 1688, in-12, 453 p., table.

5721. —— le P. LAMI et DE BOULLAINVILLIERS. *Réfutation des erreurs de Benoît Spinosa.* Bruxelles, François Foppens, 1731, in-1 2, table, 158 p., 483 p., table.

3722. **Fenet.** *Réforme efficace de la magistrature proposée par un juge républicain.* Paris, A. Cotillon. 1880, in-32, 185 p.

3723. **Fenin** (Pierre de). *Mémoires... publiés par Mˡˡᵉ Dupon ᵗ (1107-1427).* Paris, J. Renouard, 1837, in-8, XLIV-366 p.

3724. **Fenin** (Pierre de). *Mémoires.* (Collection Michaud, t. II ; collection universelle, t. V, et collection Buchon.)

3725. **Feniou** (Prosper). *Etude sur le bureau de bienfai-sance de Cognac.* Saintes, imp. Loychon et Ribéraud, 1878, in-8, 8-4 p.

3726. **Fer** (N. de). *Introduction à la géographie.* Paris, Danet, 1717, in-12, 197 p. et cartes.

3727. **Feraud** (J.-J.-M.). *Histoire, géographie et statistique du département des Basses-Alpes.* Digne, imp. Vial, 1861, in-8, xv-744 pages.

3728. **Ferguson** (Adam). *An essay on the history of civil society.* Basil, J.-J. Tourneisen, 1784, in-8, vi-284 p.

3729. **Ferland** (J.-B.-A.). *Cours d'histoire du Canada (1534-1759).* Québec, A. Coté, 1861-1865, in-8, 2 vol.

3730. **Fermé** (Albert). *Procès de Boulogne d'après les documents authentiques.* Paris, Le Chevalier, 1869, in-12, 212 p.

3731. —— *Procès de Strasbourg d'après les documents authentiques.* Paris, Le Chevalier, 1869, in-12, 225 p.

3732. **Fernel** (Jean). *Universa medicina...* Genevæ, apud Samuelem de Tournes, 1679, in-8, 915-17 p. avec table.

3733. **Fernig** (Mlle Théophile de). *Correspondance inédite... avec introduction et notes,* par Honoré Bonhomme. Paris, Didot, 1873, in-12, 375 p.

3734. **Ferrand.** *Fulgentii Ferrandi brevatio canonum. Crisconii repetitionis breviarii canonici index...* (Voir Charlemagne et Louis le Pieux). Parisiis, Claudium Chappelet, 1588, in-8, 64 p.

3735. —— *Paræneticus qualis esse debeat dux religiosus in actibus militaribus.* Argentorati, Johannem Hervagium, 1526, in-8, 25 fol.

3736. **Ferrand** (Louis). *Liber psalmorum.* Lutetiæ Parisiorum, apud Andream Pralard, 1683, in-4, 922 p. avec index.

3737. —— *Summa biblica.* Lutetiæ Parisiorum, apud Joannem Musier, 1699, in-12, xxvii-541 p. avec index.

3738. **Ferrand** (Jean). *Disquisitio reliquiaria.* Lugduni, sumpt. Laurentii Anisson, 1647, in-4, 588 p. avec index.

3739. **Ferrand** (Mme Emma). *Royan moderne et ancien.* Bordeaux, imp. Balarac, 1846, in-12, 214p.

3740. **Ferrand** (E.). *Le phylloxera en 1876.* Cognac, imp. G. Bérauld, 1876, in-8, 7 p.

3741. **Ferrand** (Joseph). *De la propriété communale en France et de sa mise en valeur.* Paris, imp. P. Dupont, 1859, in-8, 120 p.

3742. **Ferrari** (l'abbé François-Bernardin). *De antiquo ecclesiasticarum epistolarum genere...* Mediolani, hær. Petr.-Mart. Locarn. et Jo.-Bapt. Bidellum socios, 1613, in-16, index, 192 p., index.

3743. **Féret** (Edouard). *Statistique générale topographique... de la Gironde.* Bordeaux, Féret, 1874-1878, in-8, 2 vol.

3744. **Ferret** (Philippe). *Tableau de l'écriture sainte et de la véritable église.* La Rochelle, imp. Pierre Mesnier, 1757-1758, in-12, 2 vol.

3745. **Ferrière** (Claude-Joseph de). *Corps et compilation de tous les commentateurs anciens et modernes sur la coutume de Paris.* Paris, Denys Thierry, 1685, in-fol., 3 vol.

3746. —— *Dictionnaire de droit et de pratique...* Paris, Joseph Saugrain, 1754, in-4, 2 vol.

3747. —— *Histoire du droit romain...* Paris, Prault, 1726, in-12, table, 528 p.

3748. —— *La jurisprudence des Novelles.* Paris, Jean Cochart, 1688, in-4, 2 vol.

3749. —— *La jurisprudence du Digeste.* Paris, Jean Cochart, 1677, in-4, 2 vol.

3750. —— *La jurisprudence du code de Justinian.* Paris, Jean Cochart, 1684, in-4, 2 vol.

3751. —— *La science parfaite des notaires...* revue par P.-B. de Visme... Lyon, Anisson, 1771, in-4, 2 vol.

3752. —— *Le nouveau praticien...* Paris, Denys Thierry, 1681, in-4, table; 563 p., table.

3753. —— *Les institutes du droit françois...* Paris, veuve de Jean Cochart, 1687-1701, in-12, 2 vol.

3754. —— *Nouvelle introduction à la pratique...* Paris, veuve Prudhomme, 1737, in-12, 2 vol.

3755. —— *Nova methodica institutionum juris canonici tractatio...* Parisiis, Antonium Varin, 1711, in-12, 260 p., index.

17

3756. **Ferrière** (Jean-Antoine). *Traité des tutelles.*. Toulouse, Antoine Biroux, 1766, in-4, VIII-560 p.

3757. **Ferrières** (le marquis de). *Mémoires.* (Voir collection Barrière). Paris, Baudouin frères, 1822, in-8, 3 vol.

3758. **Ferry** (H. de). *Le Maconnais préhistorique.* Macon, Durand, 1870, in-4, VIII-62 p. et l'atlas.

3759. **Fervel** (J.-N.). *Histoire de Nice et des Alpes-Maritimes.* Paris, Hetzel, 1862, in-12, 330 p. et 1 carte.

3760. **Festus.** *Festi fragmenta à Fulvio Ursino edita.* (Voir Auctores latinæ linguæ).

3761. **Fétis** (F.-J.). *Biographie universelle des musiciens et bibliographie générale de la musique.* Paris, F. Didot, 1860-1870, in-8, 8 vol.

3762. —— *Curiosités historiques de la musique.* Paris, Janet et Cotelle, 1830, in-8, 454 p.

3763. —— *La musique mise à la portée de tout le monde.* Paris, Brandus, 1847, in-8, 524 p.

3764. *Fêtes (les) de Royan à l'occasion de la consécration de l'église paroissiale, 30 et 31 juillet 1878.* La Rochelle, imp. P. Dubois et L. Méhaignery, 1878, in-8, 12 p.

3765. **Fétu** (Nicolas). *Le musée archéologique de Dijon.* Dijon, Jobard, 1865, in-8, 51 p. et table.

3766. **Feu** (François). *Theologici tractatus.* Parisiis, Joannem Boudot, 1692, in-4, 2 vol.

3767. **Feu-Ardent** (le P. François). *Appendix ad libros R. patris Alfonsi a Castro contra hæreses.* Parisiis, Michaelem Sonnium, 1578, in-fol, 1041-1304 col.

3768. —— *Beati Job patriarchæ, prophetæ et martyris historia.* Parisiis, apud Claudium Chappelet, 1606, in-8, 234 f. avec index.

3769. —— *Theomachia calvinistica, sedecim libris profligata.* Paris, Seb. Nivellium, 1604, in-fol., 2 t. en 1 vol.

3770. **Feugueray** (H.-R.). *Essai sur les doctrines politiques de saint Thomas d'Aquin.* Paris, Chamerot, 1857, in-8, XXII-264 pages.

3771. **Feuilleret** (H.). *Taillebourg et saint Louis.* Saintes, chez tous les libraires, 1851, in-12, 82 p.

3772. **Fevret** (Charles). *Traité de l'abus du vray sujet des appellations qualifiées de ce nom d'abus.* Lyon, Jean Girin, 1677, in-fol., 2 tom. en 1 vol.

3773. [**Feydeau de Brou,** évêque d'Amiens (Henri)]. *Ordonnance pour la jurisdiction des évêques et des curez.* Amiens, Michel Neufgermain, 1697, in-12.

3774. **Fialon** (Eugène). *Saint Athanase.* Paris, E. Thorin, 1877, in-8, 382 p.

3775. **Ficino** (Marsilio). *De religione christiana opus plane divinum...* Parisiis, apud Gulielmum Guillard, 1559, in-8, 123 folios.

3776. **Fidelis a Fanna** (F.). *Ratio novae collectionis operum omnium.* Taurini, ex typ. Eg. Petri. Marietti, 1874, in-8, 320 pages.

3777. —— *Seraphici doctoris divi Bonaventurae doctrina de Romani pontificis primatu et infaillibilitate.* Taurini, H.-F. Marietti, 1870, in-4, 45 p.

3778. **Fiévée** (J.). *Correspondance politique et administrative,* (1re et 2e p.). Paris, Le Normant, 1815, in-8, 2 vol.

3779. **Figarol** (J.-B.-M.). *Observation sur le projet du code criminel...* Tarbes, F. Lavigne, an XIII, in-8, 69 p.

3780. **Figon** (Charles de). *Discours des estats et offices tant du gouvernement que de la justice et des finances de France.* (Voir commentarii Vincentii Lupani). Paris, Guillaume Auvray, 1579, in-12, 63 f.

3781. **Figuier** (Louis). *L'année scientifique.* Paris, L. Hachette, 1857, in-12, 6 vol.

3782. —— *La terre avant le déluge.* Paris, L. Hachette, 1872, in-8, 1 vol.

3783. —— *La terre et les mers.* Paris, L. Hachette, 1872, in-8, 635 pages.

3784. —— *Les insectes.* Paris, L. Hachette, 1869, in-8, 580 p.

3785. —— *Les poissons, les reptiles et les oiseaux.* Paris, L. Hachette, 1869, in-8, 696 pages.

3786. —— *Le savant du foyer.* Paris, L. Hachette, 1870, in-8, 504 pages.

3787. **Figuier** (Louis). *Les grandes inventions anciennes et modernes.* Paris, L. Hachette, 1870, in-8, 454 pages.

3788. —— *L'homme primitif.* Paris, L. Hachette, 1870, in-8, 480 pages.

3789. —— *Vies des savants illustres de la Renaissance.* Paris, L. Hachette, 1870, in-8, 472 pages.

1790. —— *Vies des savants illustres de l'antiquité.* Paris, L. Hachette, 1872, in-8, 468 pages.

1791. —— *Vies des savants illustres du moyen âge.* Paris, L. Hachette, 1870, in-8, 496 pages.

3792. —— *Vies des savants illustres du XVIIe siècle.* Paris, L. Hachette, 1870, in-8, 528 pages.

3793. —— *Vies des savants illustres du XVIIIe siècle.* Paris, L. Hachette, 1870, in-8, 496 pages.

3794. **Filangieri** (Gaetano). *La science de la législation.* Paris, Cuchet, 1786, in-8, 7 vol.

3795. [**Filassier** (Marin)]. *Sentiments chrétiens propres aux personnes malades et infirmes.* Paris, Antoine Boudet, 1754, in-12, 440 p.

3796. **Filassier** (J.-J.). *Eraste ou l'ami de la jeunesse...* Paris, Vincent, 1774, in-8, VI-875 p.

3797. **Filleau** (J.-A.). *Traité de l'engagement des équipages des bâtiments du commerce.* Paris, imp. Paul Dupont, 1862, in-8, 452 p.

3798. **Filleau** (Jean). *La doctrine de l'église sur la défense de l'entrée au dedans des balustrades des autels.* Poitiers, imp. A. Mesnier, 1648, in-8, 227 p.

3799. —— *Traicté des droicts, prérogatives et prééminences des églises cathédrales dans les conciles provinciaux.* Paris, F. Targa, 1628, in-8, 204 p.

3800. —— *Relation juridique de ce qui s'est passé à Poictiers touchant la nouvelle doctrine des jansénistes.* Poitiers, imp. J. Thoreau, 1654, in-8, 348 p.

3801. **Filleau** (Henri). *Dictionnaire... des familles de l'ancien Poitou...* publié par H. Beauchet-Filleau... et Ch. de Chergé. Poitiers, 1840-1854, in-4, 2 vol., planches.

3802. **Fillon** (Benjamin). *Cavalcade historique de Fontenay-le-Comte.* Fontenay, imp. Robuchon, 1864, in-12, 12 p.

3803. **Fillon** (Benjamin). *Considérations historiques et artistiques sur les monnaies de France.* Fontenay-Vendée, Robuchon, 1850, in-8, 223 p. et table.

3804. —— *Coup d'œil sur les élections sénatoriales de 1876.* Fontenay-Vendée, Robuchon, 1876, in-8, III-84 p.

3805. —— *Deux héroïnes vendéennes.* Fontenay, imp. Robuchon, 1847, in-8, 11 p.

3806. —— *Jean Chandos, connétable d'Aquitaine et sénéchal de Poitou.* Fontenay-le-Comte, Robuchon, 1856, in-8, 35 p.

3807. —— *L'art de terre chez les Poitevins.* Niort, L. Clouzot, 1864, in-4, XIII-216 p., 7 planches.

3808. —— *L'art romain et ses dégénéressences au Trocadéro.* Paris, Quantin, 1878, in-4, 24 p.

3809. —— *Le cabinet de Michel Tiraqueau, sénéchal de Fontenay.* Fontenay, Robuchon, 1848, in-8, 39 p.

3810. —— *L'effondrement du palais de justice de Fonténay-le-Comte... suivi d'un poëme sur le même sujet...* Niort, Clouzot, 1866, in-8, 28 p.

3811. —— *Le Langon, Veluire et le Poiré (Vendée).* Fontenay-le-Comte, imp. Robuchon, 1867, in-8, 45 p.

3812. —— *Lettre à M. A. Gouget... sur un tiers de sou d'or mérovingien frappé à Niort.* Niort, Clouzot, 1864, in-8, 8 p.

3813. —— *Noms des habitants de Fontenay-le-Comte inscrits au rôle de la contribution patriotique* (1789). Fontenay-le-Comte, Robuchon, 1866, in-8, 40 p.

3814. —— *Notice des points habités, ténements, lieux dits, fontaines, cours d'eau, routes et chemins de la commune de Saint-Cyr-en-Talmondais.* La Court de Saint-Cyr-en-Talmondais, 1877, in-4.

3815. —— *Notes extraites des annales d'un petit bourg du Talmondais.* Fontenay-le-Comte, imp. Robuchon, 1862, in-4, 24 pages.

3816. —— *Rapport sur la carte routière et hydrographique de la Vendée.* La Roche-sur-Yon, Cochard-Tremblay, 1878, in-8, 26 pages.

3817. —— *Recherches sur le séjour de Molière dans l'ouest de la France en 1648.* Fontenay-le-Comte, Robuchon, 1871, in-8, VI-29 pages.

3818. **Fillon** (Benjamin). *Un cousin de Paul Scarron.* Fontenay-le-Comte, Robuchon, 1871, in-8, 12 p.

3819. —— *Mémoire en faveur du trajet par Fontenay-le-Comte du chemin de fer de Napoléon-Vendée à La Rochelle.* Fontenay-le-Comte, Robuchon, 1866, in-4, 7 p.

3820. Finistère. *Bulletin de la société archéologique du Finistère.* Quimper, imp. Alph. Caen, 1876, in-8, 2 livraisons.

3821. **Fioravanti** (Léonardo). *Dello specchio de scientia universale...* Venetia, heredi di Marchio Sessa, 1572, in-18, 348 folios.

3822. **Fischer** (E.-G.). *Physique mécanique,* trad. de M. Biot. Paris, Bernard, 1806, in-8, xvi-472 p., 8 planches.

3823. **Fisquet** (H.). *La France pontificale.* Paris, E. Repos, 1857-68, in-8, 12 vol.

3824. **Fix** (Théodore). *Observations sur l'état des classes ouvrières.* Paris, Guillaumin, 1846, in-8, iv-412 p.

3825. **F. J. L.** *Christologie ou science chrétienne.* Paris, Charpentier, 1840, in-8, 458 p.

3826. **Flaccus** (Valerius). *M. Verrii Flacci fragmenta.* (Voir Auctores latinæ linguæ).

3827. —— *L'argonautique,* traduit... par J.-J.-A. Caussin de Perceval. Paris, C.-L.-F. Panckoucke, 1835, in-8, x-428 p.

3828. **Flachat-Mony** (Stéphane) et G. BONNET. *Manuel et code... des routes et chemins vicinaux.* Paris, L. Tenré, 1835, in-4, ii-121 p. et table.

3829. **Flambart** (Félix). *Histoire de France.* Angoulême, Ardant frères, 1855, in-18, 324 p.

3830. **Flaminius,** évêque de Bitonto. *De confidentia beneficiali prohibita tractatus...* Venetiis, hæredem Hieronymi Scoti, 1608, in-fol., index, 206 p.

3831. **Flandrin** (Eugène). *Histoire des chevaliers de Rhodes...* Tours, A. Mame et fils, 1864, in-8, viii-328 p.

3832. **Flandrin** (Michel). *Tables décimales.* Cognac, J. Dédé, 1835, in-8, iv-443 p.

3833. **Flatow** (comte). *Projet de réorganisation politique, ad-*

ministrative et militaire de la France. Toulouse, typ. Via-
lette, 1871, in-8, 40 p.

3834. **Flags** (Neutral). *War in Disguise*. London, Hatchard,
1805, in-8, iv-215 p.

3835. **Flavius** (Josephus). *Opera*, grec et latin, 2 vol. (Collection Didot.)

3836. **Fléchier** (Esprit). *Histoire de Théodore le Grand*. Paris,
Brocas, 1776, in-12, viii-496 p.

3837. —— *Mandements et lettres pastorales, avec son oraison
funèbre*, par M. l'abbé du Jarry. Paris, Jacques Estienne,
1712, in-12, 388 p.

3838. —— *Mémoires sur les grands jours d'Auvergne en 1665*,
annotés... par M. Chéruel. Paris, L. Hachetté, 1856, in-8,
xxxix-432 pages.

3839. —— *Panégyriques et autres sermons*. Paris, Canisson
1697, in-4.

3840. —— *Recueil des oraisons funèbres*. Paris, Saillant, 1768,
in-12, 480 p.

3841. —— *Sermons de morale...* Paris, Raymond Mazières,
1713, in-12, 3 vol.

3842. —— Mascaron, Bourdaloue et Massillon. *Oraisons funèbres*. Paris, imp. de P. Didot, 1803, in-18, 2 vol.

3843. **Fleuriau de Bellevue**. *Mémoire sur l'état physique
du territoire de la Charente-Inférieure*. La Rochelle, Mareschal, 1838, in-4, 96 p.

3844 *Fleurs (Les) de la poésie canadienne*. Montréal, Beauche-
min et Valois, 1869, in-12, 134 p.

3845. *Fleurs de l'Inde*. Nancy, N. Vagner, 1857, in-8, xii-268 p.

3846. **Fleury** (l'abbé). *Catéchisme historique*. Paris, G. Martin, 1739, in-12, viii-316 p.

3847. —— *Discours sur l'histoire ecclésiastique*. Paris, J.-Th.
Hérissant, 1771, in-12, xix-531 p.

3848. —— *Histoire ecclésiastique*. Paris, Jean Mariette, 1691-
1744, in-4, 36 vol.

3849. —— *Institution au droit ecclésiastique*. Paris, Hérissant,
1767, in-12, 2 vol.

3850. **Fleury** (l'abbé). *Mœurs des israélites et des chrétiens.* Paris, Emery, 1727, in-12, 392 p.

3851. —— *Opuscules.* Nismes, Pierre Beaume, 1790, in-8, 5 tom. en 4 vol.

3852. **Fleury** (Ed.). *Le camp de Soissons et des fédérés.* Laon, imp. H. de Coquet, 1870, in-8, 101 p.

3853. —— *Saint-Just et la terreur.* Paris, Didier, 1852, in-12, 2 volumes.

3854. **Fleury** (J.). *Tunnel sous-marin d'Oleron.* Paris, Brunet, 1875, in-8, 14 p. et cart.

3855. [**Fleury** (Paul de)]. *Généalogie de la famille de Fleury.* Angoulême, Chasseignac, 1879, in-8, 18 p.

3856. **Fleury** (Paul de). *Généralités sur les poudres, les bouches à feu, les projectiles.* Autographie, 1877, in-4, 60 p.

3857. —— *Les anciennes orgues de la cathédrale d'Angoulême.* Angoulême, imp. J.-B. Baillarger, 1880, in-4, 7 p.

3858. —— *Le siège de Maillé et le sceau de Foulques le Rechin comte d'Anjou.* Blois, imp. T. Moreau, 1876, in-8, 11 p.

3859. —— *Notes additionnelles et rectificatives au Gallia christiana.* Angoulême, imp. Baillarger, 1881, in-4, 72 p.

3860. —— *Notes sur les mots dérivés du latin « hasta » et sur la formule « sub ascia dedicare ».* Tours, imp. P. Bouserez (1876), in-8, 7 p.

3861. —— *Rapport annuel de l'archiviste (de la Charente) au préfet.* Angoulême, imp. Chasseignac, 1881, in-8, 15 p.

3862. —— *Table sommaire du Gallia Christiana.* Blois, imp. Lecesne, 1876, in-8, 7 p.

3863. **Flexier de Réval.** *Catéchisme philosophique.* Paris, Charles-Pierre Berton, 1777, in-8, viii-692 p.

3864. **Flodoard.** *Chronique de l'an 919 à l'an 976.* Reims, P. Régnier, 1855, in-8, vii-302 p.

3865. —— *Histoire de l'église de Reims,* traduite par M. Lejeune. Reims, P. Regnier, 1854, in-8, 2 vol.

3866. **Florian.** *Estelle, pastorale.* Paris, Briand, 1810, in-18, 176 p.

3867. —— *Galatée.* Genève, 1784, in-18, 189 p.

3868. **Florian**. *Gonzalve de Cordoue*. Paris, Didot, 1792, in-18, 3 volumes.

3869. —— *Fables, suivies des poëmes de Ruth et de Tobie... et d'un choix de fables de Lamothe*. Paris, F. Didot, 1846, in-12, 556 p.

3870. —— *Fables... avec des notes, par Mme Amable Tastu, suivies d'un choix de fables de nos meilleurs fabulistes.* Paris, P.-E. Lehuby, 1843, in-12, 384 p.

3871. **[Floriot** (P.)]. *Morale chrétienne*. Paris, Guillaume Desprez, 1676, in-4, table, 1103 p.

3872. —— *Traité de la messe de paroisse*. Paris, Hélie Josset, 1679, in-8, 699 p. avec table.

3873. **Floris** (l'abbé). *Les droits de la vraie religion*. Paris, Charles-Pierre Berton, 1774, in-12, 276 p.

3874. **Florus** (L.-Annæus). *Abrégé de l'histoire romaine*, traduit par F. Ragon, avec une notice par M. Villemain. Paris, C.-L.-F. Panckoucke, 1833, in-8, viii-384 pages.

3875. —— *Histoire romaine*, traduction de Coeffeteau. (Titre manque). [Paris, 1621], in-fol., 113 p. avec table.

3876. **Foissac** (P.). *Hygiène philosophique de l'âme*. Paris, J.-B. Baillière et fils, 1863, in-8, 571 p.

3877. **Foissac** (F.). *De l'influence des climats sur l'homme et les agents physiques sur le moral*. Paris, J.-B. Baillière et fils, 1867, in-8, 2 vol.

3878. **Foisset**. *M. Frantin*. Dijon, imp. Rabutot, 1864, in-8, 43 pages.

3879. **[Foix** (le P. de)]. *L'art de former l'esprit et le cœur d'un prince*. Paris, veuve Claude Thiboust, 1688, in-12, 290 p.

3880. **Foix** (Paul de). *Les lettres escrites au roy Henri III*. Paris, Charles Chappellain, 1628, in-4, 653 p.

3881. **Folengo** (Jean-Baptiste). *In psalterium Davidis... commentarii...* Basileæ, Mich. Isingrinium, in-fol., index, 449 fol., index.

3882. **Fonfrède** (Henri). *Du système prohibitif*. Paris, Guillaumin, 1846, in-8, 103 p.

3883. **[Fontaine** (Nicolas)]. *Vie des prophètes*. Paris, imp. Lambert Rouland, 1685, in-8, 852 p.

3884. **Fontaine** (Nicolas). *L'année chrétienne.* Paris, Lambert Roulland, 1677, in-12, 3 vol.

3885. **Fontaine** (A.-H. de) et N. BERTRAND. *Précis de l'histoire ancienne.* Mons, Manceaux-Hogois, 1856, in-4, XII-238 p.

3886. [**Fontenay** (l'abbé)]. *Esprit des livres défendus...* Amsterdam ; Paris, Nyon, 1777, in-12, 4 vol.

3887. **Fontenay-Mareuil.** *Mémoires.* (Collection Michaud, t. XIX.)

3888. **Fontenelle.** *Œuvres.* Paris, Bern. Brunet, 1742-1743, in-12, 5 vol.

3889. —— *Entretiens sur la pluralité des mondes, suivis des dialogues des morts.* Paris, Ledentu, 1824, in-12, XV-428 p.

3890. —— *Esprit, maximes et principes.* Paris, Briand, 1788, in-12, IV-335 p.

3891. **Fonteyraud** (Alcide). *Mélanges d'économie politique...* Paris, Guillaumin, 1853, in-8, XVI-304 p.

3892. **Font-Réaulx** (Dr Justin de). *Localisation de la faculté spéciale du langage articulé.* Paris, A. Delahaye, 1866, in-4, 106 pages.

3893. **Fontrailles** (de). *Relation faite des choses particulières de la cour.* (Collection Michaud, t. XXVII.)

3894. **Forbin** (comte de). *Voyage dans le levant en 1817 et 1818.* Paris, Delaunay, 1819, in-8, IV-460 p.

3895. **Forbin** (Claude de). *Mémoires.* (Collection Michaud, t. XXXIII.)

3896. [**Forbonnais** (de)]. *Recherches et considérations sur les finances de France de 1595 jusqu'en 1721.* Liège, 1758, in-12, 6 volumes.

3897. **Forcade** (de). *Rapport à l'empereur sur les concours agricoles de 1867.* Paris, typ. Panckoucke, 1867, in-12, 35 p.

3898. **Forcade la Roquette** (de). *Discours prononcé au concours général de La Villette de 1868.* Paris, typ. E. Panckoucke et Cie, 1868, in-12, 40 p.

3899. **Forestier** (Auguste). *Mémoire sur la conservation des bois à la mer.* Paris, Dunod, 1868, in-8, 88 p. et atlas, in-4 de 4 planches.

3900. **Forestier** (Claudius). *Cours complet et méthodique*

d'enseignement pratique des sourds-muets. Paris, L. Hachette, 1854, in-8, 1 vol.

3901. **Forget** (Germain). *Des personnes, choses ecclésiastiques
et décimales.* Rouen, Jean Osmont, 1611, in-8, 249-183 p.,
table.

3902. *Forme (de la) traditionnelle des ciboires,* par un bénédictin. Paris, typ. Rousseau-Leroy, 1867, in-8, 47 p.

3903. **Formey.** *Abrégé de toutes les sciences.* Berlin, J. Pauli,
1772, in-12, 152 pages, 8 planches.

3904. *Formulaire de prières, cantiques sacrez, visites et consolations des malades.* Amsterdam, Pierre Desbordes, 1743,
in-8, 316 p. avec table.

3905. *Formules d'actes et de procédures pour l'exécution de
l'ordonnance d'avril 1667...* Paris, Jean Hénault, 1668, in-4,
table, 337 pages.

3906. *Fors (los) et costumes de Béarn.* Lascar, Joan de Saride,
1625, in-8, 180 p.

3907. **Forsyth** (W.). *Traité de la culture des arbres fruitiers,*
trad. par J.-P. Pictet-Mallet, de Genève. Paris, Bossange,
Masson et Besson, 1805, in-8, xxx-384 p.

3908. **Fortin de la Hoguette.** (G.). *Catéchisme royal.* Paris,
imp. A. Vitré, 1656, in-12, 59 p.

3909. —— *Testament ou conseils fidèles d'un bon père à ses
enfants.* Paris, imp. Vitré, 1656, in-12, xii-395 p.

3910. **Fortunat** (Vén. Hon.-Clém.). *La vie de saint Martin,*
poëme en quatre livres, trad. par E.-F. Corpet. (Voir Sulpice
Sévère, t. II, édit. Panckouke).

3911. **Folliet** (André). *La presse italienne et sa législation.*
Paris, Emile Gallette, 1869, in-8, 53 p.

3912. **Foucart** (E.-V.). *Poitiers et ses monuments.* Poitiers,
imp. A. Pichot, 1841, in-8, 110 p., 1 carte.

3913. **Foucault** (Nicolas-Joseph). *Mémoires,* publiés et annotés par F. Baudry. Paris, imp. impériale, 1862, in-4, clxxvii-
590 pages.

3914. **Foucher d'Obsonville.** *Essais philosophiques sur les
mœurs de divers animaux étrangers.* Paris, Couturier, 1783,
in-8, viii-430 p.

3915. **Foucques.** *Essai sur l'art de fabriquer le sucre de raisin.* Paris, l'auteur, in-8, 35 p.

3916. [**Fougeret de Monbron**]. *La Henriade,* travestie en vers burlesques. Evreux, J.-J.-L. Ancelle, 1800, in-12, 144 p.

3917. **Fouillée** (Alfred). *La philosophie de Socrate.* Paris, Germer Baillière, 1874, in-8, 2 vol.

3918. [**Fouilloux** (Jacques de)]. *Renversement de la doctrine de S. Augustin sur la grâce pour l'instruction pastorale de MM. les évêque de Luçon et de La Rochelle (Jean-François de Valdéric de Lescure et Etienne de Champflour).* 1713, in-12, xiv-732 p., table.

3919. **Foulcher de Chartres.** *Histoire des croisades.* (Collection Guizot, t. XXIV.)

3920. **Fourcroy** (A.-F.). *Système des connaissances chimiques.* Paris, imp. Baudoin, an IX, in-8, 9 vol.

3921. —— *Philosophie chimique.* Paris, Tourneisen, 1806, in-8, vi-449 p.

3922. **Foix.** *Journal d'agriculture et des arts du département de l'Ariège.* Foix, imp. Pomiés, 1817-1830, in-8, 33 livraisons.

3923. **Fourmont** (H. de). *Maisons de Bremond d'Ars et de Meaux.* Nantes, V. Forest, imp, 1786, in-8, 18 p.

3924. **Fournat** (E.). *Vers lus en soirée littéraire à Saintes.* Saintes, typ. Mme Amaudry, 1866, in-8, 8 p.

3925. **Fournel.** *Les lois rurales de la France.* Paris, Bossange, 1822, in-12, 2 vol.

3926. **Fournier** (Charles). *Daniel Massiou.* La Rochelle, typ. Mareschal, 1870, in-8, 73 p.

3927. **Fournier** (Edouard). *L'esprit dans l'histoire.* Paris, Dentu, 1860, in-12, 403 pages.

3928. —— *L'esprit des autres.* Paris, Dentu, 1856, in-12, 180 p.

3929. **Fournier** (Fr.-Ign.). *Nouveau dictionnaire portatif de bibliographie.* Paris, Fournier, 1809, in-8, x-566 p.

3930. **Fourquet** (Antoine). *Catalogue des livres imprimés et manuscrits de la bibliothèque communale de Perpignan.* Perpignan, typ. Alzine, 1866, in-8, 471 p.

3931. *Foyer (le) canadien.* Québec, bureau du *Foyer canadien,* 1863-1866, in-8, 5 vol.

3932. **Fradet** (P.-A.) et J.-E.-A. ROBERT. *Récit des opérations militaires auxquelles a pris part le régiment des mobiles de la Charente-Inférieure.* Rochefort, imp. Thèze, 1871, in-8, 39 pages.

3933. *Fragmenta. philosophorum græcorum*, grec et latin, 2 vol. (Collection Didot.)

3934. *Fragmenta historicorum græcorum*, grec et latin, 5 vol. (Collection Didot.)

3935. *Fragments de l'histoire des Français* (Collection Guizot, tome VII, vol. Bouchard.)

3936. **Fraissinet** (le père de). *L'enseignement des belles-lettres.* Carcassonne, imp. de Heirisson, 1768, in-12, 2 vol.

3937. **Français.** *Proclamation en faveur des monumens,* 5 frimaire an IX. Saintes, Corinthe et Hus, an IX, 1 feuille.

3938. *France (la) et la Russie. Question d'Orient.* Paris, à la librairie nouvelle, 1854, in-8, 158 p.

3939. *France (la) ecclésiastique, almanach du clergé.* Paris, 1787-1864, in-12, 16 volumes.

3940. *France (la) littéraire, artistique, scientifique.* Lyon (Roanne, imp. de Ferlay), 1856-1862, in-8, 6 vol.

3941. **Franck** (Ad.). *Dictionnaire des sciences philosophiques.* Paris, Hachette, 1875, in-8, XII-1806 p.

3942. **Francœur** (L.-B.). *L'enseignement du dessin linéaire.* Paris, L. Colas, 1827, in-8, VI-175 p.

3943. **François** (saint). *La règle et le testament de saint François.* Paris, Edme Couterot, 1699, in-12, 168 p.

3944. **François d'Assise** (saint). *Sancti Francisci Assiatis (sans frontispice).* Lyon, Pierre Rigaud, 1653, in-fol., 1 vol., préliminaires, 96 p.

3945. **François de Sales** (saint). *Constitutions et instructions synodales...* Lyon, J.-B. de Ville, 1672, in-12, 314 p. avec table.

3946. **François Xavier** (saint). *Novarum epistolarum libri septem.* Rome, ex typ. Varesii, 1667, in-8, 672 p.

3947. [**François** (Laurent)]. *Preuves de la religion de Jésus-Christ... contre les spinosistes et les déistes...* Paris, veuve Estienne et Hérissant, 1751-1755, in-12, 8 vol.

3948. **François** (l'abbé). *Examen des faits qui servent de fondement à la religion chrétienne.* Paris, Lacombe, 1767, in-12, 3 volumes.

3949. **François** (le P. Philippe). *Considérations en forme de méditations sur la règle de saint Benoist...* Paris, Louis Billaine, 1664, in-8, 440 p.

3950. **François** (le père C.). *Fœlix Augustinensium communitatis Bituricensis, exordium ac progressus...* Paris, imp. A. Giffart, 1620, in-18, 264 p. avec table.

3951. **François de Lorraine**, duc d'Aumale et de Guise. *Mémoires concernant les affaires de France, etc.* (Collection Michaud, t. VI.)

3952. **Franklin** (Alfred). *Dictionnaire des noms, surnoms et pseudonymes latin de l'histoire littéraire du moyen âge (1100 à 1530).* Paris, Firmin Didot, 1875, in-8, x-683 col.

3953. —— *Histoire de la bibliothèque de l'abbaye de Saint-Victor à Paris.* Paris, A. Aubry, 1865, in-8, xiii-158 p.

3954. —— *Les anciennes bibliothèques de Paris. (Histoire générale de Paris.)* Paris, imp. impériale, 1867, in-4, 3 vol.

3955. —— *L'intervention à Naples. Le règne de Ferdinand II.* Paris, A. Taride, 1856-1857, in-12, 2 vol.

3956. **Frarière** (de). *Influences maternelles pendant la gestation sur les prédispositions morales et intellectuelles des enfants.* Paris, Didier, 1862, in-12, 356 p.

3957. **Frassen** (le R. P. Claude). *Disquisitiones, biblicæ in universum Pentateuchum.* Parisiis, Petrum Vitte, 1705, in-4, 765 p., index.

3958. —— *Disquisitiones biblicæ quatuor libris comprehensæ...* Lutetiæ Parisiorum, Lambertum Roulland, 1682, in-4, table, 890 pages.

3959. —— *Scotus academicus, seu universa doctoris subtilis theologica dogmata...* Parisiis, Edm. Couterot, 1672-1676, in-fol., 3 vol.

3960. [**Frédéric II**, roi de Prusse]. *Mémoires pour servir à l'histoire de la maison de Brandebourg...* Berlin, Jean Neaulme, 1751, in-12, 405 p.

3961. —— *(Extrait de ses œuvres).* Paris, J. Dumaine, 1869, in-12, 296 p.

3962. **Fregose** (B.). *Dictorum factorumque memoriabilium libri IX...* Anvers, J. Bellère, 1565, in-12, 798 p. avec table.

3963. **Fréminville** (Edme de LA POIX DE). *Dictionnaire, ou traité de police générale des villes, bourgs, paroisses et seigneuries de la campagne....* Paris, Gissey, in-4, 1758, xiv-588 pages.

3964. —— *La pratique universelle pour la rénovation des terriers et des droits seigneuriaux...* Paris, Cellot, 1757-1762, in-4, 5 vol.

3965. —— *Traité du gouvernement des biens et affaires des communautés d'habitans des villes, bourgs, villages et paroisses du royaume...* Paris, Gissey, 1760, in-4, viii-792 p.

3966. **Fremon** (le père Charles). *L'esprit de l'ordre de Grammont.* Paris, Guillaume Despré, 1666, in-12, 545 p.

3967. **Frémont** (A.-F.). *De la réduction du nombre des cours d'assises.* Paris, Cotillon, 1861, in-8, 24 p.

3968. **Frémont** (Auguste). *Le département du Cher.* Bourges, E. Pigelet, 1862, in-8, 2ᵉ vol.

3969. **[Frénilly]** (M. de). *Considérations sur une année de l'histoire de France...* Paris, Chaumerot jeune, 1815, in-8, vi-199 pages.

3970. **Freppel** (l'abbé). *Panégyrique de Jeanne d'Arc.* Orléans, Chenu, 1860, in-8, 31 p.

3971. **Freret.** *Examen critique des apologistes de la religion chrétienne.* 1775, in-12, 276 p.

3972. —— *Œuvres complètes.* Paris, Dandré, 1796, in-32, 18 volumes.

3973. **Freron.** *Mémoire historique sur la réaction royale et sur les massacres du midi.* (Voir collection Barrière.) Paris, Baudouin frères, 1824, in-8, xiv-390 p.

3974. —— *L'année littéraire.* Paris, M. Lambert, 1754-1763, in-12, 52 vol.

3975. **Fresnel** (Augustin). *Œuvres*, publiées par H. de Senarmont, E. Verdet et Léonor Fresnel. Paris, imp. impériale, 1866-1870, in-4, 3 vol.

3976. **Fréville** (Ernest de). *Mémoire sur le commerce maritime de Rouen.* Rouen, Le Brument, 1857, in-8, 2 vol.

3977. **Freund** (le Dr Guillaume). *Grand dictionnaire de langue latine,* trad. par N. Theil. Paris, F. Didot, 1865-1866,
in-4, 3 vol.

3978. **Frey de Neuville** (le P. Charles). *Sermons.* Lyon, P.
Bruysset-Ponthus, 1777, in-12, 8 vol.

3979. **Freycinet** (Charles de). *Principe de l'assainissement
des villes...* Paris, Dunod, 1870, in-8, x-428 p. et atlas,
xviii pl.

3980. —— *Traité d'aissainissement industriel.* Paris, Dunod,
1870, in-8, un vol. et un atlas.

3981. **Freycinet** (Louis). *Voyage de découvertes aux terres
australes.* Paris, imp. royale, 1815, in-4, xvi-576 p.

3982. **Freytag** (Gustave). *Doit et avoir,* traduit par W. de
Suckau. Paris, L. Hachette, 1860, in-12, 2 tomes en 1 vol.

3983. *Fris Vogel oder stirb...* In-12, cccclxx p.

3984. **Frizon** (Pierre). *Gallia pvrpvrata...* Paris, Simon le
Moine, 1638, préface, 720 p., appendice.

3985. **Frodoard.** *Chronique.* (Collection Guizot, vol. Albon,
tome VI.)

3986. —— *Histoire de l'église de Rheims.* (Collection Guizot,
tome V.)

3987. **Froidmont** (Libert). *Commentaria in sacram scripturam...* Parisiis, sumptibus Joannis Dupuis, 1670, in-fol.,
préliminaires, 896 p.

3988. —— *Somnium Hipponense, sive de controversiis theolo
gicis.* (Voir Conry). (Sans lieu ni nom), 1641,
in-4, 22 p.

3989. **Froissard** (J.). *Chroniques,* publiées par Siméon Luce.
(Soc. de l'histoire de France). Paris, veuve Renouard, 1869-
1876, in-8, 7 vol.

3990. —— *Les chroniques,* augmentées par J.-A.-C. Buchon.
Paris, A. Desrez, 1835-1837, in-8, 3 vol.

3991. [**Fromageot** (J.-B.) et Claude Morin]. *Les lois ecclésiastiques tirées des seuls livres saints.* Paris, Desaint et
Saillant, 1754, in-8, 170 p.

3992. **Fromentin** (Eugène). *Les maîtres d'autrefois, Belgique-
Hollande.* Paris, E. Plon et Cie, 1876, in-18, 448 p.

3993. **Fromentières** (Jean-Louis de). *Œuvres meslées.* Paris, Jean Couterot, 1640, in-4, 527 p. avec table.

3994. —— *Sermons.* Paris, Edme Couterot, 1689-1695, in-8, 3 volumes.

3995. **Frond** (Victor). *Panthéon des illustrations françaises au XIXe siècle.* (Les tomes 9, 10 et 12.) Paris, Abel Pilon, 1866, in-folio, 3 volumes.

3996. **Frontin** (Sextus-Julius). *Les stratagèmes. Aqueducs de la ville de Rome,* traduct. nouvelle par M. Ch. Bailly. Paris, Panckoucke, 1848, in-8, 516 p.

3997 **Frossard** (Charles-Louis). *L'église sous la croix pendant la domination espagnole.* Paris, Grassart, 1857, in-8, xx-336 pages.

3998. **Fulbert** (saint). *Opera... cum notis... per Carolum de Villiers...* Parisiis, apud Thomam Blazium, 1608, in-8, 194 f. avec index.

3999. **Fulton** (Robert). *Recherches sur le moyen de perfectionner les canaux de navigation.* Paris, Dupain-Triel, an VII, in-8, xvi-224 p.

4000. **Fulgensius Plantiades.** (Voir Auctores latinæ linguæ).

4001. **Furet** (Th.). *La banque de France et la banque de Savoie.* Blaye, chez l'auteur, 1864, in-8, 24 p.

4002. —— *La situation agricole.* Saintes, O. Guiard, 1866, in-18, 72 pages.

4003. **Furetière,** abbé de Chalivoy. *Les paraboles de l'évangile traduites en vers.* Paris, Pierre Lepetit, 1672, in-12, table, 300 p.

4004. **Furgole** (Jean-Baptiste). *Traité des testamens.* Paris, Louis Cellot, 1766, in-4, 4 vol. avec table.

4005. —— *Commentaire de l'ordonnance de Louis XV sur les substitutions.* Paris, 1767, in-4.

G

4006. **G.** (P.). *Essais poétiques.* Bayonne, imp. Foré et Lasserre, 1847, in-8, 66 p.

4007. **G...** (L. de). *Le salut du pays, par un officier d'infanterie.* Tours, imp. Mame, 1870, in-8, 80 p.

4008. **G.** (C.-J.). *Précis d'une nouvelle méthode pour réduire à de simples procédés analytiques la démonstration des principaux théorèmes de géométrie.* Paris, imp. du Journal de Paris, 1797, in-4, 61 p.

4009. **G. A. E. P.** *Traité du sacrement de mariage.* Bruxelles, Jacques Foppens, 1710, in-18, 245 p. avec table.

4010. **Gabaude.** *Mémoire sur la nature de la chirurgie.* La Rochellle, imp. P.-L. Chauvet (178.), in-4, 36 p.

4011. **Gaboreau** (l'abbé). *Eloge funèbre de S. A. S. Mgr le duc d'Enghien.* La Rochelle, Vincent Cappon (1816), in-8, 8 pages.

4012. **Gaboriau** (Emile). *L'ancien Figaro.* Paris, E. Dentu, 1861, in-12, 363 p.

4013. **Gabourg** (Amédée). *Histoire de France.* Paris, Gaume, 1855-1862, in-8, 20 vol.

4014. **Gabriel.** *Recueil d'autorités et réflexions sommaires sur les faux et vrais principes de la jurisprudence en matière de dîmes.* Bouillon, aux dépens de la société typographique, 1786, in-8, table, 483 p.

4015. **Gaëte** (GAUDIN, duc de). *Mémoires, souvenirs, opinions et écrits.* (Voir collection Barrière.)

4016. **Gagnat.** *Les vers à soie en 1867.* Paris, A. Gouin, 1867, in-8, xi-99 p.

4017. **Gagni** (Jean de). *Clarissima et facillima in quatuor sacra Jesu Christi evangelia, necnon in actus apostolicos scholia...* Parisiis, Carolum Guillard, 1552, in-fol., index, 287 fol.

4018. **Gaguin** (A.). *Rerum polonicarum tomi tres...* Francofurti, J. Wechelus, 1584, in-8, 367-710 p.

4019. **Gail** (J.-B.). *Cours de langue grecque.* Paris, l'auteur, 1797, in-8, 102 p.

4020. **Gaillard.** *Des causes qui ont modifié la constitution physique et médicale chez les peuples anciens et modernes.* Poitiers, Catineau, 1807, in-8, 164 p.

4021. —— *Histoire de la rivalité de la France et de l'Angleterre.* Paris, Saillant, 1771, in-12, 3 vol.

4022. **Gaillard** (Auger dit Lou Roudié de Rabastens). *Poésies languedociennes et françaises,* publiées par M. Gustave de Clausade. Albi, Rodière, 1843, in-8, xliii-326 p.

4023. **Gaillard** (Léopold de). *L'expédition de Rome en 1849.* Paris, J. Lecoffre, 1861, in-8, xvi-523 p.

4024. **Gaillard** (A.-H.). *Recherches sur les enfants trouvés, les enfants naturels et les orphelins.* Paris, Ch. Leclerc, 1837, in-8, xii-400 p.

4025. **Gaillard** (le père). *Oraison funèbre de monseigneur Louis Dauphin et de... Madame Marie-Adélaïde de Savoie, son épouse...* (Voir de La Rue, Oraison funèbre de Bossuet). Paris, Raymond Mazières, 1712, in-4, 51 p.

4026. **Gaillardin** (Casimir). *Histoire du règne de Louis XIV.* Paris, J. Lecoffre, 1871-1876, in-8, 6 vol.

4027. **Gaitte** (Jacques). *Tractatus de usura et de fœnore.* Parisiis, Arnulphum Seneuze, in-4, 876 p., table.

4028. **Galais** (l'abbé Eugène). *Apologie des cosaques.* Paris, Douniol, 1870, in-8, 10 p.

4029. —— *Les harmonies de l'Homme-Dieu.* Niort, Clouzot, 1871, in-12, iii-234 p.

4030. **Galatin** (Pierre). *Opus de arcanis catholicæ veritatis...* Basileæ, Joannem Hervagium, 1561, in-fol., 551 p., index.

4031. **Galbert.** *Vie de Charles le Bon.* (Collection Guizot, vol. Suger, t. VIII.)

4032. *Galerie (La) des états généraux* (par le marquis de Luchet, le comte de Rivarol et Choderlos de Laclos). [Paris,] 1789, in-8, 2 vol. rel. en 1.

4033. *Galerie des tableaux située au troisième étage des loges vaticanes.* Rome, 1858, in-12, 70 p.

4034. *Galerie royale de Florence.* Florence, imp. Soliani, 1855, in-12, 207 p.

4035. *Galeries historiques du palais de Versailles.* Paris, imp. royale, 1839-1848, in-8, 9 vol., atlas.

4036. **Galés** (J.-C.). *Mémoire et rapports sur les fumigations sulfureuses appliquées au traitement des affections cutanées et de plusieurs autres maladies.* Paris, imp. royale, 1816, in-8, 141 p. avec planches.

4037. **Galice** (Augustin). *Alexandri Savli viri Dei... vita et gesta.* Romæ, typis Jacobi Fei Andreæ, 1661, in-4, préf., 272 p., index.

4038. **Galilée.** *Nov-antiqua sanctissimorum Patrum et probatorum theologorum doctrina de sacræ scripturæ testimoniis* (latin-italien). Augustæ Treboe, typis Davidis Hautti, 1636, in-4, 60 p.

4039. **Galimard** (Auguste). *Les deux propriétaires,* dialogue en vers. Paris, Dentu, 1859, in-8, 46 p.

4040. **Galland.** *Chemin de fer de Cognac à Surgères.* Paris, imp. Chaix, 1876, in-8, 25 p.

4041. —— *Conférences sur le chemin de fer du Blayais,* Blaye, imp. Patouillet, 1876, in-8, 40 p. et cartes.

4042. **Gallemart** (Jean). *Sacros. concilium Tridentinum, additis declarationibus cardinalium.* Lugduni, sumpt. Antonii Jullieron, 1650, in-8, 817-59 p. avec index.

4043. **Galli** (C.). *Grammaire raisonnée de la langue espagnole.* Bordeaux, Féret fils, 1846, in-8, xvi-223 p.

4044. **Gallicanus** (Vulcatius). *Vie d'Aridius Cassius,* traduction nouvelle par M. Fl. Legay. (Voir le vol. *Histoire Auguste,* de Panckoucke).

4045. ΓΑΛΛΙΚΩΝ ΣΥΓΓΡΑΦΕΙΣ ΕΛΛΕΝΙΚΟΙ. *Extraits des auteurs grecs concernant la géographie et l'histoire des Gaules,* texte et traduction nouvelle..., publiés par Edm. Cougny. Paris, lib. Renouard, 1878-1881, in-8, 3 vol.

4046. **Gallocheau.** *Mémoire sur l'emploi du gypse comme amendement des prairies artificielles.* Saintes, Hus, 1822, in-4, 22 p.

4047. **Gallois** (Napoléon). *Vie politique de Ledru-Rollin.* Paris, Dutertre, 1850, in-12, 107 p.

4048. **Gallot** (J.-G.). *Recueil d'observations ou mémoire sur* *l'épidémie qui a régné en 1784 et 1785 dans la subdélégation de la Châtaigneraye.* Poitiers, imp. F. Barbier, 1787, in-4, xx-108 p. — *Supplément,* 55 p.

4049. **Gallus** (Cornelius). *Poésies, traduction...* par M. Jules Genouille. (Voir le vol. Catulle, collection Panckoucke).

4050. —— *Traduction de.* (Voir vol. Catulle, Tibulle).

4051. **Galos** (Henri). *Enquête sur la marine marchande.* Paris, Amyot, 1865, in-8, 84 p.

4052. **Gama** (Emmanuel de). *Dissertation sur le droit d'aubeine.* Paris, Charles Moette, 1706, in-12, 156 p.

4053. **Gamaches** (Philippe de). *Summa theologica...* Parisiis, apud Josephum Cottereau, 1627, in-fol., 863 p. cum index.

4054. **Gambart** (A.). *Le missionnaire paroissial...* Bruxelles, François Foppens, 1688, in-12, 8 vol.

4055. **Gamez** (Gutierre Diaz de). *Le Victorial, chronique de don Pedro Nino, comte de Buelna...* trad. par le comte Albert de Circourt et le comte de Puymaigre. Paris, Victor Palmé, 1867, in-8, xix-591 p.

4056. **Gamon** (Achille). *Mémoires.* (Collection Michaud, t. VIII ; collection universelle, t. XLVI, et collection Buchon.)

4057. **Gams** (dom Pie-Boniface). *Series episcoporum ecclesiæ catholicæ...* Ratisbonæ, typ. G.-J. Manz , 1873, in-4 , xxiv-963 pages.

4058. **Gand** (Edouard). *Fabrication du velours de coton.* Paris, Eugène Lacroix, 1865, in-8, iii-135 p., xxv planches.

4059. **Gandillaud** (Pierre). *Exposition sommaire sur les coustumes de la duché et sénéschaussée d'Angoumois.* Paris, M. Sonnius, 1592, pet. in-8, 294 p.

4060. [**Gandon** (Jules)]. *Du mouvement religieux en Angleterre.* Paris, Sagnier et Bray, 1844, in-8, xx-466 p.

4061. **Gannal** (Félix). *Mort réelle et apparente.* Paris, A. Coccoz, 1868, in-8, xliv-266 p.

4062. **Garasse** (le père François). *La somme théologique des vérités capitales de la religion chrétienne* (le titre manque). Paris, Sébastien Chappelot, 1625, in-fol., 983 p. avec table.

4063. —— *Mémoires* publiés... par Charles Nisard. Paris, Amyot, 1860, in-12, xxxii-311 p.

4064. **Garceaud** (Alfred). *Aubépine et lilas*, sonnets. Marennes, A. Florentin, 1876, in-8, 48 p.

4065. **Garcia** (Fortunius). *Commentaria argutissima.* Lugduni Jacobum Sacon, 1518, in-fol., 73 fol.

4066. —— *De ultimo fine juris canonici et civilis [et ejus] commentaria super titulo de justicia...* Lugduni, Joannis Moylin, 1523, in-fol., 48 fol.

4067. **Garcillasso de la Véga.** *Le commentaire royal ou l'histoire des Yncas, roys du Peru*, traduit par Baudoin. Paris, A. Courbe, 1633, in-4, xxxiv-1319 p. et table.

4068. **Garcin de Tassy.** *La langue et la littérature hindoustanies en 1871, en 1876.* Paris, Maisonneuve, 1872-1877, in-8, 83 et 179 p.

4069. **Garden** (le comte de). *Histoire générale des traités de paix... depuis la paix de Westphalie.* Paris, Amyot, 1848-59, in-8, 14 vol.

4070. **Garella** (Napoléon). *Etude du bassin houiller de Graissessac.* Paris, imp. veuve Dondey-Dupré, 1843, in-4, 112 p. et atlas in-folio.

4071. **Garlandat** (J.). *Le philloxéra.* Cognac, imp. Bérauld, 1874, in-8, 31 p.

4072. [**Garnier** (le P. Jean)]. *Tractatus de officiis confessarii.* Lugduni, vid. H. Molin, 1707, in-12, 218 p., index.

4073. **Garnier.** *Catalogue méthodique de la bibliothèque communale de la ville d'Amiens (Jurisprudence — Histoire des religions).* Amiens, typ. Lambert-Caron, 1862-64, in-8, 2 vol.

4074. **Garnier** (F.). *Mémoires... contenant les recherches entreprises, à différentes époques, dans le département du Pas-de-Calais, pour y découvrir de nouvelles mines de houille...* Boulogne-sur-Mer, imp. Le Roy-Berger, 1828, in-4, 101 p. avec planches et tables.

4075. **Garnier** (Charles). *A travers les arts*, causeries et mélanges. Paris, Hachette et Cie, 1869, in-12, 328 p.

4076. —— *Le théâtre.* Paris, Hachette, 1871, in-8, vii-471 p.

4077. **Garnier** (Jean). *Lettre du comité militaire et patriotique.* Saintes, 25 octobre 1789, in-4 plano.

4078. —— *Neuvaine du bon pasteur, conférences villageoises, présentées à la Société des Amis de la Constitution de Saintes... 25 juin 1792.* Saintes, imp. Toussaints, 1792, in-8, 68 pages.

4079. **Garnier** (Joseph). *Richard Cobden. Les ligueurs et la ligue.* Paris, Guillaumin, 1846, in-18, 94 p.

4080. [**Garnier** (Louis)]. *Mémoires sur la cour de Louis-Napoléon et sur la Hollande.* Paris, Ladvocat, 1828, in-8, 412 p.

4081 **Garreau** (A.). *Les Petaux, chronique du XVIᵉ siècle (1548).* Saintes, Z. Lacroix, 1858, in-12, 259 p.

4082. **Gaschet** (l'abbé François). *Nouvelle lettre apologétique à M. Poynter, évêque d'Halia et vicaire apostolique de Londres.* Londres, imp. J. Mallett, 1819, in-18, 400 p.

4083. **Gasparin** (Comtesse Agénor de). *Au bord de la mer.* Teschen, C. Prochaska, 1867, in-32, 168 p.

4084. —— *Sept hommes.* Paris, 1880, in-12, 133 p., table.

4085. **Gassendi** (Pierre). *Exercitationvm paradoxicarvm adversus Aristoteleos libri septem.* Gratianopoli, typ. Pierre Verdier, 1624, in-12, 220 p.

4086. —— *Philosophiæ Epicuri syntagma... Item, Institutio logica.* Londini, Johannis Redmayne, 1768, in-18, 288 p. 118 pages.

4087. **Gastier** (René). *Le nouveau style de la cour des requestes du palais.* Paris, Louis Billaine, 1661, in-4, 319 p., table, 85 p.

4088. —— *Les nouveaux styles du parlement de Paris, de la cour des aydes...* Paris, Louis Billaine, 1661, in-4, 12 p., table, 446 p., tables, 190 p., table, 319 p., table, 85 p.

4089. **Gastineau** (Benjamin). *Le Père-Lachaise.* Paris, Havard, 1854, in-18, 94 p.

4090. —— *Les amours de Mirabeau et de Sophie de Monnier.* Paris, chez tous les libraires, 1865, in-8, 235 p.

4091. **Gaston,** duc d'Orléans. *Mémoires.* (Collection Michaud, t. XXIII.)

4092. **Gauchat** (l'abbé). *Lettres critiques ou analyse et réfutation de divers écrits modernes contre la religion.* Paris, Hérissant, 1758-1763. in-12, 19 vol.

4093. **Gaucherel** (E.). *Note sur la forme préférable des triangles géodésiques.* Paris, imp. Mallet-Bachelier, in-8, 23 p.

4094. **Gaucheron.** *Cours de chimie agricole.* Orléans, Pagnerre, 1859, in-8, 2 vol.

4095. **Gaudin** (l'abbé J.). *Les inconvéniens du célibat des prêtres.* Genève, imp. Pellet, 1781, in-8, xvi-439 pages.

4096. —— *Catalogue de la bibliothèque de la ville de La Rochelle.* La Rochelle, J.-F. Lhomandie, an 13 (1805), in-8, vii-444 pages.

4097. **Gaudin** (Célestin). *Guide hygiénique et médical à l'usage de MM. les capitaines au long cours.* La Rochelle, H. Gout, 1863, in-12, iv-278 p.

4098. **Gaudin** (Phédora). *La loi militaire de 1868 comparée à celle de 1832...* Saintes, imp. de Mme Amaudry, 1869, in-8, 24 pages.

4099. —— *Nos cahiers de 1869.* Royan, imp. A. Barre, 1869, in-8, 16 p.

4100. **Gaudin** (A.-M.). *Notes sur quelques propriétés des atomes.* Paris, 1831, in-4, 8 p.

4101. **Gaudin** (Paul). *Du rondeau, du triolet, du sonnet.* Paris, J. Lemer, 1870, in-12, viii-249 p.

4102. —— *La fable en France.* La Rochelle, typ. de A. Siret, 1873, in-8, 306 p.

4103. **Gaudin** (Jacques). *Assumptio Mariæ Virginis vindicata.* Parisiis, apud Franciscum Muguet, 1670, in-12, 442 p.

4104. **Gaudin** (le père Jean). *Trésor des langues française et latine...* Limoges, Jean Barbou, 1730, in-4, 968 p.

4105. **Gaudry** (Jules). *Notice sur François Cavé, constructeur de machines.* Paris, Lacroix, 1875, in-8, 20 p.

4106. **Gaugler** (G. de). *De l'assurance sur la vie dans l'armée.* Paris, Berger-Levrault, 1878, in-18, 55 p.

4107. —— *Le risque de guerre et la compagnie le Patrimoine.* Paris, imp. Laleux et Guillot, 1878, in-8, 23 p.

4108. **Gauldrée de Boilleau** (H.). *Fables.* Paris, Testu et Cie, 1814, in-12, 2 vol.

4109. **Gauret.** *Stile universel.* Paris, les associés choisis, 1676, 1703, in-4, 2 vol.

4110. [**Gauthereau.**] *La France toute catholique sous le règne de Louis le Grand.....* Paris, Pepie, 1685, in-12, 3 vol.

4111. **Gautier**. *De l'ordre, des causes qui le troublent.* Paris, Amyot, 1851, in-8, 360 p.

4112, **Gautier** (Rodolphe). *In d. Pauli apostoli epistolam ad Romanos homeliæ.* Tiguri, Christophorus Froschoverus, 1566, in-fol., index, 235 fol.

4113. **Gautier** (A.). *Statistique du département de la Charente-Inférieure.* La Rochelle, impr. Gustave Mareschal, 1839, in-4, 2 part. en un vol.

4114. —— *Précis de l'histoire de La Rochelle, îles de Ré, Oleron, Aix.* La Rochelle, impr. Mareschal, 1846, in-18, 166 p.

4115. **Gautier** (B.). *Les gens de Mazerolles peints par l'un d'eux,* album saintongeais. Pons, chez l'auteur (1876), in-4, 26 p.

4116. **Gautier** (Jules). *Histoire de Marie Stuart.* Paris, E. Thorin, 1875, in-8, 2 vol.

4117. **Gautier** (Léon). *Appel aux hommes de bien.* Paris, typ. Lahure, 1872, in-8, 92 p.

4118. —— *La chanson de Roland.* Tours, Mame, 1872, in-8, 2 vol.

4119. —— *Les épopées françaises.* Paris, V. Palmé 1865-1868 in-8, 3 vol.

4120. **Gautier** (Théophile). *Le capitaine Fracasse.* Paris, Charpentier, 1864, in-12, 2 vol.

4121. —— *Les grotesques.* Paris, M. Lévy, 1853, in-12, xv-400 p.

4122. —— *Mademoiselle de Maupin.* Paris, Charpentier, 1852, in-12, 384 p.

4123. —— *Poésies complètes.* Paris, Charpentier, 1845, in-12, 370 p.

4124. **Gautruche** (le père P.). *Histoire poétique pour l'intelligence des poètes et des auteurs anciens.* Paris, N. Le Gras, 1681, in-12, 272 p.

4125. —— *Nouvelle histoire poétique augmentée par l'abbé B***.* Paris, Legras, 1738, in-12, xvi-516 p.

4126. **Gavanti** (Barthélemi). *Thesaurus sacrorum rituum.* Venise, typ. Balleoniana, 1749, in-fol., 2 vol.

4127. **Gavarni**. *Œuvres choisies.* Paris, J. Hetzel, 1846, in-8, 2 vol.

4128. **Gay** (R.-P. François). *Les matérialistes confondus.* Paris, Enault et Vuallat, 1869, in-18, 123 p.

4129. **Gay** (Jean). *Bibliographie anecdotique du jeu des échecs.* Paris, J. Gay, 1864, in-12, 299 p.

4130. —— *Les chats.* Paris, chez l'auteur, 1866, in-12, viii-300 p.

4131. **Gay** (Mme Désirée). *Education rationelle de la première enfance.* Paris, A. Delahaye, 1868, in-12, xiv-113 p.

4132. **Gay** (Maria). *Bernard Palissy,* poëme. Saintes, impr. A. Gay, 1875, in-8, 15 p.

4133. —— *Reflets dans l'âme,* poésies. Saintes, chez l'auteur, 1864, in-12, 192 p.

4134. —— *Un trait de dévouement filial. Auguste Coutal.* Nevers, impr. Fay, 1862, in-8, 15 p.

4135. [**Gayot de Pitaval** (François)]. *Causes célèbres.* Paris, Guillaume Cavelier, 1735-1738, in-12, 20 vol.

4136. *Gazette des beaux arts.* Paris, impr. Claye, 1859-1882. in-8, 36 vol.

4137. **Geay-Besse.** *Brenard de Palici,* dialogue saintongeais. Saintes, typ. Orliaguet, 1870, in-8, 8 p.

4138. **Gebhart** (Emile). *Les origines de la renaissance en Italie.* Paris, Hachette, 1879, in-18, viii-421 p.

4139. **Gélase de Cyzique.** *Commentarius actorum Nicœni concilii.* In bibliopolio Comeliniano, 1604 in-fol., 413-319-60-78 p., avec index.

4140. **Gélineau** (le Dr E.). *Traitement de quelques affections nerveuses.* Surgères, J. Tessier, 1877, in-12, 92 p.

4141. —— *Après le bal,* comédie en un acte et en vers. Surgères, J. Tessier, imprimeur-éditeur, 1876, in-8, 36 p.

4142. **Gellusseau** (Auguste-Amaury). *Histoire de Cholet et de son industrie.* Paris, Hachette et Cie, 1862, in-8, 2 vol.

4143. *Généalogie de la maison d'Irland et de celle de Sainte-Hermine.* Paris, P.-G. Simon, 1780, in-8, 98 p.

4144. **Genebrard** (Gilbert). *Gilberti Genebrardi... libri quatuor.* Lugduni, sumptibus I. Pillehotte, 1699, in-fol., 954 p.

4145. —— *De sacrarum electionum jure et necessitate.* Parisiis, Sebastianum Nivellium, 1593, in-8, 155 p., index.

4146. **Généroux** (Denis). *Journal historique*, publié par B. Ledain. Niort, L. Clouzot, 1865, in-8, 147 p.

4147. *Général (Le) de Bremond d'Ars, né à Saintes.* Notes biographiques. Saintes, impr. Hus, 1875, in-12, 19 p.

4148. **Genet** (François). *Théologie morale en résolution des cas de conscience.* Bruxelles, E.-H. Frix, 1736, in-12, 8 vol.

4149. **Génin** (F.). *Récréations philologiques.* Paris, Chamerot, 1856, in-8, 2 vol.

4150. **Gennet.** *Mémoire pour les héritiers de M. Augron.* Poitiers, impr. Catineau, 1813, in-8, 44 p.

4151. **Genoude** (Eugène De). *Considérations sur les Grecs et les Turcs.* Paris, Méquignon, 1821, in-8, II-302 p.

4152. —— *Histoire de France* (1ʳᵉ et 2ᵉ séries). Paris, Perrodil, 1844-1848, in-8, 23 vol.

4153. **Genoux** (Claude). *Les enfants de J.-J. Rousseau.* Paris, Serrière, 1857, in-12, x-250 p.

4154. —— *Mémoires d'un enfant de la Savoie.* Paris, Le Chevalier, 1870, in-12, VIII-431 p.

4155. [**Gentil** (François)]. *Le jardinier solitaire... avec des réflexions sur la culture des arbres.* Paris, Rigaud, 1738, in-12, XVII-440 p. avec table.

4156. **Gentz** (le chevalier de). *Dépêches inédites aux Hospodars de Valachie.* Paris, Plon, 1876, in-8, 3 vol.

4157. **Geoffroy.** *Histoire abrégée des insectes.* Paris, Volland, an VII, in-4, 2 vol.

4158. **Geoffroy** (le P.), abbé de Vendôme. *Epistolæ, opuscula, sermones.* Parisiis, Sebastiani Cramoisy, 1610, in-8, v, index, 433 p., index, 103 p., index.

4159. **Geoffroy,** ZELLER et autres. *Rapports sur les études historiques.* Paris, imp. impériale, 1867, in-8, 356 p.

4160. **Geoffroy Saint-Hilaire** (Isidore). *Vie, travaux et doctrine scientifique d'Etienne Geoffroy Saint-Hilaire.* Paris, P. Bertrand, 1847, in-8, II-479 p.

4161. *Geographi græci minores,* grec et latin, 3 vol. (Collection Didot.)

4162. **Georget** (A.). *Une découverte qui n'en est pas une ou le manuscrit du P. Grandillon.* Tours, Ladevèze, 1870, in-8, 13 pages.

4163. **Géramb** (R. P. Marie-Joseph de). *Pélerinage à Jérusalem*. Paris, Adrien Leclerc, 1839, in-12, 3 vol.

4164. **Gérard.** *Mémoire ampliatif pour le sieur Gérard, lieutenant en retraite à Saintes, contre une prétendue ordonnance royale du 25 mai 1836.* Paris, Ducessois, 1836, in-4, 8 pages.

4165. **Gérard.** *Catalogue des livres composant la bibliothèque de la chambre de commerce de Boulogne-sur-Mer.* Boulogne-sur-Mer, imp. Ch. Aigre, 1866, in-8, 416 p.

4166. **Gérard** (Jules). *Le tueur de lions.* Paris, Hachette et Cie, 1864, in-12, viii-308 p.

4167. **Gérard** (l'abbé de). *La philosophie des gens de cour...* Paris, Estienne Loyson, 1681, in-12, table, 368 p., table.

4168. —— *Le caractère de l'honneste homme morale.* Paris, veuve Huré, 1682, in-12, xii-314 p., table.

4169. [**Gérard** (l'abbé Philippe-Louis)]. *Le comte de Valmont ou les égaremens de la raison.* Paris, Moutard, 1784, in-12, 5 volumes.

4170. **Gérard de Nerval.** *Voyage en Orient.* Paris, Charpentier, 1851, in-12, 2 vol.

4171. **Géraud** (H.). *Paris sous Philippe le Bel... et rôle de la taille en 1292.* Paris, imp. Chapelet, 1837, in-4, xvi-638 p.

4172. **Gérault de Cambronne** (le chanoine). *Oraison funèbre de Jean-François-Joseph de Rochechouart... évêque, duc de Laon.* Laon, veuve de J. Calvet, 1777, in-4, 51 p.

4173. **Gerbais** (Jean). *Dissertatio de causis majoribus ad caput concordatorum de censis.* Lutetiæ Parisiorum, typ. Francisci Le Cointe, 1679, in-4, table, 376-90 p.

4174. —— *Traité du pouvoir de l'église et des princes sur les empeschemens du mariage...* Paris, Frédéric Léonard, 1697, in-4, table, 544 p., 20 p.

4175. [**Gerbert** (Sylvestre)]. *Œuvres collationnées sur les manuscrits...* par A. Olleris. Clermont-Ferrand, Thibaud, 1867, in-4, ccv-606 p.

4176. **Gères** (Jules de). *Le roitelet, verselets et dédicaces.* Paris, E. Dentu, 1859, in-12, 284 p.

4177. **Germain.** *Mémoire pour Pierre Germain, dit De Ménier...*

contre sieur Jacques Compagnon... Bordeaux, imp. de Simon de La Court, 1772, petit in-fol., 26 p.

4178. **Germain.** *Défense de l'église romaine et des souverains pontifes, contre Melchior Leydecker.* Liège, Henri Hoyoux, 1696, in-12, 648 p., table.

4179. **Germain** (Alexandre). *Histoire du commerce de Montpellier.* Montpellier, imp. J. Martel, 1861, in-8, 2 vol.

4180. **Germain** (Adrien). *Traité des projections des cartes géographiques.* Paris, Arthur Bertrand, 1866, in-8, xvi-383 p., xiv planches.

4181. **Germer-Durand** (M.-E.). *Dictionnaire topographique du département du Gard.* Paris, imp. impériale, 1868, in-4, xxxiv-298 p.

4182. **Germon** (P. Barthélemy). *De veteribus regum Francorum diplomatibus.* Parisiis, J. Anisson, 1701, in-12.

4183. **Germond-Delavigne** (A.). *Autour de Biarritz.* Paris, L. Maison, 1856, in-16, x et 159 p.

4184. **Gerson** (Jean). *Opera...* Parisiis, 1606, in-folio.

4185. —— *De imitatione Christi, libri quatuor.* Paris, Tross, 1868, in-8, 346 p.

4186. —— *De l'imitation de Jésus-Christ,* traduite d'après un manuscrit de 1440, par l'abbé Delaunay. Paris, Tross, 1869, in-8, xvi-440 p.

4187. **Gervaise** (Dom). *L'honneur de l'église catholique et des souverains pontifes défendu.* Nancy, François Midon, 1749, in-12, 2 volumes.

4188. **Gervaud** (P.). *Eloge du maréchal de Sénectère.* La Rochelle, typ. Siret, 1855, in-12, 24 p.

4189. **Géry.** *Apologie historique des deux censures de Louvain et de Douai sur la matière de la grâce.* Cologne, Nicolas Schouten, 1688, in-12, 479 p.

4190. **Gessner.** *Idyles et poëmes champêtres,* trad. par M. Huber. Lyon, J.-M. Bruyset, 1767, in-12, xlviii-164 p.

4191. —— *La mort d'Abel,* trad. par M. Huber. Rouen, J. Racine, 1788, in-18, xxiv-236 p.

4192. —— *Schriften.* Metz, F. Hadamard, 1823, in-8, 2 vol.

4193. *Gestes des évêques de Cambrai de 1092 à 1138... publié...* par le P. Ch. de Smedt. Paris, Renouard, 1880, in-8, xxxviii-274 pages.

4194. *Gestes (des) illustres des Français de l'an 1202 à l'année 1311.* (Collection Guizot, tome XIII, vol. Guerre des Albigeois.)

4195. **Gibert** (Pierre-Jean). *Consultations canoniques sur les sacrements de l'ordre, du mariage et de la pénitence.* Paris, C.-J.-B. Bauche, 1725-1750, 8 vol.

4196. —— *Institutions ecclésiastiques et bénéficiales.* Paris, P.-J. Mariette, 1736, in-4, 2 vol.

4197. —— *Tradition ou histoire de l'église sur le sacrement de mariage.* Paris, Mariette, 1725, in-4, 3 vol.

4198. —— *Usage de l'église gallicane concernant les censures et l'irrégularité...* Paris, 1750, in-4, xxiv-832 p., table.

4199. Gibouin, Gaudichau, Baron. *Mémoires pour... Gibouin contre Gaudichau... et Nicolas et veuve Baron contre Gaudicheau et Dupuy; enquête, interrogatoires, jugements...* Poitiers, imp. de H. Oudin et Dupré (1847), in-4, 6 pièces.

4200 **Gide** (Paul). *Etude sur la condition privée de la femme.* Paris, C. Thorin, 1867, in-8, viii-563 p.

4201. **Gidel** (A.-Charles). *Etudes sur la littérature grecque moderne.* Paris, imp. impériale, 1866, in-8, vii-373 p.

4202. —— *Histoire de la littérature française depuis son origine jusqu'à la Renaissance.* Paris, Alph. Lemerre, 1875, in-18, 2 volumes.

4203. **Giffard** (A^te^). *Etablissement d'une école centrale de taille et de conduite de la vigne à vin dans le département (de Maine-et-Loire).* Angers, imp. P. Lachèse, 1872, in-8, xxiv p., 4 planches.

4204. —— *Tableau synoptique des principales tailles et des procédés de formation et de conduite de la vigne à vin.* Angers, imp. L. Lachèse, 1872, in-folio.

4205. **Gigon** (C.-L.). *Les victimes de la Terreur du département de la Charente,* 1re série. Angoulême, Goumard, 1866, in-8, viii-388 p.

4206. **Gilbart** (F.-R.-S.-J.-W.). *Lectures sur l'histoire et les* *principes du commerce chez les anciens.* Paris, Guillaumin, 1856, in-18, xii-168 p.

4207. **Gilbert.** *Mon apologie, précédée du dix-huitième siècle,* satires. Amsterdam, 1778, in-8, 36 p.

4208. —— *Ode sur la guerre présente après le combat d'Ouessant.* Paris, Berton, 1778, in-8, 12 p.

4209. **Gillet** (P.-F.). *Nouvelle cosmographie élémentaire.* Paris, Didier, 1845, in-12, 368 p.

4210. **Gilles** (Nicole). *Les chroniques et annales de France dès l'origine des Francoys...* continuées par D. Sauvage, revues et corrigées par Fr. de Belleforest. Paris, G. Buon, 1573, in-folio, 487 feuillets.

4211. [**Gillot** (Joseph)]. *Instruction chrétienne sur les indulgences.* Châlons, J. Seneuze, 1702, in-12, table, 253 p.

4212. **Gillot** (Jacques). *Relations de ce qui se passa au parlement touchant la régence de Marie de Médicis.* (Collection Michaud, t. XI.)

4213. **Gimet** (J.-D.). *Les Stuarts, 1603-1688.* Paris, Furne, 1836, in-8, 201 p.

4214. [**Gin** (P.-L.-Cl.)]. *De l'éloquence du barreau.* Paris, Laporte, 1776, in-12, 321 p.

2215. —— *De la religion,* par un homme du monde... Paris, Moutard, 1778-1779, in-8, 4 vol.

4216. **Ginguené.** *Histoire littéraire d'Italie.* Paris, Michaud frères, 1811-1819, in-8, 9 vol.

4217. **Giraldi** (Lilio-Gregorio). *De Diis gentium.* Basileæ, ex officina Johannis Oporini, 1548, in-fol., 764 p. et index.

4218. [**Girard**]. *Les cérémonies et les prières de l'église pour les sacremens de baptême et de confirmation...* Paris, veuve Charles Savreux, 1670, in-12, 352 p.

4219. —— *Des églises et des temples chrétiens.* Paris, André Pralard, 1706, in-12, 258 p., table.

4220. **Girard** (N.) *Les petits prônes ou instructions familières.* Bruxelles, 1769, in-12, 4 vol.

4224. **Girard** (Guillaume). *Histoire du duc d'Epernon.* Paris, 1730, in-4, 646 p.

4222. **Girard** (Jules). *La chambre noire et le microscope.* Paris, F. Savy, 1869, in-12, 87 p.

4223. **Girard** (Maurice). *Le phylloxéra de la vigne.* Paris, Hachette, 1874, in-18, 119 p.

4224. —— *F. Péron, naturaliste, voyageur aux terres australes.* Paris, J.-B. Baillière, 1857, in-8, 278 p.

4225. **Girard** (C.-R.). *Les secrets de la Salette et leur importance.* Grenoble, imp. de F. Allier, 1871, in-12, 124 p.

4226. **Girard** (F.). *Des associations de secours mutuels et des caisses de retraites.* Bordeaux, imp. E. Crugy, 1850, in-8, 88-22 pages.

4227. **Girard** (Grégoire). *De l'enseignement régulier de la langue maternelle dans les écoles et les familles.* Paris, Dezobry, E. Magdeleine, 1844, in-12, xvi-484 p.

4228. **Girard** (l'abbé Gabriel). *Les vrais principes de la langue française.* Paris, Le Breton, 1747, in-12, 2 vol.

4229. —— *Synonymes françois.* Rouen, P. Dumesnil, 1876, in-12, 2 vol.

4230. [**Girard de Villethierry** (l'abbé)]. *La vie des vierges.* Paris, François-André Pralard, 1703, in-12, 386-15 p.

4231. —— *La vie des riches et des pauvres.* Paris, imp. G.-F. Quillau, 1740, in-12, 501 p.

4232. —— *La vie des clercs, évesques, prestres, diacres et autres ecclésiastiques...* Paris, André Pralard, 1710, in-12, 2 vol.

4233. **Girardin** (Mᵐᵉ Emile de). *Poésies complètes.* Paris, librairie nouvelle, 1856, in-12, 371 p.

4234. [**Girardot** (le père)]. *Sermons préchés à la mission française d'Amsterdam.* Paris, Le Jay, 1770, in-12, 326 p.

4235. **Giraud** (Charles). *Le traité d'Utrecht.* Paris, Plon frères, 1847, in-8, 191 p., table.

4236. **Giraud** (Octave). *Fleurs des Antilles,* poésies. Paris, Poulet-Malassis, 1862, in-12, 176 pages.

4237. **Giraud** (P. l'abbé). *Eléments de la doctrine chrétienne.* La Rochelle, chez l'auteur, 1844, in-12, 92 p.

4238. **Giraudeau** (Bonaventure). *Histoires et paraboles.* Paris (Rouen, imp. Mégard, 1859), in-32, 216 p.

4239. **Giraudeau** (P.). *La banque rendue facile aux princi-*
pales nations de l'Europe. Amsterdam, M. Roy, 1756, in-4,
xxi-304 p.

4240. —— *L'art de dresser les comptes des banquiers, négo-*
cians et marchands. Genève, l'auteur, 1766, in-4, et supplément.

4241. **Giraudeau.** *Précis historique du Poitou.* Paris, B. Dus-
sillon (1843), in-8, 28-264 p.

4242. **Giraudias** (E.). *Bernard Palissy à ses concitoyens sur*
la place où l'on doit ériger sa statue. Saintes, imp. Hus,
1866, in-8, 13 p.

4243. —— *Bernard Palissy phrénologue.* Saintes, imp. Hus,
1866, in-8, 7 p.

4244. **Giraudias** (Louis). *Coup d'œil sur la végétation des en-*
virons de Limogne (Lot). Rennes, typ. Oberthur (1876), in-8,
Montalant, 4 pages.

4245. —— *Enumération des plantes phanérogrames et des fou-*
gères observées dans le canton de Limogne (Lot). Angers,
E. Barassé, impr., 1876, in-8, 32 p.

4246. —— *Les plantes rares des environs d'Asprières (Avey-*
ron). Angers, imp. Germain, 1881, in-8, 9 p.

4247. **Girault de Saint-Fargeau.** *Dictionnaire de toutes les*
communes de France. Paris Dutertre, 1851, in-4, 2 vol.

4248. **Girault-Duvivier.** *Grammaire des grammaires.* Paris,
A. Cotelle, 1840, in-8, 2 vol.

4249. **Girodon** (Antoine). *Explications de tous les passages du*
nouveau testament, dont les catholiques, les protestants et
ceux de la religion P. R. se servent. Paris, Estienne Maucroy, 1661, in-12, 382 p.

4250. **Girou de Buzareingues** (Ch.). *Philosophie physiolo-*
gique, politique et morale. Paris, Firmin Didot, 1828, in-8,
xiii-418 pages.

4251. **Giroust** (le P.). *Les faux prétextes du pécheur...* Paris,
Desaint et Saillant, 1757, in-12, 2 vol.

4252. —— *Sermons pour le caresme.* Paris, Moreau, 1737, in-12,
3 volumes.

4253. —— *Sermons, avent et carême.* Bruxelles, E.-H. Frick,
1742, in-12, 3 vol.

4254. *Gisements bitumineux de la limagne d'Auvergne.* Paris, imp. Goupy, 1876, in-8, 48 p. et carte.

4255. **Givenchy** (L. de). *Essai sur les chartes confirmatives des institutions communales de la ville de Saint-Omer.* (Sans lieu ni date), in-8, 50-cxii p.

4256. —— *Guillaume de Normandie en Flandre.* Saint-Pol, imp. Massias, 1839, in-8, 26 pages.

4257. **Glaber** (Raoul). *Chronique.* (Collection Guizot, vol. Albon, tome VI.)

4258. **Glade** (P.-V.). *Du progrès religieux.* Paris, Delaunay, 1838, in-8, 3 vol.

4259. **Glanius.** *Les voyages de Jean Struys en Moscovie, en Tartarie, en Perse, aux Indes.* Rouen, R. Machuel, 1724, in-18, 3 vol.

4260. **Glaumeau** (Jehan). *Journal, 1541-1542.* Bourges, Just. Bernard, 1868, in-8, xx-183 p.

4261. **Glover** (Melville). *Collection complète des jugements rendus par la commission révolutionnaire établie à Lyon par les représentants du peuple en 1793-1794...* Lyon, imp. du *Salut public*, 1859, in-8.

4262. **Gobineau** (le comte de). *Histoire des Perses.* Paris, Henri Plon, 1869, in-8, 2 vol.

4263. —— *L'abbaye de Typhaines.* Paris, E. Maillet, 1867, in-12, 406 p.

4264. **Gobinet** (Charles). *Instruction de la jeunesse en la piété chrétienne...* Liège, J.-F. Bassompierre, 1771, in-12, 486 p.

4265. —— *Instruction sur la religion.* Paris, veuve Brocas, 1750, in-12, 549-16 p.

4266. **Godard** (Charles). *Une visite à l'abbaye de La Trappe de Notre-Dame des Dombes.* Lyon, imp. Bellon, 1869, in-8, 32 pages.

4267. **Godeau** (Antoine). *Discours sur les ordres sacrez.* Lyon, Grégoire, 1669, in-12, x-597 p.

4268. —— *Homélies sur les dimanches et fêtes de l'année...* Paris, François Muguet, 1682, in-4, 505 p.

4269. —— *Ordonnances et instructions synodales.* Lyon, Jean Grégoire, 1666, in-12, 444 p.

4270. **Godeau** (Antoine). *Paraphrase des psaumes de David.* Paris, veuve Jean Camusat, 1648, in-4, 614 p. avec table.

4271. —— *Paraphrase sur les épistres de saint Paul et sur les epistres canoniques.* Paris, veuve Jean Camusat, 1650, in-4, 207-816 p.

4272. —— *Version expliquée des épistres de l'apostre saint Paul.* Paris, imp. François Muguet, 1668, in-8, 732 p. avec table.

4273. —— *Version expliquée du nouveau testament de nostre seigneur Jésus-Christ.* Paris, imp. François Muguet, 1668, in-8, 861 p.

4274. [**Godwin** (François)]. *Annales des choses plus mémorables arrivées tant en Angleterre qu'ailleurs, sous les règnes de Henri VIII, Edouard VI et Marie,* traduites d'un autheur anonyme par le sieur de Loigny. Paris, Rocolet, 1647, in-4, viii-500 pages.

4275. **Godefroy**. *Histoire de Charles VI.* Paris, imp. royale, 1653, in-fol., 811 p.

4276. —— *Histoire de Charles VII.* Paris, imp. royale, 1661, in-fol., 917 p.

4277. **Godefroy** (T.). *Entreveves de Charles IV, empereur... et de Louys XII, roy de France.* Paris, Pierre Chevalier, 1612, in-4, 103 p.

4278. —— *Mémoires concernant la préséance des roys de France sur les roys d'Espaigne.* Paris, Pierre Chevalier, 1612, in-4, 103 p.

4279. —— *De l'origine des rois de Portugal yssus en ligne masculine de la maison de France.* Paris, Pierre Chevalier, 1612, in-4, 30 pages.

4280. **Godefroy** (Denis). *Corpus juris civilis.* Genève, ex typ. Jacobi Stoer, 1614, in-4, 2 vol. en un.

4281. **Godefroy** (Frédéric). *Dictionnaire de l'ancienne langue française et de tous ses dialectes du IXe au XVe siècle.* Paris, Vieweg, 1880, in-4, 18 fascicules.

4282. —— *Histoire de la littérature française depuis le XVIe siècle.* Paris, Gaume et Duprey, 1859-1863, in-8, 4 vol.

4283. **Godet.** *Discours à l'inauguration de la statue du comte Regnaud de Saint-Jean d'Angély.* Saint-Jean d'Angély, Eug. Lemarié, 1863, in-8, 8 p.

4284. **G[odineau]** (P. et L.-V. T[ENANT]. *Le réveil de La Rochelle* (féerie-revue en un acte). La Rochelle, imp. A. Dausse, 1857, in-8, 60 p.

4285. **Godron** (D.-A.). *Zoologie de la Lorraine.* Nancy, imp. veuve Raybois, 1863, in-8, 283 p.

4286. —— *Essai sur la géographie botanique de la Lorraine.* Nancy, imp. veuve Raybois, 1862, in-8, 211 p.

4287. **[Goesmann]** (G. M. de). *Histoire politique des grandes querelles entre l'empereur Charles V et François Ier, roi de France.* Paris, jardin du Palais-Royal, 1777, in-8, 2 vol.

4288. **Gœthe.** *Œuvres complètes...* traduction nouvelle par Jacques Porchat. Paris, Hachette, 1860-1871, in-8, 10 vol.

4289. —— *Œuvres dramatiques.* Paris, A. Sautelet, 1825, in-8, 4 volumes.

4290. —— *Mémoires,* traduction nouvelle par la baronne A. de Carlowitz, 1re partie, poésie et réalité. Paris, Charpentier, 1855, in-12, VI-410 p.

4291. —— *Aus meinem Leben Wahrheit; und Dichtung.* Stuttgart, J.-G. Cotta'scher Verlag, 1861, in-12, 2 vol.

4292. —— *Le Faust* (illustré). Berlin, Grote, 1876, pet. in-8, 471 pages.

4293. —— *Le Faust,* traduction complète par M. Henri Blaze... Paris, Charpentier, 1853, in-12, 558 p.

4294. —— *Werther,* traduction nouvelle... par Pierre Leroux, accompagnée d'une *Préface,* par George Sand. Paris, J. Hetzel, 1845, in-4, XIII-196 p.

4295. **Goguel** (G.). *Histoire et statistique des églises réformées de la Charente.* Cognac, imp. Dédé et Péronneau, 1836, in-8, 231 p.

4296. **Goguelat** (le baron de). *Mémoire sur les évènements relatifs au voyage de Louis XVI à Varennes.* (Voir collection Barrière). Paris, Baudouin frères, 1823, in-8, 83 p. avec carte et fac-simile.

4297. **[Goguet].** *De l'origine des loix, des arts et des sciences,* *et de leurs progrès chez les anciens peuples.* Paris, Desaint et Saillant, 1759, in-12, 6 vol.

4298. **Gohard** (P.). *Traité des bénéfices ecclésiastiques...* Paris, Crapart, 1774, in-4, 7 vol.

4299. **Goldast ab Haimimfeld** (Melchior). *Alamannicarum rerum scriptores aliquot vetusti.* Francfort, W. Richteri, 1606, in-fol., 2 tomes en 1 vol.

4300. —— *Imperialia decreta de cultu imaginum.* Francofurti, typis Mathiæ Becheri, 1608, in-8, 778 p. avec index.

4301. **Goldoni** (Carlo). *Commedie.* Torino, G. Orgeas, 1772-1777, in-12, 16 vol.

4302. **Goldsmith** (Lewis). *Histoire secrète du cabinet de Napoléon Buonaparte et de la cour de Saint-Cloud.* Londres, imp. Harper, 1814, in-8, 2 vol.

4303. **Gombauld** (J. Ogier de). *Epigrammes.* Lille, typ. A. Béhague, 1871, in-18, xii-119 p.

4304. —— *Les poésies.* Paris, A. Courbé, 1646, in-4, 104 p.

4305. —— *L'Endimion.* Paris, N. Byron, 1626, xxiii-372 p.

4306. **Gomes** (Louis). *Commentaria in regulas cancellariæ judiciales...* Parisiis, Carolam Guillard, 1547, in-8, index, 492 fol.

4307. **Goncourt** (Edmond et Jules de). *Histoire de Marie-Antoinette.* Paris, Charpentier, 1879, in-12, 496 p.

4308. **Gonet** (Jean-Baptiste). *Clypeus theologiæ thomisticæ...* Parisiis, Guillelmi de La Court, 1670-1678, in-fol., 5 vol.

4309. **Gonnelieu** (le R. P. de). *De la présence de Dieu.* Avignon, Louis Chambeau, 1759, in-12, table, 179 p., table.

4310. **Gordon** (Th.). *Discours historiques, critiques et politiques sur Tacite.* Amsterdam, F. Changiou, 1742, in-12, 2 volumes.

4311. **Gori** (Ant.-Fo.). *Symbolæ litterariæ : opuscula varia philologica...* Romæ, 1751-54, in-8, 10 vol.

4312. **Gori** (Augusto de). *Dello stato patrimoniale della societa delle ferrovie romane.* Firenzo, Stabilimento civelli, 1870, in-8, 12 p.

4313. **Govi** (de). *Des industries scandinaves à l'exposition* *de Copenhague.* Florence, imp. de l'Association, 1873, in-8, 33 p.

4314. **Gorini** (l'abbé). *Lothaire, roi de Lorraine, fut-il empoisonné par le pape Adrien II ?* Lyon, imp. Vingtrinier, 1855, in-8, 16 p.

4315. **Gorris** (Jean). *Definitionum medicarum libri XXIV.* Francofurti ad Menum, typ. And. Weechelus, 1678, in-folio, 543 pages.

4316. **Gonod** (B.). *Notice historique de la cathédrale de Clermont-Ferrand.* Clermont, imp. Thibaud-Landriot, 1839, in-8, 72 pages.

4317. **Gossin** (Louis). *Principes d'agriculture.* Paris, Lacroix et Baudry, 1859, in-12, 2 vol.

4318. **Gouazé.** *Etude sur le parlement de Bourgogne, de 1657 à 1692.* Dijon, imp. Peutet-Pommey, 1859, in-8, 85 p.

4319. [**Goudar** (Ange)]. *L'espion chinois.* Cologne, 1774, in-12, 6 vol.

4320. **Goudin** (Antoine). *Philosophia juxta inconcussa tutissimaque divi Thomæ dogmata...* Parisiis, Ludovicum Guerin, 1692, in-18, 4 vol.

4321. **Goudour** (Jacob). *Viri dei Cæsaris de Bus... vita.* Toulouse, Raymond Bosc, 1671, in-18, 382 p.

4322. **Goujet** (l'abbé). *Bibliothèque françoise ou histoirede la littérature françoise.* Paris, P.-J. Mariette, 1740-1748, in-12, 12 volumes.

4323. —— *Discours sur le renouvellement des études et principalement des études ecclésiastiques depuis le XIVᵉ siècle.* (Paris, J.-Th. Hérissant, 1763), in-12, 68 p.

4324. [**Goulard** (S.)]. *Mémoires de l'estat de France sous Charles neuvième,* tome III (titre manque), pet. in-4, [1578].

4325. **Goulas** (Nicolas). *Mémoires de Nicolas Goulas.* (Publication de la société de l'histoire de France). Paris, Renouard, 1879-1882, in-8, 2 volumes.

4326. **Gould** (l'abbé). *La véritable croyance de l'église catholique et les preuves de tous les points de sa doctrine, fondées sur l'écriture sainte.* Paris, imp. J.-B. Coignard fils, 1726, in-12, 535 p. avec table.

4327. **Gould** (l'abbé). *Traité du saint sacrifice de la messe...* Paris, J.-B. Coignard, 1724, in-12, 265 p. avec table.

4328. [**Goulu** (le père)]. *Seconde partie des lettres de Phyllarque à Ariste, où il est traité de l'éloquence française.* Paris, veuve Nicolas Buon, 1629, in-8, 724 p.

4329. **Goumain-Cornille** (A.). *La Savoie, le Mont-Cenis et l'Italie septentrionale.* Paris, Durand, 1866, in-12, xx-422 p.

4330. **Gourajod** (Louis). *Alexandre Lenoir, son journal et le musée des monuments français,* tome Ier. Paris, Champion, 1878, in-8, clxxv-210 p.

4331. **Gourcy** (le comte Conrad de). *Excursions agricoles faites en France en 1867.* Paris, C. Lacroix, 1869, in-8, 579 p.

4332. **Gourdon** (J.) et P. Naudin. *Nouvelle iconographie fourragère.* Paris, P. Asselin, 1865-1871, in-4, 5 vol.

4333. **Gourdon de Genouillac** (H.) et Louis Paris. *Dictionnaire des anoblissements... 1270-1790-1804-1868.* Paris, Bachelin-Deflorenne, 1869, in-8, 2 volumes.

4334. **Goureau** (Ch.). *Les insectes nuisibles aux forêts et aux arbres d'avenues.* Paris, V. Masson, 1867, in-8, 375 p.

4335. —— *Les insectes nuisibles aux arbustes et aux plantes de parterre.* Paris, V. Masson, 1869, in-8, vii-144 p.

4336. —— *Les insectes nuisibles à l'homme, aux animaux et à l'économie domestique.* Paris, V. Masson, 1866, in-8, 258 p.

4337. —— *Les insectes nuisibles aux arbres fruitiers, aux plantes potagères, aux céréales et aux plantes fourragères.* Paris, V. Masson, 1861, in-8, 2 volumes.

4338. **Gourgaud** (le général). *Campagne de dix-huit cent quinze.* Paris, P. Mongie, 1818, in-8, 242 p.

4339. **Gourgues** (le vicomte A. de). *Découverte d'une sépulture gauloise aux environs de Bergerac en janvier 1859.* Bordeaux, G. Gounouillou, 1859, in-8, 12 p.

4340. —— *Dictionnaire topographique du département de la Dordogne.* Paris, imp. nationale, 1873, in-4, lxxxviii-389 p.

4341. —— *Forêt royale de Ligurio mentionnée dans le capitulaire de Chiersy (an 877).* Bordeaux, typ. veuve Justin Dupuy, 1863, in-8, 18 p.

4342. —— *Foyers divers de sillex taillés en Périgord.* Bordeaux, Coderc et Cie, 1866, in-8, 38 p.

4343. **Gourgues** (le vicomte A.). *Le dragon de Bergerac.* Bordeaux, typ. veuve J. Dupuy et C^le, 1864, in-8, 128 p.

4344. —— *Notes sur une monnaie inédite du Bourbonnais portant les croisettes de Bordeaux, et sur l'atelier monétaire de Dax.* Bordeaux, Henri Faye, 1849, in-8, 9 pages.

4345. —— *Réflexions sur la vie et le caractère de Montaigne.* Bordeaux, G. Gounouilhou, 1856, in-8, 85 p.

4346. —— *Sur quelques questions relatives à l'époque celtique.* Caen, A. Hardel, 1859, in-8, 27 p.

4347. —— et Martial DELPIT. *Le saint suaire.* Périgueux, J. Bounet, 1868, in-8, 288 p.

4348. **Goussancourt** (Math. de). *Martyrologe des chevaliers de S. Jean de Hierusalem.* Paris, Fr. Noël, 1643, in-folio, 2 volumes.

4349. **Gout-Desmartres** (Edouard). *Gerbes de poésie.* Paris, Gosselin, 1841, in-8, 224 p.

4350. **Gout.** *Prospectus de la société populaire de Pons.* S. n., l. ni d. (1790), in-8, 8 p.

4351. *Gouvernement de juillet et la papauté.* Paris, Dentu, 1865, in-8, 118 pages.

4352. **Goux** (J.-B.). *La race bovine garonnaise.* Paris, librairie agricole, 1867, in-12, 143 p.

4353. **Grace** (De). *Ecole d'agriculture pratique suivie des principes de M. Sarcey de Sutières.* Paris, Knapen, 1770, in-12, 328 pages.

4354. **Gracian** (Baltasar). *L'homme de cour,* trad. Amelot de La Houssaie. Paris, veuve Martin, 1684, in-18, 319 pages.

4355. —— *Le héros,* traduit de l'espagnol. In-12, xiv-368 p.

4356. **Gramain** (le père). *Oraison funèbre de Louis-Joseph de Vendosme, duc d'Estampes...* (Voir de La Rue, *Oraison funèbre de Bossuet.* Paris, François Fournier, 1712, in-4, 43 p.

4357. **Gramont** (maréchal de). *Mémoires.* (Collection Michaud, t. XXXI.)

4358. *Grand (le) calendrier et compost des bergers.* Troyes, J.-A. Garnier, 1705, in-4, 144 p.

4359. [**Grandcolas** (Jean). *Les anciennes liturgies...* Paris, Jean de Nully, 1697, in-8, 704 p. avec table.

4360. **Grandcolas** (Jean). *L'ancien sacramentaire de l'église...* Paris, Jean de Nully, 1699, in-8, 3 vol.

4361. —— *L'antiquité des cérémonies qui se pratiquent dans l'administration des sacremens.* Paris, Christophe Remy, 1643, in-12, 2 tomes en un volume, avec table.

4362. **Grandeffe** (Arthur de). *La pie Bas-Bleu.* Paris, Ledoyen, 1858, in-8, xvj-528 p.

4363. *Grandeurs (les) de Jésus-Christ dans les souffrances.* Lyon, Claude-Marie Jacquenoit, 1769, in-12, lxv-552 p.

4364. *Grandeur (la) de l'église romaine.* (Voir Arnauld, De l'autorité de S. Pierre et de S. Paul...) (Sans lieu ni nom), 1645, in-4, 738 p.

4365. **Grangez** (Ernest). *Traité de la perception des droits de navigation et de péage.* Paris, L. Mathias, 1840, in-8, 476 p.

4366. **Grandidier** (Ph.-And.). *Œuvres historiques inédites.* Colmar, bureau de la *Revue d'Alsace*, 1865-1868, in-8, 6 vol.

4367. **Grandmaison** (Ch.) et N.-L.-H. Cherin. *Dictionnaire héraldique.* Paris-Montrouge, Migne, 1861, in-4, 1140 col.

4368. **Granier de Cassagnac** (A.). *Récit complet et authentique des événements de décembre 1851.* Paris, Dépot, 1851, in-8, 48 p.

4369. **Granvelle** (cardinal de). *Papiers d'état...* publiés sous la direction de M. Ch. Weiss. Paris, imp. royale, 1841-1852, in-4, 9 vol.

4370. **Gras de Bagnols** (Carola). *De la charité dans toutes ses phases.* Paris, chez l'auteur, 1858, in-8, 160 p.

4371. **Gras** et Issartier. *Etat de la question de la maladie de la vigne.* Bordeaux, imp. Ragot, 1876, in-8, 38 p.

4372. **Grasilier** (l'abbé Th.). *Cartulaires inédits de la Saintonge.* Niort, Clouzot, 1871, in-4, 2 vol.

4373. —— *Etude historique sur la cathédrale de Saint-Pierre de Saintes.* Saintes, imp. Hus, 1870, in-12, 30 p.

4374. —— *Mémoire sur un tombeau gallo-romain découvert à Saintes.* Paris, Didier et Cie, 1873, in-8, 15 p.

4375. **Grassalio** (Charles de). *Regalium Franciæ jura omnia et dignitates amplissimas christianissimorum Galliæ regum... complectentium...* Lugduni, officina Crispini, 1538, in-8, 322-137 p.

4376. **Grasset** (Fr.). *Carte de la Suisse*. Lausanne, F. Grasset, 1769, in-fol. plano.

4377. **Grasset** (M.-J.). *Pline le Jeune, sa vie et ses mœurs*. Montpellier, typ. Boehm, 1865, in-8, 192 p.

4378. **Grassi** (Ranieri). *Descrizione storica e artistica di Piza*. Pisa, tip. Ranieri Prosperi, 1836-1837, in-8, 2 vol.

4379. **Gratien**. *Decretum Gratiani emendatum*. Lugduni, 1584, in-fol., 2067-68 p.

4380. **Gratien** (Liberius). *De mente S. concilii Tridentini circa gratiam*. Bruxelles, Joannem, 1708, in-12, 173 p., table.

4381. **Gratiolet** (Louis-Pierre). *Recherches sur l'anatomie de l'hippopotame*. Paris, V. Masson et fils, 1867, in-4, 405 p., XII planches.

4382. **Gratius Faliscus**. (Voir le vol. *Poetæ minores*, col. Panckoucke).

4383. **Grattier** (A. de). *Code d'instruction criminelle et code pénal expliqués...* Paris, Videcoq, 1834, in-8, XXIV-827 p.

4384. **Gréard**. *La législation de l'instruction primaire en France depuis 1789*. Paris, Ch. de Mourgues, 1874, in-8, 3 volumes.

4385. **Greffier** (Eugène). *Des cessions et des suppressions d'offices*. Paris, Durand, 1861, in-8, 79 p.

4386. —— *Discours prononcé à l'audience de rentrée, le 3 novembre 1855, de la cour impériale d'Orléans*. Orléans, imp. Pagnerre, 1855, in-8, 41 p.

4387. **Grégoire de Nazianze** (saint). *Opera...* (grec et latin). Parisiis, sumpt. C. Morelly, 1630, in-fol., 2 vol.

4388. —— *Tragediæ, Christus patiens*. (Edition grecque.) Romæ, 1542, in-12.

4389. —— *Christus patiens*, grec et latin. (Collection Didot, vol. *Euripidis perditarum fabularum fragmenta*).

4390. —— *Sermons*. Paris, André Pralard, 1693, in-8, 2 vol.

4391. **Grégoire de Nazianze** et de **Nysse**. *Orationes elegantissimæ. Gregorii Nyssini liber de homine*. Venise, typ. Aldus, 1536, in-8, 148-68 f.

4392. **Grégoire de Nysse** (saint). *Opera...* Parisiis, sumpt. Ægidii Morelli, 1638, in-fol., 3 vol. et appendice.

4393. **Grégoire-le-Grand** (le pape saint). *Opera omnia... studio et labore monachorum ordinis sancti Benedicti.* Parisiis, sumptibus Claudii Rigaud, 1705, in-fol., 4 vol.

4394. —— *Les œuvres... sur le livre du B. Iob,* traduites en françois par messire Estienne Moreau. Paris, Anthoine Bertier, 1642, in-4, table, 766 p., table.

4395. —— *Les quarante homélies,* traduites en françois par de Laval. Paris, Pierre Le Petit, 1665, in-4, table, 644 p.

4396. —— *Le pastoral,* traduit en françois par M. N. Guillebert, curé de Berville. Paris, veuve Buon, 1635, in-8, 486 pages.

4397. ——*Le pastoral,* trad. par P.-Antoine de Marsilly. Lyon, P. Valfray, 1790, in-18, 370 p.

4398. **Grégoire le Thaumaturge** (saint). *Opera omnia.* Parisiis, Michaelis Sonnii, 1622, in-fol., 126 p.

4399. **Grégoire** (saint). *Divinum officium, sive missa, cum interpretatione græca Georgii Codini* (texte grec). Lutetiæ, Federicum Morellum, 1595, in-12, 31 p.

4400. **Grégoire IX** (le pape). *Decretales.* Lugduni, 1584, in-folio, 1966-42 p. avec index.

4401. —— *Decretalium Gregorii pape IX compilatio* (Titre manque ; incomplet), in-4 goth., ccccxxxi ff. ; 25 f. non numérotés. A la 8ᵉ page de la table, on lit : « Ludovicus Bologninus... anno (1472) precedentem tabulam ingeniose compilavit. »

4402. **Grégoire de Tours** (saint). *Opera omnia necnon Fredegarii scholastici epitome et chronicum... opera et studio Theodorici Ruinart...* Lutetiæ Parisiorum, excudebat F. Muguet, 1699, in-fol., 1403 p. avec index.

4403. —— *Histoire des Francs,* revue... et traduite par MM. J. Guadet et Taranne. Paris, J. Renouard, 1836-1838, in-8, 4 vol.

4404. —— *L'histoire française,* traduite du latin par Claude Bonet. Paris, C. de La Tour, 1610, in-8, 564 p. avec table.

4405. —— *Les livres des miracles et autres opuscules.* revus... par H. L. Bordier. Paris , J. Renouard , 1857-1864 , in-8, 4 volumes,

4406. —— *Mémoires,* 2 vol. (Collection Guizot, tomes 1 et 2.)

4407. **Grégoire de Toulouse** (Pierre). *Opera omnia ad jus* *pontificium spectantia...* Genevæ, Johannis Celerii, 1622, in-fol., index, 473 p., index.

4408. **Grégoire de Toulouse** (Pierre). *Commentaria et annotationes in decretalium proœmium tit. de Summe Trinitate et fide catholica.* Genevæ, Johannis Celerii, 1622, in-fol., index, 521 p., index.

4409. —— *Commentaria in syntaxes artis mirabilis.* Lugduni, Joa. Pillehotte, 1587, in-16, 4 tomes en un vol.

4410. —— *Syntagma juris universi...* (Sans frontispice). Lugduni, [typ.] hæredes P. Roussin, 1587, in-fol., 3 tomes en 1 volume.

4411. **Grégoire XVI.** *Lettre encyclique du 25 juin 1834.* La Rochelle, imp. Etienne Pavie, 1834, in-12, 23 p.

4412. **Grégoire** (l'abbé). *Légitimité du serment civique exigé des fonctionnaires ecclésiastiques...* Angers, Pavie, 1791, in-8, 31 p.

4413. **Grellot** (Antoine). *Prodromus in D. Joannis apocalypsin...* Lugduni Bavatorum, Thomam Hoornium, 1675, 82-252 p., index.

4414. **Grenade** (le P. Louis de). *Les œuvres spirituelles...* traduites de nouveau en françois par M. Girard. Paris, Jean Bouterot, 1690, in-fol., table, 1049 p. table.

4415. —— *Conciones de tempore et sanctis...* Antuerpiæ, viduam et filios Jo. Moreti, 1614, in-8, 6 vol.

4416. —— *Le catéchisme,* trad. par M. Girard... Paris, Jacques Villery, 1688, in-fol., 823 p., table.

4417. —— *Le mémorial de la vie chrestienne...* traduit en françois par M. Girard... Paris, Pierre Petit, 1701, in-8, 2 vol.

4418. —— *Additions au mémorial de la vie chrestienne...* trad. par M. Girard. Paris, Pierre Le Petit, 1684, in-8, table, 824 p.

4419. —— *Prayer and meditation wherein are piously considered the principal mysteries ob our holy Fayth...* 1630, in-12, 397 p., table.

4420. —— *La vie de dom Barthélemy des martyrs.* Paris, Pierre Le Petit, 1664, in-4, XLII-890 p.

4421. **Grenet.** *Mémoire sur les moyens de conserver la pomme de terre sous la forme de riz ou de vermicel.* Paris, imp. de la *Feuille du cultivateur,* in-8, 45 p.

4422. **Grenier.** *Traité des donations et des testamens.* Clermont-Ferrand, imp. Thibaud-Landriot, 1826, in-4, 2 vol.

4423. —— *Traité des hypothèques.* Clermont-Ferrand, imp. Thibaud-Landriot, 1829, in-4, 2 vol.

4424. **Gressent.** *Almanach Gressent,* années 1868, 1869, 1871 et 1872. Paris, Goin, 1868-1872, in-12, 4 vol.

4425. —— *L'arboriculture fruitière.* Sannois (Seine-et-Oise), Gressent, 1869, in-12, 820 p.

4426. —— *Le potager moderne,* Paris, A. Goin, 1867, in-12, 598 pages.

4427. **Gressier.** *Discours prononcé au concours général de la Villette 1869.* Paris, typ. A. Wittersheim 1869, in-12, 39 pages.

4428. **Grétry** (A. de). *Coup d'œil sur le mécanisme de l'administration départementale.* Paris, Paul Dupont, 1855, in-8, 46 pages.

4429. **Gretzer** (le père Jacques). *Admonitio ad exteros de bibliis Tigurinis.* Ingolstadii, ex typ. Ederiano, 1615, in-4, 26 p.

4430. —— *Institutionum linguæ græcæ, libri tres.* Lyon, Pierre Marniolles, 1619, in-8, 246-188-123 p.

4431. —— *Libelli famosi quo vix post hominum memoriam impudentior.. castigatio.* (Voir Argenti. *Apologeticus pro societate Jesu*). Ingolstadii, ex typ. Ederiano, 1625, in-4, 44 p.

4432. —— *Volumen epistolarum, quas romani pontifices Gregorius III, Stephanus III... miserunt ad principes et reges Francorum, Carolum Martellum, Pipinum et Carolum Magnum...* Ingolstadii, typ. Andreæ Angermarii, 1613, in-8, 346 p. avec index.

4433. **Grew.** *Anatomie des plantes...* trad. par M. Levasseur. *Système de Boerhaave sur les maladies vénériennes...* Paris, L. Roulland, 1675, in-12, xxiii-232 p.

4434. **Griffet.** (le R. P. Henri). *L'insuffisance de la religion naturelle...* Liège, J.-F. Bassompierre, 1770, in-12, 2 vol.

4435. —— *Sermons.* Rouen, Humblot, 1776, in-12, 4 vol.

4436. —— *Recueil de lettres pour servir d'éclaircissement à l'histoire militaire du règne de Louis XIV.* La Haye, A. Boudet, 1760-1764, in-12, 8 vol.

4437. **Grimaud de Caux** (G.). *L'académie des sciences pendant le siège de Paris.* Paris, Didier, 1871, in-12, xxxii-240 pages.

4438. **Grimaudet** (François). *Paraphrase du droit de retraict lignager.* Paris, Martin le jeune, 1577, in-12, 278-131 p. avec table.

4439. **Grimm** (Car.-Lud.-Wil.). *Institutio theologicæ dogmaticæ evangelicæ historico-critica.* Jenæ, Maukius, 1869, in-8.

4440. **Grimm** et DIDEROT. *Correspondance littéraire, philosophique et critique depuis 1753 jusqu'en 1790.* Paris, Furne, 1829, in-4, 16 vol.

4441. **Grimouard de Saint-Laurent** (Comte de). *Guide de l'art chrétien, étude d'esthétique et d'iconographie.* Paris, Didron, 1872, in-8, 6 vol.

4442. —— *De l'iconographie de saint Jean-Baptiste.* Arras, Rousseau-Leroy, 1867, in-8, 55 p.

4443. **Grissot de Passy.** *Organisation du travail à la tâche et par association.* Poitiers, imp. Coignard et Bernard, 1848, in-12, 16 p.

4444. [**Grosley** (P.-J.).]. *Nouveaux mémoires ou observations sur l'Italie et sur les Italiens.* Londres, Jean Nourse, 1764, in-12, 3 vol.

4445. —— *Recherches pour servir à l'histoire du droit françois.* Paris, Estienne, 1752, in-12, viii-254 p., table.

4446. **Grossi** (Tommaso). *Ubrico e Lida.* Torino, Carlo Schiepatti, 1837, in-12, 149 p.

4447. **Grotius** (Hugues). *Annales et histoire des troubles du Pays-Bas* (traduction de l'Héritier). Amsterdam, imp. J. Blanc, 1662, in-4, 676 p. et table.

4448. —— *De imperio summarum potestatum circa sacra commentarius posthumus.* Hagæ-Comitis, typ. Adriani Vlacq, 1661, in-16, index, 402 p.

4449. —— *De jure belli ac pacis libri tres.* Amsterdami, apud Janssonios Waesbergios, 1580, in-8, 680-31-226 p. avec index.

4450. —— *Le droit de la guerre et de la paix...* nouvelle traduction par Jean Barbeyrac... Amsterdam, Pierre de Coup, 1729, in-4, 2 vol.

4451. **Grotius.** *Le droit de la guerre et de la paix*, traduit par M. P. Pradier-Foderé. Paris, Guillaumin, 1867, in-12, 3 vol.

4452. —— *Hugonis Grotii votum pro pace ecclesiastica contra examen Andreæ Riveti.* 1642, in-8, 166 p.

4453. —— *De veritate religionis christianæ...* Parisiis, Seb. Cramoisy, 1640, in-8, table, 581 p.

4454. **Grousset** (Pascal). *La conspiration du général Malet.* Paris, Le Chevalier, 1869, in-12, 173 p.

4455. **Gruel** (Guillaume). *Histoire d'Artus III, comte de Richemont.* (Collection Michaud, t. III, et collection Buchon.)

4456. **Gruner.** *Description géologique et minéralogique du département de la Loire.* Paris, imp. impériale, 1857, in-8, xvi-779 p., cartes et atlas in-folio.

4457. **Gruter.** *Inscriptiones antiquæ totius orbis romani...* Amstelædami, Franc. Halma, 1607, in-fol., 4 vol.

4458. [**Gualdo-Priorato** (Galeazzo)]. *Histoire de la paix conclue sur la frontière de France et d'Espagne, l'an MDCLIX*, trad. par Honoré Courtin. Cologne, Pierre De la Place, 1667, in-18, 376-68 p.

4459. **Guardia** (J.-M.). *La maison paternelle près Tours.* Tours, Ladevèze, 1872, in-8, 16 p.

4460. [**Gudin de La Brenellerie**]. *Supplément à la manière d'écrire l'histoire.* Imp. de la société littéraire typographique, 1784, in-12, 216 p.

4461. [**Gudner** (l'abbé)]. *La constitution Unigenitus.* 1739, in-12, xxiii-280-viii p.

4462. [**Gudvert**]. *Portrait au naturel des jésuites et anciens et modernes. — Etat présent de l'église. — Jésus-Christ sous l'anathème.* Amsterdam, Nicolas Potier, 1731, in-8, 84-36-61 pages.

4463. **Guénée** (l'abbé). *Lettres de quelques juifs portugais, allemands et polonais à M. de Voltaire... suivies des mémoires sur la fertilité de la Judée*, par M. l'abbé Guénée. Lyon, Rusand, 1819, in-12, 3 vol.

4464. **Guenet** (Paul-Alexandre de). *Ordonnance et instruction pastorale portant condamnation d'un livre intitulé : l'Esprit de Jésus-Christ et de l'église sur la fréquente communion.* Toulouse, Jean-François Crosat, [174.] in-4, 298 p.

4465. **Guenoys** (Pierre). *La conférence des ordonnances royaux.* Paris, G. Chaudière, 1699, in-fol., 893 p. et table.

4466. —— *La nouvelle et dernière conférence des ordonnances et édicts royaux...* Paris, Méturas, 1641, in-fol., 2 vol.

4467. **Guenon** (François). *Traité des vaches laitières.* Bordeaux, imp. Balarac, 1838, in-8, 115 p.

4468. **Guenot.** *Michel Soudais.* Paris, Lethielleux, 1865, in-12, 286 pages.

4469. **Guéranger** (Dom Prosper). *Essai sur le naturalisme contemporain.* Paris, Julien Lanier, Cosnard, 1858, in-8, LXVII-505 p.

4470. —— *Sainte Cécile et la société romaine aux deux premiers siècles.* Paris, F. Didot frères, 1874, in-4, XIIJ-590 p.

4471. **Guérard.** *Cartulaire de l'église de Notre-Dame de Paris.* Paris, imp. de Crapelet, 1850, in-4, 4 vol.

4472. —— *Cartulaire de l'abbaye de Saint-Bertin et appendice.* Paris, imp. de Crapelet, 1840, in-4, 2 vol.

4473. —— *Cartulaire de l'abbaye de Saint-Père de Chartres.* Paris, imp. de Crapelet, 1840, in-4, 2 vol.

4474. —— *Cartulaire de l'abbaye de Saint-Victor de Marseille.* Paris, typ. Lahure, 1857, in-4, 2 vol.

4475. **Guéret.** *La guerre des auteurs anciens et modernes.* Paris, Girard, 1671, in-12, VIII-225 p.

4476. **Gueric.** *Sermones D. Guerrici abbatis Igniacencis per Joannem Gaignerium... in lucem editi....* Lutetiæ Parisiorum, per Nicolam Divitum, 1547, in-8, 186 f.

4477. **Guérin.** *Dictionnaire pittoresque d'histoire naturelle.* Paris, Bureau de souscription, 1833-1839, in-4, 9 vol. et 3 de planches.

4478. **Guérin** (L. docteur). *Louis-Philippe.* Paris, chez l'auteur, 1845, in-4, 40 p.

4479. **Guérin** (Charles). *La pragmatique sanction de saint Louis.* Paris, Lecoffre, 1870, in-12, 71 p.

4480. **Guérin** (L.-S.). *La sainte tunique de notre seigneur Jésus-Christ.* Paris, P.-J. Camus, 1845, in-18, XVI-391 p.

4481. **Guérin** (P.). *Avenir agricole.* Paris, G. Masson, 1878, in-12, 38 p.

4482. **Guérin** (P.). *Le phylloxéra et les vignes de l'avenir.* Paris, lib. agricole de la *Maison rustique*, 1875, in-8, 349 p.

4483. **Guérin** (Théophile). *L'Algérie agricole.* Rochefort, Ch. Thèse, 1856, in-8, 70 p.

4484. [**Guérin de Tubermont**]. *Traité des contrats de mariage...* Paris, Damien Beugnié, 1722, in-12, table, 682 p., table.

4485. **Guéroult** (Adolphe). *L'adjudication du Moniteur.* Paris, imp. Dubuisson, 1868, in-8, 44 p.

4486. [**Guéroult de Pival (?)**]. *Doutes sur la religion.* (Voir Collins). Londres, 1767, in-12, 103 p.

4487. *Guerre (la) industrielle.* Paris, L. Larose, 1879, in-8, 56 pages.

4488. **Guerrier.** *Discours prononcé à la distribution des prix du lycée impérial d'Orléans le 10 août 1869.* Orléans, Morand, 1869, in-8, 22 p.

4489. [**Guerrier-Dumast** (Aug.-Prosp.-Fr.)]. *Foi et lumières... Considérations sur les rapports actuels de la science et de la croyance.* Paris, Waille, 1845, in-8, XLII-398 p.

4490. **Guessard** (F.) et E. DE CERTAIN. *Le mystère du siège d'Orléans.* Paris, imp. impériale, 1862, in-4, LXVI-809 p.

4491. **Guette** (Mme de La). *Mémoires*, nouvelle édition, revue... par M. Moreau. Paris, P. Jannet, 1856, in-18, XLVIII-223 p.

4492. **Guettée** (l'abbé). *Histoire de l'église de France.* Paris, J. Renouard, 1857, in-8, 12 vol.

4493. **Guibert** (Philibert). *Toutes les œuvres charitables de Philibert Guibert.* Rouen, chez Jean Berthelin, 1661, pet. in-4, 672 p. et table.

4494. **Guibert de Nogent.** *Histoire des croisades. — Vie de Guibert de Nogent*, 2 volumes. (Collection Guizot, tomes XIV et XV.)

4495. [**Guibourg** (A.)]. *Relation fidèle et détaillée de l'arrestation de S. A. R. madame la duchesse de Berry.* Nantes, imp. Merson, 1832, in-8, 40 p. avec plan.

4496. **Guicciardini** (Francesco). *Storia d'Italia (1490-1532).* Firenze, D. Passigli, 1835, in-4, XXVI-939 p.

20

4497. **Guichardin** (François). *Histoire des guerres d'Italie...* traduite en français par H. Chomedey. Paris, H. Drouard, 1612, in-fol., 479 p. et index.

4498. **Guicciardin** (Louis). *Description de tous les Bays-Bas.* Anvers, imp. C. Plantin, 1583, in-fol., 495 p. avec table et gravures.

4499. **Guiche** (comte de). *Relation du passage du Rhin.* (Collection Michaud, t. XXXI.)

4500. **Guichon de Grandpont** (A.). *Notice sur les jetons de la marine et des galères.* Paris, P. Dupont, 1854, in-8, 23 p.

4501. —— *Gloriæ navales. Odæ.* Brest, J. Lefournier, 1853, in-12, 124-26 p.

4502. *Guide de l'étranger à Pau et aux environs.* Paris, imp. Vignancour, 1865, in-18, ix et 341 p.

4503. *Guide officiel des voyageurs sur tous les chemins de fer de l'Europe.* Paris, A. Chaix, 1870, in-18, lxx-732 p.

4504. *Guide du baigneur à Royan et dans les environs.* Royan, imp. A. Barre, 1869, in-18, 80 p.

4505. *Guide des étrangers dans Douai.* Douai, A. Obez, 1846, in-12, 240 p.

4506. [**Guidi** (Louis)]. *Suite du dialogue sur les mariages des protestans...* 1776, in-12, 126 p.

4507. *Guidon (le) des praticiens.* Lyon, Benoist Rigaud, 1594, in-32, 1024 p. avec table.

4508. **Guigard** (Joannis). *Armorial du bibliophile.* Paris, Bachelin-Deflorenne, 1870-1873, in-8, 2 tomes en 1 volume.

4509. —— *Bibliothèque héraldique de la France.* Paris, E. Dentu, 1861, in-8, xxiv-527 p.

4510. —— *Indicateur du Mercure de France, 1672-1789.* Paris, Bachelin-Deflorenne, 1869, in-8, iv-142 p.

4511. **Guignard** (Ph.). *Les anciens statuts de l'Hôtel-Dieu-le-comte de Troyes.* Troyes, Guignard, 1853, in-8, liii-115 p.

4512. —— *Notice historique sur la vie et les travaux de M. Fevret de Saint-Memin.* Dijon, imp. Loireau-Feuchot, 1853, in-folio, 22 p.

4513. —— *Rapport sur les papiers de S. A. R. le prince Xavier de Saxe.* Dijon, imp. Loireau-Feuchot, 1853, in-4, xi-19 p.

4514. **Guignes** (de). *Dictionnaire chinois, français et latin.* Paris, imp. impériale, 1813, in-fol.

4515. **Guigon.** *Cours de mathématiques à l'usage de la marine et des collèges.* La Rochelle, Bouyer (180.), in-8, 1 vol.

4516. **Guilbault** (Henri). *Documents divers indispensables à consulter pour l'usage des deux mille calendriers Juliens et Grégoriens universels et perpétuels dressés depuis l'an Ier de notre ère jusqu'à l'an 2000.* Poitiers, Oudin, 1865, in-4, viii-88 p., et plan.

4517. —— *Lettres sur les journaux en général, à propos de la publication à Saintes de l'Union.* Poitiers, imp. Saurin, 1845, in-8, 74 p.

4518. —— *Notice sur un nouvel appareil de distillation continue au moyen da la vapeur.* Saintes, Bourbaud, 1854, in-8, 23 p. et 1 planche.

4519. —— *Qu'est-ce que le peuple ? Etude sur son droit de souveraineté et de l'exercice de ce droit.* Poitiers, Oudin, 1852, in-8, lxxxvi-292 p.

4520. **Guilbert** (L.). *Extrait... du rapport général de la prime d'honneur du département de la Charente-Inférieure.* Saintes, typ. Amaudry, 1866, in-8, 16 p.

4521. **Guilhaumon** (F.). *La guerre et les épidémies.* Paris, Pichon-Lamy, 1868, in-18, 95 p.

4522. **Guilhermy** (F. de). *Inscriptions de la France du Ve au XVIIIe siècle.* Paris, imp. nationale, 1873-75-79, in-4, 4 vol.

4523. **Guillard d'Arcy** (le P.). *Règles de la discipline ecclésiastique.* Paris, Hélie Josset, 1679, in-12, 338 p., table.

4524. **Guillaud de Beaujeu** (Claude). *Collatio in omnes divi Pauli apostoli epistolas.* Lugduni, Seb. Gryphium, 1544, in-4, 527 p., index.

4525. —— *In canonicas apostolorum septem epistolas collatio...* Lugduni, Seb. Gryphium, 1544, in-4, 255 p., index.

4526. **Guillaume** (évêque de Paris). *De septem sacramentis libellus...* Parisiis, apud Sebastianum Nivellium, 1556, in-24, 138 f. avec index.

4527. **Guillaume.** *Vie de Suger.* (Collection Guizot, vol. Suger, tome VIII.)

4528. **Guillaume** (Paul). *Essai historique sur l'abbaye de Cava.* Cava, dei Tirreni, 1877, in-8, 454-cLxiv p.

4529. **Guillaume d'Auvergne.** *Opera omnia... studio Francisci Hotot...* Parisiis, Ludovicum Billaine, 1674, in-fol., 2 volumes.

4530. **Guillaume de Jumiège.** *Histoire des Normands.* (Collection Guizot, tome XXIX.)

4531. **Guillaume de Machart.** *La prise d'Alexandrie.* Genève, Jules-Guillaume Fick, 1877, in-8, 275 p.

4532. **Guillaume de Nangis.** *Chronique.* (Collection Guizot, tome XI.)

4533. **Guillaume de Poitiers.** *Vie de Guillaume le Conquérant.* (Collection Guizot, tome XXIX.)

4534. **Guillaume de Puy-Laurens.** *Chronique.* (Collection Guizot, tome XIII, vol. Guerre des Albigeois.)

4535. **Guillaume de Saint-Thierri.** *Vie de saint Bernard,* (Collection Guizot, tome XV, vol. Guibert de Nogent.)

4536. **Guillaume de Tyr.** *Histoire des croisades,* 3 vol. (Collection Guizot, tome 16, 17 et 18, vol Guillaume de Tyr.)

4537. **Guillaume le Breton.** *La Philippide. — Vie de Philippe-Auguste.* (Collection Guizot, tome X et XI.)

4538. **Guillebert** (Louis). *La Franc, le pape et l'Allemagne.* Paris, Périsse frères, 1873, in-12, 54 p.

4539. **Guillebert** (N.). *L'histoire évangélique de N. S. Jésus-Christ.* Rouen, imp. David du Petit-Val, 1652, in-8, 516 p.

4540. **Guillebon.** *La sagesse de Salomon. Paraphrase.* Paris, veuve Nicolas Buon, 1635, in-12, 352 p.

4541. **Guillemardet.** *Circulaire relative à la formation des listes des plus imposés aux rôles des contributions.* Saintes, 8 vendémiaire an XI, in-fol., 3 p.

4542. **Guillemeau** (J.-L.-M.). *Les aphorismes, les pronostics et le traité de l'air, des eaux et des lieux d'Hippocrate.* Niort, A.-P. Morisset, 1818, in-12, xii-210 p.

4543. **Guillemin** (Jules). *Poésies, élégies, sonnets, chansons, etc.* Châlons-sur-Saône, Jules Dejussieu, 1853, in-8, viii-288 pages.

4544. **Guillemot**. *Catalogue des légendes des monnaies mérovingiennes*. La Rochelle, Frédéric Boutet, 1845, in-8, 41 p.

4545. **Guillemot** (Paul). *Excursions archéologiques dans les montagnes éduennes de la Côte-d'Or*. Dijon, Lamarche, 1853, in-8, xiv-62 p.

4546. **Guillet** (François-Pierre). *Plaidoyers et autres œuvres*. Paris, Martin, 1718, in-4, 2 vol.

4547. **Guillon de Montléon** (Aimé). *Mémoires pour servir à l'histoire de la ville de Lyon pendant la révolution*. (Voir collection Barrière.) Paris, Baudouin, 1824, in-8, 3 vol.

4548. —— *Les martyrs de la foi pendant la révolution*. Paris, G. Mathiot, 1821, in-8, 4 vol.

4549. **Guillon** (Dʳ). *Biarritz, Arcachon et Royan*. Paris, A. Delahaye, 1875, in-8, 152 p., 4 photog.

4550. **Guillon** (M.-M.-S.) *Histoire générale de la philosophie ancienne et moderne*. Paris, Depélafol, 1835, in-18, 4 vol.

4551. **Guillonet** (Armand). *De la séparation des patrimoines. Thèse pour le doctorat*. Rennes, imp. Bazouge, 1873, in-8, 256 pages.

4552. Guillonnet. *Mémoire pour M. Guillonnet, défendeur, contre madame Guillonnet, sa femme, demanderesse en séparation de corps*. Saint-Jean d'Angély, 1828, in-4, 100 p.

4553. —— *Enquête et pièces relatives à la cause en séparation de corps de Mᵐᵉ Guillonnet contre son mari*. Rochefort, imp. de Goulard, 1828, in-4, 95 p.

4554. **Guilloreau** (Simon). *Les prêtres déportés dans la rade de Rochefort en 1793 et 1794*. Mamers, G. Fleury et A. Dangin, imprimeurs, 1876, in-8, 22 p.

4555. **Guilloré** (le père François). *Les secrets de la vie spirituelle*. Paris, Estienne Michalet, 1673, in-12, 651 p. avec table.

4556. **Guinodie** (Raymond). *Histoire de Libourne*. Libourne, Maleville, 1876, in-8, 3 vol.

4557. **Guise** (Henri, duc de). *Mémoires*. (Collection Michaud, t. XXXI.)

4558. **Guipon** (J.-J.). *Traité de la dyspepsie*. Paris, J.-B. Baillière et fils, 1864, in-8, xii-456 p.

4559. **Guitton** (l'abbé M.-J.). *L'homme relevé de sa chute*. Paris, J. Lecoffre, 1854, in-8, 2 vol.

4560. **Guizot** (F.-P.-G.) *Collection de mémoires relatifs à la révolution d'Angleterre.* Paris, Pichon-Béchet, 1827, in-8, 25 vol.

4561. —— *Histoire de la civilisation en France depuis la chute de l'empire romain.* Paris, Didier, 1840, in-8, 4 vol.

4562. —— *Histoire générale de la civilisation en Europe.* Paris, Didier, 1840, in-8, XVI-435 p.

4563. —— *La démocratie en France.* Paris, V. Masson, 1849, in-8, 157 p.

4564. —— *La France et la Prusse responsables devant l'Europe.* Paris, Michel Lévy, 1868, in-18, 140 p.

4565. —— *Méditation sur l'essence de la religion chrétienne.* Paris, M. Lévy, 1864, in-8, XXVIII-384 p.

4566. —— *Mémoires pour servir à l'histoire de mon temps.* Paris, M. Lévy, 1858-1867, in-8, 8 vol.

4567. —— *Monk. Chute de la république et rétablissement de la monarchie en Angleterre en 1660.* Paris, Didier, 1851, in-8, XIV-40 p.

4568. **Guizot** (Guillaume) *Ménandre, étude historique et littéraire sur la comédie et la société grecque.* Paris, Didier, 1855, in-12, 457 p.

4569. **Gusteau** (l'abbé). *Poésies patoises, suivies d'un glossaire poitevin,* par M. Pressac. Poitiers, Oudin, 1855-1861, in-12, XVIII pages.

4570. [**Gustœus?** (C.-L.)] *Quæ regia potestas?* Apud Senones, typ. Ægidii Richebois, 1561, in-4, 40 fol.

4571. **Guy.** *Summa de hœresibus et earum confutationibus.* (Voir Sicard). 1528, in-fol., table, 118 fol.

4572. [**Guyon** (l'abbé Cl.-M.)]. *L'oracle des nouveaux philosophes pour servir de suite et d'éclaircissement aux œuvres de M. de Voltaire.* Berne, 1759, in-12, 2 vol.

4573. —— *Suite de l'oracle des nouveaux philosophes...* Berne, 1760, in-12, VIII-504 p.

4574. **Guyho** (Corentin). *De l'organisation militaire à Rome et en France.* Paris, Pichon-Lamy et Dewez, 1869, in-8, 483 pages.

4575. **Guyot** (P.-P.-J.-G.). *Répertoire universel et raisonné de jurisprudence.* Paris, Visse, 1784, in-4, 17 vol.

4576. **Guyot.** *Nouvelles récréations physiques et mathématiques.* Paris, an VII, in-8, 3 vol.

4577. **Guyot** (le Dr Jules). *Culture de la vigne et vinification.* Paris, librairie agricole, 1861, in-12, viii-418 p.

4578. —— *Des mouvemens de l'air et des pressions de l'air en mouvement.* Paris, Germer-Baillière, 1835, in-8, 115 p.

4579. —— *Etudes des vignobles de France.* Paris, Masson, 1868, in-8, 3 vol.

4580. —— *Rapport... sur la viticulture du centre sud de la France — centre nord — nord-ouest — nord-est — ouest — sud-ouest.* Paris, imp. impériale, 1862-1866, in-8, 6 volumes.

4581. —— *Rapport... sur la viticulture de l'est de la France.* Paris, imp. impériale, 1863, in-8, 203 p.

4582. —— *Rapport sur la viticulture dans le département de la Charente-Inférieure.* Paris, imp. impériale, 1861, in-4, 59 pages.

4583. **Guyot de Fère** (Fortuné). *Statistique des gens de lettres et des savants existant en France.* Paris, au bureau de la *Statistique*, 1837, in-8, 2 vol.

4584. **Gyoux** (Ph.). *De la rage.* Saint-Jean d'Angély, Eug. Lemarié, 1863, in-8, 63 p.

4585. —— *De la suppression des tours au double point de vue de la morale et de la société.* Paris, Hardon, 1866, in-8, 63 pages.

4586. —— et P. RATEAU. *Conférences sur l'hygiène élémentaire.* Paris, E. Belin, 1868, in-8, 17 livraisons.

H

4587. **Haag.** *La France protestante.* Paris, Joel Cherbuliez 1846-1859, in-8, 10 vol. en 5.

4588. **Habert** (Isaac). *De cathedra seu primatu singulari S., Petri in ecclesia catholica.* Parisiis, Thomam Blaise, 1545, in-4, 99-140 p.

4589. —— *Theologiæ græcorum patrum vindicatæ circa universam materiam gratiæ... libri tres.* Parisiis, sumpt. Simeonis Piget, 1646, in-fol., 511 p.

4590. **Habert** (Louis). *Pratique du sacrement de pénitence.* Paris, Jean-Thomas Hérissant, 1748, in-12, 539 p.

4591. —— *Theologia dogmatica et moralis.* Parisiis, Bartholomæum Alix, 1736, in-12, 8 vol.

4592. **Hache** (François). *Sententiæ ex duodecim biblioth. patrum tomis selectæ...* Castriheraldi, ex typ. Simonis Mareschal, 1666, in-fol., 1223 p.

4593. **Hachette.** *Second supplément de la géométrie descriptive.* Paris, F. Didot, 1818, in-4, 164 p.

4594. **Haden** (Francis-Seymour). *L'œuvre gravé de Rembrandt.* Paris, bureaux de la *Gazette des beaux arts,* 1880, in-4, 31 p.

4595. **Haer** (Florentio van der). *Antiquitatum liturgicarum arcana.* Douai, typ. Balthasaris Belleri, 1605, in-8, 3 vol.

4596. **Haffner.** *De l'éducation littéraire.* Strasbourg, librairie académique, 1792, in-8, v-343 p.

4597. **Haillée** (Pierre). *Institutionum canonicarum libri quatuor.* Parisiis, Joannem Jombert, 1685, in-12, table, 484 p.

4598. **Halévy** (Léon). *La Grèce tragique.* Paris, Hachette, 1858-1861, in-8, 5 vol.

4599. **Hall** (Jos.)., évesque d'Exeter. *Apologie commune de l'église d'Angleterre...* Genève, Pierre Chouet, 1662, in-18, 366 pages.

4600. —— *Epistres meslées.* Genève, Pierre Aubert, 1633, in-18 2 volumes.

4601. —— *Les arts divins de Salomon.* Genève, Pierre Aubert, 1632, in-12, 141 p.

4602. —— *Nulle paix avec Rome.* Genève, Pierre Aubert, 1629, in-12, 179 p.

4603. —— *Sermon de la passion de notre seigneur Jésus-Christ...* Genève, Pierre Aubert, 1626, in-18, 253 p.

4604. **Hallberg** (L.-E.). *Wieland.* Paris, E. Thorin, 1869, in-8, xiii-455 p.

4605. **Haller** (baron de). *Usong, histoire orientale.* Paris, Valade, 1772, in-12, xii-346 p.

4606. **Hahn-Hahn** (Ida, comtesse de). *Maria regina.* Mayence, Kircheim, 1860, in-12, 2 vol.

4607. **Hameau** (Mme Louise). *Pour les blessés,* poésies. Saint-Jean d'Angély, typ. Eug. Lemarié, 1870, in-12, 16 p..

4608. **Hamilton** (A.). *Mémoires du comte de Grammont.* Paris, Paulin, 1847, in-12, 366 p.

4609. **Hamonière** (G.). *Dictionnaire français-anglais et anglais-français.* Paris, Ch. Hingray (184.), in-8, xii-491 p.

4610. **Hanack** (Frédéric). *Années de l'apprentissage de l'amour.* (Texte allemand). Penich, 1804, F. Dienemann, in-8, 260 pages.

4611. **Hanapes** (le P. Nicolas). *Virtutum vitiorumque exempla.* Lugduni, apud Gulielmum Rovillium, 1566, in-24, 542 p.

4612. **Hassen** (J.-Baptiste). *De jurejurando veterum liber.* Tolosæ, typis Raymundi Colomerii, 1614, in-4, index, 163 p., index.

4613. **Harcher** (Jean-Baptiste-Louis). *Traité des fiefs sur la coutume de Poitou.* Poitiers, J.-Félix Faulcon; 1762, in-4, deux tomes en un vol.

4614. **Harcourt** (duc d'). *Discours en faveur de la liberté du commerce...* Paris, Guillaumin, 1846, in-8, 48 p.

4615. **Hardouin** (Jean). *Opera varia cum indicibus et tabulis æneis.* Amstélodami, du Sauzet, 1733, in-fol., ii-556 p. et planches.

4616. **Hardouin de Perefixe**. *Histoire du roi Henri le Grand.* Paris, Didot, Nyon, Damonneville, 1755, in-18, 322 p.

5617. **Harel** (Rose). *L'allouette aux blés,* poésies. Paris, Ledoyen, 1865, in-12, vi-272 p.

4618. **Harlay** (François de). *Synodicon ecclesiæ parisiensis...* Parisiis, typ. Franciscum Muguet, 1674, in-8, 610 p.

4619. **Harpain** (Marie-Eustelle). *Recueil des écrits de...* La Rochelle, Fréd. Boutet, 1843, in-8, 2 vol. en 1.

4620. **Hartmann** (R.). *Les peuples de l'Afrique.* Paris, Germer Baillière, 1880, in-8, 258 p.

4621. **Harvey** (Guillaume). *Exercitationes de generatione animalium.* Amsterdam (Amstelædomi), apud Joannem Raveystinium, 1862, in-32, 388 p. et table.

4622. **Hassenfratz** (J.-H.). *Cours de physique céleste.* Paris, librairie économique, 1803, in-8, xii-326 p., 29 planches.

4623. **Hastron** (Hippolyte). *L'article 7 et les jésuites.* Paris, Sandoz, 1879, in-8, 69 p.

4624. **Hatin** (Eugène). *Bibliographie historique et critique de la presse périodique française.* Paris, F. Didot, 1866, in-8, cxvii-660 pages.

4625. —— *Histoire politique et littéraire de la presse en France.* Paris, Poulet-Malassis, 1859-1861, in-8, 8 volumes.

4626. **Haton** (Claude). *Mémoires contenant le récit des évènements accomplis de 1553 à 1582 dans la Champagne et la Brie,* publiés par M. Félix Bourquelot. Paris, imp. impériale, 1857, in-4, 2 vol.

4627. **Haumonté** (J.-D.). *Plombières ancien et moderne.* Paris, F. Humbert, 1865, in-8, 347 p. et 3 planches.

4628. **Haussez** (baron de). *Alpes et Danube.* Paris, A. Dupont, 1837, in-8, 2 vol.

4629. —— *Voyage d'un exilé de Londres à Naples et en Sicile.* Paris, Allardin, 1835, in-8, 422 p.

4630. **Haussonville** (le comte d'). *L'église romaine et le premier empire, 1800-1814.* Paris, Lévy, 1868, in-8, 5 volumes.

4631. **Hautefeuille** (L.-B.). *Législation criminelle maritime.* Paris, Ladrange, 1839, in-8, 621 p.

4632. **Hayer** (le R. P. Hubert). *L'apostolicité du ministère de l'église romaine.* Paris, G. Desprez, 1765, in-12, xl-261 p.

4633. —— *La règle de foi vengée des calomnies des protestans.* Paris, Nyon, 1761, in-8, 2 vol.

4634. **Hautemere** (Donat-Antoine d'). *Omnia... opera...* Lugduni, apud Guil. Rovillium, 1565, in-fol., 1027 p. avec index.

4635. **Haüy** (le comte). *Traité de minéralogie.* Paris, Louis, 1801, in-8, 4 vol. et atlas.

4636. —— *Traité élémentaire de physique.* Paris, imp. Delance, 1803, in-8, 2 vol.

4637. **Havard** (Henry). *La Hollande pittoresque.* Paris, E. Plon, 1875, in-12, 403 p.

4638. **Havet** (Julien). *Les cours royales des îles normandes.* Paris, H. Champion, 1878, in-8, 239 p.

4639. **Havrincourt** (le marquis d'). *Notice sur le domaine d'Havrincourt.* Paris, librairie agricole, 1868, in-8, 200 p. et 2 cartes.

4640. **Hay du Chastelet**. *Recueil de diverses pièces pour ser-vir à l'histoire.* 1640, in-4, 921 p.

4641. —— *Traité de la politique de France.* Cologne, P. du Marteau, 1660, in-18, 296-65 p.

4642. **Haye**. *Règle horaire universelle pour tracer des cadrans solaires.* Paris, J. Vincent, 1716, in-4, 89 p. avec plans.

4643. **Hayes**. *La mer libre du pôle,* traduit par F. de Lanoye. Paris, Hachette, 1870, in-12, xxi-255 pages.

4644. **Haymon** (D.). *De christianarum rerum memoria.* (Voir Salvien de Marseille).

4645. **Hayneufve** (le P. Julien). *Méditations pour le temps des exercices qui se font dans la retraite de huict ou de dix jours...* Paris, Sébastien Cramoisy, 1661, in-4, 342 p., table.

4646. —— *Réponses aux demandes de la vie spirituelle par les trois voyes qu'on appelle purgative, illuminative et unitive.* Paris, Sébastien Cramoisy, 1663, in-4, 2 vol.

4647. —— *Méditations sur la vie de Jésus-Christ.* Paris, Sébastien Cramoisy, 1641-1642, in-4, 4 vol.

4648. **H...** (B.-A.). *Plan de Paris avec détails de ses nouveaux embellissements.* Paris, Demoraine et Debray, 1813, in-4, 8 p., planches.

4649. **Hebel** (J.-B.). *Allemannische gedichte für freunde länd-licher natur und sitten.* Aarau, H. Remig, 1827, in-18, 300 p.

4650. *Hebraica, chaldæa, græcaque, et latina nomina virorum, mulierum, populorum quœ in bibliis ultriusque testamenti sparsa sunt.* Parisiis, Robert Stephani, 1532, in-folio, 508-392-235 p.

4651. **Hèbre - Chasseloup**. *Mémoire pour François-Xavier Hèbre, négociant à Rochefort, et dame Anne Chasseloup de Laubat... contre sieur Jérôme Delage, écuyer...* Bordeaux, frères Labottière, 1787, in-4, 29 p.

4652. [**Hecquet** (Philippe)]. *Traité des dispenses du caresme.* Cologne, Rodrigue, 1741, in-12, 2 vol.

4653. **Hefner-Alteneck** (I.-H. de). *Serrurerie ou les ouvrages en fer forgé du moyen âge et de la renaissance.* Paris, Tross, 1870, in-fol., viii-55 p. et 84 planches.

4654. **Hegel**. *Esthétique,* traduction française par M. Ch. Bénard. Paris, Germer Baillière, 1875, in-8, 2 vol.

4655. **Heidegger** (Henri). *Libertas christianorum a lege cibaria veteri de sanguine et suffocato demonstrata.* Amstelodami, Ægidium Janssonium Valckenier, 1662, in-8, index, 300 pages.

4656. **Heilly** (Georges d'). *Dictionnaire des pseudonymes.* Paris, E. Dentu, 1869, in-8, xxxvi-422 p.

4657. —— *Le maréchal Ney d'après les documents authentiques.* Paris, Le Chevalier, 1869, in-12, iii-208 p.

4658. **Heinsius** (D.). *In obitum... Josephi Scaligeri Jul. Cæs. a Burden f. eruditorum principis orationes duæ...* Lug. Bat. prostant apud Lud. Elzevirium, ex officina Plantiniana Raphelengii, 1559, in-4, 98-23 p.

4659. **Helgaud.** *Vie du roi Robert.* (Collection Guizot, vol. Abon.)

4660. **Hélie** (Augustin). *Discours sur l'histoire moderne des deux mondes.* Paris, Pagnerre, 1854, in-8, 2 vol.

4661. **Helmholtz** (H.). *Mémoire sur la conservation de la force.* Paris, V. Masson et fils, 1869, in-8, iii-137 p.

4662. —— *Théorie physiologique de la musique fondée sur l'étude des sensations auditives,* traduit de l'allemand par M. Guéroult. Paris, V. Masson, 1868, in-8, 354 p.

4663. **Helmont** (B. van). *Ortus medicinæ.* Amsterdam, L. Elzevire, 1648, in-4, 1105 p. avec table.

4664. **Héloïse** et ABÉLARD. *Cartas de Heloysa y Abelardo...* Perpignan, imp. de J. Alzine, 1815, in-32, 159 p.

4665. **Helvetius.** *Œuvres complètes.* Londres, 1775, in-8, 4 volumes.

4666. **Helyot.** *Histoire des ordres monastiques.* Paris, Nic. Gosselin, 1714-1719, in-4, 8 vol.

4667. **Hénault.** *Nouvel abrégé chronologique de l'histoire de France.* Paris, Prault, 1756, in-8, 2 vol.

4668. **Hennebert.** *Histoire d'Annibal* (2e volume). Paris, imp. nationale, 1878, in-8, 1 vol. et un atlas.

4669. **Hennet** (le chr Al.-Jos. Ulpien). *Du divorce.* Paris, Desenne, 1790, in-8, viii-148 p.

4670. **Hennin.** *Manuel de numismatique ancienne.* Paris, Merlin, 1872, in-8, 2 vol., atlas.

4671. **Henri IV.** *Lettres missives*, publiées par M. Berger de Xivrey. Paris, imp. royale, 1843-1872, in-4, 8 vol.

4672. **Henrion de Pansey.** *De la compétence des juges de paix...* Paris, Théophile Barrois, 1822, in-8, XVI-710 p.

4673. **Henrion** (le baron). *Histoire générale de l'église.* Paris, bureau de la *Bibliothèque ecclésiastique,* 1836-1841, in-8, 13 volumes.

4674. **Henriquez** (le père Chrysostome,). *Menologium Cistertiense.* Antverpiæ, officina Plantiniana Balt. Moreti, 1630, in-folio, 2 vol.

4675. **Henry** (A.). *Précis de l'histoire de l'éloquence avec des jugements critiques sur les plus célèbres orateurs.* Paris, Lecoffre, 1857, in-8, VI-346 p.

4676. **Henry** (E.). *La réforme et la ligue en Champagne et à Reims.* Saint-Nicolas (Meurthe), imp. Trenel, 1867, in-8, 480 pages.

4677. **Henry** (Pierre-Joseph). *Instructions familières.* Rouen, veuve Pierre Dumesnil, 1783, in-12, 4 tomes en 2 vol.

4678. **Henry** (Léon). *David Livingstone.* Guingamp, imp. Rouquette, 1875, in-12, 15 p.

4679. —— *Du privilège sur le prix de cession des offices.* Paris, Marescq, 1877, in-8, 54 p.

4680. —— *La barbe et la liberté.* Paris, L. Larose, 1880, in-8, 95 pages.

4681. **Henrys** (Claude). *Recueil d'arrests remarquables.* Lyon, Hiérosme de La Garde, 1651, in-fol., 714 p., table.

4682. **Heraud de Gourville** (Jean). *Mémoires.* (Collection Michaud, t. XXIX.)

4683. **Herault** (A.). *Le pain, la viande.* Angers, imp. E. Barassé, 1877, in-12, 16 p.

4684. —— *De la liberté de la boulangerie.* Angers, E. Barassé, 1877, in-12, 16 p.

4685. **Herbelot** (de). *Bibliothèque orientale.* Paris, compagnie des libraires, 1697, in-fol., 28-1059 p.

4686. [**Herbert** (Claude-Jacques). *Essai sur la police générale des grains.* Londres, 1753, in-8, 53 p.

4687. **Herbet** (l'abbé). *L'imitation de Jésus-Christ méditée.* Amiens, Alfred Caron, 1843, in-12, 2 vol.

4688. **Herder**. *Histoire de la poésie des Hébreux*, traduite de l'allemand par M. de Carlowitz. Paris, Didier, 1855, in-8, xxviii-575 pages.

4689. *Hérésie enseignée par M. Dumas.* 1713, in-12, 71 p.

4690. **Héricault** (Ch. d'). *La révolution de thermidor. Robespierre et le comité de salut public en l'an II.* Paris, Didier et Cⁱᵉ, 1876, in-8, 515 p.

4691. **Héricourt** (Louis de). *Les lois ecclésiastiques de France.* Paris, libraires associés, 1771, in-fol, 2 tomes en 1 vol.

4692. —— *Œuvres posthumes.* Paris, Durand, 1759, in-4, 4 vol.

4693. **Héricourt** (le comte Achmet d'). *Annuaire des sociétés savantes.* Paris, bureaux de la rédaction, 1866, in-8, vii-1036 pages.

4694. **Herland** (A.). *Du chant de l'église et de la musique moderne.* Paris, V. Didron, 1854, in-8, 175 p., 1 pl.

4695. **Hermant** (Godefroy). *La vie de S. Athanase.* Paris, Pierre Aubouyn, 1671, in-4, 2 vol.

4696. —— *Histoire des hérésies...* Rouen, J.-B. Besongne, 1726-1727, in-12, 4 vol.

4697. **Hermes Trismegisté**. *De la puissance et sapience de Dieu.* Paris, imp. Estienne Groulleau, 1549, in-12, 159 fol.

4698. **Héroard** (Jean). *Journal sur l'enfance de la jeunesse de Louis XIII (1601-1628).* Paris, F. Didot, 1868, in-8, 2 vol.

4699. **Hérodote**. *Historiarum lib. IX* (grec-latin). Henri Estienne, 1592, in-fol., 731 p., index et préface.

4700. —— *Historiarum libri IX*, grec et latin. (Collection Didot.)

4701. —— *Histoire traduite du grec*, par Larcher. Paris, Lefèvre, 1842, in-12, 2 vol.

4702. **Herold** (Jean). *Originum ac germanicarum antiquitatum libri, leges videlicet, salicæ, ripuariæ.* Basileæ, Henricum Petri, 1557, in-fol., index, 347 p.

4703. **Hersan** (P.-F.-D.). *Histoire de la ville de Gisors.* Gisors, Lapierre, 1858, in-12, 348 p.

4704. **Hervé.** *Chilpéric*, opéra-bouffe. Paris, E. Dentu, 1868, in-4, 28 p.

4705. **Hervet** (Gentien). *Libri VIII* Βασιλικῶν διαταξέων *id est imperialium constitutionum.* Lutetiæ Parisiorum, Arnulphum L'Angelier, 1557, in-fol., 356 p.

4706. **Hervey** (James). *Meditations and contemplations.* Edinburgh, Churnside and Wilson, 1777, in-12, 2 vol.

4707. —— *Méditations*, traduites de l'anglais par M. Le Tourneur. Amsterdam, 1771, 256-189 p. in-12.

4708. **Hervez de Chégoin.** *Traitement de la brûlure.* Paris, J.-B. Baillière, 1852, in-8, 41 p.

4709. —— *Discours sur la fièvre puerpuérale.* Paris, typ. F. Malteste et Cⁱᵉ, 1858, in-8, 12 p.

4710. **Hervieu** (Henri). *Recherches sur les premiers états généraux pendant la première moitié du quatorzième siècle.* Paris, Ernest Thorin, 1879, in-8, VIII-311 p.

4711. **Hésiode.** *Carmina*, grec et latin. (Collection Didot.).

4712. **Hesmivy d'Auribeau** (l'abbé d'). *Mémoires pour servir à l'histoire de la persécution françoise.* Rome, imp. de Louis Perego Salvioni, 1794-95, 2 parties.

4713. —— *Extraits de quelques écrits de l'auteur des mémoires pour servir à l'histoire de la persécution françoise.* 1814, in-8, 2 vol.

4714. *Het Nieuwe Testament ofte alle Bœchen Nieuwen des bondts onses heeren Jesu Christi...* Amsteldam, Paulus van Ravesteyr, 1656, in-

4715. **Heurt** (le P. Mathieu Le). *La philosophie des esprits.* Poitiers, imp. Antoine Mesnier, 1612, in-12, 754 p. avec table.

4716. **Heuzé** (G.). *L'année agricole.* Paris, L. Hachette, 1860, in-12, 1ᵉʳ vol.

4717. —— *Les plantes industrielles* (1ʳᵉ partie). Paris, Hachette, 1859, in-8, IV-378 p.

4718. **Heuzey** (L.). *Le mont Olympe et l'Acarnanie.* Paris, F. Didot, 1860, in-8, 492 p. avec table.

4719. **Hévin** (Pierre). *Consultations et observations sur la coutume de Bretagne.* Rennes, G. Vatar, 1734, in-4, XIII-720 p.

4720. **Hilaire de Poitiers** (saint). *Opera... studio et labore monachorum ordinis S. Benedicti...* Parisiis, excudebat F. Muguet, 1693, in-fol., 1378 p. avec index.

4721. **Hildebert** (le vénérable). *Opera.* Parisiis, apud Laurentium Le Comte, 1708, in-fol., LXXIII-1690 col. et index.

4722. **Himère le sophiste.** *Declamationes,* grec et latin. (Collection Didot, vol. Philostratorum, Eunapii, Himerii opera.)

4723. *Himlisches Freuden-Mahl der Kinder-Gottes auf Erden...* Hemstadt, Georg. Wolffgang Etamms, 1698, in-12, 645 p., table.

4724. **Himly** (Auguste). *Histoire de la formation territoriale des états de l'Europe centrale.* Paris, Hachette, 1876, in-8, 2 volumes.

4725. **Hinstin** (G.). *Les Romains à Athènes avant l'empire.* Paris, E. Thorin, 1877, in-8, 209 p.

4726. **Hippeau** (C.). *Collection des poëmes français du XII° et du XIII° siècle* (2° partie, Glossaire). Paris, A. Aubri, 1873, in-8, III-194 p.

4727. **Hippocrate.** *Hippocratis magni coacæ prænotiones, opus admirabile, in tres libros distributum, interprete et enaratore Ludovico Dureto.* Lutetiæ Parisiorum, sumpt. Gaspari Meturas, 1658, in-fol., 578 p. avec index.

4728. —— *Traités des préceptes, de la décence du médecin,* traduit en français... par M. le chevalier de Mercy. Paris, J.-M. Eberhat, 1824, in-12, IX-135 p.

4729. **Hirn** (G.-A.). *Théorie mécanique de la chaleur,* 1ʳᵉ partie. Paris, Gauthier-Villars, 1865, in-8, XIII-372 p.

4730. *Historia christiana veterum patrum... R. Laurentii de La Barre labore et industria castigata...* Parisiis, apud Michaelem Sonnium, 1583, in-fol., 1 vol., préliminaires, 592 fol., index.

4731. *Historiæ ecclesiasticæ scriptores (Eusèbe, Socrate, Théodoret, Sozomène).* Coloniæ Allobrogum (Genève), P. de La Rovière, 1612, in-fol., 629 p., index.

4732. *Historie an Fortunatus.* Amsterdam, Michiel de Groot, 1678, in-18, 1 vol.

4733. *Histoire Auguste (Spartianus, Vulgatius Gallicanus, Trebellius Pollion, Lampridrius, Flavius Vopiscus)*, traduction... par M. Fl. Legay. Paris, Panckoucke, 1847, in-8, 3 vol.

4734. *Histoire (l') de Jésus-Christ, ou harmonie de tout ce que les quatre évangélistes ont écrit pour communiquer ses divines instructions...* recueillie par F. A. Paris, Edme Couterot, 1670, in-12, 437 p. avec table.

4735. *Histoire de la guerre des Albigeois.* (Collection Guizot, tome XIII.)

4736. *Histoire de la république d'Angleterre, d'après les mémoires d'Edmond Ludlow, l'un des principaux chefs des républicains anglais.* Paris, an II (1793), in-8, 328 p.

4737. *Histoire de l'horrible assassinat commis sur la personne de M. Fualdès par Bastide et Jausion, ses parents et amis, suivie de leur procès.* Paris, imp. Tiger, in-18, 288 p.

4738. *Histoire de l'ordre monastique.* Paris, Pierre des Bats, 1687, in-4, xxx-885 p.

4739. *Histoire des deux derniers sièges de La Rochelle, le premier soubs le règne du roy Charles IX en l'année 1573, et le second... en 1627 et 1628.* Paris, François Targa, 1630, in-12, vi-296 pages.

4740. *Histoire des ducs de Normandie et des rois d'Angleterre... suivie de la relation du tournoi de Ham,* par Sarrazin, et précédée d'une introduction par Francisque Michel. Paris, J. Renouard, 1840, in-8, vi-431 p.

4741. *Histoire du gentil seigneur de Bayart, composée par le loyal serviteur.* Paris, Renouard, 1878, in-8, xvj-512 p.

4742. *Histoire générale des plantes* (manquent les 52 premières pages avec le titre), tome I. In-fol., 960 p. avec tables.

4743. *Histoire littéraire de la France par les religieux bénédictins...* publiée sous la direction de M. Paulin Paris. Paris, Palmé, 1865-1873, in-4, 29 vol.

4744. *Histoire universelle, composée en anglais par une société de gens de lettres.* Paris, Moutard, 1779-1789, in-8, 119 vol.

4745. *Historique du concile provincial tenu à La Rochelle.* La Rochelle, imp. F. Boutet, 1853, in-8, 86 p.

4746. **Hittorff** (J.-J.). *Restitution du temple d'Empédocle à Sélinonte ou l'architecture polychrôme chez les Grecs.* Paris, F. Didot, 1852, in-4, xxvi-843 p.

4747. **Hoei-hi** et Yen-Thsong. *Histoire de la vie de Hiuoen-Thsang et de ses voyages dans l'Inde.* Traduit du chinois par S. Julien. Paris, imp. impériale, 1853, in-8, lxxxiv-472 p.

4748. **Hoffmann.** *Contes fantastiques,* traduit par X. Marmier. Paris, Charpentier, 1852, in-12, 456 p.

4749. **Hoffschmidt** (Arthur d'). *Le grand duché de Luxembourg et la Belgique.* Arlon, imp. de Poncin, 1867, in-8, 128 pages.

4750. [**Holbach** (d')]. *Contagion sacrée.* Paris, imp. Lemaire, an V de la république, in-8, 179-190 p.

4751. —— *La morale universelle.* Amsterdam, Marc-Michel Rey, 1776, in-8, 3 vol.

4752. —— *Le bon sens.* Londres, 1774, in-8, 240 p.

4753. —— *Le christianisme dévoilé...* Londres, 1767, in-12, table, xx-236 p.

4754. —— *La politique naturelle ou discours sur les vrais principes du gouvernement.* Londres, 1773, in-8, 2 tomes en 1 vol. — Voir aussi Mirabaud, pseudonyme de d'Holbach.

4755. **Holbein.** *Alphabet of death illustrated with old borders engraved on wood with latin sentences and english quatrains selected by Anatole de Montaiglon.* Paris, Tros, 1856, in-8, 18 feuillets non numérotés.

4756. **Holland.** *Réflexions philosophiques sur le système de la nature.* Londres, 1772, in-8, 2 vol.

4757. **Hollander** (Ernest). *La Turquie devant l'opinion publique.* Paris, F. Didot, 1858, in-8, 163 p.

4758. **Homère.** *Carmina,* grec et latin. (Collection Didot.)

4759. —— *Quæ extant omnia... cum... Io. Spondani commentariis.* Basileæ, Eusebii Episcopii, 1583, in-fol., 44-499 p., index, 375 p., table.

4760. —— *Œuvres d'Homère avec des remarques,* par P.-J. Bitaubé. Paris, L. Tenré, 1822, in-12, 4 vol.

4761. —— *L'Iliade et l'Odyssée,* trad. par P. Giguet. Paris, V. Lecou, 1854, in-12, viii-646 p.

4762. Homère. *L'Iliade*, texte grec, précédé d'une introduction, etc.,par Pierron. Paris, L. Hachette, 1869, in-8, 2 volumes.

4763. —— *L'Iliade... ensemble le ravissement d'Hélène, sugiect de l'histoire de Troie, le tout de la traduction et invention du sieur du Sovhait.* Paris, Pierre Chevalier, 1614, in-12, 2 volumes.

4764. —— *Iliade*, traduite en françois avec des remarques par Mme Dacier. Paris, G. Martin, 1756, in-12, 4 vol.

4765. —— *L'Odyssée mise en vers français*, par Pierre Jônain. Niort, Clouzot, 1872, in-12, xiii-38 p.

4766. Honnorat (S.-J.). *Dictionnaire provençal - français.* Digne, Repos, 1846-1847, in-4, 3 vol.

4767. **Honestis** (le vénérable Pierre de). *Regula.* (Voir Damion). Parisiis, 1663, in-fol., 1 vol., 34 p., index.

4768. **Honoré de Sainte-Marie** (le P.). *Dissertation apologétique ou réfutation de ce qu'on impose aux mystiques...* Bordeaux, Simon Boé, 1701, in-12, 221 p.

4769. —— *Tradition des pères et des auteurs ecclésiastiques sur la contemplation.* Paris, Jean de Nully, 1708, in-8, 2 vol.

4770. —— *Traité des indulgences et du jubilé.* Bordeaux, Simon Boé, 1701, in-12, 114 p. avec table.

4771. Hoornbeck (Jean). *Summa controversiarum religionis.* Colbergæ, excudebat Joan. Kwicel, 1676, in-12, 1002 p., index.

4772. *Horæ canonicæ breviarii Cluniacensis...* Parisiis, apud Gabrielem-Franciscum Quillau, 1756, in-8, 2 vol.

4773. *Horæ diurnæ breviarii romani...* Parisiis, typ. Le Mercier et Boudet, 1741, in-32, 416-cxxviii p.

4774. *Horæ in laudem beatissimæ virginis Mariæ, secundum consuetudinem romanæ curiæ.* (Edition grecque et latine). Parisiis, ex officina Michaelis Fezendat, 1547, in-12, 183 fol.

4775. **Horace** (Horatius Flaccus). *Opera... cum docta Ant. Mancinelli et cum familiari Iod. Badii Ascensii explanatione.* Venundantur Parrhisiis in vico diui Iacobi ab Ioane Paruo Dionysio Roce et ipso Ascensio, MDXI, in-4, goth., 2 tom. en 1 vol.

4776. **Horace.** Q. *Horatii Flacci carmina expurgata, cum annotationibus Josephi Juventii.* Parisiis, sumpt. fratrum Barbou, 1721, in-12, 3 volumes.

4777. —— *Œuvres*, traduction du P. Tarteron. Paris, Vᵉ Brocas, 1738, in-12, 2 vol.

4778. —— *Œuvres complètes*, traduites en français par les traducteurs de la collection Panckoucke, et précédées d'une *Etude sur Horace*, par M. H. Rigault. Paris, Garnier, 1856, in-12, xlix-419 p.

4779. —— *Œuvres complètes*, traduites en prose par MM. Amar, Andrieux, etc. Paris, Panckoucke, 1837-38, in-8, 2 vol.

4780. —— *Les poésies, avec la traduction française du R. P. Sanadon, de la compagnie de Jésus.* Amsterdam, Arkstée, 1756, in-12, 2 vol.

4781. —— *Les poésies*, traduites en français par Batteux. Paris, Desaint, 1753, in-12, 2 vol.

4782. —— *Œuvres*, traduites en vers français par Benjamin Kien. Douai, imp. Adam d'Aubers, 1850-1851, in-8, 2 volumes.

4783. —— *Œuvres complètes*, traduites en vers français par Emile Boulard. Paris, Hachette, 1860, in-8, viii-463 pages.

4784. —— *Odes*, traduction variorum en vers... par Melchior Potier. Paris, L. Potier, 1867, in-12, xxxii-343 p.

4785. —— *Odes*, traduites en vers français par Charles Pailliot. Fontenay-le-Comte, 1862, in-8, 326 p.

4786. —— *Odes*, traduites en vers français par le général Delort. Paris, Lecointre, 1831, in-8, 610 p.

4787. —— *Odes*, traduites en vers français avec le texte en regard par M. Albert Villeneuve. Albi, imp. Rapailhiau, 1849, in-8, vi-189 p.

4788. **Horry** (Claude). *Nouvelle pratique bénéficiale et ecclésiastique.* Paris, Pralard, 1703, in-4, 861 p. avec table.

4789. —— *Traité de la juridiction ecclésiastique...* Paris, François-André Pralard, 1703, in-4, 806 p., table.

4790. **Horstius** (Jacques Merlo, dit). *Paradisus animæ christianæ...* Col. Agrippinæ, sumpt. Andreæ Frisii, 1675, in-18, 533-60 p. avec index.

4791. **Hosius** (Stanislas). *Confutatio prolegomenon Brentii que primum scripsit adversus venerabilem virum Petrum a Soto.* Parisiis, apud Gulielmum Desboys, 1560, in-8, 258 f.

4792. —— *Opera.* Parisiis, Gulielmum Desboys, 1562, in-fol., index, 264 fol.

4793. —— *Confessio catholicæ fidei christiana.* Parisiis, ap. Audoenum Paruum, 1561, in-12, lxxv-436 p.

4794. **Hospinien** (Rodolphe). *Opera omnia...* edita per A. Heideggerum... Genevæ, Samuelis de Tournes, 1669-1681, in-fol., 7 tomes en 4 vol.

4795. **Hossard** (P.-M.). *Recherches sur les formes les plus avantageuses à donner aux triangles géodésiques. — Note supplémentaire.* Paris, imp. Crapelet (1850), in-8, 2 pièces.

4796. **Hossche** (Sidron). *Elegiarum libri sex. Item Guilielmi Becani idyllia et elegiæ.* Anvers, librairie Plantinienne, 1667, in-12, xviii-312 p.

4797. **Hoste** (G. d'). *Notice sur La Tremblade.., et sur ses bains de mer.* Rochefort, imp. Mercier et Devois, 1862, in-8, 49 pages.

4798. [**Hotman** (François)]. *Brutum fulmen papæ Sixti V adversus Henricum... regem Navaræ, et Henricum Borbonium, principem Condœum.* Lugduni Batavorum, officina Joannis Paetsii, 1586, in-8, 234 p., index.

4799. **Hotman** (François). *Commentarius in quatuor libros institutionum juris civilis.* Basileæ, Joannem Hervagium, 1560, in-fol., 580 p., index.

4800. —— *Consolatio e sacris litteris* (Voir Synodus Varisiensis de imaginibus). Lugduni, Franciscum de Preux, 1593, in-12, 179 p., index.

4801. —— *Disputatio de controversia successionis regiæ inter patruum et fratris præmortui filium, Joannis de Terra Rubea, antiqui auctoris tractatus.* Apud Nicolaum Pannigerum, 1619, in-18, 219 p.

4802. **Houbloup.** *Théorie lithographique.* Paris, Imbert, 1825, in-8, 94 p. avec planches.

4803. **Houdas** (J.-E.). *Notice historique sur Loury.* Orléans, Colas-Gardin, 1859, in-8, 43 p.

4804. **Houdbert.** *Notice sur les ouvrages de M. François-Henri Pallu.* Le Mans, typ. Ed. Monnoyer, 1867, in-8, 14 p.

4805. **Houdenc** (Raoul de). *Méraugis de Portlesguez,* roman de la table ronde, publié par H. Michelant. Paris, Tross, 1869, in-8, xx-270 p.

4806. **Houdoy** (J.). *Instruction gratuite et obligatoire depuis le XVI° siècle.* Lille, imp. L. Danel, 1873, in-8, 46 p.

4807. **Houdry** (le P. Vincent). *La bibliothèque des prédicateurs.* Lyon, Antoine Boudet, 1718, in-4, 19 vol.

4808. **Housel.** *Introduction à la géométrie supérieure.* Paris, Gauthier-Villars, 1865, in-8, xii-269 p. et 8 planches.

4809. **Houssaye** (l'abbé M.). *Les carmélites de France et le cardinal de Bérulle.* Paris, E. Plon, 1873, in-8, 123 p.

4810. —— *Le cardinal de Bérulle et le cardinal de Richelieu (1625-1629).* Paris, E. Plon, 1875, in-8, 604 p.

4811. —— *Le père de Bérulle et l'Oratoire de Jésus (1611-1635).* Paris, E. Plon, 1874, in-8, 612 p.

4812. —— *M. de Bérulle et les carmélites de France (1575-1611).* Paris, Henri Plon, 1872, in-8, 565 p.

4813. **Houssaye** (Henry). *Histoire d'Apelles.* Paris, Didier, 1868, in-12, 448 p.

4814. **Houteville** (Cl.-Fr.). *Essai philosophique sur la Providence.* Paris, Grégoire Dupuis, 1728, in-12, xix-337 p.

4815. —— *La religion chrétienne prouvée par les faits...* Paris, Grégoire Dupuis, 1740, in-4, 3 vol.

4816. **Howel** (Thomas). *Voyage en retour de l'Inde par terre et par une route en partie inconnue jusqu'ici.* Paris, imp. de la république, an Ier, in-4, xvi-385 p.

4817. **Hozier** (d'). *Armorial général de la France.* Paris, Didot, 1865-68, in-fol., 11 vol.

4818. **Hozier** (J.-François d'). *L'impôt du sang ou la noblesse de France sur les champs de bataille,* publié par Louis Paris. Paris, au *Cabinet historique,* 1874-1881, in-8, 7 vol.

4819. **Huarte** (Jean). *L'examen des esprits pour les sciences...* traduit [de l'espagnol] par... d'Alibray. Paris, Charles de Sercy, 1675, in-18, 2 vol.

4820. [**Huber** (Mlle Marie)]. *Le sistème des anciens et des modernes sur l'état des âmes séparées du corps.* Amsterdam, Wetsteins et Smith, 1733, in-12, xii-310 p.

4821. **Hubert,** de l'oratoire (le P.) *Sermons pour le caresme.* Paris, veuve Roulland, 1725, in-12, 6 vol.

4822. **Hubbart** (G.). *Saint-Simon, sa vie et ses travaux.* Paris, Guillaumin, 1857, in-12, 316 p.

4823. **Hubner** (baron de). *Sixte-Quint... d'après des correspondances diplomatiques inédites...* Paris, A. Franck, 1870, in-8, 3 vol.

4824. **Huby** et RIGOLEUC (RR. PP.). *Instructions ecclésiastiques sur l'usage du sacrement de pénitence.* Caen, Pierre Chalopin, 1749, in-12, 199 p., table, 87 p.

4825. **Huerne de Pommeuse** (M.-L.-J.). *Des colonies agricoles et de leurs avantages.* Paris, Huzard, 1832, in-8, viii-940 p.

4826. **Huet** (Estienne). *Commentaires sur la coutume de La Rochelle et pays d'Aunix.* La Rochelle, A. de Nancel, 1688, in-4, viii-815 p.

4827. **Huet,** évêque d'Avranches (Pierre-Daniel). *Demonstratio evangelica.* Francofurti, sumpt. Thomæ Fritschii, 1722, in-4, 718 p. avec index.

4828. —— *Histoire du commerce et de la navigation des anciens.* Paris, Antoine-Urbain Coustelier, 1716, in-12, 446 p. et table.

4829. —— *Lettre à M. de Segrais, de l'origine des romans.* Paris, S. Mabre-Cramoisy, 1668, in-12, 176 p.

4830. —— *Traité philosophique de la faiblesse de l'esprit humain.* Amsterdam, Henri Du Sauzet, 1823, in-12, xl-296 p.

4831. **Hugo** (Abel). *France pittoresque. Département de la Charente-Inférieure.* Paris, Delloye, 1833, in-4, 8 p. et 4 pl.

4832. —— *France militaire.* Paris, Delloye, 1838, in-4, 5 vol.

4833. **Hugo** (Victor). *Œuvres complètes.* Paris, veuve Alex. Houssiaux, 1864, in-8, 18 vol.

4834. —— *Les châtiments.* Paris, J. Hetzel, 1872, in-12, vi-328 pages.

4835. —— *Les chansons des rues et des bois.* Paris, Lacroix et Verboekhoven, 1866, in-8, 443 p.

4836. **Hugo** (Victor). *L'homme qui rit.* Bruxelles, Lacroix, 1869, in-8, 4 volumes.

4837. —— *Les misérables.* Paris, L. Hetzel, 1865, in-4, 799 p.

4838. —— *Les travailleurs de la mer.* Bruxelles, Lacroix, 1866, in-8, 3 vol.

4839. —— *Quatre-vingt-treize.* Paris, Michel Lévy, 1874, in-8.

4840. **Hugon.** *Sacrorum vulgatæ editionis concordantiæ.* Lugduni, J.-B. Deville, 1677, in-4, 1 vol.

4841. **Hugues de Fleury.** *Chronique.* (Collection Guizot, tome VII, vol. Bouchard.)

4842. **Hugues de Poitiers.** *Histoire du monastère de Vézelai.* (Collection Guizot, tome VII, vol. Bouchard.)

4843. **Hugues de Saint-Victor** (M.). *Omnia opera.* Rothomagi, sumptibus Joannis Berthelin, 1648, in-fol., 3 vol.

4844. **Huguet** (P.-J.-C.). *Avant, pendant et après le congrès de Saint-Brieuc.* Saint-Brieuc, imp. L. Prud'homme, 1872, in-8, 24 p.

4845. —— *Recherches sur les armes de guerre des Français et de différents peuples.* Saint-Brieuc, Guyon, 1870, in-8, 61 p.

4846. **Huillard-Bréholles** et Lecoy de La Marche. *Titres de la maison ducale de Bourbon.* Paris, H. Plon, 1867-75, in-4, 2 volumes.

4847. **Huisseau** (Isaac d'). *La discipline des églises réformées de France...* La Rochelle, Jacob Mancel, 1666, in-4, 245 p., table.

4848. **Humbelot** (M.). *Sacrorum bibliorum notio generalis.* Parisiis, Michaelem David, 1700, in-12, 655 p. avec index.

4849. [**Humbert** (P.-H.)]. *Instructions sur les principales vérités de la religion.* Rouen, P. Dumesnil, 1779, in-12, 347 p.

4850. **Humblot** (le P. F.). *Fantosme de la cène ministralle, conclu des maximes et opinions des plus fameux ministres de la prétendue réformation.* Poicliers, imp. A. Mesnier, 1612, in-8, 542 pages.

4851. **Humbold** (Alexandre de). *Lettres à Varnhagen von Ense (1827-1858).* Genève, Held, 1860, in-8, xvi-285 p.

4852. —— *Essai politique sur l'île de Cuba.* Paris, Gide, 1826, in-8, 2 vol.

4853. **Humbold** (Alexandre). *Tableaux de la nature.* Paris, Gide, 1828, in-8, 2 volumes.

4854. —— *Cosmos, essai d'une description physique du monde,* traduit par Ch. Galuski et H. Faye. Paris, Gide et Baudry, 1846-1848, in-8, 2 vol.

4855. **Hume** (David). *Essays and treatises on several subjects...* London, T. Cadell, 1772, in-8, 2 vol.

4856. —— *Histoire de la maison de Plantagenet,* traduite de l'anglois par madame B***. Amsterdam, 1765, in-4, 2 vol.

4857. —— *Histoire de la maison de Stuart sur le trône d'Angleterre.* Londres, 1760, in-4, 3 vol.

4858. —— *Histoire de la maison de Tudor,* traduite de l'anglais par madame B***. Amsterdam, 1763, in-4, 2 vol.

4859. —— *The history of England, from the invasion of Julius Cesar to the revolution in 1688.* London, A. Millar, 1767, in-8, 8 vol.

4860. **Hun** (F.). *Promenades en temps de guerre chez les Kabyles.* Paris, Challamel, 1860, in-12, 448 p.

4861. **Huot** (P.). *Le choléra au pénitentier de Tours.* Paris, typ. V. de Surcy et Cie, 1849, in-8, 63 p.

4862. —— *Etude sur le roman de la rose et rapport par M. Naugé du Bois des Enlé.* Orléans, Gatineau, 1853, in-4, 80 p.

4863. **Hurault** (Philippe). *Mémoires.* (Collection Michaud et Poujoulat, t. X, et collection Buchon.)

4864. **Huré** (Charles). *Dictionnaire universel de l'écriture sainte...* Paris, François Godard, 1715, in-fol., 2 vol.

4865. **Hurtado** (Thomas). *Resolutiones orthodoxo-morales, scholasticæ, historicæ de vero... mysterio fidei...* Coloniæ Agrippinæ, Cornelium ab Egmond, 1655, in-fol., 502 p.

4866. **Hus** (Jean). *Historia et monumenta.* 1715, in-fol., 2 vol.

4867. —— *Lettres écrites durant son exil et dans sa prison, avec une préface de Martin Luther,* traduites en français... par Emile de Bonnechose. Paris, Delay, 1846, in-12, xvi-255 pages.

4868. **Husson.** *Factum où il est traité du domaine de la couronne...* (Voir V. Duplessis, *Traités sur la coutume de Paris).* In-folio, 136 p.

4869. **Hurel** (A.). *L'art religieux contemporain.* Paris, Didier et C^{le}, 1868, in-8, iv-459 p.

4870. **Huygens** (Gommare). *Breves observationes de doctrina sacra et locis theologicis.* Leodii, typ. Henrici Hoyoux, 1694-1698, in-12, 8 vol.

4871. **Hyenne** (S.-E.). *De la corvée en France et en particulier dans l'ancienne province de Franche-Comté.* Besançon, J. Jacquin, 1862, in-8, 392 p. et 1 carte.

4872. —— *Notice historique sur le pont de battant de Besançon.* Besançon, imp. Jacquin, 1867, in-8, 27 p.

4873. —— *Excursion historique, pittoresque et poétique de Besançon à Ornans...* Paris, imp. G. Jousset, 1868, in-8 ii-48 pages.

I

4874. **Ibelin** (Jean d'). *Assises et bons usages du royaume de Jérusalem.* (Voir Philippe de Beaumanoir,). Bourges, François Toubeau, 1690, in-fol., 292 p.

4875. Icarie. *Lettre sur la colonie icarienne. Manifestations et adresses des Icariens...* Paris, typ. Malteste, 1856, in-12, 22 et 35 pages.

4876. **Iconomos** (Constantin). *Etude sur Smyrne...* traduite du grec par Bonaventure F. Slaars. Smyrne, imp. B. Tatckian, 1868, in-8, 152 p.

4877. *Idées ou rêves sur l'instruction publique,* par un membre de l'académie de Poitiers. Paris, Guilleminet, 1817, in-8, 72 pages.

4878. **Ignace** (saint). *Epistolæ* (grec). Parisiis, apud Guil. Morelium, 1562, in-12, 156 p.

4879. **Ignace de Loyola** (saint). *Directorium in exercitia spiritualia.* Antverpiæ, apud Joannem Mersium, 1635, in-12, 126 p. avec index.

4880. **Illiers** (Florent, sire d'). *Mémoires.* (Collection universelle, t. VII.)

4881. *Illustration (l'),* journal universel. Paris, typ. Lacrampe, 4 mars 1843, 25 décembre 1869, in-4, 54 vol.

4882. **Imberdis** (André). *Histoire des guerres religieuses en Auvergne.* Moulins, P.-A. Desrosiers, 1840, in-8, 3 tomes en 4 parties.

4883. **Imbert** (Jean). *Institutionum forensium Galliæ pene totius quæ moribus regitur, communium libri quatuor.* Lyon, A. Vincent, 1542, in-12, 332 p.

4884. —— *La practiqve ivdiciaire tant civile que criminelle...* Paris, Nicolas Bvon, 1604, in-4, xiii-854 p., table et index.

4885. —— *Enchiridion ov brief recveil dv droict escript, gardé et observé ou abrogé en France.* Paris, Nicolas Bvon, 1603, in-4, x-142 p. et table.

4886. **Imbert de Saint-Amand**. *La fin de l'ancien régime.* Paris, E. Dentu, 1879, in-12, 327 p.

4887. **Imhoff**. *Excellentium familiarum in Gallia genealogiæ.* Novimbergæ, J.-A. Eudter, 1687, in-fol., 118-289 p.

4888. *Imitation (de l') de Jésus-Christ,* traduction nouvelle de A. Audry. Paris, Charles Robustel, 1699, in-12, table, 404 p.

4889. *Imitation de Jésus-Christ,* nouvellement traduite par M. Debonnaire. Paris, Pierre Witte, 1723, in-12, 653 p.

4890. *Imitation (de l') de Jésus-Christ,* trad. par le sieur Du Beuil. Paris, Denis Thierry, 1726, in-12, 349 p., table.

4891. *Indépendant (l') de la Charente-Inférieure.* Saintes, 1872, 1882, in-folio, 10 volumes.

4892. *Index generalis in omnes libros instituti societatis Jesu.* Anvers, J. Meursius, 1635, in-12, 288 p. avec table.

4893. *Informazioni statistiche raccolte dalla commissione superiore sub movimento della populazione.* Torino, dalla stamperia reale, 1839-1843, in-4, 2 vol.

4894. *In lib. decretalium aurei commentarii.* Venitiis, apud Juntas, 1588, in-fol., 382 f. avec index.

4895. **Innocent III**. *Epistolarum libri quatuor... et notis illustrat Franciscus Bosquetus.* Tolosæ Tectosagum, apud societatem Tolosanam, 1635, in-fol., 239 p. et index.

4896. —— *Epistolarum libri undecim... Stephanus Baluzius collegit...* Parisiis, apud Franciscum Muguet, 1682, in-fol., 2 vol. avec index.

4897. **Innocent III**. *De sacro altaris mysterio, libri tres.* Anteverpiæ, apud Joannem Steelsium, 1540, in-12, 176 f.

4898. *Inondations (Des), de leurs causes et de leurs remèdes.* Orléans, Alp. Gatineau, 1866, in-4, 32 p.

4899. **Inquinbert** (Georges). *De la condition civile de la femme en droit romain et en droit français* (thèse de doctorat). Poitiers, Henri Oudin, 1854, in-8, 75 p.

4900. *In regvlam divi patris Benedicti declarationes, et constitutiones patrum ordinis camaldvlensis.* Florentiæ, Bartholomœum Sermartellium, 1572, in-8, 334 pages.

4901. *Institut (l') des provinces de France en 1872.* Caen, typ. F. Le Blanc-Hardel, 1872, in-12, 31 p.

4902. *Instituti (gl') tecnici in Italia.* Firenze, Barbera, 1869, in-8, xxxvi-307 p.

4903. *Institutiones philosophicæ ad usum seminarii Tullensis.* Spinali, Claud.-Anselm. Dumoulin, 1753, in-18, 5 vol.

4904. *Institutiones theologico morales ad usum confessariorum.* Parisiis, Jacobum Quillau, 1704, in-12, index, 306 p.

4905. *Institutions du droit françois.* Paris, Jean-Baptiste Coignard, 1725, in-12, xii-621 p.

4906. *Instruction familière au sujet de la constitution Unigenitus.* 1717-1719, in-12.

4907. *Instruction pour les expéditions de la cour de Rome* (sans frontispice). In-12, 277 p., table.

4908. *Instruction sur la doctrine de la grâce.* Bruxelles, Henry Frick, 1719, in-12, 240-52 p.

4909. *Instruction pour les maires et adjoints du département de la Charente-Inférieure.* Saintes, imp. Corinthe, Josserand et Hus, an VIII (1800), in-8, 80 p.

4910. *Instruction sur les paratonnerres.* Paris, imp. royale, 1824, in-4, 31 p., 2 planches.

4911. *Instruction sur les bois de la marine...* Paris, veuve Duchesne, 1780, in-12, 230 p.

4912. *Instruction adressée par ordre du roi au directoire du département de la Charente.* S. l. n. ni d. (1790), in-4, 46 p.

4913. *Instruction concernant les manœuvres de l'infanterie.* Strasbourg, F.-G. Levrault, 1817, in-12, viii-83 p.

4914. *Instruction générale sur les frais de justice en matière criminelle, correctionnelle et de simple police.* Paris, imp. royale, 1826, in-4 en trois parties.

4915. *Instruction pour l'exécution du décret du 15 avril 1852, relatif au mode de surveillance de la gestion et de la comptabilité des caisses d'épargne.* Paris, imp. impériale, 1857, in-4, 211 pages.

4916. *Instructions adressées par... l'impératrice de toutes les Russies à la commission établie pour travailler à l'exécution du projet d'un nouveau code de lois.* Pétersbourg, 1769, in-12, 286 p.

4917. *Instructions, cantiques spirituels et pratiques de piété pour les retraites et les missions.* Fontenay, Cochon de Chambonneau, 1774, in-8, 142 p.

4918. *Instructions et lettres des rois très chrétiens et de leurs ambassadeurs, et autres actes concernant le concile de Trente.* Paris, Sébastien Cramoisy, 1654, in-4, table, 609 p., table.

4919. *Instructions générales en forme de catéchisme... imprimé par ordre de messire Charles-Joachim Colbert, évêque de Montpellier.* Lyon, Léon Plaignard, 1705, in-12, 3 vol.

4920. *Instructions pour le jubilé de l'année sainte.* Bordeaux, imp. Simon de La Court, 1776, in-12, 112 p.

4921. *Instructions secrètes et dispositions particulières des provinciaux des cinq provinces des jésuites de France...* Dolésie, 1762, in-12, 46 p.

4922. *Instructions tirées de l'histoire sainte.* Paris, Jacques Lecoffre, 1858, in-18, xviii-335 p.

4923. *Intermédiaire (l') des chercheurs et curieux, 1864-1867.* Paris, veuve B. Duprat, 1864-1867, in-8, 4 vol.

4924. **Intorcetta** (le père Prosper). *Apologia pro decreto S. D. N. Alexandri VII et praxi jesuitarum circa cœremonias, quibus Sinæ Confucium et progenitores mortuos colunt.* Lovanii, Ægidium Denique, 1700, in-12, 318 p., index, 8 pages.

4925. *Introductio ad sacram scripturam, ad usum ordinandorum.* Cadomi, J. Poisson, 1751, in-12, 128 p.

4926. *Inventaire des titres et privilèges de l'île de Ré, accordés en faveur des habitans de ladite isle par nos roys prédéces-*

seurs, jusqu'au règne de Louis XV, heureusement régnant. La Rochelle, imp. Pierre Mesnier, 1728, in-4, 59 p.

4927. *Inventaire général des richesses d'art de la France.* Paris : monuments religieux, t. I ; monuments civils, t. I. Province : t. I. Paris, imp. E. Plon, 1877, in-8, 3 volumes.

4928. *Inventaire général des titres, papiers et enseignemens de l'hôtel de ville de La Rochelle.* La Rochelle, P. Mesnier, 1721, in-fol., 120 p.

4929. *Inventaire sommaire et tableau méthodique des fonds conservés aux archives nationales,* 1re partie. Paris, imp. nationale, 1871, in-4, vii-847 colonnes.

4930. *Inventaire sommaire des archives départementales de la Charente antérieures à 1790.* Paris, P. Dupont, Angoulême, Chasseignac, 1879, in-4, 41 feuilles.

4931. *Inventaire sommaire des archives du département de la Charente-Inférieure antérieures à 1790.* Paris, imp. P. Dupont, 1865-1873, in-4, 2 vol.

4932. —— *Série H. Archives hospitalières.* Paris, Dupont, 1883, in-4, ii-148 pages.

4933. *Inventaire sommaire des archives de la marine.* Paris, Berger-Levrault, 1882, in-8.

4934. **Irénée** (saint). *Contra hereses libri quinque, studio et labore domni Renati Massuet* (texte grec et latin). Parisiis, typis Coignard, 1710, in-f°, clxxviii-439-221 pages.

4935. —— *Adversus Valentini et similium gnosticorum hœreses, libri quinque...* (grec-latin.) Lutetiæ Parisiorum, 1675, in-fol., préliminaires, 568 p., index.

4936. —— *In quinque libros digestum in quibus mire retegit et confutat veterum hœreseon impias ac portentosas opiniones...* Parisiis, apud Audoenum Paruum, 1567, in-12, 250 p. avec index.

4937. **Irving** (Washington). *A chronicle of the conquest of Granada.* Paris, Baudry, 1829, in-12, 2 vol.

4938. —— *A history of the life and voyages of Christopher Columbus.* Paris, Baudry, 1828, in-12, 4 vol.

4939. —— *Voyages and discoveries of the companions of Columbus.* Paris, Baudry, 1831, in-12, xii-354 p. (Voir aussi Crayon, pseudonyme d'Irwing.)

4940. **Isaïe.** *Isaïe,* traduit en français. Paris, Guillaume Desprez, 1696, in-12, 564 p., table.

4941. —— *Prophéties d'Isaïe,* traduction complète, en vers, faite sur le texte hébreu, par A. Savary. La Rochelle, typog. A. Siret, 1859, in-8, xii-396 p.

4942. **Isidore de Peluse** (saint). *Isidorianæ collationes quibus S. Isidori Pelusiotæ epistolæ omnes tractenus editæ...* Romæ, typis Fabii de Faled, 1670, in-8, 368 p.

4943. —— *Epistolarum libri IV* (grec-latin). Paris, ex officina Commeliniana, 1606, in-fol., préliminaires, 357-112 p., index.

4944. **Isidore de Séville** (saint). *Opera omnia quæ extant...* edita per fratrem Jacobum du Breul. Colonia Agrippinæ, Antonii Hierat, 1617, in-fol., 618 p., index.

4945. **Isidore.** *Isidori originum libri XX.* (Voir Auctores latinæ linguæ).

4946. **Isidore** (le père). *Recueil des bulles et des brefs qui concernent l'ordre de la charité en France.* Paris, L.-D. Delatour et P. Simon, 1723, in-4, 268 p., table.

4947. —— *Le missionnaire controversiste.* Poitiers, imp. J.-F. Fleuriau, 1686, in-8, 578 p. avec table.

4948. **Isnard** (Jacques). *Arcis Sam-Martinianæ obsidio et fvga Anglorvm a Rea insula.* Parisiis, apud Edm. Martinvm, 1629, in-4, 261 p.

4949. **Isocrate.** *Isocratis scripta quæ quidem nunc extant omnia, græcolatina postremo recognita : Hieronymo Wolfio Œtingensi interprete.* Basileæ, ex officina Oporiniana, 1587, in-8, 1121 p. et index.

4950. —— *Orationes et epistolæ cum latina interpretatione Heronymi Uvolfii.* Cologne, Samuel Crispin, 1613, in-12, 86-844 p.

4951. —— *Orationes et epistolæ,* grec et latin. (Collection Didot.)

4952. —— *Le discours sur lui-même, intitulé : l'Antidosis,* traduit en françois pour la première fois par Aug. Cartelier. Paris, imp. impériale, 1862, in-8, cxxxii-257 p.

4953. **Issartier** (Dr Henri). *Culture des arbres fruitiers à tout vent.* Paris, P. Dupont, 1862, in-18, 144 p.

4954. **Ithier** et Beatus. *Adversus Elipandum archiepiscopum toletanum libri duo...* (Notes marginales.) (Sans lieu ni nom), 1615, in-4, 844 p. avec index.

4955. *Itinerarium Antonini Aug.* (Voir Pomponius Mela, Alde, 1518).

4956. [**Ivellin**]. *Apologia ecclesiæ anglicanæ.* Londini, Franciscum Bouvier, 1584, in-8, 160 p.

4957. **I. A. M. D. L. P. D. D.** *Décisions royales sur les principales difficultez de l'édict de Nantes.* (Sans lieu ni date), in-12, 143 p. avec table.

J

4958. **Jabouille** (Louis-Arthur). *Des attaques dirigées contre les avocats.* Poitiers, imp. Dupré, 1870, in-8, 24 p.

4959. **Jacob** (le R. P. Pierre-Dominique). *Mémoires sur la canonicité de l'institut de S. Dominique...* Béziers, François Barbut, 1750, in-8, XLVI-211 p., table.

4960. **Jacobs** (V.). *Les lois confessionnelles de la Prusse.* Braine-le-Comte, imp. Lelong, 1875, in-8, 24 p.

4961. **Jacotot** (J.). *Enseignement universel. Langue maternelle, — langue étrangère.* Louvain, H. de Pauw, 1827-29, in-8, 2 vol.

4962. Jacquemet-Frichou. *Réponse des sieurs et dame Jacquemet aux dernières observations imprimées du sieur Frichou-Lamorine, avocat à Barbezieux.* Bordeaux, imp. Lavigne, 1816, in-4, 2 brochures.

4963. **Jacqmin** (F.). *Les chemins de fer pendant la guerre de 1870-1871.* Paris, Hachette et Cie, 1872, in-8, XXIII-351 p.

4964. **Jacquemin** (Louis). *Monographie du théâtre antique d'Arles.* Arles, imp. Dumas et Dayre, 1863, in-8, 2 vol.

4965. **Jacquemont** (V.). *Correspondance avec sa famille et plusieurs de ses amis pendant son voyage dans l'Inde (1828-1832).* Paris, Garnier, 1846, in-12, 2 vol.

4966. [**Jacques Ier**]. *Triplici nodo triplex cuneus, sive apologia pro juramento fidelitatis, adversus duo brevia P. Pauli quinti et epistolam cardinalis Bellarmini...* Londini, excudebat Robertus Barkerus, 1607, in-4, 119 p.

4967. Jacques de Vitry. *Histoire des croisades.* (Collection Guizot, t. XXII.)

4968. Jacquet. *Traité des justices de seigneur.* Lyon, J.-B. Reguilliat, 1774, in-4, XVI-448-LXXVIII-XXX p.

4969. Jacquot (E.). *Etudes géologiques sur le bassin houiller de la Sarre.* Paris, imp. impériale, 1853, in-8, 271 p. et 3 planches.

4970. Jal. *Dictionnaire critique de biographie et d'histoire, errata et supplément pour tous les dictionnaires historiques.* Paris, H. Plon, 1872, in-8, 1357 p.

4971. Jaladon de La Barre (J.-L.). *Jeanne d'Arc à Saint-Pierre-le-Moutier et deux juges nivernais à Rouen.* Nevers, imp. P. Fay, 1868, in-8, 68 p.

4972. Jam. *Gavarnie, Gèdre, Saint-Sauveur, Luz, Cauterets, Argelès, Arrens, Eaux-Bonnes.* Pau, imp. Vignancour, 1869, in-12, 44 p.

4973. —— *Guide des Eaux-Bonnes.* Paris, A. Lafon, in-12, 174 pages.

4974. —— *Guide de Pau aux Eaux-Bonnes.* Pau, A. Lafon, 1869, in-12, 294 p.

4975. James. *Dictionnaire universel de médecine,* traduit de l'anglais par MM. Diderot, Eidous et Toussaint. Paris, Briasson, 1746-48, in-fol., 6 vol. avec planches.

4976. James (Thomas). *Bellum papale, sive concordia discors sinti quinti et Clementis octavi circa Hieronymianam editionem.* Londini, imp. Job. Dunmore, 1678, in-12, 122 p.

4977. James (G.-P.-R.). *The smuggler.* Leipzig, Tauchnitz, 1845, in-12, 456 p.

4978. Jamieson (John). *An etymological dictionary of the scottisch language.* Edinburgh, Archibald Constable, 1818, in-8, 1 volume non paginé.

4979. Jamin (le R. P. dom Nicolas). *Pensées théologiques relatives aux erreurs du temps...* Bruxelles, Sterstevens, 1772, in-12, 395 p., table.

22

4980. **Jamin** (le R. P. dom Nicolas). *Traité de la lecture chrétienne.* Paris, J.-Fr. Bastien, 1774, in-12, xxiv-404 p.

4981. **Jamison** (D.-F.). *Bertrand du Guesclin et son époque,*
traduit de l'anglais... par J. Baissac. Paris, J. Rothschild,
1866, in-8, vii-586 p. .

4982. **Janet** (Paul). *Les causes finales.* Paris, G. Baillière,
1876, in-8, 747 p.

4983. **Janin** (Jules). *Histoire de la littérature dramatique.* Paris, M. Lévy, 1854-1855, in-12, 4 vol.

4984. **J annaut.** *Guide de l'inventeur et du fabricant.* Bordeaux, P. Chaumas, 1859, in-8, vi-122 p.

4985. **Jannet** (Abel). *Théâtre et poésies,* 1re et 2e parties. Angoulême, chez tous les libraires, 1857, in-12, 2 vol.

4986. **Jansen** (Corneille). *Augustinus seu doctrina sancti
Augustini de humanæ nature sanitate...* Rothomagi, Joan.
et Davidis Berthelin, 1652, in-fol., 3 tomes en 1 vol.

4987. —— *Cornelii Jansenii... tetrateuchus, sive commentarius in sancta Jesu-Christi evangelia...* Lugduni, Bartholomœum Martin, 1703, in-4, 586 p. avec index.

4988. —— *Pentateuchus vive commentarius in quinque libros
Moysis.* Parisiis, Ioannem Iost, 1649, in-4, 408 p., index.

4989. —— *Analecta in Proverbia, Ecclesiasten, Sapientiam,
Habacuc, Sophoniam.* 1644, in-4, 190 p., index.

4990. —— *Enchiridion continens erroris Massiliensium et
opinionis quorumdam recentiorum* παραλληλον *et stateram...*
Lovani, viduæ Jacobi Gravii, 1647, in-12, 252 p., index.

4991. **Jaquelot** (le pasteur). *Sermons prononcez devant sa
majesté le roi de Prusse.* Genève, Emanuel de Villard, 1758,
in-12, 2 vol.

4992. **Jard** (le P.). *Sermons.* Paris, Saillant, 1768, in-12, 4 vol.

4993. **Jarrige** (Pierre). *Les jésuites mis sur l'échafaud.* Leide,
chez les héritiers de Jean Nicolas, 1648, in-12, 132-147 p.

4994. **Jarrige** (le père Joseph). *Le bon catholique aux pieds
des autels.* [Paris, Denis Thierry-Marchand, 1651], in-4, 512 p.

4995. **Jarrige** (Pierre de). *Journal historique (1560-1574),* publié par H. B. de Montégut. Angoulême, F. Goumard, 1868,
in-8, xxiii-128 p.

4996. **Jase** (Ulric). *De verborum obligationibus lectura.* In-8, 1005 p. avec index.

4997. **Jasmin.** *Maltro l'innoucento,* poèmo en très paouzos. Agen, imp. P. Noubell, 1845, in-8, 63 p.

4998. **Jaubert** (le comte). *Glossaire du centre de la France;* — *supplément.* Paris, Chaix, 1864-69, in-8, 2 vol.

4999. **Jaupitre,** dit d'Estiolles. *Les stigmates de Jésus-Christ crucifié, peinctes au saint suaire.* Paris, 1609, in-18, 597 p.

5000. **Jay** (Aimé). *De la comptabilité dans les chemins de fer français.* Paris, Gauthier-Villars, 1872, in-8, 2 brochures.

5001. **Jaybert** (Léon). *Recherches historiques sur les actes de sauvetage.* Paris, imp. Poupart-Davyl, 1862, in-8, 79 p.

5002. **Jean,** évêque de Rochester. *De potestate papæ in rebus temporalibus.* Londini, apud Joannem Billium, 1614, in-4, 1113 pages.

5003. **Jean.** *De veritate corporis et sanguinis Christi in eucharistia.* Coloniæ, Petrum Quentell, 1527, in-4, index, 298 fol.

5004. **Jean-Baptiste de Constance.** *Le pastoral de saint Charles Borromée...* trad. par le père Edme Cloyseault... Lyon, Jean Certe, 1697, in-8, 644 p.

5005. **Jean d'Avila.** *Œuvres...* de la traduction de monsieur Arnault d'Andilly. Paris, Pierre Le Petit, 1673, in-fol., table, 761 p., table.

5006. **Jean Climaque** (saint). *Opera omnia, interprete Matthæo Radero, S. J.* (grec-latin). Lutetiæ Parisiorum, sumptibus S. Cramoisy, 1633, in-fol., préliminaires, 503 p., index.

5007. —— *L'échelle sainte,* [traduit du grec en français par M. Arnauld d'Andilly]. Paris, P. Lepetit, 1657, in-8, 875 p. avec table.

5008. **Jean Damascène** (saint). *Opera omnia quæ extant... opera et studio P. Michaelis Lequien.* (Grec-latin.) (Présent le tome I). Parisiis, apud J.-B. Delespine, 1712, in-fol., 1 vol.

5009. —— Τοῦ ἁγίου Ἰωαννοῦ τοῦ Δαμασχήνου λογοί. Romæ, Stephanum Nicolinum Sabiensem, 1553, in-8, 271 p.

5010. **Jean de La Croix** (le bienheureux). *Les œuvres spirituelles...* traduction nouvelle par Jean Maillard. Paris, Louis Guérin, 1694, in-4, 594 p. avec table.

5011. **Jean de Portugal.** *De spiritu sancto tomi dúö...* Co-
nimbricæ, ex officina Didaci Gomez de Lovreyro, 1644, in-fol.,
2 volumes.

5012. **Jean de Troyes.** *Chronique scandaleuse : histoire de
Louis XI.* (Collection Michaud, t. IV ; collection universelle,
t. XIII, et collection Buchon.)

5013. **Jean Philippi.** *Mémoires.* (Collection Michaud, t. VIII;
collection universelle, t. XLVI, et collection Buchon.)

5014. **Jeannin** (président). *Négociations (1598-1609).* (Collection Michaud, t. XVIII, et collection Buchon.)

5015. **Jeannotte-Bozérian** (J.). *Pierre de Ronsard.* Vendôme, Devaure-Henrion, 1863, in-8, 69 p.

5016. **Jehan** (de Saint-Clavien). *Dictionnaire de chimie et de
minéralogie.* Paris-Montrouge, Migne, 1851, in-4, 1660 col.

5017. —— *Dictionnaire de botanique.* Paris-Montrouge, J.-P.
Migne, 1851, in-4, 1516 col.

5018. —— *Dictionnaire d'astronomie, de physique et de météorologie.* Paris-Montrouge, l'abbé Migne, 1850, in-4, 1560 col.

5019. **Jérémie.** *Œuvres du prophète Jérémie,* traduites de
l'hébreu en vers et prose par A. Savary. Paris, Hᵗᵉ Védrenne,
1855, in-8, xvi-328 p.

5020. **Jérémie,** patriarche de Constantinople. *Censura orien-
talis ecclesiæ de præcipuis nostri sæculi hæreticorum dogmatibus.* Coloniæ, Maternum Cholinum, 1582, in-8, 417 p.

5021. **Jérome** (saint). *Divina bibliotheca... studio ac labore
J. Martianay et A. Pouget...* Parisiis, apud Joannem Anisson, 1693, in-fol., 5 vol.

5022. —— *Epistolæ et libri contra hæreticos...* Venetiis, sumpt.
Andræ de Toresanis de Asula, 1488, in-fol. non paginé.

5023. —— *Lettres,* traduites en français par dom Guillaume
Roussel... Paris, Roulland, 1713, in-8, 3 vol.

5024. —— *Liber epistolarum sancti Hieronimi primæ partis.*
(Sans lieu ni date), éd. du XVIᵉ siècle, in-fol. non paginé.

5025. —— *Traité des vanités du siècle,* traduction de son commentaire sur le livre de l'*Ecclésiaste,* par dom Jean Martianay... Paris, veuve d'Antoine Lambin, 1715, in-12, 435 p.
avec table.

5026. **Jérosme** (le R. P.). *Bibliothèque ascétique.* Paris, Guillaume Desprez, 1769, in-12, 5 vol.

5027. **Jerningham.** *Les funérailles d'Arabet, religieux de La Trappe,* poëme traduit de l'anglais par M. Peyron. [174.?] in-12, 22 pages.

5028. *Jésuites (les) marchands, usuriers, usurpateurs, et leurs cruautés dans l'ancien et le nouveau continent.* La Haye, Vaillant, 1759, in-12, viii-388 p.

5029. **Joachim** (l'abbé). *Liber concordiæ novi ac veteris testamenti.* Venetiis, Simonem de Luere, 1519, in-4, 135 fol.

5030. **Joanne** (Adolphe). *Dictionnaire géographique, administratif, postal... de la France, de l'Algérie et des colonies.* Paris, Hachette, 1872, in-8, clxxxviii-2551-18 p.

5031. —— *Géographie de la Charente-Inférieure.* Paris, Hachette et Cⁱᵉ, 1877, in-8, 62 p. et carte.

5032. **Joinville** (Jean, sire de). *Histoire de saint Louis, suivie du Credo et de la lettre à Louis X...* publiée par M. Natalis de Wailly, Paris, veuve G. Renouard, 1868, in-8, xliii-410 p.

5033. —— *Œuvres, comprenant l'histoire de saint Louis, le Credo et la lettre à Louis X.* Paris, A. Le Clère, 1868, in-8, xxxii-576 p.

5034. —— *Mémoires ; histoire de saint Louis.* (Collection Michaud, t. I, et collection universelle, t. I et II.)

5035. **Joli** (Claude), évêque et comte d'Agen. *Œuvres mêlées.* Paris, Jean de Nully, 1702, in-12, table, 496 p., table.

5036. —— *Prônes... pour tous les dimanches de l'année.* Paris, Jean de Nully, 1702, in-12, 4 vol.

5037. —— *Prônes sur différents sujets de morale...* Paris, Edme Couterot, 1698-1699, in-12, 4 vol.

5038. **Jolibois** (Eugène). *Discours prononcé le 24 septembre 1882 au banquet de Gemozac.* Saintes, imp. Orliaguet, 1882, in-32, 33 p.

5039. **Joliet** (Charles). *La société des gens de lettres.* Paris, Alp. Lemerre, 1868, in-18, 36 p.

5040. **Joliot** (J.-F.). *Le sacramentaire des pasteurs.* Paris, de Nully, 1709, in-12, 4 vol.

5041. **Joly** (Charles). *Le maréchal Davoust, prince d'Eckmuhl.* Auxerre, imp. G. Perriquet, 1864, in-8, 158 p.

5042. [**Joly** (Claude)]. *De reformandis horis canonicis.* 1644, in-18, 133-31 p.

5043. **Joly** (Claude). *Prônes.* Avignon, aux dépens de la société, 1741, in-12, 4 vol.

5044. **Joly** (Guy). *Mémoires.* (Collection Michaud, t. XXVI.)

5045. **Joly** (le P. Joseph-Romain). *Conférences pour servir à l'instruction du peuple.* Paris, Claude Hérissant, 1768, in-8, 6 volumes.

5046. **Joly de Choin,** (Louis-Albert). évêque de Toulon. *Instructions sur le rituel...* Lyon, frères Périsse, 1780, in-4, 3 volumes.

5047. [**Joly de Fleury** (l'abbé)]. *Paraphrase et explication des quatre évangiles réunis en un seul.* Paris, Vincent, 1754, in-12, 3 vol.

5048. **Jônain** (Pierre-Abraham). *A ma femme,* poésie. Bordeaux, typ. Lavertujon, 1857, in-12, 4 p.

5049. —— *Articles divers.* Bordeaux, Chaumas-Gayet, 1844, in-12.

5050. —— *Auffrédi,* drame en cinq actes, à années d'intervalle. Royan, Billaud, 1877, in-32, 15 pages.

5051. —— *Deux fariboles,* scènes en patois saintongeais. Marennes, Florentin-Blanchard, 1872, in-8, 14 p.

5052. —— *Dictionnaire du patois saintongeais.* Royan, chez l'auteur, 1869, in-8, 432 p.

5053. —— *Edifice civil et politique de la France.* Royan, imp. Billaud, 1877, in-folio plano.

5054. —— *Epitre à Burdigala, à propos du livre sur les Bordelais en 1845, des réponses à ce livre et de beaucoup d'autres brochures.* Bordeaux, Cruzel, 1845, in-8, 8 pages.

5055. —— *Essai dē grammaire universelle.* Paris, Tardieu, 1858, in-8, 98 p.

5056. —— *L'évangile universel ou les paroles de Jésus-Christ,* traduction nouvelle par P. Jónain. Paris, Chamerot, 1863, in-12, xxix-66 p.

5057. —— *Fables poétiques.* Paris, Bargeais, 1823, in-12, 72 p.

5058. —— *Italiam ! ad Leonem Carropinum... epistola.* Burdigalæ, typis Delmas, in-8, 4 pages.

5059. **Jônain** (Pierre-Abraham). *L'amitié.* Bordeaux, imp. Gounouilhou, 1858, in-8, 1 page.

5060. —— *La botanique pour tous.* Bordeaux, imp. Lafargue, 1855, in-8, 12 p.

5061. —— *La Seudre, par un riverain,* paysages et contes en prose et en vers. Marennes, imp. Florentin-Blanchard, 1872, in-8, 61 pages.

5062. —— *L'école rurale. Belles exemples recueillies par un vieil instituteur.* Royan, 1880, in-18, 64 pages.

5063. —— *Légendes de Pontaillac,* poésie. Paris, imp. Toinon, 1864, in-12, 11 pages.

5064. —— *L'histoire de France en couplets.* Royan, A. Barre 1871, in-8, 120 p.

5065. —— *Les Kikajons de Jonas,* et notice sur l'auteur par Victor Billaud. Saint-Jean d'Angély, Lemarié, 1875, in-8, 31 p.

5066. —— *Mappemonde grammaticale ou grammaire graphique universelle.* Royan, imp. Florentin-Blanchard, 1876, in-8 oblong, 4 f.

5067. ——*Médaillons acrostiches en l'honneur des principaux écrivains.* Royan, imp. Barre, 1869, in-8, 40 p.

5068. —— *Notice historique sur la commune de Gemozac par un indigène,* d'après les mémoires du curé Pouzaux et d'autres manuscrits. Saint-Jean d'Angély, Lemarié, 1876, in-8, 142 pages.

5069. —— *Notice populaire sur Bernard Palissy, suivie d'un aperçu de ses écrits et de ses santonismes et d'une complainte sur sa vie.* Paris, Chamerot, 1864, in-12, 48 p.

5070. —— *Outre-tombe,* poésies à Octave Giraud. Saintes, typ. Amaudry, 1866, in-8, 4 p.

5071. —— *Pontaillac,* ballade. In-8, 8 p.

5072. —— *Portefeuille d'un penseur.* Royan, imp. Florentin-Blanchard, in-8, 3 p.

5073. —— *Proposition d'un canal navigable par la Seudre de Saujon à Chadenier et de Chadenier à Mortagne-sur-Gironde.* Bordeaux, imp. Suwerinck, 1854, in-12, 12 p.

5074. **Jonain** (Pierre-Abraham). *Suzac et Valérie*, légende santone. Paris, Chamerot, 1863, in-12, 36 p.

5075. —— *Tétralogue électoral.* Saintes, imp. Nivelleau, 1831, in-8, 14 pages.

5076. —— *Trilogie de vivants. Centenaire du 3 juillet 1878. Décès de J.-J. Rousseau.* Saintes, imp. A. Gay, 1878, in-12, 8 pages.

5077. —— et Victor BILLAUD. *Brises santones.* Saint-Jean d'Angély, Lemarié, 1876, in-12, 158-3 p.

5078. **Jonas,** évêque d'Arles. *Libri III de cultu imaginum...* Antuerpiæ, officina Christophori Plantini, 1565, in-32, 208 p.

5079. **Jonathan Ben Uziel.** *Targvm sev paraphrasis caldaica quæ etiam syriaca dicitur.* Parisiis, Martinum Iuuenem, 1556, in-8, 173 p.

5080. **Jonveaux** (Emile). *Histoire de trois potiers célèbres.* Paris, Hachette, 1874, in-12, 278 p.

5081. **Jordan** (Raimond). *Opera omnia.* Parisiis, Jacobum Quesnel, 1654, in-4.

5082. **Jornandès.** *De la succession des royaumes et des temps, et de l'origine et des actes des Goths.* Paris, Panckoucke, 1842, in-8, xvj-444 p.

5083. **Josephe** (Fl.). *Omnia quæ extant opera.* Lugduni, Seb. Gryphius, 1539, in-8, index, 552 p.

5084. —— *Operum tomvs primvs... interprete Sigismvndo Gelenio.* Lvgdvni, apud Anton. Vincentivm, 1557, in-18,695p.

5085. —— *Des antiquités judaïques,* revue et corrigée sur le grec par Gilb. Genebrard (Le titre manque.) Paris, imp. Jean du Carroy, 1626, in-fol., 803 p. avec table.

5086. —— *Guerre et captivité des Juifs, martyre des Machabées, vie de Josephe,* revue et corrigée sur le grec par Gilb. Genebrard. Paris, Jean du Carroy, 1626, in-fol., 528 p. avec table.

5087. —— *Histoire de la guerre des Juifs... Réponse à Appion...* par Flavius Josephe, et sa vie écrite par lui-même... traduit du grec par M. Arnauld d'Andilly. Paris, Pierre Le Petit, 1668, in-fol., 520 p. et table.

5088. **Jouannet** (F.). *Eloge d'Elie Vinet*... Périgueux, F. Dupont, 1816, in-8, 87 p.

5089. —— *Dissertation sur quelques antiquités découvertes (à Bordeaux).* Bordeaux, 1832, in-8, 39 p. avec planches.

5090. —— *Notice historique sur Cyprien-Prosper Brard, ingénieur civil des mines.* Périgueux, imp. Dupont, 1839, in-8, 31 p. avec portrait.

5091. —— *Notice sur l'église de Sainte-Croix, de Bordeaux.* Bordeaux, imp. Brossier, in-8, 1824, 30 p. avec planches.

5092. —— *Notice sur quelques produits naturels des landes de la Gironde.* Bordeaux, 1822, in-8, 23 p.

5093. [**Joubert** (l'abbé François)]. *Commentaire sur les XII petits prophètes.* Avignon, Alexandre Girard, 1754-1759, in-12, 6 volumes.

5094. —— *Explication des principales prophéties de Jérémie, d'Ezéchiel et de Daniel.* Avignon, Alexandre Girard, 1749, in-12, 5 vol.

5095. **Joubert-Cissé**. *Poëme sur le désastre de Montbernage, faubourg de Poitiers.* Poitiers, imp. de Catineau, 1804, in-8, 15 pages.

5096. [**Joudon** (J.-B.)]. *Guide du voyageur aux bains de Bagnères, Barèges, Saint-Sauveur et Cauterets.* Paris, Le Rouge, in-12, XII-324 p.

5097. **Jouet** (Laurent). *La jurisprudence du palais réduite en maximes...* Paris, Jean Guignard, 1676, in-4, 462 p. table.

5098. **Jouin** (Henri). *La sculpture en Europe.* Paris, E. Plon, 1879, in-8, 265 p.

5099. **Jourdain** (Charles). *Histoire de l'université de Paris au XVIIe et au XVIIIe siècle. — Index chronologicus.* Paris, L. Hachette et Cie, 1862, petit in-fol., 6 livraisons.

5100. —— *La philosophie de saint Thomas d'Aquin.* Paris, Hachette, 1858, in-8, 2 vol.

5101. —— *Rapport sur l'organisation et |les progrès de l'instruction publique en France.* Paris, imp. impériale, 1867, in-8, II-228 p.

5102. **Jourdain** (Charles). *Recherches critiques sur l'âge et l'origine des traductions latines d'Aristote.* Paris, Fantin et Cie, 1819, in-8, 532 pages.

5103. **Jourdan** (Jules). *Le rapide, méthode facile pour apprendre l'écriture...* 2e partie. Paris, Delagrave, 1880, in-8, 136 pages.

5104. **Jourdan** (J.-B.-E.). *Ephémérides historiques de La Rochelle.* La Rochelle, A. Siret, 1861-1871, in-8, 2 vol.

5105. —— *Essai historique sur les vignes et les vins d'Aunis.* La Rochelle, typ. Siret, 1866, in-8, 32 p.

5106. **Jourdan** (Louis). *Les femmes devant l'échafaud.* Paris, Ballay, 1862, in-12, 317 p.

5107. **Journiac de Saint-Méard**, M^{se} de FAUSSE-LENDRY, l'abbé SICARD, Gabriel-Aimé JOURDAN. *Mémoires sur les journées de septembre 1792...* (Voir collection Barrière). Paris, Baudouin frères, 1823, in-8, 372 p.

5108. **Journiac Saint-Méard**. *Mon agonie de trente-huit heures.* Paris, Desenne, 1792, in-8, 61 p.

5109. *Journal d'agriculture pratique et de jardinage, suite de la Maison rustique.* (Voir *Maison rustique.*)

5110. *Journal de botanique, appliquée à l'agriculture, à la pharmacie, à la médecine et aux arts.* Paris, Eymery, 1813, in-8, 2 vol.

5111. *Journal de l'agricutture, de la ferme et des maisons de campagnes,* fondé et dirigé par J.-A. Barral. Paris, au bureau du journal, 1869-1879, 10 années (incomplet).

5112. *Journal de la société impériale et centrale d'horticulture.* Paris, Ve Bouchard-Huzard, 1855-1865, in-8, 11 vol.

5113. *Journal de l'instruction publique du Canada.* Montréal, imp. Senecal, 1857-1870, in-4, 14 vol.

5114. *Journal de Paris.* Paris, imp. Corancez, an VII-1808, in-4, 59 volumes.

5115. *Journal de Saintonge et d'Angoumois,* 1787-1788, in-8, 2 volumes. (Voir *Affiches*).

5116. *Journal des artistes et des amateurs.* Paris, Guyot de Fère, 1827 à 1832, in-8, 10 vol.

5117. *Journal des débats et des décrets*. Paris, 1791, messidor an VI, 109 volumes.

5118. *Journal des économistes*. Paris, Guillaumin, 1865-1871, in-8, 31 vol. 21 livraisons.

5119. *Journal des états généraux, convoqués le 27 avril 1789...* Paris, Devaux, 1789, in-8, 19 volumes.

5120. *Journal du département de la Charente-Inférieure (1813-1816)*. La Rochelle, Mareschal, 1813-1816, in-8, 67 nos.

5121. *Journal d'un bourgeois de Paris sous le règne de Charles VII*. (Collection Michaud, t. III, et collection Buchon.)

5122. *Journal d'un bourgeois de Paris (1409-1422)*. (Collection Michaud, t. II, et collection Buchon.)

5123. *Journal d'un bourgeois de Paris sous le règne de François premier (1515-1536)*. (Soc. de l'histoire de France). Paris, J. Renouard, 1854, in-8, xx-492 p.

5124. *Journal littéraire, d'affiches, annonces et avis divers de Saintes*, Saintes, imp. Hus, 1836-1837, in-8, 3 nos.

5125. *Journal officiel de la Commune*. Paris, V. Brunel, 1871, in-4, 655 p.

5126. *Journal patriotique et littéraire de Saintes et du département de la Charente-Inférieure* (présent les numéros II à XLVIII). Saint-Jean d'Angély, imp. J.-B. Josserand, 1792, in-4, 5-192 p.

5127. *Journal politique et littéraire de Saintes*. Saintes, imp. Hus, 1810, in-8, 1 vol. (incomplet).

5128. *Journal professionnel d'un maître de pension au XVIIIe siècle*, par Victor Advielle. Pont-l'Évêque, imp. C. Delahais, 1868, in-12, 37 p.

5129. [**Jousse** (Daniel)]. *Commentaire sur l'édit du mois d'avril 1695 concernant la juridiction ecclésiastique*. Paris, Jeure père, 1770, in-12, 2 vol.

5130. —— *Nouveau commentaire sur les ordonnances du mois d'août 1669 et mars 1673... sur l'édit du mois de mars 1673 touchant les épices... Item... sur l'ordonnance du commerce du mois de mars 1673*. Paris, Debure, 1761, in-12, xii-240 p., xii-336 p.

5131. **Jousse.** *Nouveau commentaire sur l'ordonnance crimi-nelle du mois d'août 1670...* Paris, Debure, 1777, in-12, 2 vol.

5132. —— *Nouveau commentaire sur l'ordonnance civile du mois d'avril 1667.* Paris, Debure, 1769, in-12, 4 vol.

5133. [——] *Traité de la juridiction volontaire et contentieuse des officieux et autres juges d'église.* Paris, Debure, 1769, in-12, xix-520 p.

5134. —— *Traité du gouvernement spirituel et temporel des paroisses...* Paris, Debure, 1773, in-12, 584 p.

5135. **Joussemet** (Ch.-L.). *Mémoire sur l'ancienne configura-tion du littoral Bas-Poitevin et sur ses habitants, 1755.* Niort, Clouzot, 1876; in-8, xxvii-22 p.

5136. **Jouvion.** *Une révolution communale en 1294.* Montpel-lier, Martel, 1876, in-8, 53 p.

5137. **Jouy** (Louis-François de). *Principes et usages concer-nant les dixmes.* Paris, Durand, 1751, in-12, table, 367 p.

5138. **Jove** (Paul). *Illustrium virorum vitæ.* Basileæ, H. et P. Pernam, 1567, in-12, 2 vol.

5139. —— *Histoire... sur les choses faictes et avenues de son temps en toutes les parties du monde,* traduictes du latin en français... par Denis Sauvage. Paris, G. Buon, 1581, in-8, 2 vol. en un.

5140. **Jovellanos** (Melchor-Gaspar de). *Delinqüente honrado, drama en prosa.* (Voir le vol. Cadalso, Noches lugubres).

5141. *Jubilé de l'année sainte 1826 pour le diocèse de La Ro-chelle. — Mandement de Mgr l'évêque de La Rochelle. — Prières.* La Rochelle, Pavie, 1826, in-12, 25-20-17-32 p.

5142. **Jubinal** (A.). *Une victime de Boileau, ou réponse de l'au-teur du Jonas à l'auteur des satires.* Paris, imp. de E. Don-naud, 1873, in-8, 16 p.

5143. **Juénin** (Gaspard le P.). *Theologia redacta in compen-dium.* Parisiis, typ. Cl. Rigaud, 1717, in-12, 675 p.

5144. —— *Théorie et pratique des sacremens, des censures, des monitoires et des irrégularités.* Paris, Jean-Thomas Hérissant, 1761, in-12, 3 vol.

5145. *Jugement doctrinal de la faculté de théologie de Paris sur un livre qui a pour titre : Histoire du peuple de Dieu...* (Sans lieu ni nom), 1762, in-12, 3 vol.

5146. *Jugement du tribunal civil de Saintes dans l'affaire de MM. Petit et Robert contre M. le baron Eschassériaux (17 avril 1866).* Saintes, typ. Mme Amaudry, 1866, in-4, 2 p.

5147. *Jugement impartial et sério-comi-critique d'un manant... sur le pain de pomme de terre pur.* Paris, veuve Vallat-La-Chapelle, 1780, in-8, 30 p.

5148. **Juigné-Broissinière** (D. de). *Dictionnaire théologique, historique...* Paris, Guillaume Le Bé, 1647, in-4, 2537 p.

5149. **Juillet** (Lucien). *Giraud le faux monnayeur.* Pons, imp. de Noël Texier, 1875, in-4, 44 p.

5150. **Julien** (Stanislas). *Choix de contes et nouvelles,* traduit du chinois par Théodore Pavie. Paris, lib. Benjamin Duprat, 1839, in-8, IV-299 p.

5151. **Julien-Laferrière** (l'abbé L.) et Georges Musset. *L'art en Saintonge et en Aunis.* Toulouse, Hébrail, Durand et Delpuech, 1879-1881, in-4, 8 fascicules.

5152. **Jullien** (C.-E.). *Traité élémentaire du calorique latent.* Paris, imp. veuve Bouchard-Huzard, 1853, in-4, VII-48 p.

5153. **Junquières.** *Caquet-Bonbec, la poule à ma tante,* poëme badin. 1763, in-8, 76 p.

5154. [**Jurieu** (Pierre)]. *Apologie pour la morale des réformez.* Quevilly, Jean Ducas, 1675, in-8, 544 p.

5155. —— *L'esprit de M. Arnauld.* Deventer, chez les héritiers de Jean Colombiers, 1684, in-12, 2 vol.

5156. —— *Le vray système de l'église.* (Le titre manque.) In-8, 652 p. avec table.

5157. *Juris civilis enchiridium. Gaii et Justiani institutiones.* Paris, A. Gobelet, 1836, in-12, XIV-268 p.

1558. **Jussieu** (Adrien de). *Cours élémentaire d'histoire naturelle. Botanique.* Paris, V^{or} Masson, 1860, in-8, VIII-561 p.

5159. **Juste** (l'abbé). *Discours prononcé à la distribution des prix de l'institution diocésaine de Pons, le 1er août 1861.* Cognac, imp. Durosier, 1861, in-8, 14 pages.

5160. —— *Discours prononcé à la distribution des prix du collège de Saintes.* Saintes, typ. Lacroix, 1861, in-12, 8 p.

5161. *Juste balance ou fidèle appréciation du vrai sens des écritures dans les matières de controverses,* traduit du latin par monseigneur Villecourt. La Rochelle, Boulet, 1845, in-12, 211 pages.

5162. **Justel** (Christofle). *Histoire généalogique de la maison d'Auvergne...* Paris, veuve Math. du Puy, 1645, in-fol., 250-324 pages.

5463. —— *Histoire généalogique de la maison de Turenne...* Paris, veuve Matth. du Puy, 1645, in-fol., 85-156 p.

5164. *Justification des privilèges des réguliers...* La Flèche, imp. Gervais Laboe, 1658, in-4, 721 p. avec table.

5165. **Justin** (saint). *Opera* (grec et latin). *Item Athenagoræ Atheniensis. Theophili Antiocheni...* (Notes manuscrites). Parisiis, Cl. Sonnius, 1626, in-fol., 539-56 p. avec index.

5166. —— ζῆνα... καὶ λόγοσ. Lutetiæ [Robert Estienne Ier], 1551, in-fol., 311 p. (Notes marginales).

5167. —— *Opera omnia... Joachimo Perionio interprete...* Parisiis, apud Jacobum Dupuys, 1554, in-fol, 127-67-91-80-49 p. avec index.

5168. —— *Les œuvres mises de grec en françois*, par Jan de Maumont. Paris, imp. de M. de Vascosan, 1554, in-fol., 297 p.

5169. —— *Seconde apologie pour les chrétiens...* Paris, veuve Charles Savreux, 1670, in-12, 184 p.

5170. **Justin.** *Histoire universelle extraite de Trogue Pompée.* traduction par Jules Pierrot et E. Boitard. Paris, Panckoucke, 1833, in-8, 2 vol,

5171. **Justinien** (l'empereur). *Novellæ constitutiones. Justiniani edicta...* Typ. Henricus Stephanus, 1558, in-fol., 529 p.

5172. —— *Institutionum juris Justiniani libri IV.* Avec les notes de M. Denys Godefroy. (Titre manque). Paris, Antoine Vitray, 1627, in-fol, 1982 p.

5173. —— *Institutionum Justiniani... libri quatuor...* [et] *Gaii institutiones.* Lugduni, 1575, in-fol., 556 col., table.

5174. —— *Imperatoris Justiniani institutionum libri IV... quibus adjunximus leges XII... Ulpiani tit. XXIX... Gaii libros II institut... titulos tractatusque jur. civ. studio in primis necessarios. Studio Crispini et J.Pacii.* Amstelædami, Johan et Cornel. Blaev, 1642, in-18, 618 p., table.

5175. —— *Corpus juris civilis romani cum notis integris*

Dionysii Gothofredi... Coloniæ Munatianæ, 1756, in-folio, 2 volumes.

5176. **Justinien.** Institutes. Nouvelle traduction... par M. Cl.-Jos. de Ferrière. Paris, veuve Savoye, 1770, in-12, 6 vol.

5177. —— Codicis sacratissimi D. N. imperat. Justiniani principis PP. Augusti repetitæ prælectionis libri XII cum Accursii commentariis. Coloniæ Allobrogum, Stephanus Gamonetus, 1612, in-fol., index, 2203 p.

5178. —— Institutiones Theophilo antecessore Græco interprete Imper. Justiniani institutionum libri IIII. Lyon, Paul Frellon, 1608, in-4, 4 volumes en un.

5179. **Justinien** (Augustin). Octaplus psalterii... (hébreu, chaldéen, grec, latin et arabe). (Sans frontispice.) Turini, Petrus Paulus Porrus Mediolanensis, 1516, in-fol., 1 vol.

5180. **Juvénal.** Satires, traduites par J. Dusaulx, édition revue et corrigée par J. Pierrot. Paris, Panckoucke, 1839, in-8, 2 volumes.

5181. **Juvénal** et PERSE. Les Satyres, de la traduction de M. de Martignac. Lyon, A.-H. Molin, 1787, in-12, 531 p.

5182. **Juvénal des Ursins** (Jean). Histoire de Charles VI, roi de France. (Collection Michaud, t. II.)

5183. **Juvenel de Carlencas.** Essais sur l'histoire des belles-lettres, des sciences et des arts. Lyon, Duplain, 1744, in-12, 2 volumes.

K

5184. Κανόνες τῶν ἀποστολῶν καὶ τῶν ἁγίων συνόδων. Apostolorum et sanctorum conciliorum decreta. Parisiis, Conradum Neobarium, 1540, in-4, 116 fol.

5185. **Keckermann** (Barthélemy). Systema logicæ tribus libris adornatum... Hanau, Guillaume Antoine, 1606, in-8, 648 pages.

5186. —— Præcognitorum logicorum tractatus III. Hanau, Guillaume Antoine, 1606, in-8, 268 p.

5187. **Kegel** (Philippe). *Zwolf geistliche Andachten, darinnen gar schone trostreche Gebete begriffen... durch Phillippum Kegelium...* Amsterdam, Joachim Nosche, 1677, in-32, 453 p., table.

5188. **Kemmerer** (le docteur). *Des ruches tuilées et de la culture des huîtres.* Saint-Martin (île de Ré), Lorgeoux, 1861, in-18, 24 p.

5189. —— *Histoire de l'île de Ré.* La Rochelle, typ. Mareschal, 1868, in-8, 2 vol.

5190. —— *Les fables de l'Océan.* Paris, Rouquette, 1879, in-8, 297 pages.

5191. —— *L'ostréiculture.* La Rochelle, typ. Mareschal, 1874, in-8, 15 pages.

5192. —— *Ostréiculture,* appendice. La Rochelle, typ. veuve Mareschal et E. Martin, 1876, in-12, 12 p.

5193. —— *Noms historiques des rues de Saint-Martin (île de Ré).* La Rochelle, typ. Mareschal, 1874, in-8, 15 p.

5194. **Kératry** (comte E. de). *L'élévation et la chûte de l'empereur Maximilien.* Paris, A. Lacroix; 1867, in-8, xx-372 p.

5195. **Kervigan** (Auréle). *L'Angleterre telle qu'elle est.* Paris, Ad. Le Clère et Cᵉ, 1860, in-12, 2 vol.

5196. **Kerviler** (René). *Le chancelier Pierre Seguier...* Paris, Didier et Cⁱᵉ, 1874, in-8, xv-672 p.

5197. —— *J. Ogier de Gombault, 1570-1666.* Paris, Aug. Aubry, 1876, in-8, 103 p.

5198. **Kheyam.** *Les quatrains,* traduits du persan par J.-B. Nicolas. Paris, imp. impériale, 1867, in-6, xv-229 p.

5199. **Kien** (Benjamin). *Œuvres littéraires.* Douai, imp. d'Adam d'Aubers, 1852, in-8, vi-778 p.

5200. **Kircher** (Le P. Athanase), *La Chine, illustrée de plusieurs monuments... avec un dictionnaire chinois et français...* traduit par J.-S. Dalquié. Amsterdam, chez J. Jansson, 1670, in-fol., xix-367 p. et table.

5201. **Kirsten** (Pierre). *Vitæ evangelistarum quatuor...* Breslæ, typis Arabicis, 1611, in-fol., 140-10 p.

2202. **Klopstock.** *Odes choisies traduites... accompagnées d'arguments et de notes,* par C. Diez. Paris, Hachette, 1861, in-12, 156 p.

5203. **Komarzewski** (De). *Coup d'œil rapide sur les causes réelles de la décadence de la Pologne.* Paris, Bertrand Pottier, 1807, in-8, 268 p.

5204. **Kornman.** *Mémoire en réponse au mémoire du sieur de Beaumarchais.* Paris, imprimeurs-libraires ordinaires de la ville, 1787, in-4, 38 p.

5205. —— *Mémoire sur une question d'adultère, de séduction et de diffamation pour le sieur Kornman.* 1787, in-8, 175 p.

5206. —— *Observations du sieur Kornman en réponse au mémoire de M. Lenoir.* Paris, imp. polytype, 1787, in-4, 42 p.

5207. **Kothen.** *Notes sur les monuments funéraires et héraldiques que l'on voit encore dans quelques unes des églises de Marseille.* Marseille, typ. Arnaud, 1868, in-8, 30 p.

5208. **Krumbhotz** (Christian). *Trost-Predigten aus den sonn- und Festtags-Evangelien.* Leipzig, apud Christian Liebezeit, 1712, in-4, 824-720 p. avec table.

5209. **Kurzweil** (Edouard). *Idée de la république de la Pologne et son état actuel...* Paris, Lacour, 1840, in-8, 286 p.

L

5210. **L. B. L. T.** *Lettre d'un théologien de Louvain à un docteur de Sorbonne touchant le sentiment de Mgr l'évêque de Meaux sur la charité.* Liège, imp. Henri Hoyoux, 1698, in-18, 72 p.

5211. **La Barre Duparcq** (Ed. de). *L'art militaire pendant les guerres de religion.* Paris, Ch. Tanera, 1864, in-8, 129 p.

5212. —— *Le bonheur à la guerre.* Paris, Ch. Tanera, 1865, in-8, 44 p.

5213. **Labarte** (Jules). *Inventaire du mobibier de Charles V.* Paris, imp. nationale, 1879, in-4, 423 p.

5214. **Labat** (F.-J.-B.). *Nouveau voyage aux isles de l'Amérique.* Paris, Th. Le Gras, 1722, in-12, 6 vol.

5215. **Labat** (J.-B.). *Etudes philosophiques et morales sur l'histoire de la musique.* Paris, J. Techener, 1852, in-8, 2 vol.

5216. **Labaume** (Eugène). *Histoire de la chûte de l'empire de Napoléon.* Paris, Anselin et Pochard, 1820, in-8, 2 vol.

5217. —— *Relation circonstanciée de la campagne de Russie, ornée des plans de la bataille de laMoskowa, du combat de Malo-Jaroslavetz et d'un état sommaire des forces de l'armée française pendant cette campagne.* Paris, G.-L.-F. Panckoucke, 1814, in-8, 427 p.

5218. **Labbe** (le P. Philippe). *Eloges historiques des rois de France.* Paris, G. Meturas, 1651, in-4, 742 p. avec table.

5219. —— *Nova bibliotheca manuscriptorum librorum.* Parisiis, ap. Seb. Cramoisy, 1657, in-fol., 2 vol.

5220. —— et COSSARD. *Sacrosancta concilia* et deux *Apparatus.* (Manque t. 16.) Lutetiæ Parisiorum, impensis societatis typographicæ, 1671, in-fol., 19 vol.

5221. **Labley de Billy.** *Histoire de l'université du comté de Bourgogne.* Paris, Fr. Scherff, 1814, in-4, 2 vol.

5222. **Labé** (Lovize). *Œuvres,* nouvelle édition, publiée par M. Edwin Tross et imprimée en caractères dits de civilité. Paris, Tross, 1871, in-8, viii-223 p.

5223. **Labeyrie** (P.). *Pyrale de la vigne.* Saintes, imp. Loychon, 1878, in-8, 16 p.

5224. **Labiche** (J.-B.). *Notice sur les dépôts littéraires et la révolution bibliographique de la fin du dernier siècle.* Paris, typog. A. Parent, 1880, in-8, 120 p.

5225. **La Bigotière** (René). *Du devoir des juges et de tous ceux qui sont dans les fonctions publiques.* Rennes, imp. Nicolas Audran, 1595, in-18, table, 320 p.

5226. **Labitte** (Ch.). *De la démocratie chez les prédicateurs de la ligue.* Paris, Joubert, 1841, in-8, lxxv-327 p.

5227. [**La Bletterie** (J.-P.-R. de)]. *Vie de l'empereur Julien.* Paris, Prault, 1735, in-18, xvi-526 p.

5228. **La Boissière** (le R. P. de). *Les sermons... pour le caresme...* Paris, Henry, 1730, in-12, 3 vol.

5229. —— *Les sermons... pour les festes des saints.* Paris, Henry, 1731, in-12, 2 vol.

5230. **La Boissière** (le R. P. de). *Les sermons... pour les principaux mystères de la religion.* Paris, Henry, 1730, in-12, table, 494 p.

5231. **Labonnefon** (H. de). *Leçons pratiques de civilité et de morale.* Paris, Ch. Delagrave, 1869, in-12, 95 p.

5232. —— *Nouvelle arithmétique théorique et pratique.* Paris, P. Dupont, 1870, in-12, iv-292 p.

5233. —— *Nouvelle petite morale en action.* Poitiers, Oudin, 1870, in-12, viii-178 p.

5234. —— *Pierre Valdey ou le bon fils.* Poitiers, Oudin, 1867, in-12, 375 p.

5235. **La Borde** (le R. P. de). *Conférences familières sur les dispositions nécessaires pour recevoir avec fruit le sacrement de pénitence.* Paris, les frères Estienne, 1757, in-12, iv-374 pages.

5236. —— *Principes sur l'essence, la distinction et les limites des deux puissances spirituelle et temporelle.* 1753, in-16, viii-98 pages.

5237. **Labostrie** (de). *La Charente-Inférieure pittoresque. Saintes.* Saintes, typ. Hus, 1862, in-18, 64 p.

5238. **Laboulaye** (Ch. de). *Dictionnaire des arts et manufactures, de l'agriculture, des mines. — Complément.* Paris, librairie du *Dictionnaire*, 1867-1872, in-4, 3 vol.

5239. **Laboulaye** (Edouard - René Lefebvre de). *Paris en Amérique.* Paris, Charpentier, 1863, in-12, 450 p.

5240. **Laboulaye** (Ed. de)., F. Passy, B. Faivre. *Les maux de la guerre et les bienfaits de la paix,* 3 discours. Paris, Pichon Lamy, in-12, 108 p.

5241. **La Bouillerie** (Mgr de). *Petits poëmes publiés... par un de ses disciples* (l'abbé Eug. Boyer). Bar-le-Duc, typ. des Célestins, 1875, in-18, 82 pages.

5242. **Labretonnière** (Emile). *Bernard Palissy,* ode. La Rochelle, typ. Siret, 1864, in-8, 15 p.

5243. —— *Cinq époques. Chroniques rochelaises.* Paris, L. Colas, 1847, in-8, 360 p.

5244. —— *La chasse aux papillons,* élégie. La Rochelle, typ. Siret, in-8, 7 p.

5245. —— *Le pacha et la gigogne,* conte oriental. La Rochelle, typ. de Siret, in-8, 8 p.

5246. **Labretonnière** (Emile). *Macédoine, souvenirs du quartier latin.* Paris, L. Marpon, 1863, in-8, 361 p.

5247. —— *Récits et apologues.* La Rochelle, typ. A Siret, 1866, in-8, 327 p.

5248. —— *Un petit souper.* La Rochelle, typ. Siret, 1856, in-12, 15 pages.

5249. **Labé.** *Controverse publique entre M. Labro, desservant de Pont-l'Abbé et M. Cambon, pasteur protestant à Marennes.* Saintes typ. Hus, 1839, in-8, 320 p.

5250. **Labrosse** (F.). *Prévision du temps. Manuel à l'usage des marins.* Paris, Arthus Bertrand, in-8. [186,], 94 p.

5251. **La Brosse** (Louis-Philippe). *Traité du baromètre.* Nancy, J.-R. Cusson, 1717, in-12, xxvii-220 p., 1 planche.

5252. **La Broue,** évêque de Mirepois (Pierre de). *Défense de la grâce efficace par elle-même.* Paris, Nyon, 1730, in-12, table, 454 p.

5253. [**La Broue** (Pierre de)]. *Première lettre pastorale de monseigneur l'évêque de Mirepoix aux nouveaux réunis de son diocèse.* Toulouse, imp. Guillaume-Louis Colomyés, 1702, in-4, 2 vol.

5254. **La Bruyère.** *Les caractères.* Tours, Alf. Mame, 1870, in-8, ix-403 p.

5255. —— *Œuvres*, nouvelle édition... augmentée de morceaux inédits par M. G. Servois. Paris, Hachette, 1865, in-8, 13 vol. et atlas.

5256. **La Caille** (l'abbé de). *Cours élémentaire et complet de mathématiques pures.* Paris, Courcier, an VII, in-8, 556 p. avec carte.

5257. —— *Tables synoptiques de calculs d'intérêts composés d'annuités et d'amortissements.* Dijon, imp. J. Marchand, 1868, in-4, xxxvii-570 p.

5258. [**La Calprenède** (de)]. *Cassandre.* Paris, Montalant, 1731, in-12, 10 vol.

5259. **La Chadenède** (l'abbé de). *Le christianisme démontré par les traditions catholiques.* Paris, bibliothèque universelle de la jeunesse, 1837, in-12, 2 vol.

5260. **La Chalotais** (Louis-René Caradeuc de). *Remarques sur un écrit intitulé : Compte rendu des constitutions des jésuites.* In-8, 175 p.

5261. **La Chambre** (Marin Cureau de). *Les charactères des passions.* Paris, P. Rocolet, 1648, in-4, 2 vol.

5262. —— *Nouvelles pensées sur les causes de la lumière, du débordement du Nil et de l'amour d'inclination.* Paris, imp. Rocolet, 1634, in-4, 151-17-112 p.

5263. [**La Chambre** (F. Ilharart de). *Traité de la véritable religion...* Paris, Hippolyte-Louis Guérin, 1737, in-12, 5 vol.

5264. La Chataignerai. *Plaidoyer pour Germain de La Chataignerai, évêque de Saintes — pour le chapitre de Saintes et Louis Laronde, adjudicataire des réparations à faire dans la cathédrale de Saintes* (3 mémoires). Saintes, P. Toussaint, 1779, in-4.

5265. **La Chastre** (de). *Mémoire du voyage du duc de Guise en Italie, etc.* (Collection Michaud, t. VIII.)

5266. **La Chatre** (comte de). *Mémoires sur la fin du règne de Louis XIII, etc.* (Collection Michaud, t. XXVII ; collection universelle, t. XL, et collection Buchon.)

5267. **La Chauvinière** (Léon de). *Défense des côtes. Barrages et torpilles sous-marines. Guerre d'Amérique,* traduit par M. L. de La Chauvinière. Paris, Arthus Bertrand, [186.,] in-8, 48 p., 5 planches.

5268. **Lachenaye-Desbois** (de). *Dictionnaire de la noblesse.* Paris, veuve Duchesne, 1770-1778, in-4, 12 vol.

5269. —— *Dictionnaire historique des mœurs, usages et coutumes des Français.* Paris, Vincent, 1767, in-12, 6 vol.

5270. **Lachèze** (Pierre). *Le retour des juifs ou l'accomplissement de tous les anciens prophètes.* Paris, Lagny, 1846, in-8, 588 pages.

5271. **La Colombière** (le père Claude). *Sermons prêchés devant son altesse royale la duchesse d'Yorck.* Lyon, Anisson, 1687, in-8, 5 vol.

5272. **Lacombe** (Ferdinand de). *Le château de Saint-Germain-en-Laye.* Paris, J. Dumaine, 1868, in-12, 152 p.

5273. [**Lacombe de Prézel** (Honoré)]. *Dictionnaire portatif de jurisprudence et de pratique...* Paris, Leclerc, 1763, in-12, 3 volumes.

5274. **Lacombe de Prezel**. *Dictionnaire iconologique, où introduction à la connaissance des peintures, sculptures, médailles, estampes, etc.* Paris, T. de Hansy, 1756, in-12, XXIV-309 p.

5275. **Lacombe** (Jacques). *Dictionnaire portatif des beaux-arts.* Paris, Hérissant, 1759, in-8, VIII-686 p.

5276. **La Condamine** (de). *Histoire de l'inoculation de la petite vérole...* Amsterdam, société typographique, 1773, in-12, VIII-530 pages.

5277. **Lacordaire** (le révérend père). *Lettres à des jeunes gens.* Paris, Charles Douniol, 1863, in-12, XXVI et 447 p.

5278. **Lacordaire** (A.-L.). *Notice sur l'origine et les travaux des manufactures de tapisserie et de tapis réunies aux Gobelins.* Paris, imp. Roret, 1852, in-fol., 78 p. et table.

5279. **La Coste** (F. de). *La loi électorale et le scrutin d'arrondissement.* Paris, Ch. Douniol, 1875, in-8, 27 p.

5280. **Lacoste** (l'abbé). *Discours sur ce sujet : Combien les sciences, les lettres et les arts peuvent être cultivées avec succès dans le département du Puy-de-Dôme?* Clermont, Landriot, 1819, in-8, XIII-96 p.

5281. —— *Observations sur les travaux qui doivent être faits pour la recherche des objets d'antiquité dans le département du Puy-de-Dôme.* Clermont, Thibaud-Landriot, 1824, in-8, XXXVII-172 pages.

5282. —— *Observations sur les volcans de l'Auvergne.* Clermont-Ferrand, veuve Delcros, an XI, in-8, 204-196 p.

5283. **Lacour** (P.). *Æloïm ou les dieux de Moïse.* Bordeaux, J. Teycheney, 1839, in-8, 2 vol.

5284. **Lacour** (Gabriel). *Tracé par la rive gauche de la Boutonne de la section du chemin de fer des Charentes, de Saint-Jean d'Angély à Niort.* La Rochelle, imp. de A. Siret, 1872, in-8, 8 pages.

5285. **Lacour** (Louis). *Annuaire du bibliophile.* Paris, Claudin, 1862-1863, in-12, 2 vol.

5286. **Lacretelle** (Ch.). *Dix années d'épreuves pendant la révolution.* Paris, A. Allouard, 1842, in-8, 402 p.

5287. —— *L'histoire de France pendant le XVIIIᵉ siècle.* Paris, Treuttel et Würtz, 1821-1826, in-8, 8 volumes.

5288. **Lacretelle** (Ch.). *Histoire de France depuis la Restau-ration.* Paris, Delaunay, 1829-1835, in-8, 4 vol.

5289. **Lacroix.** *Bibliographie des ingénieurs, des architectes et des chefs d'usines industrielles.* Paris, E. Lacroix, 1862, in-8, XII-186 p.

5290. **La Croix** (de). *Constitutions des principaux états de l'Europe et des Etats-Unis de l'Amérique...* Paris, Buisson, 1793, in-8, 5 vol.

5291. —— *Nouvelle méthode pour apprendre la géographie universelle.* Lyon, Jacques Lions, 1705, in-12, 5 vol.

5292. **Lacroix** (Claude de). *Le parfait ecclésiastique.* Paris' Pierre de Bresche, 1565, in-4, 640 p. avec table.

5293. **Lacroix** (Emeric de). *Emerici Crucei in Publii Papinii Statii sylvas commentarius ; accessit somnium Philoceltae, eiusdem poematium* (Voir Stace, 1618). Paris, sump. Th. Blaise, 1618, in-4, 112 p.

5294. **Lacroix** (Eugène). *Adieux à Rome ou notice sur la con-version d'un jeune homme écrite par lui-même.* Paris, L.-R. Delay, 1841, in-8, 32 p.

5295. —— *Atlas du département de la Charente-Inférieure, France cantonale — France communale.* Paris, V. Janson, 1864-1866, in-folio, 2 vol.

5296. —— *Le prosélyte sincère justifié.* Paris, L.-R. Delay, 1846, in-8, 75 p.

5297. —— *Notice sur le ministère et le départ de M. C. Boni-fas, pasteur de l'église chrétienne réformée de Grenoble.* Paris, L.-R. Delay, 1845, in-8, 23 p.

5298. **Lacroix** (S.-F.) *Elémens d'algèbre, à l'usage de l'école centrale des quatre nations.* Paris, Courcier, 1810, in-8, 360 p.

5299. —— *Elémens de géométrie...* Paris, Duprat, an VII, in-4, XLI-205 p. avec planches.

5300. **Lacroix** (Paul de.) *La fronde en Angoumois.* Paris, Dumoulin, 1863, in-18, 120 p.

5301. —— *Les gouverneurs de Cognac.* Nevers, typ. Bégat, 186., in-8, 28 p.

5302. **Lacrose** (V.). *Histoire du christianisme des Indes.* La Haye, aux dépens de la compagnie, 1758, in-12, 2 vol.

5303. **Lactance** (Firmian). *Opera quæ exstant cum selectis variorum commentariis opera et studio Servatii Gallœi.* Lud. Batavorum, apud Franciscum Hackium, 1660, in-8, 938 p. avec index.

5304. —— *Divinarum institutionum de ira Dei, de opificio Dei epitome in libros suos, liber acephalus...* Lugduni, apud Joanum Tornœsium, 1613, in-32, 785 p., avec index.

5305. **Lacurie** (l'abbé J.-L.). *Agrégation de la chapelle du collège de Saintes à l'église de Notre-Dame de Lorette.* Saintes, typ. Alex. Hus, 1854, in-8, 17 p.

5306. —— *Conseils pour l'entretien, la décoration et l'ameublement des églises.* La Rochelle, typ. Mme Drouineau, 1865, in-8, iv-75 p.

5307. —— *Dissertation sur l'entrevue de Philippe le Bel et de Bertrand de Got.* Saintes, Rose Scheffler, 1849, in-8, 62 p.

5308. —— *Histoire de l'abbaye de Maillezais.* Fontenay-le-Comte, E. Fillon, 1852, in-8, 593 pages.

5309. —— *Manuel du jeune archéologue.* Saint-Jean d'Angély, A. Durand, 1842, in-8, 124 p.

5310. —— *Monographie de la ville de Saintes.* Saintes, imp. Hus, in-4, 155 à 315 p.

5311. —— *Tableaux synoptiques de l'histoire de France.* Saint-Jean d'Angély, veuve Lacurie, 1828, in-fol., 10 tableaux.

5312. **Lacurie** (A.-F.). *Précis historique et statistique sur le département de la Charente-Inférieure.* Saint-Jean d'Angély, veuve Lacurie, 1834, in-8, 120 p., 16 tableaux.

5313. **Lacurne de Sainte-Palaye** (de). *Mémoires sur l'ancienne chevalerie.* Paris, veuve Duchesne, 1781, in-8, 3 vol.

5314. **Ladimir** (Jules). *La guerre, histoire complète des opérations militaires en Orient, pendant les années 1853 et 1854.* Paris, Renault, 1854, in-8, 315 pages.

5315. **Ladrey** (C.). *Etude sur le phosphore.* Paris, Savy, 1868, in-8, 102 p.

5316. —— *Des engrais propres à la vigne et de leur emploi.* Dijon, Loireau-Feuchot, 1856, in-8, 22 p.

5317. —— *La Bourgogne, revue œnologique et viticole.* Dijon, A. Maistre, 1860-1864, in-8, 5 vol.

5318. **Ladrey** (C.). *L'art de faire le vin.* Paris, F. Savy, 1871, in-12, 346 p.

5319. —— *Les établissements industriels et l'hygiène publique.* Paris, Savy, 1867, in-8, 136 p.

5320. —— *Météorologie agricole de la Côte-d'Or.* Dijon, imp. Jobard, 1857, in-8, 20 p.

5321. —— *Programme d'un cours de pharmacie.* Paris, Savy, 1868, in-12, 119 p.

5322. —— *Rapport général sur les causes d'infection de la rivière d'Ouche et les moyens d'y remédier.* Dijon, imp. Jobard, 1866, in-8, 40 p.

5323. —— *Rapport sur les allumettes hygiéniques et de sûreté.* Dijon, imp. Jobard, 1858, in-8, 8 p.

5324. —— *Recherches sur les formes cristallines et les propriétés chimiques et physiques de l'acide titanique et d'autres oxides isomorphes.* Dijon, imp. Loireau-Feuchot, 1854, in-8, 21 p.

5325. —— *Thèses de chimie et de physique.* Paris, imp. Chapelet, 1852, in-4, 68 p.

5326. **Ladvocat** (l'abbé). *Dictionnaire historique portatif.* Paris, Didot, 1758, in-8, 2 vol.

5327. **Ladvocat** (Louis-Fr.). *Nouveau système de philosophie établi sur la nature des choses connues par elles-mêmes.* Paris, Nicolas Le Breton, 1728, in-12, 2 vol.

5328. **Lafaille** (Germain de). *Annales de la ville de Toulouse.* Toulouse, Jérôme Posuël, 1687-1701, petit in-fol., 2 vol.

5329. —— *Traité de noblesse des capitouls de Toulouse.* Toulouse, J.-F. Forest (s. d.) in-4, iii-210 p.

5330. **La Fare** (marquis de). *Mémoires et réflexions sur les évènemens du règne de Louis XIV.* (Collection Michaud, tome XXXII).

5331. —— *Poésies choisies.* Paris, Herman, 1803, in-12, 55 p.

5332. **La Faudière** (Jules de). *Lettre à M. Cambon, ministre protestant à Marennes.* La Rochelle, typ. Boutet (1839), in-8, 28 p.

5333. **Lafaye.** *Dictionnaire des synonymes de la langue française.* Paris, Hachette, 1869-1865, in-8, lxxx-1106-336 p.

5334. **La Faye** (de). *Mémoire pour servir de suite aux recherches sur la préparation que les Romains donnoient à la chaux.* Paris, imp. royale, 1778, in-8, xiij-110-xviij p.

5335. —— *Recherches sur la préparation que les Romains donnoient à la chaux.* Paris, imp. royale, 1777, in-8, vi-83 p.

5336. **Lafayette** (Madame de). *La princesse de Clèves.* Paris, Aimé-Henry Charpentier, 1719, in-18, 209 pages.

5337. —— *Histoire de madame Henriette d'Angleterre. Mémoires de la cour de France pendant les années 1688-1689.* (Collection Michaud, tome XXXII).

Laferrière (l'abbé). Voir Julien-Laferrière, n° 5153.

5338. **Laferrière** (F.). *Cours de droit public et administratif...* Paris, Joubert, 1850, in-8, 2 vol.

5339. —— *Essai sur la réforme hypothécaire et sur le développement du crédit foncier.* Paris, Joubert, 1848, in-8, 65 p.

5340. —— *Histoire du droit français.* Paris, Joubert, 1836, in-8, xii-563 p.

5341. —— *Histoire du droit français.* Paris, Cosse, Cotillon, 1852-1858, in-8, 6 vol.

5342. **La Ferrière-Percy** (comte Hector de). *Notice biographique sur M. le marquis Charles-Henri-Gabriel de Frotté.* Caen, chez A. Hardel, 1859, in-8, 7 p.

5343. **Lafforgue** (P.). *Histoire de la ville d'Auch.* Auch, L.-A. Brun, 1851, in-8, 2 vol.

5344. —— *Journal de la comtesse de Sanzay (Marguerite de La Motte-Fouqué).* Paris, Dumoulin, 1865, in-8, 59 p.

5345. **Lafitau** (Pierre-François). *Avis de direction propres aux religieuses et aux gens du monde.* Paris, Michel Lambert, 1752, in-12, 304 p.

5346. —— *Conférences spirituelles pour le cours d'une mission.* Paris, Claude Hérissant, 1756, in-12, 419 p, table.

5347. —— *Lettres spirituelles...* Paris, Claude Hérissant, 1754, in-12, 2 vol.

5348. —— *Mandement et instruction pastorale.* Paris, Desaint et Saillant, 1760, in-4, 2 vol.

5349. Lafitau (Joseph-François). *Mémoire présenté à son altesse royale le duc d'Orléans concernant la précieuse plante du Gin-Seng de Tartarie.* Montréal, typ. Senecal, 1858, in-8, 42 pages.

5350. —— *Sermons.* Lyon, Duplais, 1752, in-12, 4 vol.

5351. Lafond (Ernest). *Etude sur la vie et les œuvres de Lope de Vega.* Paris, librairie nouvelle, 1857, in-12, 489 p.

5352. La Fons (de). *Histoire particulière de la ville de Saint-Quentin,* publiée par Ch. Gomart. Paris, Derache, 1854-1856, in-8, 3 vol.

5353. La Font (de). *Entretiens ecclésiastiques pour tous les dimanches de l'année.* Paris, André Pralard, 1750-1752, in-12, 5 volumes.

5354. La Fontaine (J.). *Fables.* Paris, Charpentier, 1854, in-12, 464 pages.

5355. —— *Fables causides en vers gascouns.* Bayoune, de l'imp. de P. Fauvet-Duhard, 1776, in-8, 287-x p.

5356. —— *Psiché.* In-12, vii-226 p.

5357. —— *Œuvres inédites...* recueillies pour la première fois par M. Paul Lacroix. Paris, L. Hachette et Cie, 1863, in-8, xvi-461 pages.

5358. La Fontenelle de Vaudoré (A.-D. de). *Manuel raisonné des officiers de l'état civil...* Paris, Arthus Bertrand, 1813, in-12, xiv-461 p.

5359. La Forge (Louis de). *Traité de l'esprit de l'homme.* Paris, Michel Bobin et N. Legras, 1666, in-4, lvii-455 p.

5360. Lage de Volude (la Mise de). *Souvenirs d'émigration (1792-1794); lettres à Mme la Ctesse de Montijo,* publiées par M. le baron de la Morinerie. Evreux, imp. Aug. Hérissey, 1869, in-8, clxxiii-220 pages.

5461. L'Agneau. *Harmonie mystique,* trad. par le sieur Veillutil. Paris, Melchior Mondière, 1636, in-8, 481 p. avec table.

5362. Lagrange. (Joseph-Louis). *Œuvres,* publiées par M. J.-A. Serret. Paris, Gauthier-Villars, 1867-1881, in-4, 8 vol.

2363. —— *Méchanique analytique.* Paris, veuve Desaint, 1788, in-4, xii-512 p.

5364. **Lagrange** (Léon). *Pierre Puget, peintre-sculpteur, architecte, décorateur de vaisseaux.* Paris, Didier, 1868, in-12, xi-420 pages.

5365. **La Grange** (marquis de). *Rapport... sur les projets de lois... relatifs aux chemins de fer des Charentes et de Paris-Lyon-Méditerranée.* Paris, imp. de Ch. Lahure, 1868, in-4, 38 pages.

5366. **La Grange** (marquise de). *La marquise d'Egmet ou une année de la vie d'une femme qui s'ennuie.* Paris, Dentu, 1863, in-12, vi-256 p.

5367. **Lagrene** (François). *La clef du Digeste.* Paris, Estienne Loyson, 1657, in-4, xi-218-306-148 p., table.

5368. [**La Guéronnière** (vicomte Arthur de)]. *L'empereur Napoléon III et l'Italie.* Paris, E. Dentu, 1859, in-8, 64 p.

5369. —— *Le pape et le congrès.* Paris, E. Dentu, 1859, in-8, 46 p.

5370. **La Guesle** (de). *Cayers contenant l'interprétation et déclaration des articles les plus obscurs et ambigus de la coutume du duché de Bourgogne.* (Voir Durand Bernard). Dijon, Jean Ressayre, 1697, in-12, 184 p.

5371. **La Harpe** (J.-F. de). *Abrégé de l'histoire des voyages...* Paris, Philippe, 1830, in-18, 5 vol.

5372. —— *Lycée ou cours de littérature ancienne et moderne.* Dijon, V. Lagier, 1820-1821, in-12, 18 vol.

5373. **La Hodde** (Lucien de). *Histoire des sociétés secrètes et du parti républicain de 1830 à 1848.* Paris, J. Lanier, 1850, in-8, x-511 p.

5374. **La Huguerye.** *Mémoires,* publiés... par le baron A. de Ruble. Paris, Renouard, 1877-1880, in-8, 3 volumes.

5375. **Laincel** (Louis de). *Avignon, le Comtat et la principauté d'Orange.* Paris, Hachette, 1872, in-12, x-423-v p.

5376. **Lainé.** *Archives généalogiques et historiques de la noblesse de France.* Paris, chez l'auteur, 1828-1850, in-8, 11 volumes.

5377. **Lair** (Joseph). *Jacques Bonhomme et son régisseur.* Paris, J. Hetzel, 1869, in-8, 16 p.

5378. —— *Les lois sur l'intérêt examinées au point de vue de l'économie politique, de l'histoire et du droit.* Paris, Guillaumin, 1864, in-8, xiii-203-16 p.

5379. **Lalande** (de). *Voyage en Italie.* Paris, veuve Desaint, 1786, in-12, 9 vol.

5380. **Lalandelle** (G. de). *Le langage des marins.* Paris, E. Dentu, 1859, in-8, 444 p.

5381. **Lalane.** *Poésies de Lalane et du marquis de Montplaisir.* Amsterdam, A. Leprieur, 1759, in-18, 72 p.

5382. **Lalanne** (Ludovic). *Dictionnaire historique de la France.* Paris, Hachette et Cie, 1872, in-8, iii-1843 p.

5383. —— *Recherche sur le feu grégeois et sur l'introduction de la poudre à canon en Europe.* Paris, J. Corréard, 1845, in-4, 96 p.

5384. **Lalanne** (Maxime). *Traité de la gravure à l'eau-forte.* Paris, Cadart et Luquet, 1866, in-8, viii-106-22 p.

5385. Lalanne. *Mémoire responsif pour Me François Lalanne, prêtre... demandeur en requête... contre Me Pierre Valette, prêtre... défendeur.* Sans nom ni lieu (1754), petit in-folio, 20 pages.

5386. **La Lane, P.** des Mares, Saint-Amour, etc. *Lettre à Messeigneurs les archevesques et évesques qui les avoient députez vers sa sainteté.* In-12, 24 p.

5387. [**Lallemant** (le P. Jacques-Philippe)]. *Jansenius condamné par l'église, par lui-même et ses défenseurs, et par S. Augustin.* Bruxelles, François Vanden Abbelen, 1705, in-12, 245-25 p.

5388. —— *Journal historique des assemblées tenues en Sorbonne pour condamner les mémoires de la Chine...* [Bruxelles], 1700, in-12.

5389. [——]. *Le véritable esprit des nouveaux disciples de saint Augustin...* Bruxelles, Antoine Claudinot, 1705-1707, in-12, 3 vol.

5390. —— *Réflexions morales avec des notes sur le nouveau testament.* Paris, Leconte et Montalant, 1714-1725, in-12, 11 volumes.

5391. **Lallemant** (Pierre). *La mort des justes, ou recueil des dernières actions et des dernières paroles de quelques personnes illustres en sainteté, de l'ancienne et de la nouvelle loi...* Paris, imp. Sébastien Mabre-Cramoisy, 1673, in-12, 503 p. avec tables.

5392. **Lally-Tollendal** (de). *Mémoires.* Paris, Desennes, 1790, in-8, 192-143 p. avec table.

5593. —— *Observations sur la lettre écrite par M. le comte de Mirabeau contre M. le comte de Saint-Priest, ministre d'état.* Angers, imp. Pavie, 1789, in-8, 43 p.

5394. **Lalore** (l'abbé Charles). *Le trésor de Clairvaux du XIIe au XVIIIe siècle.* Paris, Ernest Thorin, 1875, in-8, xxiv-281 pages.

5395. **La Loupe** (Vincent). *Commentarii Vincentii Lupani de magistratibus et prœfecturis Francorum.* Parisiis, apud Guilielmum Nigrum, 1557, in-12, 77, 68 p.

5396. **La Luzerne** (César-Guillaume de), évêque-duc de Langres. *Oraison funèbre de... Louis XV...* Paris, imp. Guillaume Desprez, 1774, in-12, 68 p.

5397. **La Madelenne** (de). *Le parfait officier de marine.* 1712, in-4, 125 p., manuscrits.

5398. **Lamarche** (le P. J.-Fr.). *La foi justifiée de tout reproche de contradiction avec la raison...* Paris, Humblot, 1766, in-12, xxviii-338 p.

5399. **Lamarck** (J.-B.). *Annuaire météorologique pour l'année 1807.* Paris, Treuttel, 1806, in-8, 208 p.

5400 **La Marck** (Robert de), seigneur de Fleurance. *Histoire des choses mémorables advenues des règnes de Louis XII et de François Ier.* (Collection Michaud, t. V; collection universelle, t. XVI et collection Buchon.)

5401. **La Marre** (l'abbé de). *Œuvres diverses.* Paris, 1863, in-12, 212 p. avec table.

5402. **La Marsonnière** (Jules Le Viel de). *Histoire de la contrainte par corps.* Paris, Videcoq, 1843, in-8, iii-333 p.

5403. **Lamartine** *Œuvres complètes.* Paris, chez l'auteur, 1862-1863, in-8, 40 vol.

5404. —— *Lectures pour tous.* Paris, Grosset, 1854, in-12, viii-600 p.

5405. —— *Vies des grands hommes.* Paris, bureaux du Constitutionnel, 1855, in-8, 4 vol,

5406. **La Martinière** (Jean Pinson de). *La connestablie et maréchaussée de France.* Paris, P. Rocolet, 1661, in-fol., 1005 p., table.

5407. **Lambert** (A.). *L'épidémie de Saintes et le château d'eau.* Saintes, imp. Hus, 1883, in-8, 16 p.

5408. **Lambert** (Eutrope). *Poésies. (Feuilles de rose. Les étapes du cœur. Les enfantines. Dernière jonchée).* Paris, Renaud; Jarnac, l'auteur, 1864-1880, in-18.

5409. **Lambert** (Joseph), prêtre. *Discours sur la vie ecclésiastique.* Paris, Antoine Dezallier, 1722, in-12, 541 p., table.

5410. —— *Instructions courtes et familières sur le symbole.* Paris, Ph.-N. Lottin, 1740, in-12, 2 vol.

5411. —— *Instructions courtes et familières pour tous les dimanches de l'année.* Paris, P.-N. Lottin, 1702, in-12, 607 p.

5412. —— *La manière de bien instruire les pauvres.* Rouen, Jacques Boisjouvin, 1740, in-12, table-427 p., table.

5413. —— *L'année évangélique ou homélies.* Paris, par la compagnie des libraires, 1754, in-12, 7 vol.

5414. **Lambert** (l'abbé). *Oraison funèbre de... Daviau Dubois de Sanzay, archevêque de Bordeaux.* Poitiers, F.-A. Barbier, 1827, in-8, 30 p.

5415. **Lambert de Sainte-Croix** (Ch.). *Lettres sur l'octroi.* Paris, imp. Dubuisson, 1869, in-8, 48 p.

5416. **Lambertini** (Prosper). *Ad casus conscientiæ.* Lovani, J.-P. Michel, 1775, in-12, 3 vol.

5417. **Lambertye** (le comte Léonce de). *Conseils sur la culture des fleurs de pleine terre et de fenêtres.* Paris, A. Goin, 1868, in-12, 94 p.

5418. **Lambin**. *In Q. Horatium Flaccum commentarius locupletissimus.* Aureliæ Allobrogum (Genève), Petrus de La Rovière, 1605, in-4, 2 t. en 1 vol.

5419. **La Mennais** (J.-M. et F.). *Lettres inédites, adressées à monseigneur Bruté, de Rennes.* Paris, Ambroise Bray, 1862, in-12, LXI-178 p.

5420. **Lamet** (de) et Fromageau. *Le dictionnaire des cas de conscience.* Paris, aux dépens de la compagnie, 1740, in-fol., 2 vol.

5421. [**La Métherie** (J.-C. de)]. *Principes de la philosophie naturelle.* Genève, 1787, in-8, 2 vol.

5422. **Lami** (le P. François). *Carême tiré de l'écriture.* Toulouse, G. Henault, 1738, in-12, 3 vol.

5423. [**Lami** (dom Fr.)] *De la connaissance de soi-même.* Paris, André Pralard, 1694, in-12, 5 vol.

5424. —— *L'incrédulité amenée à la religion par la raison.* Paris, Louis Roulland, 1710, in-12, 398 p. avec table.

5425. —— *Sentiments de piété sur la profession religieuse.* Paris, Imbert de Bats, 1697, in-12, 232 p., table.

5426. **La Miletière** (de). *Apologie des églises réformées, de l'obéissance du roy et des estats généraux de la souveraineté de Bearn...* Orthes, 1618, in-12, 156 p.

5427. **La Milletière** (Brachet de). *La raison certaine de terminer les différens de la religion entre les catholiques et les protestans.* Paris, Antoine Vitré, 1658, in-4, 200 p.

5428. **Lamoignon** (Le premier président de). *Recueil des arrêtés.* Nancy, H. Leclerc, 1768, in-8, II-432 p.

5429. —— *Arrestez de M. le P. P. de L.* 1702, in-4, 2 volumes en un.

5430. **Lamoignon de Malesherbes** (de). *Mémoires sur le mariage des protestants.* (S. l.). 1787, in-8, 2 vol.

5431. **La Monnoye** (Bernard de). *Les noëls Bourguignons publiés... avec notice par M. P. Fertiault.* Paris, Lavigne, 1842, in-12, LIX-396-23 p.

5432. —— *Œuvres choisies de feu Monsieur de La Monnoye, de l'académie françoise.* Paris, Saugrain, 1770, in-8, 3 vol.

5433. **La Morinerie** (Léon MICHEL de). *Charles de Meaux, seigneur du Fouilloux.* Paris, imp. de Pillet, 1854, in-8, 15 p.

5434. —— *Etats généraux de 1789.* Angers, imp. Cosnier, 1863, in-8, 7 p.

5435. —— *La course des coqs à Pons en Saintonge.* Paris, A. Leleux, 1859, in-8, 10 p.

5436. —— *La noblesse de Saintonge et d'Aunis aux états généraux de 1789.* Paris, Dumoulin, 1861, in-8, 343 p.

5437. —— *Lussac en Saintonge.* Paris, imp. J. Claye, 1858, in-8, 50 p.

5438. —— *Michel Begon, intendant de La Rochelle. 1638-1710.* Paris, imp. Wittersheim, 1855, in-8, 24 p.

5439. —— *Notice sur le château de Cabanes près de Carlat en Auvergne.* Paris, imp. J. Claye, 1852, in-8, 27 p.

5440. **La Morinerie** (de). *Rapport sur les anciennes archives de la mairie, et du greffe du palais de justice de Saintes.* Evreux, imp. A. Hérissey, 1862, in-8, 32 p.

5441. —— *Rôle du ban et de l'arrière-ban de la vicomté et prévôté de Paris en 1545.* Paris, Dumoulin, 1865, in-8, 23 p.

5442. **Lamothe** (A.). *Voyage dans le nord de l'Europe... dans l'année 1808.* Londres, J. Hatchard, 1813, in-4, préf., 244 p.

5443. **Lamothe frères.** *Coutumes du ressort du parlement de Guienne.* Bordeaux, frères Labottière, 1768, in-8, 2 vol.

5444. **La Mothe-Guion** (madame J. M. B. de). *Discours chrestiens et spirituels sur divers sujets qui regardent la vie intérieure...* Paris, libraires associés, 1790, in-8, 2 vol.

5445. **La Mothe-Houdart.** *Poésies, fables.* (Voir *Poètes français*, t. XX).

5446. **La Mothe-Paillé.** *Mémoire pour les époux Lamothe, contre le sieur P. Paillé, de Corme-Ecluse.* Bordeaux, imp. E. Mons, 1849, in-4, 63 p.

5447. **La Motte-Rouge** (de la). *Conseils aux éleveurs de chevaux de la Charente-Inférieure.* Saintes, imp. Hus, 1868, in-8, 38 p.

5448. **La Motte** (de). *Apologie pour les saints Pères de l'église, défenseurs de la grâce de Jésus-Christ.* Paris, 1651, in-4, table, 1069 p.

5449. **L*** [amourette]** (l'abbé). *Le décret de l'assemblée nationale sur les biens du clergé.* Paris, Merigot le jeune, 1790, in-8, 68 p.

5450. **Lamy** (Le père Bernard). *Traité historique de l'ancienne pâque des Juifs... Item. Preuves des deux prisons de Jean-Baptiste.* Paris, André Pralard, 1693, in-12, table, 456 p.

5451. **Lance** (Adolphe). *Dictionnaire des architectes français.* Paris, veuve A. Morel, 1872, in-8, 2 vol.

5452. **Lancelot.** *Le jardin des racines grecques mises en vers français.* Paris, Thiboust, 1741, in-8, xxviii-394-20 p.

5453. **Lancelot.** *La Rochelle, histoire, monuments, paysages* (texte et gravures). La Rochelle, typ. A. Siret, 1874, 5 livraisons.

24

5454. **Lancelloti Politi.** *Commentaria super difficillima .l. re coniuncti de leg III.* Papie, Bernardinum de Garaldis, 1516, in-fol., 14 folios.

5455. **Landau** (Léon). *Un coin de Paris. Le cimetière gallo-romain de la rue Nicole.* Paris, Didier, 1878, in-8, 31 p.

5456. **Landrin.** *Traité de l'or.* Paris, Guillaumin et Cie, 1863, in-12, 415 p.

5457. **Landriot** (l'abbé J.-B.). *Conférences sur l'étude des belles-lettres et des sciences humaines.* Autun, M. Dejussieu 1847, in-8, 2 vol. en un.

5458. —— *Examen critique des lettres de M. l'abbé Gaume sur le paganisme dans l'éducation.* Paris, C. Douniol, 1852, in-8, 460-LXXXIV p.

5459. —— *Le véritable esprit de l'église en présence des nouveaux systèmes dans l'enseignement des lettres.* Paris, Charles Douniol, 1854, in-8, VI-460-LXXXIV p.

5460. —— (Mgr). *L'aumône, conférence aux dames de la Miséricorde de Reims. Appendices (Notice, discours etc., sur Mgr Landriot).* Paris, V. Palmé, 1875, VIII-440, 25-40 p.

5461. —— *Conférences aux dames du monde.* Paris, V. Palmé, 1866, in-12, 2 vol.

5462. —— *De l'esprit chrétien dans l'enseignement des sciences et dans l'éducation intellectuelle et morale.* Paris, V. Palmé, 1870, in-8, V-550 p.

5463. —— *La femme forte.* Poitiers, Oudin, 1865, in-8 400 p.

5464. —— *La femme pieuse.* Paris, Palmé, 1868, in-12, 2 vol.

5465. —— *La prière chrétienne.* Paris, Palmé, 1868, in-12, 2 vol.

5466. —— *Le christ de la tradition.* Paris, V. Palmé, 1867, in-8, 2 vol.

5467. —— *Les béatitudes évangéliques.* Paris, V. Palmé, 1866, 1867, in-12, 2 vol.

5468. —— *Les péchés de la langue et la jalousie dans la vie des femmes.* Paris, V. Palmé, 1870, in-12, 387 p.

5469. —— *Le symbolisme.* Paris, V. Palmé, 1870, in-12, 342 p.

5470. —— *L'eucharistie, avec une introduction sur les mystères.* Paris, V. Palmé, 1867, in-12, VIII-469 p.

5471. **Landriot** (Mgr). *Promenade autour de mon jardin.* Paris, V. Palmé, 1868, in-12, vi-465 p.

5472. —— *Œuvres.* Paris, V. Palmé, 1864-1873, in-8, 6 vol.

5473. [**La Neuville** (le P. A.-J. de)]. *La morale du nouveau testament.* Paris, Jean-Baptiste de Lespine, 1722, in-12, 4 vol.

5474. **Lanfranc.** *Opera omnia... emulgavit domnus Lucas Dacherius. — Chronicon Beccense ; Vita B. Herluini ; — S. Augustini Anglorum apostoli. — Tractatus duo de Eucharistiæ sacramento contra Berengarium Hugonis et Durandi.* Lutetiæ Parisiorum, Billaine, 1648, in-fol., 386-107 p.

5475. **Lanfrey** (P.). *Histoire de Napoléon Ier.* Paris, Charpentier, 1868-1870, in-12, 4 vol.

5476. **Lange.** *La nouvelle pratique, civile et criminelle et bénéficiale...* Paris, David, 1755, in-4, 2 vol.

5477. **Langeac** (le chevalier de). *Colomb dans les fers à Ferdinand et Isabelle.* Londres, A. Joubert, 1782, in-8, 150 p.

5478. **Langeron** (Mme Marie-Julie). *Esquisse de l'éducation première.* Dijon, imp. Jobard, 1870, in-12, 76 p.

5479. **Langeron** (Edouard). *Grégoire VII et les origines de la doctrine ultramontaine.* Paris, Lacroix, 1869, in-8, 422 p.

5480. —— *L'homme au masque de fer.* La Rochelle, typ. Mareschal, 1870, in-8, 31 p.

5481. **Langevin** (Léonor-Antoine). *L'infaillibilité de l'église dans tous les articles de sa doctrine.* Paris, Louis Roulland, 1701, in-12, 2 vol.

5482. **Langlé** (Jean). *Otium semestre...* Rhedonis, typ. prœlo Juliani du Clos, 1577, in-8, index, 752 p.

5483. **Langlois** (Victor). *Documents relatifs à une monnaie attribuée à Oleg.* Paris, Rollin, 1861, in-8, 31 p.

5484. **Langrand-Dumonceau.** *Mémoire explicatif sur l'affaire des biens ecclésiastiques d'Italie.* Paris, imp Balitout, 1867, in-8, 64 p.

5485. **Languet** (Jean-Joseph), évêque de Soissons. *Avertissements et instruction pastorale à ceux qui dans son diocèse se sont déclarés appelans de la constitution Unigenitus. Lettre à l'évêque d'Angoulême.* Reims, Multeau le jeune, 1718, i-12, 5 parties en 2 vol.

5486. **Languet** (Léon-Joseph). *Cinquième et sixième lettre pastorale.* Paris, veuve Raymond Mazières, in-4, 1722, 234-86 p.

5487. —— *Instructions sur la constitution Unigenitus.* Paris, Raymond Mazières, 1718, in-4, 3 vol.

5488. —— *Lettre pastorale.* Reims, Barthélemy Multeau, 1719, in-4.

5489. —— *Traité de la confiance en la miséricorde de Dieu.* Paris, veuve Raymond Mazières, 1725, in-12, 360 p.

5490. —— *Instruction pastorale au sujet des prétendus miracles du diacre de Saint-Médard, et des convulsions arrivées à son tombeau, et diverses.* Paris, veuve Mézières et J.-B. Garnier, 1734, in-4, 3 vol. en 1.

5491. **Lannau-Rolland** (A.). *Michel-Ange et Victoria Colonna,* Paris, Didier, 1863, in-12, iii-353 p.

5492. **La Noue** (François de). *Mémoires.* (Collection Michaud, t. IX ; collection universelle, t. XVII, et collection Buchon.)

5493. **Lanoye** (F. de). *L'Inde contemporaine.* Paris, L. Hachette, 1855, in-18, xxxix-499 p.

5494. **Lansbergue** (Philippe). *Les tables perpétuelles des mouvemens célestes, construictes suivant les observations de tout temps... translaté du latin par D. Goubard.* Middelbourg, Zacharie Roman, 1634, in-fol., 180 p. et table.

5495. —— *Théories nouvelles, vrayes et propres des mouvemens célestes.* Middelbourg, Zacharie Roman, 1634, in-fol., 92 p. et index.

5496. **Lansperg** (Jean). *Discours en forme de lettre de N.-S. Jésus-Christ à l'âme dévote, traduit du latin de Lanspergius.* Paris, O. Savreux, 1664, in-18, 296 p.

5497. **Lantoine** (Henri). *Histoire de l'enseignement secondaire en France au XVIIe siècle et au début du XVIIIe.* Paris, Ern. Thorin, 1874, in-8, xi-295 p.

5498. **Laon.** *Bulletin de la société académique de Laon.* Laon, V. Baston, 1853-1868, in-8, 12 volumes brochés.

5499. **La Parisière** (de). *Panégyriques, sermons, harangues.* Paris, Gissey, 1740, in-12, 2 vol.

5500. **Lapérouse** (Gustave). *De la décentralisation départementale.* Dijon, Lammarche, 1864, in-8, 32 p.

5501. Lapeyrere (Abraham). *Décisions sommaires du palais.* Bordeaux, édit. Bourbon-Leblanc, 1807, in-4, 2 vol.

5502. [La Peyrere (Isaac de)]. *Præadamitæ.* 1655, in-16, 317 pages.

5503. [La Peyrie (le P. Ambroise)]. *Lettres spirituelles sur la paix intérieure.* Paris, Hérissant, 1766, in-12, xĩv p., table, 416 p.

5504. Laplace. *Œuvres. Exposition du système du monde Théorie analytique des probabilités.* Paris, imp. royale, 1846-1847, in-4, 2 vol.

5505. Laplace (l'abbé L.-P.). *Monographie de Notre-Dame de Lescare.* Paris, imp. Vignancour, 1863, in-12, 247 p.

5506. La Place (Pierre de). *Commentaires de l'estat de la religion et république.* (Collection Buchon.)

5507. La Place (de). *Exposition et paraphrase du cantique des cantiques.* Saumur, Jean Lesnier, 1656, in-8, 132 p.

5508. Laplace (A.). *Dictionnaire des fiefs.* Paris, Cellot, 1757, in-8, vi-128 p.

5509. La Planche (Louis REGNIER DE). *Histoire de l'estat de France sous le règne de François II. Livre des marchands,* publiée par Ménechet. Paris, Techener, 1836, in-fol., iii-487 col.

5510. La Popelinière. *L'histoire de France, enrichie des plus notables occurances depuis 1550 iusques à ces temps.* (La chelle), de l'imp. par Abraham Hautin, 1581, in-fol., 2 vol.

5511. Laporte des Vaulx (A. de). *Les ducs héréditaires de Normandie.* Rouen, Mégard, 1832, in-8, 304 pages.

5512. Laporte (l'abbé Barth.). *Le défenseur de l'usure confondu...* Paris, Benoît Morin, 1781, in-12, 424 p.

5513. La Porte (P. de). *Mémoires du règne de Louis XIII et de Louis XIV.* (Collection Michaud, tome XXXII.)

5514. Lapouyade (J.-F.). *Etude du contrat de métayage.* Bordeaux, imp. Faye, 1850, in-8, 100 p.

5515. Laprade (Victor RICHARD DE). *Harmodius, tragédie.* Paris, Didier, 1870, in-12, 169 p.

5516. —— *Poëmes civiques.* Paris, Didier, 1873, in-8, 404 p.

5517. —— *Poëmes évangéliques.* Paris, Charpentier, 1852, in-12, 351 p.

5518. **Laprade** (Victor RICHARD DE). *Le sentiment de la nature chez les modernes.* Paris, Didier, 1870, in-12, xi-528 p.

5519. **La Primaudaie** (F. Elie de). *Le commerce et la navigation de l'Algérie avant la conquête française.* Paris, Ch. Lahure et Cⁱᵉ, 1861, in-8, 319 p.

5520. **La Quintinye** (de). *Instruction pour les jardins fruitiers et potagers, avec un traité des orangers et des réflexions sur l'agriculture.* Paris, libraires associés, 1746, in-4, 2 vol.

5521. **Larcher** (L. J.). *La femme jugée par l'homme.* Paris, Garnier, 1858, in-12, xx-412 p.

5522. **Larcy** (R. de). *Des vicissitudes politiques de la France.* Paris, Amyot, 1860, in-8, xvi-527 p.

5523. **Larègle** (de). *Des octrois, des contributions indirectes et de la fraude des eaux-de-vie.* Saintes, imp. veuve Hus, 1867, in-8, 30 p.

5524. **La Rive** (François de). *Lectura una cum prœlectura in repetitiones rubricarum...* Sur le titre, 1538, et à la fin 1519, in-fol., 44 p.

5525. **Larive** (J.-M.). *Cours de déclamation prononcé à l'Athénée de Paris.* Paris, Delaunay, 1810, in-8, 3 volumes.

5526. **La Roche** (le père de). *Panégyriques des saints.* Paris, Moreau, 1724, in-12, 2 vol.

5527. —— *Sermons pour l'avent.* Paris, Moreau, 1725, in-12, 480 p. avec table.

5528. —— *Sermons pour le carême.* Paris, Moreau, 1725, in-12, 3 vol.

5529. **La Roche** (Jean-François Thiphaigne de). *Bigarrures philosophiques.* Amsterdam et Leipsick, Arkstée et Merkus, 1759, in-12, 2 vol.

5530. **Laroche** (Léon). *Mémoire de MM. les boulangers de la ville de Saintes.* Saintes, imp. P. Orliaguet, 1874, in-4, 12 p.

5531. **La Roche-Flavin** (Bernard de). *Arrests notables du parlement de Tolose...* Lyon, imp. de Simon Rigaud, 1631, in-8, 614 p.

5532. **La Rochefoucauld** (duc de). *Maximes.* Paris, Firmin Didot, 1853, in-12, xii-114 p.

5533. —— *Mémoires.* (Collection Michaud, t. XXIX.)

5534. **La Rochefoucauld** (duc de). *Réflexions ou sentences et maximes morales...* Lausanne, Marc-Mich. Bousquet, 1750, in-12, xxxiv-224 p.

5535. **La Rochefoucauld-Liancourt** (Le Mis de). *Examen de la théorie et de la pratique du système pénitentiaire.* Paris, Dentu, 1840, in-8, 385 p.

5536. **Larochefoucauld** (Pierre-Louis de). *Ordonnances synodales du diocèse de Saintes.* Saintes, P. Toussaints, 1783, in-4, 96 pages.

5537. **La Rochejaquelein** (Marquise de). *Mémoires écrits par elle-même et rédigés par M. de Barante.* Paris, Baudoin frères, 1823, in-8, 512 p.

5538. LA ROCHELLE. *Annales de l'académie de La Rochelle.* (Agriculture), 1848-1869. La Rochelle, typ. Mareschal, 1855-1869, in-8, 17 vol.

5539. —— *Annales de l'académie de La Rochelle.* (Sciences naturelles). La Rochelle, typ. Mareschal, 1855-1870, in-8, 11 vol et atlas.

5540. —— *Annales de l'académie de La Rochelle.* (Section de littérature), La Rochelle, typ. Mareschal, 1855-1876, in-8, 23 fascicules.

5541. —— *Séances publiques de l'académie de La Rochelle.* (20 juin 1868 à 1881). La Rochelle, typ. Siret, 1869-1881, in-8, 14 fascicules.

5542. —— *Annales de la commission départementale de météorologie de la Charente-Inférieure, 1875.* La Rochelle, typ de veuve Mareschal, 1876, in-8, 21 p.

5543. —— *Bulletin de la société d'agriculture et du comice agricole de l'arrondissement de La Rochelle, 1874-1875.* La Rochelle, typ. veuve Mareschal, 1876, in-18, 104 p.

5544. **La Rocheposay** (H.-L. de). *Dissertationes ethico-politicæ.* Poitiers, imp. veuve A. Mesnier, 1625, in-4, 121 p. Voir aussi plus haut n° 1989 CHASTEIGNER DE LA ROCHEPOSAY.

5545. **La Rochère** (comtesse Eugénie de). *Épisodes des guerres de l'ouest sous la terreur...* Paris, H. Vrayet de Surcy, 1864, in-18, 334 p.

5546. LA ROCHE-SUR-YON. *Annuaire de la société d'émulation de la Vendée. 1859-1869.* Napoléon, J. Sory, imp., 1860-1871, in-8, 10 volumes.

5547. **La Roche-Tolay** (de). *Rapport de la commission locale du port de Bordeaux.* Bordeaux, imp. Bellier, 1878, in-4, 78 p. et carte.

5548. **La Roncière le Noury** (baron de). *La marine au siège de Paris.* Paris, Plon, 1872, in-8, xix-606 p. et atlas in-4.

5549. **La Roque** (Gilles-André de). *Traité de la noblesse.* Rouen, Le Boucher et Caillone, 1710, in-4, 598 p.

5550. **La Roque** (L. de) et ED. DE BARTHÉLEMY. *Catalogue des gentils hommes de Guienne, Agenois et Bazadois... Poitou, aux assemblées... de 1789.* Paris, E. Dentu, 1864, in-8, 2 fasc.

5551. **La Rue** (Hubert). *Mélanges historiques, littéraires et d'économie politique.* Québec, Garant et Trudel, 1870, in-8, 298 p.

5552. **La Rue** (Le père de). *Oraison funèbre de Bossuet, évêque de Meaux...* Paris, veuve Simon Benard, 1704, in-4, 41 p.

5553. —— *Oraison funèbre de... monseigneur Louis dauphin et de... madame Marie-Adélaïde de Savoie...* Paris, Etienne Papillon, 1712, in-4, 44 p.

5554. —— *Oraison funèbre de François Henry de Montmorancy...* Paris, veuve Simon Benard, 1695, in-4, 51 p.

5555. —— *Oraison funèbre de Monseigneur Louis Dauphin...* Paris, Etienne Papillon, 1711, in-4, 41 p.

5556. —— *Discours instructif sur la mort de Monseigneur...* Paris, Frédéric Léonard, 1711, in-4, 31 p.

5557. —— *Sermons pour le carême et pour l'avent, mystères,* Lyon, Anisson et Posuel, 1719, in-12, 5 vol.

5558. **Larra dit Figaro.** *Le damoiseau de don Henri-le-Dolent, traduit de l'espagnol par Marcel Mars.* Châteauroux, Adolphe Nuret, 1865, in-12, vii-383 p.

5559. **Larraga** (P. M. F. Francisco). *Promptuario de la theologia moral.* Barcelona, imprinta de los consortes Pierra y Marti, 1797, in-8, viii-768 pages.

5560. **Larrey** (Bon Hippolyte). *Lichat, né en 1771, mort en 1802.* Paris, imp. Crapelet, 1841, in-4, 14 p.

5561. **Larrieu** (A.). *Guerre à la guerre.* Paris, Pichon-Lamy, in-12, 92 p.

5562. **Larroque** (le pasteur Mathieu de). *Histoire de l'eucharistie...* Amsterdam, Daniël Elsevier, 1671, in-8, 900 p.

5563. —— *Conformité de la discipline ecclésiastique des protestans de France avec celle des anciens chrétiens.* Rouen, Pierre Caillone, 1678, in-4, 307 p., table.

5564. **La Salle** (de). *La balance naturelle.* Londres, 1788, in-8, 2 vol.

5565. **La Sauvagère** (de). *Recueil d'antiquités dans les gaules.* Paris, Hérissant, 1770, in-4, 379 p.

5566. **Las Casas** (don Barthélemi de). *Œuvres précédées de sa vie et accompagnées de notes historiques... par J.-A. Llorente.* Paris, Eymery, 1822, in-8, 2 vol.

5567. **Lascombe** (Adrien). *Le cardinal de Polignac.* Le Puy, imp. Marchessou, 1870, in-8, 23 p.

5568. —— *Relation du jubilé de Notre-Dame du Puy, en 1701, par le chanoine Pierre Rome.* Puy-en-Velay, imp. J.-M. Preydier, 1876, in-8, 43 p.

5569. **Lassabathie.** *Histoire du Conservatoire impérial de musique et de déclamation.* Paris, Michel Lévy, 1860, in-12, 572 p.

5570. **Lassée.** *Discours prononcé (au conseil des Anciens) sur les complots des royalistes dans la Charente.* Paris, imp. nat., an VII, in-12, 11 p.

5571. **Lastic de Saint-Jal** (Vte de). *L'église et la révolution à Niort et dans les Deux-Sèvres.* Niort et Poitiers, 1870, in-8, v-318 p.

5572. —— *Le marquis de Villette.* Niort, Clouzot, 1868, in-8, 30 p.

5573. —— *Madame la marquise de Caylus.* Niort, Clouzot, 1863, in-8, 35 p.

5574. **Latini** (Brunetto). *Li livres dou trésor, publié... par P. Chabaille.* Paris, imp. impériale, 1863, in-4, xxxvi-736 p.

5575. **La Torre** (François de). *De summi pontificis supra concilia auctoritate.* Florentiæ, Laur. Torrentinum, in-4, 131-90-101 p.

5576. **La Touche** (De). *L'art de bien parler français.* Amsterdam, Wetsteins et Smith, 1696, in-12, 2 vol.

5577. **Latour** (L'abbé Bertrand de). *Sermons et panégyriques.* Tulle, Pierre Chiral, 1749-1750, in-8, 3 vol.

5578. **Latour** (Antoine de). *Espagne, traditions, mœurs et littérature, nouvelles études.* Paris, Didier, 1869, in-12, III-375 p.

5579. —— *Vida de D. Miguel de Manara.* Sevilla, imp. de T. Bellido, 1862, in-18, 172 p.

5580. **Latour du Moulin** (C.). *Lettres à un membre du parlement d'Angleterre sur la constitution de 1852.* Paris, Amyot, 1861, in-8, 120 p.

5581. —— *Lettres sur la constitution de 1852.* Paris, Amyot, 1862, in-8, 316 p.

5582. **Latour du Pin** (Jacques-François-René de). *Sermons et panégyriques.* Paris, veuve Regnard, 1769, in-12, 2 vol.

5583. —— *Oraison funèbre de Louis d'Orléans, duc d'Orléans.* Paris, Chaubert, 1752, in-4, 49 p.

5584. **La Tramblais** (L.-A. de). *Esquisses pittoresques du département de l'Indre et mélanges d'histoire.* Châteauroux, imp. Vve Migné, 1870, in-12, XII-518 p.

5585. **L'Aubespine** (Gabriel de). *L'ancienne police de l'église sur l'administration de l'Eucharistie.* (Voir Optat, Sancti Optati Milevitani).

5586. **Laubry.** *Traité des unions des bénéfices.* Paris, Demonville, 1778, in-12, XXXLI-525 p.

5587. **Laugerie** (Vicomte de). *Souvenirs poétiques.* Bordeaux, imp. de J. Dupuy, 1850, in-8, 32 p.

5588. **Launay** (P. de). *Méthode pour apprendre à lire le français et le latin.* Paris, C. Mœtte, 1741, in-12, 220 p.

5589. **Launay.** *Résumé historique et biographique sur la cour impériale de Dijon.* Dijon, imp. Jobard, 1864, in-fol., 82 p.

5590. **Launoi** (Jean). *Inquisitio in chartam fundationis et privilegia Vindocinensis monasterii.* In-8, XVI-340 p.

5591. **Laurant** (Auguste). *Biographie de Lucien Vidie.* Paris, E. Dentu, 1867, in-8, 409 p.

5592. **Laureau.** *Histoire de France avant Clovis.* Paris, Nyon, 1789, in-12, 3 vol.

5593. **Laurendeau** (Maxime). *Les sièges de Soissons en 1814.* Soissons, chez l'auteur, 1868, in-8, 162 p.

5594. **Laurent** (A.). *La photographie simplifiée.* Paris, Desloges, 1856, in-8, 64 p.

5595. **Laurent** (Gaspard). *Articuli confessionis Basileensis.* Basilcæ, excudebat Georgius Deckerus, 1647, in-4, 63 p.

5596. —— *Catholicus veterum, qui patres vocantur... in omnibus fidei christianæ articulis consensus.* [Genève, 1595], in-4, 232 p.

5597. —— *Corpus et syntagma confessionum fidei.* Genève, Pierre Chouët, 1654, in-4, 202 p., table, 251 p.

5598. **Laurent** (l'abbé). *Traité du calcul différentiel.* Paris, Mallet-Bachelier, 1853, in-8, 480 p.

5599. **Laurent** (P.-M.). *Histoire de Napoléon.* Paris, Aucher-Eloy, 1827, in-32, 448 p.

5600. **Laurent** (Emile). *Le paupérisme et les associations de prévoyance.* Paris, Guillaumin, 1860, in-8, 547 p.

5601. **Laurentie.** *Lettre à un père sur l'éducation de son fils.* Paris, Lagny, 1836, in-32, 239 p.

5602. **Laurent** (Jérôme). *Sylva seu potius hortus floridus allegoriarum totius sacræ scripturæ...* Coloniæ Agrippinæ, apud Herm. Demen, 1681, in-fol., 1 vol., préliminaires, 1096 pages, index.

5603. **Laurière** (Eusèbe de), Secousse... *Ordonnance des roys de France de la troisième race.* (Manque les volumes XIII, XIV, XV.) Paris, imp. royale, 1723-1847, in-fol., 19 vol.

5604. **Laurière** (de). *Texte des coustumes de la prévôté et vicomté de Paris...* Paris, Guillaume Saugrin, 1699, in-16, 417 p., 74 p.

5605. **Lauzières-Themines** (Alexandre-Amédée de). *Oraison funèbre de Marie-Thérèse, archiduchesse d'Autriche...* Paris, Didot, 1781, in-4, 62 p.

5606. **Laval** (Antoine de). *Continuation de la vie du connétable de Bourbon.* (Collection Buchon.)

5607. —— *Paraphrase des psaumes de David.* (Le titre manque.) Paris, Françoise Louvain, veuve l'Anglier, 1613, in-4, 1135 p. avec table.

5608. —— *Sentences et instructions chrétiennes tirées des œuvres de saint Jean Chrysostôme.* Paris, Jean Villette, 1736, in-12, 2 vol.

5609. **Lavallée** (Joseph). *Voyage dans le département de la Charente-Inférieure.* (Paris, l'an III de la république), in-8, 56 pages.

5610. **Lavater.** *Correspondance inédite avec l'impératrice Marie de Russie sur l'avenir de l'âme.* Paris, A. Lacroix, 1868, in-8, 31 p.

5611. **Lavather** (Louis). *Historia de origine et progressu controversiæ sacramentariæ de cœna Domini.* Tiguri, [typ.] Christophorus Froschoverus, 1563, in-4, 52 folios.

5612. [**La Vega** (Didacc de)]. *Conciones vespertinæ quadragesimales super septem pœnitentiales psalmos.* Lugduni, apud H. Cardon, 1603, in-8, 679 p. avec index.

5613. **Laveleye** (Emile de). *De l'avenir des peuples catholiques.* Paris, Germer Baillière, 1875, in-8, 32 p.

5614. **Lavergne** (L. de). *Eloge historique de M. le duc Decazes,* Paris, imp. de Mme veuve Bouchard-Huzard, 1862, in-12, 24 pages.

5615. **Lavertujon** (André). *La législature de 1857-1863.* Bordeaux, imp. G. Gounouilhou, 1863, in-8, 264 p.

5616. **Lavigerie** (Mgr). *Les orphelins arabes d'Alger, leur passé, leur avenir.* Paris, imp. de Mme veuve Belin, 1870, in-8, 23 pages.

5617. **Lavoisier.** *Œuvres.* Paris, imp. impériale, 1864-1868, in-4, 4 vol.

5618. —— *Opuscules physiques et chimiques.* Paris, Deterville, 1801, in-8, xxx-443 p.

5619. **La Volpilière** (de). *Sermons sur les véritez chrétiennes et morales...* Paris, Antoine Michallet, 1688-1689, in-8, 4 vol.

5620. —— *Discours synodaux sur toutes les fonctions pastorales...* Paris, Louis Guérin, 1704, in-12, 2 vol.

5621. **Layard** (Augustin). *La première campagne de Crimée...* traduit... par A.-G.-S. Jervis. Bruxelles, Mayer et Flatau, 1855, in-18, 94 p., planches.

5622. **Layman** (le P. Paul). *Theologia moralis...* Lugduni, Benedictum Bailly, 1681, in-fol., 2 tomes en 1 vol.

5623. **Le Balleur** (le R. P.). *La religion révélée défendue.* Paris, Michel Lambert, 1757, in-12, 4 vol.

5624. **L. E.** *La maison des jeux académiques.* Paris, E. Loyson, 1658, in-12, 300 p.

5625. **Lebas** (Ph.). *Antiquités grecques et romaines.* Paris, bibliothèque universelle de la jeunesse, 1836, in-12, xii et 452 p.

5626. —— *Commentaire sur Tite-Live.* Paris, Jules Dubouchet et Cⁱᵉ, 1840, in-8, de 759 à 911 pages.

5627. —— *Précis d'histoire ancienne.* Paris, Firmin Didot, 1842, in-12, 2 vol.

5628. **Lebaudy** (L.). *Le pétrissage mécanique en boulangerie.* Paris, impr. de P. Dupont, 1868, in-4, 26 p.

5629. **Le Beau.** *Histoire du Bas-Empire, en commençant à Constantin.* Paris, Saillant, 1757-1786, in-12, 24 vol.

5630. **Leber** (C.). *Collection des meilleures dissertations, notices et traités particuliers relatifs à l'histoire de France....* Paris, impr. Dentu, 1838, in-8, 20 vol.

5631. **Lebeuf** (l'abbé). *Lettres.* Auxerre, impr. Perriquet, 1866-1867, in-8, 2 vol. et table.

5632. **Le Blanc.** *Traité historique des monnoyes de France.* Amsterdam, P. Mortier, 1692, in-4, 332-104 p.

5633. **Le Blant** (Ch.). *Manuel de l'amateur d'estampes.* Paris, Jannet, 1854, in-8, 2 vol.

5634. **Le Blant** (Edmond). *Etude sur les sarcophages chrétiens antiques de la ville d'Arles, avec dessins.* Paris, impr. nationale, 1878, in-4, xxxix-84 pages.

5635. **Leblanc** (Urbain). *Nécessité d'un service sanitaire vétérinaire pour toute la France.* Paris, typ. Renou et Maulde, 1870, in-8, 37 p.

5636. **Le Blond.** *Eléments de fortification.* Paris, C.-A. Jombert, 1746, in-12, xxxv-412 p. avec plans.

5637. **Lebon** (Léon). *Histoire de l'enseignement populaire.* Bruxelles, C. Muquardt, 1842, in-8, 447 pages.

5638. **Le Boucher** (Emmanuel). *Cour impériale d'Orléans. Discours prononcé à l'audience solennelle de rentrée.* Orléans, E. Puget et Cⁱᵉ, 1865, in-8, 38 p.

5639. **Le Boux.** *Sermons prêchés devant le roi.* Rouen, veuve Besonge, 1766, in-12, 2 vol.

5640. **Le Bret.** *Recueil d'aucuns plaidoyers faits en la cour des aydes...* Paris, Louis Boulanger, 1626, in-8, 291 p.

5641. **Lebrun.** *Œuvres.* Paris, librairie ancienne, 1827, in-18, 2 vol.

5642. **Le Brun** (le P.). *Explication des prières et des cérémo- monies de la messe...* (le titre manque). Paris, Delaulne, 1714, in-8, 4 vol.

5643. **Le Brun** (Denis). *Œuvres.* Paris, 1707, in-fol., 679-140 p.

5644. —— *Traité des successions.* Paris, Paulus-du-Mesnil, 1743, in-fol., 679 p., sommaire et table.

5645. **Le Brun de La Rochette** (Claude). *Les procez civil et criminel.* Lyon, Pierre Bailly, 1643, in-4, 2 t. en 1 vol.

5646. **Le Brun de Charmette.** *Histoire de Jeanne d'Arc.* Paris, Arthus Bertrand, 1817, in-8, 4 vol.

5647. **Le Camus** (Jérôme). *Judicium de nupera Isaaci Vossii ad iteratas P. Simonii objectiones responsione.* (Voir Am- brun). Edimburgi, typ. Joannis Caldewoad, 1685, in-4, 64 p.

5648. **Le Camus** (le cardinal Etienne). *Ordonnances synoda- les du diocèse de Grenoble.* Grenoble, Alexandre Giroud, 1690, in-12, 522 p.

5649. —— *Théologie morale ou résolution des cas de conscience selon l'écriture sainte, les canons, les saints pères.* Paris, André Pralard, 1715, in-12, 8 vol.

5650. **Le Camus** (le père André). *Oratio funebris Philippo unico regis fratri Aurelianensium duci.* Parisiis, apud vi- duam Simonis Benard, 1701, in-12, 78 p.

5651. —— *Panegyricus clero gallicano dictus coram ejusdem cleri comitiis.* Parisiis, apud viduam Simon Benard, 1705, in-12, 84 p.

5652. —— *Imago nascentis herois, in rege Hispaniæ et in duce Burgundionum expressa.* Parisiis, apud viduam Simonis Be- nard, 1703, in-12, 88 p.

5653. —— *Panegyricus academiæ gallicæ dictus.* Parisiis, apud viduam Simonis Benard, 1707, in-12, 85 p.

5654. —— *In natalibus serenissimi ducis Britanniæ gratu- latio.* Parisiis, apud viduam Simonis Benard, 1707, in-12, 62 p.

5655. **Le Caron** (L. Charondas). *Nouveau commentaire sur la coustume de la ville de Paris.* Paris, veuve Guillemot et S. Thiboust, 1613, in-fol., 30-243 p. et table.

5656. **Le Cat.** *La théorie de l'ouïe.* Paris, Vallat-la-Chapelle, 1668, in-8, xxii-320 pages, xiii planches.

5657. —— *Traité des sensations.* Paris, Vallat-la-Chapelle, 1767, in-8, 2 vol.

5658. **Le Cerf** (D. Filipe). *Bibliothèque historique et critique des auteurs de la congrégation de Saint-Maur.* La Haye, Pierre Gosse, 1726, in-12, x-502 p.

5659. **Le Chapelain** (le P.). *Sermons ou discours.* Paris, P. G. Le Mercier, 1768, in-12, 6 vol.

5660. **Lechartrier** (G.). *Cours de chimie agricole.* Rennes, Oberthur et fils, 1870, in-12, 167 p.

5661. **Lechevalier** (Jules). *Rapport sur les questions coloniales.* Paris, impr. royale, 1844, in-fol., 2 vol.

5662. **Le Cirier** (Jean). *De jure primogenituræ vel majoricatus.* Parisiis, apud Reginaldum Chaudière, 1529, in-4, cv fol., avec table.

5663. [**Le Clerc** (Jean)]. *Histoire d'Emeric, comte de Tekeli.* Cologne, J. de la Vérité, 1693, in-12, 332 p.

5664. **Le Clerc** (L.). *Epithalamium ex Virgilio excerptum.* Parisiis, apud auctorem, 1810, in-8, 20 p.

6665. **Le Clerc.** *De l'incrédulité.* Amsterdam, David Mortier, 1714, in-12, xiii-p., table, 390 p.

5666. [**Le Clerc** (le R. P. Paul)]. *Enchiridion christianum ex scriptura et patribus depromptum...* Parisiis, Urbanum, Coustelier, 1696, in-16, index, 151 p.

5667. **Leclercq** (Théod.). *Proverbes dramatiques.* Paris, Ladrange, 1840, in-8, 8 vol.

5668. **Leclerc** (D.-H.). *Tableaux statistiques des pertes des armées allemandes, 1870-1871.* Paris, J. Dumaine, 1873, in-4, 2 vol. oblongs.

5669. **Le Clerc** (J.-Vict.). *Des journaux chez les Romains.* Paris, F. Didot, 1838, in-8, 440 p.

5670. **Lecoq** (H.). *Elémens de géologie et d'hydrographie.* Paris, J.-B. Baillière, 1838, in-8, 2 vol.

5671. **Lecoq** (Dr H.). *Des annuitées variables en fonction du temps.* Paris, Gauthier-Villars, 1874, in-8, 54 p.

5672. **Lecoq.** *Traité des différentes espèces de bien.* Caen, P. Chalopin, 1777, in-12, 3 vol.

5673. [**Lecoq de Villeray**]. *Abrégé de l'histoire.* Rouen, F. Oursel, 1759, in-12, xii-599 p.

5674. **Le Cointe** (Ch.). *Annales ecclesiastici Francorum.* Parisiis, typographia regia, 1665-1683, in-fol., 8 vol.

5675. LECOMTE DE TEIL, DE NESMOND. *Mémoire pour MM. et Mlle Lecomte de Teil, appelants ; contre Mme J.-F.-H. de Nesmond... et Mme M.-C.-D. de Nesmond.* Poitiers, imp. de Henri Oudin, (1826), in-4, 108 p.

5676. **Le Comte** (le R. P. Louis). *Des cérémonies de la Chine.* Liège, Daniel Moumal, 1700, in-12, 136-98-129-83-39 p.

5677. **Leconte de Lisle.** *Poëmes et poésies.* Paris, Dentu, 1855, in-12, xvi-266 p.

5678. [**Le Correur**]. *Traité de la pratique des billets et du prest d'argent entre les négocians.* Paris, Denys Thierry, 1684, in-18, 345 p.

5679. **Lecourt** (Lambert) et Alexandre de BERNAY. *Alexandriade ou chanson de geste d'Alexandre-le-Grand, épopée romaine du XIIe siècle.* Dinan, J.-A. Huart, 1861, in-12, xxii-528 p.

5680. **Lecouteux** (E.). *Guide du cultivateur améliorateur.* Paris, Dusacq, 1854, in-8, 346 p.

5681. **Lecoy de la Marche.** *Extraits des comptes et mémoriaux du Roi René.* Paris, Alph. Picard, 1873, in-8, xvi-368 p.

5682. **Lecren** (l'abbé). *Oraison funèbre de monseigneur Louis, dauphin.* Paris, Regnard, 1766, in-4, 40 p.

5683. *Lecturæ et tractatus de jure patronatus.* Francofurti, typ. Nicolaï Bassœi, 1531, in-fol., 600 p., index.

5684. **Ledain** (Bélisaire). *La Gatine historique et monumentale.* Paris, imp. J. Claye, 1876, in-4, 409 p.

5685. **Ledieu** (A.). *La rotative américaine Behrens et la question de la stabilité des machines.* Paris, Dunod, 1870, in-4, 72 p.

5686. **Le Dieu** (l'abbé). *Journal sur la vie et les ouvrages de Bossuet.* Paris, Didier, 1856-1857, in-8, 4 vol.

5687. **Ledru-Rollin.** *Discours politiques et écrits divers.* Paris, Germer Baillière, 1879, in-8, 2 vol.

5688. **Lefaure** (Caroline). *Pleurs et prières*, poésies. Paris, Napoléon Chaix, 1852, in-12, 123 p.

5689. **Lefaverais** (H.). *Histoire des communes du canton de Messey*. Caen, Goussiaume de Laporte, 1873, in-8, 322 p.

5690. [**Le Febvre** (le P. Jean)]. *La seule religion véritable*. Paris, Marc Bordelet, 1744, in-12, 434 p., table.

5691. **Le Febvre** (le P. Hyacinthe). *Traité du jugement dernier*. Paris, Denis Thierry, 1671, in-4, table, 643 p., table.

5692. **Lefebvre**. *Traité sur les matières criminelles ecclésiastiques*. Paris, veuve Desaint, 1781, in-4, xii-713 p.

5693. **Lefebvre de La Bellande**. *Traité général des droits d'aydes*. Paris, imp. Pérault, 1770, in-4, 3 tomes en un.

5694. **Le Fée** (le P. André). *Idée des prédicateurs*. Rouen, J.-B. Besongne, 1701, in-12, 227 p.

5695. **Le Féron**. *Défense du livre Du renversement de la morale de Jésus-Christ par les erreurs des calvinistes touchant la justification*. Paris, Guillaume Desprez, 1679, in-12, table, 539 p.

5696. **Le Ferron** (Arnoul). *In consuetudines Burdigalensium commentariorum libri duo*. Lugduni, Antonium Gryphium, 1585, in-fol., iii-336 p., index.

5697. [**Le Fèvre de Laubrière**, évêque de Soissons, (Charles-François)]. *Traité de la confiance en la miséricorde de Dieu*. Avignon, Delorme, 1736, in-12, table, 360 p.

5698. **Lefèvre** (Jacques). ANTIΛOΓIAI, *seu contradictiones apparentes sacræ scripturæ*. Parisiis, apud Joan. Franc. Dubois; 1685, in-12, 257 p. avec index.

5699. **Le Fèvre** (Jean). *Chronique... publiée par François Morand*. Paris, Renouard, 1876-1881, in-8, 2 vol.

5700. —— *Histoire de Charles VI, roi de France*. Paris, Louis Billaine, 1663, in-fol., 167 p. avec table.

5701. **Lefèvre** (Théotiste). *Guide pratique du compositeur d'imprimerie*. Paris, F. Didot, 1855-1872, in-8, 2 vol.

5702. **Lefèvre** (A.). *Eloge historique de R.-P. Lesson*. Rochefort, imp. Loustau, 1850, in-8, 27 p.

5703. **Lefol**. *Souvenirs sur le retour de l'empereur Napoléon de l'île d'Elbe et sur la campagne de 1815 pendant les Cent-Jours*. Versailles, imp. Montalant-Bougleur, 1852, 40 p.

5704. **Lefort** (J.). *Etudes chimiques sur les eaux minérales et thermales de Néris (Allier).* Paris, Germer Baillière, 1858, in-8, 67 p.

5705. —— *Exposé des titres et des travaux scientifiques à l'appui de sa candidature à l'académie impériale de médecine.* Paris, imp. Pillet, 1867, in-4, 53 p.

5706. **Le Foulon.** *Essai sur les fièvres adynamiques en général.* Paris, Grouillebois, 1808, in-8, xiii-395 p.

5707. **Lefour.** *Description des espèces bovine, ovine et porcine de la France.* Paris, imp. impériale, 1857, in-4, 216 p. et carte.

5708. **Le Franc de Pompignan.** *Œuvres.* Voir *Poètes français*, t. XXVII.

5709. —— *Poésies sacrées.* Paris, Chaubert, 1751, in-8, xl-242 p.

5710. —— *L'incrédulité convaincue par les prophéties.* Paris, Chaubert, 1759, in-12, 3 vol.

5711. *Legatus ecclesiasticus pro ecclesia Cameracensi.* In-fol., 120 p.

5712. **Legendre.** *Eléments de géométrie.* Paris, imp. F. Didot, in-8, 431 p. avec planches.

5713. **Le Gendre** (A.-M.). *Essai sur la théorie des nombres.* Paris, Duprat, 1797, in-4, xxiv-472 p.

5714. **Legendre.** *Description de la place Louis XV... à Reims...* Paris, imp. Prault, 1765, in-fol., 17 p. et 8 planches.

5715. —— *Plan général de la ville de Rheims,* 1769, in-fol., 9 planches.

5716. **Le Gendre** (l'abbé). *Mémoires... publiés par M. Roux (1655-1733).* Paris, Charpentier, 1863, in-8, 420 p.

5717. **Le Gendre** (Gilbert-Charles). *Traité de l'opinion.* Paris, Brisson, 1733, 5 tomes en 10 vol.

5718. *Législation des douanes de France.* Paris, veuve Berger-Levrault et fils, 1864, in-8, vi-248 p.

5719. **Legouvé** (Gabriel-Marie). *Le mérite des femmes, augmenté de poésies inédites.* Paris, Janet, 1830, in-12, xx-294 p.

5720. **Legouvé** (Ernest). *Edith de Falsen. L'éducation d'un père. Un lâche.* Paris, Didier, 1869, in-12, iii-338 p.

5721. **Legoyt** (A.). *Forces matérielles de l'empire d'Allemagne.* Paris, Dentu, 1877, in-18, xx-500 p.

5722. **Le Grand**. *Antonii le Grand institutio philosophiæ secundum principia D. Renati Descartes.* Noribergæ, Johannis Liegeri, 1679, in-12, 2 vol.

5723. **Legrand** (H.). *Plans de restitution. Paris en 1830.* Paris, imp. impériale, 1868, in-4, 40 pages et atlas.

5724. **Legrand d'Aussy**. *Fabliaux ou contes, fables et romans du XII⁰ et du XIII⁰ siècle.* Paris, Jules Renouard, 1829, in-8, 5 volumes.

5725. —— *Histoire de la vie privée des François.* Paris, Laurent-Beaupré, 1815, in-8, 3 vol.

5726. —— *Voyage d'Auvergne.* Paris, E. Onfroy, 1788, in-8, xii-551 p.

5727. [**Le Gros** (l'abbé Nicolas)]. *Du renversement des libertez de l'église gallicane dans l'affaire de la constitution Unigenitus.* 1716, in-12, 2 vol.

5728. **Leguay** (l'abbé). *Entretiens solitaires de l'exilé.* Paris, Jacques Lecoffre, 1849, in-12, 2 vol.

5729. **Leguay** (Louis). *Notice sur les monuments (dits druidiques) et les sépultures de Maintenon.* Meaux, typ. J. Carro, 1866, in-8, 19 p.

5730. **Le Havre**. *Recueil des publications de la société Havraise d'études diverses.* Le Hâvre, imp. Lepelletier, 1853-1870, in-8, 12 vol.

Le Heurt. Voir Heurt, n° 4715.

5731. **Leibnitz**. *Essais de théodicée.* Amsterdam, Isaac Troyel, 1714, in-12, 2 vol.

5732. —— *De la tolérance des religions.* Paris, Jean Anisson, 1692, in-12, 147-185 p.

5733. —— Clarke, Newton. *Recueil de diverses pièces sur la philosophie, la religion naturelle, l'histoire, les mathématiques, etc...* Amsterdam, Duvillard, 1720, in-12, 2 vol.

5734. **Leigh** (Edouard). *Critica sacra.* Amstelodami, vidvæ Joannis à Someren, 1679, in-fol., 288 p., index, 418 p., index.

5735. **Le Jay** (Henri-Guillaume). *Statuts et règlements du* diocèse de Cahors. Cahors, imp. François Bonnet, 1866, in-18, 274 p.

5736. **Lejean** (Guillaume). *Voyage en Abyssinie*. Paris, Hachette, 1872, in-4, viii-iii p., atlas in-fol.

5737. **Lejeune**. *Tableaux de la nature*. Pau, imp. Vignancour, 1863, in-12, 701 p.

5738. **Le Jeune** (Le père). *Le missionnaire de l'Oratoire ou sermons pour les advents, caresmes et festes de l'année*. Rouen, Prichard-Lallemant, 1667, in-8, 7 vol.

5739. **Le Laboureur** (L.). *Histoire de Charles VI, roy de France*. Paris, Louis Billaine, 1663, in-folio, 2 vol., avec table.

5740. **Leland** (J.). *Nouvelle démonstration évangélique*. Paris, Desaint, 1769, in-12, 4 vol.

5741. **Le Large** (le révérend père François). *Retraite spirituelle*. Lyon, les frères Bruyset, 1748, in-12, 2 vol.

5742. **Lelet** (Jean). *Observations sur la coutume du comté et pays de Poictou*. Poictiers, Julian Thoreau, 1637, in-4, 862 p. avec tables.

5743. **Lelevel** (Emile). *Les chemins de fer devant le parlement*. Paris, librairie générale, 1880, in-8, 75 p.

5744. **Lelong**. *Bibliothèque historique de la France... revue par Fevret de Fontette*. Paris, imp. J.-T. Hérissant, 1768-1778, in-fol., 5 vol.

5745. **Le Maistre**. *Les plaidoyez et harangues*. Paris, Pierre Le Petit, 1658, in-4, table-738 p., table.

5746 [—— (Antoine)]. *L'aumosne chrestienne*. Paris, veuve Martin-Durand, 1658, in-12, 974 p., avec table.

5747. [**Le Maistre de Sacy** (Louis-Isaac)]. *Heures canoniales*. Paris, André Pralard, 1676, in-12, 412-120 p.

5748. **Lemarchand** (Albert). *Catalogue des manuscrits de la bibliothèque d'Angers*. Angers, imp. Cosnier et Lachèze, 1863, in-8, iv-510 p.

5749. —— *Catalogue des imprimés de la bibliothèque d'Angers. (Histoire)*. Angers, imp. Lachèse, 1871, in-8, 2 vol.

5750. [**Le Maserier** (l'abbé)]. *Essai sur la chronologie*. In-12, 72 p.

5751. Le Masson (Le R. P. Innocent). *Introduction à la vie intérieure et parfaite.* Paris, Antoine Dezallier, 1701, in-8, 2 vol.

5752. Le Masson des Granges. *Le philosophe moderne, ou l'incrédulité condamnée au tribunal de la raison.* Paris, Despilly, 1765, in-12, 449 p.

5753. Lemay (L. Pamphile). *Deux poëmes couronnés par l'Université Laval.* Québec, imp. P.-G. Delisle, 1870, in-12, 250 p.

5754. Lemarié (Eug.). *Itinéraire botanique dans l'île de Ré.* Bordeaux, imp. Lafargue, 1860, in-8, 16 p.

5755. Le Men (R.-F.). *Etudes historiques sur le Finistère.* Quimper, Jacob, 1875, in-12, 191 p.

5756. Le Mercier (Le R. père Jacques). *Histoire de la larme sainte de N.-S. Jésus-Christ, révérée dans l'abbaye de Saint-Pierre-les-Selincourt.* Amiens, C. Caron-Hubault, 1707, in-8, 68 p. (Réimpression de 1875).

5757. Lemercier (Anatole). *Discours concernant la loi, sur l'instruction publique.* Paris, imp. Henri Noblet, 1854, in-8, 19 p.

5758. —— *Discours prononcé dans la discussion de l'adresse sur la politique intérieure.* Paris, Prosper Diard, 1863, in-8, 15 p.

5759. —— *Eloge de M. le duc de Larochefoucauld-Doudeauville.* Paris, imp. de V. Goupy, 1865, in-8, 7 p.

5760. —— *Etudes sur les associations ouvrières.* Paris, A. Le Clerc, 1857, in-12, 276 p.

5761. —— *La convention du 15 septembre.* Paris, Ch. Douniol, 1864, in-8, 30 p.

5762. —— *Mémoire à consulter sur les élections au corps législatif de la Charente-Inférieure.* Blois, imp. Lecesne, 1863, in-8, 40-xxxix p.

5763. —— *Note sur la suppression du pilotage à bord des chalands sur la Seine maritime.* Paris, imp. Ch. Schiller, 1869, in-8, 15 p., 2 planches.

5764. —— *Observations présentées dans la discussion du projet de loi tendant à élever du quart à la moitié, la pension* *des veuves des militaires morts de leurs blessures.* Paris, Henri Noblet, 1856, in-8, 9 p.

5765. **Lemercier** (Anatole). *Quelques mots de la vérité sur Naples.* Paris, C. Douniol, 1860, in-8, 83 p.

5766. **Lemery** (L.). *Traité des aliments.* Paris, P. Witte, 1705, in-12, 562 p.

5767. **Lemierre**. *Poésies.* Voir *Poètes français*, t. XXXIV.

5768. **Le Mire** (Aubert). *Notitia episcopatuum orbis christiani.* Parisiis, Sebastianum Cramoisy, 1610, in-fol., 252 p.

5769. **Le Mire** (Charles). *Cochinchine française et royaume de Cambodge.* Paris, Challamel aîné, 1869, in-12, 519 p. et 2 cartes.

5770. **Le Moine** (J.-M.). *L'album du touriste.* Québec, imp. A. Côté, 1872, in-8, vi-385 p.

5771. **Le Moine** (Le R. P.). *La dévotion aisée.* Paris, Jacques Cottin, 1668, in-12, table, 198 p.

5772. **Le Monnier**. *Loix du magnétisme.* Paris. imp. royale, 1776, in-8, xxxi-168-xxiii p., 2 cartes.

5773. **Lemos** (Thomas). *Panoplia gratiæ.* Leodii, Claudii Landas, 1676, in-fol., 2 vol.

5774. **Lemoyne** (André). *Poésies, 1855-1870. (Les charmeuses. — Les roses d'antan.)* Paris, A. Lemerre, 1871, in-12, 251 p.

5775. **Le Moyne** (Etienne). *Varia sacra seu sylloge variorum opusculorum græcorum ad rem ecclesiasticam spectantium.* Lugd. Batavor., apud Danielum a Graesback, 1685, in-4, 2 vol.

5776. **[Le Nain** (le père Pierre)]. *Méditations sur la règle de saint Benoist.* Paris, veuve François Muguet, 1705, in-12, 501-114 p. avec table.

5777. **Lenda** (Jacques de). *Sermones magistri Jacobi de Lenda.* Parisiis, Joanne Parvo, 1501, in-4, 96 fol., table.

5778. **Lenet** (le père). *Oraison funèbre de messire François Daligre, abbé de Saint-Jacques de Provins.* Paris, Jacques Estienne, 1712, in-4, 41 p.

5779. **Lenet** (Pierre). *Mémoires concernant l'histoire du prince de Condé.* Collection Michaud, t. XXVI.

5780. **Lenfant** (Jacques). *Histoire du concile de Pise.* Utrecht, C.-G. Lefebvre, 1731, in-4, 2 vol.

5781. **Lenglet-Dufresnoy.** *Tablettes chronologiques de l'histoire universelle.* Paris, de Bure l'aîné, 1764, in-8, 2 vol.

5782. [**Le Noble** (H.)] *L'esprit de Gerson, ou instructions catholiques, touchant le saint siège.* 1691, in-12, 249 p.

5783. —— *L'esprit de David.* Paris, veuve Moreau, 1712, in-8, 357 p., table.

5784. **Lenoir** (Alexandre). *Musée des monuments français.* Paris, impr. de Guilleminet, 1800-1803, in-8, 4 vol.

5785. **Lenoir** (Albert). *Architecture monastique.* Paris, impr. nationale, 1852-1856, in-4, 2 vol.

5786. **Lenormant.** *Etude sur le droit pénal.* Dijon, impr. Peutet-Pommay, 1861, in-8, 51 p.

5787. **Lenormant** (E.). *Turcs et Monténégrins.* Paris, Didier 1866, in-12, LXXXVII-423 p.

5788. **Lentilhac** (E. de). *Précis d'agriculture théorique et pratique.* Périgueux, J. Bonnet, 1866, in-12, IV-327 p., carte.

5789. **Léo** (André). *Les deux filles de monsieur Plichon.* Paris, A. Faure, 1865, in-12, 350 p.

5790. **Léon le Grand** (saint). *Opera omnia.* Lugduni, apud Joannem Certe, 1700, in-fol., 2 tomes en 1 vol.

5791. —— *SS. PP. Leonis Magni romani pontificis, Maximi Taurinensis, Petri Chrysologi Ravennatis, Fulgentii Ruspensis, Valeriani Cemeliensis, Amedei Lausaniensis et Asterii Amaseni heptas præsulum christiana, sapientia et facundia clarissimorum...* Parisiis, sumptibus Petri Variquet, 1671, in-fol., 1 vol., préliminaires, 864 p., index.

5792. **Léon** (le R. P.). *Le vray serviteur de Dieu. Eloge du R. P. Antoine Yvon.* Paris, veuve A. Padelou, 1668, in-12, 300 p., table, 28 p.

5793. —— *La couronne des saints.* Paris, C. Josse, 1665, in-8, 2 vol.

5794. **Léon** (Frère). *Les sept colonnes de la sagesse incarnée.* Poictiers, J. Thoreau, 1629, in-8, 430 p. et table.

5795. **Léon** (Jules). *Leçons de botanique usuelle.* Bordeaux, chez l'auteur, 1861, in-8, XIII-273 p.

5796. **Léon.** *Extrait du rapport sur le projet d'établissement d'un chemin de fer de Poitiers à La Rochelle et à Rochefort.* La Rochelle, typ. G. Mareschal, 1851, in-4, 29 p., 1 carte.

5797. **Léonard** (Frédéric). *Recueil des traitez de paix faits par les rois de France.* Paris, 1693, in-4, 6 vol.

5798 [**Léonard** (M. A.). *Réfutation du livre des règles pour l'intelligence des saintes écritures.* Paris, impr. Jacques Vincent, 1727, in-12, 489 p.

5799 —— *Traité du sens littéral et du sens mystique des saintes écritures.* Paris, impr. Jacques Vincent, 1727, in-12, 575-74 p. avec table.

5800. **Léonard de Port-Maurice.** *Œuvres complètes,* traduites de l'italien, par F.-I.-J. Labis. Paris, Casterman, 1858, in-12, 648 pages.

5801. **Léopold.** *Formulaire de tous les actes tant civils que commerciaux, que l'on peut passer sous seing privé.* Paris, Alexis Eymery, 1819, in-12, 298 p.

5802. **Lepage** (Auguste). *Les discours du trône depuis 1814 jusqu'à nos jours.* Paris, librairie des auteurs, 1867, in-8, xxx-149 p.

5803. **Lepage** (Henri). *Dictionnaire topographique du département de la Meurthe.* Paris, impr. impériale, 1862, in-4, xxvii-215 p.

5804. **Lepage** (P.). *Lois des bâtimens.* Paris, veuve Dabo, 1823, in-8, 2 vol.

5805. —— *Manuel pratique des juges et des greffiers dans les justices de paix.* Paris, Hacquart, 1807, in-12, viii-420 p.

5806. **Lepage** (le Dr). *Rapport sur la bioscopie électrique de M. le Dr Crimatel, comme moyen de distinguer la mort réelle de la mort apparente.* Orléans, E. Puget, 1869, in-8, 26 p.

5807. **Le Piage** (le père Thomas). *L'homme content, œuvre plein de graves sentences.* Paris, Gervais Alliot, 1629, in-12, 592 p.

5808. **Le Pain** (Jean). *Le praticien français.* Rouen, Jean de La Mare, 1628, in-8, 422 p. avec table.

5809. **Lépaulart.** *Journal sur la prise de Soissons par les Huguenots en 1567.* Laon, impr. Ed. Fleury, 1862, in-8, 133 p.

5810. **Le Paulmier** (le P. Nicolas de). *Scriptura sacra in forman meditationum redacta.* Lutetiæ Parisiorum, viduam Simonis Benard, 1692, in-12, index, 530 p., indices.

5811. **Le Pelletier** (Jacques). *Instruction très facile et néces-*

saire pour obtenir de la cour de Rome toutes sortes d'expédi-tions de bénéfices, dispenses de mariage et autres. Paris, l'auteur, 1793, in-8, 549 p.

5812. **Le Picart** (François). *Les sermons.* Paris Nicolas Clusneau, 1561, in-4, 326-28 p.

5813. **Lépinois** (E. de) et Lucien MERLET. *Cartulaire de l'église de Notre-Dame de Chartres.* Chartres, Petrot-Garnier, 1861-1865, in-4, 3 vol. en 6 part.

5814. **Le Play** (F.). *La réforme sociale en France.* Paris, E. Dentu, 1866, in-12, 2 vol.

5815. —— *L'organisation du travail, selon la coutume des ateliers et la loi du décalogue.* Tours, A. Mame et fils, 1870, in-12, XII-561 p.

5816. **Le Play** (M.-F.). *Mémoire sur la fabrication et le commerce des fers à aciers.* Paris, Carilian Goeury, 1846, in-8 VIII-194 p.

5817. **Leporcq** (le P. Jean). *Les sentimens de saint Augustin sur la grâce opposés à ceux de Jansénius.* Paris, François Muguet, 1682, in-4, table, 788 p.

5818. **Le Prince de Beaumont** (M.). *Manuel de la jeunesse.* Paris, Fournier, 1771, in-12, 2 vol.

5819. LE PUY. *Annales de la société d'agriculture, sciences, arts et commerce du Puy.* Le Puy, typ. J.-B. Gaudelet, 1848-1868, in-8, 4 vol.

5820. [**Lequeux** (l'abbé Claude)]. *Les dignes fruits de pénitence.* Paris, Jean Desaint, 1743, in-12, XIX-348-VII p.

5821. **Lequien** (E.-A.). *Eléments d'arithmétique.* Paris, chez l'auteur, 1815, in-8, 236 p.

5822. —— *Traité de la ponctuation.* Paris, Werdet et Lequien, 1826, in-12, XII-130 p.

5823. **Lequien** (le P. Michel). *L'antiquité des tems détruite.* Paris, Louis Guérin, 1693, in-12, 354 p.

5824. **Le Quien Leneufville** (Mgr Charles-Auguste). *Catéchisme ou abrégé de la foi.* D'Acqs, Roger Leclercq, 1776, in-12, 164 p.

5825. **Lequinio** (J.-M.). *Les préjugés détruits.* La Rochelle, V. Cappon, an II, in-8, 290 p.

5826. [**Le Ridand** (P.)]. *Institutiones philosophicæ.* Parisiis, Villette, 1761, in-12, 3 vol.

5827. **Le Roux de Lincy.** *Le livre des proverbes français.* Paris, Adol. Delahays, 1859, in-18, 2 vol.

5828. —— *Recherches sur la bibliothèque du grand Condé.* Paris, typ. Lahure, in-8, 29 p.

5829. —— *Recherches sur Jean Grolier.* Paris, Potier, 1866, in-8, xlix-491 p.

5830. —— et L.-M. Tisserand. *Paris et ses historiens aux XIVe et XVe siècles.* Paris, imp. impériale, 1867, in-4, xxv-665 p.

5831. **Le Roi** (J.-A.). *Histoire de Versailles.* Versailles, P. Oswald, 1868, in-8, 2 vol.

5832. —— *Notice sur une ceinture trouvée dans un tombeau à Auffargis, près Rambouillet.* Versailles, imp. Montalant-Bougleux, 1852, in-8, 11 p.

5833. —— *Récit des journées des 5 et 6 octobre 1789 à Versailles, suivi de Louis XVI et le serrurier Gamain.* Versailles, imp. Aubert, 1867, in-8, 124 p.

5834. —— *Récit de la grande opération faite au roi Louis XIV en 1686.* Versailles, imp. Montalant-Bougleux, 18.., in-8, 40 p.

5835. —— *Versailles en 1740.* Versailles, imp. Beau, 1848, in-8, 27 p.

5836. **Le Roi** (Estienne). *Réflexions sur ce que les cartésiens pensent de l'âme de l'homme et de la bête.* Poitiers, Robert Courtois, 1670, in-18, 114 p.

5837. **Le Roi** (l'abbé Louis). *Le règne de Dieu dans la grandeur, la mission et la chûte des empires.* Paris, Adrien Le Clère, 1865, in-12, 3 vol.

5838. **Le Roi** (Onésime). *Etudes sur les mystères... et sur divers manuscrits de Gerson.* Paris, L. Hachette, 1837, in-8 xxix-520.

5939. **Leroy-Beaulieu** (Paul). *Les guerres contemporaines (1853-1866).* Paris, Pichon-Lamy, in-12, 93 p.

5840. **Le Roy de Kéraniou** (O.). *Libération du territoire.* Paris, Guillaumin et Cie, 1872, in-8, 59 p.

5841. **Le Roy-Mabille.** *Œuvres.* 1868, 1863, 1872 et 1874, recueil factice, in-8.

5842. **Lesage**. *Histoire de Gil-Blas de Santillane*. Montargis, Prévost, 1785, in-12, 4 vol.

5843. —— *Le diable boiteux*. (Bibliothèque nationale, n°s 10 et 11.)

5844. **Lesbros**. *Expériences hydrauliques sur les lois de l'écoulement de l'eau à travers les orifices rectangulaires verticaux à grandes dimensions*. Paris, imp. nationale, 1851, in-4, xi-509 p. et 137 planches.

5845. **Lescan** (J.-J.). *Trigonométries rectiligne et sphérique*. Paris, F. Didot, 1819, in-8, xv-384 p.

5846. **Lescarret** (J.-B.). *Conférences sur l'économie politique*. Paris, Hachette, 1869, in-12, xvi-352 p.

5847. **Leschassier** (Jacques). *De vocabulis ad geographiam juris romani pertinentibus*, authore Jacobo Leschasserio. Francofurti, 1619, in-12, 55 p.

5848. —— *De notis locorum communibus historiæ sacræ et exoticæ*. Lutetiæ Parisiorum, apud Joannem Sara, 1631, in-12, 9 p.

5849. **Leschevin** (P.-X.). *Table analytique des matières contenues dans les XXVIII premiers volumes du Journal des mines*. Paris, Bossange et Masson, 1813, in-8, 628 p.

5850. **Lesclache** (Louis de). *La philosophie divisée en cinq parties*. Paris, Charles Chastellain, 1648 et 1650, in-8, 2 vol.

5851. **Lescœur** (le R. P.). *L'église de Pologne*. Paris, Victor Palmé, 1868, in-12, cxiv-247 p.

5852. **Lescœur** (Léon). *De l'ouvrage de Pascal contre les athées*. Dijon, Douillier, 1850, in-8, 112 p.

5853. **Lesolc** (A.). *Documents pour servir à l'histoire de l'Empire*. Saintes, imp. Gay, 1882, in-32, 328 pages.

5854. **Lescour** (J.-P.-M.). *Telenn Gwengam. La harpe de Guingamp*. Brest, Moullet-Gant, 1869, in-8, xii-346-18-42 p.

5855. [**Le Semelier**] (le P.). *Conférences ecclésiastiques sur plusieurs points de la morale chrétienne*. Bruxelles, 1755-1759, in-12, 6 vol.

5856. [**Le Sesne d'Etemare** (l'abbé), et le P. Boyer]. *Gémissement d'une âme vivement touchée de la destruction du saint monastère de Port-Royal des champs*. 1709-1714, in-12, 31-64-47-55 p., table, xxxii p., table, 216 p.

5857. **Lesieur** (A.). *Notice sur la vie de M. L. Hachette.* Paris, Ch. Lahure, 1864, in-8, 83 p.

5858. **Lespès** (Léo). et Ch. BERTRAND. *Paris Album, historique et monumental, divisé en vingt arrondissements.* Paris, Administration des bureaux, in-8, 1861, 471 p.

5859. **L'Espine** (J. de). *Excellens discours touchant le repos et contentement de l'esprit.* La Rochelle, Hiérosme Haultin, 1594, in-12, 758 p.

5860 —— *Traité de la providence.* La Rochelle, Hiérosme Haultin, 1594, in-12, 359 pages.

5861. **Lesson** (R.-P.). *Fastes historiques, archéologiques, biographiques du département de la Charente-Inférieure.* Rochefort, imp. Thèze, 1842-1845, in-8, 2 vol.

5862. —— *Ere celtique de la Saintonge.* Rochefort, imp. Loustau, 1847, in-8, 300 p.

5863. —— *Flore rochefortine.* Rochefort, chez l'éditeur, 1835, in-8, 634 p.

5864. —— *Musée Anaïs ou choix de vues des monuments historiques de la Saintonge et de l'Aunis.* Rochefort, H. Loustau et Cie, 1846, in-8, XII-68 p. et planches.

5865. —— *Nouveau tableau du règne animal. Mammifères.* Paris, A. Bertrand, 1842, in-8, 204 p.

5866. —— *Voyage autour du monde sur la corvette La Coquille.* Paris, P. Pourrat, 1839, in-8, 2 vol. et l'atlas de 56 planches.

5867. **L'Estoile** (Pierre de). *Journal du règne d'Henri IV.* La Haye, Vaillant, 1741, in-12, 3 vol.

5868. **Lestoile** (Pierre de). *Registre-Journal. Mémoires sur Henri III et Henri IV.* Collection Michaud et Poujoulat, t. XIV et t. XV.

5869 **Lestonac** (Madame de). *Règles et constitutions des religieuses de Nostre-Dame.* Bordeaux, imp. J. de La Court, [1722], in-12, 401 p. avec table.

5870. **Lestourgie** (Auguste). *Rimes limousines, poésies.* Limoges, Dilhan-Vivès, 1863, in-8, 305 p.

5871. **Le Svevr** (Jean). *Histoire de l'église et de l'empire.* Genève, Jean-Herman Widerhold, 1674-1678, in-4, 6 vol.

5872. **Letard** (l'abbé F.). *Etude sur la mer morte:* Grenoble, imp. Allier, 1871, in-12, 43 p.

5873. —— *Tableaux évangéliques et topographiques des Lieux Saints.* Paris, Challamel, 1875, in-8, 2 vol.

5874. **Lételié** (J.-A.). *Esprit-Charles Le Terme, sous-préfet de Marennes, 1818-1837.* Marennes, A. Florentin, 1876, in-8, 25 pages.

5875. —— *Excursion dans les dunes de la Coubre.* Marennes, imp. Florentin, 1868, in-8, 12 p.

5876. —— *La boulangerie, les associations coopératives et les œuvres privées de bienfaisance à propos de la cherté du pain.* Marennes, imp. Florentin, 1868, in-8, 16 p.

5877. —— *La garance, son introduction dans les sables du littoral de l'Océan.* Marennes, imp. Florentin, 1865, in-12, 8 pages.

5878. —— *L'arachide, sa culture, son avenir dans la Charente-Inférieure.* Marennes, imp. Florentin, 1864, in-8, 8 p.

5879. —— *La saline de Marennes régénérée par les arts industriels. (Fabrique de soude.)* Marennes, imp. Florentin, 1864, in-8, 48 p.

5880. ——*Les arènes de Saintes en 1882.* Pons, imp. N. Texier, 1882, in-8, 8 p.

5881. —— *Mission de monseigneur Dupuch, ancien évêque d'Alger, à Arvert.* Marennes, imp. Raissac, 1854, in-8, 28 p.

5882. —— *Notice sur l'abbé Brassaud..., curé archiprêtre de Marennes.* Marennes, imp. A. Florentin, 1876, in-32, 11 p.

5883. —— *Notice sur M. Desmortiers, curé doyen de La Tremblade.* Marennes, imp. Florentin, 1872, in-12, 104 p.

5884. —— *Nouvelle étude sur la saline de Marennes.* Marennes, imp. Florentin, 1864, in-12, 30 p.

5885. —— *Syndication des marais salants de l'Ouest.* Marennes, imp. Florentin, 1865, in-12, 40 p.

5886. —— *Une fille d'Alfred de Musset à La Rochelle.* Pons, imp. Noël Texier, 1882. in-8, 10 p.

5887. —— *Un nouveau René Caillé. M. Aimé Olivier, vicomte de Sanderval.* La Rochelle, Siret, 1882, in-8, 31 p.

5888. [**Le Tellier** (Le P. Michel)]. *Défense des nouveaux chrétiens et des missionnaires de la Chine.* Paris, Estienne Michallet, 1688, in-12, lx-570 pages et table.

5889. [——]. *L'erreur du péché philosophique combattue par les Jésuites.* Liège, Pierre Borgelol, 1692, in-12, 298 pages, table.

5890. [——]. *Observations sur la nouvelle défense de la version française du nouveau testament, imprimé à Mons.* Rouen, Prichard-Lallemant, 1684, in-8, 596 pages, avec table et additions.

5891. **Le Tellier de Bellefons** (Dom François). *Panégyriques pour les principales fêtes de l'année.* Paris, Jean Musier, 1699, in-12, 2 vol.

5892. **Le Terme.** *Règlement général et notice sur les marais de l'arrondissement de Marennes.* Rochefort, Goulard, 1826, in-8, 320 p. et 3 plans.

5893. —— *Statistique générale et comparative de l'arrondissement de Marennes... pour les années 1833, 1834 et 1835.* Marennes, imp. J.-S. Raissac, 1836, in-4 oblong, 10 p.

5894. **Le Tourneur.** *L'année chrétienne.* Paris, Desaint et Saillant, 1746, in-12, 4 vol.

5895. **Letourneux.** *Histoire de la vie de nostre seigneur Jésus-Christ.* Paris, Hélie Josset, 1693, in-12, 96-431 p.

5896. **Le Tourneur.** *Principes et règles de la vie chrétienne.* Lyon, Jean Certe, 1699, in-18, table-211 p.

5897. **Letronne.** *Cours élémentaire de géographie ancienne et moderne.* Paris, veuve Maire-Nyon, 1847, in-18, xi-247 p.

5898. *Lettre à son altesse monseigneur l'électeur de Cologne, évêque et prince de Liège, au sujet de la lettre de M. l'archevêque de Cambray à son altesse électorale de Cologne, contre une protestation d'un théologien de Liège.* 1708, in-12, 64 p.

5899. *Lettre à un curé sur un écrit intitulé : Sur la destruction des Jésuites en France, par un auteur désintéressé.* in-12, 57 p.

5900. *Lettre à un électeur par un ancien constituant.* Paris, imp. de C. Schiller, 1869, in-8, 32 p.

5901. *Lettre : de Honore et cultu Dei.* 1751, in-4, 208-ccl p.

5902. *Lettre de Messieurs des missions étrangères au pape sur les idolâtries et superstitions chinoises.* In-4, 137 pages.

5903. *Lettre de M. l'évêque de N., à son éminence le cardinal de Noailles..., au sujet de son mandement sur la publication de l'appel.* Avignon, J. Chastel, 1719, in-12, 118 p.

5904. *Lettre d'un chevalier de Malte à l'évêque de XXX.* (Voir le suivant).

5905. *Lettre d'un cosmopolite sur le réquisitoire de M. Joly de Fleury, et sur l'arrêt du parlement de Paris du 2 janvier 1764, qui condamne au feu l'instruction pastorale de M. l'archevêque de Paris du 28 octobre 1763.* Paris, Romain Constant, 1765, in-12, 272-71-155-32-56 p.

5906. *Lettre d'un ecclésiastique à M... sur l'institut des Jésuites.* (Voir *Lettre d'un cosmopolite*).

5907. *Lettre d'un prêtre déporté à Rochefort (8 mai 1798.)* (S. n., l. ni d.), in-8, 86 p.

5908. *Lettre d'une mère à son fils pour lui prouver la vérité de la religion chrétienne.* Paris, Saillant, 1768, in-12, 3 volumes.

5909. *Lettre du roy envoyée à monsieur le mareschal de L'Hospital, gouverneur de la ville de Paris, sur la réduction de la ville de Xaintes à son obéissance (16 mars 1652).* Paris, 1652, in-4, 4 pages.

5910. *Lettre du roy escrite au parlement; — Au roy par Monsieur; — De la reyne mère au roy; — La défense du roy; — Ordonnance du roy; — Relation de ce qui s'est passé depuis le 6 février (1631); — Discours au roy; — Lettre du roy envoyée aux princes; — Copie d'une requête envoyée à Messieurs du Parlement; — Lettre escrite au roy par Monsieur.* Paris, 1631, in-8, 11 pièces.

5911. *Lettre écrite au roi, le 28 août 1788 par la commission intermédiaire des états de Bretagne concernant l'éloignement du principal ministre, et la situation du royaume.* S. n., l. ni d. (1788), in-8, 8 p.

5912. *Lettre et mémoire intéressans sur le commerce de l'eau-de-vie dans le pays d'Aunis.* La Rochelle, imp. Mesnier, 1770, in-12, 54 p.

5913. *Lettre sur la mendicité adressée à la reine.* Bordeaux, imp. de Durand, 1846, in-8, 35 p.

5914. *Lettres adressées à messieurs les commissaires nommés par le roi pour délibérer sur l'affaire présente du parlement au sujet du refus des sacremens.* 1752, in-12, 178-48-40 pages.

5915. *Lettres au R. P. Alexandre, où se fait remarquer le parallèle de la doctrine des Thomistes avec celle des Jésuites, sur la probabilité et sur la grâce.* 1765, in-12, 250 p.

5916. *Lettres de Paris écrites par Alceste dans l'Universel. (Le Gouvernement personnel.)* Paris, Le Chevalier, 1869, in-12, 143 p.

5917. *Lettres de piété des Saints Pères grecs et latins des quatre premiers siècles de l'église, par le père XXX, prêtre de l'Oratoire.* Paris, Gabriel Huarte, 1702, in-12, 3 vol.

5918. *[Lettres de plusieurs évêques de France relatives au Jansénisme].* Avignon, Joseph Chastel, 1719, in-12.

5919. *Lettres de plusieurs prélats au sujet du livre du P. Pichon.* In-4.

5920. *Lettres d'un honnête homme qui étudie sa religion, pour servir de réponse à la 3e des lettres écrites de la montagne par J.-J. Rousseau.* Bordeaux, Frères Labottière, 1765, in-12, 140 p.

5921. *Lettres du roy du 22 février 1652 avec la relation de ce qui s'est passé dans la deffaite de la cavalerie de Monsieur le Prince de Tarente en la pleine de Perdillac, près Xaintes.* Paris, P. Rocolet, 1652, in-4, 11 p.

5922. *Lettres originales des rois de France et des ducs d'Anjou aux maires et échevins d'Angers, de 1488 à 1592.* Angers, imp. Cosnier, 1856, in-8, 19 p.

5923. *Lettres patentes du roi relatives à l'abolition des dimes, aux frais du culte et entretien des ministres des autels, 22 avril 1790.* La Rochelle, imp. V. Cappon-Mesnier, 1789, in-4, 6 p.

5924. *Lettres portugaises. Nouvelle édition, avec les imitations en vers par Dorat.* Paris, Delance, 1806, in-12, xxxii-183 pages.

5925. *Lettre pour la convocation des états généraux à Versailles le 27 avril 1789.* Paris, imp. royale, 1789, in-8, 32-15 p.

5926. *Lettres sur les principaux motifs qui ont déterminé le prince Frédéric... à se réunir à la sainte église catholique, apostolique et romaine...* Mannhein, imp. Nicolas Pierron, 1749, in-12, 2 vol.

5927. *Lettres théologiques aux écrivains, défenseurs des convulsions du temps.* In-4, 899 p. avec tables.

5928. **Levade** (D.). *Sermons prononcés dans les églises d'Amsterdam et de Lausanne.* Lausanne, P. Luquiens, 1791, in-8, iv-282 p.

5929. **Le Vallois** (Le P.). *Œuvres spirituelles.* Paris, Nicolas Pepie, 1706-1712, in-12, 4 vol.

5930. **Levasseur.** *Manuel des justices de paix.* Paris, Roret, 1828, in-8, x-237 p.

5931. **Levasseur** (E.). *L'étude et l'enseignement de la géographie.* Paris, Delagrave, 1872, in-12, 126 p.

5932. **Le Vayer de Boutigni.** *De l'autorité du roi, touchant l'âge nécessaire à la profession solennelle des religieux...* Amsterdam, 1751, in-12, 248 p.

5933. **Level** (Emile). *Les chemins de fer et le budget.* Paris, bureaux de la *Nouvelle Revue*, 1883, in-8, 43 p.

5934. —— *Les chemins de fer devant le parlement.* Paris, librairie générale, 1880, in-8, 75 p.

5935. **Levesque.** *Histoire de Russie.* Paris, Debure, 1782, in-12, 5 vol.

5936. —— *Histoire des différents peuples soumis à la domination des Russes ou suite de l'histoire de Russie.* Paris, Debure, 1783, in-12, 2 vol.

5937. **Levis** (de). *Les voyages de Kang-Hi ou nouvelles lettres chinoises.* Paris, imp. Didot, 1810, in-8, 2 vol.

5938. **Le Vosgien** (H.). *Vingt ans du règne de Napoléon III.* Mirecourt, Humbert, 1869, in-12, 516 p.

5939. **Levot** (P.). *Histoire de la ville et du port de Brest.* Paris, Mme Bachelin-Deflorenne, 1864-1875, in-8, 4 vol.

5940. —— *Procès d'Alexandre Gordon, espion anglais, décapité à Brest en 1769.* Brest, imp. E. Auner, 1861, in-8, 68 p.

26

5941. **Lévy** (Michel). *Rapport sur les progrès de l'hygiène militaire.* Paris, imp. impériale, 1867, in-8, 61 p.

5942. *Lexicon juridicum.* Excudebat Jacobus Stœr, 1593, in-8, 1121 pages.

5943. **Leymarie** (A.). *Tout par le travail. Manuel de morale et d'économie politique.* Paris, Guillaumin, 1870, in-12, VIII-320 pages.

5944. **L'Heureux** (Joannes) Macario. *Hagioglypta sive picturæ et sculpturæ sacræ antiquiores præsertim quæ Romæ reperiuntur explicatæ.* Lutetiæ Parisiorum, J.-A. Toulouse, 1856, in-8, XII-355 p.

5945. **Lhomond.** *Doctrine chrétienne.* Limoges, Mlle Ardant, in-12, 322 p.

5946. **L'Hospital** (de). *Traité analytique des sections coniques.* Paris, Montalant, 1720, in-4, 559 p.

5947. **L'Hôte** (Edouard). *Les primevères,* poésies. Paris, Ebrard, 1836, in-12, 263 p.

5948. **Libanius.** *Pro templis gentilium non exscindendis ad Theodosium M. Imp. oratio...* (Sans lieu ni nom.) 1634, in-4, 63-15 p. avec index.

5949. *Libelli seu decreta a Clodoveo et Chidelberto et Clothœrio prius edita.* In-32, 127-70-95-56-119-15 p.

. 5950. *Liber primus, de armatura omnium fidelium; Lib. secundus, de bello herœticorum; Lib. tertius, de bello Judæorum; Lib. quartus, de bello sarracenorum.* (Sans lieu ni date.) Non paginé, petit in-fol., gothique.

5951. *Liber sextus decretalium D. Bonifacii, papæ VIII, suæ integritati una cum Clementinis et extravagantibus, restitutus.* Francofurti, Joannes Feyrabendius, 1590, in-8, XIV-623 p.

5952. **Liberge** (Marin). *Le siège de Poictiers et ample discours de ce qui s'y est faict et passé ès mois juillect, aoust et septembre, et ample narration de la bataille de Montcontour et du siège de Saint-Jean d'Angély.* Poictiers, imp. Thoreau, 1621, in-12, 272 pages.

5953. **Libert** (J.). *Histoire de la chevalerie en France.* Paris, L. Hachette et Cie, 1856, in-12, 459 p.

5954. **Libouroux** (l'abbé Ch.). *Controverse entre Bossuet et Fénelon au sujet du quiétisme de madame Guyon.* Paris, Victor Palmé, 1876, in-8, 198 p.

5955. **Libri.** *Réponse de M. Libri au rapport de M. Boucly.* Paris, imp. Plon, 1848, in-8, 115 p.

5956. **Lichtenberger** (Ernest). *Etude sur les poésies lyriques de Goëthe.* Paris, Hachette, 1876, in-8, 446 p.

5957. [**Licques** (David de)]. *Histoire de la vie de messire Philippes de Mornay, seigneur du Plessis.* Leyde, Bonav. et Abrah. Elsevier, 1647, in-8, 732 p.

5958. **Liège** (Pierre). *Commentaire sur la coutume du comté et pays de Poitou.* Poitiers, Jean Courtois, 1695, in-4, 262-78 p.

5959. **Liénard** (Félix). *Dictionnaire topographique du département de la Meuse.* Paris, imp. nationale, 1872, in-4, XLIV-297 pages.

5960. **Lieutier** (Mme Nelly). *La bague d'argent, croquis de mœurs saintongeaises.* Paris, Arnauld de Vresse (1869), in-12, 240 pages.

5961. **Liger** (L.). *Le jardinier-fleuriste.* Rouen, veuve Pierre Dumesnil, 1792, in-12, XIJ-419 p.

5962. —— *La nouvelle maison rustique.* Paris, veuve Savoye, 1775, in-4, 2 vol.

5963. **Lightfoot** (Jean). *Opera omnia.* Roterodami, Regneri Leers, 1686, in-fol., 2 vol.

5964. [**Lignac** (Joseph-Adrien LELARGE de)]. *Eléments de métaphysique tirés de l'expérience...* Paris, Desaint et Saillant, 1753, in-12, 453 p.

5965. **Lignac** (de). *De l'homme et de la femme considérés physiquement dans l'état du mariage.* Lille, J.-B. Heny, 1774, in-12, 3 vol. avec planches.

5966. **LILLE.** *Catalogue de la bibliothèque de la société des sciences, de l'agriculture et des arts de Lille.* Lille, imp. Blocquel-Castiaux, 1870, in-8, 426 pages.

5967. **LILLE.** *Mémoires de la société des sciences, agriculture et arts de Lille.* Lille, imp. Leleux, Danel, 1819-1870, in-8, 52 vol.

5968. **Limayrac** (Paulin). *Coups de plume sincères* Paris, F. Lecou, 1853, in-12, 390 p.

5969. **Limousin** (Charles). *Les accidents de chemin de fer et la presse.* Paris, Guillaumin, 187 , in-8, 15 p.

5970. **Linda** (Guillaume). *Panoplia evangelica.* Coloniæ Agrippinæ, excud. Maternus Cholinus, 1559, in-fol., 527-36 p. avec table.

5971. **Linde** (Guillaume). *Moribus ingenuis, doctrina opibusque potentes Anglorum proceres.* Antwerpie, Francisci Bricman, 1525, in-4, 256 fol.

5972. **Lingard** (John). *A history of England.* Paris, P. Baudry, 1826-1831, in-8, 14 tomes en 7 vol.

5973. —— *Histoire d'Angleterre,* traduite par le chevalier de Roujoux. Paris, Carié de La Charie, 1825-1826, in-8, 10 vol.

5974. **Lingendes** (le P. Claude de). *Concionum in quadragesimam.* Parisiis, Franciscum Muguet, 1661, in-4, 4 tomes en 3 vol.

5975. —— *Conciones decem de sanctissimo Eucharistiæ sacramento, opus posthumum.* Parisiis, typ. Franciscum Muguet, 1663, in-8, 362 p.

5976. **Linguet** (S.-N.-H.). *Annales politiques, civiles et littéraires du dix-huitième siècle.* Du 6ᵉ au 11ᵉ vol. Londres, Spilburi, 1779-1784, in-8, 41 fascicules.

5977. —— *Essai philosophique sur le monachisme.* Paris 1776, in-8, 172 p.

5978. —— *Socrate,* tragédie en cinq actes. Amsterdam, MM. Rey, 1764, in-4, 75 p.

5979. —— *Théorie des loix civiles.* Londres, 1767, in-12, 2 vol.

5980. **Linguet** et DUSAULX. *Mémoires sur la Bastille et sur le 14 juillet.* (Voir collection Barrière des mémoires sur la révolution française). Paris, Baudouin frères, 1822, in-8, XL-470 p.

5981. **Linnée** (Charles). *Animalium specierum in classes, ordines genera, species methodica dispositio, additis characteribus, differentiis atque synonymis.* Lugduni Batavorum (Leyde), E. Haak, 1759, in-8, II-256 pages.

5982. —— *Fundamentorum botanicorum pars prima.* Coloniæ Allobrogum, Pientes, 1786, in-8, 2 vol.

5983. **Linocier** (Geoffroy). *Histoire des plantes,* traduite de latin en français, avec leurs pourtraicts, noms, etc. (Titre manque). Paris, Ch. Macé, 1584, in-16, 944 p. et ind.

5984. **Lion** (le père Claude). *Nouveaux panégyriques des saints, vêture et profession religieuse.* Lyon, Hilaire Baritel, 1704, 622 p. avec table.

5985 **Lione**, évêque nommé de Rosalie (l'abbé de). *Lettre à monsieur Charmot.* Item. *Remarques sur la protestation des jésuites.* 1700, in-12, 173-28-22 p.

5986. **Lipse** (Juste). *De cruce libri tres.* Antuerpiæ, officina Plantiniana, Joannem Morettum, 1597, in-8, 136 p., index.

5987. —— *Saturnalium sermonum libri duo qui de gladiatoribus...* Antverpiæ (Anvers), ex officina Plantiniana, apud Joann. Morettum, 1598, in-4, 234 p.

5988. **Lissagaray.** *Jacques Bonhomme, entretiens de politique primaire.* Paris, Le Chevalier, 1878, in-12, 224 p.

5989. *Liste de messieurs les députés du corps législatif,* suivie de celles des membres du sénat et du conseil d'état. Années 1861, 62, 63, 65. — De l'assemblée nationale, 1873. — Des pairs de France, 1845. Paris, 1861-1873, in-32, 7 vol.

5990. *Liste générale des membres de la société des agriculteurs de France.* Paris, typ. Chamerot, 1878, in-8, 128 p.

5991. *Liste générale des postes de France.* Année 1786. Paris, impr. de P.-D. Pierres, 1786, in-12, 1 vol.

5992. *Liste générale par ordre alphabétique des émigrés de toute la république.* In-fol., 3 vol. in-8 et plusieurs fascicules.

5993. **Liszt** (Franz). *Des Bohémiens et de leur musique en Hongrie.* Paris, A. Bourdilliat et Cᵉ, 1859, in-12, 349 p.

5994. *Litteræ apostolicæ quibus institutio, confirmatio et varia continentur societatis Jesu.* Anvers, Jean Meursius, 1635, in-12, 384 p., avec table.

5995. **Littleton.** *Lettres philosophiques et politiques sur l'histoire de l'Angleterre.* Paris, Regnault, 1780, in-8, 2 vol.

5996. —— *Nouvelles lettres persanes,* traduites de l'anglais. Londres, 1735, in-12, 2 vol.

5997. **Littré.** *Dictionnaire de la langue française* et supplément. Paris, Hachette, 1863-1877, in-8, 5 vol.

5998. —— *Histoire de la langue française.* Paris, Didier, 1863, in-8, 2 vol.

5999. *Liturgie (La), ou formulaire des prières publiques.* Londres, P. de Varennes, 1706, in-8, 467 p.

6000 **Livet** (Ch.-L.). *Précieux et précieuses, caractères et mœurs littéraires du XVII° siècle.* Paris, Didier, 1860, in-12, xxxvi-443 p.

6001. *Livre d'église à l'usage des laïques, suivant le bréviaire de Poitiers,* suivi du commun des saints. Poitiers, F. Barbier, 1804 (an XII), in-12, xxxij, 3 vol.

6002. *Livre de poste pour l'an 1847.* Paris, impr. royale, 1847, in-8, lx-426 p. et 2 cartes.

6003. *Livre (Le) des psaumes,* ancienne traduction française, publié par Francisque Michel. Paris, imprimerie nationale, 1876, in-4, x-338 pages.

6004 *Livre d'or... de la légion d'honneur.* Paris, imprimerie nationale, 1874, in-8, lix-899 p.

6005. **Lobvasser** (Ambroise). *Neuvermerhet und verbessertes oranien Rassanisches Kirchen Gesang Buch Worinnen Befindlich die. Psalmen Davids, in deutche Reimen gebracht dur Ambrosius Lobvasser...* (traduction allemande). Zerborn, Mich..Regulein, 1756, in-8, 282 p., table.

6006. [**Lochon.**] *Abrégé de la discipline de l'église..* Paris, Guillaume Vandive, 1703, in-8, xxiv-528 p., table.

6007. **Lock** (Frédéric). *Histoire de la Restauration (1814-1830).* Paris, impr. Dubuisson, in-18, 192 p.

6008. **Locke.** *Abrégé de l'essai sur l'entendement humain,* traduit de l'anglais par Bosset. Londres, Jean Nourse, 1741, in-12, 376 p., avec table.

6009. —— *Essai philosophique, concernant l'entendement humain,* traduit de l'anglais par Coste. Paris, Bossange, an VII, (1799), in-12, 4 vol.

6010. —— *De l'éducation des enfants,* traduit de l'anglais par Pierre Coste. Amsterdam, H. Schelte, 1708, in-12, xxxiii-432 p.

6011. —— *Du gouvernement civil.* Paris, Servière, 1783, in-12, xxiv-384 p.

6012. —— *Le christianisme raisonnable, tel qu'il nous est présenté dans l'écriture sainte,* traduit de l'anglais par M. Coste. Amsterdam, Zacharie Chatelain, 1740, in-12, 2 vol.

6013. **Lockart.** *Nouvelles recherches sur l'âge géologique de la Sologne.* Orléans, E. Puget et Cᵉ, 1861, in-4, 8 p.

6014. *Loci communes juris civilis...* Lugduni, apud Gryphium, 1551, in-12, 326 p.

6015. **Locré** (J.-G.). *Esprit du code Napoléon, tiré de la discussion.* Paris, imprimerie impériale, 1807, in-8, 7 vol.

6016. —— *Esprit du code de procédure civile.* Paris, impr. de P. Didot l'aîné, 1816, in-8, 5 vol.

6017. **Lœwenklau** (Jean). *Juris græco-romani tam canonici quam civilis tomi duo.* Francofurti, hœredum Petri Fischeri, 1595, in-fol., 2 tomes en 1 vol.

6018. *Loi électorale pour les élections des 5 et 8 février 1871 à l'assemblée nationale.* Paris, E. Lachaud, 1871, in-8, 24 p.

6019. *Loi relative à la vente des immeubles affectés à l'acquit des fondations, 18 février 1791; — à la vente des immeubles affectés aux fabriques, 19 août 1792; — à la suppression des congrégations séculières et des confrairies, 18 août 1792.* Saintes, impr. Pierre Toussaincts, 1791-1792, in-4, 3 pièces.

6020. *Lois, décrets, rapports de la révolution.* In-8, 38 pièces.

6021. *Lois de la République française, an IVᵉ, sur l'organisation et l'instruction publique.* Saintes, Mareschal, an IVᵉ, in-8, 15 pages.

6022. *Lois, statuts, etc., de la compagnie du chemin de fer de Paris à Orléans.* Paris, impr. de Napoléon Chaix et Cᵉ, 1853, in-8, 146 p.

6023. **Loisel** (Antoine). *Institutes coutumières.* Paris, Abel L'Angelier, 1617, in-4, 79 p.

6024. **Loiset** (Ch.). *Thrésor de l'histoire générale de nostre temps, de tout ce qui s'est passé en France sous le règne de Louis le Juste...* Paris, J. Bouillerot, 1633, in-8, 658 p.

6025. **Loiseleur** (Jules). *Lettres sur les inondations.* Orléans, E. Puget et Ciᵉ, 1866, in-4, 26 p.

6026. **Loizeau** (Jean). *Le chant du cygne gallican.* Paris, Dillet, 1870, in-12, vii-266 p.

6027. **Lolli** (Antoine). *Antonii Lollii... oratio passionis dominicæ...* In-4, gothique, 12 fol.

6028. [**Lolme** (J.-L.)]. *Constitution de l'Angleterre.* Amsterdam, E. van Harrevelt, 1771, in-8, 308 p., table.

6029. **Lombard** (Pierre). *Collectanea in omnes divi Pauli epistolas.* In-12, 516 p.

6030. —— *Libri quatuor sententiarum...* Parisiis, ex officina Jacobi Du Puys, 1573, in-8, 442 p.

6031. **Lombard** (Alexandre). *Le dimanche et la société.* Paris, Bonhoure et Cie, 1878, in-12, 48 p.

6032. [**Lombard** (l'abbé Théodore)]. *Réponse à un libelle intitulé : Idée générale des vices principaux de l'institut des Jésuites.* Avignon, Louis Chambeau, 1761, in-12, 220 p.

6033. **Lombez** (Frère Ambroise de). *Traité de la paix intérieure, en quatre parties.* Paris, imp. Cl. Hérissant, 1764, in-12, 414 p. avec table.

6034. **Loménie** (Louis de). *Galerie des contemporains illustres, par un homme de rien.* Paris, A. René, 1844, in-18, 10 volumes.

6035. **Loménie de Brienne** (Etienne-Charles de). *Actes du synode tenu à Toulouse au mois de novembre 1782.* Toulouse, imp. J. A. H. M. B. Pijon, 1782, in-12, 332 p.

6036. **Longchamps** (de). *Histoire des évènements militaires et politiques de la dernière guerre, dans les quatre parties du monde.* Paris, veuve Duchesne, 1787, in-12, 3 vol.

6037. **Longet** (A.). *Traité de physiologie.* Paris, Masson, 1857-1860, in-8, 3 vol.

6038. **Longnon** (Auguste). *Livre des vassaux du comté de Champagne et de Brie, 1172-1222.* Paris, Franck, 1869, in-8, iii-415 p.

6039. **Longueval**, Fontenay, Brumoy et Berthier. *Histoire de l'Eglise gallicane.* Paris, Bureau de la bibliothèque catholique, 1825-1828, in-8, 26 vol. en 13.

6040. **Lonicer** (Philippe). *Theatrum historicum sive promtuarium illustrium exemplorum.* Francofurti, per Joannem Feyrabendium, 1598, in-8, 808 p. avec index.

6041. **Lonlay** (Le Mis Eugène de). *Derniers jours de bonheur (Sonnets).* Paris, imp. Alcan Lévy, 1868, in-12, 36 p.

6042. —— *Recueil complet de tous les genres de poésies françaises.* Paris, Marpon, 1870, in-12, 144 p.

6043. **Longfellow**. *Evangéline, traduction par L. Pamphile Lemay.* Québec, imp. P.-G. Delisle, 1870, in-12, 192 p.

6044. **Longus de Coriolan** (François). *Summa conciliorum omnium opera magistri Ludovici Bail.* Paris, P. Chevalier, 1645, in-fol., 730 p. et ind.

6045. Lons-le-Saulnier. *Mémoires de la société d'émulation du Jura, 1865-1866.* Lons-le-Saulnier, imp. Gauthier, 1865-67, in-8, 2 vol.

6046. **Loquin** (Anatole). *Aperçu sur la possibilité d'établir une notation représentant d'une manière à la fois exacte et suffisamment abréviative les successions harmoniques.* Bordeaux, Féret, 1871, in-8, 10 p.

6047. —— *Des modulations.* Bordeaux, P. Sauvat, 1869, in-8, 111 pages.

6048. —— *Rapport sur l'intonation enseignée par elle-même, de M. Jônain.* Bordeaux, imp. Gounouilhou, in-8, 6 p.

6049. **Lorenz** (Otto). *Catalogue général de la librairie française (1840-1875).* Paris, O. Lorenz, 1867-1871, in-8, 6 vol.

6050. **Loret** (Henri). *L'herbier de la Lozère et M. Prost.* Mende, imp. Ignon, 1862, in-8, 54 p.

6051. **Lorgues** (Roselly de). *Le Christ devant le siècle.* Paris, Hivert, 1844, in-18, 411 p.

6052. *Lorient et les Lorientais. Lettres d'un Parisien à un Parisien, recueillies par un provincial.* Lorient, E. Grouhel, 1867, in-12, 153 p.

6053. **Loriot** (le P. Julien). *Sermons.* Paris, Charles Robustel, 1697, in-12, 6 vol.

6054. **Loriquet** (Ch.). *A-t-on calomnié le P. Loriquet en lui attribuant la phrase : le marquis de Buonaparte, etc.* Reims, Dubois, in-8, 13 p.

6055. —— *Des mots* grigner, grincer, grimacer *et* rechigner. Reims, Dubois, 1863, in-8, 14 p.

6056. —— *La belle du Cubri. Légende sparnacienne.* Reims, P. Régnier, 1854, in-8, 26 p.

6057. —— *La mosaïque des promenades et autres trouvées à Reims.* Reims, Dubois, 1862, in-8, xv-427 p.

6058. —— *Le cardinal de Bouillon, Baluze, Mabillon et Th. Ruinart dans l'affaire de l'histoire générale de la maison d'Auvergne.* Reims, Dubois, 1870, in-8, 48 p.

6059. **Loriquet** (Ch.). *Papiers provenant de J.-B. Colbert et récemment acquis par la bibliothèque de Reims.* Reims, Dubois, 1863, in-8, 60 p.

6060. Lorraine. *Mémoire pour S. A. S. le prince Charles-Eugène de Lorraine, contre les communes qui, en 1793, ont partagé les terres alors comprises sous la dénomination de landes de Madion...* Paris, imp de A. Belin, 1823, in-4, 83 p.

6061. **Louandre** (Th.). *Les arts somptuaires.* Paris, Hangard-Maugé, 1857, in-4, 4 vol.

6062. Loudun et d'Antigny. *Mémoire à consulter et consultation pour le dit Pierre Loudun, propriétaire, contre Marie-Augustine d'Antigny.* Poitiers, Catineau, 1812, in-4, 65 p.

5063. **Louet** (G.). *Recveil d'avcvns notables arrests donnez en la covr de parlement de Paris...* Paris, Abel L'Angelier, 1617, in-4, 24-1128 p. et table.

6064. **Louis XIV** (Extrait de ses œuvres). Paris, J. Dumaine, 1869, in-12, 435 p.

6065. **Louis XVIII.** *Relation d'un voyage à Bruxelles et à Coblentz (1791).* Paris, Baudoin, 1823, in-8, 120 p.

6066. **Louise de Savoie,** mère de François Ier. *Journal; depuis 1476 jusqu'en 1522.* (Collection Michaud, collection universelle et collection Buchon).

6067. **Loup** (Le P. Chrétien). *Ad Ephesinum concilium variorum patrum epistolæ.* Lovanii, Nempœi, 1682, in-4, tab. 520 p.

6068. —— *Divinum, ac immobile S. Petri apostolorum principis, circa omnivm sub cælo fidelium ad romanam ejus cathedram appelationis adversum profanas hodie vocum novitates assertum privilegium per Fr. Christianum Lupum.....* Moguntiæ, typis Ludovici Bourgeat, 1681, in-4, 924 p. avec index.

6069. —— *Scholia et notæ ad variorum Patrum epistolas concernentes acta Ephesini et Chalcedonensis concilii...* Lovanii, typ. Hieronymi Nempœi, 1682, in-4, 555 p., index.

6070. —— *Synodorum generalium ac provincialium decreta et canones.* Lovanii, viduæ Bernard, 1665, in-4, 4 vol.

6071. **Loup de Ferrières** (René). *Opera Stephanus Baluzius in unum collegit... notisque illustravit.* Parisiis, F. Muguet, 1664, in-8, 535 p., index.

6072. **Loup de Ferrières** (René). *Epistolarum liber... in lucem editus Papirii Massoni beneficio atque opera.* Parisiis, Marcum Orry, 1588, in-8, 116 fol.

6073. **Lourmel** (A. de). *Le tir et la chasse sous Napoléon III.* Paris, Lacroix, 1870, in-8, 178 p.

6074. **Louvard** (Ludovic). *La réforme des tarifs des chemins de fer.* Paris, imp. nouvelle, 1881, in-8, 61 p.

6075. **Louvet de Couvray.** *Mémoires.* Paris, Baudouin frères, 1823, in-8, xvi-398 p.

6076. **Louvois** (Marquis de). *Testament politique.* Cologne, chez le Politique, 1695, in-18, 339 p.

6077. **Love** (Christophe). *Het cabinet der Godsaligheyt.* Vlissinghe, Abraham van Laren, 1658, in-8, 393 p., table.

6078. **Love** (G.). *Lettre à messieurs les membres du conseil général des ponts et chaussées.* Paris, A. Chaix, 1870, in-8, 11 p., 1 planche.

6079. —— *Loyal (Le) serviteur. Histoire du bon chevalier Bayard.* Collection Michaud, tome IV, collection universelle, t. XV, et collection Buchon.

6080. **Loyola** (Ignace de). *Exercitia spiritualia.* Anvers, J. Meursius, 1635, in-12, 128 p. avec table.

6081. **Loys** (le P.). *Origine, services et alliances de la maison de Bremond d'Ars... extrait de l'histoire généalogique de la maison de Bremond d'Ars... par Léon de Beaumont... revue... par le R. P. Loys.* Jonzac, typ. Louis Ollière, 1874, in-8, 248 p.

6082. **Loyseau** (Charles). *Œuvres nouvelles.* Paris, Michel Bolin, 1666, in-fol.

6083. —— *Traité des seigneuries.* Paris, 1620, in-4, 246 p. et table.

6084. —— *Traité des ordres et simples dignitez.* Paris, 1620, in-4, 172 p. et table.

6085. —— *Traicté du degverpissement et délaissement par hipothèque, avec le traité des rentes.* Genève, Philippe Albert, 1621, in-4, 14-459-67 p.

6086. **Lozeau** (P.-A.). *Opinion motivée sur le jugement de Louis Capet.* Paris, imp. nationale, 1793, in8-, 44 p.

6087. **Lubbock** (John). *Pre-historic times as illustraded by ancient remains and the manners and customs of modern savages.* London, William and Vorgate, 1865, in-8, xxiii-512 pages.

6088. **Lucain** (M. Anneus). *De bello civili libri decem.* Lugduni, apud Ant. Vincentium, 1562, in-12, 239 p.

6089. —— *Pharsale*, traduction de MM. Phil. Chasles et Greslou. Paris, Panckoucke, 1835-1836, in-8, 2 vol.

6090. —— *La Pharsale*, en vers français, par M. de Brebœuf. Leide, J. Elsevier, 1558, in-18, 417 p.

6091. **Lucas** (François). *Sacrorum bibliorum vulgatæ editionis concordantiæ.* Lugduni, typ. Petri Valfray, 1726, in-4.

6092. **Lucas** (J.-A.-H.). *Tableau méthodique des espèces minérales.* Paris, d'Hautel, 1806-1813, in-8, 2 vol.

6093. **Lucas** (Charles). *De la réforme des prisons.* Paris, Ed. Legrand et Bergounioux, 1836, in-8, 3 vol.

6094. —— *Architecture et archéologie.* Paris, Ducher, 1877, in-8, 67 p. et planches.

6095. **Lucas** (Hippolyte). *Les architectes de la nature, d'après J.-G. Wood.* Paris, Furne, 1870, in-8, xii-452 p.

6096. —— *Histoire philosophique et littéraire du Théâtre Français.* Paris, Ch. Gosselin, 1843, in-12, ii-431 p.

6097. **Luçay** (Vicomte de). *Les assemblées provinciales sous Louis XVI et les divisions administratives de 1789.* Paris, G. de Graet, 1871, in-8, 586 p.

6098. **Luce** (Siméon). *Histoire de Bertrand Du Guesclin et de son époque.* Paris, Hachette, 1876, in-8, 624 p.

6099. **Luchaire** (Achille). *Alain le Grand, sire d'Albret. L'administration royale et la féodalité du midi. (1440-1522).* Paris, Hachette et Cie, 1877, in-8, 240 p.

6100. **Luchet** (le marquis de). *Le vicomte de Barjac ou mémoires pour servir à l'histoire de ce siècle.* Dublin, impr. de Wilson, 1784, in-8, v à viii-216 p.

6101. —— *Pot pourri*, 1781, in-8, 388 p.

6102. **Lucien de Samos.** *Opera*, grec et latin. (Collection Didot).

6103. **Lucien.** *Traduction de N. Perrot, sieur d'Ablan-court.* Paris, A. Courbé, 1655, in-4, 712 p. avec table.

6104. **Lucilius.** *Satires (fragments),* traduction par E.-F. Corpet. Paris, Panckouke, 1845, in-8, 286 p.

6105. **Lucilius Junior.** *L'Etna, suivi d'un fragment de Cornelius Severus sur la mort de Cicéron et du panégyrique de Pison, par Saleius Bassus,* traduction par M. Jules Chenu. Paris, Panckoucke, 1743, in-8, 1 vol.

6106. **Luckmann** (Joachim). *Der Vorschmack Gottlicher güte durch gottes Gnade von Joachimo Luckemann.* Brunschweig, Christoff-Friederics Zilligern, 1673, in-8, 880 p. table.

6107. **Lucrèce.** *De la nature des choses,* traduction en prose par Pongerville. Paris, Panckoucke, 1836, in-8, 2 vol.

6108. —— *De la nature des choses.* Paris, F. Ribou, 1708, in-12, 2 vol.

6109. —— *De la nature des choses,* traduit en vers français, par de Pongerville. Paris, Le Chevalier, 1866, in-8, 2 vol.

6110 **Ludolphe. de Saxe.** *Vita D. N. Jesu Christi...* Lugduni, Joannis Caffin, 1642, in-fol., index, 738 p.

6111. **Luguet** (Henry). *Essai d'analyse et de critique sur le texte inédit du Traité de l'âme de Jean de La Rochelle.* Paris, A. Durand, 1875, in-8, xxiii-491 p.

6112. *Lupercus Servastus.* (Voir le vol. *Poetæ minores,* collection Panckoucke).

6113. *Ludovici XIII, Franciæ et Navarræ regis christianissimi, trivmphvs de Rvpella capta ab alvmnis Glaromontani Collegii Societatis Jesu vario carminum genere celebratus.* Parisiis, apud Sebas. Cramoisy, 1628, in-4, 68-20-26-42-32 p.

6114. **Lune** (La) *ou le pays des coqs.* Paris, G. Mathiot, 1819, in-12, ix-232 p.

6115. **Lurbe** (Gabriel de). *Burdigalensium rerum chronicon.* (Voir Ausone de 1589). Burdigaliæ, S. Millanges [1590], in-4, 28 fol.

6116. —— *Chronique bovrdeloise, corrigée et augmentée par J. Darnal... augmentée jusqu'en 1701 par Tillet ; Privilèges... de Bordeaux ; Lettres patentes de Charles VII ; Copie de la fondation de l'hospital Saint-André.* Bovrdeavx, Jac. Mongiron-Millanges, 1672, in-8, 47 p.; plan. — 1666, 199 p., 108 p. — 1668, 55 p. — 57 p. — 56 p., en un vol.

6117. **Luther** (Martin). *Antithèse de la vraye et fausse église.* In-16, non paginé.

6118. —— *Conciunculæ quædam M. Lutheri in deiparæ virgini et aliquot divis festos dies.* Argentorati, Johannem Hervagium, 1526, in-8, 127 fol.

6119. —— *I. In septimum primæ ad Corinthios caput exegesis. II. de matrimonio sermo; III. duorum de matrimonio themathum analytica.* Argentorati, Joannem Hervagium, 1525, in-8, 71 fol.

6120. —— *Sermo elegantissimus supra sacramento corporis et sanguinis Christi.* Hagonæ, Joh. Secer, 1527, in-8.

6121. —— *Vollonstardiges Marburger, gesand-Buch, D. Martin Luthers.* Marburg, Joh. Henrich Stocks, 1759, in-18, préliminaires, 84-96 p.

6122. **Luys** (J.). *Le cerveau.* Paris, G. Baillière, 1879, in-8, xi-258 p.

6123. **Lycophron.** *Lycophronis Chalcidensis Alexandra, poëma obscurum, Joannes Meursius recensuit, et libro commentario illustravit... Accessit I. Scaligeri versio,* Lugduni Batavorum (Leyde), L. Elzévir, 1599, in-12, 350 p. et index.

6124. **Lyell** (sir Charles). *The geological evidences of the antiquity of man with remarks on theories of the origins of species by variation.* London, J. Murray, 1863, in-8, xii-520 p.

6125. —— *Principes de géologie...* Paris, Langlois et Leclercq, 1843-1848, in-12, 4 vol.

6126. **Lyon.** *Mémoires de l'académie royale des sciences, belles-lettres et arts de Lyon.* Lyon, imp. Boitel, 1847-1865, 10 vol. in-8, 4 livraisons.

6127. —— *Mémoires de la société littéraire de Lyon.* Lyon, imp. Aimé Vingtrinier, 1861-1872, in-8, 9 vol.

6128. **Lytton-Bulwer** (Sir Edward). *Eugène Aram.* Leipzig, Tauchnitz, 1842, in-12, 416 p.

6129. —— *Pelham or the adventures of a gentleman.* Leipzig, Tauchnitz, 1842, in-12, xxxvi-467 p.

M

6130. **Mabillon** (Jean). *Annales ordinis S. Benedicti.* Lucæ, typ. Leonardi Venturini, 1739-1745, in-fol., 6 vol.

6131. —— *De liturgia gallicana libri III.* Luteciæ Parisiorum, apud viduam Edmundi Martin, 1685, in-4, 477 p. avec index.

6132. —— *De re diplomatica libri VI.* Luteciæ Parisiorum, Lud. Billaine, 1681, in-fol., 634 p. avec index.

6133. —— *Traité des études monastiques.* Paris, C. Robustel, 1691, in-4, 478 p.

6134. —— *Vetera analecta sive collectio veterum aliquot operum et opusculorum omnis generis... cum itinere germanico...* Paris, Montalant, 1723, in-fol., 573 p., table.

6135. —— et le père Michel Germain. *Museum italicum seu collectio veterum scriptorum ex bibliothecis italicis eruta.* Luteciæ Parisiorum, apud viduam Edmundi Martin, 1687, 2 vol.

6136. **Mably** (l'abbé de). *Collection complète de ses œuvres.* Paris, imp. Desbrière, an III, in-8, 15 vol.

6137. —— *De la législation en principes des lois.* Amsterdam, 1776, in-12, 2 tomes en un vol.

3138. **Macaire** l'ancien (saint). *Homiliæ græce et latine editæ, interprete J. Pico.* (Voir Grégoire le Thaumaturge).

6139. **Macaulay.** *Vie politique et privée du chancelier Bacon.* Paris, imp. de Boulé, 1838, in-8, 58 p.

6140. **Macé** (l'abbé). *Abrégé de l'ancien et du nouveau Testament.* Paris, Edme Couterot, 1704, in-4, 2 vol.

6141. —— *Les psaumes de David et les cantiques de l'église.* Paris, André Pralard, 1686, in-12, table, 607 p.

6142. **Macedo** (le P. François de). *Cortina D. Augustini de prædestinatione et gratia.* Monasterii, Christophorum Hongoalt, 1649, in-4, 326 p.

6143. **Macer Floridus.** *Des vertus des plantes,* traduit par M. Baudet. Paris, C. L. F. Panckoucke, 1845, in-8.

6144. Machard (A.) *De la canalisation de la Sologne. Réponse à un cultivateur solonais.* Orléans, A. Jacob, 1850, in-4, 28 p.

6145. Machault (Guillaume de). *Œuvres.* Paris, Téchener, 1849, in-8, xxxv-203 p.

6146. Mackau (Baron de). *Note à consulter au sujet du projet de loi sur l'enseignement.* Paris, librairie générale, 1879, in-8, 13 p.

6147. Machiavel (N.). *Delle istorie Fiorentine.* Milano, N. Bettoni, 1823, in-8, xiv-520 p.

6148. Maclaurin (Colin). *Traité des fluxions,* traduit de l'anglois par le R. P. Pezenas. Paris, C. Jombert, 1749, in-4, 2 vol.

6149. [Macquer (Ph.)] *Abrégé chronologique de l'histoire ecclésiastique.* Paris, J.-T. Hérissant, 1751, in-8, 2 vol.

6150. Macquer (Philippe). *Annales romaines.* Paris, J.-Th. Hérissant, 1750, in-12, vii-535 p.

6151. Macquer (Pierre-Joseph). *Dictionnaire de chimie.* Paris, Didot, 1778, in-8, 4 volumes.

6152. Macquereau (Robert). *Chronique de la maison de Bourgogne, de 1500 à 1527.* (Collection Buchon).

6153. Macrobe. *Œuvres,* traduction par Henri Descamps, Dubois, etc. Paris, Panckoucke, 1845-1847, in-8, 3 vol.

6154. *Madame la marquise de La Rochejaquelein.* Orléans, imp. Pesty, 1857, in-4, 13 p.

6155. Madre (le comte de). *Ce que demandent les pères de famille pour leurs enfants appelés sous les drapeaux.* Paris, Hachette, 1872, in-18, viii-30 p.

6156. —— *Éducation des jeunes filles d'ouvriers.* Paris, L. Hachette, 1864, in-8, 50 p.

6157. —— *Notice sur les constructions élevées dans Paris pour habitations d'ouvriers.* Paris, typ. Panckoucke, 1863, in-8, 29 pages.

6158. —— *Œuvres et associations, leur existence et leur avenir.* Paris, L. Hachette, 1873, in-8, viii-64 p.

6159. Maffée (Jean-Pierre). *Histoire des Indes orientales et* *occidentales*..... Paris, R. de Minville, 1665, in-4, 2 vol. reliés en un avec tables.

6160. **Magado.** *Légende historique sur la ville et l'arsenal de Brest.* Brest, principaux libraires, in-12, 23 p.

6161. *Magasin de librairie.* Paris, Charpentier, 1858-1860, in-8, 12 volumes.

6162. *Magasin historique pour l'esprit et le cœur* (texte allemand). Strasbourg, Treuttul et Wurz, 1803, in-12, 2 vol. en un.

6163. **Mage** (E.). *Relation du voyage d'exploration de MM. Mage et Quintin au Soudan occidental.* Paris, imp. P. Dupont, 1867, in-8, 496 p. et carte.

6164. **Magistel.** *Avis sur la fièvre régnante.* (Voir *Avis au peuple indigent*). Saintes, Mareschal, (an 8) in-8, 6 p.

6165. —— *Mémoire à consulter et consultation pour l'auteur d'un écrit ayant pour titre : Avis sur la fièvre régnante ; contre le signataire de celui intitulé : Fragmens d'un rêve.* (Voir : *Avis au peuple indigent*). Saintes, Mareschal, [an VIII], in-8, 14 p.

6166. **Magne** (Eugène). *La réthorique au dix-neuvième siècle.* Paris, Firmin Didot frères, 1838, in-8, 204 p.

6167. **Magne** (J.-H.). *Rapport sur les progrès de la médecine vétérinaire depuis vingt-cinq ans.* Paris, imp. impériale, 1867, in-8, 116 p.

6168. **Magné** (Charles). *Les femmes*, petit poëme. Saintes, imp. Hus, 1872, in-12, 21 p.

6169. —— *Salmigondis, fables, chansons, romances...* Paris, A. Lacroix et Cie, 1870, in-12, 470 p.

6170. **Magnet** (le père Louis). *Paraphrasis poetica in psalmos Davidis.* Lutetiæ Parisiorum, excudebat Antonius Vitray. 1634, in-4, 427 p. avec index.

6171. **Magnien.** *Dictionnaire de la législation des droits de douane....* Paris, imp. Antoine Bailleul, 1807, in-8, XVI-392 p.

6172. **Magnin** (Charles). *Causeries et méditations historiques et littéraires.* Paris, B. Duprat, 1843, in-8, 2 vol.

6173. —— *Les origines du théâtre antique et du théâtre moderne.* Paris, Aug. Eudes, 1868, in-8, 522 p.

27

6174. *Magnum et universale concilium Ecclesiæ militantis su-per veritate divinissimi Eucharistiæ sacramenti..* Pari-siis, Sebastianum Nivellium, 1554, in-8, 706 folios, table.

6175. **Magny** (Olivier de). *Les amours.* Turin, J. Gay, 1870, in-8, viii-164 p.

6176. —— *Les gayetez...* Turin, J. Gay, 1869, in-8, xxiii-116 p.

6177. —— *Les souspirs.* Turin, J. Gay, 1870, in-8, vii-137 p.

6178. **Magu**. *Poésies* avec une préface par Georges Sand. Pa-ris, Charpentier, 1845, in-12, xix-279 p.

6179. **Mahé** (Claude de). *Mémoire sur Fontenay-le-Comte* rédigé en 1737. Fontenay-le-Comte, Robuchon, 1869, in-8, vii-18 p.

6180. **Mahomet**. *L'alcoran*, traduit de l'arabe par André du Ryer... Amsterdam, Pierre Mortier, 1746, in-12, 2 vol.

6181. **Mahuet** (le P. Jean). *La règle de saint Augustin et les constitutions des religieuses de l'ordre de saint Dominique.* Avignon, P. Offray, 1689, in-8, 244-80 p. avec table.

6182. **Maichin** (Armand). *Commentaires sur la coutume de Saint-Jean d'Angély.* Saintes, T. Delpech, 1708, in-4, 16-386 p.

6183. —— *Histoire de Saintonge, Poitou, Aunix et Angov-mois.* Saint-Jean d'Angély, imp. H. Boysset, 1671, in-fol., 240-185 p.

6184. —— *La théologie payenne.* Partie première. Saint-Jean d'Angély, imp. H. Boysset, 1657, in-8, 591 p.

6185. **Mailhe**. *Adresse à messieurs les curés, vicaires, desser-vans, et au bon peuple du département de Haute-Garonne, sur la constitution civile du clergé.* Toulouse, imp. J. Des-classan, [1790], in-4, 148 p.

5186. Maillezac-Lami. *Mémoire pour François-Joseph-Bas-tide Maillezac contre René Sarrasin Lami.* Poitiers, imp. Catineau, 1812, in-4, 38 p.

6187. Maillon. *Mémoire pour le sieur P.-H.-S. Maillon, né-gociant... contre le sieur Et.-L. Quévremont de La Motte.* La Rochelle, imp. Jér. Léger, 1780, in-4, 79 p.

6188. **Maimbourg** (le P. Louis). *Histoires : De l'arianisme,* 2 vol. — *De l'hérésie des Iconoclastes,* 1 vol. — *Du schisme* *des Grecs*, 1 vol. — *Des croisades*, 2 vol. — *De la décadence de l'empire après Charlemagne*, 1 vol. — *Du grand schisme d'Occident*, 1 vol. — *Du luthéranisme*, 1 vol. — *Du calvinisme*, 1 vol. — *Du traité de l'église de Rome et de ses évêques.* Paris, Mabre-Cramoisy, 1686, in-4, 11 vol.

6189. **Maimbourg** (le P.). *Histoire du pontificat de Saint Léon-le-Grand.* Lyon, Thomas Amaulry, 1689, in-18, 2 vol,

6190. —— *Histoire de la ligue.* Paris, Mabre-Cramoisy, 1683, in-4, xxviii-563 p.

6191. —— *La méthode pacifique pour ramener sans dispute les protestans à la vraye foy sur le point de l'Eucharistie.* Paris, Sébastien Mabre-Cramoisy, 1678, table, 167 p.

6192. —— *Traité de la vraie église de Jésus-Christ.* Paris, Sébastien Mabre-Cramoisy, 1674, in-12, table, 300 p.

6193. —— *Traité de la vraie parole de Dieu.* Paris, Sébastien Mabre-Cramoisy, 1673, in-12, table, 266 p.

6194. **Maimonide.** *Ex rabbi Mosis Maiemonidæ opere quod manus fortis inscribitur tractatus tres ; de jejunio ; de solemnitate expiationum ; de solemnitate paschalis, ex hebreo latine conversi a Ludovico de Compiègne.* Parisiis, Petrum Le Monnier, 1667, in-12, 50-33-149 p.

6195. **Maison** (Emile), *Lettres d'un volontaire au 102e. Expédition de Chine.* Paris, Benjamin Duprat, 1861, in-18, xii-208 p.

5196. *Maison rustique et Journal d'agriculture pratique.* Paris, bureau du journal, 1842,-1866, in-4, 50 vol. rel. 1869-1879, 20 vol.

6197. **Maissiat** (Jacques). *Annibal en Gaule.* Paris, F. Didot, 1874, in-8, xvi-417 p.

6198. **Maistre** (le comte Joseph de). *Considérations sur la France.* Paris, Poussielgue, 1843, in-12, xii-220 p.

6199. **Maistre** (Xavier de). *Œuvres complètes.* Paris, Garnier, 1870, in-12, xl-386 p.

6200. **Maître** (Léon). *Les écoles épiscopales et monastiques de l'Occident depuis Charlemagne jusqu'à Philippe-Auguste (768-1180).* Paris, Dumoulin, 1866, in-8, 313 p.

6201. **Maittaire.** *Annales typographici.* Hagæ-comitum (La Haye) et Londini, Vaillant, 1719-1741, in-4, 8 vol.

6202. **Maitz de Colmpy** (comte du). *Traité sur la construction des vaisseaux.* Paris, D. Couturier, 1776, in-4, xx-211 p. et 2 planches.

6203. **Malaguti** (F.). *Cours de chimie agricole professé en 1857 et 1861.* Rennes, imp. Oberthur, 1857-1861, in-12, 2 vol.

6204. **Malapert** (P.-P.). *Bombyœ anastomose.* Poitiers, imp. N. Bernard, 1851, in-8, 16 p.

6205. —— *La nielle des blés est nuisible à la santé.* Poitiers, imp. Bernard, (1848), in-12, 44 p.

6206. **Maldonat** (Jean). *Commentarii in quatuor evangelistas.* Lutetiæ Parisiorum, J. Billaine, 1639, in-folio, 1903 col., index.

6207. —— *Commentarii in præcipuos sacræ scripturæ libros veteris testamenti.* Parisiis, sumptibus S. Cramoisy, 1643, infol., préliminaires, 822 p., index.

6208. **Malebranche** (le P. N.). *De la recherche de la vérité.* Paris, Michel-Etienne David, 1749, in-12, 4 vol.

6209. —— *Deux lettres touchant le Ier et le IIIe volume des réflexions philosophiques et théologiques de M. Arnauld.* Rotterdam, Reinier Leers, 1687, in-12, 200 p.

6210. [——]. *Entretien d'un philosophe chrétien et d'un philosophe chinois sur l'existence et la nature de Dieu.* Paris, Michel David, 1708, in-18, 13-36 p.

6211. —— *Traité de la nature et de la grâce.* Amsterdam, Daniel Elsevier, 1680, in-12, 268 p.

6212. [——] *Traité de morale.* Cologne, Baltazar d'Egmond, 1683, in-12, 420 p.

6213. **Malesherbes** (Guillaume de Lamoignon de). *Mémoire sur le mariage des protestants en 1787* (1er et 2e mémoires). Londres, 1787, in-8, 198-178 p.

6214. **Maleville** (Jacques de). *Analyse raisonnée de la discussion du code civil au conseil d'état......* Paris, Garnery, 1807, in-8, 4 vol.

6215. **Malherbe.** *Œuvres complètes*, recueillies et annotées par M. L. Lalanne. Paris, L. Hachette, 1862-1869, 5 vol. in-8, album.

6216. **Malingre** (Claude). *Histoire de la rebellion excitée en France par les rebelles de la religion prétendue réformée.....*

en 1620. Suite de l'histoire de la rebellion pendant les années
M.DC.XXV, XXVI, XXVII, XXVIII, jusqu'à XXIX, où l'on
voit...... la descente des Anglois en l'isle de Ré.... le siège de
La Rochelle. Paris, J. Petit-Pas, 1622-1629, in-12, 2 vol.

6217. **Malingre** (Claude). *Histoire de Louis XIII, roy de France*
et de Navarre. Paris, chez Jean Petit-Pas, 1616, in-4, 913 p.

6218. **Malleson.** *Histoire des Français dans l'Inde, 1674-1761.*
Traduction de Mme S. Le Page. Paris, Société bibliographique,
1874, in-8, xi-504 p. et une carte.

6219. [**Mallet** (l'abbé Charles)]. *Examen de quelques passages*
de la traduction française du nouveau testament, imprimé
à Mons. Paris, impr. Eustache Viret, 1676, in-12, 493 p.

6220. **Mallet** (J.). *Cours élémentaire d'archéologie chrétienne.*
Paris, Poussielgue, 1874, in-8, ix-243 p., table.

6221. **Mallet de Chilly.** *Théorie du travail.* Orléans, Alph.
Gâtineau, 1845, in-8, 2 vol.

6222. **Mallet du Pan** (J.). *Essai historique sur la destruction*
de la ligue et de la liberté helvétique. Londres, impr. W. et
C. Spilsbury, 1798, in-8, viii-296 p.

6223. *Maleus maleficarum.* 1484, in-4, gothiq. de 190 feuillets.

6224. [**Malleville** (l'abbé Guillaume de)]. *La religion naturelle*
et la révélée, établies sur les principes de la vraie philosophie
et sur la divinité des écritures. Paris, Nyon, 1756-1758, in-12,
5 volumes.

6225. [**Malo** (Th.)] *L'Anacharsis françois, ou description his-*
torique de toute la France. Paris, L. Janet, 1822-1823, in-18,
5 vol. avec carte.

6226. **Malo** (Léon). *Notice sur Eugène Flachat.* Paris, imprimerie de Viéville et Capiomont, 1873, in-8, 57 p.

6227. —— *Le rachat des chemins de fer. Ses dangers pour les*
intérêts publics. Lyon, imp. du *Salut public,* 1880, in-8, 38
pages.

6228. **Malot** (Hector). *Les victimes d'amour.* — *Les amants.*
— *Les époux.* — *Les enfants.* Paris, M. Lévy, 1859, in-12, 3
vol.

6229. **Malte** (Harmann-François). *Les nobles dans les tribu-*

naux. Traité de droit. Liège, Guillaume-Henri Streel, 1680, in-fol., table, 415 p.

6230. **Malte-Brun.** *Dictionnaire géographique portatif.* Paris, Gosselin, 1827, in-18, xviii-938 p. avec carte.

6231. —— *Géographie complète et universelle.* Paris, Morizot, in-4, 8 vol.

6232. —— *La France illustrée. Charente-Inférieure.* Paris, Jules Rouff, 1881, in-8, 32 p.

6233. **Malvenda** (le F. Thomas). *De paradiso voluptatis, quem scriptura sacra Genesis secundo et tertio capite describit.* Romæ, typ. Alfonsi Ciacconi, 1605, in-4, 302 p., index.

6234. **Malvin de Montazet** (Antoine de). *Instruction pastorale de Mgr l'archevêque de Lyon, sur les sources de l'incrédulité et les fondemens de la religion.* Paris, imp. P.-G. Simon, 1776, in-12, 476 p.

6235. **Mamoris** (Pierre). *Flagellum maleficorum.* (S. l., nom ni date), in-8 gothique, 40 feuillets non paginés.

6236. **Manceau** (Daniel). *Journal, de novembre 1619 à février 1626, contenant le siège de Saint-Jean d'Angély,* publié par M. L.-C. Saudau, avec des notes de MM. Louis Audiat et Th. de Bremond d'Ars. Paris, Dumoulin, 1875, in-8, 136 p.

6237. **Mancini** (Marie). *Véritables mémoires de Marie Mancini, princesse Colonna.* Paris, librairie générale, Hilaire, 1881, in-12, xxxii-210 p.

6238. **Mandar** (Théophile). *Des insurrections.* Paris, les directeurs de l'imprimerie du cercle social, 1793, in-8, 614 p.

6239. *Mandements et actes divers de Charles V (1364-1380),* publiés ou analysés par M. Léopold Delisle. Paris, imprimerie nationale, 1874, in-4, xii-1036 p.

6240. *Mandements, ordonnances épiscopales, lettres patentes du roy, lettre de Clément XI, acte de soumission, attentat de quarante docteurs...* (manuscrits et imprimés). (Sans lieu ni nom), in-4.

6241. **Mandet** (Francisque). *L'ancien Velay.* Moulins, Desrosiers, 1846, in-fol., 836 p.

6342. **Mandy.** *Le naturisme, dialogue éclectique sur l'univer-*

salité des sciences dans ses rapports avec Dieu et la nature.
Lyon, Lépagnez, 1859, in-12, 420 p.

6243. **Manès** (W.). *Description physique, géologique et minéralogique de la Charente-Inférieure.* Bordeaux, imp. G. Gounouilhou, 1853, in-8, xiv-271 p. et 1 carte.

6244. —— *Mémoire sur les bassins houillers de Saône-et-Loire.*
Paris, imp. Dondey-Dupré, 1844, in-4, 177 p. et atlas in-fol.

6245. —— *Précis de la description physique, géologique et minéralogique du département de la Charente-Inférieure.* Paris, imp. Dupont, 1864, in-8, 19 p.

6246. **Mangeart** (J.). *Catalogue descriptif et raisonné des
manuscrits de la bibliothèque de Valenciennes.* Paris, Téchener, 1860, in-8, xv-764 p.

6247. **Mangin.** *De la plaidoirie.* Poitiers, imp. J. Barbier, 1821,
in-8, 18 p.

6248. —— *Traité des procès-verbaux en matière de délits...*
Paris, Nève, 1840, in-8, xxiv-520 p.

6249. **Mangin** (Arthur). *Les jardins, histoire et description.*
Tours, A. Mame, 1867, in-fol., vii-444 p.

6250. **Mangin** (l'abbé de). *Annonces dominicales ou modèles
d'instructions sur les évangiles de tous les dimanches de l'année...* Paris, Rollin, 1753, in-12, 3 vol.

6251. **Mangon** (Hervé). *Expérience sur l'emploi des eaux dans
les irrigations.* Paris, Dunod, 1867, in-4, ii-198 p., 1 pl.

6252. **Mangourit** (A.-B.). *Voyage en Hanovre fait dans les années 1803 et 1804.* Paris, Dentu, 1805, in-8, xii-50 p.

6253. *Manière (De la) de poursuivre les crimes dans les différents tribunaux du royaume.* Paris, Mouchet, 1739, in-4, 2
vol. en un.

6254. *Manifeste (Le) circulaire de monseigneur le prince... touchant les succès de Mouron, de Çoignac........* (S. l. ni d.)
[1648 ?], in-4, 15 p.

6255. *Manipulus curatorum.* Andegavis, Leonis Callier, [1508-
1513], in-12, 198 fol., table.

6256. *Manuale ordinandorum.* Namnetensis, typ. Brun natu
major, 1782, in-12, 606 p., avec index.

6257. *Manuale sacerdotum ad usum ecclesiæ Rothomagensis.* Rothomagi, Nicolaum Loiselet, 1612, in-4, index, 391 p.

6258. *Manuel à l'usage des confrères et des confréresses de la confrérie du Saint-Sacrement de l'autel.* Bordeaux, Jean Chapuis, 1771, in-12, 241 p.

6259. *Manuel de l'électeur.* Bordeaux, imp. Duverdier, 1876, in 18, 47 p.

6260. *Manuel d'enregistrement.* Paris, au bureau de l'enregistrement, 1851, in-8, 268 p.

6261. *Manuel de sauvetage maritime.* Paris, Arthus Bertrand, in-8, 144 p. et 2 pl.

6262. *Manuel des cérémonies romaines.* Paris, Esprit Billiot, 1717, in-12, 2 vol.

6263. *Manuel des dames de charité.* Paris, Debure, 1771, in-12, 382 pages.

6264. *Manuel des gardes nationales.* Paris, J. Dumaine, 1848, in-18, 239-280-48-40-93-11 p.

6265. *Manuel des œuvres et institutions de charité de Paris.* Paris, Poussielgue-Rusand, 1852, in-32, xiv-252 p.

6266. *Manuel du chrétien.* Lyon, Périsse frères, 1820, in-18, iv-595 pages.

6267. *Manuel du diocèse de Soissons,* imprimé par ordre de Mgr H.-J.-Cl. de Bourdeilles. Soissons, P. Courtois, 1778, in-8, 375 p.

6268. *Manuel épistolaire.* Paris, Fournier, 1785, in-12, xii-641 pages.

6269. *Manuel lexique* ou dictionnaire portatif des mots français. Paris, Didot, 1755, in-12, 2 t. en 1 vol.

6270. *Manuel pour la concordance des calendriers républicain et grégorien.* Paris, An.-Aug. Renouard, 1806, in-12, xx-212 pages.

6271. *Manuel (Le) républicain,* contenant la constitution de la république, les instructions sur les nouveaux poids et mesures et l'annuaire républicain. Paris, P. Didot, 1799, in-12, xii-226 pages.

6272. **Manzoni** (Alessandro). *Opere.* Firenze, D. Passigli et soci, 1836, in-8, 712 p.

6273. **Manzoni** (Alessandro). *Hymnes sacrés, suivis de l'ode sur Napoléon*, traduction de M. de Montgrand. Marseille, imp. Marius Olive, 1837, in-8, 89 p.

6274. **[Maquin** (l'abbé)]. *Je ne sçais quoi par je ne sçais qui...* 1780, in-18, 124 p.

6275. **Marana.** *L'espion dans les cours des princes chrétiens.* Cologne, Ekinkius, 1715, in-12, 6 vol.

6276. **Marande** (de). *Le théologien françois...........* (la fin manque). Paris, Michel Soly, 1658, in-fol., 3 tomes en 2 vol.

6277. **Maratu** (l'abbé). *Girard, évêque d'Angoulême, légat du saint siège (vers 1060-1136).* Angoulême, Goumard, 1866, in-8, 400 pages.

6278. **Marbault.** *Remarques inédites sur les mémoires de Sully.* Collection Michaud, t. XVII.

6279. **Marbeau** (F.). *Etudes sur l'économie sociale.* Paris, Guillaumin et Cie, 1874, in-18, xii-288 p.

6280. **Marc-Antoine.** *Commentarii*, grec et latin. (Collection Didot, vol. Théophraste, Marc-Antoine et Epictète).

6281. **Marc-Aurèle.** *Morale de l'empereur Marc-Aurèle Antonin.* Paris, chez Pain, an VI (1798), in-12, 316 p.

6282. **Marca** (Pierre de). *Dissertationum de concordia sacerdotii et imperii.* Parisiis, Franciscum Muguet, 1669, in-fol., 2 tomes en 1 vol.

6283. —— *Dissertationes tres Stephanus Baluzius... emendavit, notis illustravit...* Parisiis, apud Franciseum Muguet, 1669, in-8, 450 p. avec index.

6284. **Marcadé** (V.). *Explication du tit. XX, liv. III, du code Napoléon.* Paris, Cotillon, 1854, in-8, 316 p.

6285. **Marcel**, évêque d'Ancyre. *Ad decretalem svper specvla.* Lvtetiæ Parisiorvm, Edmvndi Martini, 1667, in-8, 69 p.

6286. **Marcellin de Saint-Benoît** (le P.). *Compendium privilegiorum et gratiarum congregationis beatæ Mariæ Fuliensis.* Parisiis, Carolum Hulpeau, 1628, in-12, index, 237 p.

6287. **Marcellin** et FAUSTIN. *Libellus precum ad imperatores, nunc primum in lucem editus opera Jacobi Sirmundi.* s. j. Parisiis, Cramoisy fratres, 1650, in-8, 103 p.

6288. **Marcellus.** *De la médecine*, poëme traduit par M. Louis Baudet. Voir le vol. *Priscien.*

6289. **Marchand** (Etienne). *Voyage autour du monde pendant les années 1790, 1791 et 1792.* Paris, imp. de la république, 1798-1800, in-4, 4 vol., 17 cartes.

6290. **Marchand** (Prosper). *Dictionnaire historique ou mémoires critiques et littéraires.* La Haye, Pierre de Hondt, 1758-59, 2 vol. en 1.

6291. **Marchand** (Victor). *Les chemins de fer. Historique, rachat, exploitation par l'état.* Paris, Lacroix, 1878, in-8, 155 pages et table.

6292. **Marchant** (Jacques). *Rationale evangelizantium.* Parisiis, apud Michaelem Soly, 1638, in-4, 620 p. avec index.

6293. **Marchant** (le père Pierre). *Fondamenta duodecim ordinis patrum minorum S. Francisci.* Bruxellis, apud Franciscum Vivienum, 1657, in-fol., 265 p. avec index.

6294. —— *Expositio litteralis in regulam S. Francisci.* Parisiis, apud Edmundum Couterot, 1669, in-12,416-93 p. avec index.

6295. **Marchangy** (de). *Plaidoyer prononcé le 29 août 1822, dans la conspiration de La Rochelle.* Paris, An. Boucher, 1822, in-8, 242 p.

6296. **Marchegay** (Paul). *Archives d'Anjou, recueil de documents et mémoires inédits sur cette province.* Angers, Labussière, 1843-1853, in-8, 2 vol.

6297. —— *Cartulaire du prieuré de Sigournay.* Angers, imp. Cornilleau, in-8, 17 p.

6298. —— *Chartes anciennes de Saint-Florent, près Saumur, pour le Périgord.* Périgueux, imp. Dupont, 1879, in-8, 55 p.

6299. —— *La rançon d'Olivier de Coëtivy, seigneur de Taillebourg et sénéchal de Guyenne.* Les Roches-Baritaud (Vendée), 1877, in-8, 48 p.

6300. —— *La charte du comté de Beaufort.* Angers, imp. Cosnier, 1854, in-8, 8 p.

6301. **Marchegay** (Paul). *La fontaine du prince de Talmont.* Napoléon, imp. Vᵉ Ivonnet, [185.], in-12, 8 p.

6302. —— *Livre et ordonnance de la confrérie du psautier de* la *Vierge en Bretagne*. Nantes, imp. Guéraud, 1859, in-8, 35 p.

6303. **Marchegay** (Paul). *Trois lettres à messieurs les administrateurs des hospices d'Angers concernant le chartier, le cartulaire et le fondateur de l'hôpital Saint-Jean l'évangéliste*. Les Roches-Baritaud (Vendée), 1877, in-8, 71 p.

6304.——*Un projet de marquis poitevin en 1732*. Saint-Maixent, typ. Reversé, in-8, 7 p.

6305. **Marchesseau** (Jules). *Les croyances*, poésies. Paris, M. Lévy, 1855, in-12, 241 p.

6306. Marconnay. *Consultations pour MM. de Marconnay contre de Laistre et dame Brunault de Montbrun*. Poitiers, imp. Catineau, 1814, in-4, 25 p.

6307. **Maréchal**. *Traité des droits honorifiques des seigneurs dans les églises...* Augmenté par M. Simon. Paris, Jean Guignard, 1697, in-12, 2 vol.

6308. **Maréchal** (dom Bernard). *Concordance des saints Pères de l'église grecs et latins...* Paris, Pierre Emery, 1739, in-4, 2 vol.

6309. **Marès** (H.). *Question du vinage*. Montpellier, typ. Pierre Grollier, 1867, in-8, 48 p.

6310. Mareschal. *Mémoire responsif de Jacques-Edouard Mareschal... et de dame Jeanne Bruslé, son épouse, défendeurs, contre dame Catherine Chailloleaud, demanderesse*. 1817, in-4, 2 pièces.

6311. —— *Consultation pour le sieur Maréchal, avoué à Saintes, et dame Bruslé, son épouse, contre la demoiselle Chaillolaud*. Poitiers, imp. Catineau, 1817, in-4, 28 p.

6312. **Marey** (J.). *La machine animale*. Paris, G. Baillière. 1878, in-8, x-299 p.

6313. **Margerie** (Amédée de). *De la famille*. Paris, Vaton frères, 1869, in-12, 2 vol.

6314. —— *De l'union de la philosophie et de la littérature au XVIIe siècle*. Nancy, Ve Raybois, 1860, in-8, 27 p.

6315. —— *Discours d'ouverture à la faculté des lettres de Nancy*. Nancy, Vagner, 1856, in-8, 23 p.

6316. **Margerie** (Amédéé de). *Du rôle de la morale dans la civilisation.* Nancy, Vagner, 1859, in-8, 20 p.

6317. —— *La Fontaine moraliste.* Nancy, Vagner, 1861, in-12, 255 p.

6318. —— *La grande mademoiselle.* Nancy, Sordoillet, 1869, in-8, 48 p.

6319. —— *La restauration de la France.* Paris, Didier, 1872, in-12, xxiv-357 p.

6320. —— *Le pape Honorius et le bréviaire romain. Lettre au R. P. Gratry.* Paris, C. Douniol, 1870, in-12, xiii-66 p.

6321. —— *Les fausses décrétales et les pères de l'église. Seconde lettre au R. P. Gratry.* Paris, C. Douniol, 1870, in-12, 115 p.

6322. —— *L'infaillibilité. Troisième lettre au R. P. Gratry,* Paris, C. Douniol, 1870, in-12, 103 p.

6323. —— *Quatrième lettre au R. P. Gratry.* Paris, C. Douniol, 1870, in-12, 68 p.

6324. —— *Réponse à Mgr Héfélé, pour faire suite aux lettres au R. P. Gratry.* Paris, C. Douniol, 1870, in-12, 64 p.

6325. —— *Le rationalisme et le protestantisme en 1866.* Paris, C. Douniol, 1866, in-8, 31 p.

6326. —— *L'esthétique et la morale.* Nancy, Vagner, 1860, in-8, 20 p.

6327. —— *Madame de La Fayette.* Nancy, Sordoillet, 1870, in-8, 60 p.

6328. —— *Philosophie contemporaine.* Paris, Didier, 1870, in-12, xx-412 p.

6329. —— *Une matinée athénienne à Pont-à-Mousson.* Nancy, Vagner, 1863, in-8, 22 p.

6330. —— *La morale et la politique.* Nancy, Vagner, 1862, in-8, 16 p.

6331. —— *La raison et la liberté.* Nancy, Vagner, 1867, in-8, 24 p.

6332. **Margollé** (Elie). *Les phénomènes de la mer.* Paris, Dubuisson, 186 , in-32, 190 p.

6333. **Margry.** *Belain d'Esnambuc et les Normands aux Antilles.* Paris, A. Faure, 1863, in-8, iv-102 p.

6334. **Marguerite d'Angoulême.** *Lettres et Nouvelles lettres*, publiées par F. Genin. Paris, J. Renouard, 1841-1842, 2 volumes in-8.

6335. **Marguerite de Valois.** *Mémoires et lettres...* publiées par M. F. Guessard. Paris, J. Renouard, 1842, in-8, xviii-490 p.

6336. **Marie de l'Incarnation** (La vénérable mère). *Lettres spirituelles et lettres historiques.* [Paris, Pierre de Bats], 1693, in-4, 675 p.

6337. **Marie** (Maximilien). *Théorie des fonctions de variables imaginaires.* Paris, Gauthier-Villars, 1874-76, in-8, 3 vol.

6338. **Mariette-Bey** (Auguste). *La galerie de l'Egypte ancienne à l'exposition rétrospective du Trocadéro.* Paris, au pavillon égyptien du Trocadéro, 1878, in-8, 126 p.

6339. —— *Aperçu de l'histoire ancienne d'Egypte.* Paris, Dentu, 1867, in-8, 111 p.

6340. **Marillac** (Guillaume de). *Vie du connétable de Bourbon.* Collection Buchon.

6341. **Marillac** (Michel de). *Mémoire.* Collection Michaud, t. XI.

6342. —— *Relation exacte de tout ce qui s'est passé à la mort du maréchal d'Ancre.* Collection Michaud, t. XIX.

6343. **Marin** (P.) *Dictionnaire complet français et hollandais.* Amsterdam, By Hermanus Uytwerf, 1728, in-4, 2 vol.

6344. **Marin** (R. P. Michel-Ange). *Retraite spirituelle.* Avignon, J.-J. Niel, 1763, in-12, 2 vol.

6345. **Marinis** (Dominique de). *Expositio commentaria in primam partem angelici doctoris sancti Thomæ,...* Lugduni, sumpt. Philippi Borde, 1663, in-fol., 480 p. avec index.

6346. **Marion** (Jules). *Cartulaires de l'église cathédrale de Grenoble dits cartulaires de Saint-Hugues.* Paris, imp. imp., 1869, in-4, xci-556 p.

6347. **Marion** (le pasteur Elie). *Plan de la justice de Dieu sur la terre, et du relèvement de la chute de l'homme par son péché.* 1714, in-12, 184 p.

6348. **Marion** (Simon), baron de Druy. *Plaidoyer.* Paris, imp. de Pierre Le Mur, 1629, in-8, 511 p. avec table.

6349. **Marivaux**. *Théâtre.* Paris. Mme Ve Dabo, 1821, in-18, 447 p.

6350. **Marlet** (Ad.). *Eclaircissements historiques et critiques sur le titre de Franche-Comté donné à la comté de Bourgogne et sur la signification du nom de Waresgau.* Besançon, imp. Dodivers, 1863, in-12, xx-132 p.

6351. —— *Episodes de la guerre de dix ans. Ville et vallée d'Ornans.* Besançon, imp. d'Outhenin-Chalandre, 1865, in-8, 62 p.

6352. —— *La vérité sur l'origine de la famille Perrenot de Grandvelle.* Dijon, imp. Peutet-Pommey, 1859, in-8, 107 p.

6353. **Marliani** (E.). *Le désamortissement des biens de mainmorte en Espagne.* Turin, imp. Botta, 1863, in-8, 121 p.

6354. —— *Sulla urgenza di una legge di disammortizzazione generale.* Pisa, typ. Nistri, 1866, in-12, 81 p.

6355. **Marlot** (dom Guil.). *Histoire de la ville, cité et université de Reims, métropolitaine de la Gaule Belgique.* Reims, L. Jacquet, 1843-1846, in-4, 4 vol.

6356. **Marmette** (Joseph). *François de Bienville, scènes de la vie canadienne au XVIIe siècle.* Québec, Leger Rousseau, 1870, in-8, 299 p.

6357. —— *L'intendant Bigot.* Montréal, G. Desbarats, 1872, in-8, 94 p.

6358. **Marmontel.** *Contes moraux.* Paris, Garnery, 1820-1822, in-12, 5 vol.

6359. —— *Eléments de littérature.* Paris, F. Didot, 1856-1857, in-12, 3 vol.

6360. —— *Les Incas ou la destruction de l'empire du Pérou.* Paris, Lacombe, 1777, in-8, 2 tomes en 1 vol.

6361. —— *Œuvres. Métaphysique et morale,* tome XVII. *Régence du duc d'Orléans,* tome XVIII. Paris, A. Costes, 1819, in-12, 2 vol.

6362. —— *Œuvres posthumes. Regence du duc d'Orléans. Mémoires.* Paris, Xhrouet, 1805-1807, in-12, 3 vol.

6363. **Maron** (Eugène). *Histoire littéraire de la révolution.* Paris, Chamerot, 1856, in-12, 324 p.

6364. **Marot** (Clément) et Théodore de BÈZE. *Les psaumes de*

David mis en rimes. Leyden, Philippe de Cro-Y, 1665, in-12, 40 p. 100 psaumes et les commandements de Dieu mis en musique.

6365. —— **Marot** (Clément) et Théodore de Bèze. *Psaumes de David traduit en vers français et notés en plein-chant.* (Sans lieu, ni nom, ni date). In-12, non paginé.

6366. **Marquentin de Closmorin.** *Testament de Marquentin de Closmorin, vicaire général du diocèse de Saintes.* publié par L. Counil et G. Fleury. Mamers, imp. Fleury et Dangin, 1882, in-8, 30 p.

6367. **Marryat** (J.). *Histoire des poteries, faïences et porcelaines...* préface de Riocreux, traduit par MM. le comte d'Armaillé et Salvetat. Paris, Vᵉ Jules Renouard, 1866, in-8, 2 vol.

6368. **Marryat** (R. N. C. B.). *Peter simple.* Leipzig, Tauchnitz, 1842, in-12, 480 p.

6369. **Marsais** (de) et l'abbé Batteux. *Des tropes ou des différens sens dans lesquels on peut prendre un même mot dans une même langue, et de la construction oratoire.* Paris, Aumont, 1815, in-12, 374 p.

6370. Marseille. *Répertoire des travaux de la société de statistique de Marseille.* Marseille, imp. Garnaud, 1840-1871, in-8, 12 vol.

6371. **Marsile de Padoue.** *Opus insigne cui titulum fecit autor defensorem pacis... De potestate Papæ et Imperatoris...* 1522, in-fol., index, 375 p.

6372. [**Marsollier de Vivetières** (B.-J.)]. *Nina ou la folle par amour,* comédie en un acte et en prose. Toulouse, Broulhiet, 1786, in-8, 36 p.

6373. [**Marsy** (l'abbé F.-M. de)]. *Histoire moderne des Chinois, Japonais, Indiens, etc....* Paris, Desaint et Saillant, 1754-1778, in-12, 30 vol.

6374. **Marteau** (Amédée). *La question des chemins de fer devant les conseils généraux.* Paris, L. Le Chevalier, 1874, in-12, 158 p.

6375. —— *Le rachat des grands réseaux de chemins de fer.* Hâvre, imp. Brindeau, 1880, in-18, 29 p.

6376. **Martel**. *Réponse à la méthode de M. le cardinal de Richelieu*. Rouen, Jean Lucas, 1674, in-4, 195-92-118 p.

6377. **Martell** (Edouard). *Chemin de fer de Surgères à Cognac. Question du tracé de cette ligne entre Burie et Cognac*. Cognac, imp. de G. Bérauld, 1872, in-8, 46 p.

6378. **Martène** (le P. Edmond). *De antiquis ecclesiæ ritibus libri quatuor*..... Rotomagi, sumpt. Guillelmi Behouert, 1700-1702, 3 vol., avec index.

6379. **Martène** (dom Edmond) et U. DURAND. *Thesaurus novus anecdotorum*. Lutetiæ Parisiorum, H. Delaune, 1717, in-fol., 5 vol.

6380. —— *Veterum scriptorum et monumentorum historicorum, dogmaticorum, moralium, amplissima collectio*..... Parisiis, apud Montalant, 1724-1733, in-fol., 9 vol.

6381. —— *Voyage littéraire de deux religieux Bénédictins...* Paris, Delaulne, 1727, in-4, 2 tomes en 1 vol.

6382. **Martial** (M. Val.). *Epigrammaton libri XIIII*. Lugduni, apud Seb. Gryphium, 1542, in-8, 368 p.

6383. —— *Martialis epigrammata, demptis obscenis, cum interpretatione ac notis*. Parisiis, Simonis Bernard, 1643, in-12, 374 p.

6384. —— *Œuvres*, traduction par MM. Verger, Dubois, Mangeart. Paris, Panckoucke, 1834-1835, in-8, 4 vol.

6385. **Martial** de Paris, dit d'Auvergne. *Poésies*. Paris, Ant.-Urb. Coustelier, 1724, in-12, 2 vol.

6386. **Martianay** (le P. Jean). *Défense du texte hébreu et de la chronologie de la Vulgate contre le livre de l'Antiquité des temps rétablie*. Paris, H. Roulland, 1689, in-12, 2 vol.

6387. —— *Harmonie analytique de plusieurs sens cachés et rapports inconnus de l'ancien et du nouveau Testament*..... Paris, Laurent Le Conte, 1708, in-12, table, 360 p.

6388. **Martigny**. *Dictionnaire des antiquités chrétiennes*. Paris, Hachette, 1865, in-8, VIII-676 p.

6389. **Martin** (Henri). *Histoire de France depuis les temps les plus reculés jusqu'en 1789*. Paris, Furne, 1855-1869, in-8, 17 vol.

6390. **Martin** (le père Jacques). *La religion des Gaulois.....* Paris, Saugrain, 1727, in-4, 506 p. avec tables.

6391. **Martin** (A.-E.-Victor) et L.-E. Foley. *Histoire statistique de la colonisation algérienne.....* Paris, Germer Baillière, 1851, in-8, 356 p.

6392. **Martin** (Pachter). *Sur les conséquences morales de la révolution française.* (Texte allemand). Gottingue, J.-C. Dieterich, 1796, in-18, 150 p.

6393. **Martin** (René). *Mémoire sur le calendrier hébraïque.....* Angers, Cosnier et Lachèse, 1863, in-8, xxvi-412 p. et planches.

6394. **Martin** (l'abbé A.). *Habitudes des enfants et moyens de les corriger.* Draguignan, imp. P. Gimbert, 1865, in-18, 256 p.

6395. **Martin** (Louis-Aimé). *Lettres à Sophie sur la physique, la chimie et l'histoire naturelle.* Paris, Nicolle, 1820, in-16, 4 vol.

6396. —— *Education des mères de famille.....* Paris, Charpentier, 1840, in-12, viii-477 p.

6397. [**Martin** (Dom Jacques)]. *Eclaircissemens historiques sur les origines celtiques et gauloises...* par le R. P. D***. Paris, Durand, 1744, in-12.

6398. **Martin de Cochem.....** *Martinus von Cochen.* (Allemand). Francofurti 'ad Mœnum, Joh. Melchioris Bencard, 1686, in-18, 360 p.

6399. **Martin de Laon** (Dom). *Epistola exhortatoria.* Ædibus Ascensianis, 1507, in-4, 47 fol., table.

6400. **Martin de Moussy** (V.). *Description géographique et statistique de la confédération Argentine.* Paris, F. Didot, 1860, in-8, 2 vol.

6401. **Martin-Doisy.** *Assistance comparée dans l'ère païenne et l'ère chrétienne, suivie de l'exposé de l'assistance juive.* Paris, J. Lecoffre, 1853, in-12, 439 p.

6402. —— *Dictionnaire d'économie charitable.* Paris, J.-P. Migne, 1855-1857, in-8, 4 vol.

6403. **Martin-Dupont** (Ferdinand), de Saint-Martin de Ré.

De la gingévité ulcéreuse des matelots. Paris, impr. Parent, 1872, in-4, 40 p.

6404. **Martinelli** (Jules). *La muse en sabots.* Paris, Ledoyen, 1858, in-8, 155 p.

6405. **Martinet** (Charles). *Logica.* Parisiis, J. Barbou, 1771, in-12, viii-476 p.

6406. **Martinov** (Joannes). *Annus ecclesiasticus Græco-Slavicus.* Bruxellis, H. Goemære, 1863, in-fol., vii-388 p., planches.

6407. **Martonne** (Alfred de). *Fagots et fagots.* Paris, Bachelin-Deflorenne, 1865, in-12, vii-382 p.

6408. **Martyn.** *Entomologist anglois.* London, 1792, in-4.

6409. **Marvaud** (F.). *Etudes historiques sur l'Angoumois.* Angoulême, Abel Cognasse, 1836, in-8, xix-475 p.

6410. —— *Etudes historiques sur la ville de Cognac et l'arrondissement.* Niort, Clouzot, 1870, in-8, 2 vol.

6411. —— *Géographie de la Charente.* Angoulême, Baillarger, 1857, in-12, 288 p.

6412. —— *Histoire des vicomtes et de la vicomté de Limoges.* Paris, Dumoulin, 1873, in-8, 2 vol.

6413. **Marx** (Adrien). *Révélations sur la vie intime de Maximilien.* Paris, librairie du Petit Journal (1866), in-18, 72 p.

6414. **Mary Lafon** [Jean-Bernard LAFON, dit]. *Les dernières armes de Richelieu.* Paris, Didier, 1865, in-12, viii-395 p.

6415. **Mascarel** (Jules). *Les eaux thermales du Mont-Dore.* Paris, J.-B. Baillière, 1869, in-8, iv-171 p.

6416. **Mascaron** (Jules). *Recueil des oraisons funèbres.* Paris, J. Desaint, 1745, in-18, 429 p.

6417. **Mas Latrie** (M.-L. de). *Traités de paix et de commerce et documents divers, concernant les relations des chrétiens avec les Arabes de l'Afrique septentrionale au moyen âge.* Paris, Henri Plon, 1868-1872, in-4, 2 vol.

6418. **Mason** (Franc.). *Vindiciæ ecclesiæ anglicanæ.* Londini, D. Pauli, 1638, in-fol., 680 p.

6419. **Masquart** (Eugène de). *Les maladies des vers à soie.* Paris, librairie agricole, 1868, in-8, 2 t. en un vol.

6420. Massacré (Léopold de). *Du ministère.* Paris, C.-F. Patris, 1815, in-8, 62 p.

6421. Massé (M.-J.). *Le parfait notaire.* Paris, Garnery, 1809, in-4, 2 vol.

6422. Masselin (Jehan). *Journal des états généraux de France tenus à Tours en 1484...* publié et traduit par A. Bernier. Paris, impr. royale, 1835, in-4, xix-745 p.

6423. Massillon, évêque de Clermont. *Conférences et discours synodaux sur les principaux devoirs ecclésiastiques.* Paris, Estienne, 1776, in-12, 3 vol.

6424. —— *Maximes sur le ministère de la chaire.* Paris, Damien Beugné, 1729, in-8.

6425. —— *Oraisons funèbres et professions religieuses.* Paris, Estienne, 1776, in-12, table, 551 p.

6426. —— *Pensées sur différents sujets de morale et de piété.* Paris, Estienne, 1773, in-12, table, 436 p.

6427. —— *Sentiment d'une âme touchée de Dieu.* Paris, Estienne, 1774, in-12, 2 vol.

6428. —— *Sermons, Avent.* Paris, Estienne, 1780, in-12, table, 606 p.

6429. —— *Sermons, carême.* Paris, Estienne, 1774, in-12, 4 vol.

6430. —— *Sermons, mystères.* Paris, Estienne, 1774, in-12, table, 516 p.

6431. —— *Sermons. Panégyriques.* Paris, Estienne, 1776, in-12, table, 479 p.

6432. —— *Sermons. Petit carême.* Paris, Estienne, 1768, in-12, table, 358 p.

6433. —— *Sermons et morceaux choisis, précédés de son éloge.* Paris, Didot, 1845, in-12, 653 p.

6434. Massiou. *Histoire politique, civile et religieuse de la Saintonge et de l'Aunis.* Saintes, A. Charrier, 1846, in-8, 6 vol.

6435. Masson (Jean-Papire). *Annalium libri quatuor, quibus res gestæ Francorum explicantur.* Paris, N. Chesneau, 1677, in-4, 538 p., avec table.

6436. **assoulié** (le P. Antoine). *Méditations de saint Thomas sur les trois vies purgative, illuminative et unitive...* Toulouse, Bernard Dupuy, 1678, in-12, table, 447 p.

6437. **Massougnes** (Albert de). *Les écoles primaires en Angoumois avant 1789.* Angoulême, impr. J.-B. Baillarger, 1880, in-4, 12 p.

6438. **Massy** (Robert de). *Etude sur le projet de dérivation des eaux de la Loire sur Paris.* Orléans, impr. Chenu, 1868, in-8, 23 p.

6439. **Masure** (F.). *Rôle et influence de l'enseignement des sciences dans l'éducation morale.* Orléans, Puget et Cie, 1876, in-8, 14 p.

6440. MATHA. *Distribution solennelle des prix, 31 juillet 1879, Petit séminaire de Matha.* Pons, imp. Texier, 1879, in-8, 22 p.

6441. **Mathieu de S. Amable** (le père). *Les trois devoirs d'un bon prêtre.* Lyon, Jean-Mathieu Martin, 1685, in-12, 2 vol.

6442. **Mathieu** (A.). *Météorologie forestière et agricole comparée.* (S. l. n. d.), [Nancy, 1869], in-8, 28 p., 2 cartes.

6443 **Mathieu** (Pierre). *Histoire de France, durant sept années de paix du règne de Henri IV, roy de France et de Navarre... le 1er volume.* Leyden, P. Bonaventure, 1608, in-8, 692 p.

6444. —— *Histoire de Louys XI, roy de France.* Paris, chez la veuve Matthieu-Guillemot, 1628, in-4, 751 p. et table.

6445. **Mathieu de Dombasle** (C.-J.-A.). *La richesse du cultivateur, ou les secrets de Jean-Nicolas Benoist.* Paris, Mme Huzard, 1832, in-12, 71 p.

6446. **Mathieu** (de la Drôme). *Almanach, 1867, 1870.* Paris, Henri Plon, 1867, 1870, 2 vol.

6447. **Mathioli** (André). *Les commentaires sur les six livres de Pedacius Dioscoride... traduits du latin en français par M.-A. du Pinet.* Lyon, Claude Prost, 1655, in-fol., 605 p. avec table.

6448. **Mathon de La Varenne.** *Histoire particulière des évènements qui ont eu lieu en France pendant les mois de juin, juillet, d'août et de septembre 1792.* Paris, Périsse et Compère, 1806, in-8, vi-541 pages.

6449. **Mathorel** (Henri). *La compagnie des Charentes. Incertitude des capitalistes.* Paris, impr. Schiller, [187.] in-8, 15 p.

6450. *Matières des conférences ecclésiastiques du diocèse de Besançon.* Besançon, Louis Prigoine, 1689, in-12, 2 vol.

6451. **[Matignon** (Jacques de Goyon de)]. *Exposition de la doctrine de l'église catholique.* Paris, Cramoisy, 1679, in-12, 214 pages.

6452. **Matter.** *Le mysticisme en France au temps de Fénelon* Paris, Didier, 1866, in-12, x-424 p.

6453. **Matton** (Auguste). *Dictionnaire topographique du département de l'Aisne.* Paris, imprim. nationale, 1871, in-4, xxxviii-364 pages.

6454. **Matty de Latour** (de). *Ruines romaines de Membrey (Haute-Saône).* (Angers, 1847), in-8.

6455. **Maubert** (H.). *Etats et églises de l'Europe, précis de notions sur les contre-sens et les fruits amers des alliances d'états et d'églises.* Paris, Grassart, 1873, in-12; xxiv-187 p.

6456. **Maubert de Gouvest.** *Testament politique du cardinal Jules Alberoni.* Lausanne, Marc-Michel Bousquet, 1754, in-18, xxxi-291 p.

6457. **Mauburne** (Jean). *Rosetum exercitiorum spiritualium.* Duaci, ex typ. Baltazaris Belleri, 1620, in-fol., table, 834 p.

6458. **Maudsley** (H.). *Le crime et la folie.* Paris, Germer Baillière, 1880, in-8, 297 pages.

6459. **[Mauduit** (Michel)]. *Analyse de l'évangile.* Paris, Louis Rouland, 1697, in-12, 4 vol.

6460. —— *Analyse des épitres de saint Paul et des épitres canoniques.* Paris, L. Rouland, 1696, in-12, 2 vol.

6461. —— *Analyse des actes des apôtres.* Paris, imp. Estienne Michallet, 1697, in-12, 2 vol.

6462. **Mauguin.** *Plaidoyer pour M. Laffitte contre le sieur Pincepré.* Paris, imp. d'Everat, 1824, in-8, 89 p.

6463. **Mauny** (E.). *Vomissements incoercibles de la grossesse guéris par les cautérisations du col utérin.* Saintes, Guiard, 1869, in-8, 29 p.

6464. **Mauny de Mornay.** *Livre du jardinier.* Paris, A.-L. Pagnerre, 1838, in-12, 332 p.

6465. Maupeou (de). *Eloge funèbre du très révérend père dom Armand-Jean Bouthillier de Rancé...* Paris, F.Muguet, 1701, in-12, 132 p.

6466. Maurault (l'abbé J.-A.). *Histoire des Abenakis depuis 1605 jusqu'à nos jours.* Québec, atelier typ. de la *Gazette de Sorel*, 1866, in-8, x-631 p.

6467. Maurepas (comte de). *Mémoires.* Paris, Buisson, 1792, in-8, 4 vol.

6468. Mauriceau (François). *Traité des maladies des femmes grosses et de celles qui sont nouvellement accouchées.* Genève, Jacques Dentant, 1693, in-4, 440-204-34 p.

6469. Maurin (le docteur). *Le typhus exanthématique ou pétéchial. Typhus des Arabes.* Paris, imp. nationale, 1872, in-4, 305 pages.

6470. Maury (Jean-Siffrein). *Essai sur l'éloquence de la chaire.* Paris, Gayet, 1828, in-32, 3 vol.

6471. Maury (Alfred). *Exposé des progrès de l'archéologie.* Paris, imp. impériale, 1867, in-8, 119 p.

6472. —— *L'ancienne académie des inscriptions et belles lettres.* Paris, Didier, 1864, in-12, 456 p.

6473. ——*L'ancienne académie des sciences.* Paris, Didier, 1864, in-12, viii-395 p.

6474. —— *Rapport sur les archives nationales pour les années 1876 et 1877.* Paris, imp. nationale, 1878, in-8, 87 p.

6475. Mauzan (A.). *Guide des éducateurs de vers à soie.* Sisteron, imp. A. Bourlès, 1868, in-8 viii-68 p.

6476. Mavidal (J.). *Annuaire des faits.* 1861, 1863. Paris, B. Dupont, 1862-1863, in-18, 2 volumes.

6477. Maxime de Turin (saint). *Homeliæ.* Voir Salvien.

6478. Maxime de Tyr. *Dissertations,* grec et latin. (Collection Didot, vol. Théophraste, Marc-Antoine et Épictète).

6479. —— *Sermones sive disputationes XLI.* (Voir Athenagore).

6480. Maximilien Ier et MARGUERITE D'AUTRICHE. *Correspondance de 1507 à 1519,* publiée par M. Le Glay. Paris, J. Renouard, 1839, in-8, 2 vol.

6481. **Mayenne** (duc de). *Correspondance.* Reims, P. Dubois, 1860-1862, in-8, 2 vol..

6482. **Mayerne-Turquet** (Louis de). *Histoire générale d'Espagne.* Paris, S. Thiboust, 1635, in-fol., 2 vol.

6483. **Maynard.** *La religion protestante convaincue de faux.* Paris, André Cailleau, 1740, in-18, 2 vol.

6484. **Mazade** (Ch. de). *Les révolutions de l'Espagne contemporaine, quinze ans d'histoire (1854-1868).* Paris, Didier, 1869, in-12, VI-399 p.

6485. **Mazarin.** *Lettres* publiées par A. Chéruel. Paris, impr. nationale, 1872, in-4, 2 vol.

6486. —— *Lettres à la reine, à la princesse palatine, etc., écrites pendant sa retraite hors de France en 1651 et 1652.* Paris, J. Renouard, 1836, in-8, XVI-512 p.

6487. **Mazaroz** (J.-P.). *Destruction du phylloxera.* Paris, Germer Baillière, 1879, in-8, 4 brochures.

6488. —— *La revanche de la France par le travail.* Paris, Dentu, 1874, in-8, 2 vol., 3 fascicules.

6489. —— *La question sociale. Réponse au journal le Rappel.* Paris, Dentu, 1874, in-8, 95 p.

6490. **Mazeais** (J.-M.). *Elémens d'arithmétique, d'algèbre et de géométrie.* Paris, Nyon, 1788, in-8, XV-587 p. planches.

6491. **M. C. S.** *Causa regaliæ.* Leodii, apud Henricum Foppin, 1685, in-4, 728 p., avec index.

6492. —— *Tractatus de libertatibus ecclesiæ gallicanæ...* Leodii, apud Mathiam Hovium, 1684, in-4, 420 p., avec index.

6493. **Meaume** (Edouard). *Claude Gellée, dit le Lorrain.* Nancy, G. Crépin-Leblond, 1871, in-8, 28 p.

6494. —— *Du droit de réduction par le conseil d'état des libéralités faites aux corps moraux publics.* Paris, Cosse et Marchal, 1863, in-8, 55 p.

6495. —— *Etude sur la vie privée de Bernardin de Saint-Pierre (1792-1800).* Nancy, Grimblot et veuve Raybois, 1856, in-8, 38 p.

6496. —— *Mémoire pour M. le maire de Chatel-Chéhéry, arrondissement de Vouziers (Ardennes), contre Mlle Jeanne-Marie de Salse.* Nancy, veuve Raybois, 1863, in-4, 162 p.

6497. **Meaume** (Edouard). *Mémoire pour M. le maire de Chatel-Chéhéry, arrondissement de Vouziers (Ardennes)…. intimé contre Mlle de Salse et consorts… appelants.* Nancy, veuve Raybois, 1866, in-4, 192-160 p.

6498. —— *Mémoire pour les héritiers du sang contre les légataires éventuels non autorisés.* Nancy, veuve Raybois, 1863, in-4, 87 p.

6499. —— *Mémoire pour les anciens usagers de Plaine, appelants, contre la commune de Plaine.* Nancy, veuve Raybois, 1868, in-4, 132 p.

6500. —— *Mémoires pour : 1° M. le maire de Tarzy ; 2° M. le maire de La-Neuville-aux-Joutes, arrondissement de Rocroi (Ardennes)… appelants contre M. le duc d'Aumale, intimé.* Nancy, veuve Raybois, 1867, in-4, 116 p.

6501. —— *Recherches sur la vie et les ouvrages de Claude Deruet, peintre et graveur lorrain.* Paris, J.-B. Dumoulin, 1854, in-8, 120 p.

6502. —— *Recherches sur la vie et les ouvrages de Jacques Callot.* Nancy, Grimblot, 1853 ; Paris, veuve J. Renouard, 1860, in-8, 3 vol.

6503. —— *Recherches sur quelques artistes lorrains. Claude Henriet, Israël Henriet, Israël Silvestre et ses descendants.* Nancy, Grimblot et veuve Raybois, 1852, in-8, 67 p.

6504. **Meaux** (vicomte de). *La révolution et l'empire, 1789-1815.* Paris, Didier, 1867, in-8, v-480 p.

6505. Meaux. *Bulletin de la société d'archéologie, sciences lettres et arts du département de Seine-et-Marne.* Meaux, typ. J. Carro, 1865-1867, in-8, 3 vol.

6506. Meaux *Société d'agriculture, sciences et arts de Meaux.* Meaux, imp. A. Dubois, 1840-1854, in-8, 3 vol.

6507. *Meeting (Un) à Londres avant la guerre (17 mai 1870).* Paris, Pichon-Lamy, in-12, 152 p.

6508. **Mège** (le P. dom Joseph). *Commentaire sur la règle de saint Benoist…* Paris, Edme Martin, 1687, in-4, 811 p., table comprise.

6509. **Mégret** (S.). *Du commerce et de son influence sur les arts.* Bordeaux, imp. Gounouilhou, 1866, in-8, 20 p.

6510. Mégret (S.). *Kosciuszko ou la Pologne en 1794*, drame en quatre actes, en vers. Paris, M. Lévy, 1868, in-8, 97 p.

6511. —— *Réminiscences de la vie américaine.* Bordeaux, imp. Gounouilhou, 1867, in-8, 12 p.

6512. —— *Trop parler nuit*, proverbe. Bordeaux, P. Chaumas, 1863, in-8, 47 p.

6513. —— *Une conspiration sous Louis XIII*, drame en trois actes et en vers. Bordeaux, P. Chaumas, 1861, in-8, 124 p.

6514. Méhée. *Histoire de la prétendue révolution de Pologne.* Paris, Buisson, 1792, in-8, 376 p.

6515. [Méhégan (G.-A.)]. *Lettres d'Aspasie*, traduites du grec. Amsterdam, 1756, in-12, 240 p.

6516. Meidinger (Jean-Valentin). *Entretiens agréables avec des lettres d'amitié et de commerce pour êtres traduites en français* (allemand). Francfort, 1799, chez l'auteur, in-12, 376 pages.

6517. —— *Grammaire allemande pratique.* Paris, Baudry, 1824, in-8, 320 p.

6518. —— *Méthode nouvelle et amusante pour apprendre l'allemand.* Leipzig, J.-G.-B. Fleischer, 1815, in-8, ix-440 p.

6519. Meillan. *Mémoires, avec des notes et des éclaircissements historiques* (Voir collection Barrière). Paris, Baudouin frères, 1823, in-8, 331 p.

6520. Meisner (A.-G.). *Œuvres* (allemand). Leipsig, Dykischen, 1783, in-18, 336 p.

6521. Meissas (N.). *Tables pour servir aux études et à l'exécution des chemins de fer.* Paris, Gauthier-Villars, 1867, in-12, xlvii-379 p.

6522. Mela (Pomponius). *De orbis situ, cum commentariis Joachimi Vadiani.* Parisiis, Christianum Wechelum, 1540, in-fol., 196 p.

6523. —— *Géographie*, traduite par M. Louis Baudet. Paris, Panckoucke, 1843, in-8, 224 pages.

6524. Melanchthon (Philippe). *Operum omnium* [quatuor volumina]. Witebergæ, Simonis Gronenbergii, 1601, in-fol., 4 volumes.

6525. *Mélanges d'archéologie égyptienne et assyrienne.* Paris, A. Franck, 1873, in-4, (fascicules dépareillés).

6526. *Mélanges historiques. Choix de documents.* Nouvelle série. Paris, imp. nationale, 1873, in-4, 2 vol.

6527. *Mélanges tirés d'une grande bibliothèque.* Paris, Moutard, 1779, in-8, 4 volumes.

6528. **Melfi** (Sanctorius de). *Practica criminalis ad sancte administrandam justiciam in ordine fratrum minorum.* Parisiis, Edmundum Couterot, 1669, in-12, table, 240 p., table.

6529. **Melles** (Estienne de). *De constanti et perpetua traditionum ecclesiasticarum authoritate........* Parisiis, typ. Franc. le Cointe, 1680, in-12, 95 p.

6530. —— *Steph. de Melles in Plessœo Sorbonæ philosophiæ nuper professoris.... Novum totius philosophiæ syntagma... Pars metaphysicæ et physicæ generalis.* Parisiis, Dyonisium Thierry, 1669, in-12, 298-352 p.

6531. **Mellier** (Gérard). *Traité du droit de voyrie.* Paris, Nicolas Simart, 1709, in-12, table, 290 p.

6532. **Membrun** (Pierre). *Dissertatio peripatetica de epico carmine.* Paris, S. Cramoisy, 1652, in-4, 339 p.

6533. *Mémoire à consulter sur la question relative à la suppression de l'école de médecine navale de Rochefort.* Rochefort, imp. Mercier, 1850, in-8, 34 p.

6534. *Mémoire à l'appui de l'appel présenté contre le classement du chemin vicinal de La Tremblade à la Seudre.* La Rochelle, lith. de J. Muller, 1872, in-4, 6 p.

6535. *Mémoire à l'appui du pourvoi formé par MM. Georges Petit et Robert contre un arrêt de la cour de Poitiers, du 19 décembre 1867, rendu au profit de M. Eschasseriaux.* In-4, 35 pages.

6536. *Mémoire à présenter à messieurs les commissaires préposés par le roi pour procéder à la réformation des ordres religieux.* 1767, in-12, 112 p.

6537. *Mémoire au sujet de l'appel interjeté au futur concile général de la constitution Unigenitus par quatre évêques de France.....* 1717, in-4, 160 p.

6538. *Mémoire concernant les terres et seigneuries de Thins, Tezac et Feuse.* Imp. J. Chardon, 1738, petit in-fol., 1 p.

6539. *Mémoire d'un citoyen pour être porté aux états généraux, indiqués par le roi pour le mois de janvier prochain mil sept cent quatre-vingt-neuf.* S. n., l. ni date (1788), in-8, 16 p.

6540. *Mémoire sur la canalisation des départements de l'ouest entre la basse Loire et la Gironde.* La Rochelle, typ. G. Mareschal, 1843, in-8, 24 p., 1 carte.

6541. *Mémoires chronologiques et dogmatiques, pour servir à l'histoire ecclésiastique depuis 1600 jusqu'en 1716.* Nismes, P. Baumé, 1781, in-8, 2 vol.

6542. *Mémoires concernant... les Chinois,* par les missionnaires de Pékin. Paris, Gay, 1797, in-4, 15 vol.

6543. *Mémoires de Jeanne d'Arc.* Collection Michaud, t. III, collection universelle, t. VII, et collection Buchon.

6544. *Mémoires de la Ligue, contenant les évènements les plus remarquables depuis 1576 jusqu'en 1598.* Amsterdam, Arkstée et Merkus, 1758, in-4, 6 vol.

6545. *Mémoires de la Sorbonne.* Paris, imp. impériale, 1863-1869, in-8, 14 vol.

6546. *Mémoires de la société des ingénieurs civils.* Paris, Lacroix, 1872-1882, in-8, 4 vol., 59 livraisons.

6547. *Mémoires de l'institut des provinces de France. Sciences physiques et naturelles.* Paris, Derache, 1859, in-4, LXXII-426 pages.

6548. *Mémoires des intendants sur l'état des généralités,* dressés pour l'instruction du duc de Bourgogne, t. I, publiés par A.-N. de Boislisle. Paris, imprimerie nationale, 1881, in-4, XCIV-854 pages.

6549. *Mémoires d'un sot,* contenant des niaiseries historiques, révolutionnaires et diplomatiques, recueillies sans ordre et sans goût. Paris, N. Maze, 1820, in-8, 572 p.

6550. *Mémoires et correspondances du roi Jérôme et de la reine Catherine* (tome VII). Paris, E. Dentu, 1866, in-8, 563 p.

6551. *Mémoires et dissertations sur les antiquités nationales et étrangères,* publiés par la société royale des antiquaires de France. Paris, secrétariat de la Société, 1836-1859, 13 vol.

6552. *Mémoires et pièces du conseil de sa majesté pour les ju-*

*ridictions consulaires et les chambres de commerce du
royaume.* Paris, impr. de P.-G. Lemercier, 1766, in-4, 397 p.
et table.

6553. *Mémoires et plans géographiques des principales places
de France, Italie, Allemagne, Hollande et Flandre espagnole, avec ce qu'il y a de plus curieux et de plus remarquables, suivi de l'abrégé méthodique.* Paris, G. de Sercy,
1698, in-12, 367-191 p.

6554. *Mémoires historiques sur la catastrophe du duc d'Enghien.* (Voir collection Barrière). Paris, Baudouin frères,
1826, in-8, xiv-326 p.

6555. *Mémoires militaires, relatifs à la succession d'Espagne
sous Louis XIV.* Paris, impr. royale, 1835-1862, in-4, 11 vol.
et index.

6556. *Mémoires pour l'histoire des sciences et des beaux-arts,*
recueillis par ordre de... monseigneur le Prince, souverain de
Dombes. Trévoux, impr. de S. A. S., 1701-1754, in-12, 6 vol.

6557. *Mémoires (six), pour Rome, sur l'état de la religion chrétienne en Chine.* (Voir recueil de différentes pièces relatives
aux missions des Jésuites).

6558. *Mémoire remis à M. le comte de Thiars, le 26 mars 1788,
par les membres de la noblesse qui se trouvaient à Rennes
et qui l'ont souscrit pour être remis au roi.* S. n., l. n. d.
(En Bretagne), 1788, in-8, 8 p.

6559. *Mémoires sur Jacques Cœur et actes de son procès.* Collection Buchon.

6560. *Mémorial catholique (Le),* ouvrage périodique. Paris, imp.
Lachevardière, 1825-1828, in-8, 10 vol. en 4.

6561. *Mémorial (Le) de l'Ouest.* Saintes, impr. Chavignaud,
1849-1851, in-fol.

6562. *Mémorial du contentieux, des droits réunis et des octrois.*
Paris, impr. de J.-H. Stone, 1807-1809, in-8, 4 vol.

6563. **Ménage.** *Dictionnaire étymologique de la langue françoise.* Paris, Briasson, 1750, in-fol., 2 vol.

6564. **Menard** (Dom Hugues). *Concordia regularum, auctore
S. Benedicto.* Parisiis, Hieronimi Drovard, 1638, in-4, 1,107
pages et index.

6565. **Ménard** (Louis et René). *Tableau historique des beaux-arts, depuis la Renaissance jusqu'à la fin du dix-huitième siècle.* Paris, Didier et Cᵢₑ, 1866, in-8, xxiv-412 p.

6566. **Ménard** (Léon) et M. DE BASCHI, marquis d'Aubais. *Pièces fugitives pour servir à l'histoire de France (de 1546 à 1653).* Paris, Chaubert, 1759, in-4, 3 vol.

6567. **Menche de Loisne** (Ch.). *France et Angleterre. Etude sociale et politique.* Paris, E. Dentu, 1859, in-8, 272 pp.

6568. **Ménestrier** (Le P.). *La nouvelle méthode raisonnée du blason.* Paris, Jean Guignard, 1696, in-12, 298 p., table.

6569. **Mengo** (Guillaume). *Flagellum dæmonum.* Lugduni, Franciscum Arnoullet, 1608, in-12, 241 p.

6570. —— *Fustis dæmonum.* Lugduni Francis cum Arnoullet, 1608, in-12, 208 p.

6571. **Menier.** *L'impôt sur le capital.* Paris, impr. Dubuisson, 1876, in-8, 93 p.

6572. —— *L'impôt sur le capital, son application, ses avantages, ses conséquences.* Paris, Guillaumin, 1872, in-32, 176 p.

6573. —— *L'unité de l'étalon monétaire.* Paris, F. Plon, 1873, in-8, 39 p.

6574. —— *Théorie et application de l'impôt sur le capital.* Paris, E. Plon, 1875, in-12, 664 p.

6575. **Menochius** (Jean-Etienne). *Commentarii totius sacræ scripturæ.* Venetiis, Remondini, 1761, in-fol., 3 tomes en 2 volumes.

6576. **Menon.** *La science de maître d'hôtel confiseur, à l'usage des officiers...* Paris, Paulus-du-Mesnil, 1750, in-12, 524 p.

6577. **Menechet.** *Le Plutarque français, vies des hommes et femmes illustres de la France.* Paris, impr. Crapelet, 1738-1841, in-4, 8 vol.

6578. **Menudier** (le docteur). *Entretien des moûts des raisins par la machine à battre.* Paris, impr. de Ch. Lahure, 1870, in-8, 12 p.

6579. —— *Rapport du comité de direction de la société de secours et de sauvetage de Saintes.* Saintes, typ. Lacroix, 1863, in-8, 8 p.

6580. **Merbes** (Bon de). *Summa christiana seu orthodoxa morum disciplina...* Parisiis, Antonii Bezallier, 1683, in-fol., 2 volumes.

6581. **Mercator** (Marius). *Opera quæcumque extant studio Joannis Garnerii, S. J.* Parisiis, apud Sebastianum Mabre-Cramoisy typo., 1673, in-fol., 1 vol. xxxiii-463 p., index, lx-364 pages, index.

6582. **Mercier** (Edouard). *De l'influence du bien-être matériel sur la moralité des peuples modernes.* Paris, Jules Renouard, 1836, in-8, viii-182 p.

6583. **Mercier** (Hiérosme). *Remarques du droit français sur les Institutes de l'empereur Justinien.* Paris, Michel Robin, 1655, in-4, table, 520 p.

6584. **Mercier** (L.). *De l'arrondissement et de son administration.* Paris, impr. P. Dupont, 1861, in-8, 47 p.

6585. **Mercier** (Louis-Sébastien). *L'habitant de la Guadeloupe*, comédie en trois actes. (Voir le volume Théâtre). Lausanne, société typographique, 1782, in-8, 187 p.

6586. —— *Portraits des rois de France.* Neuchâtel, impr. de la société typographique, 1783, in-12, 4 vol.

6587. —— *Tableau de Paris*, nouvelle édition. Amsterdam, 1782-1783, in-8, 4 vol.

6588. **Mercier de Lacombe** (Ch.). *Henri IV et sa politique.* Paris, Didier, 187., in-12, xxvi-518 p.

6589. [**Mercier-Dupaty** (Ch.-Marg. J.-B.)]. *Mémoire justificatif pour trois hommes condamnés à la roue.* Paris, Philippe-Denis Pierre, 1786, in-4, 251 p.

6590. *Mercure françois, ou suite de l'histoire de la paix.* Paris, Jean Richer, 1619-1648, in-8, 25 vol.

6591. *Mercure galant.* Paris, au palais, 1681-1707, in-12, 8 vol.

6592 **Mercy** (de). Συνοψις πυζετῶν *Conspectus febrium, synopsis des fièvres..* Paris, impr. Valade, 1808, in-8, viii-852 p.

6593. **Méré** (le chevalier de). *De l'esprit... Item de la conversation...* Paris, Denys Thierry, 1677, in-18, 129-111 p.

6594. **Mergey** (Jean de). *Mémoires.* Collection de Michaud et Poujoulat, t. X ; collection universelle, t. XLI, et collection Buchon.

— 447 —

6595. **Méric** (Elie). *La morale et l'athéisme contemporain.* Paris, Albanel, 1875, in-12, 458 p.

6596. **Mérimée** (Prosper). *Colomba, suivie de la Mosaïque et autres contes et nouvelles.* Paris, Charpentier et Cie, 1874, in-12, 451 p.

6597. —— *Les Cosaques d'autrefois.* Paris, Michel Lévy, 1868, in-18, 370 p.

6598. —— *Notices sur les peintures de l'église de Saint-Savin, département de la Vienne.* Paris, impr. royale, 1845, in-fol., 120 p. et atlas.

6599. **Mérimée** et LENOIR (Albert). *Architecture militaire.* Paris, impr. impériale, 1857, in-4, 80 p.

6600. **Merle** (Mathurin) et SAINT-AUBAN. *Mémoires sur les guerres de religion.* Collection Michaud, t. XI; collection universelle, t. LIV, et collection Buchon.

6601. **Merlet** (Lucien). *Dictionnaire topographique du département d'Eure-et-Loir.* Paris, imp. impériale, 1861, in-4, XXIV-255 pages.

6602. **Merlin** (Jacques). *Quatuor conciliorum generalium.....* tomus primus et secundus. Parisiis, Galiotus à Prato, 1524, in-fol., 2 volumes.

6603. **Merlin** (Philippe-Antoine). *Recueil alphabétique des questions de droit qui se présentent le plus fréquemment dans les tribunaux.* Paris, Garnery, 1819, in-4, 6 vol. avec table.

6604. —— *Répertoire universel et raisonné de jurisprudence.* Paris, Garnery, 1812, in-4, 15 vol. avec table.

6605. **Merlin** (R.). *Origine des cartes à jouer.* Paris, Rapilly, 1869, in-4, VII-144 p. et album.

6606. **Mermet** (ainé). *Histoire de la ville de Vienne.* Vienne, imp. Timon, 1854, in-8, VII-536 p.

6607. **Mersenne** (frère Marin). *La vérité des sciences contre les sceptiques ou pyrrhoniens.* Paris, T. du Bray, 1625, in-8, 1008 pages.

6608. **Mervault** (Pierre). *Le journal des choses les plus mémorables qui se sont passées au dernier siège de La Rochelle.* Roven, Jacques Lvcas, 1671, in-12, X-693 p.

6609. **Méry** et Barthélemy. *Sidiennes. Epîtres. Satires.* Paris, chez tous les marchands de nouveautés, 1825, in-8, 59 p.

6610. [**Mesenguy** (Fr.-Phl.)]. *Abrégé de l'histoire de l'ancien testament.* Paris, Desaint et Saillant, 1747-1749, in-12, 7 vol.

6611. —— *Exposition de la doctrine chrétienne.* Paris, veuve Desaint, 1767, in-12, 4 vol.

6612. **Mesle** (Jean). *Traité des minorités, tutelles et curatelles.* Paris, Mouchet, 1752, in-4, xxxvi-886 p.

6613. **Mesmer.** *Aphorismes de M. Mesmer dictés à l'assemblée de ses élèves,* ouvrage mis au jour par M. C. de V. Paris, chez Quinquet aîné, 1785, in-12, xvi-87 p.

6614. **Mesnard.** *Catéchisme du diocèse de Nantes.* Nantes, Michel Mareschal, 1689, in-8, 604 p.

6615. [**Mesnier** (l'abbé)]. *Problème historique : qui, des Jésuites, ou de Luther et Calvin, ont le plus nui à l'église chrétienne...* Avignon, 1757, in-12, 2 vol.

6616. **Mesplede** (Louis). *Catalania Galliæ vindicata, adversus Hispaniensum scriptorum imposturas.....* Parisiis, apud Seb. Huré, 1643, in-8, 109 p.

6617. *Messager agricole.* Revue des associations et des intérêts agricoles du Midi. Montpellier, imprimerie centrale du Midi, 1867-1879, 10 années incomplètes.

6618. *Messager (le) du Sacré-Cœur de Jésus.* Paris, R. Ruffet, 1861-1874, in-12, 25 vol.

6619. *Messages, arrêtés et proclamations du Directoire exécutif.* Paris, Baudouin, an IV-an VII (1796-1799), in-8, 6 vol.

6620. **Messale Corvinus.** *Livre à Octavien Auguste sur sa généalogie,* traduit par M. N.-A. Dubois. Paris, Panckoucke, 1843, in-8, 62 p.

6621. *Méthode d'enseignement pratique à l'usage des institutions de sourds-muets.* Lille, institution des sourds-muets, 1853, in-8, 143-402 p.

6622. **Messie** (Pierre). *Les diverses leçons contenans la lecture de variables histoires.* Paris, J. Caveiller, 1856, in-32, 417 p.

6623. **Méthivier** (l'abbé). *Etudes rurales.* Paris, Louis Vivès, 1858, in-32, xi-331 p.

6624. **Méthivier** (l'abbé). *L'empereur Napoléon et les trappistes de Tamié.* Paris, de Soye et Bouchet, 1862, in-8, 29 p.

6625. —— *Notice historique sur une relique du manteau de saint Martin, évêque de Tours.* Olivet, 1860, in-8, 47 p.

6626. [**Mezin** (François)]. *Lectiones theologicæ de matrimonio,* Nanceii, typ. viduam Bachot, 1785, in-12, 332 p. avec index.

6627. METZ. *Bulletin de la société d'archéologie et d'histoire de la Moselle.* Metz, Rousseau Pallez, 1863-1870, in-8, 8 vol.

6628. METZ. *Mémoires de l'académie royale de Metz.* Metz, imp. Lamort, 1819-1871, in-8, 53 vol.

6629. METZ. *Mémoires de la société d'archéologie et d'histoire de la Moselle.* Metz, Rousseau-Pallez, 1860-1869, in-8, 10 vol.

6630. **Meunier** (Francis). *Etudes de grammaire comparée.* Paris, A. Durand, 1873, in-8, 208 p.

6631. **Meuve** (de). *Dictionnaire pharmaceutique.* Paris, J. d'Houry, 1668, in-8, 2 vol.

6632. [**Mey** (l'abbé Claude)]. *Dissertation dans laquelle on démontre que la bulle Unigenitus n'est ni loi de l'église ni loi de l'état.* 1752-1753, in-12, 144-224-234 p., table.

6633. —— *Maximes du droit public françois.* En France, 1772, in-12, 2 vol.

6634. [—— et Gabriel-Nicolas MAULTROT]. *Recueil des arrests rendus dans tous les parlemens et conseils souverains du royaume au sujet de la bulle Unigenitus.* 1753, in-12, 3 tomes en 4 volumes.

6635. **Meyer** (Paul). *La chanson de la croisade contre les Albigeois.* Paris, Renouard, 1875, in-8, 1er volume   →

6636. **Meynier**. *Les anciens chemins de Marseille.* Marseille, typ. veuve Marius Olive, 1866, in-8, 152 p.

6637. **Meyrieux** (F.). *Tables indiquant... les contenances des vases vinaires...* Bourgoin, imp. F. Moulin, 1868, in-8, 260 p.

6638. **Mezeray** (de). *Abrégé chronologique, ou extrait de l'histoire de France.* Paris, Denys Thierry, 1690, in-4, 3 vol.

6639. —— *Histoire de France depuis Pharamon jusqu'à maintenant.* Paris, M. Guillemet, 1643-1651, in-fol., 3 vol.

6640. **Michaud** (Joseph). *Biographie universelle ancienne et moderne.* Paris, C. Desplaces, 1854-1858, in-4, 45 vol.

6641. **Michaud** (Joseph). *Histoire des croisades.* Paris, Ducollet, 1825-1829, in-8, 6 vol.

6642. [——] *Histoire des quinze semaines ou le dernier règne de Bonaparte.* Paris, Longchamps, 1815, in-8, 80 p.

6643. [——] *Les adieux à Bonaparte.* Paris, chez les marchands de nouveautés, 1800, in-8, 55 p.

6644. —— et POUJOULAT. *Correspondance d'Orient.* Paris, Ducollet, 1833-1835, in-8, 7 vol.

6645. —— *Notice sur Jeanne d'Arc.* Paris, Beauvais, 1837, in-8, 327 pages.

6646 **Michel** (Ad.). *L'ancienne Auvergne et le Velay.* Moulins, Desrosiers, 1843-1847, in-fol., 3 vol. et 1 atlas.

6647. **Michel** (Georges). *Carnot.* Paris, librairie de la société bibliographique, 1875, in-18, 35 p.

6648. —— *Les chemins de fer de l'état belge devant le parlement.* Paris, Dentu, 1882, in-8, 143 p.

6649. **Michelet** (Jules). *Histoire de France.* Paris, Lacroix, 1876, in-8, 19 vol.

6650. —— *Histoire romaine.* Paris, Hachette, 1843, in-8, 2 v.

6651. —— *Le peuple.* Paris, Hachette, 1846, in-12, 374 p.

6652. ——*Origines du droit français, cherchées dans les symboles et formules du droit universel.* Paris, L. Hachette, 1837, in-8, cxxiv-452 p.

6653. **Michiels** (Alfred). *Histoire de la peinture flamande.* Paris, librairie internationale, 1865-1869, in-8, 7 vol.

6654. —— *L'architecture et la peinture en Europe depuis le IV⁰ siècle jusqu'à la fin du XVI⁰.* Paris, Renouard, 1873, in-8, xi-456 p.

6655. —— *L'art flamand dans l'est et le midi de la France.* Paris, Henri Loones, 1877, in-8, viii-556 p., 1 grav.

6656. —— *Voyage d'un amateur en Angleterre.* Paris, H. Loones, 1872, in-8, x-396 p.

6657. **Michon** (J.-H.). *Statistique monumentale de la Charente.* Paris, Derache, 1844, in-4, 334 p.

6658. —— *Vie de Jean-Joseph-Pierre Guigou, évêque d'An-*

*goulême, précédée de la chronique des évêques d'Angou-
lême.* Angoulême, F. Soulié, 1844, in-8, xviii-176-187-176 p.

6659. **Middelbourg** (Paul-Germain de). *Paulina de recta
paschæ celebratione et de die passionis domini nostri Jesu-
Christi.* Forosempronii, impressum per Octavianum Petru-
cium, 1503 (non paginé).

6660. **Middleton.** *Histoire de M. T. Cicéron,* tirée de ses
écrits, traduite par Prévost. Paris, Fournier, 1818, in-8, 2 vol.

6661. **Mien** (J.-P.). *Le canton de Rozoy-sur-Serre.* Saint-Quentin, J. Moureau, 1865, in-12, viii-292 p.

6662. **Migne.** *Dictionnaire des sciences occultes.* Paris-Montrouge, 1848, Migne, in-4, 2 vol.

6663. **Mignet** (F.-A.). *Histoire de la révolution française.* Paris, F. Didot, 1824, in-8, 2 vol.

6664. [**Mignot** (l'abbé Et.)]. *Mémoire sur les libertés de l'é-
glise gallicane.* Amsterdam, Arkstée et Merkus, 1755, in-12,
xxiv-376 p.

6665. **Miller** (E.). *Mélange de littérature grecque.* Paris, impr.
impériale, 1868, in-8, xvi-473 p.

6666. **Millet-Mureau** (L.-A.). *Voyage de La Pérouse autour
du monde.* Paris, Plassan, 1798, in-8, 4 vol.

6667. **Millet** (P.-A.). *Faune de Maine-et-Loire.* Paris, Rosier,
1828, in-8, 2 vol.

6668. **Millet-Robinet** (Mme C.). *Maison rustique des dames.*
Paris, librairie agricole de la *Maison rustique,* 1857, in-12, 2
volumes.

6669. **Milletot** (Bénigne). *Traicté du délict commun et cas
privilégié.* Dijon, Claude Guyot, 1615, in-8, 209 fol.

6670. **Millien** (Achille). *Légendes d'aujourd'hui,* poëmes suivis de lieds et sonnets. Paris, Garnier frères, 1870, in-12, 226
pages.

6671. —— *Musettes et clairons.* Paris, Tardieu, 1867, in-12,
viii-170 p.

6672. **Millot** (J.-B.). *Instruction sur les moyens de convertir
les pommes de terre en farine panifiable.* Paris, impr. Bachot, 1818, in-8, 48 p.

6673. **Millot** (l'abbé C.-F.-X.). *Eléménts de l'histoire de France.* Paris, Tardieu-Denesle, 1828, in-12, 4 vol.

6674. —— *Mémoires politiques et militaires pour servir à l'histoire de Louis XIV et de Louis XV, composées sur les pièces recueillies par Ad. Maur., duc de Noailles.* Paris, Moutard, 1777, in-12, 6 vol.

6675. **Milne Edwards.** *Rapports sur les progrès récents des sciences zoologiques en France.* Paris, impr. impériale, 1867, in-8, 499 p.

6676. —— *Zoologie* (Cours élémentaire). Paris, Victor Masson, 1858, in-12, 588 p.

6677. **Milne Edwards** et Coste. *Travaux et rapports sur la pisciculture.* Paris, impr. impériale, 1859, in-8, 32 p.

6678. **Milsand.** *Bibliographie des publications relatives au livre de M. Renan, Vie de Jésus.* Paris, Dentu, 1864, in-32, 44 pages.

6679. —— *Catalogue par ordre alphabétique des ouvrages imprimés de Gabriel Peignot, et supplément.* Paris, Aubry, 1861-1863, in-8, 2 brochures.

6680. —— *Etudes bibliographiques sur les périodiques... depuis leur origine jusqu'à nos jours.* Paris, Aubry, 1861, in-8, 87 p.

6681. —— *Notes et documents pour servir à l'histoire de l'académie des sciences, arts et belles lettres de Dijon, suivis de la table méthodique de 1769 à 1869.* Paris, Aug. Aubry, 1871, in-8.

6682. **Milton.** *Le paradis perdu,* poëme en six chants, traduit de l'anglais en vers français, par Eugène Aroux. Paris, Alex. Mesnier, 1830, in-12, xxvii-247 p.

6683. —— *Le paradis perdu,* poëme héroïque, traduit de l'anglais, avec les remarques de M. Addisson. Paris, Ganeau, 1758, in-12, 3 vol.

6684. —— *Le paradis perdu,* traduit par De Pongerville. Paris, Charpentier, 1853, in-12, 356 p.

6685. —— *Le paradis perdu,* traduction en vers français par J. Dessiaux. Paris, A. Lacroix, 1867, in-8, lxxxii-351 p.

6686. —— *The poetical works.* Leipzig, Tauchnitz, in-12, 358 p.

6687. **Minutius-Félix** (Marcus). Hamburg, 1612, in-fol., préliminaires, 27 p.

6688. **Minutoli** (Dominique). *Affetti di preparatione e di ringratiamento per si sacerdoti, avanti e dopu la missa. Parte arcandu.* In Venetia, appresso Giacomo Zattoni, 1665, in-18, 793 p.

6689. **Mionnet** (T.-E.). *De la rareté et du prix des médailles romaines.* Paris, Rollin, 1847, in-8, 2 vol. et 1 atlas.

6690. [**Mirabaud** (Jean-Baptiste)]. *De l'âme et de son immortalité.* Londres, 1751, in-12, 172 p.

6691. **Mirabaud** (le baron d'HOLBACH). *Système de la nature.* Londres, 1770, in-12, 2 vol. Voir nᵒˢ 4750-4754 HOLBACH (d').

6692. **Mirabeau** (Victor, marquis de). *L'ami des hommes.* Avignon, 1756, in-4, 4 parties, 2 vol.

6693. —— *Lettres sur la législation.* Berne, société typographique, 1775, in-12, 3 vol.

6694. —— *Théorie de l'impôt.* Paris, 1760, in-12, 220 p.

6695. **Mirabeau** (Honoré-Gabriel, comte de). *Chefs-d'œuvre oratoires.* Paris, Collin de Plancy, 1822, in-12, 2 vol.

6696. —— *De la monarchie prussienne sous Frédéric le Grand.* Londres [Paris, Lejay], 1788, in-8, 7 vol.

6697. —— *Collection complète des travaux à l'assemblée nationale, par M. Etienne Méjan.* Paris, impr. Lejay, 1791-1792, in-8, 5 vol.

6698. [**Mirandole**]. *Illustrium poetarum flores.* Lugduni, apud Joan. Tomaesium, 1553, in-32, 731 p., avec index.

6699. **Mirecourt** (Eugène de). *Le mont de piété.* Paris, Havard, 1854, in-18, 92 p.

6700. **Miron** (A.-S. MORIN). *De la séparation du spirituel et du temporel.* Paris, Noirot, 1866, in-12, xi-472 p.

6701. **Missa.** Η Θεια λειτουργια του αγιου αποστολου Πετρου. *Missa apostolica seu divinum sacrificium S. apostoli Petri......* (grec-latin) Lutetiæ, Federicvm Morellvm, 1595, in-4, 40 p.

6702. *Missale Romanum.* Avignon, imp. T. Seguin, 1781, in-4, 822 p.

6703. *Missale Romanum ex decreto sacro sancti concilii Tri-*

dentini restitutum...... Lugduni, apud Anisson, 1694, in-fol.; cxvj fol. avec index.

6704. *Missale Rupellense D. Josephi Bernet, Rupellensis epis-copi, auctoritate... editum.* Lutetiæ Parisiorum, typis Adriani Le Clère, 1835, in-fol., ix-583-cxxxv p. à 2 colonnes.

6705. *Missale secundum institutionem sanctissimi pastoris Mediolanensis Ambrosii...* Mediolani, Castellioneum, 1548, in-4, 212 fol.

6706. **Mitraud** (l'abbé Théobald). *De la nature des sociétés humaines.* Paris, librairie nouvelle, 1855, in-12, 410 p.

6707. **Modène** (Léon de). *Cérémonies et coutumes qui s'observent aujourd'hui parmy les juifs.* Paris, Louis Billaine, 1681, in-12, table, 210-164 p., table.

6708. **Mogroveius** (Toribius Alphonsus). *Lima limata conciliis, constitutionibus synodalibus et aliis monumentis.* Romæ, Josephi Corvi, 1673, in-fol., index, xxxiv-379 p., index.

6709. **Modeste** (Victor). *Du paupérisme en France.* Paris, Guillaumin, 1858, in-8, iv-584 p.

6710. **[Moinard** (Louis)]. *La sœur de la charité*, par un voyageur homme de lettres. Bordeaux, H. Faye, 1826, in-8, 16 p.

6711. **Moissy** (l'abbé de). *La méthode dont les pères se sont servis en traitant des mystères...* Paris, Jean-Baptiste Coignard, 1683, in-4, table, 363 p.

6712. **Molé** (Mathieu). *Mémoires*, publiés par Aimé Champollion-Figeac. Paris, J. Renouard, 1855-1857, in-8, 4 vol.

6713. **Molanus** (Jean). *Liber de piis testamentis.* Coloniæ, officina Birckmannica, 1585, in-8, index-246 p.

6714. —— *Libri quinque : de fide hœreticis servanda, tres ; de fide rebellibus servanda,... quartus ; de fide et juramento quæ a tyranno exiguntur,... quintus.* Coloniæ, Godefridum Kempensem, 1584, in-8, index, 214 p., index.

6715. **Molière.** *Œuvres complètes*, collationnées sur les meilleurs textes..... par M. Charles Louandre. Paris, Charpentier, 1852, in-12, 3 vol.

6716. **Molina** (D. A. de). *L'instruction des prêtres tirée de l'écriture sainte, des saints pères et des saints docteurs de l'église.* Paris, J.-B. Coignard, 1666, in-8, 904 p. avec table.

6717. **Molinari** (G. de). *L'abbé de Saint-Pierre, sa vie et ses œuvres*. Paris, Guillaumin, 1857, in-12, 431 p.

6718. **Molinier** (E.). *La vie de Mre Barthélemy de Donadieu de Griet, évesque de Comenge*. Paris, veuve Jean Camvsat, 1639, in-8, 902 p.

6719. **Molinier** (Victor). *De la réhabilitation des condamnés*. Toulouse, Gimet, 1870, in-8, 26 p.

6720. —— *La répression du vol*. Toulouse, typ. Bonnal et Gibrac, 1869, in-8, 60 p.

6721. **Mollot**. *Bourses de commerce, agens de change et courtiers*. Bruxelles, H. Tarlier, 1834, in-8, 171 p.

6722. **Momma** (Guillaume). *De varia conditione et statu ecclesiæ Dei*. Amstelodami, apud viduam Joanni à Someren, 1683, in-4, 2 tomes en un avec index.

6723. —— *Prælectiones theologicæ*. Amstelodami, apud viduam Joannis à Someren, 1683, in-4, 292 p.

6724. **Mommsen** (Théodore). *Histoire romaine*, traduite par M. C.-A. Alexandre. Paris, Albert-L. Hérold, 1863-1872, in-8, 8 volumes.

6725. *Monde (Le)*, journal quotidien. 1er n° 18 février 1860. Paris, bureaux rue de Grenelle Saint-Germain (impr. Bailly), 1860-1870, in-fol., 21 vol.

6726. **Mondoux** (l'abbé). *Le catholicisme justifié devant le XIXe siècle*. La Rochelle, G. Mareschal, 1873, in-8, vii-819 p.

6727. **Monet** (le père Philibert). *Abrégé du parallèle des langues française et latine*. Lyon, Estienne Gamonet, 1632, in-4, 1394 pages.

6728. **Mongalvy**. *Traité de l'arbitrage*. Bruxelles, Tarlier, 1837, in-8, xii-436 p.

6729. **Monge** (G.). *Géométrie descriptive*. Paris, J. Klostremann fils, 1811, in-4, xii-162 p.

6730. **Mongis** (J.-A. de). *Œuvres choisies*. Paris, Delagrave, 1876, in-8, 2 vol.

6731. **Mongrand** (le Dr E.). *Education de vers à soie faite à Saintes en 1875*. Paris, imp. E. Martinet, 1875, in-8, 7 p.

6732. **Monluc** (Blaise de). *Commentaires et lettres*, publiés par M. Alphonse de Ruble. Paris, veuve Renouard, 1864-1872, in-8, 5 vol.

6733. **Monluc** (Blaise de). *Commentaires.* Collection Michaud, t. VIII ; collection universelle, t. XXII, XXIII, XXIV, XXV, XXVI, et collection Buchon.

6734. **Monmorel** (l'abbé de). *Homélies sur les évangiles de tous les jours de carême...* Paris, Denys Mariette, 1729-1732, in-12, 10 vol.

6735. —— *Homélies sur les évangiles de tous les dimanches de l'année.* Paris, Pierre-Jean Mariette, 1743-1747, in-12, 9 vol.

6736. **Monnet.** *Traité de la vitriolisation et de l'alunation* Paris, P. Didot, 1769, in-12, xxxiv-288 p.

6737. **Monnier** (Francis). *Le chancelier d'Aguesseau, sa conduite et ses idées politiques.* Paris, Didier, 1863, in-8, 507 p.

6738. *Monopole (Le) du sel dans les départements de l'Est.* Paris, imp. Cosson, 1836, in-8, 43 p.

6739. **Monnet** (A.). *Projet d'un chemin de fer de Bordeaux au Mans par Niort.* Niort, typ. L. Favre, 1871, in-8, 15 p.

6740. **Monstrelet** (Enguerrand de). *Chroniques.* Collection Buchon.

6741. —— *La chronique en deux livres avec pièces justificatives (1400-1444),* publiée... par L. Douët d'Arcq. Paris, veuve Renouard, 1857-1862, in-8, 2 vol.

6742. **Montagnac** (Elizé de). *Les Ardennes. France-Belgique.* Paris, J. Rothschild, 1874, in-fol., 2 vol.

6743. **Montaigne** (Michel). *Essais.* Paris, Jean Camvsat, 1635, in-4, xxxviii-872 p. et table.

6744. —— *Essais avec les notes de tous les commentateurs.* Paris, Lefèvre, 1844, in-12, 3 vol.

6745. —— *Pensées propres à former l'esprit et les mœurs.* Paris, Anisson, 1700, in-12, 333 p.

6746. **Montargon** (le P. Hyacinthe de). *Dictionnaire apostolique à l'usage de MM. les curés des villes et des campagnes.* Paris, Augustin-Martin Lottin, 1755, in-8, 11 vol.

6747. **Montalembert** (le comte de). *Œuvres.* Paris, Lecoffre, 1860-1867, in-8, 14 vol.

6748. [**Montauban** (le P. F. de)]. *Journal historique du concile d'Embrun.* 1727, in-12, 456-24 p.

6749. MONTAUBAN. *Recueil de la société des sciences, belles lettres et arts de Tarn-et-Garonne.* Montauban, imp. Forestié neveu, 1868-1870, 2 vol.

6750. [**Montazet** (Antoine-Malvin de), archevêque de Lyon]. *Lettre de M. l'archevêque de Lyon, primat de France, à M. l'archevêque de Paris.* Lyon, P. Valfray, 1760, in-12, xix p., table, 241-76 p.

6751. MONTBÉLIARD. *Compte-rendu de la situation et des travaux de la société d'émulation de Montbéliard.* Montbéliard, imp. Henri Barbier, 1852-1861, in-8, 10 vol.

6752. MONTBÉLIARD. *Mémoires de la société d'émulation de Montbéliard* (2ᵉ série, 3 vol.). Montbéliard, imp. H. Barbier, 1862-66, in-8, 9 fascicules.

6753. **Montbrun** (Edgard). Evariste MOUTON. *Le livre d'or des poètes.* Marennes, typ. Florentin-Planchard, 1877, in-8, 247 p.

6754. **Montecuculi.** *Mémoires de Montecuculi, généralissime des troupes de l'empereur,* traduit d'italien en français. Paris, Jean Mazier, 1712, in-12, 441 p. avec table.

6755. **Montée** (P.). *Examen du traité des devoirs de Cicéron.* Douai, L. Crépin, 1871, in-8, 75 p.

6756. —— *La philosophie de Socrate.* Paris, A. Durand, 1869, in-8, 382 pages.

6757. —— *Le stoïcisme à Rome.* Paris, A. Durand, 1865, in-12, 250 pages.

6758. **Monteil** (Amans-Alexis). *Traité de matériaux manuscrits de divers genres d'histoire.* Paris, imp. Duverger, 1836, in-8, 2 vol.

6759. —— *Histoire des Français des divers états aux cinq derniers siècles.* Paris, Coquebert, 1842-1843, in-8, 8 vol.

6760 —— *Histoire de l'industrie française et des gens de métiers.* Introduction, etc., par Charles Louandre. Paris, Paul Dupont, 1872, in-12, 2 vol.

6761. —— *Histoire agricole de la France* avec introduction par Charles Louandre. Paris, Paul Dupont, 1872, in-12, 387 p.

6762. **Monteil** (Amans-Alexis). *Histoire financière de la France* avec introduction par Charles Louandre. Paris, Paul Dupont, 1872, in-12, 360 pages.

6763. —— *La magistrature française*, avec introduction par Charles Louandre. Paris, Paul Dupont, 1872, in-12, iv-364 p.

6764.——*La médecine en France, hommes et doctrines...* avec... notes... par A. Le Pileur. Paris, Paul Dupont, 1874, in-12, 440 pages.

6765. **Montereul** (le P. Bernardin de). *La vie du sauveur du monde Jésus-Christ...* Paris, Jean Camusat, 1657, in-4, 2 tomes en 1 volume.

6766. **Montesquieu.** *Lettres familières.* Paris, Vincent, 1768, in-12, xvii-392 p.

6767. —— *Œuvres.* Londres, Nourse, 1767, in-4, 3 vol.

6768. **Montfaucon** (B. de). *Bibliotheca bibliothecarum manuscriptorum nova.* Paris, Briasson, 1739, in-fol., 2 vol.

6769. —— *Bibliotheca Coisliniana olim Segueriana.* Paris, Lud. Guerin, 1715, in-fol., 810 p.

6770. —— *L'antiquité expliquée* (en français et en latin) *et représentée en figures.* — Supplément. Paris, Flor. Delaulne, 1722-1724, in-fol., 15 vol.

6771. —— *Les monuments de la monarchie françoise*, qui comprennent l'histoire de France avec les figures de chaque règne... Paris, Jul.-M. Gandouin, 1729-1733, in-fol., 5 vol.

6772. **Montgaillard** (M. R. de). *Mémoire concernant la trahison de Pichegru dans les années 4 et 5 [de la République].* Paris, impr. de la République, an XII, in-8, 158 p.

6773. **Montgaillard** (l'abbé de). *Histoire de France, depuis la fin du règne de Louis XVI jusqu'à l'année 1825.* Paris, Moutardier, 1827, in-8, 9 vol.

6774. **Montgaillard** (P. de). *Rapport à M. Magnin sur la mission confiée par le gouvernement de la défense nationale.* Paris, Alcan-Lévy, 1871, in-8, 27 p.

6775. **Montgeon** (Jean). *Alphabet de l'art militaire...* annoté par le comte A. de Bremond d'Ars. Angoulême, imp. de A. Nadaud, 1875, in-8, 58 p.

6776. **Montgeron** (de). *La vérité sur les miracles opérés par l'intercession de M. de Paris...* Utrecht, chez les libraires de la compagnie, 1737, in-4.

6777. **Montglat** (marquis de). *Mémoire sur la guerre entre la France, 1635-1660.* Collection Michaud, t. XXIX.

6778. **Montgon** (l'abbé de). *Mémoires.* Lausanne, Marc. Mic. Bousquet et Cie, 1752, in-12, 8 vol.

6779. **Montgrand** (M. le marquis de). *(Extrait de l'encyclopédie biographique du 19e siècle).* Paris, bureau de l'encyclopédie biographique, 1845, in-4, 16 p.

6780. **Montjoye**. *Récit fidèle et complet de tout ce qui a précédé et suivi la découverte du testament de la reine* (fac-simile du testament). Paris, Ve Lepetit, 1816, in-8, 24 p.

6781. MONTLIEU. *Distribution solennelle des prix du petit séminaire de Montlieu.* Poitiers, H. Oudin, 1867-76, in-4, 6 fasc.

6782. MONTLIEU. *Maximum du prix des denrées et marchandises de première nécessité* (du district de Montlieu). Bordeaux, imp. de S. Lacourt, an II, in-fol. plano.

6783. **Montlaur** (Eug. de). *De l'Italie et de l'Espagne.* Études critiques et historiques. Paris, Garnier, 1852, in-12, xx-353 p.

6784. —— *Essais littéraires.* Portraits, paysages et impressions. Paris, Garnier, 1852, in-12, vii-437 p.

6785. **Montlosier** (le comte de). *Mémoire à consulter sur un système religieux et politique tendant à renverser la religion, la société et le trône.* Paris, A. Dupont, 1826, in-8, 360 p.

6786. MONTPELLIER. *Revue des langues romanes* publiée par la société pour l'étude des langues romanes. Montpellier, bureau de la société, 1870-1871, in-8, 2 vol.

6787. **Montpensier** (Mademoiselle de). *Mémoires* Amsterdam, J.-F. Bernard, 1729, in-12, 3 vol.

6788. —— *Mémoires.* Collection Michaud, t. XXVIII.

6789. **Montpensier** (Louis-Antoine-Philippe d'Orléans, duc de). *Mémoires.* (Collection Barrière. Mémoires de Dumouriez, t. IV.) Paris, Baudouin frères, 1824, in-8, xv-207 p.

6790. **Montplaisir** (de). *Poésies* (Voir vol. Poésies de Lalane). Amsterdam, 1759, in-18, 165 p.

6791. **Montrésor** (comte de). *Mémoires.* Collection Michaud, t. XXVII.

6792. **Montreuil.** *Œuvres,* Paris, L. Billaine, 1666, in-12, xiv-629 p.

6793. **Montrose** (James Graham, marquis de). *Mémoires,* contenant l'histoire de la rebellion de son temps. Paris, Prault, 1767, in-12, 2 vol.

6794. **Montvéran** (de). *Histoire critique et raisonnée de la situation de l'Angleterre au 1er janvier 1816.* Paris, Barrois, 1819, in-8, 8 vol.

6795. **Montzey** (C. de). *Institutions d'éducation militaire jusqu'en 1789.* Paris, J. Dumaine, 1866, in-8, 368 p.

6796. —— *Projet d'organisation pour les écoles militaires.* Paris, J. Dumaine, 1871, in-8, 28 p.

6797. *Monuments de la ville de Reims.* 22 planches.

6798. **Monvel** (Boutet de). *Les trois fermiers,* comédie en deux actes en prose. Paris, Vente, 1777, in-8, 55 p.

6799. **Monvel** (Eugène B. de). *Notice biographique sur M. Lecomte.* Orléans, E. Puget et Cie, 1865, in-8, 12 p.

6800. **Mony** (S.). *Etude sur le travail.* Paris, Hachette et Cie, 1877, in-8, x-552 p.

6801. **Moore** (Thomas). *Voyages d'un gentilhomme Irlandais à la recherche d'une religion.* Traduit de l'anglais par un vicaire général. Tours, Alfred Mame, 1841, in-18, 460 p.

6802. **Moquin-Tandon.** *Histoire naturelle des mollusques terrestres et fluviatiles de France.* Paris, J.-B. Baillière, 1855, in-8, 3 vol.

6803. *Morceaux de musique divers.* In-4, 66 fascicules.

6804. **More** (Alexandre). *Alexandri Mori ad Esaiæ prophetæ caput LIII de perperssionibus et gloria Messiæ notæ ac diatribæ.* Amstelodami, Judocum Pluymer, 1758, in-4, 154 p.

6805. **Moreau** (Basile). *Les Géorgiques Vendéennes,* poëme en 4 chants. Napoléon (Vendée), C. Leconte, 1849, in-8, 150 pages.

6806. **Moreau** (Célestin). *Bibliographie des Mazarinades.* Paris, J. Renouard, 1850-1851, in-8, 3 vol.

6807. Moreau (Célestin). *Choix de Mazarinades.* Paris, J. Renouard, 1853, in-8, 2 vol.

6808. Moreau, évêque de Vence, (Gabriel-François). *Oraison funèbre de... monseigneur Louis-Joseph-Xavier de France, duc de Bourgogne....* Paris, Vincent, 1761, in-4, 32 p.

6809. Moreau (Jacob-Nicolas). *Exposition et défense de notre constitution monarchique française...* Paris, Moutard, 1789, in-8, 2 vol.

6810. —— *Les devoirs du prince réduits à un seul principe.* Versailles, imp. du roi, 1775, in-8, xxi-466 p.

6811. Moreau (Marcellin). *L'étourdi généreux,* vaudeville en un acte et en prose, destiné aux récréations littéraires dans les pensionnats... Paris, Périsse frères, 1858, in-18, 48 p.

6812. —— *Les chansons de l'écolier.* Paris, Larousse et Boyer, in-4, viii-128 p.

6813. Moreau (Nicolas). *Mémoires sur les voies romaines militaires de la Saintonge...* Poitiers, imp. Saurin, in-8, 23 pages.

6814. Moreau de Jonnès (Alex.). *La France avant ses premiers habitants.* Paris, Guillaumin, 1856, in-12, 388 p.

6815. Moreau-Wolf (F.). *Des rétrécissements de l'urèthre et de leur guérison radicale et instantanée par la divulsion rétrograde.* Paris, A. Delahaye, 1870, in-8, 100 p.

6816. Morel (A.). *Napoléon III, sa vie, ses œuvres et ses opinions, commentaire historique et critique.* Paris, Le Chevalier, 1870, in-12, xii-396 p.

6817. Morel (Claude). *Démonstration de la vérité de la religion chrétienne...* Paris, imp. de P. Rocolet, 1661, in-8, 252 pages.

6818. Morel (Féd.). *Dictionariolum latino-græco gallicum.* Rouen, F. Vaultier, 1667, in-8, 583 p.

6819. —— *Petit thrésor des mots français, selon l'ordre des lettres...* Rouen, pour la Société, 1666, in-8, 255 p.

6820. [Morel (le père Robert)]. *Méditations sur la règle de saint Benoist.* Paris, Jacques Vincent, 1717, in-8, 631 p.

6821. Morellet (l'abbé). *Eloge de M. Marmontel.* Paris, Xhrouet, 1805, in-8, 41 p.

6822. **Morely** (Jean). *Traicté de la discipline et police chrétienne.* Lyon, Jean de Tournes, 1562, in-4, 347 p.

6823. **Moréri.** *Le grand dictionnaire historique.* Paris, Libraires associés, 1759, in-fol., 10 vol.

6824. **Morice** (Gaston). *Ce qu'il faut entendre par appareil hyponarthéciques.* Paris, imp. Parent, 1880, in-8, 58 pages.

6825. **Morichini** (Mᵍⁿᵒʳ). *Des institutions de bienfaisance publique et d'instruction primaire à Rome,* traduit par M. Edouard de Bazelaire. Paris, Olivier Fulgence, 1841, in-8, cxvi-248 p.

6826. **Morillon** (Dom Gatien de). *Paraphrase sur le livre de Job,* en vers françois. Paris, Lovis Billaine, 1668, in-8, 262 p.

6827. **Morin.** *Rapport et notes sur l'enseignement technique.* Paris, imp. impériale, 1865, in-4, 186 p.

6828. **Morin** (Achille). *Les lois relatives à la guerre.* Paris, J. Dumaine, 1872, in-8, 2 vol.

6829. —— *Répertoire... du droit criminel,* Paris, A. Durand, 1850, in-8, 2 t. en 1.

6830. **Morin** (A.). *Catalogue des collections du conservatoire des arts et métiers.* Paris, A. Mathias, 1852, in-12, xxxv-192 pages.

6831. **Morin** (André-Saturnin). *Les hébertistes modernes.* Paris, Hurteau, 1870, in-8, 94 p.

6832. **Morin** (Edmond), de Marennes. *De la clucosurie passagère dans l'anthrax.* Paris, Pichon, 1872, in-4, 43 p.

6833. **Morin** (Eugène). *Essai sur l'art de vérifier les dates des calendriers Julien et Grégorien.* Rennes, Vannier, 1850, in-12, 120 p.

6834. **Morin** (Jean). *Exercitationes de Hebræi græcique textus sinceritate...* Paris, Gaspard Meturas, 1660, in-fol., 1 vol.

6835. —— *Opera posthuma.* Lutetiæ, Florentinum, 1703, in-4, index, 124, 116-24-138-72 p.

6836. **Morineau** et G. **d'Hillerin.** *Factum pour M. Fr. Morineau, curé de la paroisse de La Flotte... contre Mʳᵉ Guy d'Hillerin, trésorier de l'église cathédrale de La Rochelle.* 17 , in-fol., 16 p.

6837. **Mornand** (Félix). *La vie de Paris.* Paris, typ. Vᵉ Dondey-Dupré, in-12, 316 p.

6838. **Mornay** (sieur Du Plessis, Philippe de). *Mémoires depuis 1572 à 1589. Autres mémoires de 1600 à 1623. La Forest,* par Jean Bweav, 1624-1652, in-4, 2 vol. Amsterdam, Louys Elzevier, 1651-52, in-4, 2 vol.

6839. —— *Advertissement aux Juifs sur la venue du Messie.* Saumur, typ. Thomas Portau, 1607, in-4, 229 p., table.

6840. —— *De l'institution, usage et doctrine du saint sacrement de l'eucharistie en l'église ancienne...* Saumur, Thomas Portau, 1604, in-fol., table, 1140 p.

6841. **Mornay** (Madame de). *Mémoires publiés... par Mᵐᵉ de Witt, née Guizot,* Paris, Vᵉ Renouard, 1868-1869, in-8, 2 vol.

6842. **Morogues** (Vicomte de). *Tactique navale ou traité des évolutions et des signaux,* avec figures en taille-douce. Paris, Guérin, 1763, in-4, x-481 p., 49 planches.

6843. **Mortillet** (G. de). *Essai d'une classification des cavernes et des stations sous abri fondée sur les produits de l'industrie humaine.* Toulouse, typ. Bonnal et Gibrac, 1869, in-8, 8 pages.

6844. —— *L'époque quaternaire dans la vallée du Pô.* Paris, Martinet, 1864, in-12, 14 p.

6845. —— *Le préhistorique, antiquité de l'homme.* Paris, Reinwald, 1883, in-18, 642 p.

6846. —— *Promenades préhistoriques à l'exposition universelle.* Paris, O. Reinwald, 1867, in-8, 188 p.

6847. —— *Origine de la navigation et de la pêche.* Paris, O. Reinwald, 1867, in-8, 48 p.

6848. —— *Rapport adressé au comité départemental de la Savoie sur l'exposition universelle de 1867.* Chambéry, imp. F. Puthod, 1868, in-8, 27 p.

6849. —— *Revue scientifique Italienne.* Paris, F. Savy, 1863, in-12, 222 p.

6850. —— *Le signe de la croix avant le christianisme.* Paris, O. Reinwald, 1366, in-8, 183 p.

6851. **Mortimer-Ternaux.** *Histoire de la terreur, 1792-1794.* Paris, M. Lévy, 1862-1869, 1881, in-8, 8 vol.

6852. **Morus** (Alexandre). *Ad qvædam loca novi fœderis notæ.* Parisiis, Olivarium de Varennes, 1668, in-12, 279 p.

6853. **Mosconius** (Isidore). *De majestate militantis ecclesiæ libri duo...* Venetiis, Floravantem Pratum, 1602, in-4, table, 820 pages.

6854. **Mose Bar-Cepha.** *De paradiso commentarius.* Anteverpiæ, ex officina Christophori Plantini, 1569, in-8, 276 p.

6855. **Moser** (Philipp.-Ulric). *Lexicon manuale hebraicum et chaldaicum.* Ulmæ, ex officina Stettiniana, 1795, in-8, xvi-928 pages.

6856. **Motteville** (madame de). *Mémoires.* Collection Michaud, t. XXIV.

6857. **Moucheron** (L.-C.-M. de). *Principes élémentaires de botanique et de physique.* Paris, imp. Huzard-Courcier, 1828, in-12, 287 p.

6858. **Moulières** (A.-J.-R.-D.-B. de). *Le roi-martyr,* ou esquisse du portrait de Louis XVI. Paris, Al. Eymery, 1815, in-8, xii-96 pages.

6859. **Moulin** (Bernard). *Phiényogénie.* Paris, E. Dentu, 1868, in-12, viii-263 p.

6860. **Moulins.** *Bulletin de la société d'émulation du département de l'Allier.* Moulins, P.-A. Desrosiers, 1846-1868, in-8, 11 volumes.

6861. **Mounier.** *Exposé de sa conduite dans l'assemblée nationale et des motifs de son retour en Dauphiné.* Bordeaux, P. Beaume, 1789, in-8, 96 p.

6862. **Mourin de Sourdeval** (Ch.). *Les sires de Retz et le château de Machecoul.* Tours, imp. Mame, 1845, in-8, 46 p.

6863. **Mourgues** (le P. Michel). *Parallèle de la morale chrétienne avec celle des anciens philosophes...* Paris, Grégoire Du Puis, 1702, in-12, 273 p. avec tables.

6864. —— *Des obligations des ecclésiastiques.* Paris, Grégoire Dupuis, 1699, in-12, 496-lxv p.

6865. —— *Plan théologique du paganisme,* contenant la thérapeutique de Théodoret... Toulouse, Jacques Loyau, 1712, in-8, 486 p., table.

6866. Moussaud (l'abbé). *L'alphabet raisonné ou explication de la figure des lettres.* Paris, Maradan, 1803, in-8, 2 vol.

6867. Moussy (Ch.). *La famille depuis le commencement du monde jusqu'à nos jours.* Paris, librairie de la bibliothèque populaire, in-12.

6868. Mufti (Echialle). *Religion ou théologie des Turcs...* Bruxelles, François Foppens, 1704, in-12, 228-109-168 p.

6769. Muis (Siméon de). *Castigatio animardversionum M. Joannis Morini, Blesennis, in censuram exercitationum ecclesiasticarum ad Pentateuchum Samaritanum...* Parisiis, Guillelmum Pelé, 1639, in-8, 214 p.

6870. Muller (Eugène). *Contes rustiques.* Paris, J. Hetzel, 1863 in-12, 272 p.

6871. Muller (H.-L.). *Le commerce du globe.* Le Hàvre, 1865-71, Alph. Lemale, in-4 oblong, 2 vol.

6872. Muller (Jean). *Histoire des Suisses*, traduite de l'allemand. Lausanne, J. Mourer, 1794-1801, in-8, 11 vol.

6873. Mullois (l'abbé Isidore). *Manuel de charité.* Paris, Périsse frères, 1855, in-12, 286 p.

6874. —— *Manuel de l'œuvre du dimanche...* Paris, Périsse, 1855, in-12, 180 p.

6875. Munfort (le P. Jacques). *Traité de la charité qu'on doit avoir pour les morts*, traduit du latin par le P. J. Brignon. Paris, imp. Estienne Michallet, 1691, in-12, 268 p. avec table.

6876. Munier. *Essai d'une méthode générale propre à étendre les connaissances des voyageurs*, ou recueil d'observations (sur l'Angoumois). Paris, Moutard, 1779, in-8, 2 vol.

6877. Muntaner (Ramon). *Chronique.* Collection Buchon.

6878. Muratori. *De la charité chrétienne envers le prochain.* Paris, Charles Robustel, 1745, in-12, 2 vol.

6879. Muret (M. Antoine). *Variarum lectionum libri XV.* Paris, Thomam Brumennium, 1586, in-8, 236 fol. et index.

6880. [Murrier (dom Martin)]. *Martiniana.* Parisiis, Nicolaum du Fossé, 1606, in-8, 183 fol., table.

6881. **Murville** (de). *Abdélazis et Zulcima*, tragédie en 5 actes et en vers. Paris, Maradan, 1791, in-8, 79 p.

6882. **Mury** (l'abbé P.). *Précis de l'histoire politique et religieuse de la France*. Paris, Ambroise Brey, 1860, in-18, 2 v.

6883. **Musculus** (Volfgan). *Loci communes sacræ theologiæ*. Basileæ, Eusebium, 1573, in-fol., 595 p., index.

6884. **Musée**. *Carmen de Herone èt Leandro*, grec et latin. (Collection Didot, vol. *Hésiode.)*

6885. *Musée des archives départementales*. Recueil de fac-simile héliographiques, de documents tirés des archives des préfectures, mairies et hospices. Paris, imprimerie nationale, 1878, in-8, 489 p., et 1 atlas.

5886. *Musée des archives nationales,* documents originaux de l'histoire de France exposés dans l'hôtel Soubise. Paris, H. Plon, 1872, in-4, viii-812 p.

6887. *Muses (Les) de Saintonge*. Saintes, imp. Hus, 1823, in-12, 147 pages.

6888. **Musset** (Alfred de). *Œuvres complètes*. Paris, Charpentier, 1866-1868, in-8, 10 vol.

6889. **Musset** (Paul de). *Nouvelles italiennes et siciliennes.* Paris, Charpentier, 1853, in-12, 363 p.

6890. [**Musset** (Georges)]. *Notice sur Chatellaillon* (Bains de mer). Surgères, J. Tessier, 1877, in-18, 28 p.

6891. **Musson** (Gabriel). *Lectiones theologicæ de religione*. Parisiis, typ. Claudii J.-B. Herissant, 1743, in-12, 3 vol.

6892. **Muteau** (Charles). *Les clercs à Dijon*. Dijon, Picard, 1857, in-8, 70 p.

6893. **Mutrécy** (Charles de). *Journal de la campagne de Chine, 1859-1860-1861*. Paris, A. Bourdillat et Cie, 1861, in-8, 2 vol.

6894. **Muyden** (Jean van). *Compendiosa institutionum Justiniani tractatio...* Ultrajecti, officina Francisci Halma, 1694, in-18, 196 pages.

N

6895. **Naciar** (Fr. Tiburce). *Alphabeth royal françois et latin, marquant les excellences des roys et du royaume de France sur les Espagnols et les Allemands.* (Voir vol. *Pièces curieuses*). Lion, Marcelin Gautherin, 1683, in-12, v-50 p.

6896. **Nadault de Buffon** (Henry). *Le colonel Niepce.* Rennes, typ. A. Leroy, 1869, in-8, 78 p.

6897. —— *Le comte Cibrario.* Dijon, impr. J.-E. Rabutot, 1869, in-8, 32 p.

6898. —— *L'homme physique chez Buffon, ses maladies, sa mort.* Paris, impr. E. Tunot et Cⁱᵉ, 1868, in-8, 51 p.

6899. —— *Du luxe.* Rennes, A. Leroy fils, 1867, in-8, 78 p.

6900. —— *Les musées italiens, Milan, Venise, Florence, Rome, Naples.* Paris, veuve J. Renouard, 1866, in-8.

6901. —— *Le premier président Nadaud.* Rennes, typ. Alph. Leroy, 1868 in-8, 105 p.

6902. **Nadal** (l'abbé). *Histoire hagiologique ou vies des saints et des bienheureux du diocèse de Valence.* Valence, impr. Marc-Aurel, 1855, in-8, xiij-703 p.

6903. NANCY. *Mémoires de l'académie de Stanislas,* (1850-1869 et table). Nancy, Grimblot, 1851-1870, in-8, 24 vol.

6904. **Nangis** (Guillaume de). *Chronique latine de 1113 à 1300,* publiée par H. Géraud. Paris, J. Renouard, 1843, in-8, 2 vol.

6905. **Nanquier** (Sim.). *De lubrico temporis curriculo deque hominis miseria.* 1557, in-8, non paginé, 13 folios.

6906. NANTES. *Bulletin de la société archéologique de Nantes.* Nantes, impr. Vincent Forest et Emile Grimaud, 1879, in-8, 268 p.

6907. NANTES. *Annales de la société académique de Nantes et du département de la Loire-Inférieure.* Nantes, impr. Camille Mellinet, 1843-1869, in-8, 19 vol. ou livraisons.

6908. **Napier** (Jean). *Ouverture des secrets de l'apocalypse*, mise en françois par Georges Thomson. La Rochelle, héritiers de Haultin, 1603, in-8, 313 p., table, 24 p.

6909. **Napoléon Ier**. *Commentaires*. Paris, impr. impériale, 1867, in-4, 6 vol.

6910. **Napoléon III**. *Histoire de Jules César*. Paris, H. Plon, 1865-1866, in-8, 2 vol.

6911. —— *Œuvres*. Paris, Amyot, 1854-56, in-8, 4 vol.

6912. —— *Titres (Les) de la dynastie napoléonienne*. Paris, impr. impériale, 1868, in-8, 31 p.

6913. **Narbonne** (Pierre). *Journal des règnes de Louis XIV et Louis XV, de l'année 1701 à l'année 1744*, recueilli et édité par J.-A. Le Roi. Paris, Durand, 1866, in-8, v-659 p.

6914. **Nassau**. *Cinq lettres missives de Louise-Julienne, Elisabeth, Maurice, Henri et Charlotte-Brabantine de Nassau*, publiées par Paul Marchegay. Angers, impr. Cosnier, 1857, in-8, 8 p.

6915. **Nauche**. *Des maladies de l'utérus ou de la matrice*. Paris, Gabon, 1816, in-8, 462 p.

6916. **Naudin** (Ch.), et Joseph DECAISNE. *Manuel de l'amateur des jardins*. Paris, F. Didot, 1862, 1re partie, in-8, vij-706 p.

6917. **Navar Tiburce** (le P.). *Manuductio ad praxim executionis litterarum s. pœnitentiariæ*. Parisiis, typ. Stephanum Michallet, 1691, in-12, 219 p. avec index.

6918. **Naville** (F.-M.-L.). *De l'éducation publique, considérée dans ses rapports avec le développement des facultés*. Paris, P. Dufart, 1833, in-8, xvi-430 p.

6919. **Neau** (Auguste). *Le 8 juin 1870*, suite à la brochure du 1er janvier 1869, sur la construction de l'église de Royan. Royan, impr. de A. Barre, 1871, in-8, 53 p.

6920. **Necker**. *Œuvres complètes*. Paris, Thom. Hookham 1765, in-8, 6 vol.

6921. **Nectaire**. *B. Nectarii et Iannis Chrysostomi Constantinopolitanorum pontificum orationes, Iachimo Perionio benedictino Cormœriacensi interprete*. Parisiis, Sebastianum Nivellium, 1554, in-8, 36-36 fol.

6922. **Néel** (L.-B.). *Histoire de Maurice, comte de Saxe.* Mittaw, 1752, in-18, 2 vol.

6923. **Neercassel** (Jean de), évêque de Castorie. *Tractatus de sanctorum et præcipue beatissimæ virginis Mariæ cultu.* Ultrajecti, A. ab. Eynden, 1675, in-12, 554 p., table.

6924. **Neessen** (Laurent). *Theologia moralis christiana de actibus humanis.* Coloniæ Agrippinæ, Balth. Abegmont, 1679, in-4, table, 606 p., table.

6925. *Négociations de la France dans le Levant*, publiées pour la première fois par E. Charrière. Paris, impr. nationale, 1843-1860, in-4, 4 vol.

6926. *Négociations diplomatiques de la France avec la Toscane*, documents recueillis par Giuseppe Canestrini et publiés par Abel Desjardins. Paris, impr. impériale, 1859-1875, in-4, 5 vol.

6927. *Négociations, lettres et pièces relatives à la conférence de Loudun*, publiées par M. Bouchitté. Paris, impr. impériale, 1862, in-4, LXIV-865 p.

6928. **Nemesianus** (Voir le vol. *Poetæ minores*, coll. Panckoucke).

6929. **Nemours** (duchesse de). *Mémoires de la guerre de Paris jusqu'à la prison du cardinal de Retz en 1652.* Collection Michaud, t. XXIII.

6930. **Nepveu** (le père François). *L'esprit du christianisme ou la conformité du chrétien avec Jésus-Christ.* Paris, veuve Estienne Michallet, 1700, in-12, 380 p., avec table.

6931. —— *Pensées ou réflexions chrétiennes pour tous les jours de l'année.* Paris, Estienne Michallet, 1699, in-12, 4 vol.

6932. —— *Retraite selon l'esprit et la méthode de saint Ignace.* Paris, Jean-Baptiste de Lespine, 1707, in-12, table, 548 p.

6933. **Néron** (Pierre) et Estienne GIRARD. *Les édicts et ordonnances des très-chrestiens roys François I, Henry II, François II, Charles IX, Henry III, Henry IV, Louis XIII et Louis XIV*, tome Ier. Paris, G. Alliot, 1687, in-4, 699 p. avec table.

6934. **Nervo** (le baron de). *Les budgets de la France et de l'Angleterre.* Paris, Michel Lévy, 1862, in-8, VI-541 p.

6935. **Nettement** (Alfred). *Histoire de la restauration.* Paris, Jacques Lecoffre et Cⁱᵉ, 1860-1872, in-8, 8 vol.

6936. —— *Histoire de la littérature française sous la restauration.* Paris, J. Lecoffre, 1858, in-8, 2 vol.

6937 —— *Histoire de la littérature française sous le gouvernement de juillet.* Paris, J. Lecoffre, 1859, 2 vol. in-8.

6938. —— *Mémoires historiques de S. A. R. madame, duchesse de Berry.* Paris, Allardin, 1837, in-8, 3 vol.

6939. —— *Les ruines morales et intellectuelles.* Paris, Lecoffre fils et Cⁱᵉ, 1858, in-12, LI-304 p.

6940. **Neubauer** (Adolphe). *La géographie du Talmud.* Paris, M. Lévy, 1868, XL-468 p.

6941. **Neufbourg** (J.-F.-Ph. de). *Le guide du professeur.* Paris, Hachette, 1837, in-12, 116 p.

6942. —— *De la loi naturelle.* La Flèche, impr. Jourdain, 1865, in-8, 406 p.

6943. —— *Origine et formation animique des actes intellectuels et instinctifs de l'homme.* La Flèche, impr. Besnier-Jourdain, 25 p.

6944. [**Neuville** (le P. de). *Observations sur l'institut de la société des jésuites.* Avignon, Alexandre Giraud, 1761, in-12, 198 p.

6945. —— *Oraison funèbre de Charles-Louis-Auguste Fouquet de Belle-Isle, duc de Gisors.* Paris, H.-L. Guérin, 1761, in-4, 55 p.

6946. NEVERS *Bulletin de la société nivernaise des sciences, lettres et arts* (2ᵉ série). Nevers, impr. J.-M. Fay, 1863-1870, in-8, 4 vol.

6947. **Newmann** (J.-H.). *Conférences adressées aux protestants et aux catholiques,* traduites de l'anglais par Jules Gondon. Paris, Sagnier et Bray, 1850, in-8, XII-443 p., table.

6948. [**Newton**]. *Récit authentique de la vie de J. Newton,* traduit de l'anglais. Valence, Marc-Aurel, 1838, in-12, 198 p.

6949. **Newton** (le chevalier). *La méthode des fluxions et des suites infinies.* Paris, Debure l'aîné, 1740, in-4, XXXII-150 p.

6950. **Neymarck** (Alfred). *Aperçus financiers, 1868-1873.* Paris, E. Dentu, 1872-1873, in-8, 2 vol.

6951. **Neymarck** (Alfred). *Les milliards de la guerre*. Paris, E. Dentu, 1874, in-8, 45 p.

6952. —— *De la nécessité d'un conseil supérieur des finances*. Paris, E. Dentu, 1874, in-8, 40 p.

6953. **Nicéphore-Gregoras**. *Romana hoc est Byzantinæ historiæ libri XI*... (Voir Zonare). Lutetiæ, apud G. Chaudière, 1567, in-8, 63 p.

6954. **Niceron**. *Mémoires pour servir à l'histoire des hommes illustres de la république des lettres*. Paris, Briasson, 1729-1741, in-12, 43 vol.

6955. **Nicétas Acominatus**. *LXXXVI annorum historia*... Lutetiæ, apud G. Chaudière, 1567, 77 fol. et index.

6956. **Nicetas Eugenianus**. *Drosillæ et Chariclis rerum libri IX*, grec et latin (Collection Didot, vol. *Erotici scriptores).*

6957. **Nickolls** (le chevalier John). *Remarques sur les avantages et les désavantages de la France et de la Grande-Bretagne par rapport au commerce*. Leyd, 1754, in-12, vi-408 p.

6858. **Nicolas I**er, pape. *Nicolai primi pont. maximi epistolæ*. Romæ, apud Franciscum Priscianensem, 1542, in-fol., CLXVII folios.

6959. **Nicolas** (Auguste). *M. Aurélien de Sèze*. Notice biographique. Paris, Ch. Douniol, 1870, in-8, 56 p.

6960. —— *Études philosophiques sur le christianisme*. Paris, A. Vaton, 1847-1848, in-12, 4 vol.

6961. —— *La vierge Marie et le plan divin*. Paris, A. Vaton, 1857-1860, in-12, 4 vol.

6962. **Nicolas de Bray**. *Faits et gestes de Louis VIII* (Collection Guizot, tome IX, vol. RIGORD).

6963. **Nicolas de Cusa** (le cardinal). *Opera*. Basilæ, ex officina Henricpetrina, 1565, in-fol, table, 1176 p.

6964. **Nicolas de Dijon** (le R. P.). *Sermons*. Lyon, Jean-Baptiste Deville, 1692, in-8, 2 vol.

6965. **Nicole** (Pierre). *Essais de morale contenus en divers traités sur plusieurs devoirs importants*. Paris, imp. Guillaume Desprez, 1733, in-12, 15 vol.

6966. [——] *L'impiété de la morale des calvinistes pleinement découverte*. Paris, Guillaume Desprez, 1675, in-12, table,. 539 pages.

6967. **Nicole** (Pierre). *Instructions théologiques et morales sur le premier commandement du décalogue*. Paris, G. Desprez, 1725-1727,in-12, 2 vol.

6968. —— *Instructions théologiques et morales sur le symbole*. Paris, G. Desprez, 1725, in-12, 2 vol.

6969. —— *Instructions théologiques et morales sur les sacremens*. Paris, G. Desprez, 1727, in-12, 2 vol.

6970. —— *Instructions théologiques et morales sur l'oraison dominicale, la salutation angélique...* Paris, G. Desprez, 1725, in-12, 255 p.

6971. —— *Œuvres de controverse*. Paris, Guillyn, 1755, in-18, 6 volumes.

6972. [——] *Notæ in notas Willelmi Wendrockii ad Ludovici Montalti litteras*. Coloniæ, apud Joannem Busæum, 1659, in-8, 302 pages.

6973. [——] *L'office du S. Sacrement pour le jour de la feste et toute l'octave*. Paris, imp. Pierre Petit, 1650, in-8, 308-570 p.

6974. [——] *Réfutation des principales erreurs des quiétistes*. Paris, Guillaume Desprez, 1695, in-12, table, 434 p.

6975. [——] *Tradition de l'église touchant l'eucharistie*. Paris, Jean Villette, 1735, in-12, 556 p. avec table.

6976. —— *Traité de la prière*. Liège, F. Brouchard, 1721, in-12, 1er volume.

6977. **Nicolle de Lacroix** (l'abbé). *Géographie moderne*. Paris, Hérissant, 1762, in-12, 2 vol.

6978. **Nil** (saint). *Tractatus seu opuscula... Josephus Maria Suaresius episcopus olim Vasionensis græce edidit, latine vertit, ac notis illustravit...* (grec-latin). Romæ, typis Barbarenis, 1673, in-fol., préliminaires, 705 p.

6979. —— *De primatu papæ romani libri duo. Item Barlaam monachi cum interprete utriusque latino Cl. Salmasii opera et studio*. Hanoviæ, typis Wechelianis, apud Claudium Marnium, 1659, in-12, 236 p.

6980. —— *Epistolæ... nunc primum editæ... opera et studio*

Petri Possini, S. J. (grec-latin). Parisiis, typographia regia, 1657, in-4, 407 p.

6981. NIMES. *Procès-verbaux de l'académie du Gard et mémoires.* Nîmes, imp. Soustelle, 1854-1869, in-8, 7 vol.

6982. NIORT. *Mémoires de la société de statistique, sciences et arts du département des Deux-Sèvres* (2ᵉ série, 1860-1871). Niort, Clouzot, 1865-1871, in-4, 11 vol.

6983. —— *Bulletin de la société d'enseignement des Deux-Sèvres.* Niort, bureaux de la société, 1869-1870, in-8, 6 fascicules.

6984. NIOX et VALLEIN. *Notes après plaidoiries pour MM. Niox et Vallein.* Poitiers, typ. de H. Oudin, 1869, in-4, 2 brochures.

6985. **Nisard** (Charles). *Des chansons populaires chez les anciens et chez les Français...* Paris, E. Dentu, 1867, in-8, 2 v.

6986. —— *Etude sur le langage populaire ou patois de Paris et de sa banlieue...* Paris, A. Franck, 1872, in-8, ii-454 p.

6987. —— *Histoire des livres populaires.* Paris, E. Dentu, 1864, in-8, 2 vol.

6988. **Nisard** (Désiré). *Etudes de critique littéraire.* Paris, Michel Lévy, 1858, in-12, vii-452 p.

6989. —— *Etude de mœurs et de critique sur les poètes latins de la décadence.* Paris, L. Hachette, 1867, in-12, 2 vol.

6990. —— *Histoire de la littérature française.* Paris, F. Didot, 1854-1861, in8, 4 vol.

6991. **Nithard.** *Histoire des dissensions des fils de Louis le Débonnaire* (Collection Guizot, tome III).

6992. **Noailles** (Louis-Antoine de). *Instruction pastorale sur la perfection chrétienne...* Paris, imp. Louis Josse, 1698, in-12, 212 pages.

6993. —— *Lettres pastorales aux nouveaux réunis.* Paris, imp. L. Josse, 1699, in-4, 40 p.

6994. —— *Première instruction pastorale sur la constitution Unigenitus.* Paris, J.-B. Delespine, 1719, in-12, 344 p.

6995. [——] *Réponse aux quatre lettres de monseigneur l'archevêque de Cambray.* In-18, 168 p.

6996. **Noailles** (le duc de). *Histoire de madame de Maintenon.* Paris, imprimeurs unis 1848-1857, in-8, 4 vol.

6997. **Noailles** (duc de). *Eloge de Scipion de Dreux, marquis de Brézé*....... Paris, imp. Poussielgue, 1846, in-8, 83 p.

6998. **Noble Lalauzière** (de). *Abrégé chronologique de l'histoire d'Arles.* Arles, imp. Gasp. Mesnier, 1808, in-4, 520-xxvii pages, xxxi planches.

6999. **Nodier** (Charles). *Contes fantastiques.* Paris, Charpentier, 1850, in-12, 380 p.

7000. —— *Contes de la veillée.* Paris, Charpentier, 1850, in-12, iv-394 pages.

7001. —— *Dictionnaire raisonné des onomatopées françoises.* Paris, Delangle, 1828, in-8, 404 p.

7002. —— *Essais d'un jeune barde.* Paris, Mme Cavanach, 1804, in-18, vi-95 p.

7003. —— *Nouvelles, suivies des fantaisies du dériseur sensé.* Paris, Charpentier, 1850, in-12, 444 p.

7004. —— *Nouvelle bibliothèque bleue ou légendes populaires de la France.* Paris, Heuguet, 1843, in-12, xlviii-311 p.

7005. —— *Romans.* Paris, Charpentier, 1850, in-12, 385 p.

7006. —— *Souvenirs de la révolution et de l'empire.* Paris, Charpentier, 1864, in-12, 2 vol.

7007. **Noé** (Marc-Antoine de). *Œuvres.* Paris, J. Guitel, 1818, in-8, lxxxviii-364 p.

7008. **Noé** (Comte de). *Mémoires relatifs à l'expédition anglaise... partie du Bengale en 1800 pour aller combattre en Egypte l'armée d'Orient.* Paris, imp. royale, 1826, in-8, 288 pages.

7009. **Noel** (Léger). *Amertumes et consolations, poésies intimes, politiques et religieuses.* Paris, A. Saintin, 1836, in-8, vi-284 p.

7010. **Noel** (Octave). *Le socialisme d'état et la question économique en France. Le rachat des chemins de fer.* Paris, Bureaux de la *Revue britannique*, 1882, in-8, 64 p.

7011. **Noel** (F.) et Delaplace (F.). *Leçons de littérature et de morale.* Paris, imp. Normant, 1808, in-8, 2 vol.

7012. **Noiron** (Louis de). *Mission nouvelle du pouvoir envisagée dans ses rapports avec l'esprit d'association.* Paris, Guillaumin, 1863, in-8, 382 p.

7013. **Noirot.** *Exposé des travaux des conseils d'hygiène publique et de salubrité du département de la Côte-d'Or.* Dijon, Lamarche, 1861-1867, in-8, 2 vol.

7014. *Nomenclator sanctæ romanæ ecclesiæ cardinalium.* Tolosæ, apud Dominicum de La C. 1614, in-4, LV-192, et appendices.

7015. **Nonius Marcellus.** (Voir Auctores latinæ linguæ).

7016. **Nonnotte** (l'Abbé). *Les erreurs de Voltaire.* Lyon, Jacquenod, 1770, in-12, 2 vol.

7017. [**Normant** (général)]. *Exposition de la doctrine physionomique du docteur Gall, ou nouvelle théorie du cerveau.* Paris, Henriehs, an XII, in-8, VI-258 p.

7018. **Normand** (J.-H.). *La charte accordée aux habitants de la ville de Magnac par Ithier III, chevalier, seigneur de Magnac et des Closes.* Péronne, typ. J. Quentin, 1875, in-8, 48 pages.

7019. **Norvins** (de). *Histoire de Napoléon.* Paris, Furne, 1840, in-4, VIII-648 p.

7020. **Nota** (Alberto). *Commedie.* Parigi, Baudry, 1829, in-12, 2 vol.

7021. *Note à l'appui de la demande de divers prolongements du réseau de la compagnie des Charentes.* Limoges, typ. de J.-B. Chatras, 1872, in-4, 7 p., 2 planches.

7022. *Note sur la créance de la compagnie des chemins de fer des Charentes contre les fils de Guilhou jeune.* Lith. 1872, in-4, 26 p.

7023. *Notes et documents sur la prochaine assemblée générale des actionnaires du chemin de fer de Séville à Xérès et à Cadix.* Paris, imp. de Paul Dupont, 1873, in-8, 36 p.

7024. *Notes explicatives sur les articles du règlement général de la société de Saint-Vincent-de-Paul.* Paris, au secrétariat général, 1854, 86 p.

7025. *Notice biographique sur M. Faure (Mathieu), ancien député de la Charente-Inférieure.* Paris, imp. de Mᵐᵉ de Lacombe, 1847, in-8, 8 p.

7026. *Notice biographique sur M. le baron Gaspard Normand,*

ancien conseiller de préfecture de la Charente-Inférieure,
Versailles, imp. Cerf et fils, 1879, in-8, 3 p.

7027. *Notice généalogique sur la famille de Reiset.* Hanovre,
imp. F. Culemann, 1866, in-4, 12 p. et gravures.

7028. *Notice historique sur le lieutenant-général Lecourbe.*
Dijon, imp. E. Jobard, 1857, in-4, 4 p.

7029. *Notice historique et bibliographique sur Jean Pélerin,
chanoine de Toul, et sur son livre De artificiali perspectiva.*
Paris, Tross, 1860, in-fol.

7030. *Notice médicale sur les eaux minérales de Pougues.* Paris, V. Masson, 1856, in-8, 47 p.

7031. *Notice sur les anciens sanctuaires de la paroisse de
Saint-Eutrope.* Clermont-Ferrand, typ. Thibaud, 1865, in-12,
144 pages.

7032. *Notices sur les colonies françaises et atlas.* Paris, Challamel, 1866, in-fol., 14 cartes, in-8, 768 p.

7033. *Notices sur les modèles, cartes et plans relatifs aux travaux publics. Exposition universelle de 1867.* Paris, imp.
Thunot, 1867, in-8, 548 p.

7034. *Notice sur la Nouvelle-Calédonie et ses dépendances.* Paris, Chalamel, 1866, in-8, 62 p. avec 1 plan de l'île.

7035. *Notices sur la nouvelle nomenclature des rues de La
Rochelle.* La Rochelle, P. Chauvet, an III, in-8, 466 p. 14-6 p.

7036. *Notice sur l'œuvre du Saint-Viatique.* Saintes, imp. Hus,
1873, in-8, 23 p.

7037. *Notice des séances de la cour d'assises de l'Aveyron pour
le jugement des prévenus de l'assassinat de M. Fualdès.
Août 1817.* Rodez, imp. Carrère, 1817, in-8, 168 p.

7038. *Notice des tableaux du musée d'Amsterdam.* Amsterdam, F. Buffa, 1864, in-12, xv-208 p.

7039. *Notice sur la transportation à la Guyanne française et
à la Nouvelle-Calédonie.* Paris, imp. impériale, 1867-1869,
in-8, 2 vol.

7040. *Notices historiques sur les sociétés des lettres, sciences
et arts de La Rochelle.* La Rochelle, typ. Siret, 1873, in-8,
336 pages.

7041. **Nouette-Delorme** (Félix). *La question des chemins de fer.* Paris, imp. Schiller, 1872, in-8, 112 p.

7042. **Nougaret** (P.-J.-B.). *Parallèle de la révolution d'Angleterre en 1642 et de celle de France,* suivi de poésies satyriques. Metz, P. Antoine, (1801), in-8, 252 p.

7043. **Nourais** et P.-A. de La Bères. *L'association des douanes allemandes.* Paris, Paulin, 1841, in-8, ix-211 pages, 3 cartes.

7044. *Nouveau code des tailles...* Paris, Prault, 1740, in-12, 2 vol.

7045. *Nouveau dictionnaire historique par une société de gens de lettres et supplément.* Caen, Le Roy, 1784, in-8, 8 vol.

7046. *Nouveau règlement de la cour du parlement de Bordeaux pour les taxes de dépens, droits des avocats, procureurs, huissiers... 22 janvier 1734.* Bordeaux, J.-B. Lacornée, 1734, in-4, 16 p.

7047. *Nouveau recueil des édits, déclarations, arrests et règlemens, concernans la jurisdiction ecclésiastique.* Rouen, Jean-B. Besongne, 1741, in-12, 2 vol.

7048. *Nouveau recueil des plus beaux Noëls.* Poitiers, imp. F.-A. Barbier, 1824, in-12, 140 p.

7049. *Nouveau tarif des droits d'enregistrement...* Paris, G. Pissin, 1843, in-8, 48 p.

7050. *Nouveau testament de nostre seigneur Jésus-Christ, traduit... par le R. P. D. Amelot.* Paris, Muguet, 1688, in-4, 2 vol.

7051. *Novum Jesu Christi D.-N. testamentum* (texte grec). Lutetiæ, Roberti Stephani, 1550, in-fol., 268-212 p.

7052. *Novum Testamentum.* Τῆς καίνης διαθήκης ἄπαντα. Lutetiæ, Roberti Stephani, 1546, in-18, 521-361 p.

7053. *Nouvelle biographie générale,* publiée par MM. Firmin Didot frères. Paris, Firmin Didot, 1855-1866, in-8, 46 vol.

7054. *Nouvelle carte de la France,* levée par Maraloi et Casimir de Thury, année 1744. Paris, 1744, in-fol. plano.

7955. *Nouvelle collection de mémoires, relatifs à l'histoire de France.* Paris, Didier, 1866, in-4, 34 vol.

7056. *Nouvelle méthode pour apprendre facilement et en peu de temps la langue italienne.* Lyon, imp. Laurens (A.), 1672, in-12, xv-120 p.

7057. *Nouvelle méthode pour apprendre facilement la langue latine.* Paris, imp. Le Petit, 1667, in-8, 898 p.

7058. *Nouvelle théorie pour l'infanterie,* à l'usage des gardes nationales de France sédentaires et mobilisées. Paris, Hachette, 1870, in-18, 249 p.

7059. *Nouvelles ecclésiastiques pour servir à l'histoire de la constitution Unigenitus.* 1728-1733, 1738-1741. Utrecht, aux dépens de la compagnie, 1735, in-4, 3 vol.

7060. *Nova bibliotheca veterum patrum et scriptorum ecclesiasticorum, sive supplementum bibliothecæ patrum.* Lutetiæ Parisiorum, 1654, in-fol., 2 vol.

7061. *Nova et methodica institutionum juris civilis tractatio.* Parisiis, Franciscum Lamy, 1741, in-24, 261-87-294 p.

7962. **Novion.** *La nouvelle jurisprudence sur le fait des choses.* Paris, Gabriel Quinet, 1686, in-12, 2 vol.

O

7063. *Obligations (Des) des ecclésiastiques, tirées de l'écriture sainte.* Rouen, E. Vinet, 1690, in-12, 503 p., avec table.

7064. **Obsequens** (Julius). *Les prodiges,* trad. nouvelle de M. V. Verger. (Voir le vol. Censorinus). Paris, Panckoucke. 1842, in-8, 160 p.

7065. *Observations pratiques sur l'application en France du principe de l'instruction publique.* Paris, A. Chaix, 1872, 52 p. in-8.

7066. *Observations d'un théologien sur un livre de Mgr de Meaux, intitulé Divers écrits et mémoires.* (Voir L. B. L. T., *Lettres d'un théologien de Louvain).* In-18, 95 p.

7067. *Observations sur le procez-verbal de la dernière assemblée tenue à Paris en 1681.* (Voir vol. Pièces curieuses). Paris, 1681, in-12, 227 pages.

7068. **Ochin** (Bernardin). *La Terza parte delle prediche di M. Bernardino Occhino.* 1520, in-8, table.

7069. *Octavarium Rupellense pro festis SS. patronorum, auctoritate... D. Josephi Bernet Rupellensis episcopi editum.* Lutetiæ Parisiorum, Ad. Le Clere, 1835, in-8, 198 p.

7070 **Odespung de La Meschinière** (Louis). *Concilia novissima Galliæ a tempore concilii Tridentini celebrata.* Parisiis, Dionisium Bechet, 1646, in-fol., 759 p., index.

7071. **Odon de Cambrai** (ou Odard). Voir *Sigiberti opera.*

7072. **Odon de Deuil.** *Histoire de la croisade de Louis VII.* (Collection Guizot, tome XXIV, vol. Foulcher de Chartres).

7073. **Œcolampade.** *De genuina verborum Domini Hoc est corpus meum, juxta vetustissimos authores, expositione liber.* In-8, non paginé.

7074. **Œttinger** (Edouard-Marie). *Bibliographie biographique universelle.* Paris, A. Lacroix, 1866, in-8, 2 vol.

7075. *Œuvre de Saint-Nicolas pour l'éducation des jeunes garçons de la classe ouvrière.* Paris, typ. E. Panckoucke, 1861-1875, in-8, 9 fascicules.

7076. *Œuvre du denier de Saint-Pierre. Comptes-rendus. Nota.* Paris et Rome, 1873, in-8, 14 fascicules.

7077. *Office de la quinzaine de pâques, en latin et en français; extrait du bréviaire et du missel du diocèse de Poitiers.* Poitiers, F.-A. Barbier, 1817, in-18, 703 p.

7078. *Office (l') de saint Vincent de Paul.* Paris, veuve Mazières, 1742, in-12, 165 p.

7079. *Office de la transfiguration de N. S. Jésus-Christ... pour l'église paroissiale de Saint-Sauveur de La Rochelle.* La Rochelle, P. Mesnier, 1765, in-12, 222 p.

7080. *Officia propria ad usum regalis abbatiæ sancti Joannis Angeriacensis ordinis sancti Benedicti, congregationis S. Mauri.* Angeriaci, apud Petrum Faye, 1747, in-12, 330 p., avec index.

7081. *Officium magistratus christiani circa sacrum ministerium.* (Voir Grotius). Hagœ-Comitis, typ. Adriani Ulaq, 1662, in-12, 67 p.

7082. *Officia ad usum PP. societatis Jesu.* Lugduni (sans nom), 1744, in-18, 282 p.

7083. *Officium ad usum canonicorum regularium congregationus gallicanæ* (le titre manque). In-12, 1749, 328-cii p.

7084. *Officium greco-latinum beatæ Mariæ virginis reformatum.* Parisiis, ex officina Henrici de Marnef, 1609, in-16, 402 p.

7085. **Ogier** (François). *Actions publiques de François Ogier, prêtre et prédicateur.* Paris, Louis de Villau, 1652, in-12, 576 p.

7086. **O'Gilvy** (O.) et J. DE BOURROUSSE DE LAFFORE. *Nobiliaire de Guyenne et Gascogne.* Paris, Dumoulin, 1858-1863, in-4, 3 vol.

7087. **Olevianus** (Gaspar). *Fester Grundt, das ist. Die artickel des alten wahren ungezweiffelten christlichen glaubens Durch Gasparum Olevianem.* Neustadt, Mattheum Barnisch, 1585, in-16, 559 p.

7088. **Olhagaray** (Pierre). *Histoire des contes de Foix, Béarn et Navarre.* Paris, 1629, in-4, 772 p. et table.

7089. **Olier.** *Lettres spirituelles.* Paris, Jacques Langlois, 1672, in-8, 656 p.

7890 *Olim (les) ou registres des arrêts rendus par la cour du roi sous les règnes de saint Louis, de Philippe le Hardi, de Philippe le Bel, de Louis le Hutin et de Philippe le Long,* publiés par le comte Beugnot. Paris, impr. royale, 1839-1848, in-4, 4 vol.

7091. OLIVA. *Mémoire pour la demoiselle Le Guay d'Oliva, accusée, contre M. le procureur général accusateur.* Paris, P.-G. Simon, 1786, in-4, 39 p.

7092. [**Olivetan** (Robert-Pierre)]. *Le nouveau testament, c'est-à-dire la nouvelle alliance de notre Seigneur Jésus-Christ.* La Haye, Jean et Daniel Steucker, 1664, in-12, 272 p.

7093. **Olivier** (Aimé), vicomte de Sanderval. *De l'Atlantique au Niger, par le Foutah-Djallon.* Paris, P. Ducrocq, 1882, in-8, x-407 p.

7094. **Olivier** (Pierre). *Dissertationes academicæ de oratoriæ, historiæ et poeticæ.* Paris, M. Le Petit, 1671, in-18, 227 p.

7095. **Olivier de la Marche.** *Mémoires.* Collection Michaud, t. III ; collection universelle, t. VIII et IX ; et collection Buchon.

7096. **Ollé-Laprune** (Léon). *La philosophie de Malebranche.* Paris, Ladrange, 1870, in-8, 2 vol.

7097. **Ollier** (L.). *Traité expérimental et chimique de la régénération des os et de la production artificielle du tissu osseux.* Paris, Masson, 1867, in-8, 2 vol.

7098. **Ollivier** (Emile). *Discours au corps législatif sur la compagnie du Midi.* Paris, imp. Kugelmann, 1863, in-8, 14 pages.

7099. —— *Le 19 janvier.* Paris, Librairie internationale, 1869, in-12, 463 p.

7100. *Onomasticon latino-græcum.* Avignon, typ. Jean Piot, 1647, in-8, 302 p.

7101. *Opinion (l') publique,* journal. Paris, imp. E. Brière, 1848-1850, in-fol., 3 années.

7102. *Opinions d'un jurisconsulte* concernant la confiscation, la vente des biens des émigrés... Paris, Pélicier, 1821, in-8, iv-151 p.

7103. **[Opstraet** (Jean)]. *Le directeur d'un jeune théologien...* Paris, François Rabuty, 1723, in-12, xlviii-45-67 p.

7104. —— *Doctrinæ de laborioso baptismo contra falsas ejusdem interpretationes... exhibitio sincera.* Leodii, typ. Henrici Hoyoux, 1696, in-12, 456 pages.

7105. **Optat** (saint). *Opera... cum observationibus et notis integris G. Albaspinæi aurelianensis episcopi...* Lutetiæ Parisiorum, apud viduam Joannis Du Puis, 1676, in-fol.

7106. —— *De schismate donatistarum libri septem... opera et studio M. Ludovici Ellies Dupin...* Lutetiæ Parisiorum, apud Andream Pralard, 1700, in-fol., 599 p.

7107. *Opuscule sur les eaux minérales de Bagnère de Bigorre.* Bagnères, imp. J.-M. Dossun, 1841, in-8, 92 p.

7108. ORAN. *Bulletin trimestriel des antiquités africaines de la province d'Oran.* Oran, J. Alessi, 1882-1883, in-8, 6 fascicules.

7109. ORATOIRE-LA FLOTTE. *Factum pour les révérends pères*

31

— 482 —

de l'oratoire de Paris, abbez de N.-D. des Chasteilliers en
l'isle de Ré... contre les manans et habitans des paroisses de
Sainte-Marie et de La Flotte... 17 , in-fol., 16 p.

7110. Oratores attici, Antiphon, Andocides, Lysias, Isocrates,
Isæus, Lycurgus, Æschines, Dinarchus, Demades, grec et
latin, 2 vol. (Collection Didot).

7111. **Orbigny** (Alcide d'). Cours élémentaires de paléontologie et de géologie stratigraphiques. Paris, V. Masson, 1849,
in-8, 3 vol. et atlas.

7112. —— Voyage dans l'Amérique méridionale. Paris, P.
Bertrand, 1834-1847, in-4, 5 vol.

7113. —— Voyage pittoresque dans les deux Amériques. Paris, L. Tenré, 1836, in-8, 568 p.

7114. **Orbigny** (Ch. d'). Dictionnaire universel d'histoire naturelle. Paris, bureau de l'éditeur, 1867-1869, in-8, 14 vol., 3
volumes de planches

7115. **Orcurto-Joany** (Ed.). Recueil des usages locaux cons-
tatés dans le département des Basses-Pyrénées. Pau, E. Vignancour, 1868, in-8, viii-126 p.

7116. **Orderic Vital.** 'Histoire de Normandie, 4 volumes.
(Collection Guizot, tomes 25, 26, 27 et 28).

7117. —— Historiæ ecclesiasticæ libri tredecim... emendavit A.
Le Prevost. Paris, J. Renouard, 1838-1855, in-8, 5 vol.

7118. Ordinationes prepositorum generalium communes toti
societati Jesu. Antuerpiæ, apud Joannem Meursium, 1635, in-
12, 146 p. avec index.

7119. Ordinationes universi cleri Gallicani circa regulares.
Parisiis, typ. Antonius Vitré, 1665, in-4, 520 p.

7120. Ordo divinæ missæ Armenorum (arménien et latin). Romæ, typis et expensis sacræ congregationis propag. fidei,
1642, in-4, 132 p.

7121. Ordonnances des rois de France de la troisième race.
Paris, impr. royale, 1723-1849, in-folio, 19 vol.

7122. Ordonnances (les) royaux sur le faict et jurisdiction de
la prévosté des marchans et eschevinage de la ville de Paris. Paris, Guillaume Merlin, 1556, in-4, table, 178 fol.

7123. *Ordonnance du roy Louis XIII, roy de France et de Na-*
varre, sur les plaintes et doléances faites par les députez des
estats de son royaume, convoquez et assemblez en la ville de
Paris en l'année 1614. Toulouse, Raimond Colombiez, 1629,
in-8, 256-8 pages.

7124. *Ordonnance de Louis XIV... donnée à Saint-Germain*
en Laye, au mois d'avril 1667. Paris, chez les associés choisis..., 1720, in-18, table, 246 p.

7125. *Ordonnance de Louis XIV... ensemble les édits et décla-*
rations touchant la réformation de la justice, du mois
d'août 1669. Paris, les associés choisis..., 1720, in-18, 94 p.

7126. *Ordonnance de Louis XIV... donnée à Saint-Germain-*
en-Laye, au mois de aoust 1670, pour les matières crimi-
nelles. Paris, associez choisis, 1720, in-18, 122 p.

7127. *Ordonnance de Louis XIV... servant de règlement pour*
le commerce des marchands, donnée à Saint-Germain-en-
Laye, au mois d'avril 1673. Paris, les associés choisis...,
1720, in-18, 94 p.

7128. *Ordonnance de Louis XIV, roi de France et de Navarre,*
sur le fait des eaux et forest. Paris, compagnie des libraires
associés, 1753, in-12, 558 p.

7129. *Ordonnance de Louis XIV, roy de France et de Navarre,*
concernant la juridiction des prévost des marchands et
eschevins de la ville de Paris. Paris, Fréderic Léonard,
1676, in-fol, 756 p., table.

7130. *Ordonnances de Louis XIV... sur le fait des gabelles et*
des aydes. Paris, imp. François Muguet, 1680, in-16, 163 p.,
table.

7131. *Ordonnance de Louis XIV... pour servir de règlement*
sur plusieurs droits de ses fermes. Paris, imp. Muguet, 1681-
1687, in-12, 108-204 p.

7132. *Ordonnance de Louis XIV, pour les armées navales.*
Paris, Estienne Michallet, 1689, in-4, table, 407 p.

7133. *Ordonnance de Louis XV... concernant les testamens...*
août 1735. Saintes, Antonin Vignau, 1736, in-4, 22 p.

7134. *Ordonnance de Louis XV... concernant les faux prin-*
cipal et incident... juillet 1737. Saintes, Antonin Vignau,
1738, in-4, 28 p.

7135. *Ordonnances de Louis XV... sur le fait de la justice.* Paris, libraires associés, 1738, in-18, 283-119 p.

7136. *Ordonnances de Louis XV, concernant les donations, les insinuations, les testamens, les batêmes, les mariages et les sépultures...* Paris, Claude Girard, 1748, in-18, table, 375-65 pages.

7137. *Ordonnance du roy concernant les gouverneurs et lieutenants généraux des provinces, les gouverneurs et état-majors des places et le service dans les dites places, du 25 juin 1750.* Poitiers, Jean Faulcon, 1751, in-8, table, 129 p.

7138. *Ordonnance du roy, portant règlement sur le service de l'infanterie en campagne, du 17 février 1753.* Dunkerque, Nicolas Weins, 1753, in-8, 139 p.

7139. *Ordonnance du roi sur l'exercice de l'infanterie, du 6 mai 1755.* Paris, Prault, 1756, in-32, table, 209 p.

7140. *Ordonnance du roi, concernant la marine, du 25 mars 1765.* Paris, imprimerie royale, 1765, in-4, xiii-344 p.

7141. *Ordonnance du roi pour régler le service dans les places et les quartiers, du 1 mars 1768.* Nancy, veuve de Claude Leseure, 1768, in-12, table, 316-xviii p.

7142. *Ordonnance du roi... portant règlement sur l'administration de tous les corps, tant d'infanterie que cavalerie, dragons et hussards ; sur l'habillement, sur les revues, rengagemens et remontes, la discipline...* Paris, imprimerie royale, 1776, in-18, table, 187 p.

7143. *Ordonnance du roi, pour régler l'exercice de ses troupes d'infanterie, du 1er juin 1776.* Brest, imp. R. Malassis, 1776, in-12, vi-334 p.

7144. *Ordonnance du roi, concernant la régie et administration générale et particulière des ports et arsenaux de marine, du 27 septembre 1776.* Paris, imprimerie royale, 1776, in-4, table 160-23-60-4-4-8-4-4-12 p.

7145. *Ordonnances et règlemens concernant la marine.* Paris, imp. royale, 1786, in-8, iv-500 p.

7146. *Ordonnances et règlemens synodaux du diocèse de La Rochelle, publiés... par monseigneur Etienne de Champflour.* Paris, imp. Simon, 1780, in-12, xxiv-404 p.

7147. *Ordonnances (les) ecclésiastiques de l'église de Genève. Item. L'ordre des escoles de ladite cité...* Genève, Michel Nicod, 1609, in-8, 143-55 p.

7148. **O'Reilly** (Patrice-John). *Histoire complète de Bordeaux.* Bordeaux, imp. J. Delmas, 1863, in-8, 7 vol.

7149. *Organisation de la garde nationale sédentaire.* Lois, décrets, circulaires et instructions. Paris, P. Dupont, 1870, in-8, 228 p.

7150. **Oribase.** *Œuvres* traduites en français avec une introduction, des notes, des tables et des planches par les docteurs Bussemaker et Daremberg. Paris, imp. nationale, 1851-1862, in-8, 6 vol.

7151. **Orichovius** (Stanislas). *Chimera sive de Stancari funesta regno Poloniæ secta.* Coloniæ, Martinum Cholinum, 1563, in-8, 170 fol., index.

7152. **Origène.** *Opera quæ quidem extant omnia.* Basileæ, per Eusebium Episcopium, 1571, in-folio, 2 vol.

7153. —— *De recta in Deum fide dialogus adversus Megethium, Droserium, Valentem et Marinum, hæreticos, Joanne Pico senatore Parisiensi interprete.* Parisiis, apud Audoenum, 1556, in-4, 73 p.

7154. —— *Hexaplorum Origenis quæ supersunt, multis partibus auctiora quam a Flaminio Nibilio et Joanne Drusio edita fuerint. Ex manuscriptis et ex libris eruit et notis illustravit D. Bernardus de Monfaucon...* Parisiis, apud Ludovicum Guerin, 1713, in-fol, 2 vol.

7155. —— *Quæ hoc in libro continentur. Origenis super Job libri tres, super canticum Annæ homilia una, in canticum canticorum homiliæ duæ, in canticum canticorum libri tres.. Hieronymo et Hilario interpretibus.* Venetiis, per Lazarum de Soardis, 1513, in-fol, cxlvi p.

7156. **Orléans** (Charles d'). *Poésies,* publiées par J.-Marie Guichard. Paris, Gosselin, 1842, in-12, xxvi-440 folios.

7157. Orléans. *Bulletins de la société archéologique de l'Orléanais.* Orléans, G. Jacob, 1862-1874, in-8, 4 vol.

7158. Orléans. *Mémoires de la société archéologique de l'Orléanais.* Orléans, Gatineau, 1853-1873, in-8, 11 vol., atlas.

7159. ORLÉANS. *Statuts et règlements de la société archéologique et historique de l'Orléanais.* Orléans, G. Jacob, 1872, in-8, 24 pages.

7160. ORLÉANS. *Lectures et mémoires de l'académie de Sainte-Croix d'Orléans.* Orléans, H. Herluison, 1865-1872, in-8, 2 v.

7161. ORLÉANS (duc d') et JULIEN. *Mémoire à consulter pour S. A. S. monseigneur le duc d'Orléans contre le sieur Julien.* — Consultation. — Imp. Testu, in-8, 36-40 pages.

7162. —— *Mémoire pour S. A. S. monseigneur le duc d'Orléans, demandeur, contre le sieur Jullien, défendeur.* (Paris), imp. Demonville, 1791, in-4, 39 p.

7163. **Ormesson** (Olivier LEFÈVRE d'). *Journal et extraits des mémoires d'André Lefèvre d'Ormesson,* publiés par M. Chéruel (1643-1672). Paris, imp. impériale, 1860-1861, in-4, 2 vol.

7164. *Ornements de peinture et de sculpture qui sont dans la galerie d'Apollon au chasteau du Louvre et dans le grand appartement du roi, au palais des Tuilleries.* Paris, 1710, 29 planches.

7165. **Orsini** (l'abbé). *La Vierge, histoire de la mère de Dieu.* Paris, Félix de Boisadam, 1838, in-12, 2 vol.

7166. **Orobio** (Isaac). *Israël vengé, ou exposition naturelle des prophéties hébraïques que les chrétiens appliquent à Jésus, leur prétendu messie.* Londres, 1770, in-12, IV-243 p.

7167. **Ortell** (Abraham). *Theatrvm orbis terrarvm.* Antverpiæ, apud Ioan.-Bap. Vrintivm, 1603, in-fol.

7168. —— *Thesaurus geographicus recognitus et auctus.* Hanoviæ, apud Guil. Antonium, 1611, in-4, 1 vol.

7169. **Ortigue** (Joseph d'). *La musique à l'église.* Paris, Didier, 1861, in-12, XVIII-478 p.

7170. **Ortolan.** *Explication historique des institutes de l'empereur Justinien.* Paris, Joubert, 1844, in-8, 2 vol.

7171. **Osiander** (Lucas). *Enchiridion controversiarum, quas Augustanæ confessionis theologi habent cum calvinianis...* Witebergæ, Clementis Bergeri et Zachariæ Schureri, 1607, in-8, index, 271 p.

7172. —— *Enchiridion controversiarum, quæ Augustinæ con-*

fessionis theologicum Anabaptistis intercedunt. Witebergæ, Clementis Bergeri et Zachariæ Schureri, 1610, in-8, index, 239 pages.

7173. —— Id., *quæ hodie inter Augustanæ confessionis theologas et Pontificios habentur.* Witebergæ, Clementis Bergeri et Zachariæ Schureri, 1608, in-8, index, 346 p.

7174. **Ossat** (cardinal d'). *Lettres au roy Henri-le-Grand et à M. de Villeroy.* Paris, Joseph Bouillerot, 1624, 313-466 p.

7175. **Ossian.** *The poems translated by James Macpherson.* Leipzig, Tauchnitz, 1847, in-12, vi-382 p.

7176. —— *Œuvres complètes,* traduction nouvelle par Auguste Lacaussade. Paris, Delloye, 1842, in-12, xli-369 p.

7177. **Ostervald** (le pasteur J.-F.). *Traité contre l'impureté.* Amsterdam, Marc-Antoine-Jordan, 1712, in-12, table, 418 p.

7178. *Othon Peconnet, ancien préfet de la Charente.* Angoulême, imp. A. Nadaud, 1871, in-8, 8 p.

7179. **Ott** (A.). *L'Asie occidentale et l'Egypte* (Bibliothèque utile, t. XXXIII). Paris, Dubuisson, (186.), in-32, 192 p.

7180. **Oudeau.** *L'illustre criminel ou les inventions merveilleuses de la colère de Dieu dans la punition du pécheur, représenté par le roy Balthazar.* Lyon, Antoine Cellier, 1667, in-12, table, 341 p.

7181. **Oudin** (Casimir). *Commentarivs de scriptoribvs ecclesiæ antiqvis.* Lipsiæ, M.-G. Weidmann, 1722, in-fol., 3 vol.

7182. *Oui ou non, faut-il racheter les chemins de fer?* Paris, impr. Kugelmann, 1881, in-8, 15 p.

7183. **Outreman** (le père Philippe d'). *Le pédagogue chrétien ou la manière de vivre saintement.* Lyon, Ben.-Mich. Mauteville, 1703, in-12, 572 p.

7184. [**Ouvrard** (René)]. *Défense de l'ancienne tradition des églises de France sur la mission des premiers prédicateurs évangéliques dans les Gaules...* Paris, Lambert Roulland, 1778, in-12, table, 163-117 p.

7185. **Ouvrier Delile** (J.-Cl.). *L'arithmétique méthodique et démontrée.* Paris, libraires associés, 1779, in-8, xxxvi-416 p.

7186. **Ovide** (P. Nason). *Œuvres.* Traduction Th. Burette, etc. Paris, Panckoucke, 1834-36, in-8, 10 vol.

7187. —— *Fastorum, Tristium, de Ponto, In Ibim libri cum commentariis... his accesserunt enarrationes Viti Amerpachii, Jacobi Micylli et Philippi Melancthonis annotationes.* Basileæ, J. Hervagius, 1550, in-fol., 793 p.

7188. —— *Les métamorphoses,* traduites en français par M. Du Ryer. Paris, Ch. Osmont, 1680, in-12, 2 vol.

7189. **Oviedo** (François). *Integer cursus philosophicus ad unum corpus redactus.* Lugduni, sumptibus P. Prost, 1640, in-fol., 2 t. en 1 volume.

7190. **Ozanam** (Jacques). *Récréations mathématiques et physiques.* Paris, A. Jombert, 1778, in-8, 4 vol.

7191. **Ozanam** (A.-F.). *Saint Eloi, patron des orfèvres, des forgerons, des serruriers, etc...* Paris, Charles Douniol, 1861, in-18, 23 pages.

7192. **Ozaneaux** (George). *Erreurs poétiques.* Paris, Amyot, 1849, in-8, 3 vol.

7193. —— *Nouveau système d'études philosophiques.* Paris, Aug. Delalain, 1830, in-8, vi-464 p.

P

7194. **Pacard** (Georges). *Théologie naturelle...* La Rochelle, Pierre Haultin, 1559, in-8, 238 fol., table.

7195. **Pacaud** (le P.). *Discours de piété sur les plus importans objets de la religion.* Paris, Desaint, 1745-1751, in-12, 3 volumes.

7196. **[Paccori** (Ambroise)]. *De l'honneur qu'on doit à Dieu dans ses mystères.* Paris, Guillaume Desprez, 1726, in-12, 313 p., table.

7197. **Pacien** (saint). *De pænitentia et confessione libellus.* (Voir Salvien de Marseille).

7198. **Pagani** (le P. Antoine). *Tractatus de ordine, jurisdictione, et residentia episcoporum...* Venetiis, Bolagninum Zalterium, 1570, in-4, index, 264 p.

7199. **Pagès** (Léon). *Bibliographie japonaise...* Paris, Duprat, 1859, in-4, 67 p.

7200. **Pagnino** (Sante). *Epitome thesavri lingvæ sanctæ.* Ex officina Plantiniana Raphelengii, 1616, in-8, 557 p.

7201. **Paine** (Th.). *Théorie et pratique des droits de l'homme...* traduit en français par F. Lanthenas. Paris, imprimerie du cercle social, l'an quatrième de la liberté, in-8, 251 p.

7202. *Paix (la) de Clément IX [et] deux recueils de plusieurs actes..., contre les deux faussetés capitales de l'histoire des cinq propositions publiées à Liège en 1699.* Chamberri, Jean-Baptiste Giraut, in-12, XL-308-291 p., table.

7203. **Pajot des Charmes.** *L'art du blanchiment des toiles, fils et cotons de tout genre.* Paris, A.-J. Dugour, an VIII, in-8, 280 p.

7204. **Palafox** (don Juan), évêque d'Osma. *Œuvres spirituelles.* Paris, C.-J.-B. Hérissant, 1728, in-18, 347 p.

7205. —— *Lettre de l'illustrissime Jean de Palafox de Mendoza au pape Innocent X.* In-4, 30 p.

7206. —— *Lumière aux vivants par expérience des morts, ou diverses apparitions des âmes du purgatoire de notre siècle.* Lyon, Pierre Guillemin, 1675, in-8, 670 p. avec table.

7207. —— *Directions pastorales pour les évesques.* Paris, Sébastien Mabre-Cramoisy, 1671, in-12, table, 332 p.

7208. **Palaiologue** (Grégoire). *Esquisses des mœurs turques.* Paris, Moutardier, 1827, in-8, XVI-408 p.

7209. *Palais de l'industrie, 1855-1875.* Paris, 1875, in-8, 180 p.

7209. **Palaprat.** *Œuvres, le Grondeur, le Muet, l'Important de cour, le Concert ridicule.* Paris, Th. Guilain, 1693, in-12, 130-160-137-51 p.

7211. —— *L'avocat Pathelin,* comédie en trois actes. Paris, chez les libraires associés, 1775, in-8, 47 p.

7212. **Paleoti** (Alph.). *Historia admiranda de Jesu Christi* *stigmatibus sacræ sindoni impressis.* Duaci (Douai), ex typ. Balthazaris Belleri, 1607, in-4, 2 tomes en un.

7213. **Paley** (William). *Des différentes formes de gouvernement et de leurs avantages.* Paris, l'auteur, 1789, in-8, 109 p.

7214. **Palgrave** (W.-G.). *Une année dans l'Arabie centrale (1862-1863),* traduction d'Em. Jonveaux, abrégée par J. Belin-Delaunay. Paris, Hachette, 1869, in-12, xv-340 p.

7215. **Palissot.** *Œuvres complètes.* Paris, J.-F. Bastien, 1779, in-12, 5 vol.

7216. **Palissy** (Bernard). *Œuvres,* avec des notes par M. Faujas de Saint-Fond et des additions par M. Gobet. Paris, Ruault, 1777, in-4, xvj-734 p.

7217. —— *Œuvres complètes,* avec une notice historique par P.-A. Cap. Paris, J.-J. Dubochet, 1844, in-12, xl-437 p.

7218. —— *Le moyen de devenir riche...* Paris, Robert Fouet, 1636, in-12, vii-254-vii-526 p.

7219. **Palladius** (Rutilius Taurus Æmilianus). *L'économie rurale,* traduction de M. Cabaret-Dupaty. Paris, Panckoucke, 1843, in-8, 468 p.

7220. **Pallavicin** (le cardinal). *Les nouvelles lumières politiques pour le gouvernement de l'église.* Paris, Jean Martel, 1677, in-16, 264 p.

7221. [**Pallavicino** (Ferrante).] *Il divortio celeste, cagionato dalle dissolutezze della sposa romana.* Villafranca, 1643, in-16, 196 p.

7222. **Pallu** (le P. Martin). *Sermons, avent.* Paris, Chardon, 1744, in-12, 5 vol.

7223. —— *Du salut, sa nécessité, ses obstacles, ses moyens.* Paris, impr. Chardon, 1745, in-12, 333 p.

7224. **Pallu** (L. Constantin). *Six mois à Eupatoria.* Paris, A. Cadot, 1857, in-18, iii-265 p.

7225. **Palma-Cayet** (Pierre-Victor). *Chronologie novenaire contenant l'histoire de la guerre et les choses les plus mémorables advenues sous le règne de Henri IV. — Chronologie septenaire (1598-1604).* Collection Michaud, t. XII et XIII et Collection universelle, t. LV, LVI, LVII, LVIII, LIX, et Collection Buchon, 2 vol.

7226. **Palma** (Giuseppe). *Statistica medico-chirurgica degl'*
infermi curati con le acque termominerali di gurgitello..
Napoli, stempernia a T. Cantière del Fibreno, 1855-1856,
in-8, 3 vol.

7227. *Palmarès de l'institution de M. Amouroux, à Saintes,*
Charente-Inférieure. Saintes, impr. Hus, 1866-1872, in-8, 5
pièces.

7228. *Palmarès de l'institution de Saint-Pierre de Saintes,*
Charente-Inférieure. Saintes, impr. Hus, 1869, in-8.

7229. *Palmarès de l'institution diocésaine de Pons.* Cognac,
impr. Durosier, 1867-1872, in-4, 6 pièces.

7230. *Palmarès du collège de Rochefort.* Rochefort, impr. Mercier, 1866-1869, in-8, 3 vol.

7231. *Palmarès du collége de Saintes, pour l'an 1792 de l'ère*
chrétienne an VI, an X, de 1837 à 1883, (1792-1882), in-4, 48
pièces.

7232. *Palmarès du lycée de La Rochelle.* La Rochelle, impr.
Deslandes, 1868-1869, in-8, 2 pièces.

7233. **Palsgrave** (Jean). *L'éclaircissement de la langue fran-*
çaise, suivi de la grammaire de Giles de Guez, publiés par F.
Genin. Paris, impr. nationale, 1852, in-4, xlvii-1136 p.

7234. **Palustre de Montifaut** (Léon). *De Paris à Sybaris,*
études artistiques et littéraires sur Rome et l'Italie méridio-
nale. Paris, A. Lemerre, 1868, in-8, xxiii-438 p.

7235. **Pamèle** (Jacques de). *Argumenta et annotationes in q.*
Sep. Fl. Tertulliani opera. Parisiis, sumptibus Mathurini du
Puis, 1635, in-fol., préliminaires, 1026 p., index.

7236. **Panage.** *Les mœurs.* 1766, in-12, xiv-528 p.

7237. **Panckoucke** (C.-L.-F.). *L'île de Staffa et sa grotte bal-*
satique. Paris, impr. Panckoucke, 1831, in-fol., 3 livr., 32 p.
et 13 pl.

7238. [**Panckoucke** (Jos.-And.]). *Manuel philosophique.* Lille,
Panckoucke, 1748, in-12, 636 p., iv p., 18 pl.

7239. **Panigarole** (François). *Leçons catholiques sur les doc-*
trinés de l'église. Anvers. François de Nus, 1593, in-12, table, 606 p.

7240. **Pannier** (Léopold). *La noble maison de Saint-Ouen, la villa Clipiacum et l'ordre de l'Etoile.* Paris, A. Franck, 1872, in-8, 204-138.

7241. **Panvinio** (Onuphre). *De primatu Petri et apostolicæ sedis potestate libri tres...* Veronæ, apud Hieronymum Discipulum, 1589, in-4, 330 p.

7242. **Paparigopoulo.** *Histoire de la civilisation hellénique.* Paris, Hachette, 1878, in-8, x-466 p.

7243. *Papiers et correspondance de la famille impériale.* Paris, impr. Balitout-Questroy, 1867, in-8, 14 livr. -

7244. *Papiers saisis à Bayreuth et à Mende, département de la Lozère, publiés par ordre du gouvernement.* Paris, impr. de la république, an X (1801), in-8, 387 p.

7245. **Papillaud** (Lucien). *De la variole, de la vaccine et de l'innoculation.* Bordeaux, G. Gounouilhou, 1872, in-8, 25 p.

7246. —— *Nouvelle étude sur la variole et la vaccine.* Marseille, typ. Barlatier-Fessat, 1875, in-8, 32 p.

7247. —— *Sur quelques indications du chloral et du bromure de potassium.* Nantes, imp. Vincent Forest et Emile Grimaud, 1875, in-8, 7 p.

7248. [**Papin** (Isaac)]. *Essais de théologie sur la providence et la grâce.* Francfort, Frédéric Arnaud, 1687, in-8, 2 tomes en un vol.

7249. —— *Les deux voies opposées en matière de religion...* Liège, Françoise Hoyeux, 1713, in-12, xxx p. table, 548 p.

7250. —— *Recueil de [ses] ouvrages composés en faveur de la religion...* Paris, veuve Roulland, 1723, in-12, 3 vol.

7251. **Papire le Masson** (J.). *Description des rivières de France* ; traduction de P. Jônain. Paris, 1855, in-12, 48 p.

7252. **Papon** (Jean). *Recueils d'arrests notables des cours souveraines de France...* Paris, imp. Olivier de Hardy, 1575, in-12, xiv-1335 p. et table.

7253. **Paquet** (l'abbé Benjamin). *Monseigneur Baillargeon, archevêque de Québec.* Québec, A. Coté, 1870, in-12, 93 p.

7254. **Para** (l'abbé). *Eléments de métaphysique sacrée et profane, ou théorie des êtres insensibles.* Besançon, J. Chaboz, 1767, in-8, xx-348 p.

7255. **Para du Phanjas.** *Théorie des êtres sensibles ou cours complet de physique.* Paris, Ch.-Ant. Jombert, 1772, in-8, 4 vol.

7256. **Paracelse.** *Summi inter Germanos medici et philosophi chirurgia magna, in duos tomos digesta.* Argentorati, 1573, in-f°, 250-263 p. avec table.

7257. **Paradin** (Guillaume). *Annales de Bourgongne.* Lyon, Ant. Gryphe, 1566, in-fol, 487 feuillets.

7258. *Paradisken der devotie vol schoone litanien, Bedeylt op de seven daghen van de Weke met andere devote Ghebeden.* Antwerpen, Joannes van Soest, 1712, in-32, 322 p. avec table.

7259. **Pardessus** (J.-M.). *Collection des lois maritimes antérieures au XVIIIe siècle.* Paris, imp. royale, 1828, in-4, 1er vol.

7260. —— *Cours de droit commercial.* Bruxelles, H. Tarlier, 1836, in-8, 3 vol,

7261. —— *Traité des servitudes ou services fonciers.* Paris, Nève, 1823, in-8, viii-527 p. avec table.

7262. **Pardies** (le P. Ignace-Gaston). *Discours de la connaissance des bestes.* Paris, Sébastien Mabre-Cramoisy, 1672 in-12, 237 p.

7263. —— *Elémens de géométrie.* Lyon, Pierre Bailly, 1683, in-12, 163 p. avec table.

7264. **Paré** (Ambroise). *Œuvres, revues et corrigées en plusieurs endroits.* Lyon, Pierre Rigaud, 1652, in-8, 846 p. avec table.

7265. **Pareus** (David-Wœngler). *Irenicum sive de unione et synodo evangelicorum concilianda liber votivus.* Heidelbergœ, typis Johannis Lancelloti, 1614, in-4, 349 p. avec index.

7266. **Parfaict** (Les frères). *Dictionnaire des théâtres de Paris.* Paris, Lambert, 1756, in-12, 7 vol.

7267. —— *Histoire du théâtre françois depuis son origine jusqu'à présent.* Amsterdam, aux dépens de la Compagnie, 1735-1749, in-12, 15 vol.

7268. **Parigot** (A.-J.). *Tableaux de grammaire et d'orthographe.* Saintes, chez Mareschal, 1809, 14 fol.

7269. [**Paris** (François)]. *De l'usage des sacremens de pénitence et d'eucharistie selon les sentiments des pères de l'é-
glise.* Paris, imp. Guillaume Desprez, 1728, in-12, 477 p.

7270. **Paris** (Henri). *Les conditions de la paix ou la Lorraine
et l'Alsace.* Reims, imp. Dubois, 1871, in-8, 110 p.

7271. **Paris** (Jérôme de). *Sermons et homélies sur le carême.*
Paris, Didot, 1749, in-12, 3 vol.

7272. **Paris** (le père Julien). *Nomasticon cisterciense, seu an·
tiquiores ordinis cisterciensis constitutiones.* Parisiis, apud
viduam Gervasii Alliot, 1664, in-8, 686 p. avec index.

7273. [**Paris** (le P. de)]. *La créance de l'Eglise Grecque touchant la trans-substantiation.* Paris, veuve Charles Savreux,
1672, in-12, table-490 p.

7274. **Paris** (Louis). *Le cabinet historique.* Paris, au bureau
du cabinet historique, 1855-1882, in-8, 29 volumes.

7275. —— *Essai historique sur la bibliothèque du roi.* Paris,
Bureau du Cabinet historique, 1856, in-12, v-466 p.

7276. —— *Histoire de Russie d'après les chroniques nationales.*
Paris, Audin, 1834, in-12, 208 p.

7277. —— *Les manuscrits de la bibliothèque du Louvre, brûlés... sous le règne de la Commune.* Paris, Dumoulin; 1872,
in-8, xi-166 p.

7278. —— *Négociations, lettres et pièces diverses relatives au
règne de François II.* Paris, imp. royale, 1841, in-4, xlvi-
986 p.

7279. —— *Résumés séculaires de l'histoire du peuple de Dieu.*
Paris, J. Lecoffre, 1852, in-12, xxvii-219 p.

7280. **Paris** (Louis) et Silvestre. *Evangéliaire slave, dit texte
du sacre de la bibliothèque de Reims.* Paris, Didron, 1852,
in-4, 15-32-62, 2 parties en 1 vol.

7281. **Paris** (Matthieu). *Grande chronique,* traduite en fran·
çais par A. Huillard-Breholles. Paris, Paulin, 1840-1841,
in-8, 9 vol.

7282. Paris. *Bulletin des séances de la société royale et centrale d'agriculture.* Paris, Mme Huzard, 1837-1867, in-8, 135
livraisons.

7283. PARIS. *Mémoires publiés par la société d'agriculture du département de la Seine.* Paris, imp. Mme Huzard, an IX - 1839, in-8, 38 vol.

7284. **Parival** (I.-N. de). *Abrégé de l'histoire de ce siècle de fer.* Leyde, 1654, in-8, VIII-592 p.

7285. **Parmentier** (A.-A.). *Nouvel aperçu des résultats obtenus de la fabrication des sirops et conserves de raisins.* Paris, imp. impériale, 1813, in-8, 458 p.

7286. **Parny.** *Œuvres complètes.* Paris, chez les marchands de nouveautés, 1831, in-12, 4 vol.

7287. **Parkinson** (Sidney). *Voyage au tour du monde... traduit... par le c. Henri.* Paris, imp. Guillaume, 1797, in-8, 22 planches.

7288. **Parrot** (Armand). *Histoire de la ville de Nice.* Paris, Dentu, 1860, in-8, 36 p.

7289. —— *Notice sur l'école épiscopale et l'université d'Angers au moyen âge.* Paris, imp. impériale, 1866, in-8, 18 p.

7290. —— *Voyage du roi François Ier à Angers en 1518.* Angers, imp. Cosnier, 1858, in-8, 24 p.

7291. *Pas (Le) d'armes de la bergère, maintenu au tournoi de Tarascon.* Paris, imp. Chapelet, 1828, in-8, IV-150 p.

7292. **Pascal** (Blaise). *Pensées.* Paris, Guillaume Desprez, 1748, in-12, CCXX-453 p.

7293. —— *Pensées, publiées... par Ernest Havet.* Paris, Dezobry, 1852, in-8, LVIII-547 p.

7294. [——]. *Les Provinciales ou lettres écrites par Louis de Montalte à un provincial de ses amis et aux R. R. P. P. Jésuites sur le sujet de la morale et de la politique de ces pères.* Cologne, Pierre de La Vallée, 1657, in-4.

7295. [——]. *Ludovici Montalti litteræ provinciales de morali et politica Jesuitarum disciplina a Willelmo Wendrochio... e gallica in latinam linguam translatæ...* Coloniæ, apud Nicolaum Schouten, 1679, in-8, 648 p.

7296. —— *Traitez de l'équilibre des liqueurs et de la pesanteur de la masse de l'air.* Paris, Savreux, 1664, in-12, XXVI-232 p.

7297. **Pasor** (G.). *Gramatica grœca sacra novi testamenti.*

Groningæ Frisorum (Groningue), imp. J. Colleni, 1655, in-12, 787 p.

7298. —— *Manvale novi testamenti.* Amsterdam, ex officina Elzeviriana, 1672, in-18, 611 p.

7299. **Pasquier** (Estienne). *Œuvres... et lettres de Nicolas Pasquier.* Amsterdam, libraires associés, 1723, in-f°, 2 vol.

7300. [——]. *Le catéchisme des Jésuites ou examen de leur doctrine.* Villefranche, G. Grenier, 1602, in-8, 358 p.

7301. **Pasquier** (Nicolas). *Exhortation au peuple sur la concorde.* Paris, Jean Petit-Pas, 1611, in-12, 62 pages.

7302. —— *Remontrances très humbles à la Royne mère..... pour la conservation de l'Etat, pendant la minorité du Roy, son fils.* Paris, Jean Petit-Pas, 1610, in-12, 64 pages.

7303. **Passy** (Frédéric). *Conférence sur la paix et la guerre.* Paris, Pichon-Lamy, 1867, in-12, 36 p.

7304. —— *Introduction de l'économie politique dans l'enseignement des femmes.* 2 discours. Paris, Guillaumin, 1871, in-8, 48 p.

7305. —— *Mélanges économiques.* Paris, Guillaumin et Cie, 1857, in-8, 447 p.

7306. **Pastel.** *Réponse à un libelle intitulé Suite de la dénonciation de la théologie de M. Habert...* Paris, Pierre Emery, 1712, in-12, 590 p.

7307. **Pasteur** (L.). *Etudes sur la maladie des vers à soie.* Paris, Gauthier-Villars, 1878, in-8, 2 vol.

7308. —— *Etudes sur le vin, ses maladies...* Paris, imp. impér., 1866, in-8, 264 p.

7309. **Pasteur** (Melchior). *Tractatus de beneficiis et censuris ecclesiasticis.* Tolosæ, apud viduam Arnaldi Colomerii, 1675, in-4, 542-52 p.

7310. *Pastoral (le) du diocèse de Limoges...* Limoges, Pierre Bardou, 1702-1731, in-12, 3 vol.

7311. **Pastoret** (de). *Des lois pénales.* Paris, Buisson, 1790, in-8, 2 vol.

7312. —— *Zoroastre, Confucius et Mahomet comparés comme*

sectaires, législateurs et moralistes... Paris, Buisson, 1788, in-8, 477 p.

7313. **Paterculus** (Caius Velleius). *Histoire romaine*, traduite par M. Després. Paris, C.-L.-F. Panckoucke, 1825, in-8, xii-382 p.

7314. **Patin**. *Etudes sur la poésie latine*. Paris, Hachette, 1868, in-12, 2 vol.

7315. —— *Etudes sur les tragiques grecs*. Paris, Hachette, 1868-1871, in-12, 4 vol.

7316. *Patria. La France ancienne et moderne, morale et matérielle*. Paris, J.-J. Dubochet, 1847, in-8, 2 vol.

7317 **Patrice** (Saint). *L. Patricio... adscripta opuscula*. Londini, Johannem Croock, 1656, in-8, 151 p., index.

7318. **Patrick** (Simon). *The christian sacrifice. A treatise shewing...* London, Printed for R. Royston, 1675, in-12, 498 p.

7319. **Patron** (l'abbé). *Recherches sur Saint-Jean de Braye*. Orléans, Blanchard, 1864, in-8, 95 p. et table.

7320. **Patru** (Olivier). *Plaidoyers et autres œuvres...* Paris, Sébastien Mabre-Cramoisy, 1670, in-4, table, 741 p.

7321. *Patrum ecclesiæ de paucitate adultorum fidelium salvandorum... consensio...* Parisiis, vid. Robinot, 1759, in-12, viii-196 p.

7322. **Paul III** (le pape). *Bvlla cœnæ Domini*. Parisiis, Arnoldum et Carolum les Angelliers fratres, 1537, in-8, 52 fol.

7323. **Paul** (L. P.). *Difficultez proposées à M. l'évêque de Soissons sur sa lettre à M. d'Auxerre, en réponse à celle de ce prélat*. 1724, in-12, 390 p., table.

7324. **Paulin d'Aquilée** (le bienheureux)... *Contra Felicem Urgelitanum episcopum libri III.*

7325. **Paulin de Nole** (saint). *Opera digesta in II tomos.....* Parisiis, Joannem Couterot, 1685, in-4, 2 tom. en 1 vol.

7326. **Paulin de Périgueux**. *Œuvres* (poésies), trad. par E.-F. Corpet. Paris, C.-L.-F. Panckouke, 1849, in-8, 368 p.

7327. **Paulmier** (L.-P.). *Le sourd-muet*. Paris, L.-B. Salleron, 1834, in-8, 484 p.

7328. **Pausanias.** *Descriptio Græciæ*, grec et latin (Collection Didot).

7329. **Pautet** (J.-F.-Jules). *Chants du soir*. (Poésies). Paris, Ledoyen, 1850, in-8, 387 p.

7330. **Pauw** (M. de). *Recherches philosophiques sur les Egyptiens et les Chinois*. Berlin, G.-J. Dicker, 1774, in-12, 2 vol.

7331. **Pauwels** (Frédéric). *Construction d'un réservoir en maçonnerie et d'un filtre (à Dunkerque)*. Paris, l'auteur, 1871, in-4, 48 p., planches.

7332. [**Pavie de Fourquevaux** (l'abbé J.-Bap.-Raimond)]. *Catéchisme historique et dogmatique sur les contestations qui divisent maintenant l'église...* Nancy, Joseph Nicolai, 1750, in-12, 2 vol.

7333. **Pavillon** (Nicolas). *Les instructions du rituel d'Alet*. Paris, Guillaumin Desprez, 1678, in-12, 813 p. avec table.

7334. —— *Les imaginaires et les visionnaires de la foy humaine*. Cologne, Pierre Marteau, 1683, in-8, 696 p.

7335. **Payen** (A.). *La chimie enseignée en vingt-six leçons*, ouvrage traduit de l'anglais sur la 9e édition... Paris, Audin, 1829, in-18, ii-496 p.

7336. —— *Rapports... sur le rouissage du lin, le drainage, la nouvelle exploitation de la tourbe...* Paris, imp. nationale, 1850, in-8, 51 p.

7337. —— *Précis de chimie industrielle*. Paris, L. Hachette, 1867, in-8, 2 vol., atlas.

7338. **Payrard** (Jean-Baptiste l'abbé). *Cartularium sive terrerium Piperacensis monasterii*. Anicii (Le Puy), imp. J.-M. Freydier, 1875, in-8, 80 p.

7339. **P.-D.** *La passion de la sacrée vierge Marie*. Paris, Edme Couterot, 1668, in-4, 561 p. avec table.

7340. **P. D. L.** *Observations sur l'esprit des lois ou l'art de lire ce livre, de l'entendre et d'en juger.* Amsterdam, P. Mortier, 1751, in-12, 2 tomes en 1 vol.

7341. **Pêchenard** (l'abbé P.-L.) *Jean Juvenal des Ursins, étude sur sa vie et ses œuvres*. Paris, E. Thorin, 1876, in-8, 465 p.

7342. **Pecquet.** *Analyse raisonnée de l'esprit des lois.* Paris, Prault, 1758, in-12, xxiv-340 p.

7343. —— *Mémoires secrets pour servir à l'histoire de Perse.* Amsterdam, 1746, in-12, viii-344 p. et table.

7344. **Pédézert** (J.). *L'avenir du surnaturel chrétien.* Paris, typ. de Ch. Meyrueis, 1867, in-8, 24 p.

7345. —— *M. Guizot.* Paris, imp de Maréchal, 1874, in-18, 54 p.

7346. **Pédraça** (le R. P. Julien de). *Mémorial présenté au roy d'Espagne pour la défense de la réputation, de la dignité et de la personne de... dom Bernardino de Cardenas... contre les religieux de la compagnie de Jésus...* 1661, in-16, 322 p.

7347. **Peiffer.** *Légende territoriale de la France pour servir à la lecture des cartes topographiques.* Paris, Ch. Delagrave, 1877, in-8, vi-226 p.

7348. **Peigné-Delacourt.** *Les Normans dans le Noyonnais; IXe et Xe siècles.* Noyon, typ. Andrieux, 1868, in-8, vi-109 p.

7349. **Peignot** (Gabriel). *Dictionnaire... des principaux livres condamnés au feu, supprimés ou censurés.* Paris, A.-A. Renouard, 1806, in-8, 2 vol.

7350. —— *Lettres sur Dijon.* Paris, Aubry, 1873, in-8, 57 p.

7351. —— *Manuel du bibliophile ou traité du choix des livres.* Dijon, Victor Lagier, 1823, in-8, 2 vol.

7352. —— *Notice sur la vie et les ouvrages de M. C.-N. Amanton.* Dijon, imp. Frantin, 1837, in-8, 23 p.

7353. —— *Répertoire bibliographique universel.* Paris, A.-A. Renouard, 1812, in-8, 514 p.

7354. **Pelen** (Antonino). *Discorsi accademici.* Marsiglia, presso A. Terris, 1847, in-8, 274 p.

7355. [**Pellegrin** (Simon.-J.)]. *Odes tirées de l'ancien et du nouveau testament.* Paris, C.-L. Clerc, 1726, in-8, 68 p.

7356. **Pelletan** (Eugène). *La charte du foyer.* Paris, Pagnerre, 1867, in-8, 30 pages.

7357. —— *Le crime.* Paris, Pagnerre, 1863, in-8, 48 pages.

7358. —— *Les droits de l'homme.* Paris, Pagnerre, 1858, in-8, 396 pages.

7359. **Pelletan** (Eugène). *Heures de travail.* Paris, Pagnerre, 1854, in-8, 2 vol.

7360. —— *Le monde marche.* Paris, Pagnerre, 1857, in-12, viii-251 p.

7361. —— *Les morts inconnus.* Paris, Pagnerre, 1855, in-12, 237 pages.

7362. —— *La naissance d'une ville.* Paris, Pagnerre, 1861' in-8, 388 p.

7363. —— *Profession de foi du dix-neuvième siècle.* Paris, Pagnerre, 1854, in-8, xxiv-384 p.

7364, —— *Qui perd gagne.* Paris, Pagnerre, 1864, in-8, 32 p.

7365. **Pellico** (Silvio). *Des devoirs des hommes,* traduit de l'anglais par G... D... Paris, Gaume, 1836, in-32, 216 p.

7366. **Pellieux** (Jacques-Nicolas). *Essais historiques sur la ville de Beaugency.* Beaugency, P.-P. Jabre, an VII (1799), in-12, 2 vol.

7367. **Pellion**. *La Grèce et les Capodistrias pendant l'occupa- tion française de 1828 à 1834.* Paris, J. Dumaine, 1855, in-8, 419 pages.

7368. **Pellisson** (Maurice). *Notice sur Marguerite d'Angou- lême.* Angoulême, chez tous les libraires, 1872, in-8, 52 p.

7369. **Pelouze**. *Manuel du manufacturier.* Paris, Audin, 1826, in-12, xxiv-504 p. avec planches.

7370. **Pelouze** (J.) et E. Fremy. *Traité de chimie générale, analytique, industrielle et agricole.* Paris, V. Masson, 1865, in-8, 6 vol.

7371. **Pelsel** (Joseph). *Notice sur l'ancienne chapelle de Notre- Dame-du-Chemin, à Serrigny, près Beaune.* Paris, Didron, 1861, in-8, 55 p.

7372. **Peltier** (A.-C.). *M. Lamennais réfuté par lui-même.* Paris, Debécourt, 1841, in-8, 86 p.

7373. **Pentadius**. (V. le vol. *Poetæ minores,* coll. Panckoucke.)

7374. **Pepin-Lehalleur**. *Rapport du jury sur le concours international de Roanne. Labourage à vapeur.* Paris, libr. agricole...., 1864, in-8, 49 p.

7375. **Pérard-Castel**. *Traité de l'usage et pratique de la cour* *de Rome pour l'expédition des signatures et provisions des bénéfices de France.* Paris, Michel Brunet, 1717, in-12, 2 vol.

7376. **Pereire** (Isaac). *Budget de 1877. Questions financières.* Paris, imp. Motteroz, 1876, in-8, 108 p.

7377. —— *La conversion et l'amortissement.* Paris, imp. C. Motteroz, 1879, in-8, 186 p.

7378. —— *Politique industrielle et commerciale, budget des réformes.* Paris, imp. Motteroz, 1877, in-8, 172 p.

7379. —— *Principes de la constitution des banques et de l'organisation du crédit.* Paris, Dentu, 1865, in-8, 324 p.

7380. —— *La question des chemins de fer.* Paris, imp. Motteroz, 1879, in-8, 213 p.

7381. —— *La question religieuse.* Paris, imp. Motteroz, 1878, in-8, 159 p. et table.

7382. **Pérennès** (François). *Dictionnaire de biographie chrétienne et anti-chrétienne.* Paris-Montrouge, Migne, 1851, in-4, 3 volumes.

7383. **Perera** (le père Benoît). *Commentariorum et disputationum in Genesim tomi quatuor.* Lugduni, sumptibus Horatii Cardon, 1607-1614, in-4, 4 vol.

7384. **Perez** (le P. Antoine). *Commentaria in regulam beatissimi patris Benedicti...* [Lugduni], Ludovico Prost, 1624, in-4, 652 p., index.

7385. **Perez** (Antoine). *Institutiones imperiales, erotematibus distinctæ....* Parisiis, Guillelmum de Luyne, 1682, in-16, 520 p., index.

7386. **Pergot** (A.-B.). *La vie de saint Front, apôtre, premier évêque de Périgueux.* Périgueux, imp. Aug. Boucharie, 1861, in-8, xvi-504 p.

7387. **Perier** (Casimir). *Les sociétés de coopération.* Paris, Dentu, 1864, in-4, 32 p.

7388. **Perier** (Philibert). *L'ami de la santé pour tous les sexes et tous les âges.* Paris, Aug. Delalain, 1807, in-8, xxvii-355 p.

7389. —— *Dissertation sur la digestion.* Paris, imp. Renaudière fils, 1803, in-8, 74 p.

7390. **Périn** (René). *L'incendie du Cap ou le règne de Tous-saint-Louverture.* Paris, chez Marchand, an X (1802), in-8, 256 pages.

7391. **Perny** (Paul). *Dictionnaire français-latin-chinois de la langue mandarine parlée.* Paris, F. Didot, 1869, in-4, 459 p.

7392. **Perraud** (Charles). *L'évangile de paix,* discours. Paris, Pichon-Lamy, 1869, in-12, 70 p.

7393. **Perrault** (Charles). *Contes des fées.* Paris, Leprieur, 1803, in-12, 267 p.

7394. [**Perrault** (Nic.)]. *La morale des jésuites, extraite fidè-lement de leurs livres.* Mons, vefve Waudret, 1667, in-4, table, 755 p.

7395. **Perreciot.** *De l'état civil des personnes... dans les Gaules.* En Suisse, aux dépens de la société, 1786, in-4, 2 v.

7396. **Perrens** (F.-T.). *Etienne Marcel, prévôt des marchands.* (Histoire générale de Paris). Paris, imp. nation., 1874, in-4, XLIII-395 pages.

7397. **Perret** (Michel). *Cuves à étages et appareil de distilla-tion pour la fabrication du vin.* Bruxelles, imp. Combe, 1870, in-8, 29 pages.

7398. —— *Trois questions sur le vin rouge.* Grenoble, imp. Prudhomme, 1868, in-8, 10 p.

7399. **Perreyve** (l'abbé Henri). *Panégyrique de Jeanne d'Arc.* Orléans, Chenu, 1862, in-8, 32 p.

7400. **Perrin** (le P.). *Sermons.* Liège, C. Plomteux, 1768, in-12, 4 volumes.

7401. **Perrodil** (Victor de). *L'Enéïde de Virgile et l'Enfer du Dante,* traduction nouvelle en vers français. Paris, Didier et Cie, 1862, in-8, 2 vol.

7402. [**Perron**]. *Ils en ont menti,* par un rural. Paris, imp. Balitout-Questroy, 1871, in-18, 108 p.

7403. **Perrossier** (l'abbé Cyprien). *Notice biographique sur M. l'abbé Déléaud, aumônier de l'hôpital de la Charité, à Romans.* Colmar, imp. Hoffman, 1871, in-12, 63 p.

7404. **Perrot** (A.-M.). *Le livre de guerre.* Paris, A. Levasseur, 1831, in-32, 281 p.

7405. **Perrot** et Aragon. *Dictionnaire universel de géographie moderne.* Paris, E. et A. Picard, 1843, in-4, 2 vol. et 1 atlas.

7406. **Perrot** (Georges). *Essais sur le droit public et privé de la république athénienne. Le droit public.* Paris, C. Thorin, 1867, in-8, lx-343 p.

7407. **Perrot** (Mlle). *Traité de la miniature.* 1625, in-12, 117 p.

7408. **Perroud** (Cl.). *Les origines du premier duché d'Aquitaine.* Paris, Hachette, 1881, in-8, 287 p.

7409. **Perse.** *Satyræ sex cum posthumis commentariis Joannis Bond...* Parisiis, Sebast. Cramoisy, 1644, in-12, 215 p., table.

7410. —— *Satires,* suivies d'un fragment de Turnus et de la satire de Sulpicia, traduct. nouvelle par A. Perreau. Paris, Panckoucke, 1833, in-8, lxxi-307 p.

7411. **Persil** (J.-C.). *Régime hypothécaire.* Bruxelles, H. Tarlier, 1834, in-8, 368 p.

7412. *Personnages historiques de la Charente-Inférieure.* — 199 photographies par M. le major Gaucherel.

7413. [**Pérussault** (le R. P. Sylvain)]. *Sermons choisis.* Lyon, Duplain, 1758, in-12, 2 vol.

7414. [**Pesselier** (Charles-Estienne)]. *Esprit de Montaigne.* Berlin, Estienne de Bourdeaux, 1753, in-12, 2 vol.

7415. **Petau** (le P. Denis). *De libero arbitrio libri tres.* — *De Pelagianorum et semipelagianorum dogmatum historia.* Lutetiæ Parisiorum, Sebastiani Cramoisy, 1643, in-folio.

7416. —— *De ecclesiastica hierarchia libri tres...* Lutetiæ Parisiorum, Sebastiani Cramoisy, 1643, in-fol., 252 p.

7417. —— Διονυσίου τοῦ Πεταβίου ... παρεργα αττα, τούτ' ἔστι τοῦ Κικερῶνοσ παραδόξων ... μεταμφράσις. Paris, Sebast. et Gabr. Cramoisy, 1649, in-8, 2 f. p. 125.

7418. —— *Theologica dogmata...* Lutetiæ Parisiorum, Sebastiani Cramoisy, 1644-1650, in-fol., 4 tomes en 5 vol.

7419. —— *Appendix ad epiphanianas animadversiones...* Parisiis, Sebastianum Cramoisy, 1624, in-8, 124 p.

7420. —— *Orationes.* Paris, S. Cramoisy, 1652, in-8, 429 p. avec table.

7421. **Petau** (le P. Denis). *Vranologion.* Lutetiæ Parisiorum, S. Cramoisy, 1630, in-fol., xvi-424 p.

7422. **Pétigny** (J. de). *Notice sur M. le comte A. de Sarrazin.* Vendôme, imp. Lemercier, 1852, in-8, 15 p.

7423. **Pétin** (l'abbé). *Dictionnaire hagiographique.* Paris (Petit-Montrouge), Migne, 1850, in-8, 2 vol.

7424. **Petit** (l'abbé Augustin). *Amour à la sainte église. — Amour à la sainte eucharistie. — Amour à la sainte Vierge. — Amour au Saint-Esprit. — Angèle de La Glorivière. — Blanche et Marie. — Conférences ecclésiastiques. — Deux amis ou entretiens familiers sur la nécessité d'une religion. — Eugène. — Histoire de N. S. Jésus-Christ. — Histoire de sainte Monique, mère de saint Augustin. — Histoire du cardinal de Bérulle. — Imitation de saint Augustin. — Jésus, modèle du prêtre. — Joseph ou le vertueux ouvrier. — La mère chrétienne à l'école des livres saints. — La veuve chrétienne. — Le cardinal Bellarmin. — Le livre du jeune communiant. — L'esprit ecclésiastique. — L'esprit et le cœur de saint Augustin. — Les saintes images, journal d'un voyageur. — Manuel de l'enfant de chœur. — Marie ou la vertueuse ouvrière. — Neuvaine à sainte Madelaine considérée dans sa démarche auprès du Sauveur chez Simon le pharisien. — Pensées de saint Augustin tirées de ses discours sur les psaumes. — Petit écho de la sagesse. — Petit mois de sainte Madelaine, résumant l'histoire de sa vie. — Politesse tirée de l'Ecriture-Sainte. — Vie du père Jean Eudes. — Vie du vénérable serviteur de Dieu Louis-Marie Grignon de Montfort, missionaire apostolique. — Voyage à Hippone au commencement du V*e* siècle.* Lille, Lefort, et La Rochelle, typ. Drouineau, 1839-1867, 33 volumes.

7425. **Petit** (Charles). *Etude sur la part prise par Colbert à l'œuvre législative et judiciaire de Louis XIV.* Orléans, E. Puget et C*ie*, 1866, in-8, 44 p.

7426. **Petit** (Louis). *Liste générale des déportés par la loi du 19 fructidor an V (à l'île de Ré)...* La Rochelle, imp. J.-F. Lhomandie, in-8, 64 p.

7427. **Petit** (Théophile). *De l'adoption en droit romain... en droit français...* Poitiers, typ. H. Oudin, 1870, in-8, 204 p.

7428. **[Petitdidier** (dom Mathieu)]. *Apologie des lettres provinciales* ... Rouen; Delft, Henri van Rhin, 1698, in-12, 2 vol.

7429. **Petit-Lafitte** (Aug.). *La vigne dans le Bordelais.* Paris, Rothschild, 1868, in-8, 692 p.

7430. **Petitpied** (Nicolas). *Examen pacifique de l'acceptation et du fond de la bulle Unigenitus.* Cologne, aux dépens de la compagnie, 1749, in-12, 3 vol.

7431. **Petit-Pied** (Nicolas). *Traité du droit et des prérogatives des ecclésiastiques dans l'administration de la justice séculière.* Paris, imp. Muguet, 1705, in-4, 912 p.

7432. **Petit-Radel** (L.-C.-F.). *Examen analytique et tableau comparatif des synchronismes de l'histoire des temps héroïques de la Grèce.* Paris, impr. royale, 1827, in-4, 279 p. avec tableaux.

7433. —— *Recherches sur les monuments cyclopéens...* Paris, impr. royale, 1841, in-8, xxxviii-352 p.

7434. *Petit catéchisme pour les temps présents, par un alsacien catholique.* (1801). Saint-Brieuc, Prud'homme, 1861, in-32, 100 pages.

7435. *Petite biographie conventionnelle.* Paris, Al. Symery, 1815, in-12, 272 p.

7436. *Petite gazette (La) charentaise* (10-28 novembre 1870, 16 numéros). Saint-Jean d'Angély, Eug. Lemarié, 1870, in-fol. plano.

7437. *Petit manuel pour la visite pastorale de monseigneur l'évêque de La Rochelle et Saintes.* La Rochelle, imp. Deslandes (186), in-18, 118 p.

7438. *Petits poëmes grecs,* traduits par MM. Falconnet, Bignan, ... Paris, Charpentier, 1841, 506 p. in-12.

7439. **Petiteau** (Marcel). *Etudes sur la menstruation chez les femmes des Sables-d'Olonne (Vendée).* Poitiers, imp. Oudin, 1857, in-8, 54 p.

7440. *Pétition adressée à M. le ministre des travaux publics par les habitants du canton de Saint-Porchaire (Charente-Inférieure) (Pour le chemin de fer de Marennes à Saint-Savinien).* Saintes, imp. Hus, 1868, in-4, 8 p.

7441. **Petot**. *Recherches sur la chaufournerie faites au port de Brest*. Paris, impr. royale, 1833, in-8, 176 p., 4 planches.

7442. **Petrarque**. *Sonetti e canzoni*. Lione, Giovan di Tournes, 1545, in-16, 400 p.

7443. —— *Cent cinquante sonnets et huit morceaux complémentaires*, traduits avec texte en regard. Paris, typ. F. Didot, 1847, in-8, 397 p.

7444. —— *Rimes traduites en vers*, texte en regard par Joseph Poulenc. Paris, A. Lacroix, 1865, in-12, 4 vol.

7445. —— *Poésies*, traduites par le comte F.-L. de Gramont. Paris, Masgana, 1842, in-12, x-314 p.

7446. **Petreis** (H.). *Aulica et opposita huic vita privata* ..... Francfort-sur-le-Mein, J. Feyrabendt, 1577, in-18, 163 folios.

7447. **Pétrone** (T.). *Le Satyricon*, traduction nouvelle par C. H. D. G. Paris, Panckoucke, 1834-1835, in-8, 2 vol.

7448. *Pervigilium Veneris* (V. le vol. *Poetæ minores*, collect. Panckoucke).

7449. **Peuchet** (J.). *Dictionnaire universel de géographie commerçante*. Paris, Blanchon, an VII, an VIII, in-4, 5 vol.

7450. **Peutinger**. *Table d'après l'original conservé à Vienne*, précédée d'une introduction historique et critique et accompagnée d'un index alphabétique des noms de la carte originale... etc., par Ernest Desjardins. Paris, Hachette, 1869-1874, in-fol., 13 livraisons.

7451. **Peyrissac** (Pierre). *Des remontrances, édicts, règlemens, arrêts,... concernant les affaires du clergé de France*. Paris, Antoine Estienne, 1625, in-8, 822 p.

7452. **Pfeffel**. *Etat de la Pologne*. Paris, Hérissant, 1770, in-12, iv-288 p.

7453. **Pfeffer** (Mme Ida). *Voyages autour du monde*, abrégés par J. Belin de Launay. Paris, Hachette et Cie 1868, in-12, viii-328 p.

7454. —— *Mon second voyage autour du monde*. Paris, Hachette et Cie, 1857, in-12, viii-633 p.

7455. **Phèdre**. *Fables*, traduction par M. E. Panckoucke. Paris, Panckoucke, 1839, in-8, 384 p.

7456. **Phèdre.** *Les fables...* en latin et en français. Rouen, Lallemant, 1858, in-12, 238 p.

7457. —— *Fables*, traduites en vers par Hippolyte d'Aussy. Saint-Jean d'Angély, imp. J. Saudau, 1858, in-8, xii-108 p.

7458. **Phelippeaux** (Dr). *Notice biographique et bibliographique sur Philippe Le Goust, médecin du XVIIᵉ siècle.* Paris, Delahaye, 1879, in-8, 19 p.

7459. **Phelippot** (Thre). *Notice historique sur Rivedoux (île de Ré)..... suivie de l'arbre historique et généalogique de la maison d'Hastrel.....* Saint-Martin de Ré, Simonin, 1864, in-4, 80 pages.

7460. —— *Précis historique sur l'ancienne seigneurie et fiefs de La Grenetière (île de Ré).* Saint-Jean d'Angély, Eug. Lemarié, 1868, in-8, 16 p.

7461. —— *Tours romaines (du Bois, île de Ré).* Manuscrit, in-4, 17 p. (1864).

7462. **Philippart** (S.). *Lettres au National.* Paris, A. Chaix, 1875, in-4, 65-xxxii p.

7463. **Philippe.** *In historiam Job commentariorum libri tres.* Basileæ, per Adamum Petrum, 1525, in-fol., 211 p.

7464. **Philippi** (Jean). *Edits et ordonnances concernant l'autorité et juridiction des cours des aides de France, sous le nom de celle de Montpellier.* Montpellier, Jean Gilet, 1597, in-fol., 148-97 p. et tables.

7465. **Philon.** *De septem orbis spectaculis*, grec et latin (Collection Didot, vol. *Elien*).

7466. —— *Omniæ quæ extant opera, ex accuratissima Sigismondi Gelenii, et aliorum interpretatione, ab Adriano Turnebo et Davide Hœschelio edita et illustrata.* Lutetiæ Parisiorum, 1640, in-fol, 1 vol., préliminaires, 1,200 p., variæ lectiones, notationes, index.

7467. —— *Le livre de Philon de la vie contemplative*, traduit de l'original grec (par Bernard de Montfaucon). Paris, Louis Guérin, 1709, in-12, 302 p.

7468. —— *Les œuvres de Philon ivif ....* mises de grec en français, par Pierre Bellier. Paris, Michel Sonnius, 1588, in-8, 528 fol., table.

7469. **Philostrate et Callistrate.** *Opera,* grec et latin. (Collection Didot.)

7470. **Philostrate.** *La suite de Philostrate,* par Blaise Vigenère, Bourbonnois. Paris chez Abel Langelier, 1597, in-4, 395 p. et table.

7471. **Phipps** (Constantin-Jean). *Voyage au pôle boréal fait en 1773....* traduit de l'anglois par M. de Meunier. Paris, Saillant, 1775, in-4, xii-259 p.

7472. **Photius.** Βιβλιοθηκή ... *David Hœschelius Augustonus primus edidit...* Augustæ Vindelicorum (Augsbourg), J. Prætorii, 1601, in-fol., 985 p.

7473. **Phylloxéra.** — Audigier (Georges). — Boiteau (P.). — Nugounenq (P.). — Landreau (Théophile). — Rexès (F.-G.).— Roche (F.). — Sabaté. — Xambeu.

7474. **Piales.** *Traité de la dévolution, du dévolut et des vacances de plein droit.* Paris, Barrois, 1757-1758, in-12, 3 vol.

7475. —— *Traité de l'expectation des gradués.* Paris, Briasson, 1757-1758, in-12, 6 vol.

7476. —— *Traité des commandes et des réserves.* Paris, Cl. Briasson, 1758-1759, in-12, 3 vol.

7477. —— *Traité des collations.* Paris, Cl. Briasson, 1754-1756, in-12, 8 vol.

7478. —— *Traité des provisions de cour de Rome.* Paris, Claude Briasson, 1756, in-12, 2 vol.

7479. —— *Traité des réparations et reconstructions des églises.* Paris, Barrois, 1762, in-12, 4 vol.

7480. **Piaud.** *Précis pour Pierre Piaud, propriétaire, habitant de la Guadeloupe.* Paris, imprimerie expéditive, an XII, in-8, 55 p.

7481. **Piazza** (Joseph). *Suppression des armées permanentes.* Paris, E. Dentu, 1869, in-8, 96 p.

7482. **Pibrac** (Dufaur de), et **Matthieu.** *La belle vieillesse ou les anciens quatrains.* Paris, J. Quillau, 1747, in-12, xxiv-479 pages.

7483. **Pic de La Mirandole** (Jean). *Aureæ epistolæ Joannis Pici Mirandulæ... ab Ascensio recognitæ.* Typ. Michaelem Le Noir, 1610, in-4, non paginé.

7484. **Pic de La Mirandole.** *De morte Christi et propria cogitanda libri tres. Ejusdem de studio divinæ et humanæ philosophiæ libri duo.* Venitiis, impressum per Bernardinum Venetum, 1497, in-4.

7485. **Picard** (Jean-Roland). *Confitendi formula.* Paris, Pierre Vidoue, 1530 ? in-8, non paginé, 5 fol.

7486. **Picard** (le Dr G.-M.). *Sarcocèle et phthisie cancéreuse.* Paris, Adr. Delahaye, 1875, in-8, 48 p.

7487. **Picarte** (R.). *La division réduite à une addition.* Paris, Mallet-Bachelier, 186 , in-4, xvi-1C5 p.

7488. **Pichon** (le P.). *L'esprit de Jésus-Christ et de l'Eglise sur la fréquente communion.* Paris, Hippolyte-Louis Guérin, 1745, in-12, xv-538 p.

7489. **Picot** (Georges). *Histoire des états généraux.* Paris, Hachette, 1872, in-8, 4 vol.

7490. —— *M. Dufaure, sa vie et ses discours.* Paris, Calmann Lévy, 1883, in-12, ix-414 p.

7491. **Picot** (M. J.-P.). *Mémoires pour servir à l'histoire ecclésiastique pendant le XVIIIᵉ siècle* (1701-1800). Paris, Adrien Le Clerc, 1853-1857, in-8, 7 vol.

7492. **Picot** (J.-A.). *Question des inhumations précipitées.* Poitiers, typ. H. Oudin, 1870, in-8, 4 p.

7493. **Picquigny** (le P. Bernardin de). *Explication des épitres de saint Paul.* Paris, Pierre-Augustin Le Mercier, 1706, in-12, 6 volumes.

7494. **[Pidansat de Mairobert].** *Supplément à l'espion anglois.....* Londres, John Adamson, 1781, in-8, 222 p.

7495. **Pidoux** (F.). *De febre purpurea.* Poitiers, 1656, in-4, 101 pages.

7496. **Pidoux.** *De la nécessité du spiritualisme pour régénérer les sciences médicales.* Paris, typ. Malteste, 1857, in-8, 100 p.

7497. **Piccolomini** (Alexandre). *La sphère du monde,* traduction de Jacques Coupyl. Paris, G. Cavellat, 1550, in-12, 136 f.

7498. **Pie V.** *Apostolicarum epistolarum libri quinque. Nunc primum in lucem editi operâ et curâ Francisci Goubeau.* Antuerpiæ, ex officinâ Plantiniana Balthasaris Moreti, 1640, in-4, 445 p., table.

7499. **Pie IX** (le pape). *Encyclique adressée à tous les patriar-ches, primats, archevêques et évéques, le 8 décembre 1864.* Paris, Poussielgue et fils, 1865, in-8, 56 p.

7500. —— *Lettres encycliques.... à tous les patriarches, les pri-mats, les archevêques et évêques* (22 octobre 1864). Paris, Adrien Leclère, 1864, in-8, 53 p.

7501. **Pie**, évêque de Poitiers. *Œuvres.* Poitiers, Oudin, 1871-1878, in-8, 9 vol.

7502. *Pièces intéressantes et peu connues pour servir à l'his-toire.* (Lettres de Rousseau, du cardinal Fleury, du comte de Bonneval). Bruxelles, 1781, in-12, viii-430 p.

7503. *Pièces philosophiques contenant: I° Parité de la vie et de la mort; II° Dialogues sur l'âme; III° J. Brunus redivi-vus...* In-12, 131 p., table, 172 p.

7504. *Pièces relatives aux évènements du 18 mai et à l'insur-rection de juin.* Bordeaux, imp. de Durand, 1848, in-8, 670 p.

7505. *Pièces sur la constitution Unigenitus.* Paris, François Rabuty, 1717, in-4.

7506. **Piedagnel** (Alexandre). *Jules Janin.* Paris, librairie des bibliophiles, 1874, in-12, 106 p.

7507. —— *J.-F. Millet. Souvenir de Barbizon.* Paris, veuve A. Cadart, 1876, in-8, ix-108 p.

7508. —— *Les ambulances de Paris pendant le siège..* Paris, librairie générale, 1872, in-12, 106 p.

7509. **Pierotti** (le Dr Ermette). *La Palestine actuelle dans ses rapports avec la Palestine ancienne.* Paris, J. Rothschild, 1865, in-8, iii-380 p.

7510. **Pierquin.** *Dissertations physico-théologiques, touchant la conception de Jésus-Christ dans le sein de sa mère.* Ams-terdam, 1742, in-12, 261 p.

7511. **Pierre**, abbé de Celles. *Opera omnia, collecta curâ et studio unius e Mauri congregatione monachi benedictini. Item, ejusdem epistolarum libri IX.* Parisiis, Ludovicum Billaine, 1671, in-4, 2 tomes en 1 vol.

7512. **Pierre** (J.-Isidore). *De l'alimentation du bétail.* Paris, A. Goin, in-12, 288 p.

7513. **Pierre** (Isidore). *Etudes théoriques et pratiques d'agronomie, et de physiologie végétale.* Paris, Goin, in-12, 3 vol.

7514. —— *Fragments d'études sur l'ancienne agriculture romaine.* Caen, imp. Poisson, 1864, in-12, 179 p.

7515. —— *Recherches théoriques et pratiques sur divers sujets d'agronomie et de chimie appliquée à l'agriculture.* Caen, imp. Poisson, 1863-1864, in-8, 2 vol.

7516. —— *Recherches théoriques et pratiques sur la valeur nutritive des fourrages et d'autres subtances destinées à l'alimentation des animaux.* Paris, A. Goin, 1864, in-12, 207 p.

7517. **Pierre de Blois.** *Opera omnia...* Parisiis, sumptibus Simeonis Piget, 1667, in-fol., préliminaires, 802 p., index.

7518. **Pierre de Sainte-Marie-Madeleine** (F.). *Traité d'horlogiographie.* (S. l.) F. L'Anglois, 1657, in-8, 312 p. avec plans.

7519. **Pierre de Vaulx-Cernay.** *Histoire de l'hérésie des Albigeois.* (Collection Guizot, tome XII).

7520. **Pierres** (J.). *Commentaires sur l'édit des arbitres.* La Rochelle, imp. de Barth. Berton, 1564, in-12.

7521. **Pierron** (Alexis). *Histoire de la littérature grecque.* Paris, Hachette, 1869, in-12, 600 p.

7522. —— *Histoire de la littérature romaine.* Paris, Hachette, 1869, in-12, x-654 p.

7523. **Piet-Lataudrie** (Duplessis). *Essai sur l'ancienne école de droit de Poitiers, ses professeurs et ses élèves illustres depuis la fondation de l'université de Poitiers en 1431, jusqu'à la révolution française.* Poitiers, imp. Dupré, 1863, in-8, 35 p.

7524. *Piété (De la) des chrétiens envers les morts.* Paris, Guillaume Desprez, 1679, in-12, 367-16 p.

7525. **Piétri** (l'abbé C. de). *Les principes de la société au XIXe siècle.* Paris, A. Durand, 1862, 360 p., in-12.

7526. **Pigeau.** *La procédure civile devant les tribunaux de France.* Paris, Garnery, 1809, in-4, 2 vol.

7527. **Pigeot** (At.). *Le cultivateur ou notions d'agriculture et* *d'horticulture pratiques.* Sedan, J. Laroche, 1870, in-8, x-170 pages.

7528. **Pighius** (Albert). *Hierarchiæ ecclesiasticæ assertio.* Coloniæ, Melchior Novesianus excudebat, 1538, in-f°, index, 267 fol., index.

7529. **Pignot** (J.-Henri). *Histoire de l'ordre de Cluny depuis la fondation de l'abbaye jusqu'à la mort de Pierre le Vénérable.* Autun, M. Dejussieu, 1868, in-8, 3 vol.

7530. **Pihan** (A.-P.) *Dictionnaire étymologique des mots de la langue française dérivés de l'arabe, du persan ou du turc.* Paris, imp. impériale, 1866, in-8, xx-400 p.

7531. **Piis** (Ant.-Pierre-Augustin de). *Œuvres choisies.* Paris, imp. Brasseur, 1810, in-4, 4 vol.

7532. **Piles** (de). *Abrégé de la vie des peintres, avec des réflexions sur leurs ouvrages...* Paris, J. Estienne, 1725, in-12, 554 p.

7533. **Pillet,** maréchal de camp. *L'Angleterre vue à Londres et dans ses provinces.* Paris, Alexis Eymery, 1815, in-8, xiij-498 p.

7534. **Pillot** (G.-M.-L.). *Histoire du parlement de Flandres.* Douai, imp. Adam d'Aubers, 1849, in-8, 2 vol.

7535. **Pilot** (J.-J.-A.). *Quelques mots sur une famille de Marseille du nom de Corbeau ou Courbeau.* Paris, Dentu, 1864, in-8, 15 p.

7536. **[Pinamonti** (le P. J.-P.)]. *Le directeur dans les voies du salut,* traduit de l'italien par le père de Courbeville. Amiens, imp. Louis Godard, 1729, in-12, 416 p.

7537. **Pinaud** (Auguste). *Abrégé de télégraphie électrique (8° livre du cours de physique).* Toulouse, Ed. Privat, 1853, in-8, 30 p.

7538. —— *Programme d'un cours élémentaire de physique.* Toulouse, Ed. Privat, 1853, in-8, xvi-487 p.

7539. **[Pinault** (P.-O.)]. *Reflessioni di uni portoghese sopra il memoriale precentato da PP. Gesuiti alla Santita di PP. Clement XIII felicemente regnante. Réflexions d'un Portugais...* Lisbone, 1758-1760, in-12, 3 vol.

7540. **Pindare.** *Les odes pythiques,* traduites avec des remarques par M. Chabanon. Paris, Lacombe, 1772, in-8, 347 p.

7541. **Pineau**. *Mémoire sur le danger des inhumations pré-cipitées...* Niort, Pierre Elies, 1776, in-8, 137 p.

7542. **Pinel** (Ph.). *Nosographie philosophique, ou la méthode de l'analyse appliquée à la médecine.* Paris, Maradan, an VI, in-8, 2 vol.

7543. **Pinet** (Antoine du). *La conformité des églises réformées de France et de l'église primitive, en police et cérémonies.* Lyon, J. Martin, 1564, in-12, 196 p.

7544. **Pingaud** (L.). *La politique de saint Grégoire le Grand.* Paris, Ernest Thorin, 1872, in-8, 310 p.

7545. —— *Les Saulx-Tavanes, études sur l'ancienne société française.* Paris, Firmin Didot, 1876, in-8, xii-373 p.

7546. **Pinsson** (François). *Sancti Ludovici... pragmatica sanctio et in eam historica præfatio et commentarius...* Parisiis, apud Franciscum Muguet, 1663, in-4, 236 p.

7547. [**Pinthereau** (le P.)]. *Les reliques de messire Jean du Verger de Hauranne, abbé de Saint-Cyran...* Louvain, veuve Jacques Gravius, 1646, in-8, xxiv-507 p.

7548. **Piny** (le R. P. Alexandre). *Le plus parfait...* Lyon, François Barbier, 1683, in-12, table, 347 p.

7549. **Piolin** (Dom Paul). *Du costume monastique antérieure-ment au XIIIᵉ siècle.* Paris, Putois-Cretté, 1866, in-8, 20 p.

7550. —— *L'église du Mans durant la révolution.* Le Mans, Leguicheux-Gallienne, 1869, in-8, 2 vol.

7551. —— *La miraculeuse chapelle de Notre-Dame du Chêne.* Tours, imp. A. Mame, 1872, in-12, 141 p.

7552. —— *Notice sur Marguerin de La Bigne, théologal de Bagneux, grand doyen du Mans.* Angers, imp. Cosnier et Lachèse (s. d.), in-8, 18 p.

7553. —— *Souvenirs de la Révolution dans les départements de l'Ouest.* Paris, L. Willem, 1870, in-12, 102 p.

7554. —— *Souvenirs de la révolution dans l'ouest de la France.* Paris, Palmé, 1868, in-8, 60 p.

7555. —— *Vie de saint Sérené et le pèlerinage de Saulges.* Angers, imp.Lachèse, 1868, in-12, 107 p.

33

7556. **Piron** (Alexis). *Œuvres complettes*, publiées par M. Rigo-ley de Juvigny. Paris, imp. Lambert, 1776, in-12, 9 vol.

7557. —— *Œuvres inédites*, publiées... avec introduction et notes par Honoré Bonhomme. Paris, Poulet-Malassis et De-broise, 1859, in-8, xxvii-413 p.

7558. —— *Complément de ses œuvres inédites. Prose et vers*, publié... avec une introduction et des notes par Honoré Bon-homme. Paris, Ferdinand Sartorius, 1866, in-12, 391 p.

7559. —— *La métromanie*, comédie en cinq actes et en vers. (Bibliothèque nationale, n° 107).

7560. **Pitard** (L'abbé Élie). *La philosophie morale...* Paris, Pierre de Forges, 1619, in-12, table, 618 p.

7561. **Pithou** (François). *Codex canonum vetus ecclesiæ ro-manæ.* Parisiis, typographia regia, 1686, in-fol., 448 p.

7562. **Pithou** (Pierre). *Commentaire sur le traité des libertés de l'église gallicane.* Paris, Sébastien Cramoisy, 1652, in-4, 276 p. table.

7563. **Pithou** (Pierre et François). *Observationes ad codicem et novellas Justiniani...* Parisiis, typographia regia, 1689, in-fol., index, 746 p., index.

7564. **Pitra** (D.-J.-B.). *Spicilegium Solesmense. (S. Melitonis clavis).* Paris, Firmin Didot, 1855, in-4, lxxxix-550 p.

7565. *Placita sanctorum explicata.* In-12, 172 p.

7566. **Plainemaison** (Edouard). *Mémoire sur le système de chauffage des voitures en usage sur les chemins de fer des Charentes.* Saintes, Gay, 1875, in-4, 12 p.

7567. *Plan général du Chasteau du Louvre et du Palais des Tuilleries.* Paris, 1668-1678, 15 planches.

7568. *Plan de la ville et faubourgs de Paris.* Paris, Mondhare, 1788, in-fol. plano.

7569. **Planche** (J.). *Dictionnaire françois de la langue ora-toire et poétique.* Paris, Gide, 1819-1822, in-4, 3 vol.

7570. **Planche** (Gustave). *Portraits littéraires.* Paris, Ad. De-lahays, 1855, in-12, 2 vol.

7571. **Plant** (G.). *Galeni in aphorismos Hippocratis commen-*

*tarii septem... Annotationes in obscuriores aliquot Hippo-
cratis aphorismos.* Lyon, G. Rouillé, 1552, in-8, 516 pages
avec table.

7572. **Plantier** (Monseigneur). *Instruction pastorale contre
un ouvrage intitulé Vie de Jésus* par Ernest Renan. Paris,
Louis Giraud, 1863, in-8, 134 p.

7573. **Platon**. *Opera*, grec et latin. 2 vol. (Collection Didot).

7574. —— *Dialogues*, par le traducteur de *La république*.
(Jean Grou). Amsterdam, Marc-Michel Rey, 1770. in-12, 2 vol.

7575. **Platon**. *Loix*, par le traducteur de *La république*.
[l'abbé Jean Grou]. Amsterdam, Marc-Michel Rey, 1769, in-
12, 2 vol.

7576. —— *La république.* Amsterdam, M. Rey, 1763, in-12,
2 vol.

7577. **Platus** (le P. Jérôme). *De cardinalis dignitate et officio...*
Lugduni, Michaelis Chevalier, 1623, in-12, index, 461 p.

7578. **Plaute**. *Théâtre*, traduction... par J. Naudet. Paris, Panckoucke, 1831-1838, in-8, 9 vol.

7579. **Playfair** (William). *Elémens de statistique...* traduits de
l'anglais par D.-F. Donnant. Paris, Batilliot, an IX (1802), in-
8, xxxii-182 p.

7580. **Plée** (Léon). *Le passé d'un grand peuple.* Paris, A. Her-
mitte, 1847, in-12, 228 pages.

7581. **P. L. G. D. G.** *La physique de l'écriture sainte.* Amsterdam, E. van Harrevelt, 1737, in-12, 287 p.

7582. **Pline** (C. Second). *C. Plinii secundi historiæ mundi
libri XXXVII...* Lugduni, apud Ant. Vincentium, 1553, in-
fol., 679 p. avec index.

7583. —— *Histoire du monde...* traduite par Antoine Dupinet.
Paris. Sonnius, 1608, in-fol., 2 tomes en 1 vol.

7584. —— *Histoire naturelle*, traduction... par M. Ajasson de
Grandsagne. Paris, Panckoucke, 1829-1833, in-8, 20 vol.

7585. **Pline** (le jeune). *C. Plinii Cæcilii secundi Novocomens.
epistolarum lib. X eiusdem panegyricus Traiano dictus cum
commentariis Joannis Mariæ Catanæi, viri doctissimi,*

multis epistolis cum illarum interpretatione adiectis. (Paris),
Jodoco Badio et Joanni Roigny, 1533, in-fol., 231 fol.

7586. **Pline** *C. Plin. secundi epist. libri IX eiusdem et Traiani
imp. Amœbæ ac epist. Eiusdem Plinii panegyricus Traiano
dictus. Panegyrici alii aliis impp. dictis, à Latino Pacato,
Mamertino, Nazario.* (titre manque). Estienne, 413-330 p.

7587. —— *Lettres,* traduites par Sacy, nouvelle édition revue et
corrigée par Jules Pierrot. Paris, Panckoucke, 1832-1833,
in-8, 3 vol.

7588. —— *Panégyrique de Trajan,* traduit par le sieur de La
Ménardière. Paris, A. de Sommaville, 1638, in-4, 369 p.

7589. —— *Panégyrique de Trajan.* en latin et en français, traduit par M. de Sacy. Clermont, imp. Landriot, 1809, in-8,
xvi-296 p.

7590. **Plocque.** *Plaidoirie dans l'affaire du testament de M.
le marquis de Villette.* Paris, Auguste Durand, 1860, in-8,
40 pages.

7591. —— *Plaidoirie... Testament de M. le marquis de Villette. Question de fidéicommis. M. de Montreuil contre
monseigneur de Dreux-Brézé, évêque de Moulins.* Paris, A.
Durand, 1860, in-8, 40 p.

7592. **Plotin.** *Enneades,* grec et latin. (Collection Didot).

7593. **Pluche** (L'abbé). *Concorde de la géographie des différens âges.* Paris, Estienne frères, 1772, in-12, xlviii-511 p.

7594. —— *Harmonie des pseaumes et de l'évangile.* Paris, les
frères Estienne, 1764, in-12, xiii-p., table, 468 p.

7595. —— *Histoire du ciel.* Paris, frères Estienne, 1788, in-
12, 2 vol.

7596. —— *Le spectacle de la nature.* Paris, veuve Estienne,
1737, in-12, 9 vol.

7597. **Plutarque.** *Vitæ,* grec et latin. 5 vol. (Collection Didot).

7598. —— *Les vies des hommes illustres grecs et romains...*
translatées... par M. Iacqves Amyot. Genève, imp. J. Stœr,
1642, pet. in-4, 2 vol.

7599. —— *Vie des hommes illustres,* traduites du grec en français par M. l'abbé Tallemant. Paris, C. de Sercy, 1671-1672,
in-12, 7 volumes.

7600. **Plutarque**. *Les œuvres meslées translatées de grec en, françois, revues et corrigées en plusieurs passages par le translateur* (Amyot), tome second. Paris, T. Du Bray, 1606, in-4, 643 p. avec table.

7601. —— *Œuvres morales et meslées, translatées de grec en françois* (par Amyot). Genève, imp. de Iacob Sær, 1627, in-f°, 674 feuillets, table.

7602. *Plutarque provençal. Vie des hommes et des femmes illustres de la Provence ancienne et moderne*, publié par Alexandre Guadon. Marseille, typ. Barlatier, 1855-1857, in-4, 2 vol.

7603. **P. M. S. J.** *Constantinus sive idolatria debellata, poema heroicum recognitum et emendatum*. Amsterdam, Vulderecus Balck, 1659, in-18, 271 p.

7604. **Pocquet de Livonière** (Claude). *Traité des fiefs*. Paris, Leclerc, 1771, in-4, 714 p.

7605. *Poésies diverses sur l'astronomie et la géographie*, traduites par M. Ed. Saviot. Paris, Panckoucke, 1843, in-8, 50 pages.

7606. *Poésies populaires de la Kabylie du Jurjura*, texte kabyle et traduction par A. Hanoteau. Paris, imp. impériale, 1867, in-4, xiv-475 p.

7607. *Poetæ minores : Sabinus — Calpurnius — Gratius Faliscus — Nemesianus — Valerius Cato — Vestritius Spurinna — Lupercus Servastus — Arborius — Pentadius — Eucheria — Pervigilium Veneris*. Paris, Panckoucke, 1842, in-8, 419 p.

7608. *Poetæ bucolici et didactici. Theocritus, Bion Moschus*, grec et latin. (Collection Didot, vol. Théocrite).

7609. *Poetarum comicorum græcorum fragmenta*. (Collection Didot).

7610. *Poetarum tragicorum græcorum fragmenta*, grec et latin. (Collection Didot, vol. Euripidis).

7611. *Poètes français*, t. 15, 20, 21, 27, 28, 32, 34. Paris, veuve Dabo, 1821, in-18, 7 vol.

7612. **Poey d'Avant**. *Monnaies féodales de France*. Paris, C. Rollin, 1858-1862, in-4, 3 vol.

7613. **Poey d'Avant.** *Description des monnaies seigneuriales françaises composant sa collection.* Fontenay-Vendée, imp. Robuchon, 1853, in-4, 471 p., 26 pl.

7614. [**Poinsignon** (Dom El.)]. *Le pasteur instruit de ses obligations.* Paris, Saillant, 1767, in-12, 3 vol.

7615. **Pointel** (Ph. de). *Recherches sur la vie et les ouvrages de quelques peintres provinciaux de l'ancienne France.* Paris, Dumoulin, 1847-1862, in-8, 4 vol.

7616. [**Poiré** (le R. P.)]. *Les grandeurs de la mère de Dieu.* Paris, Louis Billaine, 1681, in-4, 2 vol.

7617. **Poirson** (Auguste). *Histoire du règne de Henri IV.* Paris, Didier, 1862-1867, in-8, 4 vol. et 1 atlas.

7618. **Poisson** (le père). *Oraison funèbre de monseigneur Louis dauphin...* Paris, J.-B. Coignard, 1711, in-4, 60 p.

7619. POITIERS. *Mémoires de la société des antiquaires de l'Ouest.* Poitiers, imp. Saurin, 1736-1877, in-8, 35 vol. et 1 atlas.

7620. —— *Bulletins de la société des antiquaires de l'Ouest.* Paris, Derache, 1861-1879, in-8, 12 vol. et 1 brochure.

7621. —— *Bulletin de la société d'agriculture, belles-lettres, sciences et arts de Poitiers.* Poitiers, imp. de Saurin-Dupré, 1830-1872, in-8, 37 vol.

7622. **Polain de Polansdorf** (Amand). *Syntagma theologiæ christianæ...* Francofurti et Hanoviæ, apud Gasparum Wechtlocum et Sebastianum Rhonerum, 1655, in-f°, avec index.

7623. **Poli** (Oscar de). *De Naples à Palerme (1863-1864).* Paris, Dupray de La Mahérie, 1865, in-8, 189 p.

9624. —— *Des origines du royaume d'Yvetot.* Paris, Amyot, 1872, in-8, 24 p.

7625. —— *Discours prononcé à la distribution solennelle des prix du collège de Roanne en 1874.* Roanne, imp. Chorgnon, 1874, in-8, 11 pages.

7626. —— *Discours à la distribution des prix du collège de Romorantin le 12 août 1872.* Romorantin, imp. J. Moreau, 1872, in-8, 8 p.

7627. **Poli** (O. de). *Recherches sur le nom vulgaire de l'amphithéâtre Flavien.* Paris, Didier, 1875, in-8, 29 p.

7628. —— *Souvenirs du bataillon des zouaves pontificaux.* Paris, Dupray de La Mahérie, 1863, in-8, 331 p.

7629. **Polignac** (le cardinal de). *L'anti-Lucrèce sur la religion naturelle,* traduit par M. de Bougainville. Lyon, Périsse, 1780, in-12, 2 vol.

7630. Poligny. *Bulletin de la société d'agriculture, sciences et arts de Poligny (Jura).* Poligny, imp. Mareschal, 1860-1868, in-8, 7 vol.

7631. **Poligny** (Germaine de). *Nos Vendéens à l'exposition rétrospective de 1878.* Paris, l'auteur, 1878, in-8, 31 p.

7632. [**Polinier** (le P. Jean)]. *Explication littérale et morale des évangiles de saint Mathieu, saint Marc et saint Luc.* Paris, Denis Mariette, 1699, in-8, 3 vol.

7633. *Poliorcétique des Grecs. Traités théoriques. Récits historiques.* Paris, imp. impér., 1867, in-4, xliv-388 p.

7634. **Politz** (Karl Heinrich Ludwig). *Die Weltgeschichte für Gebildete Leser und Studierende.* Leipzig, Hinrichssche, 1825, in-8, 4 vol.

7635. **Pollnitz.** *Mémoires contenant les observations qu'il a faites dans ses voyages...* Londres, Jean Nourse, 1647, in-12, 4 vol.

7636. **Polmon** (Jean). *Breviarium theologicum continens definitiones, descriptiones, et explicationes terminorum theologicorum.* Parisiis, apud Georgium Josse, 1659, in-12, 499 p. avec index.

7637. **Polus** (Renaud). *De summo pontifice Christi in terris vicario, ejusque officio èt potestate...* Lovanii, Joannem Foulerum anglum, 1569, in-16, 151 p., index.

7638. —— *Pro ecclesiasticæ unitatis defensione libri quatuor...* 1555, in-fol., 172 fol.

7639. **Polybe.** *Historiarum reliquiæ,* grec et latin. (Collection Didot).

7640. [**Pomereul** (F.-N.-J. de)]. *Campagne du général Buonaparte en Italie.* Paris, Plasson, 1797, in-8, 368 pages avec carte.

7641. **Pomey** (R. P. François). *Le grand dictionnaire royal.* *1. françois-latin-alleman, 2. latin-alleman-françois, 3. alleman-françois-latin.* Francfort-sur-le-Mein, Jean-Philippe André, 1700, in-4, xiv-984-355-58 pages.

7642. —— *Pantheum mythicum seu fabulosa deorum historia.* Toulouse, Pierre Salabert, 1683, in-12, 327 p. et index.

7643. —— *Universo abreviado... L'univers en abrégé,* traduit en espagnol par le R. P. A. Croset. Lyon, Pierre Valfray, 1705, in-18, 438 p., table.

7644. **Pompadour** (Mᵐᵉ de). *Correspondance.* Paris, Baur, 1878, in-8, xxxii-261 pages.

7645. [**Pompignan**, évêque du Puy (J.-G. Le Franc)]. *La dévotion réconciliée avec l'esprit.* Montauban, Teulières, 1755, in-18, table, 345 p.

7646. [——]. *La religion vengée de l'incrédulité par l'incrédulité elle-même.* Paris, Humblot, 1772, in-12, iv-357 p.

7647. —— *Instruction pastorale de monseigneur l'évêque du Puy, sur la prétendue philosophie des incrédules modernes.* — *sur l'hérésie.* Puy, Clet, 1763-1766, in-4, 2 vol. en 1.

7688. [——] *Questions diverses sur l'incrédulité.* Paris, Chaubert, 1753, in-18, 371 p.

7649. **Pomponazzi** (Pierre). *Petri Pomponatii Mantuanii tractatus de immortalitate animæ.* 1634, in-18, 147 p.

7650. **Pomponius Mela.** *Pomponii Melae de orbis situ libri tres accuratissime emendati una cù commètariis Joachimi Vadiani Helvetii castigatioribus...* Bâle, apud Andream Cretandrum, 1522, in-4, 220 p. et 43 fol. non pag.

7651. **Pomponius Mela.** *Julius Solinus. Itinerarium Antonini. Aug. Vibius Sequester. P. Victor, de regionibus urbis Romæ. Dionysius Afer, de situ orbis, Prisciano interprete* Venetiis in ædibus Aldi, et And. soceri, 1518, in-12, 235 p.

7652. **Pomponne** (Marquis de). *Mémoires, publiés... par J.* Mavidal. Paris, B. Duprat, 1860-1861, in-8, 2 vol.

7653. **Ponce** (le R. P. Jean). *Scotus Hiberniæ restitutus...* Parisiis, Sebastiani Cramoisy, 1660, in-8, 153 p. index.

7654. **Poncet** (Maurice). *Nouveaux éclaircissemens sur l'ori-*

gine et le pentateuque des Samaritains. Paris, Jean-Luc Nyon, 1760, in-8, xvi-262 p.

7655. **Poncins** (Léon de). *La prise de la Bastille.* Paris, Librairie de la société bibliographique, 1873, in-12, 36 p.

6656. **Pongerville** (De). *Monge (Gaspar).* Paris, F. Didot, 1861, in-8, 31 p.

7657. **Pons** (Z.). *Mémoires pour servir à l'histoire de Toulon en 1793.* Paris, imp. O.-J. Trouvé, 1825, in-8, xv-394 p.

7658. **Pons** (Le marquis prince de) DE LA CHATAIGNERAYE. *Lettre macédonique... sur l'origine de la maison de Lorraine.* Paris, Dentu, 1841, in-8, 254 p.

7659. **Ponts-Asnières** (Prince de). *Document sur la question de savoir si les anciens sires de Pons étaient représentés alors par quelques branches légitimes formées au XVIᵉ siècle.* Paris, F. Didot frères, 1845, in-8, 79 p.

7660. **Pontanus** (Le père Jacques). *Poeticarum institutionum libri tres.* Lugduni, apud Joann. Pillehote, 1607, in-32, 289 pages.

7661. **Pontas** (Jean). *Dictionnaire de cas de conscience.* Paris, Jean-Ch. Hérissant, 1743, in-fol, 3 vol.

7662. **Pontaumont** (De). *Histoire de la ville de Carentan.* Paris, Dumoulin et Gouin, 1863, in-8, 451 p.

7663. **Pontbriand** (L'abbé de). *L'incrédule détrompé.* Paris, J.-B. Coignard, 1752, in-8, 661 p.

7664. **Pontchartrain** (Phélipeaux de). *Mémoires (1610-1620).* (Collection Michaud, t. XIX).

7665. *Pontificale romanum.* (Le titre manque). Parisiis, typ. Franciscus Henault, 1633, in-12, 632-52 p.

7666. **Pontis** (De). *Mémoires.* Paris, chez les libraires associés, 1766, in-12, 2 vol.

7667. *Pontons (Les) de Rochefort en 1793.* Paris, Baur et Detaille, 1872, in-8, 71 p.

7668. **Poncet de La Rivière** (Michel). *Oraison funèbre de monseigneur Louis, dauphin.* Paris, Raymond Mazières, 1701, in-4, 48 p.

7669. **Poole** (Matthieu). *Synopsis criticorum aliorumque S. scripturæ interpretum...* Londini, J. Flesher, 1669-1674, in-fol., 5 vol.

7670. **Pope**. *Les principes de la morale et du goût, ou essai sur l'homme et essai sur la critique*. Traduction de l'abbé Du Resnel. Paris, Briasson, 1738, in-12, vi-228 p.

7671. —— *La boucle de cheveux enlevée*. Poëme héroï-comique, traduction de M. L. D. F. Paris, Briasson, 1739, in-12, 83 p.

7672. **Porphyre**. *De obstinentia et de antro nymphorum*, grec et latin. (Collection Didot, vol. Ælien).

7673. —— (Voir vol. Epicteti stoici philosophi).

7674. **Porphyre** et **Proclus**. *Institutiones*, grec et latin. (Collection Didot, vol. Plotin).

7675. **Port** (Célestin). *Dictionnaire historique, géographique et biographique de Maine-et-Loire*. Paris, Dumoulin, 1874, in-8, 3 vol. et atlas.

7676. —— *Inventaire analytique des archives anciennes de la mairie d'Angers*. Paris, Dumoulin, 1861, in-8, xiii-628 p.

7677. —— *L'inventaire et le chartrier de l'hôpital Saint-Jean d'Angers. Lettre à M. P. Marchegay*. Angers, E. Barassé, 1877, in-8, 39 p.

7678. *Port (Le) de commerce de Rochefort, devant le Sénat·* Rochefort, imp. Triaud, 1879, in-4, 8 p.

7679. **Porta** (Jean-Baptiste). *Phytognomonica octo libris contenta*. Francfort, Jean Wechel, in-8, 552 p.

7680. **Portalis**. *Discours sur la convention conclue entre le gouvernement de la république Française, et sa Sainteté Pie VII*. (Sans titre), an X, (1802), in-8, 102 p.

7681. Portraits: Jean-Joseph de Bonnegens. — Amador de La Porte. — Pierre du Cambout de Coislin. — René-Antoine Ferchault de Réaumur. — Saintes en 1806. — Vues diverses du Poitou.

7682. *Positions des thèses soutenues par les élèves de la promotion 1866-67, pour obtenir le diplôme d'archiviste-paléographe*. Paris, imp. Raçon, 1867, in-8, 69 p.

7683. **Possel** (Jean). *Calligraphia oratoria lingvæ græcæ...* Genève, Philippe Albert, 1613, in-12, 669 p. et indices.

7684. **Possevin** (Antoine). *Apparatus sacri ad scriptores veteris et novi testamenti... tomus secundus.* Coloniæ Agrippinæ, apud Joannem Gymnicum, 1608, in-fol., 556-128 pages.

7685. —— *Moscovia, et alia opera de statu hujus seculi, adversus catholicæ ecclesiæ hostes.* In officina Birckmannica, 1587, in-fol., index, 392 p., index.

7686. **Postel** (Guillaume). De la république des Turcs, et là où l'occasion s'offrira des mœurs et loys de tous Mahomédistes. Poitiers, imp. E. de Marnef, 1560, in-4, 127-57-90 p.

7687. *Postillæ ofte verklæeringen oder de euangelien, die op alle de Sondagen ende de Worname Feestdagen...* Amsterdam, Jan van Duisbergh, 1677, in-4, 806 p.

7688. **Pothier.** *Œuvres.* Paris, Beaucé, 1817-1820, in-8, 13 vol.

7689. —— *Traités sur différentes matières de droit civil appliquées à l'usage du barreau et de jurisprudence françoise.* Paris, Debure, 1781-1788, in-4, 7 vol.

7690. **Potiquet** (Alfred). *Institut impérial de France, ses diverses organisations, ses membres, ses associés et ses correspondants.* Meaux, imp. J. Carro, 1871, in-8, xx-474 p.

7691. **Poujol** (le Dr F.-A.-Aug.). *Dictionnaire de médecine pratique et des sciences qui lui servent de fondement.* Paris (Montrouge), J.-P. Migne, 1852, in-4, 1103 p., 2 vol.

7692. **Poulett-Scrope** (E.). *Géologie et volcans éteints du centre de la France,* traduit de l'anglais par M. Ed. Vimont. Clermont-Ferrand, Thibaud, 1866, in-8, xxxii-261 p.

7693. **Poulle** (L'abbé). *Sermons...* Paris, Mérigot le jeune, 1781, in-12, 2 vol.

7694. **Poulle** (Raymond). *Histoire de l'église paroissiale de Notre-Dame et Saint-Michel à Draguignan.* Draguignan, imp. P. Garcin, 1865, in-8, 552 p. et 1 pl.

7695. **[Pourchot** (Edme)]. *Institutio philosophica...* Parisiis, Joannem Baptistam Coignard, 1700-1733, in-12, 5 vol.

7696. *Pourquoi (Les) ou questions sur une grande affaire pour ceux qui n'ont que trois minutes à y donner.* (Voir Lettres d'un cosmopolite).

7697. **Pourville** (Mauret de). *Des incendies, des moyens de les prévenir et de les combattre dans les théâtres, les édifices publics... et sur les personnes.* Paris, Paul Dupont, 1869, in-12, 370 pages.

7698. **Poussines** (Le père Pierre). *Thesaurus asceticus sive syntagma opusculorum octodecim à Græcis olim patribus de re ascetica scriptorum... Collectore atque interprete Petro Possino.* Parisiis, apud Antonium Dezallier, 1684, in-4, 455 p. avec index.

7699 *Pouvoirs donnés aux représentans du clergé de Saintonge.* Saintes et Paris, Debray, 1789, in-12, 42 p.

7700. **Pouyer.** *Discours prononcé par M. Pouyer, intendant de la marine, président du 2e collège électoral de la Charente-Inférieure. (Rochefort).* Rochefort, imp. Goulard, 1824, in-4, 6 p.

7701. **Pradal** (Le P. de). *Carême.* Paris, Quiliau, 1779, in-12, 2 vol.

7702. **Pradel** (Eugène de). *Recueil poétique des tragédies, poëmes, couplets, bouts-rimés et chansons improvisés en Suisse.* Neuchâtel, C. Gerster, 1829, in-8, xv-192 p.

7703. **Prades** (L'abbé de). *Apologie.* Amsterdam, 1752, in-8, 86-202-92-10 p.

7704. **Pradt** (de). *L'Europe après le congrès d'Aix-la-Chapelle.* Paris, F. Bechet, 1819, in-8, xxvii-378 p.

7705. *Pragmatica sanctio Caroli septimi Francorum regis.* Parisiis, Franciscum Clousier, 1666, in-fol., 1184 p., index.

7706. *Pragmatiques, concordats, bulles et indults des papes, concernant les matières canoniques et bénéficiales.*

7707. **Praneuf** (A. Arnauld de). *Traité des juridictions administratives.* Paris, P. Dupont, 1868, in-8, x-552 p.

7708. **Prarond** (Ernest). *De Montréal à Jérusalem.* Paris, M. Lévy, 1869, in-12, 335 p.

7709. **Prat** (Marquis de). *Histoire d'Elisabeth de Valois, reine d'Espagne (1545-1568).* Paris, Techener, 1859, in-8, vii-511 p.

7710. *Pratique de la fabrication du fromage façon Hollande.* Paris, imp. impériale, 1862, in-12, 33 p.

7711. *Precationes biblicæ sanctorum patrum, illustriumque virorum et mulierum utriusque testamenti.* Parisiis, apud Christianum Vuechel, 1529, in-12, 96 p.

7712. *Précis des causes de la destruction de la Pologne.* Paris, chez les marchands de nouveautés, an V de la république, in-8, 93 p.

7713. *Précis de l'abolition de l'esclavage dans les colonies anglaises.* Paris, imp. royale, 1840, in-8, 1 vol.

7714. *Précis des rapports de l'agence du clergé de France, de 1660 à 1780.* Paris, Guillaume Desprez, 1786, in-fol., 1848 col.

7715. *Précis en réponse au mémoire de M. Duveyrier... dans l'intérêt du prince Charles-Eugène de Lorraine et de Lambesc.* Saintes, imp. Hus, 1823, in-4, 19 p.

7716. *Précis des actes de 1854, 1855 et 1862, sur la marine marchande en Angleterre.* Paris, imp. imp., 1866, in-8, 198 p.

7717. *Précis historique concernant Robert-François Damiens.* 1757, in-12, xxxvii-389 p.

7718. *Précis historique sur l'explosion de la poudrerie de Saint-Jean d'Angély.* Saint-Jean d'Angély, 1820, in-4, 10 p.

7719. *Précis historique sur l'horrible assassinat commis... par L.-P. Louvel sur la personne de S. A. R. monseigneur le duc de Berri.* Paris, Locard et Davi, 1820, in-18, 94 p.

7720. **Preller** (L.). *Les dieux de l'ancienne Rome, mythologie romaine... traduction de M. L. Dietz... avec une préface par M. L.-F.-Alfred Maury.* Paris, Didier, 1865, in-8, xvi-519 p.

7721. **Prémontval** (de). *Vues philosophiques ou protestations et déclarations sur les principaux objets des connaissances humaines.* Amsterdam, J.-H. Schneider, 1757, in-12, 2 vol.

7722. **Prepavin** (Le Père Cleriadus de). *Direction intérieure pour bien vivre et mourir chrétiennement...* Vesoul, imp. J.-F. Tonnet, 1707, in-32, 555 p.

7723. **Préseau** (V.-Ch.). *Les grandes figures nationales et les héros du peuple. Saint-Vincent de Paul. — Sully. — Drouot. — Montyon. — Jean-Bart. — Jeanne Darc. — L'abbé de l'Épée. — L'abbé Sicard. — Hoche. — Parmentier. — Bernard Palissy. — Nicolas d'Assas. — Jacques Cœur. Paris, Didier, 1870-1872, in-12, 2 vol.

7724. *Préservatif contre les actes du clergé, ou lettre à un curé.* 1765, in-12, 79 p.

7725. **Pressac.** *Notice... sur Jacques du Fouilloux, gentilhomme poitevin, auteur d'un célèbre traité de vénerie.* Paris, J. Techener, 1852, in-8, 111 p.

7726. **Preux** (A.). *Eloge de Pierre-Antoine Déprès.* Douai, imp. Wagrez-Taffin, 1821, in-4, 33 p.

7727. —— *Essai sigillographique sur l'abbaye du Saint-Sépulcre de Cambrai.* Paris, imp. Bouquin, 1854, in-8, 15 pages.

7728. —— *Jehan Bellegambe, de Douai, peintre du retable d'Anchin.* Douai, imp. Wartelle, 1862, in-8, 16 p.

7729. —— *Jetons des états de Bourgogne.* Paris, Société française de numismatique, 1867, in-8, 12 p.

7730. —— *Jetons français relatifs à la paix des Pyrénées et au mariage de Louis XIV avec l'infante d'Espagne.* 1865, in-8, 19 pages, 2 planches.

7731. —— *La justice civile et criminelle dans les cahiers de 1789.* Douai, imp. Wartelle, 1864, in-8, 72 p.

7732. —— *Quelques lettres inédites de Collot d'Herbois.* Douai, L. Crépin, 1869, in-8, 23 p.

7733. —— *De la sûreté des personnes au moyen-âge dans le nord de la France.* Douai, imp. Wartelle, 1861, in-8, 58 p.

7734. —— *De la naturalisation.* Douai, imp. Six, 1869, in-8, 58 pages.

7735. **Prévereau.** *Mémoire pour M⁰ Jean Prévereau... contre messire Jacques Compagnon.* Sans n. ni l., 1774, petit in-fol., 29 p.

7736. —— *Mémoire pour M⁰ Jean Prévereau, notaire... contre sieur Jacques Compagnon.* Bordeaux, imp. de P. Albespy, 1771, petit in-fol., 35 p.

7737. —— *Précis pour M⁰ Jean Prévereau... en réponse... à*

messire Jacques Compagnon. Saintes, imp. P. Toussaints, 1774, petit in-fol., 22 p.

7738. **Prévereau.** *Réponse pour Mᵉ Jean Prévereau... contre sieur Jacques Compagnon.* Bordeaux, imp. de P. Albespy, 1772, petit in-fol., 38 p.

7739. **Prévost-Sansac de Traversay** (sous-préfet de La Rochelle). *Extraits de l'analyse des procès-verbaux des conseils généraux du département. Session de l'an IX.* La Rochelle, imp. Bouyer, an IX, in-8, 64 p.

7740. **Prévost d'Exiles** (l'abbé). *Le doyen de Killerine.* La Haye, Pierre Popie, 1760, in-12, 3 vol.

7741. [——]. *Mémoires et aventures d'un homme de qualité.* Paris, Martin, 1656, in-12, 3 vol.

7742. —— *Histoire du chevalier des Grieux et de Manon Lescaut.* Paris, Delarue, 1865, in-32, xvi-239 pages.

7743. **Prevôt de La Jannès.** *Les principes de la jurisprudence française.* Paris, Briasson, 1759, in-12, 2 vol.

7744. **Price** (Jean). *Joannis Pricæi commentarii in novi testamenti libros.....* Londini, Jacobus Flesher, 1660, in-fol., 1358 col.

7745. **Priestley** (J.). *Cours d'histoire et de politique...* Paris, Deterville, an VI, 1798, in-8, 2 vol.

7746. *Primes d'honneur... des concours régionaux en 1867-1868.* Paris, imp. impér., 1869-1870, in-8, 2 vol.

7747. *Principes des jésuites sur la probabilité refutez par les payens...* 1727, in-4, 109 p.

7748. *Principes de la philosophie naturelle, dans lesquels on cherche à déterminer les degrés de certitude ou de probabilité des connaissances humaines.* Genève, 1787, in-8, 2 vol.

7749. **Priolo** (Benjamin). *Benjamini Priolo ab excessu Ludovici XIII de rebus gallicis historiarum libri XII.* Parisiis, Fredericum Leonard, 1665, in-4, 12 livres en 1 vol.   .

7750. **Priscien** le philosophe. *Solutiones,* grec et latin. (Collection Didot, volume Plotin).

7751. **Priscien.** *Poésies : la Périégèse.— Les poids et mesures. — Eloge d'Anastase;* traduits... par E.-F. Corpet. Paris, C.-L.-F. Panckoucke, 1845, in-8, 140 pages.

7752. **Privat** (Camille). *Comptes rendus de la presse sur les Fragments politiques du comte de Chambrun.* Paris, Garnier, 1872, in-8, 112 p.

7753. *Privilèges de l'ordre de Cisteaux.* Paris, Denis Mariette, 1713, in-4, xvi-535 p.

7754. *Privilèges accordés à la couronne de France par le Saint-Siège.* Paris, imp. impér., 1855, in-4, xxiii-411 p.

7755. *Privilegia regularium... auctore P. F. B. C. ordinis minorum...* 1648, in-fol., 440 p., index.

7756. *Procès de condamnation et de réhabilitation de Jeanne d'Arc dite la Pucelle...,* publié par Jules Quicherat. Paris, J. Renouard, 1841-1849, in-8, 5 vol.

7757. *Procès de Pierre Bonaparte. Meurtre de Victor Noir.* Paris, Le Chevalier, 1870, in-12, 216 p.

7758. *Procès (le) des treize. Interrogatoire des prévenus. — Réquisitoire du ministère public. — Plaidoirie de Me Jules Favre.* Paris, E. Dentu, 1864, in-8, 189 p.

7759. *Procès poétique touchant les vins de Bourgogne et de Champagne...* précédé d'une introduction par Ph. Milsand. Paris, Aubry, 1866, in-8, 59 p.

7760. *Procès-verbal de la confédération des français à Paris, le 14 juillet 1790.* Paris, J. Lottin, 1790, in-4, 32 p. (incomplet).

7761. *Procès-verbal de la fédération du département de la Charente-Inférieure, du 14 juillet 1791. — Proclamation du roi relative à la fédération.* Saintes, Cappon et Mareschal, 1791, in-4, 14 p. et tables, 2 pièces.

7762. *Procès-verbal de la séance extraordinaire et publique tenue à l'administration centrale du département de la Charente-Inférieure, en présence du représentant du peuple Picault (26 frimaire an VIII).* Saintes, imp. Josserand et Hus, an VIII, in-12, 11 p.

7763. *Procès-verbal de la session du conseil général du département de la Mayenne de 1791.* Angers, imp. Mame, 1791, in-4, 228-61 p.

7764. *Procès-verbal de la société populaire de Jonzac (nivose an II).* An II, 1794, in-4, 21 p.

7765. *Procès-verbal de l'installation de M. Boivin-Champeaux*. Poitiers, typ. de A. Dupré, 1871, in-8, 27 p.

7766. *Procès-verbal des conférences pour l'examen des articles de l'ordonnance civile du mois d'avril 1667, et l'ordonnance criminelle du mois d'avril 1770*. Paris, 1767, in-4.

7767. *Procès-verbal des délibérations de la commission interdépartementale des chemins de fer du centre et du sud-ouest de la France*. Versailles, imp. G. Beaugrand et Dax, 1873, in-4, 21 p.

7768. *Procès-verbal des délibérations de la première assemblée électorale du département de la Charente-Inférieure*. Saintes, imp. Pierre Toussaints, 1790, in-4, 186 p.

7769. *Procès-verbal des délibérations de la seconde assemblée électorale du département de la Charente-Inférieure, tenue en la ville de Saintes, pour l'élection d'un évêque*. Saintes, imp. P. Toussaints, 1791, in-4, 16 p.

7770. *Procès-verbal des séances de l'assemblée électorale du département de la Charente-Inférieure pour la nomination de onze députés à la première législature...* Saintes, imp. P. Toussaints, 1791, in-4, 73 p.

7771. *Procès-verbal des séances de l'assemblée nationale de France, tenues en l'année 1789 et suivantes...* Paris, imprimerie nationale, 1791, in-4, LVI-296-88-395 p.

7772. *Procès-verbal du concours agricole de 1874 ouvert à Rochefort*. Rochefort, imp. Ch. Thèze, 1874, in-8, 36 p.

7773. *Procès-verbal du sacre de Philippe Ier*. (Collection Guizot, tome 7, vol. Bouchard).

7774. *Procès-verbaux des états généraux de 1593*, publiés par M. Auguste Bernard. Paris, imp. royale, 1842, in-4, LXXI-831 p.

7775. *Procès-verbaux des séances du conseil de régence du roi Charles VIII...* publiés... par A. Bernier. Paris, imp. royale, 1836, in-4, IV-244 p.

7776. *Processionnal du diocèse de Bordeaux... réimprimé par ordre de monseigneur Ferdinand de Rohan*. Bordeaux, imp. Simon de La Court, 1677, in-8, 127 p.

7777. *Proclamation du roi sur les décrets de l'assemblée nationale pour la constitution civile du clergé.* La Rochelle, imp. P.-L. Chauvet, 1790, in-4, 54 p.

7778 *Proclamation du roi sur un décret... concernant les gardes nationales — l'armée — les commissaires... pour la formation des assemblées primaires.* La Rochelle, V. Cappon-Mesnier, 1790, in-4, 3 pièces.

7779. **Procle**, philosophe grégeois. *La sphaire translatée de grec en françoys,* par Hélie Vinet. Paris, imp. Hierosme de Marnef, 1573, in-12, 35 p.

7780. **Procope de Gaza**. *In Esaiam prophetam commentariorum epitome... Joanne Carterio interprete.* Parisiis, apud N. Chesneau, 1580, in-f°, préliminaires, 724 p., index.

7781. *Programme de la VIIIe fête de gymnastique donnée à Reims, les 28 et 29 mai 1882.* Reims, imp. Justinart, 1882, in-79 pages.

7782. *Programme des cours de l'école impériale centrale des arts et manufactures. (1re, 2e, 3e années).* Paris, Gauthier-Villars, 1867, in-8, 196 p.

7783. *Programmes de spectacles à Saintes, 12 avril 1866-11 février 1872.* Saintes, imp. Hus, 1866-1872, 59 pièces.

7784. *Programme des conférences ecclésiastiques du diocèse de La Rochelle, pour l'année 1869.* La Rochelle, imp. J. Deslandes, 1869, in-8, 21 p.

7785. *Programmes de l'enseignement de l'école impériale polytechnique.* Paris, imp. impériale, 1814, in-4, 63 p.

7786. *Progrès (Le) de la Charente-Inférieure,* années 1872-1883. Saintes, imp. Orliaguet, 1872-1883, in-f°, 9 volumes.

7787. *Progrès de la France sous le gouvernement impérial, d'après les documents officiels.* Paris, imp. impériale, 1869, in-4, 115 p.

7788. **Prohet** (Claude-Ignace). *Les coutumes du haut et bas païs d'Auvergne, avec les notes de M. Charles Du Moulin.* Paris, J. Coignard, 1695, in-4, viii-340-101-31 p. et table.

7789. *Projet de constitution an 3, 1791, 1793, de l'an 3 et de l'an 8.* In-4, 5 pièces.

7790. *Projet d'un embranchement de chemin de fer de Roche-fort à Saintes, vers Marennes et la pointe du Chapus.* Rochefort, imp. Thèze, 1872, in-4, 32 p.

7791. *Projet de code civil présenté par la commission nommée par le gouvernement, le 24 thermidor an 8.* Paris, Baudouin, an IX (1801), in-8, LV-310 p.

7792. *Projet de code criminel, correctionnel et de police.* [Paris], imp. de la république, in-4, LXXXIII-232 p.

7793. *Projet de distribution des eaux de la ville de Saintes.* Saintes, imp. Loychon et Hus, 1880, in-4, 6 pièces.

7794. *Projet de loi pour la fixation des recettes et des dépenses de l'année 1862.* Paris, imp. impériale, 1861, in-4, XXXIV-827 pages.

7795. *Propagateur (Le) de la dévotion à saint Joseph et à la sainte famille,* (manque 1873). Paris, Périsse, 1862-1875, in-12, 12 volumes.

7796. **Properce.** *Properti nova editio. Josephus Scaliger, Jul. Cæsaris f., recensuit.* (Voir Catulle.)

7797. —— *Elégies,* traduction... par de J. Genouille. Paris, Panckoucke, 1834, x-464 p.

7798. —— *Traduction de Delonchamps.* (V. Catulle).

7799. **Propiac** (de). *Plutarque ou abrégé des vies des hommes illustres de ce savant écrivain...* Paris, Gérard, 1826, in-12, 2 volumes.

7800. *Proprium sanctorum diœcesis Lemovicensis...* Lemovicensis, apud Petrum Barbou, 1689, in-32, 226 p.

7801. **Pros.** *Traction instrumentale et manuelle combinées dans l'accouchement.* Paris, O. Doin, 1875, in-8, 46 p.

7802. *Prospectus de l'école secondaire-communale de Saintes.* Saintes, Josserand, an XII, in-12, 19 p.

7803. **Prosper d'Aquitaine** (saint). *Opera edita per Oliviarum.* Parisius, typ. Petri Variquet, 1671, in-fol.

7804. —— *Opera.* Lugduni, apud Sebast. Gryphium, 1539, in-fol., préliminaires, 124-499 p.

7805. **Prosper d'Aquitaine** (saint). *Poëme contre les ingrats*, traduit en vers et en prose... Paris, veuve Martin-Durand, 1679, in-12, 368 p., avec table.

7806. *Protestant (le) cité au tribunal de la parole de Dieu*. Paris, Despilly, 1765, in-12, LXXII-396 p.

7807. **Proudhon** (P.-J.). *De la capacité politique des classes ouvrières*. Paris, E. Dentu, 1865, in-12, VI-455 p.

7808. —— *De la création de l'ordre dans l'humanité ou principes d'organisation politique*. Paris, Garnier frères, 1849, in-12, 451 p.

7809. —— *De la justice dans la révolution et dans l'église*. Paris, Garnier frères, 1858, in-12, 3 vol.

7810. —— *Du principe fédératif et de la nécessité de reconstituer le parti de la révolution*. Paris, E. Dentu, 1863, in-12, XVIII-324 pages.

7811. —— *France et Rhin*. Paris, librairie nationale, 1868, VI-264 pages.

7812. —— *Idées révolutionnaires*, avec une préface par Alfred Darimon. Paris, Garnier, 1849, in-12, XXVII-268 p.

7813. —— *La célébration du dimanche. — Avertissements aux propriétaires. — Plaidoyer devant la cour d'assises de Besançon. — De la concurrence entre les chemins de fer et les voies navigables. — Le Miserere*. Paris, librairie internationale, 1868, in-12, 308 p.

7814. —— *La guerre et la paix*. Paris, E. Dentu, 1861, in-12, 2 volumes.

7815. —— *La révolution sociale démontrée par le coup d'état du 2 décembre. — Le droit au travail et le droit de propriété. — L'impôt sur le revenu*. Paris, librairie internationale, 1868, VI-313 p.

7816. —— *Les confessions d'un révolutionnaire*, Paris, librairie internationale, 1868, in-12, 323 p.

7817. —— *Les évangiles annotés*. Paris, idem, XI-419 p.

7818. —— *Les majorats littéraires*. Paris, E. Dentu, 1863, in-12, 262 p.

7819. Proudhon (P.-J.) *Mélanges.* — Articles de journaux, 1848-1852. Paris, librairie internationale, 1868, in-12, tome 1er.

7820. —— *Si les traités de 1815 ont cessé d'exister.* Paris, Dentu, 1863, in-12, 108 p.

7821. —— *Solution du problème social.* Paris, librairie internationale, 1868, in-12, 315 p.

7822. —— *Système des contradictions économiques ou philosophie de la misère.* Paris, Garnier frères, 1850, in-12, 2 vol.

7823. —— *Théorie de la propriété.* Paris, librairie internationale, 1866, in-12, iii-310 p.

7824. —— *Théorie de l'impôt.* Paris, *idem*, 1868, in-12, 328 p.

7825. Prouhet. *Notes sur quelques points d'analyse.* Paris, imp. Gauthier-Villars, in-8, 29 p.

7826. Proust (Antonin). *Archives de l'Ouest.* Série A, 5 numéros, série B, 1 numéro. Paris, Lacroix, 1867-1869, in-8, 6 vol.

7827. —— *La division de l'impôt.* Paris, Guillaumin, 1869, in-12, viii-123 p.

7828. —— *La justice révolutionnaire à Niort.* Niort, (typ. Moreau, à Melle), 1869, in-8, xxx-208 p. et 1 plan.

7829. —— *L'octroi de Niort.* Niort, 1870, in-8, xxiv-68 p.

7830. Provancher (l'abbé L.). *Flore canadienne.* Québec, J. Darveau, 1862, in-8, 2 vol,

7831. —— *Le naturaliste canadien.* Québec, imp. Darveau, 1869-1871, in-8, 3 vol.

7832. *Province* (La) *de Québec et l'émigration européenne.* Québec, imp. de l'*Evènement*, 1870, in-8, 142 p.

7833. Prudhomme *Histoire genérale des crimes commis pendant la Révolution française.....* Paris (s. n.), 1796-1797, in-8, 6 vol.

7834. Prus. *Mémoirè sur la jonction de la Vienne à la Marne.* Angers, Cosnier, 1842, in-4, 110 p., 25 tableaux et 1 carte,

7835. *Psalmi aliquot in versus græcos nuper a diversis translati* (Voir Buchanan, Georges). In-8, 46 p.

7836. *Psalmorum versio nova ex hebræo fonte.* Parisiis, Claudium Herissant, 1762, in-12, xliv-406 p.

7837. *Psalterium hebraïcum*. Basileæ, Ioannis Frobenii, 1523, in-32.

7838. *Psalterium hebraicum cum commentario Rabbi David Kimhi... cum versione latina e regione... Per Paulvm Fagium*. Constantiæ, 1544, in-fol.

7839. *Psaumes (les) et les proverbes* (texte hébreux). In-32.

7840. **Psellvs** (Michael). *De arithmetica, musica, geometria, et Proclus de sphera, Elia Vineto Santone interprete*. Parisiis, apud Guillelmum Cauellat, 1557, in-12, 77 feuil.

7841. **Ptolémée** (Claude). ΚΛΑΥΔΙΟΥ Πτολεμαιου Αλεξανδρεως... περι της γεωγραφιας βιβλια οκτω. Basileæ, Froben, anno MDXXIIJ, in-4, 542 p.

7842. **Puaux** (E.). *Histoire de la réformation française*. Paris, Michel Lévy, 1859-1864, in-12, 7 vol.

7843. *Publication de la société pour favoriser le développement de Royan*. Royan, imp. Florentin-Blanchard, 1875-1876, in-8, 4 fascicules.

7844. *Publications mensuelles de l'association formée à Bordeaux pour la liberté des échanges*. Paris, Guillaumin, 1846, in-8, 4 fascicules.

7845. **Publius** (Victor). *Des régions de la ville de Rome*, traduites par M. Louis Baudet. Paris, Panckoucke, 1843, in-8, 64 pages.

7846. **Puffendorf** (le baron Samuel de). *Les devoirs de l'homme et du citoyen*, traduits du latin par Jean Barbeyrac. Amsterdam, Pierre de Coup, 1718, in-12, 2 vol.

7847. —— *Le droit de la nature et des gens... traduit du latin par Jean Barbeyrac*. Amsterdam, Pierre de Coup, 1712, in-4, 2 vol.

7848. *Introduction à l'histoire moderne, générale et politique de l'univers...* Paris, Mérigot, 1753-1759, in-4, 8 vol.

7849. [**Puget de La Serre**]. *La vie heureuse, ou l'homme content, enseignant l'art de bien vivre*. Paris, J. Charpentier, 1701, in-12, vii-256 p., gravures.

7850. **Pujoulx** (J.-B.). *Paris à la fin du XVIIIe siècle*. Paris, Brigite Mathé, an IX-1801, in-8, 388 p.

7851. **Pynaert**. *Manuel de l'amateur de fruits*. Gand, H. Hoste, 1866, in-12, vii-388 p.

7852. **Pythius** (Jean). *Responsio exetastica ad tractatum*. Lugd. Batav., Johannem Elsevirium, 1656, in-16, 414 p.

Q

7853. *Quæ sit S. Augustini et doctrinæ ejus authoritas in ecclesia*... Parisiis, Joannem Billaine, 1750, in-4, 250 p.

7854. *Quæ in hoc volumine continentur : Acta generalia octavæ synodi sub Eugenio quarto Ferrariæ inceptæ ; — Magni Basilii contra Eunomium de spiritu sancto liber tertius ; — Bessarionis cardinalis nunc Niceni archiepiscopi oratio ad Græcos habita ; — ejusdem epistola de successu ipsius synodi ac de spiritus sancti processione ad Alexium*. Romæ, Antonium Bladum, 1526, in-4, 98 p. in-fol.

7855. **Quantin** (Georges). *La théologie françoise où l'on traite de Dieu*... Paris, Théodore Girard, 1680, in-8, 310-301 pages, avec table.

7856. **Quantin** (Max.). *Dictionnaire topographique du département de l'Yonne*. Paris, imp. impériale, 1862, in-4, xxiii-167 pages.

7857. **Quaranta** (Etienne). *Summa bullarii earumve summorum Pontificum constitutionum*... Venetiis, Juntas, 1609, in-4, table, 527 p.

7858. **Quarré** (le P. Jean-Hugues). *Thrésor spirituel*. Paris, Sébastien Huré, 1660, in-8, table 649 p.

7859. **Quatre** (Les) *livres des rois... suivis d'un fragment sur Job et d'un choix de sermons de saint Bernard*, publiés par M. Le Roux de Lincy. Paris, imp. royale, 1841, in-4, cl-580 pages.

7860. **Quatrebarbes** (Le comte de). *Une commune vendéenne sous la Terreur*. Angers, Launay-Gagnot, 1837, in-12, 337 p.

7861. —— *Notice sur les œuvres du bon roi René d'Anjou*. Angers, imp. Pigné-Château (s. d.), in-12, 31 p.

7862. **Quatrefages** (A. de). *Charles Darwin et ses précurseurs français ; étude sur le transformisme*. Paris, Germer-Baillière, 1870, in-8, 378 p.

7863. **Quatrefages** (A. de). *Métamorphose de l'homme et des animaux.* Paris, Baillière, 1862, in-12, vi-324 p.

7864. —— *La race prussienne.* Paris, Hachette, 1871, in-12, 110 p. et 1 planche.

7865. —— *Nouvelles recherches sur les maladies actuelles du ver à soie.* Paris, Masson, 1860, in-4, 120 p.

7866. —— *Rapport sur les progrès de l'anthropologie.* Paris, imp. impériale, 1867, in-8, 570 p.

7867. —— *Souvenirs d'un naturaliste.* Paris, Charpentier, 1854, in-12, 2 vol.

7868. —— *Unité de l'espèce humaine.* Paris, L. Hachette, 1861, in-12.

7869. **Quatremère de Quincy.** *Considérations morales sur la destination des ouvrages de l'art...* Paris, imp. Crapelet, 1815, in-8, 113 p.

7870. *Quatrième circulaire de l'institut royal des sourds-muets de Paris.* Paris, imp. royale, 1836, in-8, viii-490 p.

7871. *Quatuor : basse, violon, flûte, alto.* In-4, 4 vol.

7872. *Que n'avons nous pas à craindre ? Qu'avons nous à espérer.* Paris, Poulet, 1815, in-8, 48 p.

7873. **Quellien** (N.). *Annaïk,* poésies bretonnes, avec une lettre-préface de M. Ernest Renan. Paris, Fischbacher, 1880, in-18, 145 p.

7874. **Quénin** (D.-J.). *Manuel élémentaire d'agriculture à l'usage des élèves des écoles primaires.* Avignon, imp. Jacquet, 1839, in-8, iii-163 p.

7875. **Quénot.** *Statistique du département de la Charente.* Paris, Deterville, 1818, in-4, 513 pages.

7876. **Quérard** (J.-M.). *La France littéraire ou dictionnaire bibliographique des savants.* Paris, F. Didot, 1827-1839, in-8, 10 volumes.

7877. —— *Livres à clef,* publiés par G. Brunet. Bordeaux, C. Lefebvre, 1873, in-8, ix-224 p.

7878. —— *Livres perdus et exemplaires uniques,* publiés par G. Brunet, Bordeaux, C. Lefebvre, 1872, in-8, v-100 p.

7879. **Quérard** (J.-M.). *Les supercheries littéraires dévoilées.* Paris, P. Daffis, 1869-1871, in-8, 3 vol. en 6 parties.

7880. [**Quéras**]. *Eclaircissement de cette célèbre et importante question de l'attrition selon le concile de Trente.* Paris, Antoine Dezalier, 1685, in-8, 649 p.

7881. **Quériau** (F.-G.) [ALÉTOPHILE]. *Examen du système de M. Newton sur la lumière et les couleurs.* Euphronople, (Paris. Vente), 1764, in-8, 180 p.

7882. [**Quesnel** (le P. Pasquier)]. *Abrégé de la morale des actes des apôtres, des épîtres de saint Paul, des épîtres canoniques et de l'apocalypse.* Paris, André Pralard, 1687, in-12, 3 vol.

7883. [——] *Mémoires pour servir à l'examen de la constitution du pape contre le nouveau testament en françois avec des réflexions morales.* 1714, in-12, 3 vol.

7884. [——] *Le nouveau testament en français, avec des reflexions.* Paris, André Pralard, 1705, in-8, 3 vol.

7885. —— *Lettre à N. S. P. le Pape Clément XI.* 1714, in-12, 21-44-24-390 p,, table.

7886. [——] *Lettre aux religieuses de la visitation du monastère de Paris, pour la justification des religieuses de Port-Royal.* 1697, in-12, 184 p., table.

7887. *Question (La) des chemins de fer.* Fontenay-le-Comte, imp. Robuchon, 1876, in-8, 10 fascicules.

7888. *Question curieuse si M. Arnauld, docteur de Sorbonne, est hérétique.* Cologne, N. Schouten, 1690, in-12, 228 p.

7889. **Quet.** *De l'électricité, du magnétisme et de la capillarité.* Paris, imp. impériale, 1867, in-8, 274 p.

7890. **Queux de Saint-Hilaire** (Marquis de). *Alexandre Soutzos... sa vie et ses œuvres.* Paris, imp. G. Chamerot, 1875, in-8, 38 p.

7891. —— *Des syllogues grecs en Orient et en Europe, et du progrès des études littéraires dans la Grèce de nos jours.* Paris, typ. G. Chamerot, 1878, in-8, 38 p.

7892. —— *Discours à la séance publique de la société académique des enfants d'Apollon, 1860, 1864, 1868, 1879.* Paris, imp. F. Malteste, in-8, 4 brochures.

444743

— 538 —

7893. **Queux de Saint-Hilaire** (Marquis de). *Essai historique sur le sujet d'Amphitryon.* Dunkerque, typ. B. Kien, 1861, in-8, 43 p.

7894. —— *Les fabulistes flamands et hollandais antérieurs au XVIII° siècle.* Lille, imp. Lefebvre-Ducrocq, 1864, in-8, 55 pages.

7895. —— *Lettre à M. Adolphe Blanc... sur la musique de chambre.* Paris, Jouaust, 1870, in-8, 31 p.

7896. —— *Nicolas Machiavel et les écrivains grecs.* Paris, typ. G. Chamerot, 1877, in-8, 19 p.

7897. —— *Notice sur la comédie intitulée La Tour de Babel, en cinq actes, de M. D.-K. Bysantios.* Dunkerque, typ. veuve B. Kien, 1875, in-8, 34 p.

7898. —— *Notice sur M. Duquère, secrétaire-général de la société académique des enfants d'Apollon.* Paris, imp. F. Malteste, 1876, in-8, 12 p.

7899. —— *Notice des principales publications grecques... pendant l'année 1874-1875.* Paris, typ. G. Chamerot, 1875, in-8, 19 pages.

7900. **Quillet** (P.-N.). *Etat actuel de la législation sur l'administration des troupes.* Paris, Magimel, 1808, in-8, 3 vol.

7901. **Quinet** (Edgard). *Œuvres complètes.* Paris, Pagnerre, 1857, in-12, vii-424 p.

7902. —— *Ahasvérus.* Paris, comptoir des imprimeurs unis, 1843, in-12, lxiii-401 p.

7903. —— *Marnix de Sainte-Aldegonde.* Paris, A. Delahays, 1854, in-12, 259 p.

7904. **Quicherat** (Jules). *Histoire de Sainte-Barbe,* tome II. Paris, Hachette, 1862, in-8, 415 p.

7905. **Quicherat** (Louis). *Thesaurus poeticus linguæ latinæ.* Paris, L. Hachette, 1859, in-8, xviii-1338 p.

7906. —— *Traité de versification française.* Paris, H. Hachette, 1850, in-8, iv-584 p.

7907. **Quicherat** (L.) et A. Daveluy. *Dictionnaire latin-français.* Paris, L. Hachette, 1867, in-8, viii-1292-viii-176 p.

7908. *Quinque novi indices generales diu multumque hacte-nus a studiosis desiderati.* Lugduni, Pillehotte, 1623, in-8.

7909. **Quinte Curce.** *Histoire d'Alexandre le Grand,* traduc-tion de MM. Trognon. Paris, Panckoucke, 1834, in-8, 3 vol.

7910. —— *De la vie et des actions d'Alexandre le Grand,* de la traduction de M. de Vaugelas. Paris, Louis Billaine, 1664, in-4, 609 p. et table.

7911. **Quintilien** (M.-F.). *M. Fabii Quintiliani institutionum oratorum libri XII et declamationes XIX.* [Paris], Bade, 1528, in-fol., CLXXVI-CXXVI p.

7912. —— *M. Fabri Quintiliani institutiones oratorie... quibus addi possunt... commentarii... et Petri Mosellani... annotationes... Commentarii familiares Io. Badii Ascen-sii...* [Paris, Josse Bade], 1531, in-fol.

7913. —— *Institution oratoire,* traduction par C.-V. Quizille. Paris, Panckoucke, 1839, in-8, 6 vol.

7914. **Quintus de Smyrne.** *Posthomerica,* grec et latin. (Collection Didot, vol. Hésiode).

R

7915. **R.** *La comparaison de Platon et d'Aristote avec les sen-timents des pères sur leur doctrine, et quelques réflexions chrétiennes.* Paris, C. Barbin, 1671, in-18, 210 p.

7916. **R.** (L.). *Nouveau voyage de France.* Paris, 1778, in-8, t. III.

7917. **R. P. M. D. B. R. B.** *Explication familière sur la règle de S. Benoist, faicte en forme de dialogue....* Paris, Jean Billaine, 1637, in-4, 745 p., table.

7918. **Raban-Maure** (Magnence). *Opera quæ reperiri potue-runt.* Coloniæ Agrippinæ, Hierati, 1626-1627, 5 tomes en 3 vol.

7919. —— *Pœnitentiale.* (Voir Stevart).

7920. **Rabanis.** *Clément V et Philippe-le-Bel. Lettre... sur l'entrevue de Philippe-le-Bel et de Bertrand de Got à Saint-Jean d'Angély.* Paris, Aug. Durand, 1858, in-8, 199 p.

7921. **Rabanis.** *Les Mérovingiens d'Aquitaine. Essai... sur la charte d'Alaon.* Paris, Durand, 1856, in-8, 234 p.

7922. **Rabanis et Lamothe.** *Compte-rendu des travaux de la commission des monuments et documents historiques..... de la Gironde.* Paris, Victor Didron, 1849, in-8, 72 p.

7923. **Rabbinowicz** (J.-M.). *Grammaire hébraïque,* traduite de l'allemand, par J.-J. Clément-Mallet. Paris, lib. A. Franck, 1862, in-8, xx-108 p.

7924. **Rabelais.** *Œuvres collationnées sur les éditions originales...* par MM. Des Marets et Rathery. Paris, J. Didot, 1857-1858, in-12, 2 vol.

7925. —— *Les songes drôlatiques de Pantagruel,* suite de 120 gravures sur bois. Paris, Tross, 1869, in-8, xx p., cxx gravures.

7926. **Rabet Petijean** (G.). *Nouvelle méthode pour enseigner la parole aux sourds-muets.* Paris, l'auteur, 1844, in-8, 64 p.

7927. **Rabutin** (François de). *Commentaires des dernières guerres de la Gaule Belgique.* Collection Michaud, t. VII; Collection universelle, t. XXXVII, XXXVIII et XXXIX.

7928. **Racine** (J.). *Œuvres,* nouvelle édition..... augmentée de morceaux inédits, par M. Paul Mesnard. Paris, L. Hachette, 1865-1873, in-8, 8 vol. et atlas.

7929. —— *Œuvres.* Paris, 1779, in-12, 3 vol.

7930. —— *Athalie et Esther, avec un commentaire biblique,* par le pasteur Athanase Coquerel. Paris, Cherbuliez, 1863, in-8, 388 p.

7931. **Racine** (Jean et Louis). *Lettres inédites,* publiées par l'abbé Adrien de La Roque. Paris, Hachette, 1862, in-8, 458 p.

7932. **Racine** (Louis). *La religion* suivie de *la grâce,* poëmes. Paris, de Pelafol, 1819, in-18, 320 p.

7933. **Racine** (l'abbé). *Abrégé de l'histoire ecclésiastique, contenant les évènements considérables de chaque siècle avec des réflexions.* Cologne, 1752, in-12, 9 vol.

7934. **Racine** (l'abbé). *Œuvres posthumes.* Avignon, 1759, in-12, 330 p.

7935. *Radulfi Tortarii Floriacensis monachi scripta.* (Voir *Sigeberti opera).*

7936. **Ræmond** (Florimond de). *Aux martyrs,* traduit du latin de Septim. Tertullian. Bourdeaus, S. Milanges, 1594, in-8, 14 p.

7937. —— *De la couronne du soldat,* traduit du latin de A. Septim. Tertullian. Bourdeaus, S. Milanges, 1594, in-8, 94 p.

7938. —— *Erreur populaire de la papesse Jeanne.* Bourdeaus, S. Milanges, 1594, in-8, 316 p.

7939. —— *Histoire de la naissance, progrez et décadence de l'hérésie de ce siècle.* Rouen, Pain, 1618, in-4, 1065 p. et table.

7940. **Raffenel** (Anne). *Voyage dans l'Afrique occidentale... exécuté en 1843 et 1844.* Paris, Arth. Bertrand, 1846, in-8, 512 p. atlas.

7941. **Raimond.** *Summula Raimundi, septem sacramenta ecclesiastica ingeniose complectens.* Parisiis, apud Ambrosium Girault, 1527, in-8, ccxx p.

7942. **Raimond d'Agiles.** *Histoire des Francs qui ont pris Jérusalem.* (Collection Guizot, tome 21, vol. Albert d'Aix).

7943. **Rainguet** (l'abbé Augustin). *Chants et légendes du mois de Marie.* Paris, L. Janet (1857), in-8, xix-215-32 p.

7944. —— *Idylles saintongeaises.* Montlieu, Procure du séminaire, 1868, in-12, xx-164 pages.

7945. —— *Ixile,* tragédie en trois actes et en vers avec chœurs. Montlieu, procure du petit séminaire, 1861, in-12, 84 p.

7946. —— *Sainte Eustelle,* drame chrétien en trois actes, avec chœurs. Surgères, impr. J. Tessier, 1876, in-12, 96 p.

7947. **Rainguet** (P.-D.). *Biographie saintongeaise.* Saintes, Niox, 1851, in-4, 642 p.

7948. —— *Découverte d'anciens tombeaux à Saint-Fort-sur-Gironde.* Jonzac, impr. Ollière, 1859, in-8, 8 p.

7949. —— *Dissertation historique sur saint Eutrope.... considéré comme fondateur de l'église épiscopale d'Orange.* Jonzac, impr. Ollière, 1861, in-8, vi-16 p.

7950. **Rainguet** (Pierre-Damien). *Etudes... sur l'arrondisse-*
ment de Jonzac. Jonzac, G. Arlot, 1864, in-8, 464 p.

7951. —— *Le notariat considéré dans ses rapports intimes et*
journaliers avec la morale. Paris, Durand, 1847, in-8, xviii-
297 p.

7952. —— *Mémoire archéologique suivi d'une notice sur*
l'église de Saint-Fort-sur-Gironde. La Rochelle, F. Boutet,
1843, in-8, 92 p.

7953. —— *Mortagne-sur-Gironde.* Jonzac, imp. Ollière, 1859,
in-8, vi-16 p.

7954. **Rainier de Pise.** *Pantheologia... edita per Joannem*
Nicolai... Lugduni, Petri Rigaud, 1655, in-fol, 3 vol.

7955. **Ragut** (C.). *Cartulaire de Saint-Vincent de Macon.*
Macon, impr. Protat, 1864, in-4, cccxviii-588 p.

7956. —— *Statistique du département de Saône-et-Loire.*
Macon, impr. Dejussieu, 1838, in-4, 2 vol.

7957. **Rambaud** (Alfred). *Les Français sur le Rhin (1792-1804)*
Paris, Didier, 1873, in-12, xii-378 pages.

7958. **Rambosson** (J.). *Les lois de la vie et l'art de prolon-*
ger ses jours. Paris, F. Didot, 1872, in-8, xiv-478 p.

7959. **Ramsay.** *Les voyages de Cyrus, avec un discours sur*
la mythologie. Paris, G.-F. Guillau fils, 1728, in-12, 372-
128 p.

7960. **Raoul.** *Messire Gauvain ou la vengeance de Raguidel,*
poëme de la table ronde, publié... par C. Hippeau. Paris, A.
Aubry, 1862, in-12, xxxiv-216 p.

7961. **Raoul de Caen.** *Histoire de Tancrède.* (Collection Guizot, tome 23).

7962. **Raoul de Flaix.** *In mysticum illum Moysi leviticum*
libri xx. [Marbourg]. Eucharius Cervicornus Agrippinas,
1536, in-fol., 314 p.

7963. **Raoult.** *Rapport sur les travaux des grands chemins*
fait au directoire du district de La Rochelle, par le procu-
reur-syndic, le 1er octobre 1790. La Rochelle, imp. P.-L.
Chauvet, 1790, in-8, 42 p.

7964. **Rancé** (Dom Armand-Jean LE BOUTHILLIER de). *Conférences ou instructions sur les épitres et évangiles des dimanches.* Paris, Denys Mariette, 1720, in-12, 4 vol.

7965. —— *Carte de visite faite à l'abbaye de Notre-Dame des Clairets.* Paris, François Muguet, 1690, in-12, 54-61 p.

7966. —— *De la sainteté et des devoirs de la vie monastique.* Paris, François Muguet, 1683, in-4, 2 vol.

7967. —— *Eclaircissements de quelques difficultés que l'on a formées sur le lieu de la sainteté et des devoirs de la vie monastique.* Paris, imp. François Muguet, 1586, in-12, 608 p. avec table.

7968. —— *Instruction sur la mort de dom Muce, religieux de l'abbaye de la Trappe.* (Voir Rancé, *Carte de visite*).

7969. [——] *La règle de saint Benoist.* Paris, François Muguet, 1689, in-4, 2 vol.

7970. [——] *Lettre d'un abbé régulier sur le sujet des humiliations, et autres pratiques de la religion.* Paris, Jean-Baptiste Coignard, 1677, in-12, 226 p.

7971. —— *Règlemens généraux pour l'abbaye de Notre-Dame de La Trappe.* Paris, imp. F. Muguet, 1701, in-12, 2 vol.

7972. **Rapet** (M.-J.-J.). *Manuel de morale et d'économie politique.* Paris, Guillaumin et Dezobry, 1858, in-12, IV-547 p.

7973. **Raphael a Lugagnano.** *Compilatio statutorum et decretorum de mandato... Benedicti XIV.* Romæ, typ. reverendæ cameræ apostolicæ, 1746, in-4, 36-16 p.

7974. **Rapin** (Amédée). *Du drainage à triple drain triangulaire.* Paris, A. Sagnier, 1869, in-12, 24 p.

7975. **Rapin-Thoyras** (De). *Histoire d'Angleterre..... avec remarques, par V. Tindal... et abrégé... des actes publics... de Th. Rymer.* La Haye, A. de Rogissart, 1727, et P. Gosse, 1735, in-4, 10 et 2 vol.

7976. **Rapine de Sainte-Marie** (Le père Paschal). *Le christianisme florissant au milieu des siècles.* Paris, veuve Gervais Alliot, 1666, in-4, 3 vol.

7977. *Rapport sur la situation financière et matérielle des communes en 1870, 1877.* Paris, imp. nationale, 1874 et 1881, in-4, 2 vol.

7978. *Rapport à l'empereur sur la situation des sociétés de secours mutuels...* [années] *1852-1860, 1862, 1863, 1865.* Paris, imp. impériale, 1853-1866, in-4, 12 vol.

7979. *Rapport au roi sur les hôpitaux, les hospices et les services de bienfaisance.* Paris, imp. royale, 1837, in-4, 16 p.

7980. *Rapports sur les travaux de la commission des archives diplomatiques pendant les années 1880-82.* Paris, imp. nationale, 1883, in-8, 21 p.

7981. *Rapports au ministre sur la collection des documents inédits de l'histoire de France, et sur les actes du comité des travaux historiques.* Paris, imp. nationale, 1874, in-4, 184 p.

7982. *Rapport au président de la république sur l'enseignement supérieur.* Paris, imp. nationale, 1878, in-8, 87 p.

7983. *Rapport à l'occasion du jubilé semi-séculaire de la société impériale des naturalistes de Moscou.* Moscou, imp. de l'université, 1856, in-8, 151 p.

7984. *Rapport de la commission de la correspondance de Napoléon Ier, à sa majesté l'empereur.* Paris, imp. impériale, 1870, in-4, 6 p.

7985. *Rapport de la commission départementale au conseil général du Finistère. Session d'août 1879.* Quimper, typ. A. Jaouen, 1879, in-8, 22 p.

7986. *Rapport de la commission nommée par la société royale d'agriculture de La Rochelle, pour visiter les domaines des concurrents aux primes offertes par M. le ministre de l'agriculture.* La Rochelle, typ. Mareschal, 1847, in-4, 14 p.

7987. *Rapport de la commission supérieure des caisses d'assurances en cas de décès et en cas d'accidents.* Paris, imp. impériale, 1870, in-4, 1 vol.

7988. *Rapport de sa commission supérieure de la caisse des retraites.* Paris, imp. impériale, 1865-1869, 4 vol.

7989. *Rapport des commissaires chargés par le roi, de l'examen du magnétisme animal.* Paris, Moutard, 1764, in-8, 80-47 p.

7990. *Rapport du comité de secours aux blessés de l'arrondissement de La Rochelle.* La Rochelle, typ. de A. Siret, 1874, in-8, 27 p.

7991. *Rapport du conseil de perfectionnement de l'école impériale polytechnique.* Session 1806-1807. Paris, imp. impériale, 1807-1808, in-4, 2 vol.

7992. *Rapport du conseil d'administration de la compagnie du chemin de fer de Barbezieux à Châteauneuf, 1870-71-72.* Barbezieux, imp. de P.-J. Blaix, 1870-71-72, in-4, 3 vol.

7993. *Rapport du conseil d'administration de la compagnie du chemin de fer des Charentes,* n°s 4, 6, 7, 8, 9, 10, 11, 13, 14, 16. Paris, imp. A. Chaix, 1865-1874, 10 pièces.

7994. *Rapport du jury central sur les produits de l'industrie française.* Paris, imp. royale, 1828-1844, in-8, 11 vol.

7995. *Rapports du jury mixte international sur l'exposition universelle de 1855.* Paris, imp. impériale, 1856, in-8, 1 vol.

7996. *Rapports du jury international de l'exposition universelle de 1867, à Paris,* publiés sous la direction de M. Michel Chevalier. Paris, imp. Dupont, 1868, in-8, 13 t. en 15 vol.

7997. *Rapport de messieurs les agens généraux du clergé de France, années 1705-1785.* Paris, Muguet, Pierre-Simon Desprez, Didot, in-fol., 16 vol.

7998. *Rapport du ministre de l'instruction publique de la province de Québec.* Toronto, imp. J. Lovell, 1856-1871, in-8, 15 vol.

7999. *Rapport sur le choléra-morbus, lu à l'académie royale de médecine, en séance générale, les 26 et 30 juillet 1831.* Paris, imp. royale, 1831, in-8, 199 p.

8000. *Rapport sur le concours relatif à la géographie et aux antiquités de l'Amérique centrale.* Paris, Paul Renouard, 1836, in-4, 47 p.

8001. *Rapport sur l'exposition universelle de 1855, par le prince Napoléon.* Paris, imp. impériale, 1857, in-4, 511 p. et 2 plans.

8002. *Rapport sur différents procédés de préparation des vins blancs à distiller, lu au comice agricole de Saintes, le 21 juin 1868.* Saintes, imp. Hus, 1868, in-8, 27 p.

8003. *Rapport sur la marche et les effets du choléra-morbus dans Paris et les communes rurales du département de la*

Seine. (Année 1832). Paris, imp. royale, 1834, in-4, 205 p. et 48 plans.

8004. *Rapports sur les caisses d'épargne.* Années 1836, 1837, 1867, 1868, 1869. In-4, 9 vol.

8005. *Rapport sur les travaux des conseils d'hygiène publique du département de la Charente-Inférieure, pendant l'année 1872-1874, 1876, 1877.* La Rochelle, imp. Mareschal, 1874, in-8, 5 vol.

8006. *Rapports sur les travaux des comités historiques des chartes, chroniques et inscriptions ; — des sciences morales et politiques ; — de la langue et de la littérature françaises ; — des sciences ; — des arts et monuments et des monuments historiques.* Paris, imp. royale, 1839, in-4, 6 livraisons.

8007 *Rapport lu à l'assemblée générale des notaires de l'arrondissement de La Rochelle.* La Rochelle, imp. Mareschal, 1856, in-8, 24 p.

8008. *Rapports publiés par le ministère de l'agriculture et du commerce, 1870-1871.* Paris, V. Masson, 1870-1871, in-8, 1 volume.

8009. *Rapports, discours, et autres documents de la révolution française.* An IV-an X (1796), in-8, 30 pièces dans 1 carton.

8010. *Rapport et discussion d'une pétition relative à la banque de France et à la banque de Savoie.* Paris, typ. E. Panckoucke et Cⁱᵉ, 1864, in-8, 205 p.

8011. *Rapports et documents de la commission des engrais.* Paris, imp. impériale, 1864, in-4, 134 p.

8012. [**Rassicod** (Etienne)]. *Notes sur le concile de Trente, touchant les points les plus importants de la discipline ecclésiastique.* Cologne, B. d'Egmont, 1706, in-8, 353-41 p. avec table.

8013. *Ratio atque institutio studiorum societatis Jesu.* Antuerpiæ, apud Joannem Meursium, 1635, in-12, 173 pages avec index.

8014. **Ratramne.** *Traité du corps et du sang du Seigneur,* traduit en françois par M. Jacques Boileau. Paris, veuve Edme Martin, 1686, in-12, 291 p. avec table.

8015. **Raucourt.** *Mémoire sur les expériences lithographiques faites à l'école royale des ponts et chaussées de France.* Toulon, Aucel, 1819; in-8, VIII-210 pages avec planche.

8016. **Ravaisson** (Félix). *La philosophie en France au XIXᵉ siècle.* Paris, imp. impériale, 1868, in-8, 266 p.

8017. —— *Rapport sur l'organisation de la bibliothèque impériale.* Paris, E. Panckoucke, 1862, in-8, 371 p.

8018. **Ravanel** (Pierre). *Bibliotheca sacra seu thesaurus scripturæ canonicæ amplissimus...* Genevæ, Petri Chouët, 1550, in-fol., 1043 p.

8019. **Raveneau** (Jacques). *Traité des inscriptions en faux et reconnaissances d'écritures.* Paris, Jean Guignard, 1691, in-16, table, 215 p.

8020. **Ravenez** (L.-W.). *Recherches sur les origines des églises de Reims, de Soissons et de Châlons.* Paris, J. Lecoffre, 1857, in-8, XXXII-180 p.

8021. **Ravignan** (le R. P. de). *De l'existence et de l'institut des jésuites.* Paris, Poussielgue-Rusand, 1844, in-8, 166 p.

8022. **Ravisius-Textor** (Jean). *Epitheta quibus occurrerunt de prosodia, libri IIII.* Lugduni, sumpt. Petri Rigaud, 1611, in-8, 134-982 p.

8023. **[Raymond** (l'abbé Henri)]. *Droits des curés et des paroisses.* Paris, 1780, in-8, XIV p., table, 308 p.

8024. **Raymond** (Louis). *Les prêtres déportés en 1793.* Paris, Société bibliographique, (187), in-18, 36 p.

8025. **Raymond** (Paul). *Dictionnaire topographique du département des Basses-Pyrénées.* Paris, imp. impériale, 1863, in-4, XX-208 p.

8026. **Raymond de Penafort** (Saint). *Summa.* Avenione, Francisci Mallard, 1715, in-4, 850 p., index.

8027. **Raynaud** (le P. Théophile). *Theologia naturalis sive entis increati et creati intra supremam abstractionem ex naturæ lumine investigatio.* Lugduni, Claudii Landri, 1622, in-4, 1072 p., table.

8028. **Raymondeau** (Dʳ). *Rapport présenté à MM. les Mem-*

bres de la commission de l'ambulance de la Haute-Vienne.
Limoges, J.-B. Chatras, 1871, in-8, v-85 p.

8029. **Raynal** (G.-T.). *Histoire philosophique et politique des
établissements et du commerce des Européens dans l'Afrique
septentrionale.* Paris, A. Costes, 1826, in-8, 2 vol.

8030. **Raynal.** *Histoire philosophique et politique des établis-
semens et du commerce des Européens dans les deux Indes.*
Genève, J.-L. Pellet, 1780, in-4, 5 vol.

8031. **Raynouard.** *Grammaire comparée des langues de
l'Europe latine.* Paris, F. Didot, 1821, in-8, LXVIII-412 p.

8032. —— *Lexique roman ou dictionnaire de la langue des
troubadours.* Paris, Silvestre, 1844, in-8, 6 vol.

8033. **Réaume** (Eugène). *Etude historique et littéraire sur
Agrippa d'Aubigné.* Paris, veuve Belin, 1883, in-8, v-320 p.

8034. **Réaumur** (Ferdinand de). *L'art de convertir le fer forgé
en acier.* Paris, Michel Brunet, 1722, in-4, XVIII-568 p.

8035. **Reboul** (Ant.-Jos.). *Mes souvenirs de 1814 et 1815.* Paris,
A. Eymery, 1824, in-8, II-279 p.

8036. **Reboulet.** *Histoire du règne de Louis XIV.* Avignon,
F. Girard, 1744, in-4, 3 vol.

8037. **Rebouro-Guizelin.** *Rapport... sur le concours international des fromages au palais de l'industrie, 1866.* Paris,
imp. impériale, 1867, in-12, 29 p.

8038. **Rebuffe** (Pierre). *Commentaria in constitutiones seu
ordinationes regias.* Lugduni, hæredes Gulielmi Rovillii,
1613, in-fol.

8039. —— *Explicatio ad quatuor primos pandectarum libros.*
Lugduni, Gulielmum Rovillium, 1589, in-fol., 507 p., index.

8040. —— *In tit. Dig. de verborum et rerum significatione
commentaria amplissima.* Lugduni, hœredes Gulielmi Rovillii, 1614, in-fol., 701 p., index.

8041. —— *Ordonnance et édicts royaux de France, depuis le
roy S. Loys IX, jusqu'au roy Charles neufième... 1565.*
Lyon, 1566, in-fol., 2 tomes en 1 vol.

8042. —— *Praxis beneficiorum.* Parisiis, Joannem Guignard,
1664, in-fol., index, 788 p.

8043. **Rebuffe** (Pierre). *Repetitiones variæ...* Lugduni, hœredes Gullielmi Roville, 1615, in-fol., 681 p., index.

8044. —— *Responsa et consilia.* Lugduni, hœredes Gulielmi Rovillii, 1618, in-fol., index, 365 pages, index.

8045. —— [*Tractatus varii*]. Sans frontispice.

8046. *Réception à Marseille des membres du congrès scientifique de France.* Marseille, typ. veuve Marius Olive, 1867, in-8, 35 p.

8047. *Recherches sur les courbes à double courbure.* Paris, Nyon, 1731, in-4, 119 p. et 6 planches.

8048. *Récoltes des céréales et des pommes de terre, de 1815 à 1880.* Paris, imp. nationale, 1878, grand in-4, xxvii-471 p.

8049. *Recueil annoté des lois, décrets et documents officiels relatifs à l'agriculture...* Paris, au bureau du recueil, 1878-1879, in-8, 13 livraisons.

8050. *Recueil d'actes des XIIᵉ et XIIIᵉ siècles, en langue romane wallonne,* par M. Tailliar. Douai, imp. d'Aubers, 1849, in-8, cccxxviii-528 p.

8051. [*Recueil d'arrêts rendus par le conseil privé du roi, le conseil d'état et la cour de parlement*]. Paris, Antoine Vitré, 1653, in-4.

8052. *Recueil de différentes pièces sur l'affaire malheureuse de la famille des Calas.* Paris, Merlin, 1765, in-8, 1 vol.

8053. *Recueil de divers écrits sur l'amour et l'amitié, la politesse, la volupté, les sentimens agréables, l'esprit et le cœur.* Bruxelles, J. Foppens, 1736, in-12, vi-288 p.

8054. *Recueil d'édits, en faveur des musiciens du royaume.* Paris, imp. P.-R.-C. Ballard, 1774, in-8, ii-227 p.

8055. [*Recueil d'édits du roi et de règlemens, du 13 aoust 1669*]. Paris, Frédéric Léonard, 1669, in-4.

8056. *Recueil de différentes pièces, relatives aux missions des jésuites et intitulé affaire de la Chine.* In-12, in-4, 6 vol.

8057. *Recueil de diverses pièces et lettres concernant la régale et le diocèse de Pamiés.* Cologne, Nicolas Schouten, in-16, 494 p., table.

8058. *Recueil de diverses pièces publiées pour la traduction du nouveau testament imprimé à Mons.* Cologne, Nicolas Schoute, 1669, in-8, 604 p.

8059. *Recueil de lettres sur la doctrine et l'institut des jésuites.*

8060. *Recueit de lois relatives à l'administration des forêts nationales.* Paris, imp. de la république, an V, in-8, xii-294 pages.

8061. [*Recueil de mémoires, [lettres, etc., sur le P. Quesnel].* 1712, in-12.

8062. *Recueil de pièces diverses.* In-12, 6 vol.

8063. [*Recueil de pièces diverses sur le jansénisme].* Paris, 1652-1714, in-4, 15 vol.

8064. [*Recueil de pièces diverses relatives aux jésuites. Années 1625, 1626, 1628].* 1710-1762, in-12, 20 vol.

8065. *Recueil de pièces en prose et en vers... de l'académie royale de La Rochelle.* Paris, Thiboust, 1752-63, in-8, 2 vol.

8066. *Recueil de pièces intéressantes sur la loi du silence.* 1759, in-12, 2 vol.

8067. *Recueil de pièces pour servir à l'histoire de M. d'Etigny, intendant en Navarre, Béarn, et généralité d'Auch.* Auch, imp. veuve Duprat, 1826, in-8, 48 p.

8068. *Recueil de pièces rabbiniques en hébreu.* Amsterdam, in-24.

8069. [*Recueil de pièces relatives à la bulle Unigenitus].* 1713-1714, in-12, in-4, 6 vol.

8070. [*Recueil de pièces relatives aux assemblées du clergé en 1625 et 1626].* Paris, imp. Antoine Estienne, 1626, in-8.

8071. [*Recueil de pièces relatives aux maximes des saints. In-4, 1 volume.

8072. *Recueil de plusieurs pièces pour la défense de la morale et de la grâce de Jésus-Christ.* Delft, Henri van Rhin, 1698, in-12, 2 tomes en 1 vol.

8073. *Recueil de quelques conférences ecclésiastiques du diocèse de Sens.* Sens, imp. Louis Prussurot, 1660, in-4, 355-4-4 p.

8074. *Recueil de quelques pièces de proses et de vers faites pour les prix qui avoient esté proposez de la part de l'académie françoise, 1671-1761.* Paris, J. Cauterot, 1693-1762, in-12, 13 vol.

8075. *[Recueil de pièces relatives aux jansénistes et aux protestants].* In-4, 2 vol.

8076. *Recueil de règlemens et ordonnance de Louis XV concernant les crimes et délits militaires, les étapes, les déserteurs, la noblesse et l'école royale militaire.* (Voir ordonnance du roi sur l'infanterie du 6 mai 1755). Paris, P. Prault, 1759, in-32, table, 175 p.

8077. *Recueil de toutes les pièces qui concernent le différent du P. Jacques Desmothes avec les curés de la mesme ville, touchant la confession paschale.* Paris, François Muguet, 1687, in-4, table, 150 p.

8078. *Recueil des actes de la commission des arts et monuments de la Charente-Inférieure.* Saintes, Marennes, Saint-Jean-d'Angély, 1861-1884, in-8, 7 vol.

8079. *Recueil des actes, titres et mémoires concernant les affaires du clergé de France....* Paris, imp. P. Simon, 1726-1740, in-fol., 13 vol.

8080. *Recueil des actes, titres et mémoires concernant les affaires du clergé de France..... contenant les cahiers et remontrances.* Paris, Pierre Simon, 1749, in-fol., table et 779 p.

8081. *Recueil des arrêts de la cour royale de Poitiers.* Poitiers, Charles Pichot, 1845-1847, in-8, 2 vol.

8082. *Recueil des censures des facultés de théologie de Paris, de Reims et de Nantes contre les propositions extraites des cahiers du sieur Le Roux.* Paris, imp. J.-B. Delespine, 1727, in-12, 301-71 p.

8083. *Recueil des cérémonies que l'on doit observer quand on administre l'eucharistie et l'extrême-onction aux malades; ou lorsqu'on fait des funérailles dans les églises de la compagnie de Jésus.* Bordeaux, imp Jacques Mongiron-Millanges, 1680, in-4, 152 p.

8084. *Recueil des conférences ecclésiastiques du diocèse de Sens.* Cologne, Pierre Marteau, 1677, in-12, 2 vol.

8085. *Recueil des dissertations qui ont remporté le prix à l'académie royale des belles-lettres, sciences et arts de Bordeaux.* Bordeaux, Brun, 1715-1735, in-12, 5 vol.

8086. *Recueil des édits et déclarations des roys Henry IV, Louys XIII et Louis XIV, sur la pacification des troubles de ce royaume.* Paris, imp. Antoine Estienne, 1659, in-8, 259 p. avec table.

8087. *Recueil des édits obtenus en faveur du clergé de France depuis l'année 1655 jusqu'en l'année 1660.* Paris, Antoine Vitré, 1660, in-8, 876 p.

8088. *Recueil des édits concernant les duels et rencontres.* Paris, Sébastien Mabre-Cramoisy, 1669, in-12, table, 398 p.

8089. *Recueil des édits rendus sur les biens d'église aliénez depuis l'année 1556.* Paris, Frédéric Léonard, 1678, in-12, table, 424 p.

8090. *Recueil des édits... rendus au sujet des gens de la religion prétendue réformée.* Paris, Joseph Saugrain, 1714, in-12, 551 p., table.

8091. *Recueil des édits rendus en faveur des curez, vicaires perpétuels, vicaires amovibles, chanoines et autres bénéficiers.* Paris, Guillaume Saugrain, 1700, in-8.

8092. *Recueil des édits et déclarations du roy en faveur du clergé pendant l'agence de M. l'abbé de La Hoguette.* Paris, F. Léonard, 1676, in-12, 550 p.

8093. *Recueil des édits, déclarations du roy, et arrests de son conseil les plus nécessaires, particulièrement aux gens d'église et aux gens de justice pour sçavoir ce qui est permis, et ce qui est défendu aux prétendus réformez.* Paris, Frédéric Léonard, 1681, in-8, 366 p.

8094. *Recueil des harangues prononcées par messieurs de l'académie française dans leurs réceptions.* Paris, J.-B. Coignard, 1698, in-4, 764 p. et table.

8095. *Recueil des historiens des croisades. Historiens occidentaux.* Paris, imp. royale, 1844-1846-1871, in-folio, 5 vol.

8096. *Recueil des historiens grecs des croisades.* Paris, imprimerie nationale, 1875-1881, in-folio, 2 vol.

8097. *Recueil des historiens des croisades. Historiens orientaux.* Paris, imp. nationale, 1872, in-folio, LXXI-365 p.

8098. *Recueil des interrogatoires subis par le général Moreau.* Paris, imp. impériale, an XII (1804), in-8, 181 p.

8099. *Recueil des lettres patentes octroyées aux jésuites par les rois Henry IV et Louis XIII.* Paris, Jean Petit-Pas, 1612, in-4, 59-95-84-16-10-32-39 p.

8100. *Recueil des lois concernant les émigrés.* Paris, Prault, 1792, in-4, VIII-191 p.

8101. *Recueil dès mandemens pour l'acceptation de la constitutiou de N. S. Père le pape Çlément XI, du 8 septembre 1773...* Paris, imp. Vᵉ F. Muguet, 1725, in-4, 575 p.

8102. *Recueil des ordonnances sur le fait des tailles, depuis 1583 jusqu'à présent.* Paris, Nicolas Gosselin, 1706, in-12, XXXII-468 p.

8103. *Recueil des pièces présentées par les PP. jésuites à la S. congrégation pour répondre à l'écrit intitulé : Questions de la Chine...* 1700, in-12.

8104. *Recueil des pièces publiées en l'affaire des évesques d'Alet, de Pamiés, de Beauvais et d'Angers.* Cologne, Nicolas Schoute, 1659, in-8, table, 567 p.

8105. *Recueil des pièces relatives à la reconnaissance des reliques trouvées dans l'église souterraine de Saint-Eutrope de Saintes.* Saint-Jean d'Angély, imp. A. Durand-Lacurie, 1843, in-4, 95-116 p.

8106. *Recueil des plus beaux noels vieux et nouveaux.* Poitiers, J. Faulcon, in-12, 174 p.

8107. *Recueil des principaux édits concernant la justice, police et finance, depuis 1722.* Paris, Claude Girard, 1740, in-18, 624 p.

8108. *Recueil des procès-verbaux des assemblées générales annuelles des ateliers de Paul Dupont.* Paris, imp. P. Dupont, 1857, in-8, 6 broch.

8109. *Recueil des remontrances, édicts .. concernant le clergé de France (Le livre premier, le livre second du).* Paris, Jean Richer, 1626, in-8, 2 vol.

8110. *Recveil des statvts synodavx dv diocèse de Sens.* Sens, Louis Prussurot, 1665, in-12, 92 p.

8111. *Recueil des traitez de paix, trèves et neutralités entre les couronnes d'Espagne et de France.* Anvers, imp. Plantinienne, 1650, in-12, 392 p. et table.

8112. *Recueil chronologique des ordonnances... sur les ordonnances des mois d'avril 1667, août 1669, août 1670 et mars 1673.* Paris, Debure, 1757, in-12, 3 vol.

8113. *Recueil factice de diverses pièces ecclésiastiques.*

8114. *Recueil général des lois, arrêts... concernant la perception des droits réunis.* Paris, imp. J.-H. Ston, 1806-1821, in-8, 6 vol.

8115. *Recueil général des opéras représentés par l'académie royale de musique depuis son établissement.* Paris, C. Ballard, 1703-1714, in-12, 10 vol.

8116. *Recueil général des pièces concernant le procez entre la demoiselle Cadière, de la ville de Toulon, et le père Girard, jésuite.* 1732, in-folio, 2 tomes en 1 vol.

8117. *Recueil général des questions traictées ès conférences du bureau d'adresse, sur toutes sortes de matières, par les plus beaux esprits de ce temps.* Paris, Cardin Besongne, 1656, in-12, 3 volumes, 1, 3 et 5.

8118. *Recueil historique des bulles et constitutions, brefs, décrets et autres actes, concernant les erreurs de ces deux derniers siècles...* Mons, Gaspard Migeot, 1694, in-4, 424-20-16 p. avec table.

8119. *Recueil important sur la question de sçavoir si un juif marié dans sa religion peut se remarier après son baptême, lorsque sa femme juive refuse de le suivre et d'habiter avec lui.* Amsterdam, Collot, 1759, in-12, 2 vol.

8120. *Recueil nécessaire avec l'évangile de la raison.* Londres, 1776, in-8, 280 p.

8121. *Recueil précieux de la maçonnerie adonhiramiste,* 2ᵉ partie. Philadelphie, Philarèthe, 1786, in-18, 149 p.

8122. **Recupito** (le P. Jules-César). *De signis prædestinationis...* Parisiis, Franciscum Muguet, 1664, in-4, 415-78-15 p.

8123. **R.-D.** *Conduite des confesseurs dans le tribunal de la pénitence selon les instructions de saint Charles Borromée.* Paris, Delusseux, 1741, in-12, xxxiii-469 p.

8124. **Rédarès** (J.-M.-M.). *Translation des reliques de sainte Geneviève, patronne de Paris.* Paris, imp. de Paul Dupont, 1863, in-8, 15 p.

8125. **Rédet** (L.). *Dictionnaire topographique du département de la Vienne, comprenant les noms de lieux anciens et modernes, rédigé sous les auspices de la société des antiquaires de l'ouest.* Paris, imprimerie nationale, 1881, in-4, 526 p.

8126. *Réduction de la ville et chasteau de Royan à l'obéissance du roy.* Pontaudemer, Jehan Petit, (1622), in-32, 8 p.

8127. *Réflexions sur l'ordonnance et l'instruction pastorale de M. l'archevêque, duc de Cambrai, touchant le cas de conscience.* (Voir Verax). Nancy, Joseph Nicolaï, 1705, in-12, 227 p.

8128. *Réflexions d'un théologien sur la lettre pastorale de Mgr l'évêque de Chartres sur le livre intitulé : Explications des maximes des saints.....* Liège, Mathias Hovius, 1628, in-18, 166 p.

8129. *Réflexions impartiales d'un ami de la religion.* S. n., l. ni d., [1788], in-8, 14 p.

8130. *Réflexions sur le miracle arrivé à Moisy par l'intercession de M. de Paris.* Autrecht, 1742, in-12, xl-480-clxxiv p.

8131. *Réflexions sur quelques points contenus en la relation des délibérations du clergé de France, touchant la constitution et le bref de nostre S. Père le pape Innocent X.* (Voir Abelly). Paris, Georges Josse, 1660, in-4, 29 p., table.

8132. *Réflexions sur l'arrêt du 21 janvier 1764 contre l'instruction pastorale de M. l'archevêque de Paris.* Paris, 1764, in-8, 251-16 p.

8133. *Réflexions sur les cultes de la Chine.* 1710, in-4, 194 p. avec table.

8134. *Réflexions sur la paix, adressées à M. Pitt et aux Français.* Paris, Michel, [1795], in-8, 64 p.

8135. *Reformatio cleri Germaniæ ad correctionem vitæ et*

morum... Coloniæ, ex ædibus Quentelianis, 1539, in-folio, index, 42 folios.

8136. *Reformatio ex decretis Reginaldi Poli cardinalis, sedis apostolicæ legati, anno M. D. LVI.* (Voir Galilée). Romæ, Paulum Manutiun Aldi f., 1562, in-4, 27 fol.

8137. *Réforme (la) des chemins de fer.* Revue bi-mensuelle. Paris, Librairie nouvelle, 1879, in-8, 7 livraisons.

8138. **Refuge** (de). *Géographie historique universelle et particulière avec un traité de la préséance du roy de France contre celuy d'Espagne...* mis en lumière par Charles du Boisgamatz. Paris Brunet, 1645, in-4, 463 p.

8139. *Régale (affaire de la).* Documents divers concernant l'affaire de la régale... Paris, Frédéric Léonard, 1680, in-4.

8140. *Regia Parnassi seu palatium musarum.* Lyon, Guillelmum Duvirot, 1735, in-4, 836 p. et table.

8141. **Regis** (Pierre-Sylvain). *L'usage de la raison et de la foy.* Paris, Jean Cusson, 1704, in-4, 500 p. avec table.

8142. **Réginon** (le P.), abbé de Prum. *Libri duo de ecclesiasticis disciplinis et religione christiana...* Parisiis, typ. Franciscus Muguet, 1671, in-8, 658 p., index.

8143. *Registres de l'Hôtel de Ville de Paris pendant la Fronde,* publiés par MM. Le Roux de Lincy et Douet-d'Arcq. Paris, J. Renouard, 1846, in-8, 3 vol.

8144. *Règlement... sur la comptabilité publiqué...* Paris, imprimerie royale, 1840, in-4, xvi-326 p.

8145. *Règlement de la L.˙. de Saint-Jean, sous le titre distinctif des enfants de Mars et de Thémis, à l'O.˙. du 66ᵉ régiment à la Basse-Terre, île Guadeloupe.* Sans lieu ni date, in-4, 42 p., table.

8146. *Règlement de la société coopérative de panification de Taillebourg.* Saintes, imp. Hus, 1869, in-12, 14 p.

8147. *Règlement général sur les chemins vicinaux.* La Rochelle, typ. de G. Mareschal, 1872, in-8, 58 p.

8148. *Règlements généraux sur l'entretien et la surveillance de la voie des chemins de fer des Charentes.* Paris, imp. Poitevin, 1866, in-32, 3 vol.

8149. *Règlement de la société des régates de Fouras.* Rochefort, imp. Ch. Thèze, 1870, in-12, 8 p.

8150. *Règlement de la société des courses de La Rochelle.* La Rochelle, typ. Siret, 1876, in-8, 12 p.

8151. *Règlement de la société d'agriculture et du comice agricole de l'arrondissement de Saintes, 1835, 1868, 1875.* Saintes, Hus, in-18, 3 fascicules.

8152. *Règlement de la société d'agriculture de l'arrondissement de La Rochelle, établie par arrêt du conseil du roi du 15 février 1762.* La Rochelle, typ. Mareschal, 1868, in-8, 6 p.

8153. *Règlement du service de la compagnie des sapeurs-pompiers de la commune de Brisambourg.* Saintes, imp. Hus, 1868, in-18, 7 p.

8154. *Règlement de police pour les filles publiques et les maisons de tolérance de Saintes.* Saintes, imp. Hus, 1872, in-8, 16 p.

8155. *Règlement de police pour la ville de Saintes.* Saintes, imp. Hus, 1822, in-4, 26 p.

8156. *Règlement sur la police de la pêche maritime côtière dans le 4e arrondissement maritime.* Paris, imp. impériale, 1853, in-4, 151-v-95-25 p.

8157. *Règlement de l'octroi de la commune de Saintes... 1847, 1865, 1872, 1877.* Saintes, imp. Hus, 1847-1877, in-4, 4 pièces.

8158. **Regnard**. *Œuvres.* Paris, stéréot. d'Herhan, 1805, in-18, 4 volumes.

8159. **Regnault** (l'abbé). *Instructions pour la confirmation.* Paris, Ch.-P. Berton, 1775, in-18, 333 p.

8160. **Regnault** (le père). *Logique en forme d'entretien.* Paris, Cloussier, 1741, in-12, 363 p.

8161. **Regnault**. *Cours élémentaire de chimie.* Paris, V. Masson, 1859, in-12, 4 vol.

8162. **Régnault** (Elias). *Histoire de huit ans, 1840-1848.* Paris, Pagnerre, 1851, in-8, 3 vol.

8163. **Regnaud** (le comte). *Discours prononcé par son excellence monseigneur le comte Regnault, de Saint-Jean d'An-*

gély, président du collège électoral du département de la
Charente-Inférieure, à l'ouverture de la session dudit collège, le 1er décembre 1808. Saintes, chez Mareschal, 1808,
in-8, 6 p.

8164. **Regnier de La Planche**. Histoire de l'estat de la
France... sous le règne de François II, publiée par M. E.-D.
Ménechet. Paris, Téchener, 1836, in-folio, III-487 colonnes.

8165. **Reignier** (Gabriel). Dieu, ses preuves, poëme philoso-
que. Paris, A. Lemerre, 1877, in-8, 15 p.

8166. **Regnier** (Joseph). Chronique d'Einsidlen (Notre-Dame
des Ermites). Paris, Gauthier, 1837, in-8, VII-370 p.

8167. **Regnier** (Mathurin). Œuvres. Paris, Jouaust, 1867,
in-8, XVIII-309 p.

8168. **Regnier Desmarais** (l'abbé). Poésies françaises. Amsterdam, chez Arkstée, 1753, in-12, 1 vol.

8169. Regula S. P. Benedicti, cum declarationibus congregationis sancti Mauri. (Sans lieu ni nom), 1701, in-8, 296 p.
avec index.

8170. Regula cancellariæ apostolicæ, Innocentii octavi, Julii
secundi ac Clementis septimi... Lugduni, Antonium Vincentium, 1645, in-18, 394 p.

8171. **Reid** (Thomas). Recherche sur l'entendement humain...
Amsterdam, Jean Meyer, 1768, in-12, 2 vol.

8172. **Reignié** (Clément de). L'impôt avant 1789. Paris, E. Leroux, 1873, in-18, 83 p.

8173. REIMS. Travaux de l'académie impériale de Reims.
Reims. imp. P. Regnier, 1856-1870, in-8, 11 vol.

8174. **Reinaud**. Notice sur Mahomet. Paris, F. Didot, 1860,
in-8, 92 pages.

8175. **Reiset** (comte de). Lettres de la reine Marie-Antoinette
à la landgrave Louis de Hesse-Darmstadt Paris, Henri Plon,
1865, in-8, 72 p.

8176. **Reiset** (J.). Recherches pratiques et expérimentales sur
l'agronomie. Paris, J.-B. Baillière, 1863, in-8, V-XXIX-252 p.

8177. Relacion verdadera de la reducion de la ciudad de la
Rochela à la obediencia del victorio rey christianissimo de
Francia... Madrid, por Juan Delgado, ano 1628, in-4, 4 feuil.

8178. **Reland.** *La religion des mahométans...* La Haye, Isaac Vaillant, 1721, in-12, ccvii-317 p.

8179. *Relation abrégée de la nouvelle persécution de la Chine,* in-12, 378 p., table.

8180. *Relation du différent entre M. le cardinal de Noailles, archevêque de Paris, et MM. les évêques de Luçon, de La Rochelle et de Gap.* 1712, in-12, xlviii-598 p.

8181. *Relation de la fête du roi, des grandes revues et des deux voyages de sa majesté... en mai, juin et juillet 1831.* Paris, veuve Agasse, 1831, in-8, 559 p.

8182. *Relation de l'orage qu'il a fait dans l'élection de Cognac... le 16 août 1768...* Rééditée et annotée par Jules Pellisson. Cognac, imp. Durosier, 1875, in-8, 6 p.

8183. *Relations des ambassadeurs vénitiens sur les affaires de France au XVIe siècle,* recueillies et traduites par M. N. Tommaseo. Paris, imp. royale, 1838, in-4. 2 vol.

8184. *Relations des délibérations de la faculté de théologie de Paris au sujet du prétendu décret du 5 mars 1714; — au sujet des affaires qui ont rapport à la constitution Unigenitus.* 1716-1718, in-12, 3 vol.

8185. *Relations des jésuites contenant ce qui s'est passé... dans les missions... de la compagnie de Jésus dans la nouvelle France de 1611 à 1762.* Québec, A. Cote, 1858, in-8, 3 vol.

8186. *Relevons le gant.* Paris, imp. Reiff, 1876, in-18, 72 p.

8187. *Religion (la) vengée ou réfutation des auteurs impies...* Paris, Chaubert, 1757-1762, in-12, 17 vol.

8188. **Remacle** (Bernard-Benoît). *Des hospices d'enfants trouvés.* Paris, Treuttel et Wurtz, 1838, in-8, x-406 p.

8189. **Remacle** (Louis). *Ultramontains et gallicans. H. de Quiqueran de Beaujeu, évêque de Castres, et J. de Forbin-Janson, archevêque d'Arles.* Marseille, typ. Cayer et Cie, 1872, in-8, 187 p.

8190. *Remarques critiques sur le système de feu M. Bayle.* Londres, Jacob Tonson, 1720, in-12, 2 vol.

8191. **Remond de Saint-Mard.** *Œuvres.* Amsterdam, P. Mortier, 1749, in-12, 4 vol.

8192. *Remontrances du parlement au roi, du 9 avril 1753. Item, tradition des faits.* 1758, in-12, 164-380 p.

8193. *Remontrances du parlement de Paris, arrêtées le 24 juillet 1787.* S. n., l. ni d. (1787), in-8, 22 p.

8194. *Remontrances du parlement de Paris à la réponse du roi, en date du 17 avril, présentées au roi le dimanche 4 mai 1788.* S. n., l. ni d. (1788), in-8, 18 p.

8195. **Remy** (J.). *Science de la langue française...* Paris, Belin-Mandar, 1839, in-12, 284 p.

8196. **Renan** (Ernest). *Mission de Phénicie.* Paris, imp. nationale, 1874, in-4, 887 p. et atlas.

8197. **Renard** (Athanase). *Du nom de Jeanne d'Arc.* Paris, Garnier frères, 1854, in-8, 16 pages.

8198. **Renardet** (Ernest). *Du dol, de la violence et de l'erreur dans les contrats en droit romain.* Dijon, imp. Rabutot, 1863, in-8, 175 p.

8199. **Renaud** (H.). *Méthode pour suppléer aux instruments dans les opérations de géométrie pratique.* La Rochelle, Caillaud, 1848, in-8, 31 p.

8200. **Renaud** (Hyacinthe). *Paléographie française ou méthode de lecture des manuscrits français du XIIIe au XVIIe siècle inclusivement.* Rochefort, imp. Thèze, 1860, in-4, 25-XXXIX p.

8201. **Renaudot** (Eusèbe). *Liturgiarum orientalium collectio...* Parisiis, Coignard, 1716, in-4, 2 vol.

8202. **Renauldon.** *Dictionnaire des fiefs et droits seigneuriaux utiles et honorifiques...* Paris, Cellot, 1765, in-4, XXIII-360-301 p.

8203. **René** (Le roi). *Œuvres complètes publiées par M. le comte de Quatrebarbes.* Angers, imp. Cosnier et Lachèse, 1845-1846, in-4, 4 vol.

8204. **Renée** (Amédée). *Les nièces de Mazarin.* Paris, F. Didot et Cie, 1856, in-8, 492 p.

8205. —— *Madame de Montmorency.* Paris, Firmin Didot frères, 1858, in-8, 390 p.

8206. **Renier** (Léon). *Inscriptions romaines de l'Algérie.* Paris, imp. impériale, 1858, in-4, 560 p., 14 livraisons.

8207. **Renier** (Léon). *Recueil de diplômes militaires*. Paris, imp. nationale, 1876, in-4, 248 p.

8208. **Rennell** (James). *Description historique et géographique de l'Indostan*, traduite de l'anglais par J.-B. Boucheseigne. Paris, Poignée, 1800, in-8, 3 vol. et 1 atlas.

8209. RENNES. *Bulletin et mémoires de la société archéologique du département d'Ille-et-Vilaine*. Rennes, impr. Ch. Catel, 1862-1870, in-8, 7 vol.

8210. **Renon** (Don F.) *La croix de Caravaca*. Paris, Ch. Blériot, 1861, in-8, 8 p.

8211. —— *Les apôtres et le credo*. Arras, Rousseau-Leroy, 1864, in-8, 7 p.

8212. **Renouard** (Georges). *Curieuses comme Eve*. Proverbe en un acte et en prose. Saint-Jean-d'Angély, Eug. Lemarié, 1865, in-18, 32 p.

8213. **Renoult** (le pasteur). *Réponse à son père pour se justifier d'hérésie...* Londres, D. du Chemin, 1735, in-12, 168 p.

8214. **Renusson** (de). *Traité des propres réels, réputés réels et conventionnels...* Paris, Nicolas Gosselin, 1700, in-4, 630 p., table.

8215. —— *Traités du douaire et de la garde noble et bourgeoise.* Paris, compagnie des libraires, 1743, in-4, table, 343 p., table, — table, 230 p., table.

8216. —— *Traité de la communauté de biens.* Paris, compagnie des libraires, 1723, in-4, table, 784 p., table.

8217. *Répertoire des travaux historiques.* Paris, imp. nationale, 1882-83, in-8. — *Des travaux scientifiques, 1882 et 1883.*

8218. *Répertoire méthodique de la législation des chemins de fer.* Paris, imp. nationale, 1871, in-4, 246-36 p.

8219. *Réponse à la lettre de messieurs des missions étrangères au pape sur les cérémonies chinoises*, in-4, 123 p.

8220. *Réponse de plusieurs évêques aux consultations qui leur ont été adressées relativement aux élections prochaines.* Paris, C. Douniol, 1863, in-8, 16 p.

8221. *Réponses du syndic du clergé d'Angoulême aux mémoires des églises prétendues réformées d'Angoumois.* Angoulême, Mathieu Pelard, 1564, in-4, 468 p.

36

8222. *Réponse... sur la proposition de replacer dans la ville de Saintes le chef-lieu du département de la Charente-Inférieure.* Saintes, imp. Hus, 1819, in-4, 23 p.

8223. *Réponse d'un Allemand à M. Victor Hugo.* Darmstadt et Leipzig, E. Zernin, 1870, in-8, 16 p.

8224. *Requête adressée à monseigneur l'archevêque de Reims, président de l'assemblée générale du clergé, au sujet des actes qu'elle a fait imprimer.* (Voir : *Actes de l'assemblée générale du clergé de France sur la religion).* En France, 1765, in-12, 119 p.

8225. **Resie** (Le comte de). *Le tunnel du Simplon devant le parlement.* Paris, Th. Massart, 1881, in-8, 40 p.

8226. *Résolutions de plusieurs cas importans pour la morale et pour la discipline ecclésiastique.* Paris, Charles Savreux, 1666, in-18, 265 p.

8227. *Restablissement (Le) et célébration de la sainte messe... en la ville de La Rochelle, le 8 août 1599.* Lyon, Thibaud Ancelin, 1599, in-18, 14 p.

8228. *Restaurations des monuments antiques par les architectes de l'académie de France à Rome, depuis 1788.* Paris, typ. et lib. Firmin Didot, 1877-1879, in-f°, 4 fascicules.

8229. *Résultat du conseil d'état du roi, tenu à Versailles, le 27 décembre 1788.* Saintes, imp. Toussains, 1789, in-8, 30 p.

8230. *Résultats des conférences ecclésiastiques du diocèse d'Amiens sur la théologie morale.* Amiens, imp. Charles Caron-Hubault, 1712, in-12, 3 vol.

8231. *Résultats généraux de l'exploitation des chemins de fer de l'Europe, années 1862 à 1866.* Paris, imp. impériale, 1869-1871, in-4, 2 vol.

8232. *Résultats statistiques du dénombrement de 1881.* Paris, imprimerie nationale, 1883, in-4, 291 p.

8233. *Résumé du cérémonial romain publié par l'ordre de monseigneur l'évêque de La Rochelle.* La Rochelle, J. Boutet, 1851, in-12, 155 p.

8234. *Résumé de l'acte d'accusation contre 1° Button, notaire à Loix; 2° Guillet, marchand, menuisier, né à Loix.* Saintes, imp. Hus, 1872, in-4, 6 p.

8235. **Retz** (Le cardinal de). *Œuvres.* Nouvelle édition publiée par Alph. Feillet. Paris, Hachette, 1872-76, in-8, 4 vol.

8236. —— *Vie et mémoires.* Collection Michaud, t. XXV.

8237. **Retz,** docteur médecin. *Précis d'observations sur les maladies épidémiques qui règnent tous les ans à Rochefort.* Paris, Méquignon, 1784, in-18. -

8238. *Réunion des sociétés savantes des départements à la Sorbonne, section des beaux-arts, années 1877, 1878, 1879.* Paris, typographie E. Plon, in-8, 3 vol.

8239. **Revel.** *Voyage aérien.* Paris, Gaume, 1836, in-12, iii-206 p.

8240. **Rever** (F.) *Mémoire sur les ruines du Vieil-Evreux, département de l'Eure.....* Paris, Huzard, 1827, in-8, 308 p. avec plan.

8241. **Revoil** (Georges). *La vallée du Darror.* Paris, Challamel, 1882, gr. in-8, xiii-388 p.

8242. **Revollé** (Fr. Tiburre Naciar). *Alphabet royal françois et latin marquant les excellences des roys et du royaume de France sur les Espagnols et les Allemands.* Lion, Marcelin Gautherin, 1683, in-12, 1 vol.

8243. *Revue archéologique.* Paris, bureau de la *Revue,* 1860, 1867-1884, in-8.

8244. *Revue biographique universelle.* Paris, bureaux de la *Revue,* 1868-84, in-8.

8245. *Revue britannique.* Paris, Dondey-Dupré, 1825-1835, in-8, 60 vol.

8246. *Revue celtique....* dirigée par H. Gaidoz. Paris, Franck, 1870-1883, in-8.

8247. *Revue coloniale,* années 1843-1847, 1860-1870. Paris, imp. royale, 1843-1847, in-8, 12 volumes ; 1860-1870, en livraisons.

8248. *Revue contemporaine et Athenæum Français* (tomes 31e-41e. Paris, bureaux de la *Revue contemporaine,* 1857-1858, in-8, 26 vol. ou livraisons.

8249. *Revue encyclopédique.* Paris, Foulon, 1820-1829, 1831-1833, in-8, 60 vol. et 2 v. de tables.

8250. *Revue indépendante.* Paris, bureau de la *Revue,* 1862-1865, in-8, 4 vol.

8251. *Revue nationale et étrangère* (suite du *Magasin de librairie*). Paris, Charpentier, 1860-1867, in-8, 27 vol.

8252. *Revue nobiliaire, héraldique, biographique et historique.* Paris, Dumoulin, 1862-1872, in-8, 9 vol.

8253. *Revue organique des départements de l'Ouest.* La Rochelle, A. Caillaud, 1845, in-4, 10 livraisons.

8254. *Revue de l'Aunis et de la Saintonge.* La Rochelle, typ. Siret, 1860, in-8, 12 livraisons et 6 vol.

8255. *Revue des cours scientifiques de la France et de l'étranger.* Paris, G. Baillière, 1863-1866, in-4, 3 vol.

8256. *Revue de France* du 31 octobre 1872 au 15 décembre 1877. Paris, imp. Dubuisson, 1872-1877, in-8, 43 livraisons.

8257. *Revue des deux mondes*, années 1861-1884. Paris, bureau de la *Revue*, in-8.

8258. *Revue des deux mondes* (fragments). Paris, bureau de la *Revue*, 1856, in-8, 4 vol.

8259. *Revue des provinces*, du 15 février 1865 au 15 novembre 1865, 15 janvier 1866 au 15 mars 1866. Paris, bureau du *Journal des publications des départements*, 1865-1866, in-8.

8260. *Revue des provinces de l'Ouest*, années I^e à VIe. Nantes, A. Guéraud, 1853-1858, in-8, 6 vol.

8261. *Revue des questions historiques*, octobre 1871-1884. Paris, Palmé, 1871-1884, in-8.

8262. *Revue des sociétés savantes des départements.* Paris, imp. impériale, 1865-1872-1882, in-8.

8263. *Revue des sociétés savantes.* (Sciences mathématiques, physiques et naturelles). 1re série tome I à VI, 2me série tome I, II, IV. Paris, imp. Paul Dupont, 1862-1864, in-8, 9 vol.

8264. *Revue du mouvement catholique.* Paris, J. Callon, 1862-1864, in-8, 3 vol.

8265. **Rey** (E. G.) *C'est la faute à la république — La méchante bête — Fiat lux!* (poésies). Paris, Pont, 1875, in-12, 64 p.

8266. **Rey** (R.) *Étude sur les monuments de l'architecture militaire des croisés en Syrie et dans l'île de Chypre.* Paris, imp. nationale, 1871, in-4, 288 p. et 24 planches.

8267. **Reybaud** (Louis). *Études sur les réformateurs ou socia-listes modernes.* Paris, Guillaumin, 1864, in-12, 2 vol.

8268. **Reynard.** *Leçons sur les lois et les effets.* Moulins, C. Desrosiers, 1866, in-8, 151 p.

8269. **Reynaud** (A.-A.-L.) *Trigonométrie rectiligne et sphé-rique.* Paris, veuve Courcier, 1818, in-18, viii-182 p.

8270. **Reynaud** (Jean). *Terre et ciel.* Paris, Furne, 1854, in-8, 460 p.

8271. **Reynier** (L.) *La frontière,* scène patriotique en deux actes. Paris, imp. du Théâtre-Français, 1793, in-8, 59 p.

8272. **Reyrac** (L'abbé de). *Hymne au Soleil* (Voir vol., *Idylles de Gessner).* Paris, Lacombe, 1778, in-18, 146 p.

8273. **Rhoné** (Arthur). *Résumé chronologique de l'histoire d'Egypte, depuis les premières dynasties des pharaoniques jusqu'à nos jours.* Paris, Leroux, 1877, in-8, 94 p.

8274. **Riambourg** (J.-B.-C.) *Du rationalisme de la tradition.* Paris, E. Bricou, 1834, in-8, 251 p.

8275. **Riancey** (H.-Ch. de). *Histoire du monde depuis la créa-tion jusqu'à nos jours.* Paris, bureau de la bibliothèque scientifique, 1838-1840, in-8, 3 vol.

8276. **Ribaud de La Chapelle** (Jacques). *Histoire de Ver-cingétorix,* publiée par J.-B, Peigue. Clermont-Ferrand, Thibaud-Landriot, 1834, in-8, xxi-28 p.

8277. **Ribbe** (Charles de). *Les familles et la société en France avant la révolution.* Paris, Albanel, 1873, in-8, vii-564 p.

8278. **Ricard** (Jean-Marie). *Traité des donations entre vifs et testamentaires...* Paris, Rollin, 1754, in-fol., 2 volumes.

8279. **Riccio** (Alphonse). *Quæstio perpulchra quæ investiga-tur si meritum existentis in prosperis amplius sit quam illius qui fert patienter adversa.* (Voir Martin de Laon). Par-rhisius, Jehan Petit, in-8, non paginé, 7 fol.

8280 **Rich** (Antony). *Dictionnaire des antiquités romaines et grecques...* traduit de l'anglais sous la direction de M. Ché-ruel. Paris, F. Didot, 1861, in-8, xii-740 p.

8281. **Richard.** *La conquête de Jérusalem, faisant suite à la chanson d'Autriche....* publiée par C. Hippeau. Paris, A. Aubry, 1868, in-8, xlviii-365 p.

8282. **Richard**. *Guide classique du voyageur en France et en Belgique.* Paris, chez Maison, 1842, in-12, 630 p.

8283. **Richard** (Alfred). *Inventaire analytique des archives du château de Labarre.* Saint-Maixent, Ch. Reversé, 1868, in-8, 2 vol.

8284. **Richard** (Charles-Louis). *Analyse des conseils généraux et particuliers...* Paris, Vincent, 1772, in-4, 5 vol.

8285. **Richard** (Le père Ch.-L.) *La défense de la religion, de la morale...* Paris, Moutard, 1775, in-8, 354 p.

8286. —— *Dictionnaire universel dogmatique..... des sciences ecclésiastiques...* Paris, Jacques Rollin, 1760, in-8, 5 vol.

8287. —— *Lettres d'un archevêque à l'auteur de la brochure intitulée : Du droit du souverain sur les biens fonds du clergé et des moines...* In-4, 59 p.

8288. **Richard** (J.) *Aphorismes de controverse ou instructions catholiques....* Cologne, Adrian le jeune, 1687, in-12, 270 p., table.

8289. —— *Discours moraux en forme de prônes.* Paris, Jean Couterot, 1688-1694, in-12, 4 vol.

8290. —— *La science universelle de la chaire ou dictionnaire moral...* Paris, Louis Guérin, 1708, in-8, 5 vol.

8291. **Richard** (L'abbé René). *Traité des pensions royales.* Paris, A. Cailleau, 1719, in-8, xxxii-207 p.

8292. **Richard de Fournival**. *Le bestiaire d'amour... suivi de la réponse de la dame...*, publiés par C. Hippeau. Paris, A. Aubry, 1860, pet. in-8, xliii-159 p.

8293. **Richard de Saint-Victor** (M.) *Opera... edita studio et industria canonicorum regularium regalis abbatiæ Sancti Victoris parisiensis.* Rothomagi, sumptibus Joannis Berthelin, 1650, in-f°, préliminaires, 688 p., index.

8294. **Richardot** (François). *Statuta synodalia diocæsis Atrebatensis.* Dvaci, typis Lodovici Winde, 1570, in-4, 188 p., index.

8895. **Richardin** (C.-J.) *Exercices de grammaire à l'usage des jeunes sourds-muets.* Nancy, l'auteur, 1844, in-12, 1 vol.

8296. **Richardson**. *Lettres anglaises ou histoire de miss Cla.*

risse Harlove....... Paris, les libraires associés, 1766, in-12, 7 vol.

8297. **Richart** (Antoine). *Mémoires sur la ligue dans le Laonnois.* Laon, imp. de H. de Coquet et G. Stanger, 1869, in-8, xxiv-526 p.

8298. **Richelet** (P.) *Dictionnaire des rimes.* Paris, Nyon, 1662, in-4, lxx-749 p.

8299. —— *Dictionnaire françois.* Amsterdam, Jean Elzevir, 1706, in-f°, 896 p.

8300. **Richelieu** (Le cardinal de). *Lettres, instructions diplomatiques et papiers d'état,* publiés par M. Avenel. Paris, imp. impériale, 1853-1877, in-4, 8 vol.

8301. —— *Traité de la perfection du chrestien...* Paris, Antoine Vitré, 1646, in-12, 474 p., table.

8302. —— *Traité qui contient la méthode la plus facile et la plus assurée pour convertir ceux qui se sont séparés de l'Eglise.* Paris, Sébastien Cramoisy, 1663, in-4, 743 p.

8303. —— *Journal... qu'il a fait durant le grand orage de la cour.* Paris, société des libr. du Palais, 1665, in-12, 2 volumes.

8304. —— *Mémoires sur le règne de Louis XIII.* Collection Michaud, t. XXI, XXII et XXIII.

8305. —— (Extrait de ses œuvres). Paris, J. Dumaine, 1869, in-12, 206 p.

8306. Richelieu. *Mémoire pour M. le maréchal duc de Richelieu, pair de France, contre madame la présidente de Saint-Vincent.* Paris, Louis Cellot, 1775, in-4, 107-11 p.

8307. **Richemond** (Louis de). *Aquarium.* La Rochelle, typ. Siret, 1866, in-8, 15 p.

8308. —— *Chartes en langue vulgaire de 1219 à 1250.* Paris, Dumoulin, 1863, in-8, vi-10 p.

8309. —— *Essai sur l'origine et les progrès de la réformation à La Rochelle, précédé d'une notice sur Philippe Vincent.* Paris, Joël Cherbuliez, 1859, in-12, 48 p.

8310. —— *J.-R.-C. Quoy,* 1790-1869. Niort, L. Clouzot, 1871, in-8, 12 p.

8311. **Richemond** (Louis Meschinet de). *La grève des minimes.* Saint-Jean d'Angély, imp. Lemarié, 1868, in-8, 31 p.

8312. —— *La Rochelle et ses environs.* La Rochelle, C. Chartier, 1866, in-12, 385 p., table.

8313. —— *Les protestants rochelais depuis la révocation de l'édit de Nantes, jusqu'au concordat.* Paris, Joël Cherbuliez, 1866, in-8, 25 p.

8314. —— *Notes sur l'institution du mérite militaire, 1759-1830.* Paris, typ. Ch. Meyrueis, 1875, in-8, 8 p.

8315. —— *Documents historiques inédits sur le département de la Charente-Inférieure.* Paris, Picard, 1874, in-8, XII-168 p.

8316. **Richemont** (Comte de). *Mémoires.* Collection universelle, t. VII.

8317. **Richeome** (Le père Louis). *Advis et notes données sur quelques plaidoyez de maitre Louys Servin, advocat du roy....* Caen, imp. de G. de La Marinière, 1615, in-8, 343 p.

8318. —— *Examen catégorique du libelle anticoton.* Bourdeaux, J. Marcan, 1613, in-18, XXXII-576 p.

8319. **Richer.** *Histoire des Gaules, avec traduction, notes, cartes géographiques et facsimile du manuscrit de Richer, par A. M. Poinsignon.* Reims, Reigner, 1855, in-8, XXII-603 p.

8320. —— *Histoire de son temps.... traduction française, notice et commentaires par J. Guadet.* Paris, J. Renouard, 1845, in-8, 2 vol.

8321. [**Richer** (Edmond)]. *Apologia pro Joanne Gersonio....* Lugduni Batavorum, P. Moriaen, 1676, in-4, 338 p.

8322. —— *Historia conciliorum generalium in quatuor libros distributa.* Cologne, Bernard Hetsingh, 1680, in-4, 437 p. et ind.

8323. —— *Libellus de ecclesiastica et politica potestate.* Coloniæ, apud Balthasarum ab Egmond, 1701, in-4, 2 vol.

8324. —— *Vindiciæ doctrinæ majorum scholæ parisiensis.* Coloniæ, Balthasarum ab Egmond, 1683, in-4, 196-32 p.

8325. [**Richer** (Fr.)] *De l'autorité du clergé et du pouvoir du magistrat politique, sur l'exercice des fonctions du ministère ecclésiastique.* Amsterdam, Arksté et Merkus, in-12, 2 vol.

8326. **Richerand** (Le chevalier). *Nouveaux élémens de phy-siologie.* Paris, Béchet, 1825, in-8, 2 vol.

8327. **Richer-Serizy.** *Au directoire.* Rouen, an VI, in-8, 48 pages.

8328. [——]. *L'école des factieux, des peuples et des rois, ou supplément à l'histoire des conspirations de Louis-Philippe-Joseph d'Orléans et de Maximilien Robespierre.* Paris, 1800, in-12, 2 tomes en 1 vol.

8329. **Ricchieri** (Lodovico). *Lodovici Cœlii Rhodigini lectionum antiquarum libri XXX.* Basilæ, Ambr. et Aur. Frobenios fratres, 1566, in-f°, 1182 p. et index.

8330. (**Richomme** (Charles-E.-H.) *Journées de la révolution de 1848.* Paris, veuve Louis Janet, 1848, in-8, 224 p.

8331. **Riencourt** (le comte de). *Les militaires blessés et invalides.* Paris, J. Dumaine, 1875, in-8, 2 vol.

8332. —— *Manuel des blessés et malades de la guerre.* Paris, Dumaine, 1876, in-32, 103 p.

8333. **Rietstap** (J.-B.) *Armorial général.* Gouda, G.-B. van Goor, 1861, in-8, 1171 pages.

8334. [**Rigault** (Nicolas.)] *Apologeticus pro rege christianissimo Ludovico XIII.* Paris, Joseph Boüillerot, 1626, in-4, 128 p.

8335. —— *Viri eximii Petri Puteani, regi christianissimo a consiliis et bibliothecis vita.* Paris, Cramoisi, 1652, in-4, 315 p.

8336. **Rigoleuc** (le P. J.) *Œuvres spirituelles.* Avignon, Seguin ainé, 1843, in-12, 275 pages.

8337. **Rigollot.** *Histoire des arts du dessin depuis l'époque romaine jusqu'à la fin du XVI° siècle.* Paris, Dumoulin, 1863, in-8, 2 vol. et 1 atlas.

8338. RIGONDEAU et CORBINAUD. *Griefs et moyens d'appel, pour sieur Louis Rigondeau, notaire royal à Fontaine-Chalandray.... contre sieur Etienne Corbinaud, aussi notaire royal à Fontaine-Chalandray, intimé....* Saintes, imp. Hus, (1816), in-4, 37 p.

8339. **Rigord.** *Vie de Philippe-Auguste.* (Collection Guizot, tome IX).

8340. **Rigord** et GUILLAUME LE BRETON. *Œuvres* publiées par H.-François Delaborde. Paris, Renouard, 1882, in-8, 333 pages.

8341. **Ring** (Maximilien). *Mémoire sur les établissements romains du Rhin et du Danube.* Paris, A. Leleux, 1852, in-8, 2 vol.

3342. **Rio** (A.-F.) *De l'art chrétien.* Paris, Hachette, 1861, in-8, 3 vol.

8343. [**Rioublanc** (Hercule)]. FARQUHAR (Sir R. T.) *Souvenirs d'un vieux colon de l'île Maurice, depuis 1790 jusqu'en 1837.* La Rochelle, typ. Boutet, 1840, in-8, 526 p.

8344. **Riouffe** (Honoré). *Mémoires d'un détenu pour servir à l'histoire de la tyrannie de Robespierre.* Louhans, imp. Delorme, an III, in-12, xx-168 p.

8345. —— J. PARIS DE L'EPINARD, BEAUMARCHAIS, etc..... *Mémoires sur les prisons, avec notes et éclaircissements historiques.* Paris, Baudouin frères, 1823, in-8, 2 vol.

8346. **Rioux de Messimy** (des). *Justification des griefs imputés au roi et à la famille royale.* Paris, Guyot et Pellafol, 1815, in-8, 191 p.

8347. **Ripert de Monclar** (Jean-Pierre-François de). *Compte-rendu des constitutions des jésuites.* 1763, in-12, 548 p.

8348. **Ris-Paquot.** *Dictionnaire des marques et monogrammes des faïences, poteries...* Paris, Raphaël Simon, 1879, in-12, xvi-549 pages.

8349. —— *Documents inédits sur les faïences charentaises.* Paris, Raphaël Simon, 1878, in-12, 92 pages.

8350. **Ritter** (Henri). *Histoire de la philosophie,* traduite de l'allemand par C.-J. Tissot. Paris, Ladrange, 1835-1837, in-8, 4 vol.

8351. **Rittershuys** (Georges). Ασυλια *hoc est de jure asylorum tractatus.* Argentorati, Eberhardi Zezneri, 1624, in-16, 9-180 p.

8352. *Rituale ad usum diœcesis Cameracensis...* Valencenis, officina Henricana, 1707, in-4, 347 p., index.

8353. *Rituale Catalaunense...* Catalauni, excudebat Nicolaus Seneuze, 1776, in-4, 2 vol.

8354. *Rituale Parisiense.* Parisiis, Ludovicum Josse, 1697, in-4, 631 p., index.

8355. *Rituale Petrachoricense ad romani formam expressum.* Petrachoræ, Petrum Dalvy, 1651, in-4, index, 456-322-55 p.

8356. *Rituale seu mandatum insignis ecclesiæ Suessionnensis.* Suessione, apud editores, 1856, in-4, xiii-321 pages, planches.

8357. *Rituel du diocèse d'Amiens.* Amiens, imp. veuve Robert Hubault, 1687, in-4, xi-618 p.

8358. *Rituel du diocèse de Clermont*, augmenté par Jean-Baptiste Massillon, évêque de Clermont. Clermont - Ferrand, Pierre Boutandon, 1733, table, 440 p., table, 306 p.

8359. *Rituel de La Rochelle*, publié par l'autorité de Mgr Joseph Bernet, évêque de La Rochelle. La Rochelle, Et. Pavie, 1829, in-4, lxxii-260-199-117 p., table.

8360. *Rituel du diocèse de Poitiers.* Poitiers, imp. Jean-Félix Faulcon, 1766, in-4, 403-256 p.

8361. *Rituel de la province de Reims.* Paris, imp. Frédéric Léonard, 1677, in-4, xxi-643 p.

8362. *Rituel romain pour l'usage du diocèse de Bordeaux.* Bordeaux, imp. N. et J. de La Court, 1728, in-4, 567 p., table.

8363. *Rituel romain du pape Paul V, à l'usage du diocèse d'Alet.* Paris, Charles Savreux, 1667, in-4, table, 479-318 p.

8364. Rivain (Camille). *Table générale, par ordre alphabétique, des matières contenues dans les quinze premiers volumes de l'Histoire littéraire de la France.* Paris, V. Palmé, 1875, in-4, 703 p.

8365. Rivard. *Elémens de géométrie.* Paris, Henry, 1738, in-4, ccix-201 p.

8366. Rivarol. *Mémoires.* Paris, Baudouin frères, 1814, in-8, xvi-386 p.

8367. —— *Dictionnaire de la langue française.* Paris, Baudouin frères, 1828, xxviii-1006 p., in-8.

8368. Rivarol et Champcenetz. *Le petit dictionnaire des grands hommes de la révolution, par un citoyen actif.* Paris, imp. nationale, 1790, in-8, xii-60 p.

8369. **Rivet** (André). *Catholicus orthodoxus oppositus catholico papistæ...* Genevæ, Jacobi Chovet, 1644, in-folio, 2 tomes en 1 vol.

8370. —— *Critici sacri libri IV.* Genevæ, sumpt. Petri Chouët, 1660, in-12, 500 p.

8371. **Rivier** (Augustin). *Entretien d'un fabricant avec ses ouvriers sur l'économie politique et la morale.* Paris, Guillaumin, 1858, in-12, 347 p.

8372. **Rivière** (Lazare). *Praxis medica integra...* (S. n.), Lugduni, 1633, in-folio, 365 p.

8373. **Rivière** (Emile). *Découverte d'un squelette humain de l'époque paléolitique... des grottes de Menton.* Paris, J.-B. Baillière et fils, 1873, in-4, 64 p. et 2 pl.

8374. **Rivius** (Jean). *De stulticia mortalium, in procrastinanda correctione vitæ liber 1.* Basileæ, Joannem Oporinum, in-18, 215 p., index.

8375. **Rizos** Neroulos (Jacovaky). Ιακωβακη ΡΙΖΟΥ Νερουλου ανεκδοτα ποιηματα εκδοθεντα υπο του Μ¹ˢ de Queux de Saint-Hilaire. Paris (εν Παρισιοις), G. Chamerot, 1876, in-8, 51 p.

8376. **R... J.** *L'oraison sans illusion contre les erreurs de la fausse contemplation.* Paris, Estienne Michallet, 1687, in-18, 176 p.

8377. **Roannez** (de). *Formules d'actes et de procédures pour l'exécution des ordonnances de Louis XIV.* Paris, Jean Hénault, 1677, in-16, 412 p.

8378. **Robbe** (Jacques). *Tractatus de gratia Dei.* Parisiis, N. Crapart, 1781, in-8, 2 vol.

8379. **Robbé de Beauveset.** *Mon Odyssée ou le journal de mon retour de Saintonge,* poëme à Chloé. — *Laïs et Phriné,* poëme en 4 chants. A La Haye (Paris), 1760, in-8, 125 p.

8380. ROBERT. *Mémoire pour M. André-Bertrand Robert, prêtre, prieur-curé de la paroisse de Gemozac, contre messire Louis Ancelin de La Garde, écuyer, ancien lieutenant des vaisseaux du roi... seigneur de Bernassard.* Saintes, imp. P. Toussaints, 1788, in-4, 41 p.

8381. **Robert** (Antoine). *Étude sur le président Bouhier.* Dijon, imp. Rabutot, 1869, in-8, 52 p.

8382. **Robert** (Auguste). *Le connétable de Bourbon.* (Drame). Paris, Comon, 1849, in-8, 176 p.

8383. **Robert** (Charles). *Le partage des fruits du travail.* Paris, H. Bellaire, 1873, in-32, 271 p.

8384. **Robert** (Etienne). *Ad censuras theologorum Parisiensium, quibus Biblia a Roberto Stephano typographo regis excusa calumniose notarunt, ejusdem Roberti Stephani responsio.* Oliva Roberti Stephani, 1552, in-8, 255 pages.

8385. **Robert le Moine.** *Histoire de la première croisade.* (Collection Guizot, tome 23, vol. Raoul de Caen).

8386. **Robert** (Ulysse). *Documents inédits concernant l'histoire littéraire de la France.* Paris, V. Palmé, 1875, in-4, 179 pages.

8387. —— *Recueil de lois, décrets, ordonnances, arrêtés, circulaires, etc., concernant les bibliothèques publiques...* Paris, Champignon, 1883, in-8, 258 p.

8388. **Robert.** *Cartes de la terre des Hébreux ou Israélites partagée selon l'ordre de Dieu aux douze tribus descendantes des douze fils de Jacob.* Paris, l'auteur, 1745, in-fol. plano. ,

8389. **Robert** (le Dr Eug). *Les destructeurs des arbres d'alignement.* Paris, Rothschild, 1867, in-18, xxxii-144 p., 4 planc.

8390. **Robertson** (William). *The history of scotland during the reigns of queen Mary and of king James VI.* Basil., J. Tourneisen, 1791, in-8, 3 vol.

8391. —— *History of scotland.* Paris, Baudry, 1828, in-8, 3 vol.

8392. —— *Histoire de l'Ecosse sous les règnes de Marie Stuart, et de Jacques VI.* Traduit de l'anglais. Londres, 1754, in-12, 3 vol.

8393 —— *The history of America.* Basil., J. Tourneisen, 1790, in-8, 3 vol.

8394. —— *L'histoire de l'Amérique.* Paris, Panckoucke, 1778, in-12, 4 vol.

8395. —— *Histoire du règne de l'empereur Charles-Quint.* Maestricht, J.-E. Dufour, 1775, in-12, 6 vol.

8396. —— *The history of the reign of the emperor Charles V.* London, E. Cadell and W. Davies, 1811, in-8, 4 vol.

8397. **R.** [Robespierre?]. *Eloge de messire Charles-Marguerite-Jean-Baptiste Mercier du Paty.* (Paris), s. l., 1789, in-8.

8398. **Robillard de Beaurepaire** (Ch. de). *Recherches sur l'instruction publique dans le diocèse de Rouen avant 1789.* Evreux, P. Huet, 1872, in-8, 3 vol.

8399. Robin. *Procès pour M. Robin... à Rochefort... contre M. Mollière, notaire à Rochefort...* Rochefort, imp. Goulard, 1825, in-4, 34 p.

8400. **Robin** (Armand). *Traité des peintures, applications, etc., procédés employés sur bois, sur étoffes, sur papier.....* Paris, imp. F. Loquin, 1824, in-32, vii-99 p. avec planches.

8401. **Robin** (Gervais). *François Ier à Cognac et son monument.* Angoulême, imp. Girard, 1864, in-18, 80 p.

8402. —— *Plaidoiries pour Benjamin Bérauld, auteur de l'annuaire de l'arrondissement de Cognac.* Angoulême, imp. Paris, 1863, in-12, 24 p.

8403. **Robin** (Ch). *Traité du microscope.* Paris, J.-B. Baillière et fils, 1871, in-8, xx-1028 p.

8404. **Robineau-Desvoidy** (D^r). *Histoire naturelle des diptères des environs de Paris.* Paris, V. Masson, 1863, in-8, 2 volumes.

8405. **Robinet** (J.-B.). *De la nature.* Amsterdam, E. van Harrevelt, 1762-1764, in-12, 2 vol.

8406. **Robinet.** *Essai sur l'affinité organique.* Paris, l'auteur, 1826, in-8, 57 p.

8407. **Robinet** *Rapport sur le procédé de vinification proposé par MM. Petit et Robert pour la fabrication des vins à eaux-de-vie et à 3/6.* Paris, imp. veuve Bouchard-Huzard (1866), in-4, 8 pages.

8408. **Robolski** (Hermann). *Le siège de Paris raconté par un Prussien,* traduction de W. Filippi. Paris, E. Lachaud, 1871, in-12, 341 p.

8409. **Roch** (Eugène). *L'observateur des tribunaux français et étrangers.* Paris, 1841, in-8, 544 p. (Affaire de la comtesse de Guillemin et de Burgaud, maire de Tonnay-Charente).

8410. [**Roche** (l'abbé Ant.-Martin). *Traité de la nature de l'âme*

*et de l'origine de ses connaissances, contre le système de
M. Locke et de ses partisans.* Paris, veuve Lottin, 1759,
in-12, 2 vol.

8411. **Roche-Chouard de Mortemart.** *Relation de la mort
de madame Marie-Madelaine-Gabrielle de Roche-Chouard
de Mortemart, abbesse de Fontevrault.* (Voir La Rue, *Oraison funèbre de Luxembourg*).

8412. **Rochechouart** (Guy de Sève de). *Recueil des ordonnances, mandemans et censure de M. l'évêque d'Arras.*
Arras, imp. César Duchamp, 1710, in-12, 219 p. avec table.

8413. **Rochechouart** (Guillaume de). *Mémoires.* (Collection
Michaud et Poujoulat, t. VIII; collection universelle, t. XL;
et collection Buchon).

8414. **Rochefort** (Césart de). *Dictionnaire général et curieux.*
Lyon, P. Guillemin, 1685, in-fol.

8415. Rochefort. *Procès-verbaux des séances de la société
d'agriculture, sciences et belles-lettres de Rochefort.* Rochefort, imp. Thèze, 1840-1870, in-8, 16 vol.

8416. **Rocher** (l'abbé). *Recherches historiques sur la com-
manderie de Boigny.* Orléans, G. Jacob, 1865, in-8, 70 p.

8417. **Rochette** (Raoul). *Tableau des catacombes de Rome.*
Paris, bibliothèque universelle de la jeunesse, 1838, in-12,
xii-300 p.

8418. **Rodenbach** (Alex.). *Les aveugles et les sourds-muets.*
Tournai, Casterman, 1855, in-12, xxxi-288 p.

8419. **Roderic de Castro.** *De universa mulierum medicina.*
Hamburgi, in officina Frobeniana, excudebatur typis Philippi de Ohr, 1603, in-fol., 133-333 p. avec index.

8420. **Roderique** (le P. Emmanuel). *Nova collectio et compilatio privilegiorum apostolicarum regularum mendicantium et non mendicantium...* Turoni, Horatii Cardon, 1609,
in-fol, 2 tomes en 1 vol.

8421. —— *Compendium quæstionum regularium.* Lugduni,
Ant. Philehotte, 1618, in-32, index, 608 p.

8422. Rodez. *Distribution des récompenses au concours de
1867.* Rodez, imp. Ratery, 1868, in-8, 178 p.

8423. Rodez. *Mémoires de la société des lettres, sciences et arts de l'Aveyron.* Rodez, imp. Ratery, 1845-1867, in-8, 5 vol.

8424. —— *Procès-verbaux des séances de la société des lettres, sciences et arts de l'Aveyron.* Rodez, imp. Ratery, 1864-1872, in-8, 8 volumes.

8425. **Rodier** (Marc-Antoine). *Questions sur l'ordonnance de Louis XIV du mois d'avril 1667, relatives aux usages des cours de parlement...* Toulouse, Dupleix, 1777, in-4, vii p., table, 724 p.

8426. **Rodriguez de Vega** (Thomas). *Opera omnia in Galeni, libros edita...* Lugduni, apud Petrum Landry, 1693, in-fol., 568 p. avec index.

8427. **Rodriguez** (le père Alphonse). *Pratique de la perfection chrétienne,* traduite par... Regnier des Marais... Paris, Sébastien Mabre-Cramoisy, 1679, in-4, 3 vol.

8428. —— *Les exercices de la vertu et de la perfection chrétienne.* Nouvelle traduction. Paris, J.-B. Coignard, 1674, in-4, 2 vol. en un.

8429. **Rogée** (le docteur Léonce). *De l'hystéro-épilepsie ou grande hystérie.* Paris, imp. A. Parent, 1879, in-8, 112 p.

8430. Roger. *Précis pour Jean Roger... à Chaniers... appelant d'un jugement... du 3 mai (1816).* Niort, imp. de P. Elies, 1816, in-4, 33 p.

8431. **Roger.** *Nouvelle méthode de violon.* Paris, Joly, in-4, 67 pages.

8432. **Roger** (Abraham). *La porte ouverte, pour parvenir à la connaissance du paganisme caché...* traduite en français par le sieur Thomas La Grue... Amsterdam, Jean Schipper, 1670, in-4, 371 p. avec table.

8433. **Roger** (P.). *La noblesse de France aux croisades.* Paris, Derache, 1845, in-4, 400 p.

8434. **Roguet** (le baron Ernest). *Projet d'histoire universelle par nationalité, siècle.......* Paris, J. Dumaine, 1861, in-8, 224 pages.

8435. **Roguet** (le général Cte). *L'officier d'infanterie en campagne.* Paris, J. Dumaine, 1869, in-8, ix-510 p.

8436. **Rohan** (duc de). *Mémoires sur les choses qui se sont passées en France depuis la mort de Henri le Grand jusqu'à la paix faite avec les réformés au mois de juin mil six cent vingt-neuf.* Amsterdam, aux dépens de la compagnie, 1756, in-12, 2 vol.

8437. —— *Mémoires...* (Collection Michaud, t. XIX).

8438. **Rohan-Soubise** (Anne de). *Poésies suivies des lettres d'Eléonore de Rohan - Montbazon, abbesse de Caen et de Malnoue.* Paris, A. Aubry, 1862, in-12, 161 p.

8439. **Rohart** (F.). *Etat de la question du phylloxéra. — Destruction pratique du phylloxéra. — Question du phylloxéra.* Paris, 1875-1878, in-18, 7 pièces.

8440. **Rohault** (Jacques). *Entretiens sur la philosophie.* Paris, Michel Le Petit, 1671, in-18, 219 p.

8441. —— *Traité de physique.* Paris, Guil. Desprez, 1705, in-12, 2 vol.

8442. **Rohrbacher** (l'abbé). *Histoire universelle de l'église catholique.* Nouvelle édition revue par Mgr Fèvre. Nancy, Bordes frères, 1867-1874, in-8, 15 vol.

8443. **Roissard** (l'abbé). *La consolation du chrétien...* Paris, Humblot, 1775, in-12, 2 vol.

8444. **Roland** (Madame). *Mémoires.* Paris, Baudouin frères, 1821, in-8, 2 vol.

8445. **Rollin.** *Histoire ancienne.* Paris, Estienne, 1758, in-12, 13 vol.

8446. —— *Histoire romaine.* Paris, Vᵉ Estienne, 1747-1764, in-12, 16 vol.

8447. —— *De la manière d'enseigner et d'étudier les belles-lettres...* Paris, Vᵉ Estienne, 1740, in-4, 2 vol.

8448. —— *Traité des études,* nouvelle édition revue par M. Letronne et accompagnée des remarques de Crévier. Paris, F. Didot, 1845, in-12, 3 vol.

8449. **Rollin** (L.). *La guerre dans l'Ouest, campagne de 1870-1871.* Paris, E. Plon, 1874, in-8, 406 p.

8450. **Romain** (le P. Marie-Paul-Léon). *Praxis ad litteras majoris pœnitentiarii, et officii sacræ pœnitentiariæ aposto-*

37

licæ in quatuor partes distributa... Romæ, typ. Ludovici
Griznani, 1644, in-4, table, 640 p.

8451. **Romand** (Le baron Gustave de). *Souvenirs politiques et
administratifs.* Bruxelles et Leipzig, Mayer et Flattau, 1855,
in-8, 395 p.

8452. **Romieux** (Gaston). *Fables et poésies diverses.* La Rochelle, typ. Siret, 1858-1867, in-8, 2 vol.

8453. —— *Fatal amour.* La Rochelle, typ. Siret, 1866, in-8,
vi-72 pages.

8454. **Rondeau** (Pierre). *Nouveau dictionnaire françois-alle-
mand...* Leipzic, Jean Fred. Gleditsch, 1765, in-4, 1096 p.

8455. **Rondelaud.** *Rapport sur les comptes et budgets de la
ville de Saintes.* Saintes, imp. Loychon et Ribéraud, 1880,
in-12, 41 p.

8456. **Rondelet** (Guillaume). *Histoire entière des poissons,*
traduite en français. Lion, imp. de Mace Bonhome, 1558, in-
fol., 418-181 p. avec tables.

8457. **Rondier** (R.-F.) *Colonne milliaire trouvée à Brioux.*
Niort, L. Clouzot, 1865, in-8, 16 p.

8458. —— *Historique des mines de Melle.* Melle, Eug. Lacuve,
1870, in-8, 87 p.

8459. —— *Historique du monastère de Puyberland.* Melle,
Moreau et Lacuve, 1868, in-8, 67 p.

8460. —— *Monnaies mérovingiennes. Denier de Boggis, duc
d'Aquitaine.* Paris, imp. Trunot, in-8, 7 p.

8461. —— *Trouvaille de monnaies près Chef-Boutonne.* Melle,
typ. Moreau, 1869, in-8, 8 p.

8462. —— *Vie de saint Junien.* Niort, L. Clouzot, 1866, in-8,
ix-74 pages.

8463. **Roquefort** (B. de) *Dictionnaire historiques et descriptif
des monumens... de Paris.* Paris, Ferra jeune, 1826, in-8,
458 pages.

8464. **Roquefort** (J.-B.-B.) *Glossaire de la langue romane.* —
Supplément. Paris, B. Warée, 1808-1820, in-8, 3 vol.

8465. *Rosaire (Le) en abrégé ou les quinze mystères du rosaire de la Vierge.* Saintes, Delys et Toussaints, 1750, in-12,
20 pages.

8466. **Rosemondt** (Godescale). *Confessionale, sive libellus, modum confitendi pulcherrime complectens.* Lovanii, Ioannem de Winghe, 1554, in-12, 371 fol., index.

8467. **Rosenzweig**. *Dictionnaire topographique du département du Morbihan.* Paris, imp. impériale, 1870, in-4, XLVIII-317 pages.

8468. —— *Répertoire archéologique du département du Morbihan.* Paris, imp. impériale, 1863, in-4, 238 p.

8469. *Rosier de Marie, journal en l'honneur de la sainte Vierge.* Paris, imp. Renou et Maulde, 1864-1873, in-8, 10 vol.

8470. **Rosin** (Jean). *Romanarum antiquitatum libri decem.* Bâle, 1583, in-8, 481 p. avec index.

8471. **Rosseeuw Saint-Hilaire** (Eugène). *Histoire d'Espagne depuis les premiers temps historiques jusqu'à la mort de Ferdinand VII.* Paris, Furne, 1844-1875, in-8, 11 vol.

8472. ——*Ce qu'il faut à la France.* Lyon, Couhert, 1873, in-12, 147 p.

8473. **Rossel**. *Le témoignage des protestants en faveur de la religion catholique.* Paris, F. Muguet, 1671, in-8, 468 p. avec table.

8474. **Rossignol** (Cl.) *Des libertés de la Bourgogne d'après les jetons de ses états.* Autun, Dejussieu et L. Villedey, 1851, in-8, 304 p.

8475. **Rothmann**. *Fouilles de Poitiers, découverte d'un cimetière du II⁰ au III⁰ siècle.* Paris, A. Chaix, 1879, in-8, 43 p., planches.

8476. **Rouard**. *Notice sur la bibliothèque d'Aix, dite de Méjanes.* Aix, Aubin, 1831, in-8, 312 p.

8477. **Roubaud** (Le dʳ Félix). *Pouges, ses eaux minérales...* Paris, A. Bourdillat, 1861, in-18, 311 p.

8478. **Roudaire** (capitaine). *Rapport sur la mission des Chotts. Études relatives au projet de mer intérieure.* Paris, imp. nationale, 1877, in-8, 138 p. avec carte.

8479. **Rouen**. *Précis analytique des travaux de l'académie royale des sciences, belles-lettres et arts de Rouen.* Rouen, imp. Nicétas Périaux, 1835-1871, in-8, 27 vol.

8480. Rouen. *Société des amis des sciences naturelles de Rouen.* Rouen, imp. H. Boissel, 1869, in-8, un vol.

8481. *Rouges (Les) jugés par eux-mêmes.* (1850), in-18, 71 p.

8482. **Rougé** (de) et autres. *Progrès des études relatives à l'Egypte et à l'Orient.* Paris, imp. impériale, 1867, in-8, xi-213 pages.

8483. **Rougemont** (B. de). *Le bouquet rochellais ou la fête de la France.* La Rochelle, imp. Mareschal, 1823, in-8, 39 p.

8484. **Roujou** (Anatole). *Recherches sur l'âge de pierre quaternaire dans les environs de Paris.* Paris, imp. E. Martinet, 1865, in-8, 46 p.

8485. **Roujoux** (Baron de). *Histoire pittoresque de l'Angleterre et de ses possessions dans les Indes.* Paris, administration de l'ouvrage, 1834, in-4, 3 vol.

8486. *Rouleaux des morts du IXe au XVe siècle,* recueillis et publiés par Léopold Delisle. Paris, veuve J. Renouard, 1866, in-8, 548 pages.

8487. **Roumeguère** (Casimir). *Statistique botanique du département de la Haute-Garonne.* Paris, Baillière, 1876, in-8, 101 pages.

8488. **Rousseau** (Jean-Baptiste). *Œuvres.* Paris, Ladrange, 1818, in-8, 4 vol.

8489. —— *Œuvres choisies.* Paris, Brocas, 1784, in-12, 324 p.

8490. **Rousseau** (J.-J.) *Œuvres complètes.* Paris, Houssiaux, 1852-1853, in-8, 4 vol.

8491. **Rousseau** (Alfred). *Un an de poésie.* Moulins, imp. Desrosiers, 1836, in-8, 256 p.

8492. [**Roussel**]. *Correspondance secrète de plusieurs grands personnages illustres, à la fin du XVIIIe siècle.* Londres, Paris, Lerouge, 1802, in-8, 279 p.

8493. —— *Principes de religion.* Paris, Prault jeune, 1753, in-12, table, xii-427 p.

8494. —— *Système physique et moral de la femme.* Paris, Fortin, Massin, 1845, in-12, xxxviii-359 p.

8495 [**Rousselle** (Joseph).] *Instructions pour les seigneurs et leurs gens d'affaires...* Paris, Lottin aîné, 1770, in-12, table, 278 pages.

8496. **[Rousset de Missy** (Jean).] *Histoire du cardinal Albéroni.* La Haye, veuve A. Moetjens, 1719, in-12, x-369 p.

8497. **Rousset** (Jules). *De la garantie en cas d'éviction dans la vente de l'expropriation et de ses effets.* Rochefort, imp. Ch. Thèze, 1875, in-8, 200 p.

8498. **Rousset** (Camille). *Histoire de Louvois.* Paris, Didier, 1862-1863, in-8, 4 vol.

8499. —— *Les volontaires, 1791-1794,* Paris, Didier, 1870, in-12, iv-403 pages.

8500. **Roustan** (A.-F.) *Abrégé de l'histoire universelle.* Paris, Desray, 1790, in-12, 8 vol.

8501. **Rouveyre** (Edouard). *Connaissances nécessaires à un bibliophile.* Paris, Rouveyre, 1879, in-8, xiv-224 p.

8502. **Rouville** (Stéphane de). *Chûte de la république romaine.* Paris, Rouquette, 1870, in-18, 176 p.

8503. **Roux** (Amédée). *Montausier, sa vie et son temps.* Paris, Aug. Durand, 1860, in-8, xii-284 p.

8504. **[Roux** (Aug.)]. *Nouvelle encyclopédie portative.* Paris, Vincent, 1766, in-12, 2 vol.

8505. **Roux** (Xavier). *Marat.* Paris, librairie de la société bibliographique, 1875, in-18, 36 p.

8506. **Roy** (J.-J.-E.). *Histoire du siège et de la prise de Sébastopol.* Tours, Alfred Mame, 1868, in-8, 240 p.

8507. **Roy.** *Œuvres diverses, contenant des églogues et des pièces mêlées avec des réflexions sur l'églogue.* Paris, Robustel, 1727, in-8, 2 vol. relié en un.

8508. **Rozan** (Charles). *A travers les mots.* Paris, Ducrocq, 1876, in-12, 333 p.

8509. —— *Petites ignorances de la conversation.* Paris, J. Hetzel, in-12, xv-351 pages.

8510. **Roze** (E.). *Les fougères.* Paris, J. Rothschild, 1868, in-8, 242 pages.

8511. **Rozier** (l'abbé). *Cours complet d'agriculture.* Paris, hôtel Serpente, 1791-1802, in-4, 10 vol.

8512. **Rozière** (Eugène de). *Liber diurnus ou recueil des* *formules usitées par la chancellerie pontificale du Ve au XIe siècle.* Supplément. Paris, E. Thorin, 1869, in-8, 2 volumes.

8513. **Rozière** (Eugène de). *Recueil général des formules usi-tées dans l'empire des Francs du Ve au Xe siècle.* Paris, A. Durand, 1859-1871, in-8, 3 vol.

8514. **Ruberic** (le R. P. Séverin). *La conduite des âmes fidè-les.* Paris, Denis Moreau, 1631, in-12, 614 p., table.

8515. **Rubichon.** *De l'action du clergé dans les sociétés mo-dernes.* Lyon, Maire, 1829, in-8, 318 p.

8516. **Ruble** (baron Alphonse de). *Antoine de Bourbon et Jeanne d'Albret.* Paris, Adolphe Labitte, 1881, in-8, 2 vol.

8517. *Rubricæ generales breviarii et missalis Lemovicensis...* Lemovicensis, typ. J.-B. Dalesme, 1757, in-12, 320-150 p.

8518. **Rubrouck** (Guillaume de). *Récit de son voyage.* traduit du latin... par Louis de Backer. Paris, E. Leroux, 1877, in-18, xxviii-336 p.

8519. **Rucellai** (G.). *Le api.* (Voir le volume *Alamanni*).

8520. **Ruelle** (Th.-Emile). *Bibliographie générale des Gaules.* Paris, Dumoulin, 1880, in-8.

8521. **Rufini** (le comte). *Mémoires d'un conspirateur.* Paris, Jaccottet, Bourdilliat et Cie, 1585, in-16, 403 p.

8522. **Rufin** ([Tyrannius]). *Ruffini Aquileiensis presbyteri, in LXXV Davidis psalmos commentarius...* [Lugduni, Guliel-mum Rovillium, 1570, in-fol., index, 180 fol.

8523. **Rufus d'Ephèse.** *Œuvres de Rufus d'Ephèse...* Paris, imprimerie nationale, 1879, in-8, lvi-676 p.

8524. **Rufus** (Sextus Pompeius). *De la signification des mots,* traduit par M. A. Savagner. Paris, C.-L.-F. Panckoucke, 1846, in-8, xvi-755 pages.

8525. —— *Des provinces et des victoires du peuple romain, des régions de la ville de Rome.* — *Livre des provinces romaines,* trad. nouvelle par M. N.-A. Dubois. Paris, Pan-ckoucke, 1843, in-8, 140 pages.

8526. **Ruinart** (Dom Thierry). *Les véritables actes des martyrs,* recueillis sur plusieurs manuscrits, traduits en français par Drouet de Maupertuy. Paris, 1825, in-18, 3 vol.

8527. **[Rulié** (l'abbé Pierre)]. *Théorie de l'intérêt de l'argent, tirée des principes du droit naturel, de la théologie et de la politique.* Paris, Barrois, 1780, in-12, xxiii-306 p.

8528. **Rupert** (Dom). *Opera omnia...* Coloniæ Agrippinæ, in officina Birckmannica, sumptibus Arnoldi Mylii, 1602, in-folio, 2 vol.

8529. **Ruscelli** (G.). *Des secrets du seigneur Alexis, piémontais,* revu et augmenté d'une infinité de rares secrets. Rouen, F.-B. Besongne, 1681, in-12, 713 p. avec table.

8530. **Rutilius** (Numatianus). *Itinéraire,* poëme sur son retour à Rome, traduction nouvelle par M. E. Despois. Paris, C.-L.-F. Panckoucke, 1843, in-8, 164 pages.

8531. **Ruvio** (le P. Antoine). *Commentarii in octo libros Aristotelis de physico auditu.* Lugduni, Joannem Pillehotte, 1611, in-8, index, 804 p., index.

8532. —— *Commentarii in libros Aristotelis... de anima...* Lugduni, Jean Pillehotte, 1620, in-8, 794 p.

8533. —— *Logica Mexicana, hoc est commentarii breviores... in universam Aristotelis dialecticam.* Lugduni, Jean Pillehotte, 1620, petit in-8, 693 p., cart.

8534. **Rusée** (Arnoult). *Opera... Arnulphi Ruzei...* [Parisiis], Galeotum a Prato, 1534, in-4, table, 283 p.

8535. —— *Tractatus juris regaliæ.* Parisiis, 1684, in-fol., 208 p., index.

8536. **Rymon** (Emmanuel-Philibert de). *Variété des pays et comté du Charrollois.* Paris, Jean Richer, 1619, in-18, 51 p.

S

8537. **S.....** (Edouard). *Saintes en 1863,* revue-vaudeville en un acte. Saintes, imp. Alex. Hus, 1863, in-18, 16 p.

8538. **Sabatier** (Antoine). *Les trois siècles de la littérature françoise.* Paris, De Hansy, 1774, in-12, 4 vol.

8539. **Sabatier** (Raphaël-Bienvenu). *Traité complet d'anatomie.* Paris, F.-F. Didot, 1777, in-12, 3 vol.

8540. **Sabatier** (A.). *Rapport sur la campagne de l'ambulance du Midi.* Montpellier, imp. Bochin, 1871, in-8, 135 p.

8541. **Sabatier de Cavaillon** (André-Hyacinthe). *Œuvres diverses.* Avignon, L. Chambeau, 1779, in-12, 2 vol.

8542. **Sabinus.** (Voir le vol. *Poetæ minores,* collect. Panckoucke).

8543. **Sablier.** *Essai sur les langues.* Paris, imprimerie P.-F. Gueffier, 1776, in-8, vii-213 p.

8544. *Sacerdotale vulgo manuale...*Rhemis, excudebat Joannes de Fagny, 1585, in-4, table, 172 fol.

5545. *Sacrosancti et œcumenici concilii Tridentini... canones et decreta.* Bruxellis, typis E.-H. Fricx, 1688, in-32, 342-lxvii p. avec index.

8546. **Sacy** (Louis de). *Traité de l'amitié.* Paris, Jean Moreau, 1703, in-18, 276 p.

8547. **Sacy** (Sylvestre de) et autres. *Rapport sur le progrès des lettres.* Paris, imp. impériale, 1868, in-8, 184 p.

8548. **Sadolet** (le cardinal). *L'attaque et la défense de la philosophie.* Traduction et étude sur cet ouvrage, par P. Charpenne. Paris, L. Hachette et Cie, 1864, in-12, 315 p.

8549. **Sage** (B.-G.). *Expériences qui font connaître que, suivant la manière dont la même chaux vive a été éteinte, elle est plus ou moins propre à former des bétons ou mortiers solides...* Paris, imp. de H. Agasse, 1809, in-8, 29 p.

8550. **Sagnier.** *Code criminel de la république française.* Paris, Fauvel, an VII (1800), in-8, xxiv-400 p.

8551. **Sagredo.** *Histoire de l'empire ottoman,* traduite de l'italien par M. Laurent. Paris, Barois, 1724, in-12, 5 vol.

8552. **Saint-Allais** (de). *Nobiliaire universel de France ou recueil général des généalogies historiques.* Paris, Bachelin-Deflorenne, 1872-75, in-8, 20 volumes.

8553. **Saint-Amour** (Guillaume de). *Opera omnia.* Constantiæ, apud Alithophilos, 1632, in-4, 506 p.

8554. **Saint-André** (le R. P. Sernin-Marie de). *Vie de la bienheureuse Marie des Anges.* Paris, Jacques Lecoffre, 1865, in-18, 283 p.

8555. **Saint-Arroman** (Raoul de) et le comte Lepic. *La gravure à l'eau-forte.* Paris, veuve Cadart, 1876, in-8, 119 p.

8556. **Saint-Auban** (Jacques de). *Mémoires de 1572 à 1587.*
— *Satyre Ménippée.* (Collection Buchon).

8557. SAINT-BRIEUC. *Congrès celtique international tenu à Saint-Brieuc.* Saint-Brieuc, imp. Guyon-Francisque, 1868, in-8, 2 vol.

8558. [**Saint-Chéron** (Alexandre de)]. *L'église et l'ordre des jésuites.* Paris, Delécourt, 1844, in-8, xxv-285 p.

8559. **Saint-Cirgue**. *La lanterne magique aux deux chambres ou deux rêves.* Marennes, Joseph Raissac, 1838, in-8, 90 pages.

8560. **Saint-Cyran** (de). *Apologie pour messire Henri-Louis Chastaigner de La Rocheposay, évesque de Poictiers, contre ceux qui disent qu'il est défendu aux ecclésiastiques d'avoir recours aux armes en cas de nécessité.* (S. l.), 1615, in-12, 267 p. et supplément.

8561. **Sainte-Aulaire** (comte de). *Histoire de la Fronde.* Paris, E. Ducrocq, 1843, in-4, 2 vol.

8562. **Sainte-Beuve** (Jacques de). *Résolutions de plusieurs cas de conscience touchant la morale et la discipline de l'église.* Paris, Guillaume Desprez, 1705, in-8, 3 vol.

8563. **Sainte-Beuve** (C.-A.). *De la loi sur la presse. Discours prononcé au sénat le 7 mai 1868.* Paris, Michel Lévy, 1868, in-8, 15 p.

8564. —— *Poésies complètes.* Paris, Charpentier, 1845, in-12, 476 pages.

8565. —— *Port-Royal.* Paris, Hachette, 1867-1871, in-12, 7 vol.

8566. —— *Tableau historique et critique de la poésie française et du théâtre français au XVIe siècle.* Paris, Charpentier, 1843, in-12, 508 p.

8567. —— *Volupté.* Paris, Charpentier, 1845, in-12, 422 p.

8568. **Sainte-Callisthène** (sœur). *Mémoire présenté au conseil général de la Charente-Inférieure. Cours normal du Château* (île d'Oleron). La Rochelle, imp. Dubois, 1878, in-8, 15 pages.

8569. **Sainte-Croix** (baron de). *Histoire des progrès de la puissance navale de l'Angleterre.* Paris, G. de Bure, 1786, in-12, 2 vol.

8570. **Sainte-Marie** (Ad. de). *Testaments politiques ou constitutions.* Paris, Comon, 1848, in-12, 258 p:

8571. **Sainte-Marie** (le R. P. Honoré de). *Réflexions sur les
règles et sur l'usage de la critique touchant l'histoire de
l'église, etc..., avec des notes historiques, chronologiques et
critiques.* Paris, Claude Jombert, 1713, in-4, 2 tom. en
1 vol.

8572. **Sainte-Marthe** (Scévole de). *Elogia Gallorvm sae-
culo XVI doctrina illvstrivm... notas adjecit Christ.-Aug.
Hevmannvs.* Isenaci, in officina Boetiana, 1723, in-12.

8573. —— *Gallorum doctrina illustrium, qui nostra patrum-
que memoria floruerunt, elogia...* Poitiers, imp. J. Blanchet, in-8, 196 p. avec table.

8574. **Sainte-Marthe** (Abel-S. de). *Psalterium Davidis heroi-
cis versibus expressum... aliaque ejusdem sacra poemata...*
Poitiers, Julian Thoreau, 1641, in-8, 228-7-56 p.

8575. —— *Hymnorum liber unus.* (Voir Sainte-Marthe, *Psalterium Davidis*). Poitiers, Julian Thoreau, 1635, in-8, 44 p.

8576. —— *Christiados liber unus.* (Voir Sainte-Marthe, *Psalterium Davidis*). Poitiers, Julian Thoreau, 1636, in-8, 27 p.

8577. —— *Partheniados liber unus.* (Voir Sainte-Marthe, *Psalterium Davidis*). Poitiers, Julian Thoreau. 1635, in-8, 12 p.

8578. —— *Poemata.* Poitiers, imp. J. Blanchet, 1586, in-4,
334 pages.

8579. **Sainte-Marthe** (Denys de). *Gallia christiana.* Tomes I-
V, XI, XIII, XV, XVI. Parisiis, Didot, 1860-1874, in-f°, 9 vol.

8580. —— *Traité de la confession contre les erreurs des calvinistes...* Paris, Lambert Roulland, 1685, in-8, 582-xxiv p., table.

8581. **Sainte-Marthe** (Claude de). *Considérations chrétiennes sur la mort.* Paris, Guillaume Desprez, 1698, in-12,
341 p. avec table.

8582. SAINT-ETIENNE. *Annales de la société impériale d'agriculture, industrie de la Loire.* Saint-Etienne, imp. Théolier,
1858-1872, in-8, 15 vol.

8583. —— *Bulletin de la société des sciences naturelles et
des arts de Saint-Etienne,* années 1850, 1852, 1854 et 1856.
Saint-Etienne, imp. Pichon, in-8, 4 fascicules.

8584. SAINTES. *Annales de la société des arts, sciences et belles lettres de Saintes.* Saintes, imp. Orliaguet, et Niort, Clouzot, 1870, in-8, 2 vol.

8585. —— *Bulletin de la société des archives historiques de la Saintonge et de l'Aunis.* Saintes, Mortreuil, 1878-84, in-8, 4 vol., (Voir n° 310, *Archives historiques de la Saintonge*).

8586. —— *Bulletin de la commission départementale instituée pour l'étude du phylloxéra.* Saintes, imp. Hus, 1876-77, in-8, 6 fascicules.

8587. —— *Bulletin de la société d'agriculture de l'arrondissement de Saintes.* Surgères, imp. de J. Tessier, 1878, in-8, 38 pages.

8588. —— *Travaux de la société d'agriculture (Bulletin),* années 1805, 1806, 1839, 1840, 1842. Saintes, Mareschal et Hus, an XIII-1842, in-12, 6 fascicules.

8589. —— *Compagnie des sapeurs-pompiers de la ville de Saintes.* Saintes, imp. Loychon et Ribéraud, 1877, in-12, 46 pages.

8590. —— *Santone (La),* société de gymnastique de Saintes. Saintes, imp. Hus, 1881, in-18, 15 p.

8591. —— *Pièces pour le transfert à Saintes du siège de la préfecture.* Saintes, Hus, 1818, in-4, 39 p.

8592. **Saintes** (Fr. Claude de). *De rebus eucharistiæ controversis repetitiones...* per Fr. Claude de Sainctes. Parisiis, ex officina P. L'Huillier, 1575, in-fol., table ; 396 fol., table.

8593. **Saint-Foix** (de). *Œuvres complètes.* Paris, veuve Duchêne, 1878, in-8, 6 vol.

8594. **[Sainte-Foi** (Jean de)]. *Catéchisme spirituel.* Paris, Louis Guérin, 1693, in-12, 2 vol.

8595. **Saint-Gelais** (Mellin de). *Œuvres poétiques.* Paris, 1719, in-12, 275 p. et table.

8596. **Saint-Genis** (Victor de). *Histoire de Savoie.* Paris, Amyot, 1869, in-8, 2 vol.

8597. **Saint-Hubert** (Théroulde). *Principes de grammaire générale.* Paris, B. Duprat, 1857, in-8, 236 p.

8598. **Saint-Hyacinthe.** *Recherches philosophiques sur la nécessité de s'assurer par soi-même de la vérité.* Rotterdam, A. Johnson, 1743, in-8, xviii-514 p.

8599. **Saint-Ignace** (le P. Henri de). *Theologia sanctorum veterum ac novissimorum circa solemniores hodie controversias de usu sacramentorum pœnitentiæ et eucharistiæ.* Leodii, Josephi-Ludovici de Millot, 1701, in-8, xxxvi-875 p.

8600. SAINT-JEAN D'ANGÉLY. *Bulletin des travaux de la société historique et scientifique de Saint-Jean d'Angély.* Saint-Jean d'Angély, imp. Lemarié, 1863-1867, in-8, 5 vol.

8601. —— *Bulletin de la société linnéenne de la Charente-Inférieure.* Saint-Jean d'Angély, E. Lemarié, 1877, in-8, 78 p.

8602. —— *Extrait du procès-verbal de la séance du 21 juin 1880, du conseil municipal de la ville de Saint-Jean d'Angély, vote des budgets.* Saint-Jean d'Angély, imp. Bonnin, 1880, in-8, 39 p.

8603. —— *Petit séminaire de Saint-Jean d'Angély. Distribution solennelle des prix, années 1821, 1822 et 1825.* Saintes, chez Hus, 1821, 1822, 1825, in-4, 3 fascicules.

8604. —— *Question des octrois de la ville de Saint-Jean d'Angély. Séance du 2 juillet 1870 du conseil municipal.* Saint-Jean d'Angély, E. Lemarié, 1870, in-12, 16 p.

8605. —— *Recueil périodique... de la société d'agriculture... de Saint-Jean d'Angély,* Saint-Jean d'Angély, Vᵉ Lacurie, 1843-1834, in-4, 14 fascicules.

8606. —— *Séance du conseil municipal du 9 mai 1867.* Saint-Jean d'Angély, Eug. Lemarié, 1867, in-8, 44 p.

8607. **Saint-Joseph** (Pierre de). *Theses universæ theologiæ speculativæ, sacramentalis et moralis.* Parisiis, apud Georgium Josse, 1642, in-32, 261 p.

8608. **Saint-Joseph** (Général baron de). *Campagne de Prusse en juin 1807.* Paris, imp. de E. Martinet, 1863, in-8, 31 p.

8609. **Saint-Jure** (le père Jean-Baptiste). *De la connaissance et de l'amour du fils de Dieu.* Paris, imp. Sébastien Cramoisy, 1656, in-8, 912 p.

8610. —— *L'homme religieux. Seconde partie.* Paris, Denys Bechet, 1647, in-4, 432 p. avec table.

8611 —— *L'homme spirituel* (tome II). Paris, Sébastien Cramoisy, 1646, in-12, 737 p.

8612. **Saint-Jure** (le père Jean-Baptiste de). *Méditations sur les plus grandes et les plus importantes véritez de la foy...* Paris, imp. P. Petit, 1667, in-18. 643 p.

8613. **Saint-Lambert.** *Les saisons.* (Voir *Poètes français*, t. XV).

8614. **Saint-Marc** (de). *Abrégé chronologique de l'histoire générale d'Italie.* Paris, J.-T. Hérissant, 1761, in-12, 6 vol.

8615. **Saint-Marc** (Corneille), *Tablettes historiques, biographiques et statistiques de la ville de Saint-Amour.* Lons-le-Saulnier, imp. Gauthier frères, 1868, in-8, VIII-376 p.

8616. **Saint-Marc Girardin.** *Cours de littérature dramatique.* Paris, Charpentier, 1868-1872, in-12, 5 vol.

8617. —— *La Syrie en 1861.* Paris, Didier, 1862, in-12, VIII-448 p.

8618. **Saint-Marsault** (E. de.). *Comice agricole d'Aytré, compte-rendu de la séance générale du 11 décembre 1841.* La Rochelle, typ. Mareschal, 1842, in-8, 46 pages.

8619. **Saint-Martin** (Guillaume de). *Sermons pour tous les jours de caresme.* Paris, Ed. Couterot, 1683, in-8, 2 vol.

8620. **Saint-Martin** (J.). *Fragments d'une histoire des Arsacides.* Paris, imp. nationale, 1850, in-8, 2 vol.

8621. —— *Notice sur le zodiaque de Denderach.* Paris, Delaunay, 1822, in-8, 31 p.

8622. **Saint-Maurice Cabany** (E. de). *Notice nécrologique sur MM. Gabriel de Bouquier et Santiago de Bouquier.* Paris, imp. Félix Malteste, 1856, in-8, 16 p.

8623. **Saint-Mauris** (Victor de). *Etudes historiques sur l'ancienne Lorraine.* Nancy, Vagner, 1861, in-8, 2 vol.

8624. **Saint-Mémin** (Frevet de). *Description de deux cachets antiques d'oculistes romains.* Dijon, Lagier, 1834, in-8, 28 p.

8625. **Saint-Nexent** (A. C. de). *Traité des faillites et banqueroutes, d'après la loi du 28 mai 1838...* Paris, Videcoq, 1840, in-8, 3 tomes en 4 vol.

8626. **Saint-Paul Arnould** (Jeanne-Catherine-Agnès de). *L'image d'une religieuse parfaite.* Paris, Charles Savreux, 1665, in-12, 464 p.

8627. **Saint-Pierre** (Bernardin de). *Pablo y Virginia, tra-ducido en Espagnol por don Josef Miguel Aléa.* Perpignan, imp. de J. Alzine, 1816, in-16, 244 p.

8628. **Saint-Pierre** (l'abbé de). *Projet de taille tarifée.* Rotterdam, Jean-Daniel Bernan, 1737, in-12, 338-96 p.

8629. Saint-Quentin. *Annales agricoles, scientifiques et industrielles de la société académique de Saint-Quentin.* Saint-Quentin, imp. Ad. Moureau, 1848-1855, in-8, 15 vol.

8630. **Saint-Rieul-Dupouy** (J.). *Un mot sur le roi Louis-Philippe.* Bordeaux, imp. de Suwerinck, 1845, in-8, 22 p.

8631. **Saint-René Taillandier.** *Bohème et Hongrie.* Paris, Didier et Cⁱᵉ, 1869, in-8, XII-506 p.

8632. *La Serbie. Kara. George et Milosch.* Paris, Didier et Cⁱᵉ, 1872, in-8, XII-413 p.

8633. Saint-Romain de Benet. *Société civile de panification. Statuts.* Saintes, imp. Hus, 1880, in-18, 12 p.

8634. **Saint-Simon** (duc de). *Mémoires.* Paris, Delloye, 1842, in-12, 40 tomes en 20 vol.

8635. **Saint-Sorlin** (de). *Response à l'insolente apologie des religieuses de Port-Royal, avec la découverte de la fausse église des jansénistes.* Paris, Nicolas Legras, 1666, in-8, 340 p.

8636. **Saint-Surin** (Mᵐᵉ de). *L'hôtel de Cluny au moyenâge.* Paris, J. Techener, 1835, in-12, 174 p.

8637. [**Saint-Victor** (Bins de)]. *Des révolutionnaires et du ministère actuel.* Paris; H. Nicole, 1815, in-8, 84 p.

8638. —— *Tableau historique et pittoresque de Paris.* Paris, Ch. Gosselin, 1822, in-8, 8 vol.

8639. ——*Le voyage du poète.* Paris, L. Tollin, 1806, in-18, XVI-80 p.

8640. **Saint-Wast** (Mademoiselle de). *L'esprit des poètes et orateurs célèbres du règne de Louis XIV.* Paris, Despilly, 1767, in-12, 526 p.

8641. **Salazar** (le P. François de). *La conversion d'un pécheur réduite en principes, traduite de l'espagnol.* Nancy, Nicolas Baltazard, 1740, in-12, 306 p.

8642. **Sales** (Saint-François de). *Les œuvres du bienheureux François de Sales, évesque et prince de Genève...* Paris, Frédéric Léonard, 1663, in-8, 2 vol.

8643. **Salelles** (C.-A. de). *Le groupe de la danse de M. Carpeaux, jugé au point de vue de la morale.* Paris, Dentu, 1869, in-8, 16 p.

8644. **Salgues** (J.-B.-S.). *De Paris, des mœurs, de la littérature et de la philosophie.* Paris, Dentu, 1813, in-8, VIII-507 p.

8645. **Salian** (le père Jacques). *Annalium ecclesiasticorum veteris testamenti epitome.* Rothomagi, supt. Joannis Berthelin, 1646, in-8, 1106 p.

8646. **Salignac de La Mothe-Fénélon** (Bertrand de). *Correspondance diplomatique, publiée par A. Teulet.* Paris et Londres, 1840, imp. Béthun et Plon, in-8, 7 vol.

8647. —— *Le siège de Metz par l'empereur Charles-Quint en 1552. Mémoires.* Collection Michaud, t, VIII ; collection universelle, t. XXIV, XL, et collection Buchon.

8648. **Sallé.** *L'esprit des ordonnances et déclarations de Louis XV.* Paris, Knapen, 1759, in-4, 720 p.

8649. **Salles** (Jules). *Etude sur Bernard Palissy.* Nîmes, B.-R. Garve, 1856, in-12, 114 p.

8650. **Salluste.** *Œuvres,* Paris, Panckoucke, 1835-1838, in-8, 2 vol.

8651. **Salm** (Constance de). *Ouvrages divers en prose suivis de mes soixante ans.* Paris, F. Didot, 1835, in-12, 2 vol.

8652. —— *Pensées.* Aix-la-Chapelle, J.-A. Mayer, 1835, in-12, 178 p.

8653. —— *Poésies.* Paris, F. Didot, 1835, in-12, 2 vol.

8654. **Salomon.** *L'ecclésiaste, traduit en français, avec une explication tirée des 12 pères et des auteurs ecclésiastiques.* Paris, Pierre Le Petit, 1681, in-12, 602 p. table.

8655. —— *Proverbes sur les principaux devoirs de l'homme, traduits en vers français par d'Ardène.* Avignon, Louis Chambeau, 1761. in-8, XX-120 p.

8656. —— *Les proverbes traduits en français avec une explication tirée des SS. pères et des auteurs ecclésiastiques.* Paris, Pierre Le Petit, 1678, in-12, 633 p.

8657. **Salvandy** (N.-A. de). *Des funérailles de Louis XVIII.*
Paris, Baudoin, 1824, in-8, 18 p.

8658. **Salviat** (de). *La jurisprudence du parlement de Bordeaux.* Paris, Arthur Bertrand, 1824, in-4, 2 vol.

8659. **Salvien de Marseille.** *De vero judicio et providencia Dei, libri VIII, cura Jo, Alexandri Brassiani editi.* Basileæ, in officina Frobeniana, 1530, in-fol., 1 vol., préliminaires, 58 fol.

8660. **Salvien** et SAINT VINCENT DE LÉRINS. *Opera Stephanus Baluzius emendavit.* Parisiis, apud Franciscum Muguet, 1669, in-8, 452 p. avec index.

8661. **Sammonicus** (Serenus). *Préceptes médicaux traduits par M. Louis Baudet.* Paris, L.-F. Panckoucke, 1845, in-4, 108 p.

8662. **Samson.** *L'art théâtral.* Paris, Dentu, 1863-1865, in-8, 2 vol.

8663. **Sanadon** (le R. P. Nicolas). *Retraites spirituelles.* Paris, Grégoire Dupuis, 1728, in-12, table, 399 p.

8664. **Sanadon** (Noël-Etienne). *Carminum libri quatuor.* Lutetiæ Parisiorum, Johan, Barbou, 1715, in-12, x-290 p.

8665. **Sanchez** (Thomas). *Opus morale in præcepta decalogi.* Parisiis, Robertum Fouet, 1615, in-8, table, 398 p., 396 p., table.

8666. —— *De sancto matrimonii sacramento.* Lugduni, societatis typographorum, 1625, in-fol., 3 tomes en 1 volume.

8667. **Sanctes Pagnin.** *Hebaicarum institutionum libri IIII.* Paris, Robert Estienne, 1549, in-4.

8668. —— *Thesaurus linguæ sanctæ.* Lugduni, Seb. Gryphus, 1629, in-fol., 2751 col. et index.

8669. **Sand** (Georges). *Un hiver à Majorque. — Spiridion.* Paris, M. Lévy, 1867, in-12, 446 p.

8670. —— *La confession d'une jeune fille.* Paris, M. Lévy, 1865, in-12, 2 vol.

8671. **Sandeau** (Jules). *Le docteur Herbeau.* Paris, Charpentier, 1851, in-12, 320 p.

8672. —— *Madeleine.* Paris, Charpentier, 1852, in-12, 288 p.

8673. **Sandeau** (Jules) *Mademoiselle de La Seiglière*. Paris, Charpentier, 1852, in-12, 331 p.

8674. —— *Marianna*. Paris, Charpentier, 1851, in-12, 392 p.

8675. —— *Valcreuse*. Paris, Charpentier, 1853, in-12, 383 p.

8676. **Sandeo** (Felino-Marie). *Commentaria in V lib. decretalium...* Basileæ, officina Frobeniana, 1567, in-fol., 1404-1180 col.

8677. —— *Index lucupletissimus in Felini Sandei commentarios, ad quinque libros decretalium*. Basileæ, officina Frobeniana, 1567, in-fol., 697-1292 col.

8678. **Sanders** (Nicolas). *De justificatione contra colloquium altenburgense libri sex...* Augustæ Trevirorum, excudebat Emandus Halotus, 1585, in-8, 683 p., index.

8679. **Sanderson** (E.). *L'espagnol sans professeur en 50 leçons*. Paris, René Martin, 1880, in-8, 3 parties.

8680. **Sanderson** (Robert). *De obligatione conscientiæ prælectiones decem...* Londini, Martin, 1670, in-12, 384 p.

8681. [**Sandras de Courtilz** (Gatien)]. *La vie de Gaspard de Coligny*. Cologne, Marteau, 1691, in-12, viii-422 p.

8682. **San Miguel** (Evariste). *Elementos del arte de la guerra*. Londres, imprenta de M. Calero, 1826, in-8, 2 vol.

8683. **Sanson** (A.). *Les missionnaires du progrès agricole*. Paris, Hachette, 1858, in-12, 366 p.

8684. **Santeuil** (Victor). *Hymni sacri et novi...* Paris, D. Thierry, 1698, in-12, 306-12 p.

8685. **Sapinaud** (Madame de). *Mémoires sur la Vendée*. (Voir collection Barrière). Paris, Baudoin frères, 1823, in-8, 123 p.

8686. **Sarcey** (Francisque). *Réponse à Dumas. Le drapeau tricolore*. Paris, E. Lachaud, 1875, in-32, 32 p.

8687. **Sarcus** (vicomte de). *De la liberté dans l'enseignement*. Dijon, imp. Rabutot, 1865, in-8, 105 p.

8688. —— *Du morcellement, à propos de l'enquête agricole*. Dijon, imp. Rabutot, 1866, in-8, 48 p.

8689. —— *Etude sur le développement artistique et littéraire de la société moderne pendant les quinze premiers siècles de l'ère chrétienne*. Paris, L. Hachette, 1861, in-8, 262 p.

38

8690. **Sarcus** (le vicomte de). *Etude sur la philosophie de l'histoire.* Paris, Hachette, 1859, in-8, 215 p.

8691. —— *Etude sur Lucien.* Paris, imp. Parent, 1866, in-8, 40 pages.

8692. —— *Généalogie de la maison de Sarcus.* Paris, imp. d'Aubusson, 1855, in-4, 58 p.

8693. —— *Lettre d'un rural.* Dijon, imp. Darantière, 1873-1875, in-12, 266 p., 3 vol.

8694. —— *Lettre d'un provincial à propos de la décentralisation.* Dijon, imp. Rabutot, 1864, in-8, 22 p.

8695. —— *Quelques mots aux habitants des campagnes.* Dijon, imp. Rabutot, 1870, in-12, 15 p.

8696. —— *Prenez et lisez*, par un rural. Dijon, imp. Rabutot, 1871, in-18, 12 p.

8697. —— *Sarcus.* (Département de l'Oise. Picardie). Paris, imp. Napoléon Chaix, 1858, in-8, 199 p. et 1 atlas.

8698. **Sarpi** (Fra Paolo). *Histoire du différend de Paul V avec la république de Venise,* en italien. Venitia, appressa Roberto Miretti, 1606, in-4, 418 p.

8699. —— *Histoire du concile de Trente,* traduite par M. Amelot de La Houssaie. Amsterdam, imp. de G.-P. et J. Blaeu, 1686, in-4, 800 p. et table.

8700. —— *Traité des bénéfices.* Amsterdam, Henri Wetstein, 1687, in-12, sommaire, 334 p.

8701. **Sarrazins** (Pierre) et AUTRES. *Sur le règne de saint Louis et les deux premières croisades.* (Collection Michand, t. I).

8702. **Sasias** (P.) *Cours de mécanique.* Paris, A. Bertrand, in-8, 267 p. et 5 planches.

8703. **Sasle** (Eugène). *Les octrois supprimés.* Rouen, imp. L. Deshays, 1878, in-8, 8 p.

8704. **Sathas** (C.) et E. LEGRAND. *Les exploits de Digénis Akritas,* épopée byzantine du dixième siècle. Paris, Maisonneuve et Cie, 1875, in-8, CLII-301 p.

8705. *Satyre Ménippée.* Ratisbonne, M. Kerner, 1766, in-12, 3 vol.

8706. **Sauclière** (Hercule de). *Le comte de Chambord défendu par l'histoire.* Vienne, Alex. Eurich, 1871, in-8, 47 p.

8707. [**Saugrain** (Cl.-M.)]. *Code des chasses...* Paris, compagnie des libraires, 1764-1765, in-12, 2 vol.

8708. —— *Dictionnaire universel de la France.* Paris, Saugrain, 1726, in-folio, 3 vol.

8709. Saujon. *Distribution solennelle des prix. Institution Saint-Louis de Gonzague de Saujon.* Pons, imp. Texier, 1879, in-8, 22 p.

8710. **Saulcy** (F. de). *Eléments de l'histoire des ateliers monétaires du royaume de France.* Paris, C. Van Peteghem, 1877, in-4, vi-164 p.

8711. —— *Réponse à un mémoire sur la mer morte,* par M. E. Quatremère. Paris, imp. E. Thunot et Cᵢₒ, in-4, 1851, 25 p.

8712. **Saumaise** (Paul). *De modo usurarum liber.* Lugd. Batavor., Elseviriorum, 1639, in-8, 801 p., table.

8713. —— *De usuris liber.* Lug. Batavorum, officina Elseviriorum, 1638, in-12, 686 p., index.

8714. —— *Dissertatio de fœnore trapezitico...* Lugduni Batavorum, officina Joannis Maire, 1640, in-8, 820 p., index.

8715. **Saurel** (Alfred). *Aix et Marseille.* Aix et Marseille, chez tous les libraires, 1871, in-12.

8716. —— *Almanach-guide de Marseille.* Marseille, chez tous les libraires, 1870-1872, in-12, 3 vol.

8717. —— *Du rôle que joue le chien dans la société.* Marseille, chez tous les libraires, 1871, in-12, 24 p.

8718. —— *Marseille et sa banlieue.* Marseille, chez tous les libraires, 1870, in-12, 136 p.

8719. —— *Notice sur la commune et les eaux minérales de Propiac (Drôme).* Avignon, imp. F. Seguin, 1862, in-12, 45 pages.

8720. —— *Roux de Corse ou notice historique et biographique sur Georges de Roux.* Marseille, typ. Cayer, 1870, in-8, 58 p.

8721. —— *Statistique de la commune de Cassis (Bouches-du-Rhône).* Marseille, typ. Roux, 1857, in-8, viii-268-76 p.

8722. **Saurin** (le pasteur Jacques). *Sermons.* Genève, Fabri, 1734, in-12, 11 vol.

8723. **Saussay**. *Traité des jardins*. Paris, imp. de N. Simart, 1722, in-12, 230 p.

8724. **Saussure** (H.-B.). *Voyage dans les Indes*. Paris, A. Cherbuliez, 1834, in-8, xxvi-396 p.

8725. **Sauvé** (Saint-C.-L.). *Aperçu des travaux de la société des sciences naturelles de la Charente-Inférieure*. La Rochelle, typ. G. Mareschal, 1850, in-8, 44 p.

8726. **Sauval** (Henri). *Histoire et recherches des antiquités de la ville de Paris*. Paris, C. Moette, 1724, in-folio, 3 vol.

8727. SAUVESTRE (Ch.). *Une visite à Mettray*. Paris, E. Dentu, 1871, in-18, 101 p.

8728. *Sauveteur (Le), moniteur du courage et des belles actions*. Paris, au bureau du journal, 1869-1873, in-8, 19 numéros.

8729. **Savary** (Claude). *Grammaire de la langue arabe*. Paris, imp. imp., 1813, in-4, xii-536 p.

8730. —— *Lettres sur l'Egypte*. Paris, Onfroi, 1786-1788, in-8, 4 v. avec cartes.

8731. **Savary** (Jean-Julien-Michel). *Guerres des Vendéens et des Chouans contre la république française*. (Voir collection Barrière). Paris, Beaudouin frères, 1824, in-8, 6 vol.

8732. **Savary** (H.). *Aux propriétaires des marais de la Seugne*. Saintes, imp. Hus, 1844, in-4, 8 p.

8733. —— *Discours prononcé à l'ouverture de la séance du collége électoral de l'arrondissement de Saintes*. Saintes, imp. V. Dupouy, 1815, in-8, 8 p.

8734. SAVARY. *Mémoire pour M. Savary... M. de Faucher... M. Oudet, etc., contre MM. Saugé... Bouyer... etc*. Poitiers, typ. de A. Dupré, 1859, in-4, 51 p.

8735. **Saverien**. *Dictionnaire historique, théologique et pratique de marine*. Paris, Charles-Antoine Joubert, 1758, in-12, 2 vol.

8736. **Savot** (Louis). *Discours sur les médailles antiques*. Paris, Cramoisy, 1527, in-4, 399 p. et table.

8737. **Say** (Jean-Baptiste). *Cours complet d'économie politique*. Paris, Guillaumin, 1840, in-8, 2 vol.

8738. **Say** (Léon). *Impôt foncier. Péréquation et dégrèvement. Discours.* Paris, Guillaumin, 1881, in-8, 31 p.

8739 —— *Le rachat des chemins de fer.* Paris, Guillaumin, 1881, in-8, 27 p.

8740. **Sayous** (Edouard). *Histoire générale des Hongrois.* Paris, Didier, in-8, 2 vol.

8741. **Scaliger** (J.-J.). *Opuscula varia antehac non edita.* Paris, H. Beys, 1610, in-4, 582 p. avec table.

8742. —— *Epistolæ.* Lugduni Batavorum, (Leyde), B. et A. Elzevir, 1627, in-8, 887 p.

8743. **Scapula** (J.). *Lexicon græco-latinum.* Basileæ, Sebastianus Henricpetri, in-folio, 1665, 1789-365 p.

8744. **Scarron.** *Le Virgile travesti en vers burlesques.* Lyon, Cl. La Rivière, 1664, in-18, 614 p.

8745. —— *Roman comique.* Paris, David, 1752, in-18, 3 vol.

5746. **Schaer** (Docteur Fr.). *Essai climatologique sur Pau,* traduit de l'allemand. Pau, Lafon, 1866, in-18, iii-51 p.

8747. **Schard** (Simon). *De jurisdictione, autoritate, et præeminentia imperiali, ac protestate ecclesiastica, deque juribus regni et imperii.* Basileæ, Johannis Oporini, 1566, in-8, 18-914 p... index.

8748. **Scheele** (Charles-Guillaume). *Traité chimique de l'air et du feu, traduit de l'allemand par le baron de Dietrich.* Paris, Hôtel Serpente, 1781-1785, in-12, 2 vol.

8749. **Scheelstrate** (Emmanuel). *De disciplina arcani contra disputationem Ernesti Teutzelii dissertatio apologetica.* Romæ, typis sac. congregat. de propagandâ fide, 1685, in-4, 160 p., index.

8750. **Scheffmacher** (le P. J.-J.). *Lettres d'un théologien de l'université catholique de Strasbourg à MM. les principaux magistrats de la même ville, faisant profession de suivre la confession d'Ausbourg.* Strasbourg, Jean-François Leroux, 1732, in-4, 611 p.

8751. —— *Lettres d'un docteur allemand de l'université catholique de Strasbourg à un gentilhomme protestant, sur les six obstacles au salut qui se rencontrent dans la religion luthérienne.* Strasbourg, Jean-François Leroux, 1730, in-4, 496-viii p.

8752. **Scheffmacher** (le père J.-J.) *Lettres d'un docteur catholique à un protestant sur les principaux points de controverse.* Rouen, P. Boquer, 1769, in-12, 3 vol.

8753. **Schelstrat** (Emmanuel). *Tractatus de sensu et autoritate decretorum Constantiensis concilii.* Romæ, typis S. congregationis de propaganda fide, 1686, in-4, ciii-302 p. avec index.

8754. **Scherffer** (Charles). *Institutiones logicæ.* Viennæ Austriæ, typ. Joannis-Thomæ Trastner, 1753-1754, in-12, 2 tomes en 1 vol.

8755. **Schiller** (Friedrich). *Geschichte des dreissigjaehrigen Krieges.* Leipzig, Goeschen, 1802, in-12, 2 vol,

8756. —— *La guerre de trente ans.* Munich, 1830, in-8, 419 p.

8757. —— *Histoire du soulèvement des Pays-Bas contre la domination espagnole,* traduit de l'allemand par J.-J. De Cloet. Bruxelles, H. Remy, 1821, in-8, 527 p.

8758. —— *Œuvres,* traduction nouvelle par Ad. Regnier. Paris, L. Hachette, 1859-1861, in-8, 8 vol.

8759. **Schlegel** (Frédéric). *Philosophie de l'histoire...* traduit de l'allemand par M. l'abbé Lechat. Paris, Parent-Desbarre, 1836, in-8, 2 vol.

8760. —— *Cours de littérature dramatique,* traduit de l'allemand. Paris, Al. Cherbuliez, 1836, in-8, 3 vol.

8761. **Schmidt** (Jo.-Andr.). *Lunam in nuce visam, 30 décembre 1680.* Jenae, typis Johannis Nici, 1681, in-4, 58 p.

8762. **Schneidewin** (Jean). *In quatuor institutionum imperialium de Justiniani libris commentarii.* Coloniæ Agrippinæ, veuve Wilb. Metternich, 1740, in-4, 976 p. et table.

8763. **Schnitzler** (J.-H.) *Rostoptchine et Koutousof, tableau de mœurs et essai de critique historique. (La Russie en 1812).* Paris, Didier, 1863, in-8, xxiv-536 p.

8764. **Schoell.** *Histoire de la littérature grecque profane.* Paris, Gide, 1823-25, in-8, 8 tom. en 4 vol.

8765. —— *Histoire abrégée de la littérature romaine.* Paris, Gide, 1815, in-8, 4 vol.

8766. *Scholia in Theocritum, Nicandrum et Oppianum.* (Collection Didot).

8767. **Schorrer** (le père Christophe). *Theologia ascetica.* Romæ, ex typographia Varisii, 1658, in-4, 606 p. avec table.

8768. **Schützenberger** (P.). *Les fermentations.* Paris, Germer Baillière, 1879, in-8, 278 p.

8769. **Schybergson** (G.). *Le duc de Rohan et la chute du parti protestant en France.* Paris, Fischbacher, 1880, in-8, 138 pages.

8770. **Sciout** (Ludovic). *Histoire de la constitution civile du clergé (1790-1801).* Paris, F. Didot, 1872, in-8, 2 vol.

8771. **Sclopis** (Frédéric). *Histoire de la législation italienne,* traduite en français par Charles Sclopis (de Petreto). Paris, Didier, 1861, in-8, 3 vol.

8772. **Scott** (sir Walter). *Halidon Hill...* Paris, A. and W. Galignani, 1822, in-12, 86 p.

8773. —— *St. Ronan's well, 3. — The pirate, 3. — Chronicles of the canongate, 3. — Rob-Roy, 3. — Woodstock or the cavalier, 3. — Memoirs of Jonathan Swift. — Anne of Geierstein, 3. — Waverley or theses sixty years since, 3. — The antiquary, 3. — Guy Mannering, 3. — The Albbot, 3. — Redgauntlet, 3. — The fortunes of Nigel, 3. — Quintin-Durward, 3. — Perevil of the Peak, 4. — The monastery, 1er et 3e vol. — Kenilworth, 1er vol. — Tales of my landlord, 3e vol.* Paris, Baudry, 1821, in-12, 45 vol.

8774. —— *Ivanhoe,* traduit par A.-J.-B. Defauconpret. Paris, Barba, 1844, in-12, 563 p.

8775. —— *Kenilworth.* Leipzig, Tauchnitz, 1845, in-12, xiv-497 pages.

8776. —— *Le monastère.* Paris, H. Nicolle, 1821, in-12, 4 vol.

8777. —— *The poetical works.* Paris, Galigliani, 1827, 7 vol. in-18.

8778 **Scribe** (Eugène). *Œuvres complètes.* Paris, Dentu, 1874-1877, in-12, 16 vol.

8779. *Scripta veterum latina, de una persona et duabus naturis domini et servatoris nostri Jesu Christi.* Tiguri, excudebat Christophorus Froschoverus, 1571, in-folio, préliminaires, 211 fol.

8780. *Scriptum cujusdam, quo regi ipsi rationem reddit conscientiæ suæ, quod relatis aliis religionibus uni, quam vocant Arianicæ se adduxerit.* (Voir confession de foi).

8781. **Scrivener** (Matthieu). *Apologia pro S. ecclesiæ patribus, adversus Joannem Dallæum de usu patrum,* etc. *Item, apologia pro ecclesia anglicana, adversus nuperum schisma, autore Matthæo Scrivenero, presbytero.* Londini, Guill. Wells et Rob. Scott, 1672, in-4, 2 t. en 1 vol.

8782. **Scudery** (de). *Les femmes illustres.* Lyon, J. Comba, 1667, in-12, 429 p.

8783. **Scudo** (P.). *Critique et littérature musicales.* Paris, V. Lecou, 1852, in-12, XI-346 p.

8784. —— *L'art ancien et l'art moderne.* Paris, Garnier, 1854, in-12, VI-387 p.

8785. **Sedail** (Charles). *Compte-rendu de l'essai de grammaire universelle de M. Jónain.* Saint-Germain-en-Laye, imp. Toinon, 1864, in-8, 11 p.

8786. **Sedaine.** *Recueil de poésies.* Paris, Duchesne, 1760, in-12, 1 vol.

8787. **Sédillot** (Ch.). *De l'évidement sous-périosité des os.* Paris, J.-B. Baillière, 1867, in-8, IV-429 p.

8788. **Sedulius.** *In omnes epistolas Pauli collectaneum.* Basileæ, Henricum Petrum, 1528, in-folio, index, 110 fol.

8789. **Segaud** (le P.). *Sermons. Avent, carême, mystères, panégyriques.* Paris, Bordelet, 1752, in-12, 6 vol.

8790. **Segneri** (le P.). *Méditations.* Paris, Montalant, 1737, in-12, 5 vol.

8791. —— *La pratique des devoirs des curés,* composée en italien et traduite en français par le père Buffier. Lyon, Laurent Bachelu, 1702, in-12, 639 p.

8792. **Segni** (Bernardo). *Storie Fiorentine.* Milano, societa tipografica de classici Italiani, 1805, in-8, 3 vol.

8793. **Seguier.** *Arrest qui ordonne qu'un imprimé in-4, intitulé : Mémoire justificatif pour trois hommes condamnés à la roue... [soit brûlé] en la cour du palais... du 11 août 1786.* Paris, imp. Simon et R.-H. Nyon, 1786, in-8, 286 p.

8794. **Seguin** (E.). *Rapport (viticulture et vinification).* La Rochelle, typ. Siret, 1863, in-8, 16 p.

8795. **Ségur** (comte Louis-Philippe de). *Histoire universelle ancienne et moderne,* t. I, IV, V, VIII et IX. Paris, Alexis Eymery, 1821, in-8, 5 vol.

8796. **Ségur** (le comte Anatole de). *Les martyrs de Castelfidardo.* Paris, Ambroise Bray, in-8, 291 p.

8797. **Ségur** (Monseigneur de). *Instructions familières et lectures du soir.* Paris, Tolra et Haton, 1866, in-12, 2 vol.

8798. —— *La piété enseignée aux enfants.* Paris, librairie Saint-Joseph, Tolra et Haton, 1866, in-18, 347 p.

8799. —— *La révolution.* Paris, Tolra et Haton, 1863, in-18, 143 pages.

8800. —— *Réponses courtes et familières aux objections les plus répandues contre la religion.* Paris, Tolra et Haton, 1863, in-18, 180 p.

8801. **Seguy** (Antoine). *Metaphysica ad usum scholæ.* Parisiis, viduam Bartelet, 1658, in-12, 2 vol.

8802. **Seigneur** (Georges). *La Pologne et l'Europe.* Paris, Victor Palmé et Dentu, 1863, in-8, 48 p.

8803. **Seignouret** (P.-E.). *La démocratie, la banque et le taux de l'intérêt.* Paris, Dentu, 1865, in-8, 31 p.

8804. **Selden** (Jean). *Mare clausum seu de dominio maris libri duo.* Richardo Meighen, 1736, in-32, 567 p.

8805. —— *De dis Syris syntamata II.* Londini, bibliopolarum corpori, 1617, in-8, LXIX p., index, 280 p.

8806. *Selectæ orationes panegyricæ patrum societatis Jesu.* Lugduni, sumpt. Bartholomæi Rivière, 1667, in-12, 366 p.

8807. *Semaine (La) religieuse du diocèse d'Angoulême.* Angoulême, imp. veuve Girard, 1863-1873, in-8, 10 vol.

8808. [**Semelier** (le père Le)]. *Conférences ecclésiastiques de Paris sur l'usure et la restitution.* Paris, veuve Estienne, 1711, in-12, 2 vol.

8809. —— *Conférences sur le mariage.* Paris, veuve Estienne, 1722, in-12, 5 vol.

8810. SEMUR. *Bulletin de la société des sciences historiques et naturelles de Semur.* Semur, Verdot, 1867-1869, in-8, 2 vol.

8811. **Senault** (le P.). *De l'usage des passions...* Paris, Jérémie Bouillerot, 1652, in-8, 688 p., table.

8812. **Senault** (le père). *Paraphrase sur Iob.* Paris, Edme Couterot, 1659, in-12, 375 p.

8813. **Senecé.** *Epigrammes et autres pièces.* Paris, P.-F. Giffard, 1727, in-12, LXXV-420 p. et table.

8814. **Sénémaud** (P.). *Etude sur le duel.* Poitiers, typ. A. Dupré, 1873, in-12, 123 p.

8815. —— *Les plaies du siècle.* Poitiers, Létang, 1868, in-8, 34 pages.

8816. ——*Le suffrage universel à la façon de Barbarie* (poésie). Poitiers, imp. N. Bernard, 1869, in-8, 4 p.

8817. —— *Souvenir de chasse* (poésie). Paris, imp. Wiesener, in-18, 23 p.

8818. **Sénémaud** (Ed.). *Généalogie de la maison de Maillart,* Paris, J.-B. Dumoulin, 1868, in-8, 39 p.

8819. —— *La bibliothèque de Charles d'Orléans, comte d'Angoulême, au château de Cognac en 1496.* Paris, A. Claudin, 1861, in-8, 93 p.

8820. —— *Les comtes et barons d'Auger.* Mézières, imp. F. Devin, 1868, in-8, 12 p.

8821. —— *L'ordre de Malte dans les Ardennes.* Mézières, imp. Devin (186.), in-8, 12 p.

8822. —— *Notice historique sur la principauté de Marcillac.* Angoulême, Goumard, 1862, in-8, 90 p.

8823. —— *Terres et fiefs relevant de l'évêché d'Angoulême au 1er janvier 1789.* Paris, Dumoulin, 1867, in-8, 112 p.

8824. —— *Un document inédit sur Antoine Vérard, libraire et imprimeur.* Angoulême, imp. Nadaud, 1859, in-8, 7 p.

8825. **Sénèque.** *L'Annœi Senecæ philosophi omnia opera et M. Annœi rhetoris quæ extant...* Amstelodami, Elzevirios, 1659, in-18, 2 vol.

8826. ——*L'Annœi Senecæ philosophi et M. Annœi Senecæ rhetoris quæ extant opera... accessere loci communes... auctore D. Gothofredo.* Paris, Adrien Perier, 1607, in-folio, 974-116-284-98 p., deux index.

8827. —— *Tragœdiæ.* Lugduni, F. Valfray, 1685, in-32, 312 p.

8828. —— *Tragédie,* traduction... par Greslou. Paris, Panckoucke, 1834, 3 vol. in-8.

8829. **Sénèque le philosophe.** *Œuvres complètes*, traduction... par Baillard, Charpentier, Ajasson de Gransagne, Cabarret-Dupaty... Paris, Panckoucke, 1834, in-8, 8 vol.

8830. **Sennert** (Daniel). *Epitome universam Dan. Sennerti doctrinam summa fide complectens.* Coloniæ Allobrogum, excudebat Philippus Gamonetus, 1655, in-folio, 944 p. avec index.

8831. —— *Medicina in academia Wittebergensi : operum tomus primus.* Lugduni, sumpt. Joan. Ant. Huguetan, 1656, in-folio, 870 p. avec index.

8832. SENLIS. *Comptes-rendus et mémoires du comité archéologique de Senlis.* Senlis, imp. C. Duriez, 1863-1869, in-8, 7 vol.

8833. *Sens (Le) propre et littéral des pseaumes de David.* Paris, Montalant, 1728, in-12, 533 p.

8834. *Sentiment d'un théologien sur le second traité théologique du R. P. Daniel touchant l'efficacité de la grâce...* (Voir vol. *Pièces curieuses*). Cologne, Nicolas Schouten, 1707, in-12, 100 p.

8835. **Septier.** *Manuscrits de la bibliothèque d'Orléans...* Orléans, imp. Rouzeau-Montaut, 1820, in-8, 286 p.

8836. **Séraphin** (le R. P.). *Homélies.* Paris, Louis Roulland, 1703, in-12, ix-476 p.

8837. **Sérarius** (le P. Nicolas). *Prolegomena bibliaca et commentaria in omnes epistolas canonicas.* Parisiis, Amabilem Auroy, 1704, in-folio, 312-112 p.

8838. SERIN-PEYNAUD et GALLOCHEAU-RONDEAU. *Mémoire pour dame Barbe Serin, veuve Peynaud... contre dame Marie-Claire Gallocheau, épouse Rondeau.* Saint-Jean d'Angély, imp. veuve Lacurie, 1817, in-4.

8839. *Sermons des plus célèbres prédicateurs de ce temps pour le caresme...* Bruxelles, aux dépens de la compagnie, 1745, in-12, 2 vol.

8840. *Sermons choisis sur les mystères, la vérité de la religion, différens sujets de la morale chrétienne, etc.* Paris, Hérissant, 1731-1732, in-12, 12 vol.

8841. *Sermons ou entretiens sur les plus importantes véritez de la morale.* Paris, Jean Guilletat, 1702, in-12, 2 vol.

8842. *Sermons pour tous les dimanches et grandes fêtes de l'année.* Bruxelles, François Foppens, 16.., in-12, 4 vol.

8843. **Serre** (l'abbé). *De l'autorité de S. Augustin touchant la matière de la grâce...* Paris, Edme Couterot, 1698, in-8, 2 vol.

8844. **Serres** (Jean de). *Le véritable inventaire de l'histoire de France.* Paris, Cotinet, 1648, in-8, 2 vol.

8845. **Sers.** *Voyage de l'Epervier.* Angers, imp. Cornilleau, 1843, in-8, 252 p.

8846. —— *Intérieur des bagnes.* Paris, L. Dépée, 1845, in-8, xxi-326 p.

8847. **Serurier** (le vicomte). *L'instruction primaire dans la région des Pyrénées-Occidentales, spécialement en Béarn (1385-1789).* Pau, Léon Ribaut, 1874, in-8, 63 p.

8848. **Servan** (Joseph). *Histoire des guerres des Français en Italie.* Paris, Bernard, 1805, in-12, 6 vol. et atlas.

8849. **Servin** (Loys). *Actions notables et plaidoyez... avec les plaidoyers de M. A. Robert Arnault et autres...* Rouen, Louis Loudet, 1629, in-4, 2 tomes en 1 vol.

8850. **Sestier** (le docteur F.). *De la foudre, de ses formes et de ses effets sur l'homme, les végétaux, etc...,* complété par le docteur C. Méhu, Paris, J.-B. Baillière et fils, 1866, in-8, 2 vol.

8851 **Seure** (le docteur J.) *Description d'une nouvelle pile médicale.* Paris, Coccoz, 1881, in-8, 23 p.

8852. **Sévère** (Anba). *Homélie sur S. Marc,* texte arabe publié avec une traduction et des notes... par l'abbé Bargès. Paris, Leroux, 1877, in-8, LXII-388 p.

8853. **Severus** (Cornelius). *Sur la mort de Cicéron... trad. par J. Chenu* (V. le vol. de Lucilius, éd. Panckoucke).

8854. **Sévigné** (Mme de). *Lettres annotées par M. Monmerqué.* Paris, Hachette, 1862-66, in-8, 14 vol.; album, appendice au tome XII.

8855. —— *Lettres inédites,* publiées par Ch. Capmas. Paris, Hachette et Ce, 1876, in-8. 2 vol.

8856. —— *Lettres choisies...* 18 eaux-fortes par Foulquier. Tours, Mame, 1871, in-8, xxvi-LII p.

8857. **Sevoy** (F.-H.) *Devoirs ecclésiastiques.* Paris, J. Th. Hérissant, 1763-1770, in-12, 4 vol.

8858. **Seyssel** (le P. Claude de). *Adversus errores et sectam Valdensium disputationes perquam eruditæ ac piæ.* Paris, Jehan Petit, 1520, in-4, table, 90 fol.

8859. **Seyssel** (Claude de) et Jean D'AUTON. *Histoire de Louis XII, roy de France, père du peuple.* Paris, Abraham Picard, 1615, in-4, 2 tomes en 1 vol.

8860. —— *Sexti libri decretalium in concilio Lugdunensi per Bonifacium octavum editi compilatio summariis... illustrata.* Parisiis, Jacob Sachon, 1503, in-folio, 174 p., table, 62 p., table, 40 p., table, 28 fol.

8861. **Sextus** (Empiricus). *Hypotypôseôn libri III...latine nunc primum editi, interprete Henrico Stephano.* (Voir ATHÉNAGORAS).

8862. **Sfondrate** (le cardinal Célestin). *Augustinianæ ecclesiæ romanæ doctrina.* Coloniæ, typis hœredum Cornelii ab Egmond, 1700, in-12, 514 p.

8863. —— *Nodus predestinationis...* Romæ, typis Jo. Jacobi Komarek Boëmi, 1696, in-4, index, 271 p.

8864. **Shaftsbury** (comte de). *Œuvres.* Genève, 1769, in-8, 3 vol.

8865. **Shakspeare** (William). *The Plays.* London, 1826, in-8, 8 vol.

8866. —— *Œuvres complètes,* traduites par François-Victor Hugo. Paris, Pagnerre, 1860-1868, in-8, 18 vol.

8867. —— *Timon d'Athènes,* traduit littéralement en vers par Arthus Fleury. Paris, J. Barbré, 1860, in-12, xxx-134 p.

8868. **Sherlock** (Guillaume). *De l'immortalité de l'âme et de la vie éternelle,* traduit de l'anglais. Amsterdam, Pierre Humbert, 1735, in-8, 434 p.

8869. **Sherlock** (Thomas). *Les témoins de la résurrection de Jésus-Christ examinés et jugés selon les règles du barreau..* Traduit par A. Le Moine. Paris, N. Tilliard, 1753, in-12, xx-367 p.

8870. **Sicard** (l'abbé). *Théorie des signes pour l'instruction des sourds-muets.....* Paris, imp. des sourds-muets, 1808, in-8, 2 vol.

8871. **Sicard** (Jean). *Antidotum contra diversas omnium fere seculorum hæreses.* Basileæ, excudebat Henricus Petrus, 1528, in-fol., index, 279 fol.

8872. —— *Sichardus redivivus. Clarissimi viri Joannis Sichardi..: dictata et prælectiones in codicem Justinianeum...* Francofurti, officina Paltheniana, 1598, in-fol., 2 tomes en 1 vol.

8873. **Sicco** (Anaclet). *De clericorum regularium S. Pauli congregatione.* Milan, Francisco Vigono, 1682, in-4, 10 p.

8874. **Sidney** (Algernon). *Discours sur le gouvernement...* traduits par P.-A. Samson... Paris, Josse, an 2 de la république, in-8, 2 vol.

8875. **Sidoine Apollinaire.** *Opera ex veteribus libris aucta et emendata J. de Wou-Weren recensuit et notas adjecit...* Paris, A. Drovart, 1548, in-8, 352-156 p.

8876. —— *Œuvres,* traduites par Eugène Baret. Paris, Thorin, 1879, in-8, 620 p.

8877. **Siebecker** (Edouard). *Pamphlets d'un franc-parleur.* Paris, L. Chevalier, 1868, in-12, 297 p.

8878. *Siècle (le).* Mai 1859-octobre 1862. Paris, imp. J. Voisvenel, 1859-1862.

8879. **Siefert** (Louisa). *L'année républicaine,* poésie. Paris, A. Lemerre, 1869, in-12, 55 p.

8880. —— *Les saintes colères,* poésie. Paris, A. Lemerre, 1871, in-12, 16 p.

8881. —— *Les stoïques,* poésie. Paris, A. Lemerre, 1870, in-12, 129 p.

8882. *Siège (le) et bloquement de la ville de Royan, par monseigneur le duc d'Espernon.* Paris, Joseph Guerreau, 1622, in-32, 14 p.

8883. *Siège de La Rochelle,* journal contemporain (20 juillet 1627-4 juillet 1630) avec planche et fac-simile publié par M. L. de Richemond. La Rochelle, Thoreux, 1872, in-8, 92 p.

8884. **Siennicki** (Stanislas-Joseph). *Les Elzevir de la bibliothèque de l'université impériale de Varsovie.* Varsovie, imp. du journal Wiek, 1874, in-8, 221 p., planches.

8885. **Sieyes.** *Qu'est-ce que le Tiers-Etat ?* (S. n. ni l.), 1789, in-8, 99 p.

8886. **Sigaud de La Fond**. *Elémens de physique théorique et expérimentale*. Paris, imp. Gueffier, 1777, in-8, 4 vol.

8887. —— *Précis historique et expérimental des phénomènes électriques*. Paris, Cl. Simon, 1785, in-8, xx-627 p., x planches.

8888. **Sigebert**, moine de Gembloux. *Opera omnia. Accedit chronicon Polonorum...* Paris-Montrouge, J.-P. Migne, 1854, in-4, 1252 fol.

8889. **Sigonius** (Carolus). *Historiarum de regno Italiæ libri quindecim*. Francfort sur le Mein, typ. A. Wecheli, 1575, in-fol., iv-359 p.

8890. **Sigrais** (B. de). *Histoire des Gaulois* (Collection Guizot, tome Ier).

8891. **Silhon**. *De l'immortalité de l'âme*. Paris, Christophle Journel, 1662, in-18, 700 p.

8892. **Silius Italicus**. *Les Puniques*, traduction par MM. E.-F. Corpet, et N.-A. Dubois. Paris, Panckoucke, 1836-1838, in-8, 3 vol.

8893. **Silvestre**. *Marques typographiques*. Paris, P. Jannet, 1853, in-8, 2 parties, 745 p. et table.

8894. **Silvestre** (Théophile). *Histoire des artistes vivants, études d'après nature, Ingres, Delacroix, Corot, Chenavard, Decamp, Barye, Deoz, Courbet, Préault, Rude*. Paris, E. Blanchard, 1856, in-4, 10 livraisons.

8895. [**Silvy** (Louis), ancien magistrat]. *Relation concernant les évènements qui sont arrivés à Thomas Martin*. Paris, L.-F. Hivert, 1831, in-8, 152 p.

8896. **Simler** (Josias). *La république des Suisses, nouvellement mise du latin en français*. A. Chupin et F. Le Preux, 1577, in-12, 562 p. avec table.

8897. [**Simon** (le P. Richard)]. *De l'inspiration des livres sacrés, avec une réponse... par le prieur de Boilleville*. (Voir Ambrun). Rotterdam, Reinier Leers, 1687, in-4, 221 p., table.

8898. —— *Disquisitiones criticæ de variis per diversa loca et tempora bibliorum editionibus*. Londini, Richardi Chiswel, 1684, in-4, 279 p.

8899. —— *Histoire critique du vieux testament*. Rotterdam, Reinier Leers, 1685, in-4, table, 667 p., table.

8900. **Simon** (Richard) *Histoire critique des versions du nouveau testament.* Rotterdam, Reinier Leers, 1690, in-4, 539 p. avec table.

8901. —— *Histoire critique des principaux commentateurs du nouveau testament.* Rotterdam, Reinier Leers, 1693, in-4, 4 vol.

8902. —— *Opuscula critica adversus Isaacum Vossium, anglicanæ ecclesiæ canonicum...* (Voir AMBRUN). Edimburgi, typis Joannis Calderwood, 1685, in-4, 86 p.

8903. —— *Nouvelles observations sur le texte et les versions du nouveau testament.* Paris, Jean Boudot, 1695, in-4, table, 599 pages.

8904. [——]. *Réponse à la lettre de M. Spanheim, ou lettre d'un théologien qui rend compte à un de ses amis de l'histoire critique du vieux testament, attribuée au père Simon de l'Oratoire.* Amsterdam, Daniel Elsevier, 1680, in-12, 123 p.

8905. —— *Réponse au livre intitulé : Sentimens de quelques théologiens de Hollande sur l'histoire critique du vieux testament,* par le prieur de Bolleville... (Voir AMBRUN). Rotterdam, Reinier Leers, 1686, in-4, table, 256 p.

8906. **Simon** (Henry). *Armorial général de l'empire français.* Paris, chez l'auteur, 1812, in-fol., 2 vol. en 1.

8907. **Simon** (Jules). *La religion naturelle.* Paris, L. Hachette, 1857, in-12, xxxi-410 p.

8908. —— *Le devoir.* Paris, L. Hachette, 1855, in-8, xi-452 p.

8909. —— *L'ouvrière.* Paris, L. Hachette, 1861, in-12, xii-364 pages avec index.

8910. SIMON. *Précis pour sieur Pierre Simon Delaguyarderie, bourgeois, défendeur, contre messire Castin de Guérin de La Magdeleine, prêtre, chanoine de l'église cathédrale de Saint-Pierre.* Saintes, imp. P. Toussaints, 1785, in-4, 14 p.

8911. **Simon de la Vierge** (le P.). *Actions chrétiennes ou discours de panégyriques et de morale sur divers sujets.* Paris, Edme Couterot, 1693, in-12, 466 p., table.

8912. **Simonde de Sismondi** (J.-C.-L.). *Histoire des Français.* Paris, Treuttel et Wurtz, 1821, in-8, 31 vol.

8913. —— *Nouveaux principes d'économie politique.* Paris, Delaunay, 1827, in-8, 2 vol.

8914. **[Simonel** (Dominique)]. *Traité des droits du roy sur les bénéfices de ses états...* 1752, in-4, 2 vol.

8915. **Simonot** (Edme). *Electeurs et candidats.* Paris, F. Didot, 1863, in-8, 30 p.

8916. —— *Le chemin de fer de Niort à Coutras par Saint-Jean d'Angély, Cognac et Barbezieux.* Paris, imp. Ad.-R. Lainé et J. Havard, 1861, in-8, 15 p.

8917. —— *Le suffrage universel et l'existence communale sous le régime de la loi du 5 mai 1855.* Paris, Firmin Didot frères, 1861, in-8, 29 p.

8918. —— *Un petit coin de l'empire français.* Paris, Didot, 1860, in-8, 80 p.

8919. *Simple opinion d'un électeur.* La Rochelle, imp. Siret, 1880, in-8, 85 p.

8920. **Sinsart** (dom Benoît). *Défense du dogme catholique sur l'éternité des peines.* Strasbourg, Jean-François Leroux, 1748, in-8, xxiii-331 p.

8921. [——]. *La vérité de la religion catholique...* Strasbourg, Jean-François Leroux, 1746, in-12, 134-81-47 p.

8922. **Sira-Kawa de Sendaï** (Osyou). *Traité de l'éducation des vers à soie au Japon,* traduit du japonais par Léon de Rosny. Paris, imp. impériale, 1868, in-8, LXIV-230 p., XXIV pl.

8923. *Sire (Le) de Gaucourt, bailli d'orléans en 1429. Hommage à la mémoire de Jeanne d'Arc.* Orléans, A. Gatineau, 1855, in-8, 32 p.

8924. **Siret** (O.-J.-Ch.). *Précis historique du sacre de S. M. Charles X.* Reims, imp. Régnier, 1826, in-4, 184 p.

8925. **Sirey.** *Jurisprudence du tribunal de cassation.* An X-1872. Paris, le O. Laporte, in-4, 94 vol.

8926. —— et L.-M. DE VILLENEUVE. *Les cinq codes annotés de toutes les décisions et dispositions interprétatives...* Paris, bureau d'administration du Recueil général des lois et des arrêts, 1824, in-4, 903 p.

8927. **Siri** (Vittorio). *Mercure contenant l'histoire générale de l'Europe depuis 1640 jusqu'en 1645,* traduit de l'italien par M. Réquier. Paris, Didot, 1756-1759, in-4, 3 vol.

39

8928. **Sirmond** (le P. Jacques). *Concilia antiqua Galliæ, studio Jacobi Sirmondi.* Lutetiæ Parisiorum, sumpt. Sebast. Cramoisy, 1627, in-folio, 4 vol. avec supplément.

8929. —— *Opera varia. Item sancti Theodori Studitæ epistolæ.* Parisiis, e typographia regia, 1696, in-folio, 5 vol.

8930. **Sirtéma de Grovestins** (le baron Ch.-Fréd.). *Les gloires du romantisme appréciées par leurs contemporains et recueillies par un autre bénédictin.* Paris, Dentu, 1859, in-12, viii-588 p.

8931. *Situation administrative et financière des hôpitaux et des hospices de l'empire.* Paris, imp. impériale, 1869, in-8, 2 vol.

8932. *Situation financière des communes du département de la Charente-Inférieure, 1878, 80 et 81.* Nancy, imp. Berger-Levrault, 1878, 1880, 1881, in-4, 3 pièces.

8933. **Sivry** (L. de) et Champagnac. *Dictionnaire des pèlerinages anciens et modernes.* Paris-Montrouge, Migne, 1850, in-4, 2 vol.

8934. **Smet** (Georges). *Privilegia nominationum Lovaniensium.* Gandavi, typ. viduæ Joannis Kerchovii, 1665, in-4, 247 p.

8935. **Smith.** *Recherches sur la nature et les causes de la richesse des nations,* traduites de l'anglais... par M. Roucher. Paris, Buisson, 1790-1791, in-8, 4 vol.

8936. **Soanen** (le père). *Sermons prêchés devant le roi.* Lyon, Benoît Duplain, 1767, in-12, 2 vol.

8937. **Soave** (Francesco). *Novelle morali.* Avignone, Fr. Seguin, 1816, in-18, 2 vol.

8938. **Sobrino** (Francisco). *Dicionario nuevo de las lenguas espanola y francisa.* En Brusselas, J. Foppens, 1705, in-4, 2 tomes en 1 volume.

8939. —— *Grammaire nouvelle espagnole et française.* Lyon, P. Bruyset-Ponthus, 1788, in-12, xii-456 p.

8940. *Société centrale et de secours mutuels des sauveteurs du département de la Seine. Règlement et comptes-rendus.* Paris, imp. moderne, 1869-1879, in-8, 16 brochures.

6941. *Société charitable des écoles chrétiennes gratuites du dixième arrondissement de Paris.* Paris, imp. de Léautey, 1856-1875, in-4, 15 fascicules.

8942. *Société de secours mutuels des instituteurs et des institutrices, procès-verbaux de la séance du 30 avril 1881 et du 30 avril 1882.* La Rochelle, typ. veuve Mareschal et E. Martin, 1881, in-8, 19 p.

8943. *Société de secours et de sauvetage de Saintes. Règlement. Rapport des années 1863, 1864, 1865 et 1866.* Saintes, imp. Hus, 1861-1867, in-8, 3 brochures.

8944. *Société de secours mutuels des travailleurs réunis. Rapport. Règlement. Statuts de la division des femmes.* Saintes, imp. Hus, 1860-66, in-12, 4 pièces.

8945. *Société de secours mutuels et de prévoyance des ouvriers et employés de la compagnie du chemin de fer d'Orléans.* Paris, imp. Poitevin, 1872-1874, in-8, 3 fascicules.

8946. *Société des agriculteurs de France. Annuaire 1869-1882. Bulletin, 1872-1879.* Paris, au siège de la société, in-8, 13 vol. et 83 fascicules.

8947. *Société des amis de l'enfance pour l'éducation et l'apprentissage des jeunes garçons pauvres de la ville de Paris.* Paris, imp Renou et Maulde, 1870-77, in-8, 6 fascicules.

8948. *Société du prince impérial. Prêts de l'enfance au travail.* Paris, imp. impériale, 1868, in-18, 48 p.

8949. *Société française de secours aux blessés et malades des armées de terre et de mer: Bulletin,* nos 2, 3, 6, 8 10, 15, 16, 19, 26. — *Rapport,* 5 nos. — *Comptes-rendus, etc.* Paris, Bodaux, etc., 1870-1873, in-8, 37 fascicules.

8950. *Société générale de chemins de fer romains. — Pièces officielles. — Rapports. — Actes.* Paris, imp. centrale de Napoléon Chaix, 1857-1873, in-8, 9 vol.

8951. *Société Genevoise d'utilité publique.* Genève, imp. J.-G. Fick, 1858-1859, in-8, 7 livraisons.

8952. *Société orphéonique des enfants de Sainte-Cécile.* Saintes, imp. Hus, 1862, in-12, 9 p.

8953. *Société philanthropique l'union des deux Charentes. Règlement.* Paris, siège de la société, 1880, in-18, 16 p.

8954. *Société pour l'assistance paternelle aux enfants employés dans les fabriques de fleurs et de plumes.* Paris, imp. A. Chaix, 1874, in-8, 45 p.

8955. **Socin** (Marianus). *Mariani Socini senioris senensis admirabilia commentaria super prima parte libri quinti decretalium.* Parmæ, ex typis Seth Vioti, 1575, in-fol, 313 f. avec index.

8956. **Sœmann** (L.) *Note sur la distribution des mollusques fossiles dans le terrain crétacé du département de la Sarthe.* Paris, imp. Martinet, 1858, in-8, 25 p.

8957. *Soirées (Les) canadiennes.* Recueil de littérature nationale. Québec, Brousseau, 1861-1865, in-8, 5 vol.

8958. *Soirées (Les) littéraires.* Paris, imp. Honnert, 1795-1799, in-8, 14 vol.

8959. Soissons. *Bulletin de la société archéologique, historique et scientifique de Soissons.* Soissons, Mme Vantage, 1848-1867, in-8, 20 vol.

8960. **Solin** (Caius-Julius). *Polyhistor,* traduit par M. A. Agnant. Paris, C.-L.-F. Panckoucke, 1847, in-8, 402 pages.

8961. —— *Polyhistor.* (Voir Pomponius Mela, Alde, 1518).

8962. **Solminihac** (Alain de). *Statuts et règlemens du diocèse de Caors.* Toulouse, imp. Arn. Colomiez, 1652, in-16, 200 p. avec table.

8963. **Sommerard** (E. du). *Catalogue du musée des Thermes et de l'hôtel de Cluny.* Paris, hôtel de Cluny, 1864, in-8, 426 p.

8964. **Sommervogel** (Le P.) *Une poignée de pseudonymes français recueillis... par Pierre Clauer.* Lyon, libr. ancienne d'Aug. Brun, 1877, in-8, 27 p.

8965. —— *Table méthodique des mémoires de Trévoux.* Paris, A. Durand, 1864-1865, in-12, 3 vol.

8966. **Sommier** (Jean-Claude). *Histoire dogmatique du saint siège.* Nancy, imp. J.-B. Cusson, 1716-1718, in-12, 2 vol.

8967. **Sonnerat.** *Voyage aux Indes orientales et à la Chine depuis 1774 jusqu'en 1781.* Paris, Dentu, 1806, in-8, 4 vol. et atlas.

8968. **Sonnet** (H.) *Dictionnaire des mathématiques appliquées...* Paris, Hachette, 1874, in-8, iv-1475 p.

8969. **Sonnet** (Martin). *Cœremoniale Parisiense.* Lutetiæ Parisiorum, apud Sebastianum Cramoisy, 1662, in-8, 666 p.

8970. **Sophocle.** *Tragédies,* texte grec, avec un commentaire critique et explicatif, une introduction, et une notice par Ed. Fournier. Paris, Hachette, 1867, in-8, xxxii-781 p.

8971. —— *Tragédies et fragments,* grec et latin. (Collection Didot, vol. Eschyle et Sophocle).

8972. —— *Œdipe à Colone,* tragédie traduite en vers français par J.-B. Bernot. Paris, L. Hachette, 1845, in-8, 108 p.

8973. —— *Œdipe, roi de la scène grecque,* traduit en vers français..... par M. Auguste Gouniot-Damedor, professeur au collège de Saintes. Paris, Vᵒ Maire-Nyon, 1848, in-12, 130 p.

8974. **Sorin** (Elie). *Suez. Histoire de la jonction des deux mers.* Paris, P. Brunet, 1870, in-12, 229 p.

8975. **Soubeiran** (J.-Léon) et DABRY DE TIERSANT. *La matière médicale chez les Chinois...* précédé d'un rapport... par... Gubler. Paris, G. Masson, 1874, in-8, x-319 p.

8976. **Souchet** (Etienne). *Coutumes d'Angoumois...* Paris, bureau de l'abonnement littéraire, 1780-1783, in-4, 2 vol.

8977. —— *Traité de l'usure.* Paris, Durand, 1778, in-12, xi p., table, 247 p.

8978. **Soulary** (Joséphin). *Œuvres poétiques.* Paris, Alph. Lemerre, 1872, in-18, 2 vol.

8979. **Soulès** (François). *Histoires des troubles de l'Amérique anglaise.* Paris, Buisson, 1787, in-8, 4 vol.

8980. **Soulié de Lavelanet** (Frédéric). *Amours françaises, poëmes suivis de trois chants élégiaques.* Paris, Ladvocat, 1824, in-12, 183 p.

8981. **Soulier.** *Histoire des édits de pacification et des moyens que les prétendus réformez ont employés pour les obtenir....* Paris, Antoine Dezallier, 1682, in-8, table, 461 p.

8982. —— *Les explications de l'édit de Nantes, de M. Bernard.* Paris, Antoine Dezallier, 1683, in-8, 670 p.

8983. **Soulard,** curé de Matha. *Nouvelles réflexions sur les brochures de M. Delmas, ministre protestant à La Rochelle.* La Rochelle, Frédéric Boutet, 1847, in-8, 168 p.

8984 **Soultrait** (comte Georges de). *Armorial du Bourbon-nais.* Moulins, imp. Derrosiers, 1857, in-8, iv-334 p.

8985. —— *Dictionnaire topographique du département de la Nièvre.* Paris, imp. impériale, 1865, in-4, xl-246 p.

8986. —— *Répertoire archéologique du département de la Nièvre.* Paris, imp. Nationale, 1875, in-4, iv-221 p.

8987. **Soumet** (Alexandre). *Jeanne d'Arc,* trilogie nationale. Paris, F. Didot, 1846, in-8, xxxiii-561 p.

8988. **Souquet.** *Notice sur l'échevinage et sur le bailliage de la ville d'Etaples...* Montreuil, imp. Duval, 1856, in-12, 240 p.

8989. **Sourdeval** (Ch. de). *Ancienne navigation sur le littoral septentrional de la Vendée, époques gauloise, gallo-romaine, moyen âge.* Poitiers, imp. Dupré, 1872, in-8, 24 p.

8990. **Sourdis** (Henri Escoubleau de). *Correspondance. Ordres, instruction et lettres de Louis XIII et du cardinal de Richelieu, accompagnée de notes et d'une introduction* par Eugène Sue. Paris, imp. de Chapelet, 1839, in-4, 3 vol.

8991. **Sourigues** (M.) *Vérités que chacun pense et que nul n'ose dire.* Paris, Rouvier et Laugeat, 1881, in-18, 35 p.

8992. **Sourisseau.** *Les élections Napoléoniennes dans la Charente-Inférieure.* Angoulême, imp. A. Nadaud, 1866, in-18, 42 p.

8993. *Souvenirs poétiques du petit séminaire de Pons (Charente-Inférieure).* Toulouse, J.-B. Paya, 1836, in-12, 278 p.

8994. *Souvenirs de la Flandre-Wallonne.* Douai, Dechristé, 1861-1866, in-8, 6 vol.

8995. **Souvestre** (Emile). *Les derniers Bretons.* Paris, Michel Lévy frères, 1858, in-18, 250 p.

8996. **Spach** (Louis). *Œuvres choisies, biographies alsaciennes.* Paris, Vᵉ Berger-Levrault et fils, 1866, in-8, 2 vol.

8997. **Spallanzani.** *Voyages dans les deux Siciles et dans quelques parties des Apennins,* traduit de l'italien par G. Toscan avec des notes du cit. Faujas de Saint-Fond. Hambourg, principaux libraires, 1799, in-8, 6 vol.

8998. **Spartianus.** *Vies d'Adrien — d'Ælius Verus, de Didius Julianus — de Septime Sévère — de Pescennius Niger, de Ca-*

*racalla et de Géta,*traduction par M. Fl. Legay. (Voir le volume *Histoire Auguste* de Panckoucke).

8999. *Specimen methodi scholasticæ in disputationibus philosophicis...* Lutetiæ Parisiorum, Nyon, 1778, in-12, 321 p.

9000. *Speculum ordinis fratrum carmelitarum, noviter impressum...* in-8, 104 p., cum tabula.

9001. **Speelman** (le R. P. Edm.). *Trois drames historiques.* Paris, H. Casterman, 1857, in-8, 267 p.

9002. **Speke** et GRANT. *Les sources du Nil, voyage,* traduit par E.-D. Forgues, abrégé par J. Belin de Launay. Paris, Hachette, 1868, in-12, xv-354 p.

9003. **Spelman** (Henri). *Concilia, decreta, leges, constitutiones, in re ecclesiarum orbis Britanici.* Lugduni, typis R. Badger, 1639, in-folio, 637 p. avec index.

9004. **Spencer** (Herbert). *Les bases de la morale évolutionniste.* Paris, Germer-Baillière, 1880, in-8, 247-VIII p.

9005. —— *Introduction à la science sociale.* Paris, Germer-Baillière, 1880, in-8, VI-435 p.

9006. **Spiers** (A.). *Etude raisonnée de la langue anglaise.* Paris, chez l'auteur, 1838, in-18, 2 vol.

9007. **Spinoza.** *Œuvres,* traduites en français par Emile Saisset. Paris, Charpentier, 1842, in-12, 2 vol.

9008. [**Spinosa**]. *Traité des cérémonies superstitieuses des Juifs* [traduit du latin par de Saint-Glain]. Amsterdam, Jacob Smith, 1678, in-12, table, 531 p., table, 29 p.

9009. **Spon** (le baron de). *Mémoires pour servir à l'histoire de l'Europe, depuis 1740 jusqu'à... 1748.* Amsterdam, la compagnie, 1749, in-12, 4 vol.

9010. **Staaff.** *La littérature française depuis la formation de la langue jusqu'à nos jours.* Paris, Didier, 1870-1873, in-8, 4 vol.

9011. **Staal-Delaunay** (Mme de). *Mémoires.* Collection Michaud et Poujoulat, t. XXXIV.

9012. **Stace.** *Opera cum observationibus ac cum commentariis tam veterum quam recentiorum interpretum Emericus Cruceus recensuit.* Paris, Th. Blaise, 1618, in-4, 733-588 p. et index.

9013. **Stace**. *Œuvres complètes*, traduites par MM. Rinn et Achaintre. Paris, Panckoucke, 1837-1840, in-8, 4 vol.

9014. **Stackhouse**. *Le sens littéral de l'écriture sainte dé-fendu contre les principales objections des anti-scripturaires et des incrédules modernes*, traduit de l'anglais par M. Chais. La Haye, Henri Scheurleer, 1738, in-12, 2 vol.

9015. **Stahl** (P.-J.). *Chamfort*. Paris, Lévy, 1857, in-12, LVII-264 pages.

9016. —— *Les bonnes fortunes parisiennes. — Les amours d'un pierrot*. Paris, J. Hetzel, 1873, in-12, 281 p.

9017. —— *Théorie de l'amour et de la jalousie, suivie d'une étude littéraire de M. Emile Deschanel*. Paris, M. Lévy, 1856, in-18, 112 pages.

9018. **Stanhoppe** (P. D.). *Letters to his son Philip Stan-hoppe, esq... with other pieces...* Paris, Th. Barrois, 1779-1789, 4 vol. in-8.

9019. **Stassart** (baron de). *Œuvres complètes*, publiées... par P.-N. Dupont-Delporte. Paris, F. Didot, 1855, in-8, XIV-1,087 pages.

9020. *Statistique centrale des chemins de fer français*. Paris, imp. impériale, 1867-1870, in-4, 5 vol.

9021. *Statistique de la France*. Paris, imp. royale, 1844 à 1860, in-folio, 23 vol.

9022. *Statistique de la France. Résultats généraux de l'enquête décennale de 1862 sur l'agriculture*. Strasbourg, imp. Ber-ger-Levrault, 1868, in-8, 51-CLXXI-272 p.

9023. *Statistique des pêches maritimes, 1870*. Paris, P. Dupont, 1871, in-8, II-127 p.

9024. *Statistique des prisons et établissements pénitentiaires pour 1852 et 1855. Rapport... sur les années 1852, 1855*. Paris, imp. Paul Dupont, 1854-1856, in-8, 2 vol.

9025. *Statistique horticole de Maine-et-Loire*. Angers, Victor Pavie, 1842, in-8, CXIV-212 p.

9026. *Statue à ériger, à Auxerre, au maréchal Davout*. Auxerre, imp. Perriquet, 1863, in-8, 2 pièces.

9027. *Statue (La) de Voltaire érigée par lui-même*. Paris, Douniol, 1867, in-12, 60 p.

9028. *Statuta curiarum ecclesiasticarum provinciæ Camera-cencis.* Tornaci, typ. viduæ Adriani Quinque, 1659, in-4, 111 pages.

9029. *Statuta seu decreta provincialium et diœcesanarum sy-nodorum sanctæ ecclesiæ Coloniensis...* Coloniæ, ex officina hœredum Joannis Quintel, 1554, in-folio, 544 p. avec index.

9030. *Statuta seu decreta synodalia Bisuntinæ diœcesis...* Bi-suntii, Lud. Rigoine, 1680, in-4, xxii-213 p.

9031. *Statvta synodalia venerabilium Parisiensium episcopo-rum, Galonis cardinalis, Odonis et Vvillielmi...* Parisiis, Michaelem Sonnium, 1578, in-8, 28 fol.

9032. *Statuts de la caisse d'épargnes et de prévoyance de la ville de Saintes.* Saintes, imp. Hus, 1836, in-8, 7 p.

9033. *Statuts de la province de Québec.* Québec, imp. Lan-glois, 1868-1871, in-8, 5 vol.

9034. *Statuts de la société de secours mutuels des instituteurs et des institutrices publics et libres du département de la Charente-Inférieure.* La Rochelle, typ. Mareschal, 1874, in-18, 12 p.

9035. *Statuts de la société de secours mutuels des dames de la paroisse de Saint-Vivien de Pons.* Saintes, imp. Hus, 1870, in-18, 13 p.

9036. *Statuts de la société de secours mutuels de Gemozac.* Saintes, imp. Hus, 1867, in-18, 19 p.

9037. *Statuts de la société de secours mutuels de la commune de Migron.* Saintes, imp. Hus, 1872, in-8, 14 p.

9038. *Statuts des frères mineurs récolets...* (Sans lieu ni date). 378 p. avec table.

9039. *Statuts (Les) des récollets de la province de Saint-Denis de France...* Paris, Denys Thierry, 1684, in-4, 106 p., table.

9040. *Statuts (Les) des récollets de la province de Saint-Nico-las en Lorraine... Lettres d'attache sur les statuts...* Neuf-château, Jean-Nicolas Monnoyer, 1764, in-4, 187-20 p.

9041. *Statuts du crédit mutuel de Saintonge.* Saintes, imp. Hus, 1869, in-12, 12 p.

9042. *Statuts du diocèse d'Angers.* Angers, Olivier Avril, 1680, in-4, 778 p.

9043. *Statuts du diocèse de La Rochelle,* publiés par Mgr Bernet, évêque de La Rochelle. Paris, Adr. Le Clère, 1835, in-12, 172 p.

9044. **Stendhal** (de). *De l'amour.* Paris, M. Lévy, 1853, in-12, xxiii-371 p.

9045. —— *La Chartreuse de Parme.* Paris, J. Hetzel, 1846, in-12, 531 p.

9046. —— *Vie de Rossini.* Paris, M. Lévy, 1854, in-12, 375 p.

9047. **Stern** (Daniel). *Essai sur la liberté.* Paris, Amyot, 1847, in-8, iv-340 p.

9048. **Sterne** (Laurent). *Voyage sentimental,* traduit de l'anglais par M. Frenais. Neufchâtel, S. Fauche, 1776, in-12, 2 tomes en 1 vol.

9049. —— *Sermons choisis...* traduits de l'anglais par M. D. C. B. Londres, Paris, Buisson, 1786, in-12, 359 p.

9050. **Steuchus.** *Contra Laurentium Vallam de falsa donatione Constantini libri duo.* Lugduni, apud Seb. Gryphium, 1647, in-4, 234 p.

9051. **Stevart** (Pierre). *Veterum scriptorum.* (Sans lieu ni nom) 1615, in-4, 844 p.

9052. —— *Statuta cononum de officio sacerdotum. Incerto collectore...*

9053. **Stewart** (Balfour). *La conservation de l'énergie.* Paris, Germer-Baillière, 1875, in-8, 216 p.

9054. **Stewart** (Jacques). *Recherche des principes de l'économie politique...* Paris, imp. Didot, 1789-1790, in-8, 5 vol.

9055. **Steyaert** (Martin). *In propositiones à summis pontificibus damnatas, annotationes omnes, jam collectæ.* Lovanii, typis Henrici van Overbeke, 1700, 120-533 p. avec index.

9056. **Stirling** (Patrick James). *Philosophie du commerce,* traduit par M. Saint-Germain Leduc. Paris, Guillaumin, 1861, in-12, 355 p.

9057. [**Stockmans** (P.)] *Jus Belgarum circa bullarum pontificiarium receptionem.* Leodii, Sebastianum Creel, 1545, in-18, 166 p.

9058. **Stoffel** (Georges). *Dictionnaire topographique du dé-*

partement du Haut-Rhin. Paris, imp. impériale, 1868, in-4, xxiv-261 p.

9059. **Stolberg** (comte de). *Histoire de notre seigneur Jésus-Christ et de son siècle, d'après les documents originaux,* traduit de l'allemand par M. l'abbé Jager. Paris, Auguste Vaton, 1843, in-8, xi-516 p.

9060. **Strabon.** Γεωγραφίκων βιβλιοι ζ... *Isaacus Casaubon recensuit... adjecta est etiam Guilielmi Xylandri Augustani latina versio.* Genève, Eustathius Vignon, 1587, in-fol, 602-223 pages.

9061. —— *Geographica,* grec et latin, 3 vol. (Collection Didot).

9062. —— *Géographie,* traduite du grec en français. Paris, imp. impériale, an XIII-1805-1819, in-4, 5 vol.

9063. **Strada** (Famianus). *De bello belgico decas prima ab excessu Caroli V imp. usque ad initia prefecturæ Alexandri Farnesii.* Romæ, sumptib. Hermanni Scheus, 1640, in-fol., 374 p. et index.

9064. —— *Histoire de la guerre de Flandre,* traduitte par F. du Ryer. Paris, Ant. de Sommaville, 1644, in-fol., 583 p. et tables.

9065. **STRASBOURG.** *Bulletin agricole de la société des sciences, agriculture et arts du Bas-Rhin.* Strabourg, imp. Vᵉ Berger-Levrault, 1843-1857, in-8, 16 fascicules.

9066. —— *Mémoires de la société des sciences, agriculture et arts de Strasbourg.* Strasbourg, imp. Levrault, 1811-1869, in-8, 12 vol.

9067. **Strozzi** (Pierre). *De dogmatibus Chaldœorum disputatio...* Romæ, typis Bartholomœi Zannetti, 1617, in-4, 219 p. avec index.

9068. **Strykius** (S.) *Examen juris feudalis...* Schrey, 1685, 416 p. et table.

9069. **Stuart Mill** (J.) *Le gouvernement représentatif...* traduit et précédé d'une introduction par M. Dupont White. Paris, Guillaumin et Cᵢᵉ, 1862, in-12, lix-414 p.

9070. **Sturm.** *Cours d'analyse de l'école polytechnique.* Paris, Mallet-Bachelier, 1863-1864, in-8, 2 vol.

9071. **Suarez** (François). *Metaphisycarum disputationum...
tomi duo*. Coloniæ, Franc. Helvidius, 1608, in-fol., 2 vol.

9072. —— *Tractatus de legibus ac Deo legislatore, in decem
libros distributus.....* Antverpiæ, apud Joannem Keerber-
gium, 1613, in-fol., 855 p. avec index.

9073.—— *Pars prima summæ theologiæ de Deo uno et trino...*
Lugduni, sumpt. Horatii Cardon, 1607, in-fol., 591 p. avec
index.

9074. **Suarès** (le R. P. Jacques). *Trésor quadragésimal...*
Paris, Nicolas Du Fossé, 1607, in-8, 1212 p., table.

9075. **Suberville** (Henry de). *L'Henry-mètre, instrument
royal et universel...* Paris, Adr. Périer, 1598, in-4.

9076. **Sudre** (Alfred). *Histoire de la souveraineté ou tableau
des institutions et des doctrines politiques comparées. Antiquité.* Paris, E. Plon et Cⁱᵉ, 1874, in-8, vii-564 p.

9077. **Svetonivs Tranqvillvs** *et in eum commentarivs,
exhibente Joanne Schildio.* Lvgdvni Batavorum (Leyde),
1562, Fr. Hachius, in-8, préf., 845 p. et table.

9078. **Suétone.** *Œuvres*, traduction nouvelle par M. de Gol-
bery. Paris, Panckoucke, 1830-1833, in-8, 2 vol.

9079. —— *L'histoire des empereurs romains avec leurs portraits en taille-douce*, traduite par M. Du Teil. Paris, par la
compagnie des libraires, in-12, 1663-439 p.

9080. **Suffren** (Le P. Jean). *L'année chrestienne.* Paris, Claude
Sonnius, 1642-1643, in-4, 4 vol.

9081. **Suger.** *Œuvres complètes.* Paris, Vᵉ Renouard, 1867,
in-8, xxiii-486 p.

9082. —— *Vie de Louis-le-Gros.* (Collection Guizot, tome 8).

9083. **Suire** (P.) *Nouveau traité et barême de cubage des bois
ronds.* Saintes, Pathouot, 1850, in-8, 67 p.

9084 **Sullivan** (D.-O.). *Irlande, poésies des bardes, légendes,
ballades, chants populaires.* Paris, Glashin, 1853, in-8, 568 p.

9085. **Sully.** *Mémoires mis en ordre, avec des remarques,*
par M. L. D. L. (M. l'abbé de l'Ecluse des Loges). Londres,
1747, in-4, 3 vol.

9086. **Sully.** *Mémoires des sages et royales économies d'estat, etc. de Henri le grand.* Collection Michaud, t. XVI et XVII.

9087. **Sulpice Sévère.** *Œuvres,* traduction... par M. Herbert. Paris, Panckoucke, 1848-1849, in-8, 2 vol.

9088. —— *Sacra historia.* (Voir Salvien de Marseille).

9089. **Sulpicia.** *Satires,* trad. nouv. par A. Perreau. (Voir Perse, collect. Pouckoucke).

9090. Συνοδίχον, *sive Pandectæ canonum SS. Apostolorum et conciliorum ab ecclesia græca receptorum.* Oxonii, Theatro Sheldoniaco, 1672, in-fol., 2 vol.

9091. **Surremain-Missery** (A.) *Théorie acoustico-musicale ou de la doctrine des sons rapportée aux principes de leur combinaison.* Paris, F. Didot, 1793, in-4, 404 p.

9092. [**Surin,** s. j. (le P. Jean-Joseph)]. *Les fondemens de la vie spirituelle tirés du livre de l'imitation de Jésus-Christ.* Paris, Louis Guérin, 1693, in-12, table, 467 p.

9093. **Surigny** (A. de). *Huit jours à Aix-la-Chapelle.* Caen, J. Le Blanc-Hardel, 1869, in-8, 34 p.

9094. **Surville** (Clotilde de). *Poésies,* nouvelle édition publiée par Ch. Vanderbourg. Paris, Nepveux, 1824, in-8, cxvii-312 p.

9095. **Suze** (Henri de). *Henrici de Segusio cardinalis Hostiensis..... in primum decretalium librum commentaria.....* Venetiis, apud Juntas, 1581, in-8, 2 vol.

9096. **Svinger** (Théodore). *Theatrum vitæ humanæ.* Basle, Froben, 1571, in-fol., 3455-310 p., 3 vol.

9097. **Swift.** *Voyages de Gulliver,* traduits par l'abbé Desfontaines, précédés d'une étude sur Swift par Prévost-Paradol. (Bibliothèque nationale, nos 5 et 6).

9098. *Syllogismes en quatrains sur l'élection d'un roy.* (Voir Genebrard). Paris, Robert Nivelle, 1593, in-8 non paginé.

9099. **Sylveira** (le P. Jean). *Opuscula varia...* Lugduni, Anissoniorum, 1687, in-fol., index, 540 p., index.

9100. **Sylvestre du Four.** *Instruction morale d'un père à son fils qui part pour un long voyage (1678)...* édition... publiée par L. de Richemond. Toulouse, société des livres religieux, 1876, in-12, 108 p.

9101. **Sylvius** (François). *Opera Francicis Sylvii in opera S. Thomæ et sacram scripturam.* Antuerpiæ, viduam et filium Joannis-Baptistæ Verdussen, 1698, in-fol., 6 vol.

9102. **Synesius.** *Opera quæ extant omnia... græce et latine edita...* interprete Dionysio Petavio... Lutetiæ, apud Cl. Morellum, 1612, in-fol., préliminaires, 427-66 p., index.

9103. —— *Synesii Cyrenæi episcopi epistolæ...* cum interpretatione latina... Parisiis, apud M. Orry, 1605, petit in-4, 623 p.

9104. **Syngelle** (Michel). *De laudibus divi Dionysii liber...* (grec). (Voir Athénagoras). Parisiis, Rob Stephani, 1547, in-4, 42 p.

9105. *Synodus Bethlehemitica adversus calvinistas...* anno MDCLXXII... celebrata...interprete domno M.F., e congregatione Sancti Mauri... Parisiis, apud viduam Edm. Martini, 1676, pet. in-8, 395 p.

9106. *Synodvs parisiensis de imaginibus, anno Christi DCCC XXIV.* Francoforti, Claudium Marnium et Joannem Aubrium, 1596, in-8, 157 p.

9107. *Synonymes anglois...* traduit par P.-L. Paris, Vᵉ Richard, 1803, in-8, 2 vol.

9108. **Syrus** (Publius). *Sentences,* traduct. nouvelle par M. Jules Chenu. (V. Tibulle, collect. Panckoucke). Paris, Panckoucke, 1835, in-8, 191 p.

9109. *Systema Augustinianum de divina gratia.* Lugduni, apud G. Regnault, 1768, in-12, 2 vol.

T

9110: *Table alphabétique des matières du code civil français...* Paris, Rondonneau, an XII (1804) in-8, 240 p.

9111. *Table chronologique des ordonnances faites par les rois de France de la 3ᵉ race, depuis Hugues Capet jusqu'en 1400.* Paris, imprimerie royale, 1706, in-fol., 318 p.

9112. *Table générale de la revue des deux mondes, 1831-1874.* Paris, bureau de la Revue, 1875, in-8, VIII-477 p.

9113. *Table générale des individus signalés pendant l'année 1829.* Paris, imp. royale, 1830, in-4, 57 p.

9114. *Tableau analytique et résumé des documents relatifs aux épizooties et aux enzooties,* par les préfets... en 1864, 1865, 1866, 1867 et 1868. Paris, imp. Renou, 1869, in-4 oblong.

9115. *Tableau décennal du commerce de la France avec ses colonies et les puissances étrangères, 1827-1835.* Paris, imp. royale, 1838, in-4, 323 p.

9116. *Tableau de la situation des établissements français dans l'Algérie, 1854-1855.* Paris, imprimerie impériale, 1857, in-fol., table, 853 p.

9117. *Tableaux de population, de culture, de commerce et de navigation... l'année 1863.* Paris, imprimerie impériale, 1865, in-8, 197 p.

9118. *Tableau des notaires de l'arrondissement de Saintes, 1882-1883.* Saintes, imp. Hus, 1882, in-fol. plano.

9119. *Tableau des saints ou examen de l'esprit, de la conduite...* Londres, 1770, in-12, 2 vol.

9120. *Tableau du maximum des denrées de première nécessité... du district de La Rochelle. — Instruction sur le tableau général du maximum. — Tableau du maximum à Marennes* (fragment). La Rochelle, imp. Pierre-L. Chauvet, an 2 (1793), in-12, 3 pièces.

9121. *Tableau général des mouvements du cabotage pendant l'année 1837.* Paris, imp. royale, 1838, in-4, 186 p.

9122. *Tableau général du commerce de la France avec ses colonies et les puissances étrangères pendant les années 1836 et 1837.* Paris, imp. royale, 1837-1838, in-4, 2 vol.

9123. *Tableau pour l'enseignement agricole.* Paris, imp. de A. Lainé, s. d. (186.), 7 cartes, in-f°.

9124. *Tableau synoptique des tarifs d'octroi établis dans les principales villes de la Charente et de la Charente-Inférieure.* Cognac, imp. Durosier, 1871, in-fol. plano.

9125. *Tablettes des bibliophiles de Guyenne,* tome II. — *Inventaire de la collection des ouvrages et documents sur Michel* de *Montagne et lettres inédites de Françoise de Lachassa-gne.* Bordeaux, Emile Crugy, 1877, in-8, xvii-397 p.

9126. **Tabourot**, seigneur des Accords. *Les Bigarrures et Touches... avec les apopthègmes du sieur Goulard et les escraignes Dijonnoises.* Rouen, David Geoffroy, 1616, in-12, 24-181-50-64-59-56 p.

9127. **Taché** (J.-C.) *Esquisse sur le Canada considéré sous le point de vue économiste.* Paris, H. Bossange, 1855, in-12, 180 p.

9128. —— *Notice historiographique sur la fête célébrée à Québec, le 16 juin 1859, jour du deux centième anniversaire de l'arrivée de Mgr de Montmorency-Laval en Canada.* Québec, imp. Brousseau, 1859, in-8, 72 p.

9129. —— *Esquisse sur le nord-ouest de l'Amérique.* Montréal, C. Payette, 1869, in-8, 146 p.

9130. **Tacite**. *Œuvres,* traduites par C.-L.-F. Panckoucke. Paris, Panckoucke, 1837-1838, 7 vol. in-8.

9131. —— *Œuvres,* traduction de M. Dureau de Lamalle. Paris, Th. Barrois, 1780, in-8, 3 vol.

9132. —— *Œuvres complètes,* traduction par Charles Louandre. Paris, Charpentier, 1845, in-12, 2 vol.

9133. **Tagereau** (Vincent). *Le vrai praticien François.* Rouen, Berthelin 1655, in-8, xiv-677 p.

9134. **Taillade** (Antoine). *Biographie en vers' de Bernard Palissy.* Saintes, imp. Hus, 1868, in-12, vi-10 p.

9135. —— *Mes œuvres en travaillant.* Saintes, imp. Hus, 1871, in-8, 28 p.

9136. **Taillefer** (comte Wulgrin de). *Antiquités de Vésone.* Périgueux, Dupont, 1821-1826, in-4, 2 vol.

9137. **Tailliar**. *Essai sur l'histoire du régime municipal romain dans le nord de la Gaule.* Douai, imp. Ve Adam, 1861, in-8, xx-287 p.

9138. —— *Les lois de Dieu dans l'histoire.* Douai, L. Crépin, 1867, in-8, 152 p.

9139. —— *Les lois historiques ou providentielles qui régissent les nations et le genre humain.* Douai, imp. V. Wartelle, in-8, 201 p.

9140. **Taine** (H.) *Essai sur Tite Live.* Paris, L. Hachette, 1856, in-12, viii-348 p.

9141. —— *Histoire de la littérature anglaise.* Paris, L. Hachette, 1866-1872, in-12, 5 vol.

9142. —— *Les origines de la France contemporaine. La révolution.* Paris, Hachette, in-8, 1878-1885, 4 vol.

9143. —— *Les philosophes français du XIX° siècle.* Paris, L. Hachette, 1857, in-12, 367 p.

9144. **Tainturier.** *Les terres émaillées de Bernard Palissy.* Paris, V. Didron, 1863, in-8, 136 p.

9145. [**Taisand** (Pierre)]. *Histoire du droit romain...* Paris, Hélie Josset, 1678; in-16, 107 p.

9146. **Tajan.** *Mémorial de jurisprudence de la cour royale de Toulouse et des autres cours royales du midi...* Toulouse, bureau du Mémorial, 1821-1825, in-8, 10 vol.

9147. **Talleyrand** (de). *Correspondance de Talleyrand et du roi Louis XVIII.* Paris. Plon, 1881, in-8, xxviii-528 p.

9148. **Talon** (Omer). *Mémoires,* collection Michaud, t. XXX.

9149. **Talon** (Denis). *Traité de l'autorité des rois touchant l'administration de l'église.* Amsterdam, D. Pain, 1700, in-12, x-312 p.

9150. **Tallemant des Réaux.** *Les historiettes,* 3° édition entièrement revue... par MM. Monmerqué et Paulin Paris.Paris, J. Téchener, 1854-1860, in-8, 9 vol.

9151. **Tamburini.** *De jure abbatissarum et monialium sive praxis gubernandi moniales...* Romæ, ex typ. Petri Antonii Facciotti, 1638, in-fol., index-383 p.

9152. **Tamizey de Larroque** (Philippe). *Essai sur la vie et les ouvrages de Florimond de Raymond.* Paris, A. Aubry, 1867, in-8, 135 p.

9153. —— *Louis de Foix et la tour de Cordouan.* Bordeaux, Chaumas, 1864, in-8, 30 p.

9154. —— *Observations sur l'histoire d'Eléonore de Guyenne.* Paris, A. Durand, 1864, in-8, 38 p.

9155. —— *Quelques notes sur Jean Guiton, le maire de La Rochelle.* Paris, A. Durand, 1863, in-8, 32 p.

9156. **Tanguay** (l'abbé C.) *Répertoire général du clergé canadien.* Québec, Darvaud, 1868, in-8, ii-321 p. et table.

9157. **Tarayre** (M. le général). *Discours sur le budget des voies
et moyens.* Paris, Aimé Comte, 1820, in-8, 16 p.

9158. **Tarbé** (P.) *Recueil de poésies calvinistes (1550-1566).*
Reims, imp. P. Dubois et C⟨ie⟩, 1866, in-8, xliii-210 p.

9159. **Tarbes.** *Bulletin de la société académique des Hautes-
Pyrénées.* Tarbes, typ. Th. Telmon, 1854-1862, in-8, 5 vol.

9160. **Tardieu** (Ambroise). *Manuel législatif et administratif
de la garde nationale.* Paris, A. Tardieu, 1837, in-12, 841 p.

9161. **Tardy** (Gustave). *Notice sur l'abbé J. Jallet, curé de
Cherigné.* Niort, L. Clouzot, 1884, in-8, 26 p.

9162. **Target.** *Les états généraux convoqués par Louis XVI.*
(S. n. ni l.), 1789, in-8, 110 p.

9163. *Tarif chronologique des douanes françaises, 1789-1844.*
Paris, imp. P. Dupont, 1853, in-4, 1329 p.

9164. *Tarif des douanes de l'île de Cuba, — du Brésil, — de
Suède.* Paris, Renard, 1829, in-4, 3 fascicules.

9165. *Tarif des retraites ou rentes viagères,* complément. Paris,
imp. nationale, 1851-1853, in-8, 2 vol.

9166. *Tarif des sommes qui doivent estre payées aux conseillers du roy expéditionaires de cour de Rome.* In-4, 8 p.

9167. *Tarif général des droits des sorties et entrées du royaume et des provinces...* Paris, imprimeurs ordinaires du roy,
1664, in-4, 99-21 p.

9168. *Tarif général du toisé des bois et de la marque.* Paris,
J.-F. Bastien, 1778. in-12, xii-388 p.

9169. *Tarifs des dépêches télégraphiques pour la France et
l'étranger.* Paris, V⟨e⟩ E. Vert, 1875, in-32, 36 p.

9170. **Tasse.** *La Jérusalem délivrée,* poëme, traduction en
vers par M. Emile Albert. Paris, Cosse, Marchal, 1868, in-8,
2 vol.

9171. **Tassé** (Joseph). *Le chemin de fer canadien du pacifique.* Montréal, E. Senécal, 1872, in-8, 62 p.

9172. **Tassé** (Joseph). *Philemon Wright ou colonisation et commerce de bois.* Montréal, presse à vapeur de la Minerve, 1871, in-8, IV-77 pages.

9173. **Tassin**. *Les plans et les profils de toutes les principales villes de France.* Paris, S. Cramoisy, 1684, in-8 obl., 2 vol.

9174. **Tassy** (L.) *Etudes sur l'aménagement des forêts.* Paris, J. Rothschild, 1872, in-8, XXXIV-498 p.

9175. **Tastet** (Tyrtée). *Histoire des quarante fauteuils de l'Académie française.* Paris, Lacroix-Comon, 1844-1855, in-8, 4 vol.

9176. **Tastu** (Amable). *Poésies nouvelles.* Paris, Denain et Delamare, 1835, in-12, 378 p.

9177. **Tataret** (le P. Pierre). *Lucidissima commentaria in quatuor libros sententiorum.* Venetiis, apud Evangelistam Deuchinum, 1607, in-fol., 4 tomes en 2 vol.

9178. **Tavannes** (Gaspard et Guillaume de Saulx de). *Mémoires.* Collection Michaud, t. VIII ; collection universelle, t. XXVI, XXVII et XLIX, et collection Buchon.

9179. **Tedeschi** (Nicolas). *Abbatis Panormitani commentaria.* Venetiis, apud Juntas, 1582, in-fol., 3 vol.

9180. —— *Consilia, jurisque responsa, ac quæstiones omnibus...* Venetiis, Juntas, 1582, in-fol., 242 fol.

9181. —— *Repertorium in luculentissimas prælectiones...* Venetiis, Juntas, 1583, in-fol., 157 fol.

9182. —— *Incipiunt glo. cle. cum quibusdam aliis allegationibus occurentibus nota digne collecte p. do Nicolæum Siculum Momacensem abbatem dignissimum, nunc archiepiscopum Panormitanum.* Venetiis, Peregrinum, 1486, in-fol. non paginé.

9183. —— *Traité du célèbre Panorme touchant le concile de Basle, mis en français par M. Gerbais...* Paris, Antoine Dezallier, 1697, in-8, 403 p.

9184. **Teissier** (Octave). *Armand de Villeneuve, médecin alchimiste.* Toulon, imp. Aurel, 1858, in-12, 75 p.

9185. —— *Documents inédits sur Pierre Puget.* Toulon, typ. Laurent, 1871, in-8, 15 p.

9186. **Teissier** (Octave). *Du maintien des octrois et de la possibilité d'imposer les vins ad valorem.* Marseille, E. Camoin, 1869, in-8, 16 p.

9187. —— *Etat de la noblesse de Marseille en 1693.* Marseille, Roy, 1868, in-12, viii-93 p.

9188. —— *Géographie de la France et de l'Algérie.* Paris, L. Hachette, 1863, in-12, vi-155 p.

9189. —— *Histoire de Bandol.* Marseille, A. Gueidon, 1868, in-8, 83 p.

9190. —— *Histoire de la commune de Cotignac.* Marseille, A. Gueidon, 1860, in-8, iii-346 p.

9191. —— *Histoire de Toulon au moyen âge.* Paris, Dumoulin, 1869, in-8, xxxx-252-175 p. et 1 plan.

9192. —— *Le commerce du blé à main armée.* Paris, imp. impériale, 1869, in-8, 6 p.

9193. —— *Napoléon III en Algérie.* Paris, Challamel, 1865, in-8, xxiii-326 p.

9194. —— *Notices biographiques sur les hommes remarquaquables de Cotignac.* Marseille, A. Gueidon, 1859, in-8, 52 p.

9195. —— *Notice historique et documents statistiques sur les sociétés de secours mutuels.* Paris, Guillaumin, 1860, in-8, 48 p.

9196. —— *Notice sur les archives communales de la ville de Toulon.* Toulon, typ. E. Aurel, 1863, in-8, 267 p.

9197. —— *Statistiques du Var et résumés généraux de la statistique de l'empire.* Draguignan, imp. Garcin, 1855, in-8, vii-143 p.

9198. **Tellier** (Ch.) *Conservation de la viande.* Paris, Usine frigorifique d'Auteuil, 1871, in-8, 321 p.

9199. *Témoignage (le) de messieurs les curez de la ville et du diocèse de Paris au sujet de la constitution Unigenitus*..... 1727, in-4.

9200. *Témoin (Le) de la vérité.* Journal religieux. Saintes et Bordeaux, 1850-1866, in-4, 10 vol.

9201. **Temple** (Le chevalier). *Mémoires de ce qui s'est passé dans la chrétienté (1672-1679).* Collection Michaud, tome XXXII.

9202. **Tenaille-Saligny**. *La république et le gouvernement de combat.* Paris, A. Le Chevalier, 1874, in-8, 58 p.

9203. **Tenot** (Eugène). *La province en décembre 1851.* Paris, Arm. Le Chevalier, 1868, in-8, 338 p.

9204. —— *Paris en décembre 1851.* Paris, Arm. Le Chevalier, 1868, in-8, 302 p.

9205. —— et AN. DUBOST. *Les suspects en 1858, étude historique.* Paris, A. Le Chevalier, 1869, in-8, 329 p.

9206. **Tentscher** (le père Ignace). *Institutiones polemicæ* Pragæ Bohemorum, typis Pruscha, 1761, in-8, 613 p.

9207. **Térence.** *Comédies,* traduction... par M. J.-A. Amar. Paris, Panckoucke, 1830-1840, in-8, 3 vol.

9208. —— *Comédies,* nouvellement traduites avec le latin à costé, par M. de Martignac. Lyon, J.-B. de Ville, 1677, in-12, 2 vol.

9209. **Ternas** (chevalier Amédée de). *Histoire de l'ancienne confrérie d'amateurs de fleurs à Douai.* Douai, imp. De-christé, 1870, in-8, 62 p. avec planches.

9210. **Ternink** (Auguste). *Notre-Dame du Joyel,* suivie d'une notice numismatique, par Dancoisne. Arras, typ Alph. Baissy, 1853, in-4, 95 p. et IX pl.

9211. **Terrasson** (Antoine). *Histoire de la jurisprudence romaine.* Paris, Knapen, 1750, in-fol., 484 p., 152 p.

9212. **Terrasson** (le P.). *Sermons... pour le carême.* Paris, François Rabuty, 1736, in-12, 4 vol.

9213. **Tertullien.** *Opera per beatum Rhenanum Seletsta-diensem e tenebris eruta.* Basileæ, in officina Frobeniana, 1528, in-fol., 1 vol., préliminaires, 692 p., index.

9214. —— *Opera... sedulo emendata, diligentia Nic. Rigaltii...* Lutetiæ Parisiorum, apud Petrum Le Petit, 1675, in-fol., préliminaires, 735 p.

9215. —— *Tertuliani omniloquium alphabeticum... sive opera omnia... illustrata opera fratris Caroli Moreau.* Parisiis, apud Jacobum Dallin, 1658, in-fol., 3 vol.

9216. —— *Liber de pallio...* (latin-français). Parisiis, Ambrosium Drovart, 1600, in-4, 94 p.

9217. —— *Des prescriptions contre les hérétiques. — De l'habillement des femmes, de leur ajustement et du voile des vierges...* de la traduction de M. Hébert. Paris, Simon Trouvin, 1683, in-12, 147-47 p., table.

9218. **Tertullien.** *Apologétique* [traduction françoise par J.-B. Vassoult]. Paris, Jacques Colombat, 1715, in-4, table, 150 p.

9219. *L'apologétique et les prescriptions de Tertullien...* avec la traduction et des remarques par M. l'abbé de Gourcy. Paris, Sorin, 1780, in-12, 420 p.

9220. —— *Aux martyrs.* (Voir Florimond de Raemond).

9221. —— *De corona militis.* (Voir Florimond de Raemond).

9222. —— *Tertulianus redivivus scholiis et observationibus illustratus...* auctore *Georgio Ambianate...* Parisiis, apud Michaelem Soly, 1646-1650, in-fol., 3 vol.

9223. **Tessereau** (Abrah.). *Histoire chronologique de la grande chancellerie de France.* Paris, Emery, 1710, in-fol., 2 volumes.

9224. **Tesseron** père et fils. *Annales historiques nobiliaires et biographiques. Phelippot (de La Bénatière).* Paris, rue d'Assas, 5, faubourg Saint-Germain, 1880, in-fol., 8 p.

9225. **Teulet** (Alexandre) et J. DE LABORDE. *Layettes du trésor des chartes.* Paris, H. Plon, 1863-1865, in-4, 3 vol. et table.

9226. **Texier** (le P. Claude). *Sermons sur les mystères* (sans frontispice). Item, *Sermons sur les festes de la sainte Vierge.* Paris, Estienne Michallet, 1673-1678, in-8, table, 351 p., table, 169 p.

9227. **Texier** (l'abbé). *Manuel d'épigraphie,* suivi du *Recueil des inscriptions du Limousin.* Poitiers, imp. Dupré, 1851, in-8, 380 p., planches.

9228. **Th. B.** *Lettres à M. de Lamartine sur quelques paradoxes contenus dans ses œuvres touchant la religion, la philosophie et les Turcs.* Avignon, Seguin aîné, 1844, in-12, 117 pages.

9229. **Thaer** (A.). *Principes raisonnés d'agriculture,* traduits de l'allemand par E.-V.-B. Crud. Paris, J.-J. Paschoud, 1811-1816, in-4, 4 vol.

9230. **Tallassius.** *De charitate, continentia et regimine mentis... Io, Oecolampadio interprete.* Augustæ Vendelicorum, officina Sigismundi Grimmedici, 1520, in-8 non paginé, 21 fol.

9231. **Tharel** (A.). *Lettre sur l'exposition universelle et internationale de Lyon.* Paris, imp. A.-E. Rochette, 1861, in-8, 84 pages.

9232. **Thaulère** (le P.). *Les institutions...* traduction nouvelle. Paris, Charles Savreux, 1668, in-12, table, 563 p., table.

9233. **Thaumas de La Thaumassière.** *Histoire de Berry.* Bourges, F. Toubeau, 1689, in-fol., 1131 p.

9234. *The book of common prayer, and administration of the sacraments...* London, Printed by John Bill, 1679, in-32 non paginé.

9235. **Thegan.** *Vie de Louis le Débonnaire.* (Collection Guizot, tome III).

9236. **Theil** (N.). *Dictionnaire de biographie, mythologie, géographie anciennes.* Paris, Didot, 1865, in-8, III-675 p.

9237. THEMIER. *Mémoire pour frère Benoist Themier, gardien du couvent des religieux récollets de La Rochelle, contre frère Nicolas Rideau, religieux récollet.* La Rochelle, imp. Pierre Mesnier (1774), in-4, 54 p.

9238. **Thémistius.** *Orationes XIIII* (grec). (Voir Athénagoras).

9239. **Thénard** (A.-P.-E.). *Rapport sur un appareil propre à extraire le jus du raisin destiné à la distillation,* par MM. Petit et Robert, de Saintes. Paris, imp. veuve Bouchar-Huzard (1865), in-4, 11 p.

9240. **Thénard** (L.-J.). *Traité de chimie élémentaire, théorique et pratique.* Paris, Crochard, 1813-1816, in-8, 4 vol.

9241. **Théocrite.** *Idylles et odes anacréontiques,* traduction nouvelle par Leconte de Lisle. Paris, Poulet-Malassis et de Broise, 1861, in-12, 274 p.

9242. —— *Les pêcheurs,* traduction de M. P. Jónain. Bordeaux, imp. Degréteau, 1861, in-8, 4 p.

9243. **Théodore.** *Theodori presbyteri isagoge in quinque libellos Anastasii... translationem e Grœca lingua in latinam habes, Godefrido Tilmano.* Interprete Parisiis, Jacobum Kerver, 1556, in-8, 102 pages.

9244. —— *Pœnitentiale... Jacobus Petit primus in lucem edididit.* Lutetiæ Parisiorum, viduam Joannis du Puis, 1677, in-4, 2 tomes en 1 vol.

9245. **Théodore de Blois** (le P.). *Histoire de Rochefort.* Blois, Ph.-Jos. Masson, 1733, in-4.

9246. **Théodoret.** *Opera omnia.,. cura et studio Jacobi Sirmondi, S. J.* (Grec-latin.) Lutetiæ Parisiorum, sumptibus Sebastiani Cramoisy, 1642, in-fol., 4 vol.

9247. —— *De providentia sermones X.* Edition grecque et latine. (Sans lieu ni nom), 1685, in-12, 255-303-190 p.

9248. **Théodote.** *Adversus Nestorium liber... Frater Franciscus Combefis... latine reddidit, castigavit, notis illustravit* (grec-latin). Parisiis, Antonii Bertier, 1675, in-4, 116 p.

9249. —— *Expositio in symbolum Nicaenum, interprete Luca Holstenio* (grec-latin). Romæ, typ. Barberinis, excud. Fabius de Falco, 1669, in-8, 90 p. avec index.

9250. *Theologia germanica, libellus aureus..... ex germanico translatus, Joanne Theophilo interprete.* Basileæ, ex officina Joannis Oporine, 1558, in-18, 126 p.

9251. *Theologia speculativa et dogmatica, jussu... episcopi Petrocorensis, ad usum sui seminarii edita.* Parisiis, apud Ludovicum Guerin, 1770, in-12, 2 vol.

9252. *Théologie (la) réelle, vulgairement dite la théologie germanique, avec quelques autres traités de même nature...* Amsterdam, Henri Wetstein, 1700, in-18, 340-140 p.

9253. **Théophanes.** *Chronographia.* Parisiis, typ. regia, 1660, in-fol., xxxii-676 p. et index.

9254. **Théophane le Potier.** *Homiliæ in evangelia dominicalia editæ... a Francisco Scorso Panormitano.* Lutetiæ Parisiorum, Denys Moreau, 1644, in-fol., table, 427 p.

9255. **Théophraste.** *Characteres*, grec et latin. (Collection Didot, Marc-Antoine et Epictète).

9256. **Théophylacte,** archevêque de Bulgarie. *Institutio regia ad Porphyrogenitum Constantinum, interprete Petro Possino S. J.* (grec-latin). Parisiis, typographia regia, 1651, in-4, index, 99 p.

9257. —— *Commentarii in quatuor evangelia... Editioni præfuit J. P.* (grec-latin). Lutetiæ Parisiorum, apud C. Morellum, 1635, in-fol., 1 vol., 848 p., index.

9258. **Théophylacte.** *In D. Pauli epistolas commentarii, studio et cura domini Augustini Lindselli editi cum latina versione Philippi Montani.* (Grec-latin). Londini, e typographeo regio, 1636, in-fol., préliminaires, 1011 p.

9259. *Théorie des lois civiles ou principes fondamentaux de la société.* Londres, 1767, in-12, 2 vol.

9260. **Thérèse** (sainte). *Les œuvres...* de la traduction de M. Arnault d'Andilly. Paris, Pierre Le Petit, 1670, in-folio, 879 pages.

9261. —— *Les œuvres...* nouvellement traduites... par le père Cyprien... Paris, Denys de La Noue, 1644, in-4, 2 vol.

9262. —— *Lettres...* traduites de l'espagnol en français par le R. P. Pierre de la mère de Dieu... Lille, François Fiévet, 1698, in-12, 2 vol.

9263. —— *Lettres enrichies des remarques de...* dom Jean de Palafox de Mendoza, évesque d'Osma... traduites par François Pelicot... Paris, Georges Josse, 1660, in-4, 282-115 p.

9264. —— *Traité du chemin de perfection et quelques petits traités de la même sainte,* traduits par Arnauld d'Andilly. Paris, Pierre Le Petit, 1759, in-8, 567 p.

9265. **Theroulde.** *Roland,* poëme héroïque, traduit en vers français par P. Jónain. Paris, Chamerot, 1861, in-12, 85 p.

9266. *Thèses de droit et de médecine.* Victor Amblard, de Saintes ; Eutrope-Alphonse Arnaud ; Louis Béraud, de La Rochelle ; Jules Boyer, du Gua ; René Briault ; Jean-Baptiste-Frédéric Brudieu ; Marie-Dominique-Ernest Challe ; Auguste Drilhon, de Saintes ; Jean-Marie Drilhon ; Anatole Geay ; Louis-Edouard Gout-Desmartres ; Edouard-Marcel Guément ; Emile-Henri Guilbault ; Armand-Marie-Benjamin-Gabriel Guillonet ; Ernest-Eugène Lacroix ; Gaston Laverny, de Saintes ; Paul Marchand ; Gustave Monsnereau ; Pertus ; Joseph-Alexandre Petit ; Théophile Petit ; H.-C. Joyer, de Saintes ; Louis-Ferdinand-Thomas Guandalle ; Eugène Savary ; Alexandre Sostrat, de Saintes ; Calixte Surrault ; Edouard Turner.

9267. **Theveneav** (Nicolas). *Paraphrase aux loix municipalles et covstvmes dv comté et pays de Poictov.* Poitiers, Enguilbert de Marnef, 1565, in-4, 386 p.

9268. **Thévenin** (Evariste). *Almanach général des chemins de fer*. Paris, Furne, Jouvet, 1870, in-18, 192 p.

9269. —— *Cours d'économie industrielle*. Paris, Hachette et Cie, 1866, in-12, 239 p.

9270. **Thevet** (André). *Cosmographie universelle. Description de l'Europe*. (Manquent le titre et 468 folios.) [1575 ?] in-fol., 1025 f. avec table.

9271. —— *Histoire des plus illustres et sçavans hommes de leurs siècles*, Paris, F. Mauger, 1670, in-12, 8 volumes.

9272. Thézac. *Consultation pour M. de Thézac, capitaine au régiment de Damas, dragons*. Paris, imp. de Quillau, 1771, petit in-fol., 4 p.

9273. **Thèze** (Ch.). *Le port de Rochefort devant la commission du budget*. Rochefort, imp. Thèze, 1877, in-8, 44 p.

9274. **Thibaud** (Emile). *Notions historiques sur les vitraux anciens et modernes et sur l'art de la peinture vitrifiée*. Clermont-Ferrand, imp. Thibaud-Landriot, 1838, in-8, 56 p.

9275. **Thibaud** (l'abbé). *Dictionnaire abrégé de controverse ou tables analytique et alphabétique des lettres sur le protestantisme, adressées à M. Cambon*. La Rochelle, F. Boutet, 1845, in-8, 116 p.

9276. —— *Lettres sur le protestantisme, réponse à la brochure de M. Cambon, ministre protestant à Marennes*. La Rochelle, imp. Boutet, 1839, in-8, LXXII-480 p.

9277. —— *Manuel du bon paroissien en forme de rituel*. La Rochelle, Fréd. Boutet, 1842, in-18, 2 vol.

9278. **Thibaudeau** (A.-C.). *Discours prononcé au nom du comité de l'instruction publique (18 floréal an II)*. Alençon, E. de Broise, 1873, in-8, 48 p.

9279. —— *Histoire du Poitou*. Niort, Robin, 1839-1840, in-8, 3 volumes.

9280. —— *Mémoires sur la convention et le directoire*. (Voir collection Barrière.) Paris, Baudouin frères, 1824, in-8, 2 vol.

9281. **Thibert** (Félix). *Musée d'anatomie pathologique. Bibliothèque de médecine et de chirurgie pratiques*. Paris, 1844, in-8, 304 p. et table.

9282. **Thiébaut**. *Homélies sur les épitres*. Metz, Joseph Collignon, 1766, in-12, 4 vol.

9283. —— *Homélies sur les évangiles*. Metz, Joseph Collignon, 1760-1761, in-12, 4 vol.

9284. **Thierry** (Augustin). *Essai sur l'histoire de la formation et des progrès du tiers état....* Paris, Garnier, 1867, in-8, 428 pages.

9285. —— *Histoire de la conquête de l'Angleterre par les Normands*. Paris, Garnier, 1867, in-8, 2 vol.

9286. —— *Lettres sur l'histoire de France. — Dix ans d'études historiques*. Paris, Garnier, 1867, in-8, 636 p.

9287. —— *Récits des temps mérovingiens, précédés de considérations sur l'histoire de France*. Paris, Garnier, 1867, in-8, 560 pages.

9288. —— *Recueil des monuments inédits de l'histoire du tiers état*. Paris, typ. F. Didot, 1850-1870, in-4, 4 vol.

9289. **Thierry** (Edouard). *Notice sur M. Le Chanteur, commissaire principal de la marine*. Cherbourg, imp. Thomine, 1848, in-8, 57 p.

9290. **Thiers** (Jean-Baptiste). *Critique de l'histoire des flagellans et justification de l'usage des disciplines volontaires*. Paris, Jean de Nully, 1703, in-12, 420 p. avec table.

9291. —— *Dissertations ecclésiastiques sur les principaux autels des églises, la clôture du chœur des églises*. Paris, Antoine Dezallier, 1688, in-12, table, 232 p., table, 296 p., table, 40 pages.

9292. —— *L'avocat des pauvres*. Paris, veuve Jean du Puis, 1676, in-12, 470 p., table.

9293. —— *Traité de l'exposition du S. sacrement de l'autel*. Avignon, imp. Louis Chambeau, 1777, in-12, 2 vol.

9294. —— *Traité des superstitions qui regardent les sacremens*. Paris, Davin fils, 1745, in-12, 4 vol.

9295. **Thiers** (Jean-Baptiste) et Louis Bassompierre, évêque de Saintes. *Consultation faite par un avocat du diocèse de Saintes à son curé, sur la diminution du nombre de festes ordonnées dans ce diocèse*. La Rochelle, imp. Barthélemy Blanchet, 1670, in-4, 182 pages.

9296. **Thiers** (Adolphe). *Discours parlementaires (1830-1868).* Paris, Calmann-Lévy, 1879-1882, in-8, 14 vol.

9297. —— *De la propriété.* Paris, Paulin et Lheureux, 1848, in-18, IV-388 p.

9298. —— *Rapport général au nom de la commission de l'assistance et de la prévoyance publiques dans la séance du 26 janvier 1850.* Paris, Paulin Lheureux, 1850, in-8, 156 p.

9299. **Thiroux**, LAMBERT, BEAUPÈRE et LEJEUNE. *Histoire abrégée de l'abbaye de Saint-Florentin de Bonneval,* publiée par le docteur V. Bigot. Châteaudun, imp. Henri Lecesne, 1875, in-8, CLXXI-258 p.

9300. **Thoman** (Fédor). *Théorie des intérêts composés et des annuités...* traduit de l'anglais par M. l'abbé Bouchard. Paris, Gauthier-Villars, 1878, in-8, 230 p. et tables de logarithmes.

9301. **Thomas d'Aquin** (Saint). *Opera...* Venetiis, hœredem Hieronymi Scoti, 1595, in-fol., 18 tomes en 13 vol.

9302. —— *Summa totius theologiæ.* Coloniæ Agrippinæ, sumpt. Cornelii ab Egmond, 1639, in-18, 10 vol.

9303. **Thomas à Kempis.** *Opera omnia.* Coloniæ Agrippinæ, apud Joan. Buseum, 1660, in-8, 732-269 p. avec index.

9304. **Thomas** (Paul). *Pauli Thoma sacra poemata in lib. Job, Cant. Cantic., Salom. et lament Jerem. Pro Ph.* Engolismæ, Claudium Rezé, 1633, in-18, 146 p.

9305. **Thomas** (Ant.-Léonard). *Œuvres complètes.* Paris, Verdière; 1825, in-8, 6 vol.

9306. —— *Poésies.* Voir *Poètes français,* t. XXIV.

9307. —— *Essai sur le caractère, les mœurs et l'esprit des femmes dans les différents siècles.* Paris, Moutard, 1772, in-8, 208 p.

9308. **Thomas** (baron). *L'armée (1871).* Paris, V. Palmé, 1871, in-12, 16 p.

9309. **Thomas** (Monseigneur). *Histoire et culte de sainte Eustelle.* La Rochelle, imp. P. Dubois, 1876, in-18, 80 p.

9310. —— *Lettres pastorales et mandements.* La Rochelle, imp. de J. Deslandes, 1870-75, in-4, 8 pièces.

9311. **Thomas,** ancien commissaire de la marine. *Mémoire pour servir à l'histoire de... Rochefort.* Rochefort, Faye, 1828, in-8, 296 p.

9312. **Thomas** (Eugène). *Dictionnaire topographique du département de l'Hérault.* Paris, imp. impériale, 1865, in-4, xxxii-278 p.

9313. **Thomasius** (Charles). *Arbor uberrima sacræ doctrinæ, hoc est commentaria et aphorismi in universam summam divi Thomæ...* Romæ, Ignatii de Lazzaris, 1656, in-fol., 901 p., index.

9314. **Thomasius** (Joseph-Marie). *Codices sacramentorum nongentis annis vetustiores.* Romæ, typ. Angeli Bernabo, 1680, in-4, 512 p.

9315. **Thomassin** (le P. Louis). *Dissertationum in concilia generalia et particularia...* Lutetiæ Parisiorum, societatis typographiæ librorum ecclesiasticorum, 1667, in-4, 1er volume.

9316. —— *Traité de l'unité de l'Eglise, et des moyens que les princes chrestiens ont employez, pour y faire rentrer ceux qui en estoient séparez.* Paris, Muguet, 1686, in-8, table, 468 p.

9317. —— *Traités historiques et dogmatiques sur divers points de la discipline de l'église et de la morale chrestienne.* Paris, imp. François Muguet, 1683, in-8, 2 vol.

9318. —— *Traité du négoce et de l'usure...* Paris, Louis Roulland, 1697, in-8, 503 p.

9319. —— *Ancienne et nouvelle discipline de l'église touchant les bénéfices et les bénéficiers.* Paris, François Muguet, 1679-1681, in-fol., 3 vol.

9320. —— *Traité de l'aumône.* Paris, L. Roulland, 1695, in-8, 503 p., avec annexe.

9321. **Thomé de Gamond** (A.) *Mémoires sur le projet de rétablissement du port de Narbonne.* Paris, Dunod, 1872, in-4, 60 pages.

9322. —— *Mémoires sur le régime général des eaux courantes.* Paris, Dunod, 1871, in-8, viii-90 p.

9323. —— *Mémoire sur l'établissement de la république fédérale en France, dédié aux cantons de la république.* Paris, Dentu, 1871, in-8, 100 p.

9324. **Thorndicius** (Herbert). *Origines ecclesiasticæ sive de jure et protestate ecclesiæ christianæ exercitationes.* Londini, typ. E. Roycroft, 1674, in-fol., table, 701 p., index.

9325. **Thou** (J.-A. de). *Histoire universelle depuis 1543, jusqu'en 1607.* Londres, 1734, in-4, 16 vol.

9326. —— *Mémoires.* Collection Michaud et Poujoulat, t. XI ; collection universelle, t. LIII, LIV, et collection Buchon.

9327. —— *Historiarum sui temporis.* Pars prima (18 livres). Parisiis, Mamerti Patissonii, in officina Roberti Stephani, 1604, in-fol., 684 p. et table.

9328. **Tucydide.** *De bello Peloponnesiaco libri octo iidem latine, ex interpretatione Laurentii Vallæ.* H. Stephanus, 1564, in-fol., 2 t. en 1 vol.

9329. —— *Historia belli Peloponnesiaci,* grec et latin. (Collection Didot).

9330. —— *Histoire de la guerre du Péloponnèse,* traduction d'Amb.-Fir. Didot. Paris, typ. Firmin Didot, 1833, in-8, 4 vol.

9331. **Thuet** (l'abbé). *Moyens convenables aux personnes chrétiennes pour passer saintement le tems de l'avent...* Paris, Charles-Pierre Berton, 1780, in-12, XLVIII-281 p., table.

9332. **Thuillier** (dom Vincent). *Seconde lettre servant de réplique à la réponse que lui a faite un de ses confrères...* Paris, Pierre-François Giffart, 1728, in-12, XXIV-352 p.

9333. **Thurston** (R.-H.) *Histoire de la machine à vapeur.* Paris, Germer-Baillière, 1880, in-8, 2 vol.

9334. **Tibulle.** *Tibulli nova editio Josephus Scaliger, Jul. Caesaris F., recensuit.* (Voir Catulle).

9335. **Tibulle** (A.) *Elégies,* traduction nouvelle par M. Valatour. Paris, Panckoucke, 1836, in-8, 224 p.

9336. —— *Traduction de Mirabeau* (Voir Catulle).

9337. [**Tiersonnier** (Ludovic)]. *Une loi électorale basée sur le mérite.* Paris, Plon, 1875, in-8, 32 p.

9338. **Tileman.** *De VII sacramentis liber 7, in VII capita juxta numerum sacramentorum digestus.....* Coloniæ, typ. Melchior Novesianus, 1538, in-12, 511 p.

9339. **Tillemont** [(Sébastien Le Nain de)]. *Exercices sur les sacremens de pénitence et de la sainte eucharistie.* Paris, Louis Josse, 1732, in-12, 305 p., table.

9340. **Tillemont.** *Vie de Saint-Louis*, publiée... par J. de Gaulle. Paris, J. Renouard, 1847-1851, in-8, 6 vol.

9341. —— *Histoire des empereurs et des autres princes qui ont régné durant les six premiers siècles de l'église.* Paris, Ch. Robustel, 1720-1738, in-4, 6 vol.

9342. —— *Mémoires pour servir à l'histoire ecclésiastique des six premiers siècles.* Paris, Ch. Robustel, 1701-1712, in-4, 16 vol.

9343. **Tillet** (Jean du). *Recuèil des rois de France, leur couronne et maison.* Paris, Pierre Mettayer, 1618, in-4, 456-424-296-390 p. et table.

9344. *Tippoo-Saib, sultan de Massoure ou histoire de l'Indoustan dans ce siècle.* (Allemand). Leipsig, 1799, Ch.-Fr. Kohler, in-8, 359 p.

9345. **Tirel** (Louis).*La républiques dans les carrosses du roi... scènes de la révolution de 1848.* Paris, Comon, 1850, in-8, 237 pages.

9346. **Tirin** (le P. Jacques). *Commentarius in sacram scripturam.* Lugduni, Joannis Girin, 1683, in-fol. 2 t. en 1 vol.

9347. **Tisserand** (l'abbé E.) *Histoire civile et religieuse de la cité de Nice et du département des Alpes-Maritimes.* Nice, Visconti et Delbecchi, 1862, in-8, 2 vol.

9348. **Tisserand** (L. M.) *Introduction à l'histoire générale de Paris.* Paris, imp. impériale, 1866, in-4, 223 p.

9349. **Tisseron.** *Le corps législatif et le conseil d'état.* — *Le sénat.* Paris, Dentu, 1860-1862, in-8, 4 vol.

9350. **Tissot** (S.-A.). *Avis au peuple sur sa santé ou traité des maladies les plus fréquentes.* Paris, Didot le jeune, 1773, in-12, 2 tomes en 1 vol.

9351. —— *Essai sur les maladies des gens du monde.* Amsterdam, Barthélemi Vlam, 1771, in-12, xvi-222 p.

9352. **Tissot** (G.-F.). *Mémoires historiques et militaires sur Carnot.* Paris, Baudouin frères, 1824, in-8, xxviii-394 p.

9353. —— *Notice sur Gilbert.* Châtellerault, imp. Guimbert, (s. d.), in-8, 14 p.

9354. **Tissot** (J.). *Les fourgs. — Les évènements. — Les lieux.* Besançon, Marion, 1870, in-12, 2 vol.

9355. **Tite Live**. *Histoire romaine*, traduction de MM. A.-A.-J. Lietz, N.-A. Dubois... Paris, C.-L.-F. Panckoucke, 1840, in-8, 17 volumes.

9356. —— *Historiarum ab urbe condita decades.* (Titre manque) Impressvm Francoforti ad Moenum apud Geor. Corvinum, impensis Sigismundi et Iohannis Feyrabendinorvm MDLXXVIII, in-fol., 905 p., 119-82-47-104-93 feuillets.

9357. —— *Les décades avec les supplémens de J. Freinshemius sur le même auteur*, traduits par D. Du Ryer. Paris, A. de Sommaville, 1653, in-8, 2 vol.

9358. —— *Les décades mises en langue françoise par Blaise de Vigenère et Jean de La Faye.* Paris, Jac. Dupuis, 1583, in-fol., 1786 p. avec table.

9359. [**Titelmann** (François)]. *Collationes quinque super epistolam ad Romanos...* Antverpiæ, apud Guilielmum Vorstermanum, 1529, in-8, 308 f.

9360. —— *Dialecticæ considerationes libri sex, Aristotelici organi summam... complectentes... F. Francisco Titelmanno.* Parisiis, Joannem Le Bouc, 1582, in-8, 436 p., index.

9361. *Titres (Les) de la dynastie napoléonienne.* Paris, imp. impériale, 1868, in-8, 31 p.

9362. **Tocqueville** (Alexis de). *L'ancien régime et la révolution.* Paris, Michel Lévy frères, 1857, in-8, 479 p.

9363. **Toland** (Jean). *Le nazaréen ou le christianisme des juifs, des gentils et des mahométans*, traduit de l'anglois. Londres, 1777, in-8, XLVII-261 p., table.

9364. **Torcy** (marquis de). *Mémoires pour servir à l'histoire des négociations, etc. (1697-1713).* Collection Michaud, tome XXXII.

9365. **Torné**. *Sermons prêchés devant le roi pendant le carême de 1764...* Paris, Saillant, 1765, in-12, 3 vol.

9366. **Torné-Chavigny** (H.). *Concordance des prophéties de Nostradamus avec l'apocalypse.* Bordeaux, typ. veuve Dupuy, 1861, in-4, 46 p.

9367. —— *L'histoire, prédite et jugée par Nostradamus.* Bordeaux, typ. Dupuy, 1860-1862, in-4, 3 vol.

9368. **Torquat** (de) *Notice sur M. du Gaigneau de Champvallins.* Orléans, imp. G. Jacob, in-8, 22 pages.

9369. **Torquato Tasso.** *La Gerusalemme liberata colle osservazioni di Niccolo Cianculo et di Scipio Gentili.* Avignione, Luigi Chambeau, 1764, in-12, 2 vol.

9370. **Tortat** (G.). *Saint-Saturnin de Seschaux, Panloy, Saint-James, Gibran.* Pons, imp. Noël Texier, 1880, in-8, 65 pages.

9371. **Toubeau** (Jean). *Les institutes des droits consulaires.* Paris, Jacques Morel, 1700, 2 tomes en 1 vol.

9372. **Toubin** (Charles). *Etude sur les champs sacrés de la Gaule et de la Grèce, et en particulier sur celui des Séquanes.* Paris, Dumoulin, 1861, in-8, iii-116 p.

9373. **Touchard-Lafosse.** *La Loire historique, pittoresque et biographique.* Tours, Lecesne, 1851-1856, in-4, 5 vol.

9374. Toulon. *Bulletin de la société des sciences, belles lettres et arts du département du Var.* Toulon, imp. Aurel, 1855, in-8, 16 vol.

9375. Toulouse. *Mémoires de l'académie des sciences, inscriptions et belles lettres de Toulouse.* Toulouse, imp. J.-M. Douladoure, 1851-1868, in-8, 18 volumes.

9376. —— *Recueil de l'académie de législation de Toulouse.* Toulouse, imp. Bonnal, 1854-1857, in-8, 7 vol.

9377. —— *Recueil de l'académie des jeux floraux (1859-1864).* Toulouse, imp. Douladoure, 1864, 1869, in-8, 2 vol.

9378. *Tour du monde (Le),* nouveau journal des voyages, publié sous la direction de M. Ed. Charton. Paris, Hachette, 1861-1871, in-4, 22 vol.

9379. **Tournal.** *Inscriptions inédites ou peu connues du musée de Narbonne.* Caen, A. Hardel, 1864, in-8, 29 p.

9380. **Tournely** (Honoré). *Prælectiones theologicæ de ecclesia Christi.* Parisiis, apud J.-B. Garnier, 1749, in-8, 656 p.

9381. **Tournet** (Jean). *Notice générale des archevêchés et évêchés de tout le monde... plus un entier dénombrement des bénéfices de la France...* (Voir Choppin, De la police ecclésiastique).

9382. **Tourneux** (Le). *L'année chrétienne.* Paris, Hélie Josse, 1693, in-8, 6 vol.

9383. **Tournois.** *Histoire de Louis-Philippe-Joseph, duc d'Orléans, et du parti d'Orléans dans ses rapports avec la révolution française,* tome Ier. Paris, Charpentier, 1842, in-8.

9384. **Tournon,** patriarche d'Antioche (le cardinal de). *Anecdotes sur l'état de la religion dans la Chine...* Paris, aux dépens de la société, 1733, in-12, 7 vol.

9385. **Touron** (le R. P.). *Histoire générale de l'Amérique depuis sa découverte.* Paris, Hérissant, 1759, in-12, 7 vol.

9386. —— *Parallèle de l'incrédule et du vrai fidèle...* Paris, Rabuty, 1758, in-12, LVI-408-p.

9387. **Tourreil** (Jacques). *Œuvres.* Paris, Brunet, 1721, in-4, 2 volumes.

9388. TOURS. *Annales de la société d'agriculture, sciences, arts et belles lettres d'Indre-et-Loire.* Tours, imp. Ladevèze, 1860-1877, in-8, 4 vol. et 67 livraisons.

9389. —— *Mémoire de la société archéologique de Touraine,* du 2e volume au 21e. Tours, imp. Mame, 1845-71, 20 vol. in-8.

9390. **Tourtoulon** (Ch. de). *Compte-rendu des travaux de la société pour l'étude des langues romanes.* Montpellier, bureau de la société, 1869, in-8, 15 p.

9391. **Toussaint.** *Nouveau manuel complet d'architecture ou traité de l'art de bâtir...* Paris, Roret, 1845, in-12, 2 vol. avec 12 planches.

9392. **Townsend** (Joseph). *Voyage en Espagne fait dans les années 1786 et 1787,* traduit de l'anglais par J.-P. Pictet-Mallet. Paris, Dentu, 1809, in-8, 3 vol.

9393. **Trabaud** (Pierre). *Esthétique et archéologie.* Paris, H. Loones, 1878, in-8, 2 vol.

9394. *Tractandæ ac perdiscendæ theologiæ ratio.* Parisiis, typ. Petri Prault, 1758, in-12, 228 p. avec index.

9395. *Tractatus contra Græcorum errores.* (Voir Stevart).

9396. *Tradition des saints pères sur la conversion future des juifs, fondée sur les témoignages des écritures.* 1724, in-4, 174 pages.

9397. *Traduction en vers français de quelques hymnes choisies de Coffin... suivie de deux odes et d'un discours... dédiée aux Rochelais.* Paris, Fontenay, 1776, in-12, VIII-116 p.

9398. *Traité de deux questions importantes sur le mariage.* 1753, in-4, xxiv-587 p.

9399. *Traité de la comédie et des spectacles.* Paris, Pierre Promé, 1667, in-8, 140-108 p. avec table.

9400. *Traité de la jurisdiction ecclésiastique contentieuse.* Paris, imp. Desprez, 1769, in-4, 2 vol.

9401. *Traité de la religion contre les athées, les déistes...* Paris, Lambert Roulland, 1677, in-12, table, 343 p.

9402. *Traité de la paix intérieure.* Paris, Lepetit, 1801, in-12, 379 pages.

9403. *Traité des graduez, de leur établissement et de leurs droits...* Paris, 1730, in-12, 384 p., 20 p., table.

9404. *Traité sur les dispositions pour offrir les saints mystères ou pour y participer avec fruit* (titre manque). 1705, in-12, 116 pages.

9405. *Traitez et advis de quelques gentilshommes français sur les duels et gages de bataille.* Paris, Jean Richer, 1580, in-8, 74 f. avec annexe.

9406. [**Tranquille** (le P.). *Eclaircissement de plusieurs difficultés touchant les conciles généraux...* Amsterdam, Zacharie Chastelain, 1734, in-12, 165 p.

9407. [**Tramblay**] **de Macon.** *L'œnologie,* poëme didactique en quatre chants. Paris, veuve Nyon jeune, 1820, in-8, xi-136 pages.

9408. **Tranchant** (Charles). *Notice sommaire sur Chauvigny de Poitou et ses monuments.* Paris, G. Rougier et Cie, 1884, in-18, 212 pages.

9409. *Translation de la préfecture de La Rochelle à Saintes. A MM. les membres du comité de l'intérieur du conseil d'état.* Paris, imp. E. Duverger (1831), in-4, 7 p., 1 carte.

9410. [**Travers** (l'abbé Nic.)]. *Les pouvoirs légitimes dans le premier et le second ordre dans l'administration des sacremens et le gouvernement de l'église.* En France, 1744, xxxii-1771 pages.

9411. **Travers** (Julien). *Almanach historique de la république française.* Paris, Garnier, 1851, in-8, 118 p. avec table.

9412. *Traversée de la Charente à Martrou. Note explicative...* par MM. Hersent et Ischokke. Paris, Ant. J. Broise, 1876, in-folio, 4 pièces.

9413. **Trebellius-Pollion**. *Vie de Valérien le père,—de Valérien le fils, — des deux Gallien, — des trente tyrans, etc.*, traduction... par M. Fl. Legay. (Voir *Histoire Auguste*, de Panckoucke).

9414. **Tredgold** (Thomas). *Essai pratique sur la force du fer coulé et d'autres métaux*, traduit de l'anglais par E. Duverne. Paris, Bachelier, 1826, in-8, xvi-380 p., 3 planches.

9415. **Trédos** (René). *Philosophie de la langue française ou nouvelle doctrine littéraire.* Paris, L. Hachette, 1841, in-8, 572 pages.

9416. **Tremblay** (Louis). *L'ornement, le paysage et la perspective mis à la portée de toutes les intelligences.* Paris, Desloges, 1856, in-8, 63 p.

9417. **Trembley** (Abraham). *Instruction d'un père à ses enfants sur la religion naturelle et révélée.* Genève, Barthélemi Chirol, 1779, in-8, 3 vol.

9418. **Trémeau de Rochebrune** (Adolphe). *Observations sur les Hirundo rustica (Lin.), Chelidon urbica...* Saint-Jean d'Angély, Eug. Lemarié, 1866, in-8, 32 p.

9419. **Trémeau de Rochebrune** (Alphonse). *Essai de statistique médicale.* Paris, F. Savy, 1871, in-4, 46 p.

9420. —— *Huit jours dans la Corrèze ou impressions d'un voyage scientifique dans une partie du bas Limousin.* Saint-Jean d'Angély, Eug. Lemarié, 1866, in-8, 29 p.

9421. *Trésor de numismatique et de glyptique.* Paris, Didier, 1858, in-fol., 20 vol.

9422. *Trésor (Le) des pièces angoumoisines.* Paris, Aubry, 1863-1866, in-8, 2 vol.

9423. *Trésor (Le) littéraire de la France. — Les prosateurs.* Paris, L. Hachette, 1866, in-8, xv-961 p.

9424. **Tressan** (comte de). *Œuvres choisies.* Evreux, J.-J.-L. Ancelle, 1796, 10 vol. in-8.

9425. **Tressay** (l'abbé du). *Histoire des moines et des évêques de Luçon.* Paris, Lecoffre, 1869, in-8, 3 vol.

9426. **Tressay** (l'abbé du). *Vie de Mathieu de Gruchy.* Paris, Lecoffre, 1868, in-12, v-295 p.

9427. —— *Vie de Mgr Soyer, évêque de Luçon.* Paris, Lecoffre, 1872, in-8, v-547 p.

9428. [**Treuvé** (l'abbé Simon-Michel)]. *Le Directeur spirituel pour ceux qui n'en ont point...* Paris, Elie Josset, 1710, in-12, 408 pages.

9429. **Tribollet** (le P. Bernard). *Réflexions sur Jésus-Christ mourant...* Paris, Didot, 1729, in-12, 352 p., table.

9430. [**Tricalet** (Pierre-Joseph)]. *Bibliothèque portative des pères de l'église.* Paris, imp. Augustin-Martin Lottin, 1758-1760, in-8, 5 vol,

9431. *Triomphes (Les) de Louis le Juste en la réduction des Rochelois.* Reims, N. Constant, 1629, in-4, 16–184-8 p.

9432. **Tripier** (Louis). *Les codes français.* Paris, Cotillon, 1851, in-8, LXIX-1490 p.

9433. **Tristan** (Mme Flora). *Union ouvrière.* Paris, Prévot, 1843, in-8, xx-123 p.

9434. **Trommsdorf.** *Ecole du pharmacien ou tableaux synoptique de pharmacie...* traduit de l'allemand par Leschevin. Paris, imp. bibliographique, 1807, in-fol., 44-6 p.

9435. *Trophée (Le) d'armes héraldiques ou la science du blason.* Paris, veuve Nicolas de La Coste, 1672, in-4.

9436. **Trochu** (le général). *L'armée française en 1867.* Paris, Amyot, 1867, in-8, 290 p.

9437. *Trois excellentes prédications prononcées au jour et feste de la béatification du glorieux patriarche, le bienheureux Ignace.* Poictiers, imp. Antoine Mesnier, 1611, in-8, 221 pages.

9438. *Trois tables espagnol-françoises, la Ire : de l'ancienne doctrine de Dieu et de la nouvelle des hommes ; la IIe : de la S. cène et de la messe ; la IIIe : de l'antechrist et de ses marques.* Saumur, Thomas Portau, 1601, in-16, 65 fol.

9439. **Tronson.** *Examens particuliers sur divers sujets propres aux ecclésiastiques.* Paris, Hérissant, 1770, in-12, 2 vol.

9440. —— *Forma cleri.* Parisiis, Deshayes, 1727, in-4.

9441. **Tru'o'ng-Vinh-Ky** (P.-J.-B.) *Abrégé de grammaire annamite.* Saïgon, imp. impériale, 1867, in-8, 431 p.

9442. **Tryphiodore.** *Excidium Ilii*, grec-latin. (Collection Didot, vol. Hésiode).

9443. *Tuba altera majorem clangens sonum... de necessitate longe maxima reformandi societatem Jesu, per erudissimum dominum D. Liberium.* Argentinæ, 1714, in-12, xLI p., index, 704 p.

9444. **Tuffet** (P.-L.-A.). *Essai sur l'étranglement des hernies abdominales.* Paris, imp. Didot jeune, an XII (1804), in-4, 38 pages.

9445. **Tupinier** (baron). *Rapport sur le matériel de la marine.* Paris, imp. royale, 1838, in-8, 459 p.

9446. **Turcotte** (Louis-P.). *Le Canada sous l'union (1801-1877)* (1re partie). Québec, presses mécaniques du *Canadien*, 1871, in-8, 225 p.

9447. **Turenne** (maréchal de). *Mémoires.* Collection Michaud, t. XXVII.

9448. **Turgan.** *Les grandes usines de France.* Paris, Bourdilliat et Cie, 1860-1873, in-4, VIII-320 p., 7 vol.

9449. **Turlot** (Nicolas). *Le vray trésor de la doctrine chrétienne... revu... par le sieur de Bolesdam...* Lyon, Antoine Beaujolin, 1692, in-4, 757 p. avec table.

9450. **Turnus.** *Fragment*, trad. nouv. par A. Perreau. (Voir le vol. de Perse, collection Panckoucke).

9451. **Turpin de Sansay.** *Les sauveteurs célèbres.* Paris, E. Dentu, 1860, in-8, 228 p.

9452. —— *Vies des hommes illustres de la France.* Paris Knapen, 1768-1775, in-12, 2 vol.

9453. **Turreau** (le général). *Mémoires pour servir à l'histoire de la guerre. de la Vendée.* Paris, Baudouin frères, 1824, in-8, 1 vol. (collection Barrière).

9454. [**Tuvasche et Baston**]. *Lectiones theologicæ, de sacramento baptismi.* Rothomagi, apud Le Boucher, 1784, in-12, 141-123 p. avec index.

9455. —— *Lectiones theologicæ, de pœnitentia.* Rhotomagi, apud Ludovicum L. Boucher, 1781, in-12, 359 p. avec index.

9456. —— *Lectiones theologicæ, de sacremento ordinis.. de matrimonio.* Rothomagi, apud Ludovicum L. Boucher, 1782, in-12, 182-277 p. avec index.

— 647 —

9457. **Tyndall** (John). *La chaleur mode du mouvement...* traduit de l'anglais par M. l'abbé Moigno. Paris, Gauthier-Villars, 1874, in-12, xxxi-576 p.

9458. **Tzetzes** (Jean). *Antehomerica, homerica et posthomerica,* grec et latin. (Collection Didot, vol. Hésiode).

U

9459. **Ulloa** (le général). *Guerre de l'indépendance italienne en 1848 et en 1849.* Paris, Hachette, 1859, in-8, 2 vol.

9460. **Ujfalvy** (Ch.-E. de). *Expédition scientifique française en Russie, en Sibérie et dans le Turkestan.* Paris, Ernest Leroux, 1878-1879, in-8, 6 vol.

9461. *Un million de faits.* Paris J.-J. Dubochet, 1846, in-8, xxvii-1596 pages à 2 colonnes et index.

9462. *Un mot sur la politique française en Algérie.* Toulon, typ. Robert, 1880, in-8, 16 p.

9463. *Union des arts, album mensuel.* Paris, imp. Napoléon, 1846, in-4, 12 livraisons.

9464. **Urbain** (le R. P.) DE L'ASCENSION. *Theologia moralis canonica et pratica....* Augustoriti Pictonum, Julianum Thoreau, 1649, in-fol., index-796-29 p.

9465. **Urbano dalle Fosse.** *Urbani Bolzanii institutiones græcæ grammaticæ.* Basileac, apud Joannen Valderum, 1535, in-4, 472 p.

9466. **Ursinus** (Fulvius). *Illustrium imagines ex antiquis marmoribus, numismatibus et gemmis expressæ, quæ extant.* Antuerpiae (Anvers), ex officina Plantin, 1606, in-4, 88 p.; et figures de Ch. Galle.

9467. *Ursulines (Les) de Québec depuis leur établissement jusqu'à nos jours.* Québec, imp. C. Darveau, 1863-1866, in-8, 4 vol.

V

9468. **Vachon** (Marius). *L'art pendant la guerre de 1870-71, Strasbourg, les musées, les bibliothèques et la cathédrale.* Paris, Quantin, 1882, in-8, LII-161 p.

9469. **Vacquerie** (Auguste). *Jean Baudry.* Paris, Pagnerre, 1863, in-8, 121 p.

9470. —— *Le fils.* Paris, Pagnerre, 1866, in-8, 127 p.

9471. —— *Les miettes de l'histoire.* Paris, Pagnerre, 1863, in-8, 469 p.

9472. —— *Profils et grimaces.* Paris, Pagnerre, 1864, in-8, 455 p.

9473. **Vaillant** (F. Le). *Voyage dans l'intérieur de l'Afrique.* Paris, Desroy, an VI, in-8, 2 vol.

9474. —— *Second voyage dans l'intérieur de l'Afrique.* Paris, Desroy, an IX-1803, in-8, 3 vol.

9475. **Valade-Gabel** (J.-J.) *Le mot et l'image. Premier livre des sourds-muets.* Paris, Tandou, 1863, in-8, XXVI-84 p.

9476. **Valaoritis** (Aristote). *Poèmes patriotiques traduits par J. Blanchard, avec une notice par le marquis de Queux de Saint-Hilaire.* Paris, Ernest Leroux, 1883, in-18, XCI-204 p.

9477. **Valat.** *Des hypothèses dans la science.* Bordeaux, imp. Gounouilhou, 1867, in-8, 29 p.

9478. —— *Eloge de M. Lancelin.* Bordeaux, imp. Gounouilhou, 1865, in-8, 27 p.

9479. —— *Etude sur les réformes et les vues économiques de Sully.* Bordeaux, imp. Gounouilhou, 1870, in-8, 40 p.

9480. —— *Plan d'une géométrie nouvelle.* Bordeaux, imp. Gounouilhou, 1866, in-8, 38 p.

9481. —— *Venise ancienne.* Saint-Germain-en-Laye, imp. Toinon, 1861, in-8, 24 p.

9482. **Valayre** (G. de). *Légendes et chroniques suisses.* Paris, Heuguet, 1843, in-12, XIJ-359 p.

9483. **Valdes** (Jean). *Comentario, declaracion breve y compediosa sabre la epistola de S. Paulo apostolo a los Romanos...* En Venecia, en casa de Iuan Philadelpho, 1556, in-12, 339 p.

9484. **Valenciennes** (Henri de). *Fondation de l'empire latin de Constantinople* (collection Michaud, t. I).

9485. **Valentin** (Joseph-Etienne). *De osculatione pedum romani pontificis.* Romæ, Muretti, 1588, in-8, index, 197 p.

9486. **Valère** (Maxime). *Faits et paroles mémorables,* traduction par C. A. F. Frémion. Paris, Panckoucke, 1834-1835, in-8, 3 vol.

9487. **Valerio**, évêque de Vérone (le cardinal Augustin). *La rhétorique du prédicateur, traduite du latin par l'abbé Dinouart.* Paris, Nyon, 1750, in-12, 476 p.

9488. **Valernod** (Marie-Elzéar de). *Problème : Diminuer des deux tiers la dépense de l'eau dans les machines mues par son choc, proposé et résolu.* Lyon, imp. M.-G. Chavance, 1773, in-4, II-29 p.

9489. **Valerian** (Jean dit Pierius). *Hieroglyphyca.* Lugduni, sumpt. Pauli Frellon, 1610, in-fol., 644 p. avec index.

9490. —— *Hieroglyphicorum collectanea, ex veteribus et neotericis descripta.* Lugduni, sumpt. Pauli Frellon, 1610, in-fol., 210 p.

9491. —— *Pro sacerdotum barbis.... declaratio.* Lugduni, sumpt. Pauli Frellon, 1610, in-fol., 100 p.

9492. **Valette** (Ph.). *Code manuel du conseiller général de département et du conseil d'arrondissement.* Paris, imp. Paul Dupont, 1856, in-18, 420 p.

9493. —— *Manuel financier contenant le texte des dispositions législatives....* Paris, A. Henry, 1837, in-12, 197 p.

9494. **Valin** (René-Josué). *Nouveau commentaire sur la coutume de La Rochelle et du pays d'Aunis.* La Rochelle, Desbordes, 1756, in-4, 3 vol.

9495. —— *Nouveau commentaire sur l'ordonnance de la marine du mois d'août 1681.* La Rochelle, J. Légier, in-4, 2 vol.

9496. —— *Traité des prises ou principes de la jurisprudence française concernant les prises qui se font sur mer.* La Rochelle, J. Légier, 1763, in-8, 2 t. en 1 vol.

9497. **Valla** (Laurent). *De falso credita et ementita Constantini M. imp. Ro. donatione declamatio.*... Lugduni Batavorum, officina Jacobi Marci, 1620, in-4, 104-16 p.

9498. **Valla** (le P.). *Institutiones theologicæ, ad usum scholarum accomodatæ.* Lugduni, apud fratres Perisse, 1780, in-12, 6 vol.

9499. **Vallein** (Victor). *Guide du voyageur à Saintes et dans ses environs.* La Rochelle, imp. G. Mareschal, 1841, in-12, 158 p.

9500. —— *Voyage à Royan, La Tremblade, Marennes, l'île d'Oleron, Brouage.* Saintes, imp. Lacroix, 1863, in-8, 36 p.

9501. [**Vallée** (l'abbé Eutrope)]. *L'abbé Lacurie. Notice biographique.* Saintes, E. Faideau, 1880, in-8, 25 p.

9502. **Vallemont** (l'abbé de). *Les élémens de l'histoire.* Paris, Nyon, 1758, in-12, 5 vol.

9503. Vallet. *Réponse pour le sieur Vallet de La Touche, secrétaire du roy, contre M. le maréchal duc de Richelieu.* Paris, imp. veuve Knapen, 1749, in-fol., 40 p.

9504. **Vallone** (le pasteur de). *Défense de l'apologie pour les réformes au sujet de la prédestination.* La Haye, David Roger, 1702, in-16, 2 vol.

9505. **Vallot, d'Aquin et Fagon.** *Journal de là santé du roi Louis XIV de l'année 1647 à l'année 1711, avec introduction... par G. A. Leroi.* Paris, Durand, 1862, in-8, xxxvi-441 p.

9506. **Valmont de Bomare.** *Dictionnaire raisonné universel d'histoire naturelle.* Paris, Lacombe, 1768, in-8, 6 vol.

9507. **Valois** (Adrien de). *Notitia Galliarum ordine litterarum digesta.* Paris, Fréd. Léonard, 1675, in-fol., index-632 p.

9508. **Valois** (François de). *Commentaria in pronosticum Hippocratis..... opera et studio S. Gaudei Aurel.* Auréliæ, apud Steph. Potet, 1655, in-8, 913 p., avec index.

9509. **Valois** (Marguerite de). *Mémoires.* (Collection universelle, t. LII, et collection Buchon).

9510. **Valois** (le P. Yves). *La science et la pratique du pilotage à l'usage des élèves d'hydrographie dans le collège royal de la compagnie de Jésus à La Rochelle.* Bordeaux, J.-B. Lacornée, 1735, in-4, 263 p.

9511. **Valois** (Le P. Yves). *Entretiens sur les vérités fondamentales de la religion pour l'instruction des officiers et gens de mer.* Lyon, André Périsse, 1751, in-12, 2 vol.

9512. **Valous** (Vital de). *Etienne Turquet et les origines de la fabrique lyonnaise.....* Lyon, A. Brun, 1868, in-8, 72 p.

9513. **Valserres** (Jacques). *Concours régional de Montpellier du 2 au 10 mai 1868.* Montpellier, imp. de Gras, 1868, in-8, 150 p.

9514. **Vancouver** (le capit. Georges). *Voyage de découvertes à l'océan pacifique du Nord et autour du monde.* Paris, imp. de la république, an VIII, in-4, 3 vol.

9515. **Vandermonde** (Ch.-Aug.). *Dictionnaire portatif de santé, par M. L*** et M. de B***.* Paris, Vincent, 1771, in-12, 2 vol.

9516. **Vanderquand.** *Discours sur la fondation de la république prononcé.... à l'occasion de la plantation d'un arbre de la liberté ; autre discours par le citoyen Jupin.* Saintes, Mareschal, in-4, an VII-1798, 8 p.

9517. **Vanière** (Jacques). *Prœdium rusticum.* Coloniæ Munatianæ (Basle), Rud. Thurneisen, 1750, in-12, xvj-565 p.

9518. **Vapereau** (G.). *Dictionnaire universel des littératures.* Paris, Hachette, 1876, in-8, xvi-2096 p.

9519. —— *Dictionnaire universel des contemporains.* Paris, Hachette, 1858-1870-1880, in-8, 3 vol.

9520. —— *L'année littéraire et dramatique.* Paris, Hachette et Cie, 1860-1869, in-12, 7 vol.

9521. **Varchi** (Benedetto). *Histoire des révolutions de Florence sous les Médicis, traduite du toscan par M. Réquier.* Paris, Murier, 1765, in-12, 3 vol.

9522. **Varenne de Fenille.** *Œuvres agronomiques et forestières.* Paris, J. Rothschild, 1869, in-8, vi-512 p.

9523. **[Varet de Fontigny].** *Le catéchisme du concile de Trente. Traduction nouvelle.* Paris, Etienne Savoye, 1736, in-12, 712 p.

9524. **Vargas** (Alphonse de). *Relatio ad reges et principes christianos de stratagematis et sophismatis politicis societatis Jesus...* 1641, in-12, 444 p.

9525. *Variæ disputationes theologicæ ad opera Martini Gran-
din.... adjectæ.* Parisiis,Claudii Rigauld,1712,in-4, xxiii-482-
233 p.

9526. *Variétés historiques et littéraires, recueil de pièces vo-
lantes, rares et curieuses, en prose et en vers, revues et annotées par M. Ed. Fournier.* Paris, Jannet, 1855-1863, 10
vol. in-18.

9527. *Variétés littéraires ou recueil de pièces tant origi-
nales que traduites |concernant la philosophie, la littérature
et les arts.* Paris, Lacombe, 1768, in-12, 3 vol.

9528. **Varillas**. *Responsè à la critique de M. Burnet sur les
deux premiers tomes de l'histoire des révolutions arrivées
dans l'Europe en matière de religion.* Paris, C. Barbin,
1687, in-8, xiv-484 p.

9529. **Varin** (Paul). *Expédition de Chine.* Paris, Michel Lévy,
1862, in-8, 319 p.

9530. **Varin** (Pierre). *Archives administratives de la ville de
Reims.* Paris, imp. de Crapelet, 1839-1853, in-4, 10 vol.

9531. **Varinot** (A.). *Dictionnaire des métaphores françaises.*
Paris, Arthus Bertrand, 1819, in-8, xvi-251 p.

9532. [**Varlet** (Jacques)]. *Lettres d'un ecclésiastique de Flandres à Mgr l'évêque de Soissons où il lui demande d'accorder ses principes... Suite des lettres, explication de quelques prophéties touchant la future conversion des juifs...*
1724, in-4.

9533. **Varny d'Arbouze** (Paul-Augustin de). *Crayon du département du Puy-de-Dôme pour servir de statistique.* Paris, Demonville, 1826, in-8, xvi-250 p.

9534. **Varron** (Terentius). *De lingua latina.* (Même volume que
Auctores latinæ linguæ).

9535. —— *L'économie rurale; traduction nouvelle par M. X.
Rousselot.* Paris, Panckoucke, 1843, in-8, 406 p.

9536. **Vasselot de Régné** (de). *Notice sur les dunes de La
Coubre.* Paris, imp. nationale, 1878, in-4, 78 p.

9537. **Vathaire** (A. de). *Etudes sur les hauts fourneaux et la
métallurgie de la fonte.* Paris, J. Baudry, 1866, in-8, vi-
236 p.

9538. **Vattier** (Etienne). *La France devant l'Allemagne et devant elle-même.* Paris, Lacroix, 1871, in-8, 64 p.

9539. **Vattier** (Valentine). *Appoline.* Tours, Mame et Cⁱᵉ, 1863, in-12, 138 p.

9540. —— *Claire de Rives.* Tours, Mame, 1863, in-8, 188 p.

9541. —— *Courage et résignation.* Rouen, Mégard et Cⁱᵉ, 1863, in-18, 95 p.

9542. —— *Fanny et Léonore.* Tours, Mame, 1867, in-12, 192 p.

9543. —— *La classe 94 à l'exposition universelle de 1867.* Clichy, imp. Loignon, 1867, in-8, 284 p.

9544. —— *La fille du pêcheur.* Tours, Mame, 1867, in-8, 192 p.

9545. —— *La meilleure part ; scènes de la vie réelle.* Tours, Mame, 1862, in-8, 188 p.

9546. —— *L'âme de la jeunesse.* Tours, Mame, 1868, in-8, 187 p.

9547. —— *Le livre de consolation.* Paris, Paul Leloup, 1869, in-32, 355 p.

9548. —— *Les vacances de Nathalie.* Tours, Mame, 1863, in-8, 140 p.

9549. —— *Mathilde et Marthe.* Tours, Mame 1862, in-12, 139 p.

9550. —— *Réponse à M. Alex. Dumas à propos de sa préface de l'Ami des femmes.* Paris, A. Lacroix, (186.) in-32, 47 p.

9551. —— *Rose Fermont ou un cœur reconnaissant,* suivi de *Frère et sœur.* Tours, Mame, 1868, in-8, 190 p.

9552. —— *Sidonie ou orgueil et repentir.* Tours, Mame, 1862, in-12, 140 p.

9553. —— *Yvonne ou la foi récompensée.* Tours, Mame, 1862, in-12, 139 p.

9554. **Vauban** (de). *Projet d'une dixme royale,* 1707, in-12, 268 p.

9555. **Vaublanc** (comte de). *Essai sur l'instruction et l'éducation d'un prince au XIXᵉ siècle, suivi d'une réfutation* *dé reproches graves adressés à Charles X.* Paris, Troisnier-Desplaces, 1833, in-8, 303 p.

9556. **Vaudoncourt** (Guillaume de). *Histoire des campagnes de 1814 et 1815.* Paris, Avril de Gastel, 1826, in-8, 5 vol.

9557. [**Vaudreuil** (le comte Pierre)]. *Considérations sur les sciences, les arts et les mœurs des anciens, par L.C.P.D.V.* Paris, Dentu, 1840, in-8, 111-310 pages.

9558. —— *Tableau des mœurs françaises au temps de la chevalerie.* Paris, imp. Egron, 1825, in-8, 4 vol.

9559. —— *Promenade de Bagnères-de-Luchon à Paris.* Paris, A. Egron, 1820, in-8, xii-274 p.

9560. [**Vauge** (le P. Gilles)]. *Traité de l'espérance chrétienne, contre l'esprit de pusillanimité et de défiance.* Paris, imp. J.-H. Butard, 1765, in-12, 419 p. avec table.

9561. **Vauloup.** *Oraison funèbre de M. le marquis de Frotté.* Caen, typ. B. de Laporte, 1858, in-8, 19 p.

9562. **Vaurigaud** (B.). *Essai sur l'histoire des églises réformées en Bretagne, 1535-1808.* Paris, Joel Cherbuliez, 1870, in-8, 3 vol.

9563. **Vaultier.** *Journal des marches, campements, batailles, sièges et mouvements des armées du roy en Flandres, depuis 1690 jusqu'à présent.* Paris, Ve de Ch. Coignard, 1694, in-12, 316 p. avec table.

9564. **Vauvenargues.** *Œuvres choisies.* (Voir vol. La Rochefoucauld-Montesquieu-Vauvenargues).

9565. **Vauvilliers** (V.). *Traité des privilèges et hypothèques.* Paris, H. Nicolle, 1809, in-12, xxv-326 p. avec table.

9566. **Vauzelles** (Ludovic de). *Jeanne d'Arc. Fête du 8 mai 1868, 439e anniversaire de la délivrance d'Orléans.* Paris, Ch. Lahure, 1868, in-4, 16 p.

9567. **Vavasseur** (P.). *Guide du promeneur au jardin zoologique d'acclimatation.* Paris, imp. Ch. Lahure et Cie, 1861, in-12, 181 p.

9568. **Velleius Paterculus** (C.). *Histoire traduite nouvellement en françois avec le latin à côté.* Limoges, P. Barbou, 1740, in-12, 371 p.

9569. **Velly** (l'abbé). *Histoire de France depuis les temps anciens jusqu'à la mort de Louis XVI, continuée par MM. Villaret et Garnier et Fantin des Odoars.* Paris, Fantin, 1819, in-8, 18 volumes; table, 3 vol.

9570. VENDOME. *Bulletin de la société archéologique du Vendomois.* Vendôme, Devaure-Henrion, 1862-1871, in-8, 10 vol.

9571. **Vénéroni.** *Le maître italien ou grammaire italienne.* Paris, Samson, 1779, in-12, 266 p.

9572. **Venien** (Pierre). *Theses ex universa philosophia.* Angers, Ch.-P. Mame, imprimeur, 1783, in-f° plano.

9573. **Ventura de Raulica** (le père). *La tradition et les semi-pélagiens de la philosophie, ou le semi-rationalisme dévoilé.* Paris, Gaume, 1856, in-8, 464 p.

9574. **Ventura** (R. P.). *Oraison funèbre de Daniel O'Connell, traduite de l'itatien par l'abbé Anatole Leray.* Paris, Jacques Lecoffre et Cie, 1848, in-12, 104 p.

9575. **Venuti** (l'abbé). *Dissertations sur les anciens monuments de la ville de Bordeaux.* Bordeaux, J. Chappuis, 1754, in-4, 199 p.

9576. **Vérax.** *Difficultés sur l'ordonnance et l'instruction pasiorale de M. l'archevêque-duc de Cambray, touchant le fameux cas de conscience.* Nancy, Joseph Nicolaï, 1704, in-12, 126-227 p.

9577. **Verchère de Reffye.** *Les armes d'Alise ; notice avec photographies et gravures sur bois.* Paris, Didier, 1864, in-4, 19 p.

9578. **Verdelin** (de). *Institution aux loix ecclésiastiques de France.* Paris, Demonville, 1783, in-12, 3 vol.

9579. **Verdet** (E.). *Œuvres.* Paris, G. Masson, 1872-1873, in-8, 6 vol.

9580. **Verdier de Lacoste** (Henri). *Oppression et révolte ou la guerre des seigneurs et des paysans, par le C. Henri de L***.* Paris, Bechet, 1819, in-12, 3 tomes en 2 vol.

9581. **Veret** (B.). *Le livre du village. Agriculture, jardinage, économie rurale.* Amiens, typ. Lambert-Caron, 1870, in-12, v-363 p.

9582. **Vergas** (François de). *Pierre de Malvenda et quelques évêques d'Espagne. Lettres et mémoires touchant le concile de Trente, traduits par Michel Le Vassor.* Amsterdam, Pierre Brunel, 1694, in-8, 567 p. avec table.

9583. **Vergerio** (Petro-Paulo). *Actiones duæ secretarii pontificii de instaurando concilio Tridentino.* Recusæ, 1607, in-12, 142 p.

9584. **Vergnaud-Romagnési** (C.-F.). *Fête de Jeanne d'Arc à Orléans, en mai 1855.* Orléans, Gatineau, 1855, in-8, 16 p.

9585. —— *La cloche de Pont-aux-Moines.* Paris, Roret, 1847, in-4, 8 p.

9586. —— *Mémoire sur les antiquités découvertes en 1846 à Orléans, dans les fondations de l'ancien Hôtel-Dieu et de la porte Parisis.* Paris, Roret, 1847, in-4, 12 p.

9587. —— *Notice sur un ancien bas-relief, trouvé à Orléans en 1828.* Paris, Roret, 1850, in-8, 16 p.

9588. —— *Notice sur les anciens vitraux de l'église de Cléry.* Paris, Roret, 1846, in-8, 25 p.

9589. *Véritable (le) disciple de saint Paul et de saint Augustin sur la grâce et sur la prédestination.* Liège, Jean-François Broncart, 1708, in-12, 69 p.

9590. *Véritez de foi et de morale pour tous les états, tirés des seules paroles de l'ancien et du nouveau testament.* Paris, Jacques Vincent, 1731, in-12, 538 p.

9591. **Vermeil** (H.). *Remarques sur le cancer du pylore. Thèse pour le doctorat en médecine.* Paris, imp. Parent, 1872, in-4, 43 p.

9592. **Vernage** (l'abbé E.-F. de) et PACORY. *Abrégé de la loy nouvelle, compris dans les deux grands commandements de l'amour de Dieu et du prochain, et dans le précepte de la prière, par M***.* Paris, François-H. Muguet, 1710, in-18, 152 p.

9593. **Verne** (Jules). *Cinq semaines en ballon, voyage au centre de la terre.* Paris, J. Hetzel, 1873, in-8, 2 tomes en 1 vol.

9594. —— *Vingt mille lieues sous les mers.* Paris, J. Hetzel et Cie, 1874, in-8, 43d6.

9595. **Verneilh-Puiraseau** (de). *Histoire politique et statistique de l'Aquitaine*. Paris, M.-F. Guyot, 1822-1827, in-8, 3 vol.

9596. **Vernes** (Jacques). *Confidence philosophique*. Genève, 1776, in-8, 2 vol.

9597. [**Vernet** (François)]. *Le triomphe de la foi catholique sur les erreurs des protestants contenues dans les œuvres polémiques de feu M. Bénédict Pictet*. Lyon, Geoffroy Regnault, 1749, in-12, 2 vol.

9598. [**Vernet** (Jacques)]. *Lettres critiques d'un voyageur anglais sur l'article Genève du dictionnaire encyclopédique, publiées par Brown*. 1766, in-12, 2 vol.

9599. —— *Traité de la vérité de la religion chrétienne*. Paris, J.-B. Garnier, 1753, in-12, 2 vol.

9600. **Verneur** (J.-T.). *Journal des voyages, découvertes et navigations modernes*. Paris, Colnet, 1821-22, 16 vol. in-8.

9601. **Verninac Saint-Maur** (de). *Voyage du Luxor en Egypte, entrepris par ordre du roi pour transporter de Thèbes à Paris l'un des obélisques de Sésostris*. Paris, Arthus Bertrand, 1835, in-8, 464 p.

9602. **Vérone** (François de). *Apologie pour Jehan Chastel, parisien, exécuté à mort, et pour les pères et escholliers de la société de Jésus*. 1595, in-12, table, 242 p.

9603. Versailles. *Mémoires de la société des sciences morales, des lettres et des arts de Seine-et-Oise*. Versailles, imp. Montalant-Bougleux, 1847-1870, in-8, 8 vol.

9604. **Vert** (Dom Claude de). *Explication simple, littérale et historique des cérémonies de l'église*. Paris, Florentin Delaulne, 1706, in-8, 2 vol.

9605. —— *Lettre à M. Jurieu, sur les cérémonies de la messe*. Paris, Florentin et Pierre Delaulne, 1690, in-18, 101 p.

9606. **Vert** (B.-A.-H. de). *Plan de Paris avec détail de ses nouveaux embellissements depuis Jules César jusqu'à ce jour*. Paris, Demoraine, 1815, in-4, 52 p.

9607. **Verthamon** (Jean-Baptiste de). *Ordonnances synodales du diocèse de Pamiers*. Toulouse, imp. veuve J.-J. Boude, 1702, in-12, 124 p.

9608. **Vertot** (l'abbé de). *Histoire des révolutions arrivées dans le gouvernement de la république romaine...* Paris, Nyon, 1734, in-12, 3 vol.

9609. —— *Relation de la conjuration de Portugal.* Lyon, T. Amaulry, 1703, in-12, xvi-276 p.

9610. —— *Histoire des révolutions de Suède.* Paris, chez les libraires associés, 1794, in-12, 3 vol.

6611. —— *Histoire des chevaliers hospitaliers de Saint-Jean de Jérusalem.* Paris, Rollin, 1726, in-4, 4 vol.

9612. —— *Révolutions de Portugal.* La Haye, P. Junior, 1772, in-12, xii-276 p.

9613. [**Vertrieu** (de La Poype de)]. *Compendiosæ institutiones theologicæ ad usum seminarii Pictaviensis.* Pictavii, typ. Jacobum Faucon, 1729, in-12, 5 vol.

9614. **Vestritius Spurinna.** (Voir le vol. *Poetæ minores*, coll. Panckoucke).

9615. *Veterum poetarum, obscenate sublato, volumen primum.* Lugduni, sumpt. P. Rigaud, 1620, in-32, 207 p.

9616. —— *Veterum poetarum* tomus IV.

9617. *Vetus testamentum secundum LXX et ex autoritate Sixti V. pont. max. editum.* Lutetiæ Parisiorum, Claudium Sonnium, 1628, in-fol. 3 vol.

9618. *Vetus testamentum.* 3 vol. (Collection Didot).

9619. *Vetustissimum et nobilissimum concilium illiberitanum quarto ineunte seculo in Hispania celebratum...* Lugduni, sumpt. Philippi Borde, 1666, in-fol., 558 p., avec index.

9620. **Veuillot** (Louis). *Le pape et la diplomatie.* Paris, Gaume, 1861, in-8, 63 p.

9621. —— *Les couleuvres.* Paris, Victor Palmé, 1869, in-12, iii-204 p.

9622. —— *L'illusion libérale.* Paris, Palmé, 1866, in-8, 158 p.

9623. —— *Satires.* Paris, Périsse, 1864, in-12, xx-385 p.

9624. —— *Vie de la B. Germaine Cousin, bergère.* Toulouse, Delsol, 1854, in-18, 360 p.

9625. **Veyrat** (Jean-Pierre). *La coupe de l'exil.* Chambéry, Puthod, 1845, in-8, 340 p.

9626. **Vialard** (Ch.). *Histoire du ministère d'Armand-Jean du Plessis, cardinal duc de Richelieu.....* Paris, Gervais Aliot, 1649, in-8, 741-54 p.

9627. **Vialart** (Félix). *L'escole chrétienne, où l'on apprend à devenir bon chrétien, et à faire son salut....* Châlons, imp. Jacques Seneuze, 1664, in-18, 678 p.

9628. —— *Ordonnances, mandemens et lettres pastorales pour la discipline ecclésiastique.* Châlons, imp. Jacques Seneuze, 1663, in-12, 436 p.

9629. —— *Réglemens faits pour la direction spirituelle du séminaire par lui établi dans la ville de Châlons.* Châlons, imp. Jacques Seneuze, 1664, in-12, 240 p.

9630. *Viande (De la) crue musculine Guichon, et des portions alcooliques reconstituantes préparées à l'abbaye N.-D. des Dombes.... Traitement de la phthisie pulmonaire...* Paris, J.-B. Baillière, 1870, 104 p.

9631. **Viane** (François van). *Tractatus triplex de ordine amoris, ad regulam S. Augustini.* Lovanii, apud Ægidium Denique, 1685, in-8, 395 p. avec index.

9632. **Vianne** (Ed.). *La culture économique par l'emploi raisonné des instruments, machines.* Paris, J. Rotschild, 1866, in-18, 336 p.

9633. —— *Prairies et plantes fourragères.* Paris, J. Rotschild, 1870, in-8, viii-424 p.

9634. **Viard** (A.). *Le cuisinier impérial.* Paris, Barba, 1809, in-8, 450 p.

9635. **Viard** (C.). *Annuaire des postes pour 1841.* Paris, hôtel des postes, 1841, in-8, 166 p.

9636. **Viardot** (Louis). *Les musées d'Espagne, d'Angleterre et de Belgique.* Paris, Paulin, 1843, in-12, viii-382 p.

9637. **Viauld** (Ambroise). *Théorie nouvelle et simplifiée du jaugeage des futailles de toutes dimensions à base circulaire ou elliptique.* Saintes, chez C. Heitz, [185.] in-8, 57 p.

9638. **Viault** (Hippolyte). *Eloge de Duperré.* La Rochelle, typ. Mareschal, 1869, in-8, 43 p.

9639. **Viaud** (Pierre). *Naufrage et aventures.* Bordeaux, Labottière, 1780, in-12, xxiv-311 p.

9640. **Viaud** J.-T. et E.-J. FLEURY. *Histoire de la ville et du port de Rochefort.* Rochefort, Honorine Fleury, 1845, in-8, 2 vol.

9641. **Vibius Séquester.** *Nomenclature des fleuves, fontaines, lacs... traduite par M. Louis Baudet.* Paris, Panckoucke, 1843, in-8, 68 p.

9642. **Viccars** (Jean). *Decapla in psalmos.* Londini, Robertum Young, 1639, in-fol., 406 p., index.

9643. **Vico** (J.-B.). *Principy di scienza nuova.* Milano, Gaspare Truffi, 1831, in-18, 2 vol.

9644. *Victoires, conquêtes, désastres, revers et guerres civiles des Français de 1792 à 1815.* Paris, C. Panckoucke, 1817-1821, in-8, 27 vol.

9645. **Victor** (P.). *De regionibus urbis Romæ liber.* (Voir Pomponius Mela, Alde, 1518.

9646. **Vida** (Marc-Jérôme). *Opera.* Lugduni, Ant. Gryphios, 1581, in-18; 542 p.

9647. —— *Poétique, traduite en vers français par P. Bernay.* Paris, Châllamel, 1845, in-8, LV-278 p.

9648. **Vidal** (E.-T.-T.). *Langue universelle et analytique.* Paris, A. Sirou, 1844, in-12, 414 p.

9649. *Vie de Bouchard, comte de Melun.* (Collection Guizot, tome VII ; vol. Bouchard).

9650. *Vie de Louis le Débonnaire, par l'astronome.* (Collection Guizot, tome III).

9651. *Vie de Louis le Jeune.* (Collection Guizot, vol. Suger, tome VIII).

9652. *Vie de Louis VIII.* (Collection Guizot, tome IX, vol. Rigord).

9653. *Vie de saint Eutrope, premier évêque de Saintes et martyr.* Saintes, Mme Z. Mortreuil, 1877, in-8, 61 p.

9654. *Vie des saints.* S. l. ni d. in-f°, 672 p.

9655. *Vie du pénitent de Châteauneuf.* Orléans, A. Jacob, 1850, in-8, 64 p.

9656. *Vies (les) des saints pour tous les jours de l'année.* Paris, N. Lottin, 1734, in-4, 315 p.

9657. **Vieilleville** (le maréchal de). *Mémoires.* (Collection Michaud, t. IX, collection universelle, t. XXVIII, XXIX, XXX, XXXI, XXXII, et collection Buchon).

9658. **Viennet** (J.-P.-G.). *Epître à M. l'abbé de Lamennais.* Paris, Ladvocat, 1825, in-8, 31 p.

9659. **Vieuille** (Pierre). *Nouveau traité des élections, contenant l'origine de la taille, aides, gabelles, etc.* Paris, Huart, 1739, in-8, xiv-617 p.

9660. **Vieyra** (le P. Antonio). *Palavra de Deos empenhada, e desempenhada.* Lisboa, Miguel Deslandes, 1690, in-4, 296 p.

9661. **Vigiliis von Crevtzenfeld** (Stephani Hieronymi de). *Bibliotheca chirurgica.* Vindobonæ, typis J. Thomæ nobilis de Trattnern, 1781, in-4, 2 vol.

9662. **Vigenère** (Blaise de). *Traicté des chiffres ou secrettes manières d'escrire.* Paris, Abel L'Angelier, 1597, in-4, 346 p.

9663. —— *Traicté du feu et du sel.* Rouen, Jacques Caillové, 1642, in-4, 267 p.

9664. **Vigier** (Jean). *Les coutumes du pays et duché d'Angoumois, Aunis et gouvernement de La Rochelle.* Angoulême, Simon Rezé, 1720, in-f°, 702 p.

9665. **Vigier de La Pile.** *Histoire de l'Angoumois, suivie du recueil en forme d'histoire, par Fr. de Corlieu, et des noms et ordre des maires d'Angoulême par J. Sanson, publiée par J.-H. Michon.* Paris, V. Didron, 1846, in-4, viii-clv-xii-160 p.

9666. **Viger-Beaumont.** *Réplique pour sieur Henri Viger, bourgeois, et demoiselle Magdelaine Barbaud, contre M. Léon de Beaumont, chevalier, seigneur de Gibeaud.* S. l. ni d. (178.), in-f°, 24 p.

9667. **Vigile.** *Epistola decretalis papæ pro confirmatione quintæ synodi œcumenicæ, cum interpretatione latina et dissertatione Petri de Marca.* Parisiis, viduam Joannis Camusat, 1642, in-8, 194 p.

9668. **Vignier** (Nicolas). *Théâtre de l'Antechrist auquel est répondu au cardinal Bellarmin et autre, qui par leurs écrits condamnent la doctrine des églises réformées sur ce sujet.* 1640, in-4, 692 p. avec table.

9669 —— *Sommaire de l'histoire des Français.* Paris, Sébastien Nivelle, 1579, in-f°, 421 p. et table.

9670. **Viguier** (Nicolas). *Les fastes des anciens Hébreux, Grecs et Romains, avec un traité de l'an et des mois.* Paris, A. L'Angelier, 1688, in-4, 202 p.

9671. **Vigneral** (comte de). *De l'enseignement primaire dans les campagnes. L'armée.* Argentan, Barbier, 1857, in-8, 30 p.

9672. **Vignolle** (L.-A.). *Histoire du 8e régiment de mobiles.* Bordeaux, imp. Gounouilhou, 1872, in-8, 31 p.

9673. **Vigny** (Alfred de). *Poëmes antiques et modernes.* Paris, H. Delloye, 1837, in-8, 383 p.

9674. —— *Théâtre complet.* Paris, Charpentier, 1841, in-12, 461 p.

9675. **Vigor** (Simon). *Opera omnia.* Parisis, Petri Auboyn, 1683, in-4, 4 tomes en 1 vol.

9676. **Vilanova** (T.) y F.-M. Turbino. *Viage cientifico a Dinamarca y Suecia con motivo del congreso internacional pre historico celebrado en Copenhague en 1869.* Madrid, imp. Gomez Juenteneho, 1871, in-8, lii-269 p.

9677. **Villabolos** (le P. Henri de). *Somme de la théologie morale et canonique, traduite en français par le R. P. Bacone.* Paris, Denis de La Noue, 1635, in-f°, table, 1174 p.

9678. **Villars** (duc de). *Mémoires.* La Haye, P. Gosse, 1734, in-12, 363 p.

9679. **Villars** (le maréchal de). *Mémoires publiés pour la société de l'histoire de France par M. le marquis de Vogüé.* Paris, Henri Loones, 1884, in-8.

9680. —— *Mémoires.* (Collection Michaud, t. XXXIII).

9681. **Ville** (Georges). *La maladie des pommes de terre.* Paris, imp. S. Raçon et Cie, 1868, in-4, 32 p.

9682. **Ville.** *Notice minéralogique sur les province d'Oran et d'Alger.* Paris, imp. imp., 1858, in-4, vii-349 p. et atlas in-f°.

9683. —— *Recherches sur les roches, les eaux et les gîtes minéraux des provinces d'Oran et d'Alger.* Paris, imp. nat., 1852, in-4, iv-423 p.

9684. **Ville** (Le chev. Ant. de). *Les fortifications.* Lyon, Irénée Barlet, 1628, in-f°, préf., 441 p., table.

9685. **Villebrune** (L. de). *Fragments d'un rêve, ou étrennes* au docteur *Magie-Noire*. Saintes, Mareschal (an 9), in-8, 32 p.

9686. **Villecourt** (Mgr). *Œuvres oratoires.* Paris, imp. Migne, 1856, in-4, 2 vol., 1508 p.

9687. —— *Eclaircissements sur l'apostasie de M.Chardavoine.* La Rochelle, Boutet, 1845, in-8, 47 p.

9688. —— *Lettre pastorale et mandement pour le carême de 1851.* La Rochelle, Fr. Boutet, 1851, in-4, 16 p.

9689. —— *Mandement pour le saint temps du carême de l'année 1837, de 1838.* La Rochelle, imp. d'Et. Pavie, 1837-38, in-18, 2 vol.

9690. **Villedieu** (comte de). *Histoire de l'impôt des boissons.* Paris, 1854, in-8.

9691. **Villedieu** (Mlle de). *Œuvres.* Lyon, A. Besson, 1697-1712, in-12, 12 vol.

9692. **Villefranche** (J.-M.). *La Frigolade.* Paris, Vic, 1881, in-18, 86 p.

9693. **Ville-Hardouin** (Geoffroi de). *Conquête de Constantinople avec la continuation de Henri de Valenciennes, texte original accompagné d'une traduction par M. Natalis de Wailly.* Paris, F. Didot, 1874, grand in-8, xxiv-616 pages.

9694. **Villehardouin** (Geoffroy de) et Henri de VALENCIENNES. *De la conqueste de Constantinople, accompagnée de notes et commentaires, par M. Paulin Paris.* Paris, J. Renouard, 1838, xlviii-403 p.

9695. **Villehardouin** (Geoffroy de). *Conquête de Constantinople.* (Collection Michaud et Poujoulat, t. I).

9696. **Villemain.** *Choix d'études sur la littérature contemporaine.* Paris, Didier, 1858, in-8, xi-462 p.

9697. —— *Discours et mélanges littéraires.* Paris, Didier, 1860, in-8, 403 p.

9698. —— *Essais sur le génie de Pindare.* Paris, F. Didot, 1859, in-8, 614 p.

9699. —— *Etudes de littérature ancienne et étrangère.* Paris, Didier, 1864, in-8, 395 p.

9700. —— *Etudes d'histoire moderne.* Paris, Didier, 1862, in-8, xvi-420 p.

9701. **Villemain**. La France, l'empire et la papauté, question de droit public. Paris, Douniol, 1860, in-8, 32 p.

9702. —— La république de Cicéron, traduite d'après le texte découvert par M. Mai. Paris, Didier, 1858, in-8, XVI-LXXVI-403 p.

9703. —— Nouveaux mélanges historiques et littéraires. Paris, Ladvocat, 1827, in-8, 2 vol.

9704. —— Souvenirs contemporains d'histoire et de littérature. Paris, Didier, 1854-1855, in-8, 2 vol.

9705. —— Tableau de la littérature au XVIIIᵉ siècle. Paris, Didier, 1855, in-8, 4 vol.

9706. —— Tableau de la littérature du moyen âge en France, en Italie, en Espagne et en Angleterre. Paris, Didier, 1856, in-8, 2 vol.

9707. —— Tableau de l'éloquence chrétienne au IVᵉ siècle. Paris, Didier, 1849, in-12, XI-543 p.

9708. **Villeneuve** (Guillaume de). Mémoires sur le règne de Charles VIII. (Collection Michaud, t. IV, collection Universelle, t. XIV, et collection Buchon).

9709. **Villeneuve** (le comte Louis de). Essai d'un manuel d'agriculture. Toulouse, J.-M. Douladoure, 1819, in-8, XII-379 p.

9710. **Villeneuve** (Mᵐᵉ M.-Th. de). Emotions religieuses d'un pélerinage à Rome. Paris, Douniol, 1862, in-12, 244 p.

9711. **Villeneuve-Guibert** (comte Gaston de). Le portefeuille de madame Dupin, dame de Chenonceau. Paris, Calmann-Lévy, 1884, in-8, 592 p.

9712. **Villeneuve-Laroche-Barnaud** (L.-G. de). Mémoires sur l'expédition de Quiberon. Paris, Trouvé, 1824, in-8, 414 p.

9713. **Villermé**. Des associations ouvrières. Paris, Pagnerre, 1849, in-8, 103 p.

9714. **Villeroy** (Alfred). Histoire de mil huit cent quarante et un, annuaire historique et politique. Paris, Paulin, 1842, in-12, 522 p.

9715. **Villeroy** (Nicolas de). Mémoires d'état. (Collection Michaud, t. XI).

9716. **Villevieille** (Dom). Trésor généalogique publié par

Henry et Alphonse Passier. Paris, Champion, 1875, in-4, 5 fascicules,

9717. **Villiers** (François de). *De statu primitivæ ecclesiæ ejusque sacerdotiis.* Hierapoli, Jo. Crispinum, 1553, in-8, 111 p., index.

9718. [**Villiers** (de)]. *Les égaremens des hommes dans la voye du salut.* Paris, imp. Jacques Collombat, 1732, in-12, 3 vol.

9719. **Villon** (François). *Œuvres.* Paris, imp. A. Coustelier, 1723, in-12, xiv-112-64 p.

9720. **Villot** (Frédéric). *Notice des tableaux exposés dans les galeries du musée national du Louvre. 1re partie. Ecoles d'Italie et d'Espagne.* Paris, imp. Vinchon, 1852, in-12, lvii-277 p.

9721. **Vimercati** (César). *Constantinople et l'Egypte.* Paris imp. A. Blondeau, 1854, in-8, 380 p.

9722. —— *Histoire de l'Italie en 1848-49.* Paris, imp. A. Blondeau, 1854, in-8, 560 p. et atlas.

9723. **Vincent** (Alexandre). *L'inondation, poëme.* Niort, L. Clouzot, 1875, in-8, 7 pages.

9724. —— *Pantoums Malais. Fantaisies exotiques.* Niort, L. Clouzot, 1876, in-12, 17 p.

9725. **Vincent** (Aristide). *Notice sur l'huître.* Châteaulin, imp. Amelot (186.), in-8, 24 p.

9726. —— *Nouveau système de défense des côtes.* Brest, J.-B. et A. Lefournier, 1862, in-8, 19 p.

9727. **Vincent** (Victor). *Essai sur la statistique industrielle de la ville d'Angers.* Angers, Launay-Gagnot, 1834, in-12, 214 p.

9728. **Vincent de Beauvais.** *Liber gratiæ venerabilis patris Vincentii Belvacensis.* Basilæ, Johan, de Amerbach, 1481, in-fol. non paginé.

9729. —— *Bibliotheca mundi. Vincentii Burgundi... speculum quadruplex, naturale, doctrinale, morale, historiale.* Duaci, Baltazaris Belleri, 1624, in-folio, 4 vol.

9730. **Vincent de Lérins** (Saint). *Avertissement touchant l'antiquité, l'universalité et les mystères de l'église, traduits du latin en français.* Paris, Jacques Le Febvre, 1686, in-8, 262 p., table.

9731. **Vincent de Paul** (Saint). *Regulæ seu constitutiones communes congregationis missionis.* Parisiis (sans nom), 1658, in-32, 112 p. avec index.

9732. **Vinet** (Elie). *L'antiquité de Bourdeaus.* Bordeaux, P. Chaumas, 1860, in-8, LXVI-176 pages et plan.

9733. —— *L'antiquité de Saintes et de Barbezieux.* (Voir Cavrois, Barbezieux).

9734. —— *Recherche de l'antiquité d'Engovlesme, 1567, réimprimée par le D^r Ch. Gigon.* Angoulême, F. Goumard, 1876, in-8, 71 p.

9735. **Vinnius** (Arnold). *In quatuor libros institutionum imperialium commentarius.* Lugduni, de Tournes, 1767, in-4, 2 t. en 1.

9736. **Vinoy** (général). *Opérations du 13e corps et de la troisième armée au siège de Paris, campagne de 1870-1871.* Paris, Plon, 1872, in-8, III-536 p. et atlas in-4.

9737. **Vintejoux** (F.) et Jacques de REINACH. *Formules et tables d'intérêts composés et d'annuités.* Paris, Lévy, 1879, in-4, VIII-171 p.

9738. **Vio** (Thomas de). *Quæstiones quodlibetales.* Parisiis, Francisci Regnault, 1530, in-8, 258 fol.

9739. —— *Ientacula novi testamenti cardinalis sancti Xisti.* Parisiis, Claudii Chevallonii, 1526, in-8, 128 fol.

9740. —— *Reverendissimi domine Thomæ de Vio Çaietani, perquam docta resoluta ac compendiosa de peccatis summula.* Parisiis, Claudii Chevallonii, 1526, in-12, table, 303 fol.

9741. **Violeau** (Hippolyte). *Livre des mères chrétiennes.* Paris, Sagnier et Bray, 1846, in-12, XXIV-335 p.

9742. —— *Nouvelles veillées bretonnes.* Paris, Ambroise Bray, 1858, in-12, 292 p.

9743. **Violeine** (P.-A.). *Nouvelles tables pour les calculs d'intérêts simples et composés.* Paris, l'auteur, 1854, in-4, IV-128-132 p.

9744. —— *Tables pour faciliter les calculs des probabilités sur la vie humaine.* Paris, l'auteur, 1859, in-4, VIII-98-40 p.

9745. **Viollet** (Paul). *Les sources des établissements de saint Louis.* Paris, Champion, 1877, in-8, 101 p.

9746. **Viollet-le-Duc.** *Ancien théâtre français ou collection des ouvrages dramatiques les plus remarquables depuis les mystères jusqu'à Corneille.* Paris, P. Jannet, 1854-1857, in-18, 10 vol.

9747. —— *Bibliographie des chansons, fabliaux, contes en vers et en prose, avec des notes biographiques par M. Antony Méray.* Paris, Claudin, 1859, in-8, xxii-252 p.

9748. —— *Dictionnaire raisonné du mobilier français de l'époque carlovingienne à la renaissance.* Paris, A. Morel, 1868 1875, in-8, 6 vol.

9749. —— *Dictionnaire raisonné de l'architecture française du XIe au XVIe siècle.* Paris, A. Morel, 1867-1868, in-8, 10 vol.

9750 **Virchow** (R.). *Du typhus famélique, traduit de l'allemand par Henri Hallepeau.* Paris, O. Reinwald, 1868, in-8, 53 p.

9751 **Viret** (Pierre). *De la vraie et fausse religion, touchant les vœux et sermens licites et illicites.* Jean Rivery, 1560, in-8, 864 p., table.

9752 **Virgile.** Opera. Titre manque et fin, in-fol., 1548.

9753 —— *Œuvres, texte latin avec un commentaire critique et explicatif, une introduction, et une notice par E. Benoist.* Paris, Hachette, 1867-1872, in-8, 3 vol.

9754 —— *Œuvres traduites par Charpentier... avec une étude par Sainte-Beuve.* Paris, Garnier frères (1857), in-8, 697 p.

9755 —— *Œuvres, traduction par MM. Charpentier...—Flore, par M. Fée.* Paris, Panckoucke, 1839, in-8, 4 vol.

9756. —— *Bucolicorum, Georgicorum, Æneidos, Eglogæ X, libri IIII, libri XII et in ea Mauri Servii Honoratii gramatici commentarii.* Coloniæ Allobrogum (Genève), Step. Gamonetus, 1710, in-4, xxxi-732-62 p. et index.

9757. —— *Bucoliques, traduites en vers français par P.-F. Tissot.* Paris, Delaunay, 1822, in-12, 317 p.

9758. —— *Les Georgiques, traduction nouvelle en vers français avec des notes par Delille.* Paris, Claude Bleuet, 1791, in-12, 333 p.

9759. **Virmaitre** (Charles). *Les jeux et les joueurs, avec une préface par Oscar de Poli.* Paris, imp. Schiller, 1872, in-12, 338 p.

9760. *Visite de Mgr Landriot au collège de Saintes, le 9 juin 1866.* Saintes, imp. Hus, 1866, in-8, 8 p.

9761. **Visconti** (E.-Q.) et A. Mongez. *Iconographie romaine.* Paris, imp. Didot. 1821-1829, in-4, 4 vol.

9762. **Visconti** (Joseph). *Observationum ecclesiasticarum... [tria volumina].* Mediolani, hær. Pacifici Pontii et Joannem Baptistem Picaleum, 1615-1626, 4 tomes, 3 vol.

9763. **Viss.** *Le Robinson suisse, traduit de l'allemand par Mme de Montolieu.* Paris, A. Bertrand, 1820-1824, in-8, 5 vol.

9764. *Vita et res gestæ sancti Caroli Borromæi card.* Parisiis, apud Joannem Jost, 1643, 187 p. avec index.

9765. **Vitalis** (J.-B.). *Cours élémentaire de teinture sur laine, soie, lin, chanvre et coton, et sur l'art d'imprimer les toiles.* Paris, Bossange, 1823, in-8, xx-459 p.

9766. **Vitet** (L.). *Monographie de l'église de Notre-Dame de Noyon.* Paris, imp. Royale, 1845, in-4, 256 pages et atlas.

9767. —— *Les états de Blois ou la mort de MM. de Guise.* Paris, Ponthieu et Cie, 1827, in-8, xcv-386 p.

9768. —— *Etudes sur les beaux arts, essais d'archéologie et fragments littéraires.* Paris, Charpentier, 1847, in-12, 2 vol.

9769. —— *La mort de Henri III.* Paris, H. Fournier jeune, 1829, in-8, cxix-354 p.

9770. **Vitruve.** *Marci Vitruvii Pollionis de architectura libri decem.* Lipsiæ (Leipsick), Tauchnitz, 1836, 250 p., in-18.

9771. —— *L'architecture, traduction par Ch.-L. Maufras.* Paris, Panckoucke, 1847, 2 vol.

9772. **Vitu** (Auguste). *Histoire civile de l'armée.* Paris, Didier, 1868, in-8, xxiii-563 p.

9773. **Vivant** (François). *De re beneficiaria.* Parisiis, Carolum Osmont, 1710, in-12, xlii p., index, 466 p., index.

9774. —— *La vraie manière de contribuer à la réunion de l'église anglicane à l'église catholique.* Paris, Pierre Simon, 1728, in-4, 403 p. avec table.

9775. **Vivès** (Jean-Louis). *De veritate fidæi christianæ libri quinque...* Basileæ, ex officina Jo. Oporini, 1543, in-fol., 331 p.

9776. **Vivien** (Julien). *Praxis jurispatronatus acquirendi, conservandique illud ac amittendi modos breviter continens.* Venetiis, Bertanorum, 1652, in-fol., 415 p., index, 210 p.

9777. **Vivien** (Michel). *Tertulianus prædicans.* Parisiis, Edmundum Couterot, 1679-1681, in-4, 6 vol.

9778. **Vivien de Saint-Martin.** *L'année géographique.* Paris, L. Hachette, 1863-1870, in-12, 8 vol.

9779. **Voet** (Gisbert). *Causæ desperatæ Gisb. Voetii adversus spongiam reverendissimi domini d. Corn. Jansenii episcopi Iprensis, crisis ostensa a Liberto Fromondo.* Lovanii, apud Joannem Olliverium, 1636, in-4, 287 p.

9780. **Voet** (Johannes). *Commentarius ad pandectas.* Coloniæ Allobrogum, apud fratres de Tournes, 1778, in-fol., 2 vol.

9781. **Vogel** (Charles). *Du commerce et des progrès de la puissance commerciale de l'Angleterre et de la France.* Paris, Vᵉ Berger-Levrault, 1864, in-8, 1 vol.

9782. **Vogt** (Carl.). *Lectures on man his place in creation, and in the history of the earth. Edited by James Hunt.* London, Anthropological society, 1864, in-8, xxii-475 p.

9783. —— *Vorlesungen über den Menschen. (Lectures sur l'homme).* Giessen, Ricker, 1863, in-8, 2 vol. en un.

9784. **Voigt.** *Histoire du pape Grégoire VII, traduite de l'allemand par l'abbé Jager.* Paris, Dufour, 1842, in-12, 622 p.

9785. **Voinier** (l'abbé). *Vie de M. Michel.* Nancy, Vagner, 1861, in-12, 231 p.

9786. **Voiture.** *Œuvres.* Paris, A. Courbé, 1660, in-12, 3 vol. reliés en 1.

9787. *Voix (La) de Notre-Dame de Chartres,* décembre 1862-janvier 1875. Paris, A. Camus, 1862-1875, in-12, 13 vol.

9788. **Volney.** *Les ruines ou méditations sur les révolutions des empires.* Paris, Desenne, 1792, in-12, xvi-295 p.

9789. **Volradus a Frubach.** *Poei Palmstini evaporatio hoc est enodatio responsorum et rescriptorum in causa Palestina nuper datorum.* Londini, typis A.-Gᵉ, 1637, in-4, non paginé.

9790. **Voltaire.** *Œuvres complètes.* Paris, Ve Perronneau, 1817-1821, in-12, 56 vol.

9791. —— *Précis de l'éclesiaste et du cantique des cantiques.* Liège, Bassompierre, 1759, in-8, 21 p.

9792. *Voltaire parmi les ombres.* Genève, imp. Simon (P.-G.), 1774, in-12, 380 p.

9793. *Volumen locupletius quam antehac, continet enim præter posteriores tres libros codicis, novellas et feuda, multa alia.* Lugduni, 1575, in-fol., index, 272-1184 col., table.

9794. **Voragine** (le R. P. Jacques de), archevêque de Gênes. *Sermones aurei de præcipuis sanctorum festis quæ in ecclesia celebrantur.* Lugduni, J.-M. Martin, 1687, in-8, 620 p., index.

9795. **Voss** (Johan-Heinrich). *Luise ein lændliches Gedicht in drei Idyllen.* Komgsberg, 1823, in-12, 352 p.

9796. **Vossius** (Gérard-Jean). *Dissertatio gemina una de Jesu Christi genealogia; altera de annis, quibus natus, baptizatus, mortuus.* Amsterdam, Joannem Blaeu, 1648, in-4, 43 p., index.

9797. —— *De historicis latinis.* Lugduni Batavorum, ex officinâ G. Maire, 1651, in-4, xiv-830 p. et table.

9798. —— *Etymologicon linguæ latinæ.* Amsterdam, L. et Dan. Elzeviers, 1662, in-fol., préface, 606 p.

9799. **Vossius** (Isaac). *De septuaginta interpretibus, eorumque translatione et chronologia dissertationes.* Hagæ Comitum, Adriani Ulacq, 1661, in-4, 439 p.

9800. *Voyage (Un) sur le chemin de fer du centre, suivi du voyage de Paris à Orléans à vol d'oiseau.* Paris, Napoléon Chaix, 1847, in-12, 57 p.

9801. *Voyage de la sainte cyté de Hierusalem fait l'an mil quatre cens quatre-vingtz,* publié par M. Ch. Schefer. Paris, Ernest Leroux, 1882, grand in-8, lxvii-152 p.

9802. *Voyages de Pythagore en Egypte, dans la Chaldée, dans l'Inde.* Paris, Deterville, an VII (1798), in-8, 6 vol.

9803. *Voyage d'un amateur des arts en Flandre, dans les Pays-Bas, en Hollande, en France, en Savoie, en Italie, en Suisse; etc.,* t. I et III. Amsterdam, 1783, in-12, 2 vol.

9804. *Voyage du roi dans les départements de l'est et au camp de manœuvres de Lunéville.* Paris, imprimerie royale, 1828, in-8, III-213 p.

9805. **Voyé** (Antonin). *Le croisé*, tragédie historique en quatre actes, en vers. Surgères, impr. J. Tessier, 1876, in-8, 103 p.

9806. **Voyer d'Argenson.** *Discours et opinions.* Paris, bureau de la *Revue biographique*, 1846, in-8, 2 vol.

9807. [**Voyer d'Argenson** (fils)]. *Notice sur la vie de Voyer-d'Argenson, préfet des Deux-Nèthes.* Paris, impr. de Lacombe, 1845, in-8, 119 p.

9808. **Vuitasse** (D. Charles). *Tractatus de Deo ipsiusque proprietatibus.* Parisiis, Lottin, 1718, in-12, 3 vol.

9809. —— *Tractatus de sacramento ordinis.* Parisiis, apud Philippum-Nicolaum Lottin, 1718, in-12, 2 vol.

W

9810. **Wadding** (le père Luc de). ΠΡΕΣΒΕΙΑ *sive legatio Philippi III et IV catholicorum regûm Hispaniarum ad ss. dd. nn. Paulum PP. V et Gregorium XV, de definienda controversia immaculatæ conceptionis B. Virginis Mariæ per d. Fr. Antonium à Trejo.* Antverpiæ, apud Petrum Bellerum, 1641, in-4, 462 p. avec index.

9811. **Wailly** (Natalis de). *Eléments de paléographie.* Paris, impr. Royale, 1838, in-4, 2 vol.

9812. **Wailly** (de). *Principes généraux et particuliers de la langue française.* Paris, Barbou, 1777, in-12, 598 p.

9813. —— *Œuvres de MM. Alfred, Gustave et Jules,* réunies et publiées par Gustave de Wailly. — *Théâtre.* — Paris, Firmin-Didot, 1874, in-8, 2 vol.

9814. **Walkenaer** (baron). *Géographie ancienne historique et comparée des Gaules cisalpine et transalpine, suivie de l'analyse géographique des itinéraires anciens.* Paris, P. Dufat, 1839, in-8, 3 vol. et 1 atlas.

9815. **Walembourg** (Adrien et Pierre). *Tractatus generales de controversiis fidei.* Coloniæ Agrippinæ, Ioannem Wilhelmum Friessem juniorem, 1670-1671, in-8, 2 vol.

9816. **Walleri** *Cabilonensis opera.* Voir Sigeberti opera.

9817. **Wallon**. *Travail national et libre échange.* Rouen, imp. Lapierre, 1878, in-8, 16 p.

9818. **Walpole** (Horace). *Lettres à ses amis pendant ses voyages en France,* traduites par le comte de Baillon. Paris, Didier et Cte, 1872, in-8, LXVIII-327 p.

9819. —— *Lettre à un seigneur anglois sur l'état politique de l'Europe depuis l'année 1648 jusqu'à l'année 1713.* La Haye, P. Cosse, 1764, in-8, x-327 p.

9820. **Walras** (Auguste). *De la nature de la richesse et de l'origine de la valeur.* Evreux, Ancelle fils, 1831, in-12, XXIV-334 p.

9821. **Walsh** (le Vte). *Saint Louis et son siècle.* Tours, Mame, 1848, in-8, 497 p.

9822. —— *Tableau poétique des fêtes chrétiennes.* Paris, Hivert, 1852, in-8, 467 p.

9823. **Wanostrocht**. *Tableau de la constitution des lois et du gouvernement du royaume uni de la Grande-Bretagne et d'Irlande.* Paris, A. Bavoux, 1824, in-12, XX-312 p.

9824. **Warburton**. *Dissertations sur l'union de la religion, de la morale et de la politique, tirées d'un de ses ouvrages.* Londres, G. Darrés, 1742, in-12, 2 vol.

9825. **Warlomont** (le D^{r}). *Congrès d'ophthalmologie.* Paris, V. Masson, 1858-1868, in-8, 3 vol.

9826. **Watteville** (Ad. de). *Code de l'administration charitable.* Paris, Ad. Moessard et Jousset, 1841, in-8, XXXII-378 p.

9827. **Wavrin** (Jehan de). *Anchiennes cronicques d'Engleterre... annotées et publiées par Mlle Dupont.* Paris, veuve Renouard, 1858-1863, in-8, 3 vol.

9828. **Weber**. *Mémoires concernant Marie-Antoinette, avec des notes et éclaircissements historiques,* par MM. Berville et Barrière. Paris, Baudouin frères, 1822, in-8, 2 vol.

9829. **Weill** (Alex.). *De l'hérédité du pouvoir.* Paris, Dentu, 1849, in-18, 70 p.

9830. **Wesembeke** (Mathieu). *In Pandectas juris civilis et codicis Justiniani, lib. XII commentarii.* Basileæ, Eusebium Episcopium, 1582, in-8, 2 tomes en 1 vol.

9831. **Whitaker** (John). *Opera theologica duobus tomis nunc primum collecta.* Genévæ, sumpt. Samuelis Crispini, 1610, in-8, 2 vol. en un.

9832. **Wicquefort** (de). *L'ambassadeur et ses fonctions.* Cologne, P. Marteau, 1715, in-8, 2 vol.

9833. **Widrington** (Roger). *Apologia cardinalis Bellarmini pro jure principum. Adversus suas ipsius rationes pro auctoritate papali principes seculares in ordine ad bonum spirituale deponendi.* Cosmopoli, T. Prat, 1611, in-8, 359 p.

9834. —— *Humillima supplicatio...* Albionopoli, apud Rufum Lipsium, 1616, in-12, 229 p.

9835. —— *Responsio apologetica ad libellum cujusdam doctoris theologi...* Cosmopoli, Pratum, 1612, in-8, 216 p.

9836. **Wieland.** *Oberon.* Leipsick, 1819, in-8, 562 p.

9837. **Wilkius** (André). Ἑορτογραφιας *pars prior festa christianorum œcumenica continens poetis quam veteribus quam recentibus celebrata...* Lipsiæ, Thomæ Schureri, 1610, in-12, index, 436 p.

9838. **Willich** (Dʳ). *Hygiène domestique ou l'art de conserver la santé,* traduction de E.-M.-Itard. Paris, Ducauroy, an XI (1802), in-8, 2 vol.

9839. **Willm** (G.). *Histoire de la philosophie allemande depuis Kant jusqu'à Hegel.* Paris, Ladrange, 1846-1849, in-8, 4 vol.

9840. **Winslow** (Jacques-Bénigne). *Exposition anatomique de la structure du corps humain.* Paris, G. Desprez et Jean Desessartz, 1732, in-4, xxx-748 p.

9841. **Wirion** (L.). *Règlement général de service pour la gendarmerie nationale.* Rennes, imp. Chausseblanche, an VIII, in-8, 607 p.

9842. **Wiseman.** *Conférences sur l'église,* traduites par M. Labbé. Tours, Alfred Mame, 1840, in-12, 2 vol. en un.

9843. **Woillez** (Emmanuel). *Répertoire archéologique du département de l'Oise.* Paris, imp. impériale, 1862, in-4, 213 p.

9844. **Woirhaye.** *Rapport sur l'affaire de MM. Petit et Robert contre le baron Eschassériaux.* Angoulême, imp. Nadaud, in-4, 23 p.

43

9845. **Wolkoff** (Mathieu). *Précis d'économie politique ration-nelle.* Paris, Guillaumin, 1868, in-12, 329 p.

9846. **Wolowski.** *La question des banques.* Paris, Guillau-min, 1864, in-8, 592 p.

9847. **Wright.** *Voyage aux Etats-Unis d'Amérique,* traduit de l'anglais par J.-T. Parisot. Paris, Huzard-Courcier, 1822, in-8, 2 vol.

9848. **Wurtz** (Adolphe). *Dictionnaire de chimie pure et appli-quée.* Paris, Hachette, 1874-1878, in-8, 5 vol.

9849. **Wurtz** (Adrien). *La théorie anatomique.* Paris, G. Bail-lière, 1879, in-8, 246 p.

X

9850. **Xainctonge** (Pierre de). *Discours et harangues pro-noncés au parlement de Dijon.* Paris, Sébastien Cramoisy, 1625-1631, in-12, 2 vol.

9851. **Xambeu** (F.). *Conférences faites à Saintes en 1872,* ré-digées par M. F. Lavoux. Saintes, Hus, 1872, in-12, 54 pages.

9852. —— *Histoire du collège de Saint-Sever (Landes).* Dax, imp. J. Justère, 1884, in-8, 56 p.

9853. **Xénophon.** *Scripta quæ supersunt,* grec et latin (col-lection Didot).

9854. —— *Œuvres complètes,* traduction d'Eug. Talbot. Paris, Hachette, 1867, in-12, 2 volumes.

9855. —— *Les choses mémorables de Socrate...* traduit... par M. Charpentier. Paris, Anthoine de Sommaville, 1657, in-18, 396 p., table.

Y

9856. **York** (duc d'). *Mémoires sur les évènemens arrivés en France de 1652 à 1659.* Collection Michaud, t. XXVIII.

9857. **Young** (Arthur). *Le cultivateur anglais ou œuvres choi-sies d'agriculture...* traduit par Lamarre et autres. Paris, Ma-radan, 1800-1801, in-8, 18 vol.

9858. **Young** (Arthur). *Les nuits* traduites de l'anglais par M. Le Tourneur. Paris, Lejay, 1769, in-12, 2 vol.

9859. —— *Voyages en France pendant les années 1787, 1788, 1789*, traduits, annotés et précédés d'une notice historique par Lesage. Paris, Guillaumin, 1882, in-8, 2 vol.

9860. **Yvart** (J.-A.-Victor). *Considérations générales et particulières sur la jachère.* Paris, imp. Mme Huzard, 1822, in-8 251 p.

9861. —— *Excursion agronomique en Auvergne...* Paris, imp. royale, 1819, in-8, 218 p.

9862. **Yves de Chartres.** *Ivonis episcopi Carnotensis epistolæ, eiusdem chronicon de regibus Francorum.* Paris, Séb. Nivellium, 1585, in-4, 260 p. et index.

9863. —— *Pannormia seu decretum D. Iuonis Carnothensis episcopi restitutum...* Lovanii, Antonii Bergagne, 1556, in-8, 523 p., index.

9864. **Yves de Paris** (le P.) *Les vaines excuses du pécheur.* Paris, veuve Thierry, 1662, in-4, table, 521 p., table.

9865. **Yvon** (le P.) *Digestum sapientiæ.* [Lutetiæ Parisiorum, Dionisii Thierry, 1648,] in-fol., 1238 p.

Z

9866. **Zabarella** (Jacob). *De rebus naturalibus.* Coloniæ, Laz. Zetznerus, 1597, in-4, 1075 p., index.

9867. **Zabarella** (François). *Super primo decretalium subtilissima commentaria...* Venetiis, apud Juntas, 1602, in-f°, 3 vol.

9868. **Zachariæ** (C.-S.) *Cours de droit civil français*, traduit de l'allemand par MM. C. Aubry et C. Rau. Strasbourg, F. Lagier, 1839-1846, in-8, 5 vol.

9869. **Zacharie** (Léon). *Amor-le-Pacifique et Jen-le-Çonquérant.* Lyon, imp. veuve Chanoine, 1871, in-12, 77 p.

9870. —— *Deuxième voyage fantastique de Rubicon et deuxième dictionnaire fantastique du cœur humain.* Lyon, Gay, 1881, in-12, 141 pages.

9871. —— *L'univers pharisaïque et l'univers céleste.* Paris, Sandoz et Fischbacher, 1874, in-12, 51 p.

9872. **Zebrowski** (Oscar). *Essai sur les principes fondamentaux de la cosmologie.* Paris, Leiber, 1866, in-8, xxxvi-177 p.

9873. **Zeller** (Edouard). *La philosophie des Grecs...* traduite de l'allemand, par Emile Boutroux. Paris, Hachette et Cie, 1877-1884, in-8, 3 vol.

9874. **Zeller** (Jules). *L'année historique.* Paris, Hachette, 1860-1863, in-12, 4 vol.

9875. **Zepper** (Guillaume). *De politica ecclesiastica.* Herbornæ, Christophori Corvini, 1595, in-12, index-597 p.

9876. **Zerola** (Révér. D. Thomas). *Praxis episcopalis... Auctore reverendiss. D. Thoma Zerola.* Coloniæ Agrippinæ, Petri Ketteler, 1680, in-4, table, 466 p., table,177 p.

9877. **Zimmermann** (le Dr W.-F.-A.). *Le monde avant la création de l'homme ou le berceau de l'univers.* Paris, Schulz, 1856, in-8, 11 fascicules.

9878. **Zola** (Emile). *Contes à Ninon.* Paris, Charpentier, 1880, in-12, 360 p.

9879. **Zonare** (Jean). *Ioannis Zonaræ monachi in canones 11. apostolorum et sacrorum conciliorum, tam œcumenicorum quam provincialium, commentarii... Adjectum est concilium Constantinopolitanum...* (grec-latin). Lutetiæ Parisiorum, typis regiis, 1618, in-f°, 1,044 p., index.

9880. —— *Joannis Zonaræ annales* (titre manque). Lutetiæ, Guill. Chaudière, 1567, in-f°, 172 f. (Voir Grégoire le thaumaturge).

9881. **Zurcher** (F.). *Les phénomènes de l'atmosphère.* Paris, Dubuisson (186.), in-32, 192 p.

9882. **Zvingli** (Ulrdich). *Annotationes in genèsim, exodum, Esaïam et Ieremiam prophetas, una cum psalterio per eumdem latinitate donato.* Tiguri, excudebat Christophorus Froschoverus, 1581, in-f°, 388 fol., index.

9883. —— *In plerosque novi Testamenti libros...* Tiguri, excudebat Christophorus Froschoverus, in-f°, index, 599 p.

9884. **Zyllès** (Nicolas). *Defensio abbatiæ imperialis S. Maximini per Nicolaum Zyllesium,* 1638, in-f°, 207-177 p.

9885. **Zype** (François Van den). *Consultationes canonicæ pleræque ex jure novissimo concilii Tridentini recentiorumque pontificiarum constitutionum depromptæ.* Anteverpiæ, apud Hieronymum Verdussium, 1640, in-f°, 528 p. avec index.

PREMIER SUPPLÉMENT

—

9886. *Acclimatation* (*L'*), *journal des éleveurs*. Paris, 1879-1883, 5 années, in-4.

9887. *Affaire Philippart*. Paris, imp. Dupont, 1877, in-8, 151 p.

9888. **Alexandre** (R.-P.). *Lettre à Monsieur l'abbé* ***. Paris, J.-B. Delepine, 1719, in-12, 11 pages.

9889. **Alglave** (J.) et Em. BOULARD. *La lumière électrique.* Paris, Firmin Didot, 1882, in-8, xix-464 p.

9890. *Almanach-annuaire de la Charente-Inférieure.* La Rochelle, Robin, 1885, in-12, 227 p.

9891. *Almanach-revue de la Charente-Inférieure, 1885.* Saintes, imp. A. Gay, 1885, in-18, 72 p.

9892. *Annuaire de l'association pour l'encouragement des études grecques* . Paris, Maisonneuve, 1883, in-8, c-415 p.

9893. *Annuaire de l'association générale des médecins de France.* Paris, Baillière, 1880, in-18, 295 p.

9894. *Archives statistiques du ministère des travaux publics, de l'agriculture et du commerce.* Paris, imp. royale, 1837, in-4, xvi-306 p.

9895. **Armailhacq** (d'). *La légitimité et le progrès par un économiste.* Bordeaux, Féret, 1871, in-8, 219 p. (Voir n° 358).

9896. **Arnauld** (Henri). *Aurores boréales.* Saintes, imp. Hus, 1884, in-18, 16 p.

9897. **Arnoul** (Célestin). *Poésies, pensées et aventures d'un jeune paysan charentais.* Sonneville, l'auteur, 188., in-18, 106 p.

9898. *Arrêt de la cour du parlement de Rennes rendu le 31 mai 1788, chambres assemblées*. S. n., l. ni d. (1788), in-8, 16 p.

9899. *Assemblée générale des comités catholiques de France*. Paris et Bruxelles, 1864, 1872, in-12, 2 fasc.

9900. *Association fraternelle des percepteurs et receveurs spéciaux de France*. La Rochelle, typ. Mareschal, in-4, 1885, 23 p.

9901. **Aubé** (B.). *Histoire des persécutions de l'église*. Paris, Didier, 1875-1881, 3 vol. in-12.

9902. **Aubert** (Achille). *Conférence sur les vignes américaines*. Pons, imp. Noël Texier, 1880, in-8, 17 p. (Voir n° 441).

9903. **Audiat** (Louis). *Les Pontons de Rochefort. 1793*. Paris, Baur et Detaille, 1871, in-8, 72 p. (Voir n° 460).

9904. Audibert. *Mémoire pour M. Audibert, directeur de la compagnie des chemins de fer de Paris à Lyon et à la Méditerranée*. Paris, imp. de Renou et Maulde, 1872, in-4, 84 p.

9905. **Audiffret** (le marquis d'). *Système financier de la France*. Paris, imp. V° Ethiou-Pérou, 1876, in-8, 235 p.

9906. **Auger** (Charles). *A propos de l'épidémie de Saintes*. Saintes, imp. Loychon, 1883, in-18, 74 p. (Voir n° 485).

9907. *Auf der Hoche, internationale-Revue herausgegeben von Léopold V. Sachers Masoch*, Janvier-mars. Leipzig, Grehner et Schramm, 1884, in-8, trois livraisons.

9908. Autun. *Mémoires d'histoire naturelle du département de Saône-et-Loire*. Autun, imp. Dejussieu, 1865-1866, in-8, 2 vol.

9909. **Babin** (Augustin). *Collection générale des ouvrages scientifiques, psychologiques et moraux*. Paris, librairie des sciences psychologiques, 1879-1881, 10 vol. in-8.

9910. *Bains de mer, Royan-guide*. Marennes et Royan, Florentin Blanchard, 1884, in 32, 90 pages.

9911. [**Balbani** (Nicolo)]. *Galeaci Caraccioli vici marchionis vita...* 1596, in-12, 65 p.

9912. **Balbiani**. *Mémoires sur le phylloxéra*. Paris, Gauthier-Villars, 1876, in-4, 41 p.

9913. **Bardet** (Gustave). *Rapports... chemin de fer de la Seu-dre.* Paris, 1880, imp. Chaix, in-4, 25 p. et table.

9914. **Bardoux** (A.). *Dix années de vie politique.* Paris, Charpentier, 1882, in-8, II-383 p.

9915. **Barthélemy** (Édouard de). *La marquise d'Huxelles et ses amis.* Paris, Firmin Didot, 1882, in-8, v-370 p. (V. n° 699).

9916. *Bas-reliefs du Parthénon et du temple de Phigalie.* Paris, libr. académique Didier, in-folio oblong, 39 planches.

9917. **Bastide.** *Mémoire pour François-Joseph Bastide Maillezac, contre René Sarrasin-Lami.* Poitiers, imp. Catineau, 1812, in-4, 38 p.

9918. **Bauchal** (Ch.). *Le Louvre et les Tuileries.* Paris, Morel, 1882, in-18, 78 p.

9919. **Bernard** (Georges). *Champignons observés à La Rochelle et dans les environs.* Paris, G. Baillière, 1882, in-8, 1 vol. et 1 atlas.

9920. **Bersot** (Ernest). *Un moraliste. Études et pensées d'Ernest Bersot, précédées d'une notice par Edmond Scherer.* Paris, Hachette, 1882, in-12, LXXXVIII-382 p. (V. n° 961).

9921. **[Berthelé** (Joseph)]. *Bibliographie des fouilles de Sanxay, par* M. J. B. Paris, société bibliographique, 1884, in-8, 16 p.

9922. **Berthelé** (Joseph). *Considérations sur les théories émises dans la presse au sujet des monuments de Sanxay.* Poitiers, imp. Oudin, 1882, in-18, 34 p.

9923. —— *De la véritable destination des monuments de Sanxay à propos de la brochure de M. Delaunay.* Niort, Clouzot, 1883, in-8, 27 p.

9924. —— *Le P. de La Croix à la Sorbonne en 1882.* Niort, imp. d'Eug. Robichon, 1882, in-18, 7 p.

9925. —— *Quelques notes sur les fouilles du P. de La Croix à Sanxay (Vienne).* Niort, imp. Robichon, 1882, in-8, 14 p.

9926. —— *L'hospitalité de nuit à Paris du XIV° au XVI° siècle, par* M. F.-M.-J. B. Paris, imp. Paul Faivre, 1883, in-18, 21 p.

9927. **Bertrand** (Gustave). *Catalogue des manuscrits français de la bibliothèque de Saint-Pétersbourg.* Paris, imp. nationale, 1874, in-8, 227 p.

9928. **Besnard** (François-Yves). *Souvenirs d'un nonagénaire.* Paris, librairie Champion, 1880, in-8, xxii-363-385 p., 2 vol.

9929. **Bikelas** (D.) Λουκης Λαρας. Athènes, typ. du Parnasse, 1881, in-18, 200 p.

9930. —— *Louki Laras, traduit du grec par le marquis de Queux de Saint-Hilaire.* Paris, C. Lévy, 1879, in-18, vii-299 p.

9931. —— *Comoundouros. Souvenirs personnels, traduit du grec par le marquis de Queux de Saint-Hilaire.* Montpellier, imp. Hamelin, 1884, in-8, 15 p.

9932. —— *Sur la nomenclature moderne de la faune grecque.* Paris, Maisonneuve, 1879, in-8, 32 p.

9933. **Biot** (J.-B.) *Notions élémentaires de statistique.* Paris, Bachelier, 1829, in-8, xii-219 p. (Voir n° 1064).

9934. **Bisseuil** député. *Proposition de loi relative à une nouvelle répartition de la contribution foncière applicable aux propriétés non bâties.* Paris, Quantin, 1884, in-4, 68 p.

9935. —— *Proposition de loi relative à l'administration des biens des enfants mineurs...; sur la réforme de la magistrature.* Paris, imprimerie Quantin, 1881, in-4, 2 brochures.

9936. **Bizyénos** (G.-M.). *Le péché de ma mère.* Paris, typ. Chamerot, 1883, in-8, 24 p.

9937. **Blaeu** (Jean). *Le grand atlas.* [Amsterdam, 1666] in-f°, contient la France et quelques cartes diverses.

9938. **Bonhomme** (Honoré). *Grandes dames et pécheresses. Etude d'histoire et de mœurs au XVIII° siècle.* Paris, Charavay frères, 1883, in-12, 377 p. (Voir n°s 1179 et 2294).

9939. **Bonnaffé** (Edmond). *Recherches sur les collections des Richelieu.* Paris, Plon, 1883, in-8, 152 pages.

9940. **Bordage** (O.). *Deux discours à l'occasion des prières publiques.* Paris, Fischbacher, 1881, in-8, 32 p.

9941. **Bouchot** (Henry). *Les portraits au crayon des XVI° et XVII° siècles.* Paris, libr.-édit. Oudin, 1884, in-8, 391 p.

9942. **Braud** (l'abbé Stanislas). *Etude historique. Monseigneur Etienne de Champflour, 4° évêque de La Rochelle, (1703-1724).* La Rochelle, imp. rochelaise, Dubois, 1883, in-8, 78 pages. (Voir n° 1392).

9943. **Bremond d'Ars** (Anatole de). *Allocution. Société archéologique de Nantes.* Nantes, imp. Bourgeois, 1884, in-18, 31 p. (Voir nᵒˢ 1404 et suivants).

9944. **Bremond d'Ars** (Guy de). *Les conférences de Saint-Brice.* Paris, Palmé, 1884, in-8, 32 p.(Voir nᵒ 1409).

9945. **Briand** (J.), de Cognac. *Méloppée Yolovienne par Job. Illustrations de J. Cas, avec une lettre de M. Tardieu.* Cognac, imp. Mortreuil, 1869, in-8, 14 p.

9946. **Brières** (A.). *Quelques notions sur les tarifs de chemins de fer.* Paris, E. Dentu, 1881, in-4, 98 p.

9947. **Briquet** (A.-H.). *Justification du citoyen H.-A. Briquet.* Rochefort, imp. Jousserant, in-8, 82 p.

9948. **Brodeau** (Julien). *La vie de maistre Charles du Molin.* Paris, Jean Guignard, 1654, in-4, 4-4-3-2-414 p. et tables.

9949. **Brun** (Pierre-Alfred). *Ni à droite, ni à gauche. En face.* Paris, Dentu, 1885, in-8, 62 p.

9950. **Brunaud** (Paul). *Contributions à la flore mycologique de l'ouest. Description des Ascomycétes trouvés dans les environs de Saintes... — des Helvellacées, — des Melanconiées, — des Périsporiacées, — des Trémellinées, — des Mycomycètes, — des Ustilaginées, — des Urédinées, — des Gymnoasces, — des Phycomycètes, — des Sphœriacées., trouvées dans les environs de Saintes et dans quelques autres localités de la Charente-Inférieure et de la Charente.* [La Rochelle, 1884]. Caen, Bordeaux, in-8, 10 pièces. (Voir nᵒ 499).

9951. **Bussière** (Georges). *Etudes historiques sur la révolution en Périgord.* Bordeaux, Lefebvre, 1877, Chollet, 1885, in-8, 2 vol.

9952. **Caillemer** (E.). *Le droit de succession légitime à Athènes.* Paris, Thorin, 1879, in-8, 209 p.

9953. **Calonne** (A. de). *Les chemins de fer de l'état.* Paris, imprimerie Noizette, 1882, in-18, 87 p.

9954. [**Carnot** (Hippolyte)]. *Doctrine saint-simonienne.* Paris, librairie nouvelle, 1854, viii-495 p.

9955. —— *Henri Grégoire, évêque républicain.* Paris, H.-E. Martin, 1882, in-18, 142 pages.

9956. **Caro** (G.). *Le matérialisme et la science.* Paris, Hachette, 1867, in-18, vi-292 pages.(Voir nᵒ 1705).

9957. *Catalogue des animaux, instruments et produits agricoles exposés au concours agricole régional de Rochefort.* Paris, imp. nationale, 1883, in-12, 91 p.

9958. *Çatalogue de la bibliothèque de la ville du Mans.* Le Mans, imp. Albert Drouin, 1879-1883, in-8, 5 vol.

9959. **Caudéran** (Hippolyte). *Histoire de la sainte église de Bordeaux. Saint Léonce.* Toulouse, L. Hebrail, 1878, in-18, 249 p.

9960. —— *Notizie scientifiche intorno l'abate Pietro-Teofilo Richard.* Reggio-Emilia, tipog. Veseovile di Carlo Gasparini, 1883, in-18, 15 p.

9961. **Céleste** (Raymond). *Louis Machon.* Bordeaux, imp. Gounouilhou, in-8, 1883, 68 p.

9962. **Cellière** (Louis). *Traité élémentaire de peinture en céramique.* Paris, chez l'auteur, 1883, in-18, iv-128 pages.

9963. [**Charmet** (l'abbé). *Miscellane, amusemens d'un solitaire des bords de la Vienne.* Poitiers, M.-V. Chevrier, 1780, in-12, xiv-322 p.

9964. **Chereau** (Achille). *Guillotin et la guillotine.* Paris, 1870, in-8, 52 p.

9965. **Chérot**, DE LABRYDE, J. GARNIER. *Discussion sur un plan de réorganisation des chemins de fer français.* Paris, Guillaumin, 1880, in-8, 16 p.

9966. **Choisy** (Auguste). *L'art de bâtir chez les Byzantins.* Paris, 1882, in-folio, 187 pages, planches.

9967. **Clervaux** (J. de). *Le méreau ou médailles des églises du désert.* Saintes, typ. Orliaguet, 1870, in-8, 22 p. 2 planches.

9968. **Coignet** (Mme C.). *Fin de la vieille France. François Ier, portraits et récits.* Paris, Plon, 1885, in-8, xliv-371 p.

9969. **Collin** (A.). *Nouvelle méthode rationnelle pour l'enseignement et l'étude de l'histoire universelle.* Paris, Eug. Lacroix, 1882, in-8, 2 fasc.

9970. **Comte** (Auguste). *Discours sur l'ensemble du positivisme.* Paris, Mathias, 1848, in-8, xiv-399 p.

9971. *Concours agricole à Broglie les 13 et 14 septembre 1884 (inauguration du buste de Fresnel).* Bernay, imp. Vve Alf. Lefèvre, 1884, in-8, 75 p.

9972. **Cook** (Jacques). *Voyage dans l'hémisphère austral et autour du monde. Troisième voyage de Cook ou voyage à l'océan Pacifique.* Paris, de Thou, 1778-1785, in-8, 14 vol.

9973. **Cornu** (M.) et Mouillefert. *Expériences faites à la station viticole de Cognac.* Paris, imprimerie nationale, 1876, in-4, 240 p.

9974. **Cotteau** (G.). *Echinides jurassiques, crétacés, éocènes du sud-ouest de la France.* La Rochelle, typ. Mareschal, 1883, in-8, 20 p., 12 pl.

9975. **Cournier** (J.-Marie). *Le nyctalope.* Paris, Dumont, 1882, in-12, 286 p.

9976. **Dampierre** (le marquis Elie de). *La lutte contre le phylloxéra dans la Charente-Inférieure.* Pons, imp. Noël Texier, 1881, in-18, 23 pages (Voir numéro 2671).

9977. **Dangibeaud** (Charles). *Notes sur les potiers, faïenciers et verriers de la Saintonge.* Saintes, impr. Hus, 1884, in-8, 75 pages (Voir numéros 2679 et et 2680).

9978. **[D'Argenson** (le marquis R.-L.)]. *Histoire du droit public ecclésiastique françois.....* Londres, [17..], in-4, 2 volumes en un. (Voir *Argenson* et numéro 336).

9979. **Davin** (le Dr G.). *Etat actuel de la viticulture américaine. Pignan* (Var). Draguignan, impr. Latil, 1879, in-8, 54 p.

9980. *Défense de la confession des églises réformées de France, contre les accusations du sieur Arnoux.* La Rochelle, 1617, in-8, 47 pages.

9981. **Delaborde** (Henri). *La gravure en Italie avant Marc-Antoine.* Paris, Rouam, 1883, in-4, 287 pages. (Voir numéro 2781).

9982. **Delaunay** (Albert). *Étude sur la compagnie des Charentes.* Paris, Baudry, 1877, in-8, 67 p.

9983. **Delaurier** (E.). *Essai d'une théorie générale supérieure de philosophie naturelle et de thermo-chimie.* Paris, imp. Lahure, 1883, in-18, 82 p.

9984. **Delayant** (Léopold). *Bibliographie rochelaise.* La Rochelle, typ. Siret, 1882, in-8, xv-443 p. (Voir n° 2805).

9985. **Delboy** (P.-A.). *L'opinion publique et les projets de* *canaux de la Garonne à la Loire.* Paris, E. Lacroix, 1879, in-8, 127 pages. (Voir n° 2808).

9986. **Delisle** (Léopold). *Inventaire des manuscrits de la bibliothèque nationale. Fonds de Cluni.* Paris, Champion, 1884, in-8, xxv-413 p.(Voir n°ˢ 2815 et suivants).

9987. —— *Les manuscrits du comte d'Ashburnam.* Paris, imp. nationale, 1883, in-4, 127 p.

9988. **Denis.** *Les campagnes françaises jusqu'à la révolution.* Amiens, imprimerie Douillet, 1880, in-8, 71 p.

9989. —— *Procès-verbal de l'audience solennelle de rentrée du 3 novembre 1882 et de l'installation de M. Denis, procureur général.* Rouen, imp. Lecerf, 1882, in-8, 46 p.

9990. **Deramey** (l'abbé). *Trois jours à Berlin.* Paris, Ghio, 1884, in-8, viii-142 p.

9991. —— *Guerre franco-allemande, 1870-1871.* Paris, Ghio, 1884, in-8, xv-119 p.

9992. **Derue** (Francis). *Anne de Montmorency.* Paris, Plon, 1885, in-8, vii-452 p.

9993 **Deschamps** (Eustache). *Œuvres complètes...* publiées par le marquis de Queux de Saint-Hilaire. Paris, Didot, 1876, in-8, 5 volumes.

9994. **Deschanel** (Emile). *Le peuple et la bourgeoisie.* Paris, Germer-Baillière, 1881, in-8, 334 p.

9995. **Des Essarts** (Emmanuel). *L'hercule grec.* Paris, E. Thorin, 1871, in-8, xv-249 pages.(Voir n° 2914).

9996. **Desjardins** (Albert). *Les cahiers des états généraux en 1789 et la législation criminelle.* Paris, Durand, 1883, in-8, lxii-491 p.

9997. **Despine** (le docteur Prosper). *Etude scientifique sur le somnambulisme,* Paris, Savy, 1880, in-8, 425 p.

9998. —— *De la folie au point de vue philosophique ou plus spécialement psychologique.* Paris, Savy, 1875, in-8, xii-1002 p.

9999. —— *La science du cœur humain..... d'après les œuvres de Molière.* Paris, Savy, 1884, in-8, 136 p.

10000. **Dessaix** (Joseph) et André FOLLIET. *Le général Dessaix.* Annecy, L'Hoste, 1879, in-8, 544 p.

10001. **Donnet** (le cardinal). *Instructions pastorales, lettres et discours.* Tome VII⁰. Bordeaux, Gounouilhou, 1867, in-8, 520 p. (Voir nᵒˢ 3079 et 3080).

10002. **Doussot** et DE LABRY. *L'outillage national et la dette de l'état.* Paris, Dunod, 1880, in-8, 24 p.

10003. **Drelincourt** (Charles). *Exhortation au jeune et à la repentance.* In-12, 31 pages. (Voir nᵒˢ 3114-3121).

10004. **Druilhet-Lafargue.** *Catholicisme et science moderne.* Bordeaux, Marcellin Lacoste, 1875, in-8, 14 p.

10005. —— *Quelle sera la direction de la France?* Bordeaux, Vᵉ Cadoret, imp., 1876, in-8, 15 p.

10006. —— *Mélanges III. Respectez les enfants.* Paris, André Sagnier, 1877, in-8, 16 p.

10007. **Du Jarry** (Laurent Juilhard). *Le ministère évangélique.* Paris, André Knapen, 1726, in-12, table, 422 p.

10008. —— *Panégyriques et oraisons funèbres.* Paris, Jacques Estienne, 1719, in-12, 2 vol. (Voir nᵒ 3260).

10009. **Dumont** (Léon). *Théorie scientifique de la sensibilité.* Paris, Germer Baillière, 1877, in-8, 268 p.

10010. **Dumont d'Urville.** *Voyage pittoresque autour du monde.* Paris, Tenré, 1835, in-4, 2 vol.

10011. **Duret** (Théodore). *Critique d'avant-garde.* Paris, Charpentier, 1885, in-8, 325 p. (Voir nᵒˢ 3390 et 3391).

10012. **Dutouquet** (H.). *De la condition des classes pauvres à la campagne.* Paris, Guillaumin, 1846, in-8, 112 p.

10013. **Dutour** (Camille). *Souvenirs de Saint-Jean d'Angély.* Saint-Etienne, imp. J. Berland, 1884, in-8, 36 pages.

10014. **E.** (A d'). *Recueil de proverbes français et italiens.* Paris, F. Henry, 1872, in-12, 111 p.

10015. **Egger** (E.). *Etude d'histoire ancienne. — Egypte moderne et Egypte ancienne. — Un ménage d'autrefois. — De l'histoire et du bon usage de la langue française.* Paris, Hachette, 1867-68, in-18, 4 volumes. (Voir nᵒ 3453).

10016. —— *Histoire du livre depuis les origines jusqu'à nos jours.* Paris, Hetzel, in-12, XI-323 p.

10017. —— *La tradition et les réformes dans l'enseignement universitaire. Souvenirs et conseils.* Paris, Masson, 1883, in-8, xii-368 p.

10018. **Eschasseriaux** (le baron Eugène). *Epoque néolithique. Le camp du Peurichard.* Saintes, imp. Hus, 1883, in-8, 29 p., 4 planches (Voir numéros 3533-3541).

10019. **Ewans** (Thomas W.). *Les institutions sanitaires pendant le conflit austro-prussien-italien.* Paris, V. Masson, 1867, in-8, 188 p.

10020. *Explication des ouvrages de peinture, sculpture... exposés à l'hôtel de ville de Saintes le 25 avril 1885.* Saintes, impr. H. Chasseriaud, 1885, in-8, 16 p.

10021. **Favre** (Jules). *Plaidoyers politiques et judiciaires.* Paris, Plon, 1882, in-8, 2 vol. (Voir numéro 3682).

10022. **Fleury.** *Mémoires de Fleury, de la Comédie-Française, publiés par J.-B.-P. Laffite.* Paris, Charles Gosselin, 1844, in-12, 439 p.

10023. **Fleury** (Paul de). *Les Ravaillac d'Angoulême.* Angoulême, imp. Chasseignac, 1883, in-4, 82 p. (Voir numéro 3856).

10024. *France pittoresque, Charente et Charente-Inférieure.* Paris, librairie illustrée, 1882, in-8, 2 fascicules.

10025. **Galland.** *Canal maritime de la Gironde à la Charente.* Paris, imp. Renou, 1882, in-8, 2 cartes.

10026. **Garnier,** de Saintes. *Compte-rendu sur la partie critiquée de sa mission.* Paris, impr. nat., nivôse an III, in-8, 10 p. (Voir numéros 4077 et 4078).

10027. **Gaullieur** (Ernest). *Histoire de la réformation à Bordeaux et dans le ressort du parlement de Guienne.* Paris, Champion, 1884, in-8, 1er vol.

10028. —— *Histoire du collège de Guienne.* Paris, Sandoz et Fisbacher, 1874, in-8, xxvi-576 p.

10029. **Gazier** (A.). *Les dernières années du cardinal de Retz. (1655-1679).* Paris, Thorin, 1875, in-18, 328 p.

10030. **Gelineau** (Dr E.). *De la kénophobie ou peur des espaces.* Paris, O. Doin, 1880, in-8, 90 p. (Voir n° 4140).

10031. **Giry** (A.). *Les établissements de Rouen.* Paris, Vieweg, 1883-85, in-8, 2 vol.

10032. *Glossaire du patois rochelais.* Paris, Firmin Didot, 1861, in-4, 8 pages.

10033. *Guide de l'étranger à Rochefort.* Rochefort, E. Chevallier, 1883, in-18, 23 pages.

10034. **Guigard** (Johannis). *Un écrivain saintongeais. M. Castagnary.* Paris, imp. Dupray de la Mahérie, 1865, in-8, 8 p.

10035. **Guillaume** LE BRETON. (Voir Rigord et numéro 4537).

10036. **Gorlich** (Ewald). *Die südwestlichen dialecte der langue d'oïl. Poitou, Aunis, Saintonge und Angoumois.* Heilbronn, Verlag von Gebr. Henninger, 1882, in-8, 135 p.

10037. **Guiffrey** (Jules). *Les amours de Gombaut et de Macée.* Paris, libr.-édit. Charavay, 1882, in-4, 60 pages.

10038. **Guillaumot** (Auguste-Alexandre). *Portes de l'enceinte de Paris sous Charles V, 1380.* Paris, imp. Capiomont et Renault, 1879, in-folio, planches.

10039. **Haag** (Eugène et Emile). *La France protestante,* 2ᵉ édit. sous la direction de M. Henri Bordier. Paris, Sandoz et Fischbacher, 1877, in-8, 4 premiers vol.

10040. HARAS. *Loi organique 1874.* Paris, imprimerie nationale, 1874, in-8, 300 p.

10041. *Instruction concernant les précautions à prendre en temps de choléra.* La Rochelle, impr. Siret, 1884, in-32, 8 p.

10042. *Inventaire sommaire des archives du département des affaires étrangères. Mémoires et documents. France.* Paris, impr. nationale, 1883, in-8, VII-472 p.

10043. *Inventaire sommaire des archives départementales de la Gironde, série C.* Paris, imp. P. Dupont, 1877, in-4, 3-480 p.

10044. *Inventaire sommaire des archives départementale, antérieures à 1790. Département des Deux-Sèvres.* In-4, 22 feuilles.

10045. **Jacqmin** (Albert). *Etude sur les chemins de fer des Pays-Bas.* Paris, Dunod, 1882, in-8, 157 p.

10046. **Jacqmin** (F.). *Etude sur l'exploitation des chemins de fer par l'état.* Paris, imp. Jules Claye, 1878, in-8, 104 p.

10047. **Janson** (Robert). *Brevis dissertatio de visionibus quæ* *capitibus XIII et XVII Apocalypeos describuntur* (Voir *Con-fession de foi*).

10048. **Joanne** (Paul). *Itinéraire général de la France ; de la Loire à la Gironde, Poitou et Saintonge.* Paris, Hachette et Cie, 1884, in-18, 259 p.

10049. **Joly** (N.). *L'homme avant les métaux.* Paris, Germer Baillière, 1880, in-8, vii-328 p.

10850. **Jouin** (Henry). *Antoine Coyzevox, sa vie, son œuvre et ses contemporains.* Paris, Didier, 1883, in-18, 312 p. (Voir n° 5098).

10051. **Jourdan** (J.-B.-E.). *La Rochelle historique et monu-mentale,* 30 gravures par Adolphe Varin. La Rochelle, A. Siret, 1884, in-4, 194 pages.

10052. Journaux divers de Saintes. *Echo de la Saintonge,* 5 décembre 1838-22 novembre 1842; 313 numéros. — *Journal littéraire de Saintes,* 28 décembre 1837-14 décembre 1848 ; 117 numéros. — *Affiches de Saintes,* 23 mai 1852-5 septembre 1852; 4 numéros. — *Le Causeur,* 12 juillet 1863, 1 numéro. — *La Chose,* 1er juin 1874-21 juin, 4 numéros.

10053. **Jousseaume** (le Dr Félix). *Du choléra.* Paris, Dela-haye, 1884, in-18, ii-110 p.

10054. **Jullien** (B.). *De quelques points des sciences dans l'an-tiquité.* Paris, Hachette, 1854, in-8, viij-512 p.

10055. —— *Les éléments matériels du français,* Paris, Hachette, 1875, in-18, viii-271 p.

10056. —— *Les formes harmoniques du français, savoir : les périodes, les vers, les stances et les refrains.* Paris, Hachette, 1876, in-18, vii-210 p.

10057. —— *L'harmonie du langage chez les Grecs et les Ro-mains.* Paris, Hachette, 1867, in-18, viii-232 p.

10058. —— *Thèses de critique et poésies, — de grammaire, — de littérature, — de philosophie, — d'histoire et nouvelles historiques, — Thèses supplémentaires de métrique et de musique anciennes, de grammaire et de littérature.* Paris, Hachette, 1855-1873, in-8, 6 volumes.

10059. **Labour** (Fernand). *M. de Montyon.* Paris, Hachette et Cie, 1880, in-18, 285 p.

44

10060. **Labry** (de). *Note sur le profit des travaux.* Paris, Dunod, 1880, in-8, 14 p.

10061. **La Croix** (le Père Camille de). *Mémoire archéologique sur les découvertes d'Herbord, dites de Sanxay.* Niort, Clouzot, 1883, in-3, 78 p., 5 planches.

10062. **Lacroix.** *Histoire monumentale, pittoresque et anecdotique de la Chartreuse de Paris.* Paris, Dumoulin, 1876, in-18, 100 p. (Voir nᵒˢ 5300 et 5301).

10063. —— *Le château de Choisy.* Paris, Dumoulin, 1868, in-8, 76 p.

10064. —— *Le château de Jarnac.* Paris, aux librairies historiques, 1855, in-8, 71 pages.

10065. **Lacurie** (l'abbé). *Notice sur le pays des Santons à l'époque de la domination romaine.* Saintes, Rose Scheffler, 1851, in-8, 52 p. et carte (Voir nᵒˢ 5305-5311).

10066. **La Ferrière** (comte H. de). *Les projets de mariage de la reine Elisabeth.* Paris, Calmann-Lévy, 1882, in-12, 288 p.

10067. **Lafenestre** (G.). *Le livre d'or du salon de peinture et de scutpture, années 1879, 1880, 1881, 1882, 1883, 1884.* Paris, librairie des bibliophiles, in-4, années 1879-84, 6 vol.

10068. **Lafollye** (A.). *Le château de Pau.* Paris, A. Morel, 1882, in-folio, 65 p., planches.

10069. **La Garde** (Henry de). *Le duc de Rohan et les protestants sous Louis XIII.* Paris, Plon, 1884, in-8, 334 pages.

10070. **Lagout** (Edouard). *Takitechnie, mathématiques élémentaires.* Paris, librairies scolaires, 1881, in-8, 2 volumes.

10071. **La Marche** (Olivier de). *Mémoires.* Paris, Renouard, 1883, in-8.

10072. **Lamballerie** (François de). *Notes pratiques sur les vignes américaines et le phylloxéra.* Bordeaux, Féret, 1882, in-8, 75 p.

10073. **La Loyère** (vicomte de). *Du phylloxéra en 1880.* Paris, librairie agricole, 1880, in-8, 24 p.

10074. **Lalanne** (Ludovic). *Le livre de fortune.* Paris, Rouam, 1883, in-4, 39 pages, planches (Voir nᵒ 5382).

10075. [**La Morinerie**], MERLETTE DE SABLE. *En vacances.*

Notes extraites du carnet d'un flâneur. Trouville. Dieppe. Pons, impr. Noël Texier, 1882, in-18, 2 brochures (V. n°s 5433-5441).

10076. **Lancereaux** (Dr E.). *Rapport général sur les épidémies.* Paris, G. Masson, 1882, in-4, 79 p.

10077. **Larchey** (Loredan). *Almanach des noms, expliquant 2,800 noms de personnes.* Paris, Strauss, 1881, in-18, 78 p.

10078. **Laurière** (Jules de). *La colonne dite de Henri IV à Rome.* Tours, imprimerie Bousrez, 1883, in-8, 34 p., 2 pl.

10079. **Le Blant** (E.). *Notes sur quelques représentations antiques de Daniel dans la fosse aux lions.* Arras, imprimerie de la société du Pas-de-Calais, 1883, in-8, 17 p.

10080. **Lebon** (André). *L'Angleterre et l'émigration française de 1794 à 1801.* Paris, Plon, 1882, in-8, XLIV-375 p.

10081. **Lecène** (Paul). *Les marins de la république et de l'empire (1793-1815).* Paris, librairie centrale, 1884, in-8, 328 pages.

10082. **Lemarié** (Eugène). *Poissons de la Charente, de la Charente-Inférieure, des Deux-Sèvres, de la Vendée et de la Vienne.* Niort, Clouzot, 1866, in-8, 39 p. (Voir n° 5754).

10083. **Léridon** (Henri). *Eloge de M. F. Laferrière.* Angoulême, imp. Chasseignac, 1877, in-12, 50 p.

10084. **Leroy-Beaulieu** (Paul). *Le développement du socialisme d'état et le rachat des chemins de fer.* Paris, imp. Debons, 1880, in-18, 47 p.(Voir n° 5939).

10085. **Lételié** (André). *Fénelon en Saintonge et la révocation de l'édit de Nantes (1685-1688).* Paris, A. Picard, 1885, in-8, 126 p.(Voir n°s 4874-4887).

10086. [——] *Les petites sœurs des pauvres, près La Rochelle.* La Rochelle, imp. Dubois, 1884, in-8, 20 p.

10087. **Level** (Emile). *Les travaux publics et l'industrie privée.* Paris, 1882, in-8. 24 p. (Voir 933).

10088. **Lièvre** (Auguste). *Histoire des protestants et des églises réformées du Poitou.* Paris, Grassart; Poitiers, Cler, 1856-1860, in-8, 3 vol.

10089. **Littré** (E.). *Conservation, révolution et positivisme.* Paris, Ladrange, 1852, in-18, XXIII-331 p. (Voir n° 5997).

10090. *Lois constitutionnelles de la république française.* Paris, imprimerie nationale, 1876, in-18, 143 p.

10091. **Lottin de Laval.** *Manuel complet de lottinoplastique.* Paris, Dusacq, 1857, in-32, 96 p.

10092. **Louis XI.** *Lettres.* Paris, Renouard, 1813, in-8.

10093. **Mabille** (Emile). *Cartulaire de Marmoutier pour le Dunois.* Paris, Dumoulin, 1874, in-4, XLVIII-308 p.

10094. **Mac-Carty.** *Choix de voyages. Europe, Asie, Afrique, Amérique, mer du sud.* Paris, librairie nationale, 1822, in-8, 9 vol.

10095. **Martin** (Louis-Auguste). *Annuaire philosophique,* t. II, III, IV, VI, VII. Paris, Ladrange, 1865-71, in-8, 5 vol.

10096. —— *La morale chez les Chinois.* Paris, Didier, 1862, in-12, IV-299 p.

10097. **Marx** (Adrien). *Indiscrétions parisiennes.* Paris, Achille Faure, 1866, in-18, 347 p.

10098. **Maufras** (Emile). *L'époque néolithique dans le bassin de la Charente et le camp du Peu-Richard.* Pons, impr. Noël Texier, 1883, in-8, 28 p., 3 planches.

10099. **Menut** (Alphonse). *Édouard Pinel et son œuvre.* La Rochelle, imp. Siret, 1885, in-8, 30 p.

10100. **Meyer** (Paul). *Les derniers troubadours.* Paris, A. Franck, 1871, in-8, 207 p.

10101. **Michel** (Francisque-R.). *Les Portugais en France et les Français en Portugal.* Paris, Guillard, 1882, in-8, V-285 pages.

10102. *Missy (Samuel de), né à La Rochelle... député de l'isle de France... (Portrait).* Paris, Dejabin [1789], in-8.

10103. **Molinos.** *Les chemins de fer de l'état en Belgique.* Paris, impr. Chaix, 1880, in-8, 15 p.

10104. **Mongis** (Théophile). *Botanique élémentaire des écoles.* Paris, Sarlit, 1883, in-18, 112 p.

10105. **Morin** (Delisse). *Aperçu descriptif des rives de la Gironde de Royan à Bordeaux.* Royan, imp. Victor Billaud, 1878, in-18, 45 p.

10106. —— *Histoire d'une famille bordelaise.* Bordeaux, Féret, 1882, in-18, 320 p.

10107. **Mortreuil** (Alfred). *Contribution à l'étude des pseudo-étranglements de l'intestin ileus traumatique.* Paris, Parent, imprimeur, 1883, in-8, 55 p.

10108. **Moufflet** (Stanislas). *Etude sur une négociation diplomatique de Louis XI.* Marseille, typ. Blanc et Bernard, 1884, in-8, 182 p.

10109. **Mouillefert** (P.). *Principes de l'application des sulfocarbonates alcalins à la guérison des vignes phylloxérées.* Paris, librairie agricole, 1878, in-8, 44 p.

10110. **Muntz** (Eugène). *Les précurseurs de la Renaissance.* Paris, Rouam ; Londres, Remington, 1882, in-4,VII-252 p.

10111. **Musset** (Georges). *La formation du pays d'Aunis.* Paris, imp. Chaix, 1883, in-8, 11 p. (Voir numéro 6890).

10112. —— *Vocabulaire géographique et topographique du département de la Charente-Inférieure.* Paris, imp. Chaix, 1883, in-8, 11 p.

10113. **Neymarck** (Alfred). *Turgot et ses doctrines.* Paris, Guillaumin, 1885, 2 vol. in-8. (Voir numéros 6950-6952).

10114. **Nicolaïdy** (B.). *Grandeur et décadence d'Ali-Hourchid Bey. Episode de la révolution grecque...* Paris, Firmin Didot, 1883, in-12, VII-213 p.

10115. **Noël** (Octave). *La question des tarifs de chemins de fer.* Paris, Guillaumin, 1884, in-8, 63 p.

10116. **Noguès** (l'abbé J.-L.-M.). *Dampierre-sur-Boutonne.* Saintes, imp. Hus, 1883, in-8, 70 p.

10117. *Notices et documents publiés pour la société de l'histoire de France à l'occasion du cinquantième anniversaire de sa fondation.* Paris, Loones, 1884, in-8, LVI-464 pages.

10118. *Nouvelle évaluation du revenu foncier des propriétés non bâties de la France.* Paris, imp. nation., 1883, in-f°, 1 vol. et atlas.

10119. **Ollivier-Beauregard** (J.). *Organisation de la famille sous la législation romaine.* Paris, Cotillon, 1879, in-8, 133 p.

10120. **Patriot** (M. L.). *Etude sur le mouvement des marées.* Paris, Dunod, 1861, 2 vol. in-8, 99 p.

10121. **Pellarin** (Charles). *Essai critique sur la philosophie positive.* Paris, E. Dentu, 1864, in-8, XX-328 p.

10122. **Penon** (Henri). *Etude du mobilier national à l'exposition de l'union centrale des arts décoratifs.* Paris, Lévy,
[188.], in-18, 108 p.

10123. **Phelippeaux** (le D'). *Étude pratique sur les fractures
à la campagne.* Anvers, imp. Buschmann, in-8, 156 p.

10124. —— *Note sur le mandrin trachéotome.* Paris, H. Lau-
wereyns, 1884, in-8, 24 p. (Voir numéro 7458).

10125. *Phylloxéra. Comptes-rendus des séances de l'académie des sciences.* Paris, impr. nation., 1873-1883, in-4, 12 fascicules.

10126. *Phylloxéra.* Seize brochures diverses, par MM. Paul
Olivier, Gras et Issatier, Convert, Terrel des Chênes, Boudet, Bouschet, Gachassin, Lafite, Heuzé, Perez. 1863-1879,
in-8.

10127. **Pic** (Ossian). *Les petites gazettes de l'Echo Rochelais.
Les quarante conseillers généraux de la Charente-Inférieure.*
La Rochelle, Deslandes, 1879, in-12, 47 p.

10128. **Pissot** (Henri). *Nos vignes.* Saintes, imp. Gay, 1882,
119 pages.

10129. **Piganiol de La Force.** *Nouveau voyage de France.*
Paris, Hochereau, 1780, in-12, 2 vol.

10130. **Prat** (J.-G.). *L'instruction sous la convention.* Paris,
Leroux, 1873, in-18, iv-140 p.

10131. **Preterre** (A.). *Les dents, leurs maladies, leur traite-
tement.* Paris, l'auteur, 1884, in-32, 285 p.

10132. *Procès (le) du maréchal Bazaine.* Paris, J.-J. Tessier,
1873, in-8.

10133. **Rayet** (Olivier) et Albert THOMAS. *Milet et le golfe lat-
mique...* Paris, Baudry, 1880.

10134. **Reignier** (Gabriel). *Pisani, drame héroïque en 5 actes
et en vers.* Paris, A. Lemerre, 187., in-18, 89 p. (V. n° 8165).

10135. *Revue alsacienne.* Paris, Berger-Levrault, 1877-1878,
in-8, 12 numéros.

10136. *Revue historique.* Paris, Alcan, 1884-1885, in-8.

10137. **Romain** (J.). *Dictionnaire topographique du département des Hautes-Alpes.* Paris, imp. nationale, 1884, in-4,
LXXI-200 pages.

10138. **Rouget** (le docteur F.). *Traité de physiognomonie.* Nice, 1878, in-18, 252 p.

10139. **Rougier** (Charles). *Les chants du prolétaire.* Barbezieux, imp. Ferchaud, 1881, in-18, 30 p.

10140. *Saintes-kermesse.* Saintes, 1885, in-4, lith. Abolin, imp. Orliaguet, 12 p.

10141. **Saint-Simon.** *Mémoires.* Paris, Hachette et C^{le}, 1881, in-8, 4 volumes.

10142. **Schneider** (Johannes). *Die Kirchliche und politische wirsksamkeit des Legaten Raimund Peraudi, 1486-1505.* Halle, Max Niemeyer, 1882, in-8, xii-126 p.

10143. **Schrevel** (Corneille). *Lexicon manuale grœco-latinum...* Lutetiæ Parisiorum, 1806, in-4, viii-1251 p.

10144. *Tablettes des bibliophiles de Guyenne,* t. iii : *Poésies inédites de J. de Chancel-Lagrange; Un curé bordelais; Un collectionneur bordelais.* Bordeaux, imp. Gounouilhou, 1882, in-8, 307 p. (Voir n° 9125).

10145. **Tapernoux** (Ph.). *L'Allemagne actuelle.* Saintes, imp. Gay, 1882, in-18, 62 p.

10146. **Taylor** (le baron Isidore). *Voyages pittoresques et romantiques dans l'ancienne France, par M. Ch. Nodier, I. Taylor et Alph. de Cailleux. Bretagne, Dauphiné, Champagne et Bourgogne.* Paris, Gide, 1855-63, in f°.

10147. **Tilly** (H. Le Gardeur de). *L'abbé de Montalembert de Cers.* Saintes, Hus, 1879, in-8, 15 pages.

10148. *Tireur* (le), journal hebdomadaire. Nancy, imp. Paul Sordoillet, in-fol., 20 numéros.

10149. **Toulon.** *Procès-verbaux et rapports de la commission de répartition des secours aux victimes de l'épidémie.* Toulon, typ. Isnard, 1885, in-8, 30 p.

10150. **Vachon** (Marius). *La vie et l'œuvre de Pierre Vaneau.* Paris, libr.-édit. Charavay, 1882, in-4, 62 p. (Voir n° 9468).

10151. **Valabrègue** (Antony). *Un maître fantaisiste du XVIIIe siècle, Claude Gillot.* Paris, 1883, in-8, 54 p.

MANUSCRITS

DE LA

BIBLIOTHÈQUE DE LA VILLE DE SAINTES

(65 numéros)

---

59. *Antiphonaire selon l'usage de l'abbaye de Saintes.* XVIIIe siècle, in-4, 277 et 204 pages ; feuillets blancs.

61. *Antiphonaire selon l'usage de l'abbaye de Saintes.* XVIIIe siècle, in-4, 118, 149 et 117 pages ; relié en veau.

60. *Antiphonaire selon l'usage de l'abbaye de Saintes.* XVIIIe siècle, in-4, 241-143-36 pages ; relié en maroquin.

58. [*Antiphonaire, sur vélin*]. XVIIIe siècle, in-4, 126 feuillets.

50. *Aspiration pour les jours qui précèdent celuy de la communion. — L'esprit de sainte Thérèse, abrégé de la vie de sainte Thérèse. — Litanies de l'amour de Dieu.* XVIIIe siècle, commence à la page 3, in-8, 33 et 49 pages.

21. **Beaumont** (Léon de). *Extraits d'un inventaire authentique et original des titres de Rioux, qui font voir que les anciens seigneurs de Rioux estoient du nom et de la maison de Didonne.* XVIIIe siècle, in-4.

18-20. —— *Preuves des vingt-trois tables généalogiques de la maison de Beaumont, établie en Saintonge. Tables.* XVIIIe siècle, in-f^o, 3 volumes.

42. **Belley** (l'abbé). *Dissertation sur Limonum — sur Ratiatum.* XIXe siècle, in-4, 25 et 24 pages, feuillets blancs ; imprimé dans les *Mémoires de l'académie des inscriptions*, t. XIX, p. 691 et 722.

17. *Bibliothèque de là ville de Saintes. Catalogue.* In-f°, 2 volumes, le 1er a 968 pages et le 2° 778. Rédigé par Brunet, Lesbros et Moufflet, arrêté et signé par eux le 30 octobre 1846.

13. **Boudet.** *Histoire de l'abbaye de Notre-Dame hors les murs de la ville de Saintes, soumise immédiatement au Saint-Siège,* écrite d'après la traduction du cartulaire par le P. Boudet, bénédictin de Saint-Jean d'Angély. Saintes, 1744, in-f°, 61 ff.; a été publié dans le tome XII des *Archives historiques de la Saintonge et de l'Aunis,* et dans le tirage à part *Abbaye de Notre-Dame de Saintes, histoire et documents,* par M. Louis Audiat, in-8, 1884.

52. *Brevis et accurata totius philosophiæ synopsis.* XVIIIe siècle, in-18, 112 p.

56. *Compendium phisicæ aristotelicæ.* Absolutum Salmurii, prid. kal. feb., anno 1642. In-4, 241 f°s.

22. **Dangibeaud.** *Délibérations du conseil municipal de 1570 à 1590.* Copie, extraits et analyse. XIXe siècle, in-4, 229 pages et feuillets blancs depuis 193, 2 cahiers ; a été publié dans l'ouvrage *Etudes, documents et extraits relatifs à la ville de Saintes.* Saintes, typ. Orliaguet, 1876, in-8. Voir n° 464.

51. *Exercices spirituels pour les fêtes de l'année. — Exercices ordinaires pour les novices de l'abbaye de Notre-Dame de Saintes.* XVIIe siècle, in-18, 422 f°s.

40. **Ferret** (Guillaume), *Sermon prêché à Saint-Georges le 1er avril 1821.* In-4, 19 p.

39. **Gastumeau.** *Discours [prononcé à l'académie de La Rochelle] sur les avantages que les beaux arts retirent des académies et la gloire qu'elles procurent aux villes où elles sont établies;* 22 juin 1735, in-4, 5 feuillets.

12. *Inventaire des pièces concernant le fief et seigneurie de la ville de Saintes.* XVIII° siècle ; petit in-f°, 28 feuillets.

46. **La Madelenne** (de). *Le parfait officier de marine* (Voir n° 5397), 1712, in-4, 125 p.

48. **Le Berton** (Marc-Antoine). *Abrégé historique de l'établissement du calvinisme en l'île d'Oleron et de la destruction des églises.* XIXe siècle ; imprimé (Bordeaux, P. Séjourné, 1699), in-4, 42 p.

49. Le Berton (Marc-Antoine). *Mémoires concernant l'île d'Oleron.* XIXe siècle; imprimé. (Bordeaux, S. Lacourt, 1699), in-4, 56 p.

43. Lebeuf (l'abbé). *Observations sur les tombeaux de Civaux.* 1835, in-4, 4 feuillets. Imprimé dans les *Mémoires de l'académie des inscriptions*, t. XXV, t.129.

44. —— *Réflexions sur un prétendu temple de Gaulois à Montmorillon.* XIXe siècle, in-4, 6 feuillets, imprimé dans les *Mémoires de l'académie des inscriptions*, t. XXV, p. 130.

16. Le Dran (Nicolas-Louis). *Mémoire historique sur les différentes formes successivement observées en France, tant avant que depuis la pragmatique sanction pour la provision aux prélatures du royaume.* Paris, 31 décembre 1739, in-4, 253 ff.

45. Mahudel. *Extrait d'un mémoire sur l'arc-de-triomphe de Saintes.* XIXe siècle, in-4, 22 pages; se trouve dans l'*Histoire de l'académie des inscriptions*, III, p. 216.

24. Meaume (J.-J.-G.). *Cours de législation professé à l'école centrale du département de la Charente-Inférieure l'an IX.* Saintes, an IX, 6 cahiers in-f°, contenant 56, 38, 38, 28, 38 et 78 p.

26. —— *De l'enseignement de la physique à l'école centrale du département de la Charente-Inférieure.* In-f°, 9 feuillets.

27. —— *Discours contre la superstition.* 179., in-8, 8 feuillets.

28. —— *Discours sur le bonheur des champs.* 179., in-4, 13 feuillets.

31. —— *Géométrie descriptive.* 1796, in-12, 3 cahiers, 105 feuillets.

33-37. —— *Leçons de physique professée à l'école centrale du département de la Charente-Inférieure en l'an VI et suivant* (1er, 2e, 3e, 5e et 7e cahiers), Saintes, 1797, in-8, contenant 208, 318, 292, 224, 196 pages.

30. —— *Principes de morale.* Tours, 1795, in-8, 3 cahiers, 78 feuillets.

29. —— *Rapport sur un projet d'exercice public à soutenir par les élèves de l'école centrale.* An VIII, in-4, 6 feuillets.

25. —— *Discours prononcé à la distribution des prix de l'école centrale de Saintes.* 179., in-4, 4 pages.

62. *Messel romain selon Lusage De Labbaye Royalle de Saintes.* 21 novembre 1776, in-4, 1456 p. (lettres imposées).

63. [*Missel* sur vélin]. XVIIe siècle, in-4, ainsi paginé : 1 à 129, puis 200 à 219, 300 à 319, 400-419, 500-519, 600-619, 700-719, 800-806; complet. Sur le verso de la couverture : « Ces livres de chant sont à l'usage de ma sœur Gombaud. »

23. *Minutes de Limouzin, notaire royal à Saintes, année 1647,* février, mars, avril, mai, juin, juillet, août, septembre, décembre. XVIIe siècle, in-4, fort mauvais état, incomplet.

47. **Moufflet** (Stanislas). *Notice historique sur le collége communal de la ville de Saintes, 1571-1850.* 2 cahiers in-4 et in-f^o; le 1er, 122 feuillets, le 2e, 77.

55. *Pars pliæ 2^a ceu metaphysica.* In-18, 723 p. A la fin : « Finis totius metaphysicæ. Ce 9 juillet 1756. »

11. *Pouillé du diocèse de Saintes.* XVIe siècle, petit in-f^o, 44 feuillets.

53. *Prima pars, logicæ. De idea ceu perceptione. Data vero a celeberrimo D. Magdonoch professor* (sic) *in Plessæo.* A la fin on lit: « Finis primæ partis philosophiæ ceu logicæ, die vero 10 mensis februarii. Dictabat in collegio Sorbonæ Plessæo D. D. Jacobus Magdonoch celeberrimus pphiæ professor in prædicto collegio, 1756. » In-12; commence à la page 440 à 652.

64. *Processionnaire à l'usage des dames de l'abbaye de Saintes.* A Saintes, par M. C*** c. TA.S. Avec permission de la communauté. L'an de nôtre Seigneur MDCCXLI. In-4, 254-LX p., relié en basane.

10. *Procez des comtes d'Auvergne, d'Antragues, marquise de Verneuil et Morgan (Thomas), anglois.* 1604-1605, in-f^o, 194 ff.

54. *Psichologiæ pars secunda. Logica.* (XVIIIe siècle), in-12, 605 p. et feuillets blancs.

9. *Recueil de jurisprudence.* XVIIIe siècle, in-folio, 239 ff.

14. *Registre capitulaire du couvent de Sainte-Claire de Saintes, 1630-1781.* In-4, 90 folios et 167 pages. A été publié par M. Louis Audiat dans le t. X des *Archives historiques de la Saintonge et de l'Aunis.*

15. *Registre des délibérations secrettes de la compagnie des officiers de l'élection de Saintes.* In-4 ; 20 mai 1703 au 6 mai

1780, 72 feuillets écrits, déchiré du feuillet 73 à 87, de 85 à 94; feuillets blancs.

1-8. *Répertoire de jurisprudence par ordre alphabétique.* XVIIIe siècle, in-fol., 8 volumes; un certain nombre de pages déchirées.

32. SAINTES (école centrale). *3 sujets de composition pour la classe de physique, an IX, X, XI; copie du prix de physique de l'an VIII. Elèves du cours de physique à l'école centrale.* 4 pièces venant de Germain Meaume, professeur à l'école centrale de Saintes.

41. *Sermons divers* (44 manuscrits) *de 1764 à 1804.*

55. **Tartas** (S.-J.). *Cursus philosophicus.* Burdigalæ, in Collegio societatis Jesu, scribente Michaëli Perreau, 1703-1704. In-4, 234-224 pages.

57. *Traité de l'âme de l'homme et de la manière dont elle opère dans le corps.* XVIIIe siècle, sans n. ni l. n. d., in-4, 26 feuillets.

38. **Vanderquand.** *Grammaire générale. Cours professé par le citoyen Vanderquand à l'école centrale de Saintes.* An VII, in-4, 251 feuillets.

Pour qu'on juge des pertes de la bibliothèque en manuscrits, nous croyons devoir donner la liste des manuscrits existant en 1870, d'après un état adressé au ministre de l'instruction publique :

1° *Cartulaire de l'abbaye de N.-D. hors les murs de Saintes;* parchemin in-folio relié en bois, 89 folios, très bon état, fort beau manuscrit; Champollion-Figeac en a parlé; contient 277 chartes; a été publié par l'abbé Grasilier; donné après la révolution par Meneponet, curé de Saint-Palais de Saintes. (1)

---

(1) J'ai sauvé des débris de l'incendie un fragment notable de ce cartulaire; sous l'influence du feu et de l'eau le parchemin s'est agglutiné et raccorni. D'in-folio le format est à peine in-8°.

2º *Mémoires du chanoine F. Tabourin*, contenant baux, redevances, etc., fondations, anniversaires, etc., du chapitre de Saintes, cérémonies religieuses ; récit des évènements des guerres religieuses du XVIᵉ siècle à Saintes ; important pour la liturgie santonne, l'état financier du chapitre au XVIº siècle, et l'histoire ; foule de faits pêle-mêle. Papier, 306 folios in-4º ; assez bon ; recouvert d'un parchemin ; donné en 1869 à la bibliothèque par Drilhon, notaire à Saintes Des fragments en ont été publiés par M. Audiat dans *Saint-Pierre de Saintes*, et par la commission des arts dans son recueil.

3º *Cartulaire de Saint-Etienne de Vaux* (copie sur papier faite au XVIIIᵉ siècle), contenant 67 chartes de 1075 à 1237 avec tables chronologique et alphabétique ; in-4º, non paginé ; relié, bien conservé ; important pour l'histoire locale. Vient de la maison des prêtres de la mission à Saintes. Il a été publié par l'abbé Grasilier dans ses *Cartulaires Saintongeais*, 2 vol. in-4º.

4º *Histoire ancienne* (commence à Assuérus, finit au siège de Peluse par Mitridace et Antipater) du folio AXI au folio XX ; parchemin grand in-4º ; donné à la bibliothèque en 1868 par M. Henri Savary ; un certain nombre de curieuses enluminures.

5º *Orologe de sapience ;* parchemin, in-4º, lettres ornées ; XVº siècle ; la première page a une très belle enluminure ; ouvrage traduit du latin de Jean de Sousaube ou Susabe. Il a été imprimé à Paris, en 1493, par Anthoine Verard. Voir Brunet, *Manuel du libraire*, au mot *Orloge*.

6º *Aegidius de Roma, De regimine principum ;* manuscrit in-4º sur parchemin, XVIº siècle; lettres ornées; a été imprimé parmi les ouvrages de Saint Thomas. Voir *Aegidii Romani de regimine principum doctrina,* thèse par M. Courdaveaux, Paris, 1858. — *Id. de ecclesiastica potestate,* par M. Jourdain. *Bibl. de l'école des chartes,* XIX, p. 384.

7º *La très illustre vie de Marie Baron,* par F. Penot, de la compagnie de Jésus ; daté de Fontenay-le-Comte, le 10 mars 1651, papier in-4º. *La Biographie saintongeaise* a donné une notice sur Marie Baron.

8º *Le livre de doctrine puérille qui est des enseignemens en la sainte foy catholique ;* in-fº, parchemin, non paginé, XVᵉ siècle, lettres ornées.

9º *Commentarii in universam Aristotelis physicam ;* in-4º, papier; traité rédigé en 1640 par f. Laurent Gohier, sur les leçons de Jean Mabille.

10º *Traité de philosophie,* en latin : XVIIᵉ siècle ; papier ; in-4 ; 164 folios ; porte sur les plats IOANES DVBOIS ; assez bon état ; planches lithographiées.

11º *Commentarius in Aristotelis metaphisicam*, in-4º; papier, 272 folios. XVIIᵉ siècle, planches lithographiées, vient des lazaristes de Saintes.

12º *Traité de rhétorique* en latin, suivi d'une géographie, petit in-4º; 463 folios ; servait au collège de Saintes ; acheté en 1868 chez un épicier.

13º *Cursus philosophicus*, in-4, papier, XVIIᵉ siècle, lithographies.

14º *Elémens de géométrie à l'usage des enfans de France*, in-4, planches lithographiées.

15º *Principe d'équitation* relativement à un régiment de cavalerie, par M. d'Auvergne; porte le nom de La Bruyère, élève de l'école royale militaire, 1771 ; in-4º, 127 pages.

16º *Ill. ac rev. D. Gilberti de Choyseul du Plessy-Praslin, episcopi Tornacensis epistola ad Innocentium XI, 1678.* Il rend compte de son administration, de l'état de son diocèse, églises, abbayes, monastères, paroisses, etc. ; terminé par quelques mots de biographie du prélat, in-4º, XVIIIᵉ siècle ; provient sans doute, ainsi que plusieurs autres, de Fénelon.

17º *Systema doctrinæ Jansenii*, gros in-4º, XVIIIᵉ siècle.

18º *Tractatus compendiosus egregiis locupletatus in universam Aristotelis philosophiam dilucidationibus*, leçons de F. Haman, professeur au collège des frères mineurs, à Paris, recueillies par f. F. Edmond ; à la fin: « F. Joannes Martin de Bonsonge, minor engolismensis » ; vient sans doute du couvent des franciscains de Saintes.

19º *Traité de médecine*, in-4º, XVIIIᵉ siècle.

20º *Lettre d'un ecclésiastique à une personne de qualité sur la pénitence*, 1707, in-8º.

21º *Dacrian ou le miroir des moines*, composé en latin par Louis de Blois, traduit par un moine; in-8º, maroquin; vient des lazaristes de Saintes.

22º *Cours de rhétorique*, par M. Lainé, in-4º, XVIIIᵉ siècle : « Hoc a me scriptum est Henstray »; relié, bon état.

23º *Poemata selecta*, pièces diverses de vers latins, 1753.

24º *Essai d'un nouveau conte de ma mère Loye*, 1722, pamphlet janséniste en vers, in-8.

25º *Réflexions militaires d'un aide-major*, 1767, in-fº.

26º « *Trattato del nobilissimo et militare essercitio de scacchi per Gioachino Sieco*, » in-8º, quelques dessins coloriés.

27º Missel, in-4º, parchemin, 350 p., écrit et noté par la propre main du P. N. Brosset, au couvent de Xantes, 1692.

28º Poésies diverses recueillies en janvier 1790 par le sieur de Vanderbourg, de Saintes, in-8º, 72 p.

29° *Troas* (de Senèque), texte et traduction, notes de la même main que le précédent, in-8°.

30° *Vie et avantures de P. Moreau,* bibliothécaire de M. du Pui, etc., 2 vol. in-4°.

31° Poésies diverses de M. Pierre Moreau, 1726, in-4°, 6 vol.

32° *Explications des principes de la bibliothèque.* La Rochelle, 1786, in-4°, acheté chez un fripier en 1867.

33° *Traité de l'art simple de guérir toutes les maladies,* en 3 parties, règne animal, végétal, minéral; in-4°, acheté chez un fripier en 1867.

34° FICHET. *Guillelmi Ficheti, Parisiensis, theologi doctoris, in ea legatione quam cogendi generalis Ecclesie consilii causa pro Ludovico christianissimo Francorum rege apud illustrissimum Mediolani ducem... gessit habite orationes sequntur.* Ce manuscrit était relié à la suite d'un ouvrage imprimé : *Epitome de regno Apulie et Sicilie.* Il a été publié avec commentaires par Moufflet, qui l'avait copié à Saintes. Voir *Étude sur une négociation diplomatique de Louis XI* (Marseille, 1884, in-8), numéro du catalogue ci-dessus 10100.

35° *Livre rouge des privilèges de Saintes.* Il contenait les privilèges de la ville, les cérémonies de l'élection des maire, échevins, la formule de serment de l'évêque, du maire, etc. Je l'avais trouvé dans un vieux graduel, fort mutilé ; il avait feuillets 8, 9 et 10; de 16 à 30; ni commencement ni fin ; belles enluminures. Voir pour la description *Les entrées épiscopales à Saintes,* p. 5, n° 469 de ce catalogue.

36° *Lettres* (originales ou copies) de plusieurs princes et hommes d'état de 1566 à 1577 ; la plupart formaient la correspondance de Bertrand de Salignac de La Mothe-Fénelon, ambassadeur en Angleterre ; un certain nombre étaient en chiffres. Elles provenaient de l'archevêque de Cambrai. Plusieurs sont adressées à Marie Stuart. Sept sont signées de Catherine de Médicis ; trois de François II; seize de Charles IX; quatre de Henri II. — J'en ai gardé de l'incendie de très notables débris ; la plupart sont à demi consumées. Quelques-unes ont été publiées dans la *Correspondance diplomatique* de La Mothe-Fénelon, éditée par Teulet, 1840. Voir n° 8636 du présent *Catalogue.*

IMPRIMERIE DE PONS (CHARENTE-INFÉRIEURE). — NOEL TEXIER.

230